Sür un Siess

500 recettes
d'Alsace et d'ailleurs

Simone Morgenthaler est journaliste, écrivain et animatrice de radio et de télévision. Elle présente la très populaire émission culinaire *Sür un Siess*, tous les samedis, sur France 3 Alsace. Auteur de nombreux livres à succès qui retracent son parcours personnel ou dévoilent toutes les facettes de la gastronomie régionale, elle est également chroniqueuse aux *Dernières Nouvelles d'Alsace* et fait partie du conseil éditorial des *Saisons d'Alsace*.

DU MÊME AUTEUR, CHEZ LE MÊME ÉDITEUR

Littérature
Prévert en alsacien
Sonate à Catherine
Un été en Californie
Au jardin de ma mère
Le long de l'Ill (en collaboration avec Jean-Pierre Haeberlin)
À demain à New York (en collaboration avec Renée Roth-Hano)

Gastronomie
Les meilleures recettes d'Alsace, avec Ernest Wieser et Louis Fortmann
Les meilleurs desserts d'Alsace, avec Christophe Meyer
Recettes et décors de Noël, avec Jean-Pierre Drischel
À la table de Simone, avec Hubert Maetz
À la table des artisans gourmands, avec Hubert Maetz

Hubert Maetz, vigneron à ses heures perdues, est cuisinier-restaurateur à Rosheim (Hostellerie du Rosenmeer) et étoilé Michelin. Il participe à l'émission *Sür un Siess* depuis le début et a collaboré à plusieurs ouvrages culinaires de Simone Morgenthaler (La Nuée Bleue).

Les recettes présentées dans l'ouvrage ont été supervisées par Jean-Pierre Drischel, professeur de cuisine à l'École hôtelière Alexandre-Dumas de Strasbourg-Illkirch.

Les photographies du texte « Nos années saveurs... » (p. 7-27) sont de Laura Martin.
Les photographies des artistes (p. 422-426) sont de Frantisek Zvardon.

Les photographies présentant les invités de l'émission *Sür un Siess* sont pour la plupart extraites des archives des *Dernières Nouvelles d'Alsace*, grâce à la collaboration de Robert Adam, ancien archiviste du journal, des services Documentation et Illustration des *DNA* et de Pascale Brencklé.

Prépresse : Studio à propos de : -)

ISBN 978-2-7165-0673-1

Simone Morgenthaler
Hubert Maetz

Sür un Siess

500 recettes d'Alsace et d'ailleurs

La Nuée Bleue

La présence des artistes

La présence des artistes dans cet ouvrage a été conçue en collaboration avec Jean-Marie Lang, qui œuvre pour la promotion de l'art contemporain en Alsace dans le cadre d'un projet croisé en faveur de l'accès des non-voyants à l'art contemporain. Avec son association L'Art au-delà du regard, il organise notamment des expositions à la cave coopérative Jean-Geiler d'Ingersheim.

Ce projet d'accompagner les recettes de l'émission *Sür un Siess* par des dessins inédits rassemble douze artistes contemporains alsaciens, qui ont proposé chacun une interprétation du thème proposé en introduction de chaque partie du livre, ainsi qu'une série de vignettes pour chaque recette.

Dans son texte «J'aime les artistes» (p. 421), Simone Morgenthaler retrace le processus amical de cette collaboration et présente chacun des artistes qui ont contribué à sa réalisation.

Anne Wicky a réalisé les vignettes qui accompagnent les recettes.

Avant le repas

par Jean Remlinger

«Ce dessin (Le souper de Casanova), *exécuté à l'encre et à l'aquarelle, fait partie d'une série de dessins sur la table. Il est un hommage à un homme de goût et de raffinement pour les plaisirs gastronomiques. Il dit dans ses mémoires : "J'ai aimé la bonne table avec transport et passionnément tous les objets faits pour exciter la curiosité." Il a vécu d'autres passions intellectuelles et amoureuses.»*

Jean Remlinger

« Nos années saveurs... »

Par Simone Morgenthaler

Dix années d'émissions réunies en un livre, cela donne plus de cinq cents recettes. De quoi avoir un doux vertige et le palais qui s'emballe. Je n'aurais jamais imaginé qu'une de mes séries télévisées dépasserait le cap des dix ans comme ce fut le cas pour *Sur ün Siess* qui atteignait dix ans d'existence en juin 2005. Dix ans, c'est jeune et pourtant si vieux dans l'audiovisuel, où tout va vite, où les émissions changent souvent, soumises à des fluctuations dont on ne maîtrise pas les tenants et les aboutissants.

Cette belle et inattendue longévité tient avant tout à la complicité qui me lie au chef Hubert Maetz. Sans elle, nous n'aurions jamais pu atteindre ces « noces d'étain ». Il fallait aussi la confiance de la direction de France 3 Alsace, qu'elle soit encline à reconduire l'émission d'année en année et lui permette d'installer une telle fidélisation auprès du public. Il fallait enfin le soutien et la connivence de l'équipe technique, sans laquelle les enregistrements seraient dénués de tout plaisir.

Je suis productrice-présentatrice de l'émission, un métier que j'exerce en *free lance* à la télévision régionale depuis 1976. Cela signifie que je fournis l'idée de l'émission et que j'ai la responsabilité de la mener à bon terme avec l'aide d'un réalisateur et d'une équipe technique. J'ai ainsi porté diverses séries que je proposais et présentais comme *Kichespring* (avec le chef Ernest Wieser et le conteur Louis Fortmann), *Kichechef* (une série sur les grands chefs d'Alsace, présentée aussi en version française sous le titre *La Cuisine des chefs*). Certaines émissions n'avaient pas de lien avec la gastronomie, comme *Mol m'r e Maerel* (une série sur les légendes d'Alsace coproduite avec Maurice Laugner), *Laendeltreppler* (des documentaires sur les régions d'Alsace) ou *Numerodaffet* (des reportages sur des passionnés).

28 août 1995, les débuts de Sür un Siess. *Nous enregistrons la troisième émission avec comme invité Patrick Foltzer, garde-forestier à Wildenstein. L'émission fut diffusée le 23 septembre 1995.*

La série précédant *Sür un Siess* fut *Zuckersiess*, dans laquelle des Alsaciens célèbres évoquaient leur dessert d'enfance. Cette série hebdomadaire de deux ans, menée avec Christophe Meyer, le chef-pâtissier de la maison Christian à Strasbourg, s'est achevée en juin 1995.

Comme je l'ai précisé dans mon livre *Ces Années-là*, qui relate mes trente ans de radio-télévision, je m'entendais parfaitement avec Christophe et j'aurais pu prolonger cette série qui fonctionnait bien, mais Jean-Louis English, alors directeur de France 3 Alsace, et Hubert Schilling, responsable des programmes, trouvaient de bon augure de changer une série tous les deux ans. J'ai déposé en mai 1995 le projet de *Sür un Siess*, en y précisant que ce serait « une émission dialectale hebdomadaire d'une durée de vingt-six minutes, tournée en studio, faisant découvrir un homme ou une femme par le biais de son métier et d'un plat qui l'a marqué(e). La personne ne devra pas nécessairement être célèbre, ajoutais-je, l'émission devra au contraire faire découvrir des gens attachants qui mériteraient d'être connus». J'écrivais aussi dans ce projet que «la recette serait réalisée par un jeune chef, par exemple Hubert Maetz de l'Hostellerie du Rosenmeer à Rosheim, toujours le même car la fidélisation joue un rôle important».

Je pensais à Hubert Maetz, mais nous ne nous connaissions pas, ou à peine. Je ne l'avais croisé qu'une fois, dans la cour de l'école hôtelière Alexandre-Dumas à Illkirch. Il passait avec un groupe de chefs en toque. Je l'entendais rire et parler en alsacien. Je fus séduite en un quart de seconde par son visage souriant et sa façon de parler très naturelle, avec l'accent de la campagne.

Je le revis un soir dans son restaurant gastronomique, une partie alors nouvelle jouxtant le restaurant initial que tenait depuis des décennies sa maman Jacqueline. Je connaissais bien la partie ancienne, dans l'esprit *Dorfwirtschaft* (bistrot de village), pour y avoir mangé quelques plats du jour lors de tournages menés dans le coin de Rosheim pour mes séries *Laendeltreppler* ou *Numerodaffet*. Ce fut une exquise soirée, au cours de laquelle Hubert montra son talent de chef et sa personnalité attachante. Nous nous découvrîmes ce soir-là une similitude : nos mamans, sensiblement du même âge, venaient du même village, Lochwiller, près de Marmoutier. D'un point de vue sentimental, cela constituait un élément de poids et de rapprochement : lui comme moi avions grandi portés par des saveurs et des rituels culinaires comparables.

Hubert fut étonné lorsque je le contactai quelques mois plus tard pour lui proposer d'être présent à mes côtés dans une nouvelle émission. Je lui précisais que l'émission durerait peut-être un an, mais qu'elle pouvait aussi être arrêtée au bout de trois mois, selon des paramètres sur lesquels je n'avais pas de pouvoir. Il accepta. C'est Christine Ferber, maître-pâtissier à Niedermorschwihr, qui ouvrit le ban. L'émission, enregistrée le mercredi 23 août 1995 à quatorze heures, fut diffusée le samedi 9 septembre 1995 à dix-sept heures. Christine avait choisi le pot-au-feu *(Suppefleisch mit Marikknepfle un Saladle)*. Suivit Bernard Bischoff, responsable de la ferme éducative AGF de Rhinau pour lequel Hubert réalisa un saumon rôti sur la peau à la fleur de courgette et au basilic ; puis vint Patrick Foltzer, garde-forestier à Wildenstein, qui nous fit découvrir le *Kasangscht*, une spécialité fromagère des Hautes-Vosges, à base de munster chaud et d'œufs. Et ainsi, depuis dix ans, près de quatre cents invités se sont succédés. Ils font fleurir sur l'antenne leurs accents si variés.

Un véritable kaléidoscope d'invités

Car l'émission est entièrement en alsacien. Ce qui constitue un filtre rigoureux. J'ai proposé de remplir ce créneau avec cette langue médiévale qui est ma langue maternelle. Il a fallu du courage pour cela. Car comment oser rêver de faire de l'audience à une heure qui n'est pas forcément celle de la meilleure écoute et se dire que l'on saura fédérer des téléspectateurs ? Il importe de savoir que faire une émission en langue régionale est bien plus difficile que de la faire en langue française. L'équipe technique qui m'entoure ne parle généralement que le français. Il faut que l'invité soit apte, lorsque « le moteur est demandé », d'être capable de s'exprimer dans sa langue maternelle, généralement utilisée dans le cercle intime de la famille et des amis. Pour l'émission, il doit le faire devant une caméra, face

Cette émission a clos dix années de la série Sür un Siess *le 25 juin 2005 avec pour la première fois un invité d'outre-Rhin : Roland Mack, le directeur d'Europa Park à Rust. Hubert avait créé pour lui un sandre « à l'européenne ».*

En tenant ainsi une photo lors de l'interview à table, je permets à une caméra de la filmer de haut, afin de l'intégrer en gros plan dans l'émission.

à des étrangers et dans une atmosphère inhabituelle. De plus, trouver des invités de tous âges, s'illustrant dans tous les domaines et sachant s'exprimer aisément en alsacien réduit sérieusement le potentiel de candidats.

Je choisis mes invités en toute liberté, sans pression d'aucune sorte. Gérard Scheer, qui a succédé en 2001 à Jean-Louis English à la direction de France 3 Alsace, tout comme Jean-Marie Boehm, responsable d'antenne depuis 1998 (décédé en février 2006 et remplacé par Francis Guthleben), m'accordent leur confiance quant au choix des invités. Dix ans d'émissions, cela représente dix ans de rencontres. Un véritable kaléidoscope d'hommes et de femmes qui défilent dans ma mémoire, dont certains sont devenus des amis. Je ne me lasserai jamais des rencontres. Je suis portée par la curiosité qui me pousse à aller vers les gens passionnés, pour les faire découvrir et les faire aimer aux autres. Je me suis constituée au cours de toutes ces années des classeurs remplis de personnes qui feraient de bons invités pour mon émission, qui ignorent généralement que je les ai ainsi «fichées», et que j'appellerai le moment venu. Il arrive que des téléspectateurs m'écrivent pour m'indiquer des personnes qui méritent de l'intérêt. Je croise aussi des invités potentiels au hasard de la vie, dans la rue. Il importe d'avoir toujours les antennes ouvertes. Généralement, la prise de contact se fait par téléphone, ce qui me fait connaître leur voix. La rencontre me fera connaître leur visage. C'est toujours un petit suspense grisant d'imaginer des visages en fonction des voix et de se laisser surprendre.

Faire des émissions, cela suppose, avant les kilomètres d'écriture, des kilomètres en voiture. Je m'efforce dans le panachage de mes invités d'alterner sexes, âges, métiers, citadins et ruraux. Je ne rechigne pas à aller aux limites de l'Alsace, en Alsace Bossue, dans le Sundgau ou dans la vallée de la Thur. Mon plaisir est de passer d'une semaine à l'autre dans un univers diamétralement opposé : cultivateur,

13 juin 2005. Une gorgée d'eau avant de démarrer l'enregistrement. L'invité du jour Benjamin Wolf, de Riedheim, treize ans, collectionne les maisons de poupées. Le plus jeune de mes invités fut Julien Duchêne, d'Uttenhoffen, huit ans.

professeur, sculpteur, mère au foyer, chanteur, pasteur, éleveuse d'escargots, potière, ministre, doreur sur bois, etc.

La rencontre avec le futur invité est essentielle. Elle permet de briser la glace, de bien se connaître, sans quoi l'émission serait raide et figée. Je me rends généralement chez l'invité pour mieux le capter, transmettre avec justesse qui il est. Je prends des notes, je le questionne. Il me dit souvent qu'il n'a rien fait de spécial, et qu'il se demande ce qu'il va dire dans une émission de vingt-six minutes.

En fait, chaque personne est riche d'un jardin qu'elle ignore la plupart du temps et qu'il suffit de révéler. C'est souvent après deux heures de bavardage que l'invité, en terrain confiant, dévoile ses facettes les plus passionnantes. Les invités souhaiteraient généralement profiter de ce repérage pour m'inviter à manger, me faire connaître la famille, le voisinage. Il me faut à chaque fois les freiner et leur faire comprendre qu'il vaut mieux être en tête à tête pour aller à l'essentiel.

Le repérage, malgré l'aspect ludique qu'il semble comporter, est un réel travail. Il importe d'être comme une éponge, d'avoir ses antennes ouvertes pour ne rien manquer, saisir fidèlement comment est la personne face à soi pour la restituer le mieux possible. C'est à ce moment-là que je définis avec l'invité la recette qu'Hubert exécutera. De qui provient-elle ? Plusieurs cas de figures se présentent.

Voyages culinaires dans l'espace et le temps

Certains invités suggèrent une recette à laquelle ils tiennent à tout prix. Ainsi Paul Kanitzer, photographe et organisateur du festival de jazz à Mulhouse, insistait pour que son lapin soit réalisé avec des olives provenant de Nyons dans la Drôme et non d'ailleurs. Certains m'ont fait découvrir des recettes très anciennes et attachantes, jamais aperçues dans un livre, comme les *Doudou un Dédé* du père François Meyer du couvent des Capucins à Hirsingue, ou la soupe de pommes de terre au vinaigre mélangée de nouilles maison du sculpteur sur pierre Gilbert Hitter de Wittelsheim. D'autres souhaitaient une recette précise d'un grand chef, d'autres encore furent marqués par une recette mangée à l'étranger, une idée à laquelle j'adhère d'emblée, tant j'aime l'image d'une Alsace ouverte sur le monde. Couscous, zarzuela, paella, chili con carne: les saveurs venues d'ailleurs ont toujours été les bienvenues dans l'émission.

Un grand nombre d'invités souhaiteraient un baeckeoffe, des lewerknepfle (quenelles de foie) ou des dampfnuedle (petits pains cuits dans une marmite). Il est bien évidemment exclu de refaire plusieurs fois une recette, sauf si elle comporte une originalité qui mérite qu'elle soit redémontrée. Certains invités sont sans idée: «Qu'Hubert cuisine ce qu'il désire... » Hubert ne connaît pas l'invité. Je suis le seul lien jusqu'à l'enregistrement. Il importe donc que j'aide l'invité dans son choix: poisson ou viande? Quelles sont les saveurs aimées ou haïes? Partant de là, j'écris une recette, ou je laisse Hubert la créer. L'important est que la recette soit écrite, qu'Hubert l'ait une quinzaine de jours avant l'enregistrement afin de pouvoir l'essayer, l'ajuster si nécessaire, voire l'améliorer, ce qu'il fait généralement en apportant un tour de main astucieux, un «plus».

En matière de recettes, celles des asperges sont les plus difficiles à programmer. Leur saison est courte: mi-avril à fin mai. Il faut que l'émission comportant cette recette passe dans cette brève période, or elle sera enregistrée un ou deux mois avant, à un moment où il n'y a pas d'asperges sur

Après l'enregistrement, la cuisine reste un lieu de vie. L'invité déguste son mets. Les techniciens viennent goûter les plats préparés par Hubert. Ici, Alain Krugel, chef machiniste dans l'équipe du car numérique.

le marché, si ce ne sont celles venues par avion d'Argentine. S'il fallait enregistrer une émission au moment où la saison des asperges bat son plein, elle serait diffusée fin juin ou début septembre (la grille s'arrêtant en juillet-août).

L'ail des ours pose le même souci : on le trouve en avril. Les émissions enregistrées à cette époque de l'année sont diffusées en mai ou juin, à une période où la saison de l'ail des ours est achevée. Les émissions de fin d'année occasionnent les mêmes prises de tête : je les prépare en septembre pour les enregistrer en novembre. Évoquer le thème de la coupe ou de la vente de sapins, de la décoration, est exclu. Pour tourner le reportage au moment où une maison serait en réalité décorée dans l'esprit festif, il ne me serait possible de la diffuser que dans une émission programmée en janvier ou février, lorsque l'esprit est déjà rivé à Carnaval. Je jongle dans ma tête avec les saisons. À la Toussaint, je pense aux émissions de printemps. Le délai minimum que je peux m'imposer pour préparer une émission est de deux mois, car il me faut remettre le dossier de tournage à *Rund Um* au plus tard un mois avant l'enregistrement. Et l'enregistrement avec le car numérique peut avoir lieu deux jours, comme deux mois avant la diffusion de l'émission.

J'ai contacté certains invités trois ans avant que l'émission ne se concrétise. Il m'arrive de contacter un artiste à un moment où, sorti d'un vernissage, il n'a presque plus de tableaux, ce qui ne permet plus de faire un beau reportage. Je reprends alors contact six mois ou un an plus tard. Il arrive aussi que l'invité souhaite une recette très typée, jamais exécutée et qui mérite le détour. Mais il s'agit d'une recette d'hiver alors que nous sommes au printemps, ou inversement. Je laisse alors passer une ou deux saisons avant de mettre l'émission en route. Car diffuser au printemps une recette d'hiver serait une aberration. Il importe de rester dans l'air du temps, sans incongruité, sans imposition biscornue.

Ma passion de la nature me donne envie de privilégier des sujets qui la mettent en valeur. Mais les contraintes de délai compliquent la donne : avec trois mois de décalage, la nature n'est plus dans le ton ! Cela représente pour moi des casse-tête chinois de caler des sujets tournés en extérieurs en mai ou juin qui passeront sans donner une impression de décalage en septembre ou début octobre, lorsque reprend la grille.

Lundi 16 mai 2005, Freddy Kempf, instituteur à Ohnenheim, répète son chant à la guitare ; je relis mes notes, tandis que Hubert se fait équiper en micro et émetteur par l'ingénieur du son Pascal Boeckel.

Synergie avec Rund Um

Il me faut, dans les jours qui suivent le repérage, rédiger les notes rapidement, tant que la mémoire me les restitue encore avec fraîcheur. Et ensuite remettre les dossiers à la rédaction de *Rund Um* qui en assurera le tournage. Je me dois de fournir à cette rédaction des personnages qui alimenteront l'antenne avec simplicité ou noblesse, mais avec ce « plus » qui fait de France 3 Alsace une télévision de proximité, proche des gens, qui informe et divertit. La synergie entre *Sür un Siess* et *Rund Um* revêt un caractère d'exception. C'était alors l'unique exemple à France 3 Alsace où le service production et la rédaction travaillaient main dans la main. Je me disais qu'une passerelle entre les deux services serait bienvenue. Je réfléchissais à cette opportunité et l'intégrais dans mon projet *Sür un Siess*. Je voulais qu'un reportage sur l'invité figure dans l'émission car rien n'est plus salutaire que l'apport d'images, rien n'est plus triste à la télévision que de faire de la « radio

Moment de douceur et de relaxation avant l'enregistrement. La maquilleuse ce jour-là était Laure Jaeger.

filmée». Seulement voilà : le reportage coûte cher. Il suppose deux jours et demi de travail pour deux personnes, pour obtenir au final trois minutes.

J'en parlai en 1995 avec José Meidinger, alors rédacteur en chef de *Rund Um* (après avoir été le producteur-présentateur de *Cilaos*, la série sur les Alsaciens d'ailleurs). Je lui proposai mon idée : je trouve les invités ; je prépare le reportage en rédigeant, après ma rencontre avec l'invité, un dossier détaillé. Le tournage du portrait, assuré par un tandem de *Rund Um*, alimenterait le créneau de *Rund Um* puisque le reportage passerait d'abord dans cette émission le jeudi soir et serait rediffusé le samedi dans la mienne. José Meidinger adhéra à ce projet, suivi en cela par son successeur Francis Baerst, rédacteur en chef de *Rund Um* depuis 2001.

Les mêmes dossiers dans lesquels je relate la vie, la carrière, les particularités de l'invité ainsi que la recette sont aussi transmis à Michel Broggi, le réalisateur, à Cathy Ehrhart, qui concevra l'arrangement de fleurs, ainsi qu'à Christiane Petit-Meder, la décoratrice de l'émission qui harmonisera la table avec les fleurs de Cathy, le métier et la recette de l'invité.

Synergie avec les Dernières Nouvelles d'Alsace

J'ai toujours pensé qu'une passerelle avec un journal pouvait créer la meilleure des synergies pour optimiser une émission. Aussi ai-je proposé à Alain Howiller, directeur-rédacteur en chef des *Dernières Nouvelles d'Alsace*, de faire paraître chaque semaine un article sur mon invité et sur sa recette choisie. Il accepta ma proposition en septembre 1993 pour le démarrage de *Zuckersiess,* série bisannuelle qui précédait *Sür un Siess*. Depuis cette date, cette harmonieuse collaboration n'a pas cessé, approuvée et reconduite par Dominique Jung lorsqu'il prit la succession d'Alain Howiller en 2005.

Dans les premières années, la chronique paraissait le dimanche, donc le lendemain de la diffusion de l'émission. À partir de janvier 1996, elle parut le samedi, d'abord dans le cahier « Région » du journal, et depuis septembre 2003 dans le supplément *Reflets*. Le lecteur fait ainsi à l'heure du petit-déjeuner une première rencontre avec l'invité et sa recette avant de la prolonger le soir par le petit écran.

Une conjugaison d'efforts

Vue par le prisme des caméras, la télé paraît simple et magique. Elle est en fait une conjugaison d'efforts, elle exige une préparation « bétonnée » qui laisse le moins possible de marge d'erreurs, elle exige de la rigueur et des heures de travail pour faire croire que vingt-six minutes passent simplement, avec naturel et légèreté. La joyeuseté et la légèreté ne viennent pas naturellement en télévision. Il faut pour donner cette impression (ou la vivre bien réellement) avoir tellement préparé, réglé tant de détails, que l'on peut se laisser aller et faire croire que la scène qui se déroule est facile. Donner une impression de joyeuseté et de légèreté, tout en informant et en divertissant : c'est ce but que je me suis toujours fixé. Avec en récompense, la fidélité d'un public qui ignore le temps et l'énergie investis.

Le jour de l'enregistrement, il y a certes vingt-cinq personnes motivées présentes, qui se surpassent pour que le résultat soit le meilleur possible, mais il s'agit alors de l'aboutissement d'un long cheminement mené en solitaire, démarré parfois un ou deux ans plus tôt, selon les invités. Un cheminement aux ramifications multiples, car une grille se bâtit autour de quarante émissions.

Michel Broggi est le réalisateur de l'émission *Sür un Siess* depuis septembre 1998, succédant à Alfred Elter lorsqu'il prit sa retraite. Nous nous connaissions déjà, car nous avions fait ensemble durant deux ans la série *Zuckersiess*. Bien que non dialectophone (il est originaire de Montbéliard), Michel réalise l'émission avec passion et professionnalisme, jonglant sereinement avec les caméras. Pour la trois-centième, il en a utilisé sept !

L'émission est enregistrée en faux direct, c'est-à-dire qu'elle doit se faire dans le temps réel sans qu'il y ait ensuite de montage pour la réduire. Le faux direct donne un rythme, un naturel, et même si parfois l'imperfection surgit au détour d'une phrase ou d'un plan, ce n'est pas grave : c'est comme dans la vie, comme chez soi, lorsqu'on cuisine, que les échalotes prennent trop de couleur et que quelqu'un le souligne, sans esprit vindicatif, juste pour le dire.

En télévision, le chronomètre est un incontournable objet de hantise. Les secondes trottent, le temps n'est pas élastique, il s'écoule, menaçant. Vingt-six minutes, un point c'est tout. Il ne faudra pas les dépasser. Et il faut se comporter comme si de rien n'était, comme si le chronomètre, sablier irréductible qui insuffle la tétanie, n'était pas là.

Une ou deux minutes de plus que prévu, dans une conversation, ou surtout dans le déroulement d'une recette, c'est si vite arrivé. L'huile qui ne chauffe pas assez vite, une viande qui ne veut pas rissoler, une ébullition qui tarde à venir. Ensuite, il faudra essayer de rattraper le retard et parvenir néanmoins dans les deux dernières minutes de l'émission à faire la revue de presse (quelques titres du journal des *Dernières Nouvelles d'Alsace* évoquant des évènements arrivés le jour de la naissance de l'invité), valoriser l'arrangement de fleurs, toujours très recherché, conçu par Cathy Ehrhart, évoquer le décor de table de Christiane Petit-Meder, permettre à Hubert d'apporter le plat terminé, lui laisser présenter le vin, prendre soin d'annoncer l'invité et le plat suivant et... trinquer !

Des téléspectateurs me disent parfois que ce qui leur plaît, c'est de constater que je ne peux plus attendre de goûter le vin et que j'active toujours Hubert : « Alors, chef, quel vin tu nous as choisi ? » Ces téléspectateurs sont alors heureux de voir qu'Hubert s'apprête à étancher ma soif. En réalité, c'est la pression du chronomètre qui me fait tanner Hubert pour le vin. Car je sais que seule une plage de trente secondes s'offre encore à nous. Désolée pour les téléspectateurs auxquels j'aurais, par cette révélation, brisé une illusion !

Un rituel de stress et de fête

L'émission *Sür un Siess* est enregistrée avec les moyens du car numérique. Ce qui signifie que le studio contenant toute la logistique d'enregistrement se trouve dans un autobus de quinze mètres de long et qui pèse vingt-neuf tonnes. Ce car de haute technologie, entièrement équipé en numérique, d'une valeur de 2,5 millions d'euros, émet en direct ou enregistre des émissions dans toute la France et en Europe. Ses prestations sont variées. Émissions de *prime time*, variétés ou débats, il est aussi présent sur des évènements sportifs ou culturels : championnats d'athlétisme à Helsinki et Göteborg, tennis à Roland-Garros, Tour de France, JO, concerts ou opéras.

Quelles que soient les circonstances, le car revient à Strasbourg au moins un jour et demi par mois pour les quatre enregistrements de *Sür un Siess*. Il s'installe alors dans une cour mitoyenne de l'auditorium. Seuls le chef de car, le réalisateur, la scripte, les techniciens vidéo et les techniciens son se trouvent dans ce car. Le reste de l'équipe travaille dans l'auditorium, ce studio-salle de concert dans lequel est dressée la cuisine le temps des enregistrements. Elle sera ensuite démontée, car c'est dans ce même lieu que sont enregistrés des concerts, des pièces de théâtre, ou que se déroule, le vendredi, l'émission du *12-14* en direct.

Un studio n'est pas un restaurant. Et on ne peut se servir à l'envi de vaisselle, car chaque objet qui se trouve là est apporté par Hubert. Il lui faut penser au matériel et aux ingrédients pour quatre, parfois cinq émissions enregistrées en enfilade, ce qui exige une logistique rodée. Un œuf qui manque : ce qui peut paraître un détail peut virer au désagrément lorsque la cantine est fermée et que l'épicerie voisine n'est pas encore ouverte. Il faut alors que vingt personnes fassent le pied de grue en attendant que l'assistant ait mis la main sur un œuf. Dans cette attente inutile, l'invité aura eu le temps de se laisser submerger par le trac, qui parfois provoque une sudation involontaire que la maquilleuse saura heureusement rattraper.

« Que faites-vous du plat réalisé par Hubert ? » me demande-t-on souvent. Nous le mangeons, pardi ! L'invité est heureux de le déguster, souvent avec la personne qui l'accompagne. J'ai plaisir à goûter les réalisations de Hubert, tout comme certains membres de l'équipe. Mais il faut mettre en place l'émission suivante, changer la nappe, le décor de table, les fleurs. Je change de toilette, de coiffure et, sur-

L'émission qui clôt les dix ans de Sür un Siess *: Hubert avait organisé en catimini avec Roland Mack, le directeur d'Europa Park, la présentation d'un gâteau d'anniversaire par une souris-mascotte de taille humaine, avec machine à fumer et feu d'artifice.*

Surplombant mon village, le château du Haut-Barr et son hôtel font partie de l'univers de mon enfance.

tout, je me prépare à m'aiguiller moralement sur l'invité suivant, relire toutes mes notes, mémoriser la recette, être prête à rebondir en cas d'impromptu.

Lorsque la quatrième émission est en boîte, les projecteurs s'éteignent. C'est pour Hubert et moi comme une douce récréation. Cette fois, nous apprécions de boire un verre et de déguster le mets. La récréation ne durera pas longtemps pour Hubert, car il lui faudra remballer tout le matériel et il devra, dans la foulée se remettre à la cuisine dans son restaurant à Rosheim. Mais il ne donne jamais l'impression d'être pressé. Il nous sert de belles assiettes, que nous dégustons, accompagnées d'un bon vin. Des membres de l'équipe se joignent à nous, picorent de-ci, de-là. Nous nous laissons aller, dans les bruits de marteaux : déjà le décor se démonte, les heures sont comptées, des pans disparaissent l'un après l'autre, comme un puzzle qui laisserait une scène vide, avec juste la table et nous autour.

Nous restons sereinement assis, l'invité du jour, Hubert et moi-même, à parler de tout et de rien tandis qu'autour de nous se déroule ce ballet étonnant d'une fête qui se termine.

Scène de ramassage de pommes de terre dans les années 1950 à Haegen, village dominé par les ruines du Haut-Barr, par ma grand-mère paternelle, Marie-Louise, avec à droite mon grand-père, Aloïs Morgenthaler, maître-bûcheron, et à gauche, assis, mon grand-oncle, Charles.

Les saveurs d'où je viens

J'ai connu une enfance villageoise à Haegen, un village forestier près de Saverne. J'ai une attirance pour la forêt, les sous-bois, les odeurs de mousse et les rochers de grès rose car, lorsque j'étais enfant, les jeux se déroulaient dans cette forêt si proche. Elle nous donnait le bois de chauffage, les pommes de pin, les myrtilles, les cèpes et girolles, et ses bouquets de parfums.

Maman cultivait un grand potager avec une vue sur la forêt dominée par la ruine du château du Geroldseck et les rochers du Haut-Barr. Cette frise de forêt avec ces ruines constituaient une ligne d'horizon familière. Nous avions un verger avec des pommiers, des quetschiers, un mirabellier et des noyers. Et nous mangions les légumes et les fruits selon les saisons. Nous plantions aussi un champ de pommes de terre qui nous suffisait pour l'année. Nous vivions en autarcie, sans jamais acheter de salade ou de légumes.

Maman préparait aussi un tonneau de choucroute chaque année, et je me souviens des sabots neufs destinés au seul usage de piétiner le chou râpé frais pour le tasser avant sa fermentation. J'aimais sa choucroute, qu'elle ébouillantait plusieurs fois pour

Le « visage d'où je viens » : celui de Marie-Barbe Staebler, paysanne, ma grand-mère maternelle (à droite sur cette photo), se rendant un dimanche à l'église de son village, Lochwiller.

lui faire perdre son acidité et qu'elle faisait rissoler sur le coin du feu en lui laissant prendre une couleur brune. Mon oncle nous fournissait un cochon à l'automne, que nous transformions en cochonnailles. J'aime repenser au fromage de tête *(Soïkas)* qui se figeait dans des bols et qui, une fois renversé, évoquait des seins gélatineux. Nous élevions des poules et des lapins. Ces derniers étaient nourris à l'herbe du verger que papa fauchait chaque jour, et avec des pommes de terre cuites en robe des champs, écrasées et mêlées de son de blé, le lapin constituait souvent notre repas du dimanche.

Les saveurs les plus simples sont souvent les meilleures. Petite, je me délectais de la galette de pommes de terre *(Grumbeerekiechel)* que j'avais le droit de manger, en avant-première, peu avant midi, sous le préau, au retour de l'école. J'ai une réelle tendresse pour ces petits plats ruraux du vendredi ; j'aimais déguster les quenelles de semoule *(Griesknepfle)* servies avec des croûtons revenus, une salade verte ou des fruits (quetsches et mirabelles en conserve), ou encore ces grosses crêpes *(Eierkueche)* accompagnées de pommes de terre rôties et de salade verte.

Les jours de fête, je partageais avec joie le cérémonial du pot-au-feu avec son cortège de crudités à râper, son bouillon ambré, ses quenelles de moelle. Le samedi, je regardais maman pétrir rituellement la pâte levée qui donnerait le gâteau à la cannelle *(Zimetkueche)* et la tresse *(Zopfrinke)* du dimanche. J'aimais lorsque la première laitue accompagnait pour le repas pascal le coq de la basse-cour, cuit dans son petit jus et servi avec des pommes frites ! Et que dire des premiers petits pois qui se vrillaient autour de leur support de branchages *(Arbseriesle)* et qui, cueillis frais, légèrement cuits et parsemés de persil, fondaient sous la langue.

Tout cela se passait, autour de la table familiale, dans une simplicité extrême. Nous faisions, sans le savoir, de la gastronomie. Je sentais en mon for intérieur cette magnifique alchimie qui pouvait naître en associant un produit frais et un tour de main. Ainsi, le beurre baratté main à Lochwiller par ma marraine Jeanne et par tante Élise, étalé sur une tranche du pain moelleux de Félix le boulanger, suffisait pour créer une joie gustative immédiate. J'aimais la robustesse de ma grand-mère, Marie-Barbe Staebler, son sourire vrai, cette magnifique ruralité qui l'habitait lorsqu'elle s'activait autour du four muré où cuisaient les kougelhopfs et les nattes en pâte levée.

À onze ans, au lycée de Saverne, j'ai découvert la cantine. Elle se trouvait au dernier étage du château des Rohan. Là, mon palais, d'abord heurté, apprivoisa des saveurs nouvelles, des mets qui ne poussaient pas dans le jardin, ni dans notre basse-cour ! Cabillaud, moules, langue, tripes, rognons, cervelle ! Le monde ne s'arrêtait pas à la lisière du village.

Les seuls poissons que j'avais dégustés jusque-là était les harengs en saumure que nous achetions à l'étal de monsieur Wencker, au marché de Saverne, et qu'il emballait dans du papier journal. Ensuite, nous les faisions dessaler avant d'en lever les filets que nous posions dans la crème avec des rondelles d'oignon. Je fis aussi une grimace en mangeant la choucroute acide et blanche de la cantine, bien éloignée de celle, douce, brune et rissolée de Maman. La cantine fut pour moi une ouverture sur le monde des saveurs inconnues.

Maman m'a poussée tôt à faire la cuisine. Dès l'âge de huit ans, j'avais en été pour mission de rentrer des champs à onze heures pour mettre en

Goûter de Noël dans la salle des fêtes de Haegen dans les années 1960. Je suis la deuxième à gauche, avec au premier plan à mes côtés, Marianne, ma copine d'enfance qui vit à La Réunion et m'initie à la cuisine créole.

À dix-huit ans, l'année du bac, avant les études de journalisme, avec ma mère, Marie-Thérèse, et mon père, Aloyse, qui fut sculpteur sur bois et passionné de roses.

route les pommes de terre sautées. Ces *Gebradelte Grumbeere* exigent un véritable tour de main pour être grillées mais point trop, tendres mais non écrasées. Je menais cette mission avec sérieux, heureuse de pouvoir montrer à midi sonnant que le repas était prêt. Il n'est pas difficile de faire lorsqu'on a vu faire. C'est la magie de la transmission par la simple observation, qui vaut tous les cours de cuisine. Et la transmission se fait encore plus aisément lorsqu'elle est enveloppée d'amour.

Ouvrir le dialogue

« Savez-vous cuisiner ? » me demande-t-on souvent. Cela me paraîtrait impossible, et même incongru, de parler de cuisine sans savoir la pratiquer. Il est impossible d'écrire avec justesse une recette si l'on n'a pas de notion de cuisine. Je cuisine tous les jours et j'adore cela. Je n'ai pas pris de cours, je cuisine d'instinct comme tant de femmes, ménagères et mamans qui nourrissent avec bonheur les leurs. J'aime cuisiner des produits simples, frais et savoureux. Je cuisine aussi des plats traditionnels et j'aime improviser selon mes envies et mes inspirations de l'instant, allier des saveurs exotiques ou pratiquer des mariages salé-sucré.

Dès 1976, dans mes premières émissions de radio avec Jean-Pierre Schlagg puis Ric Alban, j'aimais introduire des plages culinaires, parler de recettes, ouvrir le dialogue avec les auditrices : quelle était leur recette des petits gâteaux à l'anis *(Anisbredle)*, comment faisaient-elles pour obtenir le fameux petit talon, dit *Stolle* en alsacien ? Le même désir me poussait à procéder ainsi à la télévision : ma première émission, en 1976, était consacrée aux winstubs strasbourgeoises, la seconde à la tarte flambée. Je proposais ensuite des séries culinaires, longtemps refusées, car la gastronomie en ces années-là était considérée comme un vecteur non culturel. Il y avait une gêne à afficher aussi publiquement que l'Alsace était riche en produits, en hommes sachant les travailler, bref qu'elle était gourmande. C'est en 1983 que Georges Traband, directeur de la télévision régionale, et Gérard Heinz, alors directeur des programmes, acceptèrent une série culinaire : des chefs d'Alsace venaient en studio avec leurs ingrédients pour démontrer l'une de leurs recettes. Puis suivirent toutes les séries jusqu'à *Sür un Siess*.

Je suis aussi une passionnée des Alsaciens d'ailleurs et, où que j'aille dans le monde, je les rencontre pour écrire sur eux. J'aime voir comment ils s'épanouissent, comment ils transcendent leurs racines pour les magnifier, comme Jean-Louis Neichel à Barcelone, Hubert Keller à San Francisco, Jean Joho à Chicago, Jean-Georges Vongerichten à New York et bien d'autres. D'un point de vue gustatif, je mange tout, sans exclusive. Je n'eus aucun mal à déguster, chez les

À sa mort, j'ai hérité du jardin de ma mère qui me gratifie de beaux légumes. En voici quelques-uns que j'ai photographiés sous le soleil d'été.

Texans de descendance alsacienne, du serpent à sonnette *(Klapperschlange)* ou, sur le domaine de chasse d'Evelyne Jung au Colorado, du baeckeoffe fait avec du puma, de l'ours et de l'élan. Toute découverte des saveurs est intéressante pour le palais. Ma nature me fera toujours préférer les goût simples et intenses.

La richesse des saveurs et des êtres

C'est cette vision de la gastronomie que prône aussi Hubert Maetz. Ses études à l'école hôtelière de Strasbourg-Illkirch, son passage au Romain à Strasbourg chez Roger Sengel, Pierre Gaertner des Armes de France à Ammerschwihr, au restaurant Anton à Obersteinbach, où il eut Michel Berring comme maître, remplacé ensuite par Antoine Westermann du Bürehiesel, ont forgé sa patte culinaire, lui faisant transcender les recettes apprises de sa maman. Hubert est porté par l'envie de valoriser le produit, de le marier de façon juste, souvent originale et inattendue avec des simples, des fleurs, parfois des herbes que l'on dit mauvaises et qui s'avèrent si bonnes avec tel poisson ou tel entremets.

Il est aussi un passionné du vin et grand connaisseur en ce domaine. Il a grandi auprès de son père Jacques, viticulteur, qui lui a transmis l'amour des vignes. Le chef de *Sür un Siess* est l'homme le plus heureux du monde lorsqu'il peut passer du temps dans ses vignes, les tailler, les regarder évoluer, en observer le produit grandir en cave, y respirer sa maturation. Sa curiosité naturelle le porte aussi vers les autres vins, de France comme du monde. Il livre spontanément tant de bonnes idées pour marier mets et vins, que vous trouverez au fil des recettes.

Notre bonne entente nous a permis de faire ce long chemin ensemble. En dix ans, Hubert et moi avons mené nos quêtes, surmonté des deuils. Nos mamans ont quitté ce monde. Hubert a fait sa vie avec Isabelle qui lui a donné trois beaux enfants: Xavier, Camille et Antoine. Que de rencontres en dix ans! Que d'évènements! Je suis restée très proche de certains invités avec lesquels j'échangeais des courriers. Certains s'en sont allés. Leurs rires, leurs sourires ondoient en moi. Je pense souvent à Jean Gerber le pâtissier, Charles Vollmer le ramoneur, Charles Bentz le boulanger, Attilio Cerutti le joueur de bandonéon. La vie caracole, avec son bouquet de joies et de tristesses. Il est bon d'en garder trace, pour ne pas permettre à l'oubli de s'installer.

Voilà pourquoi je suis heureuse de la naissance de ce livre, témoin de dix ans de rencontres, dix ans de recettes dévoilées, créées, ou retravaillées. Cette aventure humaine a donné corps à cet étonnant livre, riche à la fois de saveurs et d'êtres, avec plus de cinq cents recettes, des plus régionales aux plus exotiques, et qui, à l'image de ceux qui ont inspiré ces plats, respire la vie, l'Alsace et le monde. Bonne lecture, belle réussite des recettes et plaisante dégustation!

Photo-écran prise sur le vif par Laura Martin qui nous a suivis à France 3 Alsace pendant deux jours et nous photographiait sans même que nous nous en rendions compte.

SOMMAIRE

Les entrées

Les entrées

par Bernard Latuner

«L'idée qui s'est d'emblée imposée à moi, c'est le tigre qui bondit à travers le cerceau de feu pour entrer dans un autre monde. Les entrées sont cela pour moi : on arrive au repas avec une telle faim qu'on se jette sur les entrées. C'est un départ fait de violence et de beauté. La vraie dégustation, le grand festin ne commencent qu'ensuite. J'ai peint ce tigre à l'acrylique, je ne peins qu'à l'acrylique car je suis pressé pour exprimer encore toute la révolte que je contiens. Je n'ai pas besoin de la richesse de l'huile, je prends une matière pauvre comme l'acrylique pour rendre le tableau plus dur, comme ces photos qui paraissent dans les quotidiens.»

Bernard Latuner

Harengs à la sauce aigre-douce et blinis

UNE RECETTE RÉALISÉE POUR BORIS ONIPENKO

Le peintre d'icônes Boris Onipenko aimait régaler son monde avec ces silotkas, des harengs à la sauce moutarde légèrement sucrée qui constituent une entrée festive russe. Boris les dégustait avec un doigt de vodka et ces blinis qui désignent des petites crêpes salées épaisses servies en Russie avec de la crème aigre pour accompagner le caviar ou tout poisson fumé.

Pour 6 personnes

Harengs
- 6 harengs salés entiers, de préférence des femelles qui renferment des œufs, plutôt que des mâles dotés de laitances (les *matjes*, jeunes harengs gras, pêchés en mai-juin ainsi qu'en automne).

Sauce
- 6 cuillerées à soupe de moutarde forte (lisse ou à grains)
- 3 cuillerées à soupe de sucre en poudre
- 2 dl d'huile

Finition
- 1 oignon jaune ou blanc détaillé en rondelles
- quelques tiges d'oignon frais détaillées en rondelles
- un peu de persil commun et de cerfeuil

Pâte à blinis
- 250 g de farine
- 4 jaunes d'œuf
- 20 g de levure de bière
- 30 cl de bière
- sel, poivre, noix de muscade râpée
- 4 blancs d'œuf montés en neige
- 50 g de beurre ou d'huile pour la cuisson

Une vodka bien glacée ou un sylvaner d'André et Marianne Pfister, de Dahlenheim.

Harengs

Videz les harengs, réservez les œufs (un «simili-caviar» de couleur brune). Faites dessaler pendant 48 h les harengs. Les œufs doivent dessaler pendant 30 min, sinon ils perdent leur saveur. Après 48 h, retirez la peau, prélevez les filets, ôtez les arêtes, coupez en petites portions (2 cm de long). Disposez-les dans une terrine, sans les saler, par couches en ajoutant des portions d'œufs agglutinés, versez chaque fois entre deux couches un peu de sauce à la moutarde, très rapide et simple à préparer : il suffit de mélanger la moutarde et le sucre, d'ajouter progressivement de l'huile à l'aide d'un fouet jusqu'à consistance d'une mayonnaise liquide. Inutile de saler ni de poivrer. Versez la sauce sur les harengs et laissez reposer pendant au moins 5 h. Au moment de servir avec les blinis (ou du pain de seigle ou de campagne), ajoutez les rondelles et les tiges d'oignon et décorez de persil et de cerfeuil.

Blinis

Ajoutez les jaunes d'œuf à la farine, incorporez la bière, la levure (délayée dans une cuillerée de bière tempérée), le sel, le poivre, la noix de muscade. Confectionnez une pâte légèrement liquide. Laissez reposer et monter dans un endroit tempéré pendant 30 min. Montez les blancs en neige et incorporez-les à l'appareil. Faites cuire par petites portions, dans un peu de beurre, dans une poêle spéciale blinis (ou, à défaut, une simple petite poêle), en laissant dorer sur les deux côtés. Servez-les chauds avec les harengs froids.

Boris Onipenko travailla comme décorateur pour le théâtre de Stuttgart. Il s'installa en Alsace comme graphiste indépendant avant de diriger un studio graphique en Allemagne (émission du 28 février 1998).

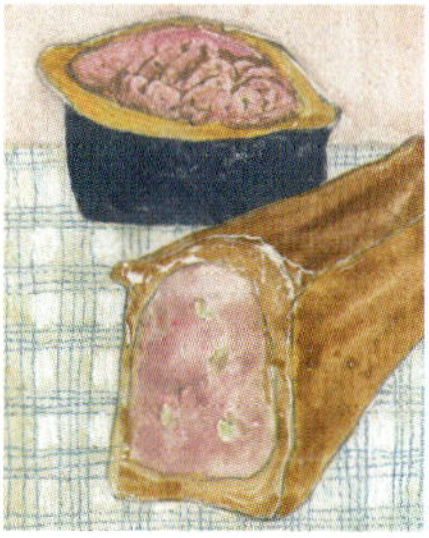

Pâté en croûte

UNE RECETTE RÉALISÉE POUR DORIS SCHOTT

Pour Doris Schott, de Hoenheim, ce pâté en croûte est rattaché aux fêtes de son enfance et à des repas joyeux du temps où son mari, Alain, alors chef de rang au Buerehiesel, arrivait tardivement après le service avec la « fine équipe » – Pierre, Benoît, Jean-Luc, Manu et Sergio – pour leur faire déguster ce mets que leur ami Hubert a agrémenté de foie gras et de truffes.

Détaillez la viande (une ou deux sortes) en fines et longues lamelles, puis entreposez-la dans un récipient avec 50 g d'échalotes hachées crues, la feuille de laurier, les clous de girofle, le persil, le sel et le poivre ainsi que le vin nécessaire pour couvrir les ingrédients. Laissez mariner durant 24 h au minimum, sinon deux à trois jours.

Préparez la pâte la veille ou le jour même. Mélangez la farine avec le beurre (à température ambiante et coupé en petits morceaux), travaillez du bout des doigts, ajoutez l'œuf entier et le jaune battus au préalable avec 25 cl d'eau et le sel fin. Travaillez la pâte jusqu'à obtention d'une masse homogène. Laissez-la reposer au frais durant 30 min au moins, puis abaissez-la et remettez-la en boule, laissez reposer durant 30 min et abaissez-la une deuxième fois. Refaites cette opération une troisième fois avant de poser la pâte (1 cm d'épaisseur) dans un moule (de forme rectangulaire ou ronde), préalablement enduit de beurre. Disposez sur le fond et les côtés la farce hachée (à laquelle vous aurez ajouté les 200 g d'échalotes revenues, le persil, l'estragon, le sel et le poivre), puis recouvrez d'une couche de viande marinée. Enveloppez le foie gras et les truffes coupées en fines tranches dans la barde de lard (opération facultative), serrez bien l'ensemble, disposez sur toute la longueur du pâté, recouvrez à nouveau d'une couche de farce hachée, puis une de viande marinée, et terminez par une couche de farce hachée. Enduisez de blanc d'œuf les bords supérieurs de la pâte avant de fermer le pâté avec une couche de pâte, à pincer fortement pour la rendre hermétique.

Suite de la recette en p. 428

Pour 10 personnes

Appareil
- 1,2 kg de viande (porc et veau) à couper en fines bandelettes
- 50 g d'échalotes crues
- 2 feuilles de laurier
- 2 clous de girofle
- 1 l de vin blanc
- 100 g de persil
- 600 g de viande hachée (porc et veau) à mélanger avec 200 g d'échalotes hachées revenues au beurre, du persil et de l'estragon
- 14 g de sel et 1 g de poivre « quatre épices » par kg de viande
- 400 à 500 g de foie gras (facultatif)
- 2 truffes, environ 60 g (facultatif)
- 1 barde de lard (facultatif)
- Un peu de blanc d'œuf pour badigeonner le pourtour de pâte
- 1 jaune d'œuf pour badigeonner la partie supérieure

Pâte
- 500 g de farine
- 350 g de beurre
- 10 g de sel
- 1 œuf entier + 1 jaune mélangés à 25 cl d'eau
- un peu de beurre (pour enduire le moule)

Un muscat Fleckstein de Jacques Maetz, de Rosheim (le père d'Hubert Maetz).

Doris Schott est infirmière scolaire, employée de la Ville de Strasbourg. Elle est passionnée de jardinage et de compositions florales (émission du 29 mai 1999).

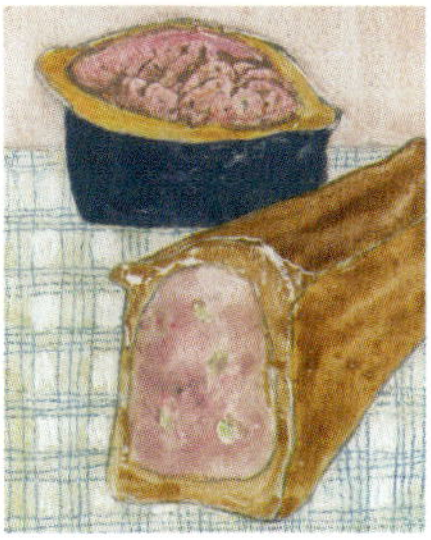

Pressé de porc et de veau façon Théobaldine

UNE RECETTE RÉALISÉE POUR MAURICE ROECKEL

Maurice Roeckel aime la *Galleri*, un mot alsacien qui signifie gelée et qui désigne aussi des pressés de viande, généralement de porc, auquel s'ajoute ici du bœuf, une langue de veau et un pied de porc. Cette recette de fête a été réalisée en hommage à deux femmes qui ont donné à Maurice l'amour de la cuisine : sa mère Maria et sa marraine Théobaldine – à l'origine de la recette.

Pour 6 personnes
- 1 langue de veau entière
- 1 pied de veau entier
- 200 g de paleron de bœuf
- 3 belles tranches de jambon à l'os (épaisseur 1 cm)
- 1 côte de veau ou de porc (cuite)
- 30 g de gélatine en poudre (ou 6 feuilles)
- 1 carotte
- 1 petite branche de céleri
- 3 feuilles de poireau
- 1 oignon
- 1 feuille de chou
- 1 feuille de laurier
- 2 clous de girofle
- 1 cube de bouillon de bœuf
- sel, poivre
- 1,5 l de gewurztraminer
- 75 cl d'eau

Un gewurztraminer réserve de la maison Léon Beyer, d'Éguisheim.

Le premier jour, disposez la langue de veau, le pied de veau et le paleron dans un fait-tout, mouillez avec 75 cl de gewurztraminer et complétez avec un peu d'eau. Salez et poivrez. Au premier bouillon, ajoutez le laurier, les clous de girofle et le cube de bouillon. Écumez souvent.

Quand la peau de la langue blanchit, sortez-la du bouillon, épluchez-la et remettez-la à cuire. Ajoutez les légumes (carotte, poireau, céleri branche, oignon, feuille de chou). Laissez cuire à petits bouillons jusqu'à ce que les viandes soient bien tendres. Retirez la langue et le paleron, laissez refroidir. Coupez la langue, le paleron, le jambon à l'os et la côtelette en petits dés de 5 à 7 mm de côté. Recouvrez les viandes coupées avec 50 cl de gewurztraminer. Quand le vin est bien absorbé, ajoutez encore 10 cl. Mettez au frais, pour la nuit, les viandes marinées et le jus de cuisson restant.

Le lendemain, enlevez la graisse figée à la surface du jus de cuisson. En dessous, il y a une belle gelée, bien claire. Mettez les viandes marinées dans un fait-tout et ajoutez cinq cuillerées à soupe de gelée figée. Laissez mijoter 20 min, en remuant doucement. Rectifiez l'assaisonnement. Faites fondre la gelée du jus de cuisson.

Prenez des moules à cake en aluminium, disposez un peu de gelée chaude dans le fond, mettez au frais. Ajoutez ensuite les viandes dans les moules à cake, remettez au frais.

Passez la gelée fondue dans un filtre. Versez-en une partie sur les viandes disposées dans les moules et mettez au réfrigérateur. Réservez de la même manière le reste de gelée, nappez d'une fine pellicule le fond de l'assiette.

Une fois les viandes figées, démoulez les moules à cake et coupez des tranches de 1 cm d'épaisseur. Disposez trois tranches de terrine par assiette. Nappez avec de la gelée fondue, jusqu'à couvrir légèrement les viandes. Mettez au frais.

Après des études de droit international, Maurice Roeckel est devenu consultant et formateur en restauration. Il est à l'origine des Étoiles d'Alsace, dont il est aussi le secrétaire général (émission du 20 mars 2004).

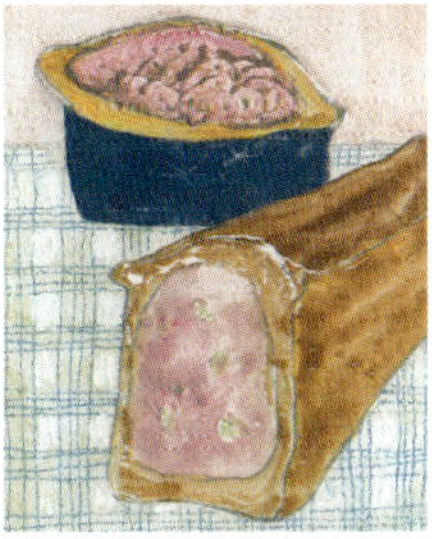

Presskopf

UNE RECETTE RÉALISÉE POUR CHARLES VOLLMER

Le ramoneur de Thal-Marmoutier Charles Vollmer, passionné de charcuterie, mettait en saumure dans sa cave des cochons élevés par un paysan de Lupstein pour préparer des saucisses à l'ancienne avec des petits secrets de fabrication qu'il avait glanés auprès des ménagères rencontrées pendant ses quarante ans de ramonage. Voici le presskopf portant la signature du chef Hubert Maetz.

Nettoyez la demi-tête de porc, salez-la avec du gros sel et laissez reposer durant trois jours (vous pouvez aussi acheter chez le boucher une tête déjà salée). Rincez-la et laissez-la dégorger pendant 2 à 3 h. Faites-la bouillir dans une grande quantité d'eau, comme pour un pot-au-feu, en ajoutant l'oignon, les légumes ainsi que tous les aromates. Salez et poivrez. Portez à ébullition, écumez dès que nécessaire. Laissez mijoter durant 2 h. Égouttez la tête, détachez-en la chair (si elle résiste, remettez en cuisson quelques minutes), veillez à ôter de la chair toute trace d'esquille ainsi que les parties cartilagineuses, disposez-la dans un récipient, mettez un poids pour presser l'ensemble (cela permettra de couper, après refroidissement, des dés plus réguliers), laissez-la reposer au frais pendant une nuit. Faites réduire le fond (de 3/4 environ), passez au chinois, laissez reposer au frais (ainsi, vous pourrez tester la fermeté de la gelée et ôter l'excès de graisse en surface avec une cuillère).
Le lendemain, démoulez la tête pour la découper en petits dés. Portez la gelée à ébullition avec le sylvaner, ajoutez les dés de viande et laissez bouillir pendant 1 min, arrêtez la cuisson, ajoutez le persil haché et les cornichons coupés en petits dés, rectifiez l'assaisonnement, versez dans des moules à votre convenance (ils peuvent éventuellement être chemisés de papier film pour faciliter le démoulage). Laissez reposer au frais pendant une journée.
Servez ce presskopf découpé en tranches. Dégustez-le nature ou avec une vinaigrette à laquelle vous ajouterez de l'oignon et du persil hachés, ainsi qu'un œuf dur écrasé à la fourchette. Accompagnez-le de salade verte, de tomates coupées en quartiers et d'œufs durs.

Pour 8 personnes

Fond de cuisson
- 1/2 tête de porc (à commander chez le boucher)
- 2 carottes
- 1 gros oignon piqué de 3 clous de girofle
- 2 poireaux
- 1 branche de céleri
- thym, laurier, coriandre et baies de genièvre
- 2 gousses d'ail
- sel, poivre

Finition
- 2 dl de sylvaner
- 200 g de cornichons
- persil haché

Vinaigrette
- 2 cuillerées à soupe de vinaigre de miel
- 6 cuillerées à soupe d'huile
- 6 cuillerées à soupe d'eau
- 1 cuillerée à soupe de moutarde forte
- sel, poivre

Garniture de vinaigrette
- 3 œufs dur
- 1/2 oignon
- 2 tomates
- persil haché

Un riesling de Marcel Weibel, d'Obernai, récolté sur les coteaux de Schenkenberg.

Charles Vollmer entra au service de Monsieur Florence, maître-ramoneur à Saverne. À la retraite de celui-ci, il prit sa succession. Il enseigna également le judo à Saverne (émission du 1er mars 1997).

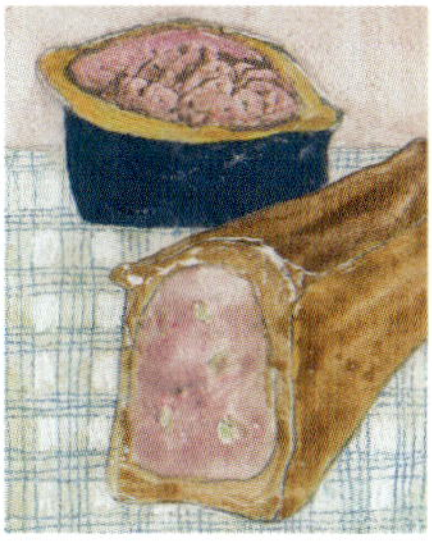

Terrine de canard à la mangue et son chutney de mangue

UNE RECETTE RÉALISÉE POUR BERNARD WEBER

Depuis sa retraite de viticulteur, Bernard Weber, de Pfaffenheim, frappe à toutes les portes pour introduire la mangue du Mali en Alsace dans un projet de commerce équitable. Henri Gagneux, le chef du restaurant La Palette à Wettolsheim, amateur de ce fruit parfumé, riche en vitamines A et C, est l'auteur de cette terrine de canard à la mangue accompagnée d'un chutney de mangue.

Pour 5 personnes

Terrine

- 5 cuisses de canard
- 2 kg de graisse de canard
- 150 g de barde de lard
- 200 g de volaille (filet ou cuisse) hachée
- 2 dl de crème
- 1 œuf
- 150 g de chair de mangue
- 10 g de beurre pour faire revenir
- 3 cl de rhum

Chutney

- 150 g de chair de mangue coupée en dés
- 30 g de sucre cassonade
- 100 g d'oignons coupés en petits dés
- 1 cuillerée à café de gingembre moulu
- 5 cl de vinaigre blanc ou de vinaigre de cidre
- sel, poivre

Un château canterrane, cuvée du Millénaire, AOC côtes-du-roussillon.

Pour la terrine, faites cuire les cuisses de canard dans la graisse de canard pendant 1h30 pour les confire, puis égouttez-les. Ôtez la peau et les os, taillez la viande en long. Bardez une terrine.

Confectionnez une farce blanche, hachez au hachoir à la grille fine la volaille, déposez le hachis dans le robot, salez, poivrez, ajoutez l'œuf et mixez en ajoutant progressivement la crème – la farce doit être lisse et onctueuse – et ne pas trop la travailler au mixer pour éviter qu'elle ne chauffe, sinon elle se dissocie et la terrine n'a plus de tenue. Taillez la mangue en petits dés, faites-les revenir au beurre et flambez-les au rhum. Mélangez dans un cul-de-poule la viande confite, la farce blanche, les dés de mangue et remplissez la terrine.

Mettez au four à 110° (th. 3-4) pendant 1h30.

Pour le chutney – un condiment aigre-doux fait de fruits cuits avec du sucre dans du vinaigre jusqu'à la consistance de confiture, que l'on déguste froid –, taillez en dés la mangue et les oignons. Faites un caramel à coloration blonde avec la cassonade, ajoutez la mangue coupée en dés, les oignons, le gingembre et le vinaigre et laissez mijoter doucement pendant 30 min. Salez, poivrez.

Bernard Weber fut viticulteur pendant cinquante-cinq ans et longtemps élu de la Chambre d'agriculture du Haut-Rhin. Il est aujourd'hui tuteur à l'IUT de génie biologique de Colmar (émission du 21 mai 2005).

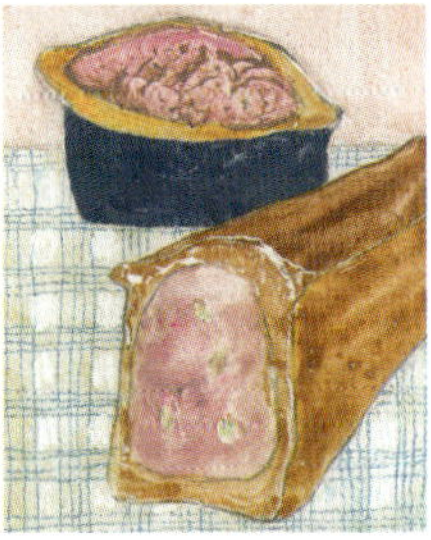

Terrine aux quatre viandes et aux griottes et sa salade joyeuse

UNE RECETTE RÉALISÉE POUR JANINE ERNY

Janine Erny, de Colmar, a un penchant pour les terrines, si conviviales: préparées à l'avance, elles permettent sans stress de nourrir l'amitié. Elle en fait de toutes sortes, souvent avec des griottes, remplaçables par du raisin. Celle-ci peut être préparée trois jours plus tôt. Elle n'en sera que meilleure. La recette provient de Janine Erny et du chef Émile Jung, son petit-cousin.

Terrine

Découpez la viande en lanières et faites-la mariner quelques heures dans de l'armagnac. Salez, poivrez et ajoutez les « quatre épices ». Disposez dans le fond de la terrine un tiers des rillettes, puis alternez les couches de rillettes et de lanières de viande mélangées entre elles en posant côte à côte les différentes viandes afin d'obtenir un arlequin. Parsemez régulièrement de griottes et de raisins; terminez par une couche de rillettes. Versez par-dessus le restant de la marinade. Couvrez. Enfournez à 160° (th. 5-6) pendant 1 h 15. Laissez refroidir et attendez un jour au moins avant de déguster. Si vous avez la patience d'attendre 3 à 4 jours, la terrine n'en sera que meilleure.

Salade joyeuse

Répartissez les différents ingrédients sur les assiettes dans une feuille de laitue, puis arrosez d'un cordon de vinaigrette (réalisée en mélangeant l'huile d'olive et le vinaigre de xérès). Salez, poivrez.

Vous pouvez composer cette salade selon votre désir, celle d'Émile étant un exemple de l'artiste-cuisinier.

Pour 6 personnes

Terrine

- 150 g d'aiguillettes de pintade
- 200 g d'aiguillettes de poulet
- 100 g de magret de canard
- 100 g de tranches de viande de porc
- 5 cl d'armagnac
- sel, poivre
- 1 g de poivre « quatre épices » (facultatif)
- 500 g de rillettes d'oie (toutes prêtes ou à confectionner soi-même)
- une quarantaine de griottes ou de raisins pelés et épépinés

Salade joyeuse

- 50 g de maïs frais cuit
- 12 cerises aigre-douces
- 1 carotte cuite coupée en biseau
- 6 mini-pâtissons cuits
- 6 mini-courgettes cuites et coupées en éventail
- 12 tomates cerises
- 6 feuilles de laitue
- 6 mini-poireaux cuits et façonnés en bretzels
- 3 cl d'huile d'olive
- 2 cl de vinaigre de xérès
- sel, poivre du moulin

Un tokay pinot gris grand cru Hatschbourg de la cave Wolfberger, à Éguisheim.

Janine Erny est enseignante, ethnologue, céramiste et gastronome. Elle a créé l'Atelier de l'Ern à Colmar et a publié une étude ethnologique sur les émigrants alsaciens au Texas (émission du 21 octobre 2000).

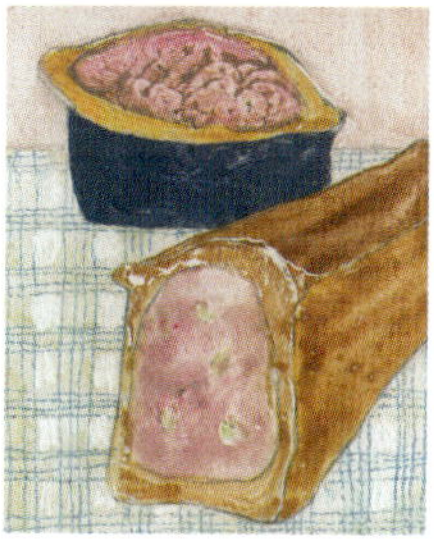

Terrine de lapin truffée et sabayon

UNE RECETTE RÉALISÉE POUR EMMA GUNTZ

Passionnée de livres, de littérature comme de cuisine, Emma Guntz rêvait de voir réaliser cette terrine *(warme getrüffelte Hasepastete)* inspirée de l'ouvrage *Grosses Praktisches Kochbuch* de Marie Bruchmeier, paru dans les années 1900. Elle rêvait aussi d'une *Weinschaumsoss*, appelée en français chaudeau, un genre de sabayon que Hubert réalisa sans coup férir.

Pour 8 personnes

Terrine de lapin truffée

- 1 jeune lapin de 2 kg
- sel, poivre
- 3 échalotes
- 5 champignons de Paris
- 375 g de lard salé
- 250 g de viande de veau
- 250 g de viande de porc
- 1 pincée de noix de muscade
- sel, poivre
- 10 cl de porto
- 120 g de truffes (facultatif)
- 100 g de pistaches
- 1 feuille de laurier
- 1 kg de pâte brisée (faite avec 500 g de farine, 250 g de beurre, 3 œufs, du sel et 3 cl d'eau)

Chaudeau (ou sabayon) (pour 2 à 4 personnes)

- 1/4 de litre de vin blanc
- 1 cuillerée à soupe de jus de citron
- 120 g de sucre
- 3 œufs
- 2 cuillerées à café de maïzena
- le zeste d'un citron râpé
- 3 cuillerées à soupe de crème fouettée (facultatif)

🍷 *Un pinot gris du Rangenberg (Larmes de Bacchus) de Bernard Jost, de Dorlisheim.*

Terrine de lapin truffée

Désossez entièrement le lapin. Réservez le râble, coupez chaque filet en deux et les cuisses en grosses lanières (ôtez la pellicule de peau en surface), salez et poivrez l'ensemble, marinez avec le porto. Coupez le reste de viande en dés réguliers. Laissez suer pendant 15 min les trois échalotes finement coupées avec 125 g de lard salé finement coupé et les champignons émincés. Ajoutez ces ingrédients revenus à la farce en mélangeant avec les viandes de veau, de porc et les 250 g de lard restant, le tout haché à la grille moyenne, la viande de lapin coupée en dés, le reste de lard, le porto, le sel, le poivre, la noix de muscade. Beurrez un moule (rectangulaire ou rond, genre moule à tourte), étalez la moitié de la pâte et disposez-la dans le moule, étalez-y la moitié de la farce, surmontez des morceaux de râble et de cuisses de lapin réservés, parsemez de pistaches et des truffes émincées, couvrir du reste de la farce. Disposez la feuille de laurier. Recouvrez l'ensemble avec la seconde moitié de la pâte et enfournez à 210° (th. 7) pendant 1 h 15 à 1 h 30. Démoulez avec précaution, coupez en tranches et servez chaud.

Chaudeau (ou sabayon)

Cette sauce est à préparer au dernier moment. Mélangez et battez au fouet tous les ingrédients. Disposez le récipient dans un bain-marie et continuez à fouetter en veillant à ne pas laisser bouillir. Lorsque la sauce est mousseuse et qu'elle a doublé de volume, servez aussitôt. Si vous devez la laisser en attente, vous pouvez la stabiliser avec la crème fouettée à incorporer au dernier moment et réservez-la dans un endroit tempéré.

Emma Guntz, auteur et poète, fut productrice et présentatrice d'émissions littéraires à la télévision régionale. Elle est également co-organisatrice de la Biennale Mitteleuropa (émission du 20 février 1999).

Pain de lotte et sa sauce aux orties

UNE RECETTE RÉALISÉE POUR ÉLIANE WEHRUNG

Cette exquise entrée froide peut aussi être un plat principal pour une journée chaude. Pour une meilleure tenue, elle doit être préparée la veille, voire l'avant-veille. Cette recette pratique et raffinée provient de la sœur d'Éliane. Elle la sert avec une mayonnaise rendue rose par l'ajout de concentré de tomates. Hubert ajouta une sauce rapide faite d'orties cuites puis mixée avec de la crème.

Faites pocher les filets de lotte dans un court-bouillon avec le jus de deux citrons, du sel et du poivre pendant 8 min à 70°. Le poisson doit rester ferme et juteux. Laissez égoutter et refroidir les filets. Vous pouvez également cuire les filets à la vapeur pendant 8 min et les garder rosés au milieu afin qu'ils restent moelleux.

Battez au fouet les œufs, ajoutez le concentré de tomate, le kirsch, du sel et du poivre. Dans un moule à cake chemisé d'un papier film, placez les filets de lotte en quinconce, en les tassant. Vous pouvez intercaler des bandes de saumon cru (pour obtenir un effet damier) et différentes herbes hachées (hysope, cerfeuil, estragon). Versez ensuite la préparation d'œufs battus par-dessus. Laissez bien pénétrer. Enfournez au bain-marie pendant 25 min à 150-180° (th. 5-6). Contrôlez la cuisson avec la pointe d'une aiguille. Servez bien frais, de préférence le lendemain ou le surlendemain (la terrine aura une meilleure tenue). Présentez les tranches sur un lit de feuilles de laitue avec les différentes garnitures. Servez accompagné de mayonnaise ou de la crème double à laquelle ont été ajoutés la purée d'orties mixées (ou épinard ou persil cuit), le jus de citron, du sel et du poivre.

Pour 6 personnes

Pain de lotte
- 1,2 kg de filets de lotte
- 6 dl de court-bouillon
- 2 citrons
- sel, poivre
- 5 à 6 œufs
- 1 cuillerée à soupe de concentré de tomates
- 1 cuillerée à soupe de kirsch
- 600 g de filets de saumon cru sans peau
- hysope, cerfeuil, estragon

Accompagnement
- 100 g de mayonnaise mélangée avec 20 g de concentré de tomates

Sauce crème-orties
- 200 g de crème épaisse
- le jus d'1 citron
- 50 g de purée d'orties cuites et mixées (ou épinard ou persil cuit)
- sel, poivre

Garniture
- quelques feuilles de laitue
- quelques tomates cerises
- 4 gambas cuites
- 4 langoustines cuites
- œufs de caille cuits durs
- œufs de homard ou de saumon
- pointes d'asperges vertes cuites
- pluches de cerfeuil

Un pinot blanc du domaine Kaes-Hoerter, à Molsheim.

Éliane Wehrung a créé à Drulingen le groupe de danses spirituelles et méditatives Danse et Vie. Elle est membre de l'équipe de Pac Eureka pour l'entraînement de la mémoire (émission du 3 juin 2000).

Terrine de lotte chaude ou froide

UNE RECETTE RÉALISÉE POUR CHRISTIAN LOEW

Par goût et par ascèse sportive, Christian Loew, de Bourg-Bruche, se nourrit essentiellement de céréales, de légumes et de poisson. Il apprécie cette recette de sa maman, simple à réaliser, à déguster froide ou chaude et qui a l'avantage de pouvoir être préparée la veille. La lotte, dont la chair fine et ferme rappelle celle de la langouste, peut être remplacée par du colin ou du cabillaud.

Pour 6 personnes

Terrine de lotte

- 1,2 kg de filets de lotte
- 600 g de filets de saumon cru sans peau
- le jus d'1/2 citron
- 1 oignon
- 2 cuillerées à soupe d'huile
- 6 tomates
- 1 gousse d'ail
- 200 g d'épinards
- 20 g de beurre pour le moule
- 6 œufs
- fines herbes hachées (persil,
- ciboulette, estragon)
- sel, poivre

Décor

- 6 fleurs de courgettes
- quelques petites courgettes
- quelques brins de cerfeuil

Matériel

- 1 moule à cake en acier inoxydable (en pyrex par exemple)

Un riesling de Roland Gloeckler-Brenner de Gertwiller.

Portez à ébullition un peu d'eau salée additionnée du jus de citron, ajoutez les filets de lotte (nettoyés au préalable de toute peau brune) ; laissez frémir 2 min. Arrêtez la cuisson, mais maintenez la casserole couverte, afin que le poisson continue à pocher dans le court-bouillon pendant 20 min environ. Pendant ce temps, préparez le coulis de tomate : épluchez les tomates, épépinez-les, coupez leur chair en dés. Dans une poêle, faites revenir à l'huile d'olive l'oignon émincé, ajoutez les dés de tomate et la gousse d'ail finement hachée. Laissez réduire jusqu'à évaporation complète de l'eau. Versez la purée de tomate dans une passoire pour la laisser égoutter au maximum.

Équeutez, lavez et faites blanchir les feuilles d'épinard pendant 2 min dans l'eau bouillante salée ; égouttez-les et plongez-les immédiatement dans de l'eau bien froide (vous préserverez ainsi leur couleur verte). Beurrez le moule à cake, chemisez-le de feuilles d'épinard.

Battez les œufs en omelette, salez, poivrez, ajoutez les fines herbes, incorporez le coulis de tomate (en réservant deux cuillerées à soupe pour le décor) et versez une partie de cet appareil au fond de la terrine (sur une hauteur de 2 cm). Égouttez la lotte, ôtez son arête dorsale, coupez-la, ainsi que le saumon cru, en lanières (de 2 cm de large) ou en cubes (de 1 cm de côté). Disposez les morceaux de lotte et de saumon en alternance (pour obtenir un effet « arlequin ») dans le moule à cake beurré. Versez entre chaque couche de poisson un peu d'œuf battu. Remplissez ainsi le moule et couvrez au final avec quelques feuilles d'épinard. Faites cuire au bain-marie, au four chauffé à 150° (th. 5) pendant 35 à 40 min. Laissez refroidir une nuit, puis démoulez sur le plat de service et coupez en tranches. Garnissez-en les assiettes, décorez avec les fleurs de courgette blanchies, les petites courgettes pochées et coupées en éventail, posez enfin un point de coulis de tomate et quelques brins de cerfeuil.

Installé à la ferme Alban, dans la forêt de Bourg-Bruche, Christian Loew est champion de VTT. Il n'en oublie pas pour autant sa plantation de sapins, qui représente son métier (émission du 21 septembre 1996).

Terrine de brochet, de sandre et d'anguille et presskopf de poissons blancs

UNE RECETTE RÉALISÉE POUR ADRIEN VONARB

Adrien Vonarb, de Balgau, ne rejette pas les poissons dits blancs (chevesnes, barbeaux, gardons, brèmes, hotus), à la chair excellente mais munis d'une multitude de petites arêtes. Son épouse Béatrice a mis au point une méthode, gardée secrète, pour les ôter aisément. Ses recettes sont une épatante valorisation du poisson noble et du poisson blanc.

Terrine de brochet, de sandre et d'anguille

Levez les filets du brochet, du sandre et de l'anguille, déposez-les dans un plat beurré avec les échalotes hachées, le sylvaner et la crème épaisse. Salez et poivrez. Enfournez à 200° (th. 7) pendant 10 min en veillant à garder les filets moelleux. (On peut également les cuire à la vapeur). Récupérez le jus de cuisson et faites-le réduire à 5 cl. Ajoutez alors les feuilles de gélatine préalablement trempées dans l'eau froide et pressées. Retirez les arêtes du brochet et du sandre avec une pince à épiler.

Pour le montage, chemisez une terrine de papier film, tapissez les parois avec les feuilles de laitue blanchies, coupez les filets en fonction de la taille et de la longueur de la terrine. Montez la terrine avec le brochet disposé au fond, puis le sandre, rajoutez du fond de cuisson, le mélange d'herbes et terminez avec l'anguille. Si elle est trop épaisse, coupez-la en deux dans le sens de la hauteur, versez le fond de cuisson restant, rabattez la laitue et le papier film. Posez un poids sur l'ensemble de la terrine et mettez au frais pendant une demi-journée.

Pour 8 personnes

Terrine

- 1 brochet d'environ 1 kg
- 1 anguille de 400 à 600 g
- 1 sandre d'environ 1 kg
- 100 g d'échalotes
- 10 cl de sylvaner
- 1 cuillerée à soupe de crème double
- 6 feuilles de gélatine
- 10 feuilles de laitue blanchies pendant 20 s puis trempées dans l'eau glacée
- sel, poivre, beurre
- mélange d'herbes (cerfeuil, estragon, aneth, persil)

Presskopf

- 1 kg de poissons blancs en filets (chevesne, barbeau, gardon, brème, hotu et autres)
- 10 feuilles de gélatine
- 3 œufs durs hachés grossièrement
- 15 cl de riesling
- 2 cuillerées à soupe d'herbes hachées (persil plat, cerfeuil, estragon, ciboulette, coriandre)
- sel, poivre
- 10 feuilles de laitue blanchies et trempées dans l'eau froide
- beurre
- échalotes

Présentation

- 10 cl de crème épaisse
- 1 cuillerée à soupe d'herbes hachées (les mêmes que précédemment)
- 2 cuillerées à café de jus de citron
- sel, poivre
- 400 g de dés de tomates mondées, assaisonnées d'huile d'olive et de vinaigre de xérès
- quelques pluches de cerfeuil et de la ciboulette

Un riesling de Jean-Pierre Vorburger, de Voegtlinshoffen.

Suite de la recette en p. 428

Adrien Vonarb est pêcheur professionnel d'Alsace. Accordéoniste talentueux, il a créé son école de musique (Allegro vivace), écrit des méthodes d'initiation et compose (émission du 25 octobre 1997).

Soupe de pommes de terre aigre et ses nouilles maison, dites *Sueri Aerdaepfelsuppa un Nuedla*

UNE RECETTE RÉALISÉE POUR GILBERT HITTER

Gilbert Hitter, de Wittelsheim, raffole de cette recette rustique très originale qui associe soupe de pommes de terre vinaigrée et nouilles maison. Elle provient de sa belle-mère Valérie et sa femme Marylène reconduit le rituel. « N'hésitez pas à ajouter au dernier moment une bonne lampée de vinaigre », insiste le tailleur de pierre.

Pour 6 personnes

Soupe de pommes de terre

- 2 kg de pommes de terre
- gros sel, poivre
- 10 feuilles de laurier (leur présence est nécessaire)
- 6 clous de girofle
- noix de muscade râpée
- 6 à 8 œufs frais
- 25 cl de crème fraîche
- 15 cl (ou plus) de vinaigre de miel et de plantes (genre Melfor)

Nouilles fraîches

- 500 g de farine
- 4 à 5 œufs
- 10 g de sel fin
- 3 cl d'eau
- 50 g de beurre (pour les faire revenir)
- des croûtons revenus au beurre (facultatif)

Un tokay grand cru Kaefferkopf des caves Jean-Baptiste Adam, d'Ammerschwihr.

Soupe de pommes de terre

Recouvrez d'eau les pommes de terre épluchées, lavées, coupées en morceaux. Salez et poivrez, ajoutez les feuilles de laurier, les clous de girofle et la noix de muscade. Laissez cuire pendant 1h30 environ. Mixez la soupe (en ôtant feuilles de laurier et clous de girofle) ou passez-la au moulin à légumes. Ajoutez l'eau de cuisson nécessaire pour avoir la consistance d'une soupe de légumes. Ajoutez six à huit œufs frais dans la soupe bouillante, laissez bouillir pendant une trentaine de secondes sans remuer avant de mélanger vivement avec le fouet (les œufs doivent se casser, le jaune ne doit pas rester entier) : avec la séparation du jaune et du blanc, l'œuf légèrement cuit doit en quelque sorte « tirer des fils ». Au fond de la soupière, versez la crème fraîche et le vinaigre, ajoutez la soupe, mélangez. La soupe est servie dans une assiette creuse, surmontée de nouilles fraîches revenues au beurre (celles-ci peuvent aussi être servies à part). L'ensemble peut être mélangé dans l'assiette. Chacun peut, selon son goût, ajouter crème fraîche et vinaigre.

Nouilles fraîches

Mélangez farine, œufs, sel et eau ensemble (bien pétrir la pâte) ou bien travaillez l'ensemble ; formez des boules de la taille d'une pomme que vous recouvrirez d'une serviette et laisserez reposer 20 à 30 min. Abaissez chaque boule de pâte sur 2 à 3 mm d'épaisseur. Farinez légèrement et enroulez ce rond de pâte pour y découper des bandelettes de 5 mm de large. Laissez sécher ou non. Faites cuire dans une grande quantité d'eau salée. Égouttez. Faites-les revenir au beurre. Servez avec des croûtons revenus au beurre.

Doté d'un CAP en mécanique générale, Gilbert Hitter devint sculpteur sur pierre après la fermeture de l'entreprise qui l'employait. Il fabrique fontaines, cadrans solaires et des créations sur mesure (émission du 19 février 2005).

Soupe des dieux, dite *Goettersueppla*

UNE RECETTE RÉALISÉE POUR SYLVIE TROXLER

Sylvie Troxler aime se souvenir de la soupe que son père Tony préparait au petit matin en rentrant du cabaret Herraowa de Mulhouse. Il décrétait que, pour purifier l'organisme, rien ne valait cette soupe qu'il appelait *Goettersueppla* (la soupe des dieux). Il y mêlait pois cassés, ail, oignon, et toutes sortes de légumes, selon son envie, et à la fin des saucisses à cuire.

Rincez les pois cassés dans une passoire sous l'eau courante. Mettez-les dans 3 l d'eau froide avec les mogettes, la feuille de laurier et le clou de girofle, puis laissez cuire pendant 2 h à feu doux. Dans une sauteuse, faites revenir au beurre les oignons et le poireau émincés. Quand ils sont dorés, versez-les dans la soupe en ajoutant carottes et pommes de terre coupées en dés. Salez et poivrez. Continuez la cuisson à feu très doux pendant 1 h. Vous pouvez ensuite y chauffer des saucisses à cuire et servir très chaud, agrémenté de petits croûtons frits dans du beurre et parsemé d'herbes finement hachées.
Sylvie aime déguster des galettes aux pommes *(Apfelkiechle)* chaudes ou tièdes, en accompagnement ou après la soupe de légumes. Un mélange apprécié des amateurs de salé-sucré.

Pour 6 à 8 personnes

Soupe des dieux
- 2 oignons
- 60 g de beurre
- 200 g de pois cassés
- 200 g de haricots blancs (des mogettes)
- 1 feuille de laurier
- 1 clou de girofle
- 2 blancs de poireau
- 2 carottes
- 2 pommes de terre
- persil, cerfeuil et autres fines herbes, selon goût et disponibilité
- sel, poivre

Accompagnement facultatif
- saucisses à cuire
- petits croûtons frits dans du beurre

Un tokay grand cru Zinnkoepfle de Gérard et Mathieu Boesch, de Soultzmatt.

Sylvie Troxler, orthophoniste, rééduque les personnes âgées par l'intermédiaire du dialecte. Elle co-animait l'émission de jazz Bar de nuit sur RBS. Elle écrit des poèmes et des nouvelles (émission du 22 février 2003).

Soupe de légumes et galettes aux pommes, dites *Apfelkiechla*

UNE RECETTE RÉALISÉE POUR RUDY HECKY

Rudy Hecky apprécie cette soupe rustique que sa maman Frieda fait suivre de galettes de pommes parfumées à la cannelle, dites *Apfelkiechla*. Cette alliance compose souvent un menu du vendredi en Alsace rurale. Certains dégustent les galettes en même temps que la soupe afin de créer sur leur palais une alternance salé-sucré.

Pour 6 à 8 personnes

Soupe de légumes
- 40 g de beurre
- 1 oignon, 1 poireau
- 1 tige de céleri ou 1 branche
- 2 carottes
- 1/2 navet
- 2 feuilles d'oseille
- 1 tomate
- 3 branches de persil plat
- 1 petite botte de cerfeuil
- 400 g de pommes de terre
- sel, poivre, 3 à 4 l d'eau

Pour enrichir la soupe (facultatif)
- 50 g de beurre
- 8 cl de crème fraîche

Galettes aux pommes

Pâte
- 5 œufs
- 100 g de sucre
- 1 sachet de sucre vanillé
- 250 g de farine
- 1/4 l de lait

Fruits
- 1 kg de pommes (genre boskoop, reinette, cox orange ou reine de reinette)

Saupoudrage
- 100 g de sucre semoule
- 1 cuillerée à café de cannelle

Pour frire
- 2 dl d'huile

Un pinot blanc de Joseph et Jean-Marie Voelker, d'Orschwihr.

Soupe de légumes

Prenez des légumes bien frais, du jardin si possible et cueillis au dernier moment. Épluchez-les et lavez-les. Coupez-les finement, notamment le poireau qui passera alors plus facilement dans le moulin à légumes. Dans une marmite, faites revenir au beurre l'oignon émincé puis le poireau, ajoutez le reste de légumes ainsi que le persil et le cerfeuil. Faites bien suer l'ensemble, ajoutez l'eau, salez puis laissez cuire à feu doux pendant 1 h environ. Ajoutez les pommes de terre épluchées et coupées en petits dés. Laissez cuire pendant 30 min (le temps que les pommes de terre soient cuites). Passez l'ensemble au moulin à légumes grille fine. Rectifiez l'assaisonnement et la consistance en ajoutant un peu d'eau ou en laissant réduire si la soupe est trop liquide. Chacun pourra, selon son goût, ajouter un peu de beurre ou de crème fraîche.

Galettes aux pommes

Préparez d'abord la pâte : battez les œufs entiers avec le sucre et le sucre vanillé, introduisez progressivement la farine en veillant à éviter les grumeaux, puis délayez avec le lait. Laissez reposer la pâte pendant 30 min environ. Pendant ce temps, épluchez les pommes, coupez-les en rondelles ou en lamelles fines (environ 4 mm d'épaisseur). Faites chauffer l'huile dans une poêle ; trempez une à une les tranches de pomme dans la pâte avant de les faire frire dans l'huile chaude. Laissez-les dorer d'un côté puis de l'autre, en les retournant à l'aide d'une écumoire ou d'une fourchette. Faites-les s'égoutter sur du papier absorbant, disposez-les sur le plat de service, saupoudrez-les de sucre et de cannelle mélangés préalablement.

Suite de la recette en p. 428

À Steinseltz, Rudy Hecky cultive quinze hectares de pommiers de diverses variétés. Il cultive aussi des cerisiers, des quetschiers et des mirabelliers (émission du 22 octobre 2005).

Soupe aux truffes

UNE RECETTE RÉALISÉE POUR NICOLE KOPP

Nicole Kopp, d'Ernolsheim-sur-Bruche, aime la soupe aux truffes que lui réalise son amie Jeanine Schmitter d'Eschau. Inspirée de celle de Paul Bocuse, cette soupe se présente en bols individuels fermés par un couvercle de pâte feuilletée. Blancs de volaille émincés et foie gras s'allient aux truffes – fraîches de préférence – pour créer une alchimie divine.

Pour le consommé de volaille, laissez cuire les différents ingrédients comme pour un pot-au-feu durant 2 h. Sortez la volaille, prélevez les blancs de poitrine. Passez le consommé au chinois et réservez-le au froid pour le dégraisser. Remettez sur le feu et laissez réduire à environ deux litres. Ajoutez le jus de truffe, les pelures de truffe hachées et la crème fraîche épaisse. Rectifiez l'assaisonnement.
Répartissez au fond des bols les blancs de volaille émincés, le foie gras de canard coupé en dés, versez par-dessus une cuillerée à café de vermouth (par bol). Complétez avec le bouillon froid ou tiède. Rajoutez les truffes coupées en fines lamelles. Fermez les bols avec des disques en pâte feuilletée en prenant garde de bien humecter les bords pour que le bol soit hermétique. Dorez au jaune d'œuf et disposez quelques sommités de thym et de graines de sésame sur la pâte avant d'enfourner dans un four préchauffé à 200° (th. 6-7) pendant 15 à 20 min. Servez de suite en posant devant chaque convive le bol fermé par la pâte feuilletée dorée à point.
Pour la déguster, il faut casser la croûte et goûter l'ensemble en allant bien au fond du bol pour avoir tous les ingrédients de la garniture sur la cuillère.

Pour 8 à 10 bols

Consommé de volaille
- 1 volaille fermière de 1,5 à 1,8 kg
- 1 carotte
- 1 blanc de poireau
- 1 petit morceau de céleri
- 1 oignon
- 1 clou de girofle
- thym en branche
- feuille de laurier
- 1 tige de persil
- 2 gousses d'ail
- sel, poivre
- 5 l d'eau

Garniture et finition
- 1 petite boîte (20 cl) de jus de truffes
- 100 g de truffes
- les pelures de truffe hachées
- 3 à 4 cuillerées à soupe de crème fraîche épaisse
- 200 g de foie gras frais de canard
- 10 cl de vermouth (Noilly-Prat)
- 400 g de pâte feuilletée
- 1 jaune d'œuf
- 100 g de graines de sésame
- 5 g de sommités de thym

Un meursault (AOC de Bourgogne) de Jean-François Coche-Dury.

Nicole Kopp travaille aux Impôts dans la gestion des biens immobiliers. Elle est aussi artiste et crée des sculptures qu'elle présente dans des expositions (émission du 9 mars 2002).

Soufflé aux tomates

UNE RECETTE RÉALISÉE POUR PIERRE DREYER

Pierre Dreyer, chantre du Kaefferkopf et vigneron, a un faible pour ce soufflé à la tomate, simple et parfumé. C'est un plat d'enfance que sa maman Lucie préparait fréquemment et qu'elle accompagnait d'une salade verte. Simone, la femme cordon-bleu de Pierre, reconduit à son tour ce plat de dernière minute, à déguster sitôt sorti du four.

Pour 4 à 6 personnes
- 40 g de beurre
- 40 g de farine
- 4 dl de lait froid
- sel, poivre
- 1 pointe de noix de muscade râpée
- 2,5 dl de purée de tomate très réduite (faite avec 1,5 kg de tomates)
- 80 g de gruyère (ou parmesan)
- 4 ou 5 œufs (d'environ 65 g)

Un gewurztraminer de l'année, sec avec une dominante épicée (poivre, herbes aromatiques), vinifié par Pierre Dreyer, d'Ammerschwihr.

Vous pouvez préparer à l'avance la purée de tomate : lavez, épluchez, coupez les tomates, salez-les et portez-les à ébullition. Laissez cuire à découvert pendant 2 h. Laissez bien égoutter puis passez au moulin à légumes (il retiendra les pépins).

Faites la béchamel : dans une casserole à fond épais, faites fondre 40 g de beurre à feu doux, ajoutez 40 g de farine et tournez vivement de façon à obtenir un mélange lisse, qui ne prenne pas de coloration. Versez le lait et fouettez afin d'éviter la formation de grumeaux ; remuez le mélange jusqu'à l'ébullition, salez, poivrez, parfumez à la noix de muscade râpée. Ajoutez la purée de tomate très réduite, le fromage râpé et les jaunes d'œuf. Laissez refroidir un peu l'ensemble. Montez les blancs d'œuf en neige avec une pincée de sel (ils doivent être bien mousseux et suffisamment fermes pour ne pas retomber), incorporez-les délicatement à la masse. Beurrez et farinez un moule à soufflé d'environ 20 cm de diamètre, versez la préparation et faites cuire dans le four chauffé à 200° (th. 7) pendant 35 min, sans ouvrir la porte en cours de cuisson.

Servez de suite, accompagné d'une salade verte.

Pour un soufflé au fromage, procédez de la même manière. Supprimez simplement la purée de tomate et ajoutez à la béchamel un poids de fromage légèrement supérieur (90 g au lieu de 80). Réduisez le temps de cuisson de 5 min (30 min au lieu de 35).

Pierre Dreyer, vigneron à Ammerschwihr, est propriétaire de vignes en Hongrie. Il a créé la confrérie des Amis d'Ammerschwihr et du Kaefferkopf (émission du 29 juin 1996).

Galette d'Auvergne

UNE RECETTE RÉALISÉE POUR IRÉNÉE LANDWERLIN

Irénée Landwerlin, de Wittenheim, nous a épatés avec cette recette facile et savoureuse révélée par sa femme Marie-Louise. Elle fait référence à l'Auvergne en raison de la présence de bleu d'Auvergne, ce fromage AOC de lait de vache à pâte molle et persillée, associé ici à la saveur des lardons et des noix.

Préparez la pâte (qui sera plutôt liquide, elle ne doit pas être à abaisser) : mélangez la farine, les œufs, le beurre fondu, incorporez l'eau, le lait et le poivre. Cette opération peut se faire au mixer ou au batteur électrique (en battant pendant 1 min environ). Faites légèrement revenir les lardons. Lorsqu'ils sont tièdes ou froids, ajoutez-les à la pâte. Ajoutez également le bleu d'Auvergne émietté ainsi que les noix grossièrement hachées. Salez peu ou pas du tout car les lardons et le bleu contiennent déjà un fort taux de salaison. Beurrez le moule à manqué (de 25 cm de diamètre), versez la pâte.
Enfournez pendant 40 min à 180° (th. 6). Badigeonnez le dessus avec du jaune d'œuf, seulement 10 min avant de sortir la tourte du four. Servez chaud ou tiède avec une salade verte. Irénée a une préférence pour la mâche, qu'il appelle *Ruetscherle*.

Pour 4 personnes
- 300 g de farine
- 3 œufs
- 12,5 cl d'eau
- 10 cl de lait
- sel (facultatif)
- poivre
- 150 g de lardons fumés
- 150 g de bleu d'Auvergne
- 50 g de noix grossièrement hachées
- 50 g de beurre (25 g à mettre dans la pâte, et le reste pour enduire le moule à manqué)
- 1 jaune d'œuf

Un tokay pinot gris vendanges tardives du domaine Jean-Pierre Bechtold, à Dahlenheim.

Irénée Landwerlin, mineur retraité, est passionné de flore et de faune, et plus particulièrement des oiseaux. Il expose ses photos de nature dans le Bassin potassique (émission du 4 mars 2000).

Pélardon chaud, crème d'oignons et flan de truite

UNE RECETTE RÉALISÉE POUR MARCEL SCHOENENBERGER

Marcel Schoenenberger, sculpteur colmarien, créateur d'un musée de statues d'enfants unique en Europe dans le Gard, avait choisi ces deux recettes qui contiennent les saveurs du sud et qui composaient un de ses menus favoris. Elles proviennent de son ami cévenol Jean Chevalier, qui tient l'hôtel-restaurant Riche à Alès.

Pour 6 personnes

Pélardon chaud et crème d'oignons

- 12 pélardons (fromage cévenol de lait de chèvre à 45 % de matière grasse)
- 3 gros oignons
- 20 g de beurre
- 1/2 l de crème fraîche
- sel, poivre
- 6 feuilles de batavia

Flan de truite aux côtes de bettes

Flan de truite

- 1 truite à chair blanche (ou rose) de 1,2 kg environ
- 3 œufs
- 1/4 l de crème fraîche
- 20 g de beurre
- sel, poivre

Côtes de bettes

- 1 kg de côtes de bettes (elles peuvent être remplacées par un autre légume de saison : cardons, asperges vertes)
- 20 g de beurre et 20 g de farine (pour le roux)
- 1/2 l d'eau de cuisson
- 1/4 l de crème fraîche
- sel, poivre

Un gewurztraminer grande réserve de Pierre Koehler et successeurs, de Westhalten.

Pélardon chaud et crème d'oignons

Le pélardon est un fromage à pâte molle et à croûte naturelle très fine. Il se présente sous la forme d'un disque de 6 à 7 cm de diamètre et de 2,5 à 3 cm d'épaisseur. De fabrication fermière ou de petite laiterie, il a une saveur délicate et souvent très «noisettée». Pour réaliser ce pélardon chaud, émincez les oignons, faites-les suer avec du beurre durant 10 à 15 min puis ajoutez la crème et laissez cuire doucement pendant 5 min. Assaisonnez, disposez la crème d'oignons dans un plat à gratin, posez les fromages sur la crème, enfournez à 160° (th. 5-6) pendant 15 min. Servez chaud en entrée, accompagné des feuilles de batavia pour décorer.

Flan de truite aux côtes de bettes

Pour le flan de truite, faites cuire la truite vidée enveloppée dans du papier aluminium beurré légèrement à four doux (150°, th. 5) pendant 15 min. Ôtez la peau, les arêtes et disposez la chair dans un saladier, ajoutez le mélange d'œufs battus, de crème, de sel et de poivre. Mélangez, rectifiez l'assaisonnement. Faites cuire au four, au bain-marie à 180° (th. 6) dans des ramequins beurrés pendant 20 min (ou dans de petits moules pendant 10 min).

Retirez la partie verte des bettes, réservez-les pour une préparation façon épinard. Détaillez les côtes de bette en tronçons de 2 cm environ ou en bâtonnets, faites-les cuire à l'eau salée. Préparez un roux en faisant fondre le beurre et en y mêlant la farine, ajoutez le jus de cuisson, portez à ébullition, ajoutez la crème. Rectifiez l'assaisonnement. Nappez les côtes de bette avec cette sauce. Servez le flan de truite chaud avec, en accompagnement, les côtes de bette.

Successivement parachutiste et religieux, Marcel Schoenenberger devint finalement sculpteur. Il a fondé un centre de création artistique et un musée de statues d'enfants dans le Gard (émission du 18 septembre 1999).

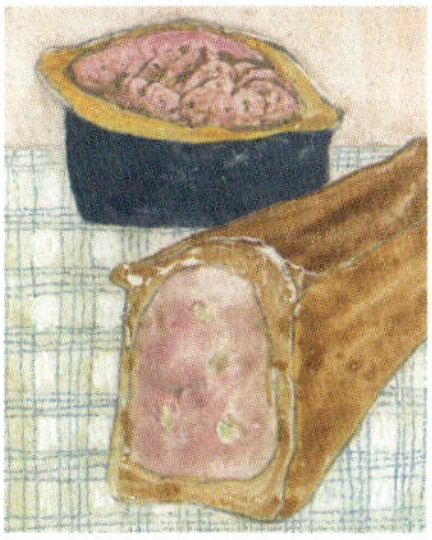

Pâté lorrain

UNE RECETTE RÉALISÉE POUR ROSALIE FIRHOLZ

Rosalie Firholz, de Sarrebourg, auteur des livre à succès, passionnée de cuisine, la faisait souvent pour des mariages et des communions. Voici sa recette du célèbre pâté lorrain qu'elle parfume au vin rouge, qui se mange chaud de préférence mais qui peut aussi se déguster froid, généralement accompagné d'une salade verte.

Faites mariner pendant 24 h la viande coupée en dés (de la taille d'un petit morceau de sucre de 0,5 cm de côté), salez et poivrez, ajoutez le vin, les échalotes et le persil hachés et la feuille de laurier.

Étalez un rectangle de pâte feuilletée sur une feuille de papier sulfurisé. Découpez les quatre coins de l'abaisse afin que le pliage soit plus aisé. Saupoudrez l'abaisse de chapelure (qui absorbera le trop-plein de liquide), en évitant d'en mettre sur les 3 cm du pourtour. Posez la viande égouttée avec les échalotes et le persil hachés, sans la feuille de laurier. Repliez les bords vers l'intérieur, badigeonnez ces bords repliés avec le jaune d'œuf dilué dans un peu d'eau. Posez la seconde abaisse, qui recouvrira l'ensemble du pâté, faites deux cheminées à l'aide de papier tourné en tube pour l'évaporation. Décorez le pâté de motifs, badigeonnez-le de jaune d'œuf. Posez le pâté et le papier sulfurisé sur lequel il repose sur une tôle ou plat à tarte et enfournez à 230° (th. 7-8) pendant 25 à 30 min.

Pour 4 personnes

- 600 g de pâte feuilletée
- 600 g de collet de porc
- sel, poivre
- 3 grandes échalotes grises
- 40 g de persil haché
- 1 feuille de laurier
- 4 dl de vin rouge (ou blanc) de qualité
- 100 g de chapelure
- 1 jaune d'œuf

Un riesling grand cru Pfersigberg de Hubert et Heidi Hausherr, d'Éguisheim.

Rosalie Firholz est devenue auteur de livres à succès sans jamais en avoir lu un seul (« Une enfance à la ferme » et « Un amour pour la vie », La Nuée Bleue). Bricoleuse, elle réalise des créations en étain, des tapisseries, elle brode et fait du crochet (émission du 31 janvier 2004).

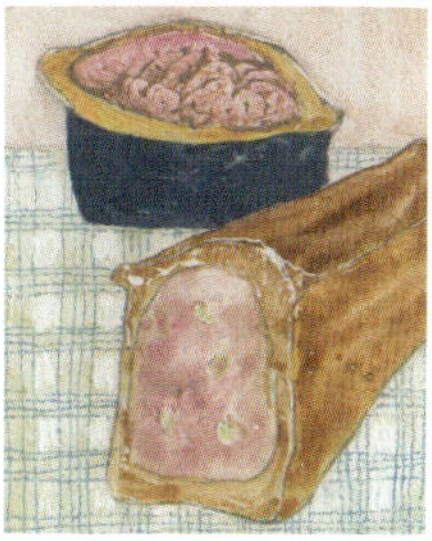

Pâté en croûte au foie gras

UNE RECETTE RÉALISÉE POUR MAURICE LATUNER

Maurice Latuner, de Réguisheim, garde de sa mère le souvenir intense de ce pâté en croûte *(e warmi Paschtet)* servi chaud ou froid. Elle le réalisait avec de la viande de porc coupée en fines et longues lamelles et du foie gras provenant de l'oie unique qu'elle gavait, rituellement, chaque année pour servir ce plat de fête.

Pour 6 personnes

- 1 kg d'épaule de porc
- 10 cl de riesling
- 100 g d'oignons
- 2 gousses d'ail
- 1 bouquet garni
- 12 g de sel
- 2 g de poivre
- 200 g de foie gras frais d'oie ou de canard
- 500 g de pâte brisée
- 1 jaune d'œuf

Un riesling grand cru Schoenenbourg vendanges tardives de François Lehmann, de Riquewihr.

Faites mariner pendant deux jours l'épaule de porc parée (après avoir enlevé toute la graisse et les nerfs apparents), coupée en lanières fines et longues, dans du vin blanc d'Alsace avec les oignons, l'ail et le bouquet garni. Mélangez bien avec le sel et le poivre. Passez les parures, sauf les nerfs, au hachoir pour lier l'ensemble.

Étalez la pâte brisée dans un moule à pâté en croûte. Réservez un peu de pâte brisée pour le couvercle du pâté.

Égouttez la viande et posez une couche de lanières de viande marinée et de viande hachée au milieu de la pâte (environ 25 sur 10 cm). Posez par-dessus une couche de foie gras frais également coupé en lanières et terminez par une couche de viande marinée.

Remontez les bords de pâte brisée, posez le couvercle, faites deux cheminées, décorez avec les dents d'une fourchette et, pour finir, badigeonnez la pâte avec du jaune d'œuf. Mettez dans un four préchauffé à 200° (th. 6-7) pendant une heure environ.

Dégustez chaud, ou froid avec de la gelée hachée, et accompagnez d'une salade verte.

D'abord mineur, puis aide géomètre aux Mines de potasse d'Alsace, Maurice Latuner est aussi le président de la Croix-Rouge du Haut-Rhin (émission du 17 juin 2004).

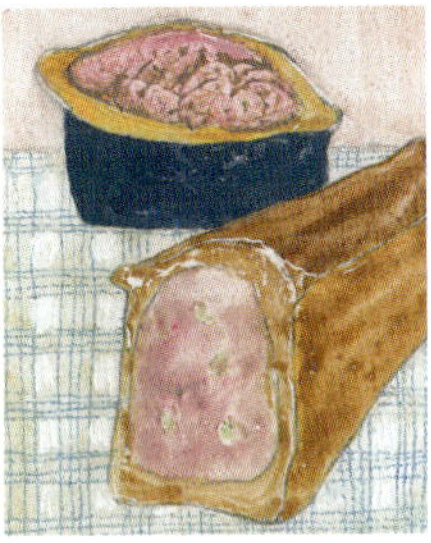

Pâté vigneron

UNE RECETTE RÉALISÉE POUR GEORGES KERCHENMEYER

Georges Kerchenmeyer, d'Ingersheim, revoit encore précisément les gestes qu'effectuait sa mère Madeleine pour enfermer la viande dans la pâte feuilletée. Ce pâté appelé *Buerepaschtet*, est connu dans la région de Colmar où il est fréquemment servi accompagné de vin blanc. Cette recette fut donnée à Hubert Maetz par Bernard Sigmann, boucher à Ingersheim.

Ce pâté ne se fait pas dans un moule mais sur une plaque, il mesure environ 40 cm de long, sur 12 à 15 cm de large et 10 cm de haut : il a une forme légèrement arrondie sur le dessus (comme un pain paysan tranché).

Coupez la viande en fines lanières (il ne faut pas la hacher ; passez à la grille fine les parures, mais pas les nerfs), faites-la mariner pendant une nuit avec le persil haché, le thym, le laurier, les échalotes émincées, le vin blanc, le sel, le poivre et la noix de muscade râpée.

Étalez la pâte en deux abaisses. Faites une première abaisse rectangulaire (d'environ 45 sur 25 cm), posez dessus la farce égouttée en la répartissant à peu près régulièrement sur la partie centrale du rectangle. Laissez 3 cm de bord libre que vous remonterez de chaque côté, et compactez bien l'ensemble.

Étalez la pâte restante qui couvrira le pâté (en laissant légèrement déborder sur chaque côté). Soudez bien les extrémités. Découpez une ou deux cheminées, et implantez-les avec du papier sulfurisé : la vapeur s'échappera et la pâte n'éclatera pas. Dorez l'ensemble au jaune d'œuf.

Enfournez à four préchauffé à 250° (th. 8) ; à belle coloration, baissez à 180° (th. 6) et laissez au total cuire pendant 1 h à 1 h 15. Découpez ensuite de belles tranches et servez avec une salade verte. On peut aussi déguster ce pâté froid, coupé en tranches.

Pour 6 personnes

- 500 g de pâte feuilletée
- 1 kg de viande de porc (collet ou épaule) : on compte environ 180 g par personne
- 1 bouquet de persil
- 60 g d'échalotes
- 2 dl de vin blanc
- sel, poivre
- noix de muscade
- thym et laurier
- 1 jaune d'œuf pour la dorure

Un riesling tradition de Jean-Marc Bernhard, de Katzenthal.

Georges Kerchenmeyer, fils de vigneron, a loué ses terres et fabrique des machines pour détourner les orages, tout en développant son activité de sourcier et ses connaissances en magnétisme (émission du 14 avril 1996).

Quiche légumes-champignons

UNE RECETTE RÉALISÉE POUR GILLES KALCK

Gilles Kalck, organisateur et animateur de balades, a suggéré cette quiche aux légumes et aux champignons, sorte d'ode à la forêt et aux jardins potagers. Il a laissé libre cours à l'imagination de Hubert pour les ingrédients, précisant qu'il aimait toutes les saveurs.

Pour 6 personnes

Pâte brisée

- 300 g de farine
- 150 g de beurre
- 1 pincée de sel
- 8 cl d'eau

Garniture (au choix selon le marché)

- 200 g de poivrons rouges, verts et jaunes
- 200 g de courgettes
- 100 g d'aubergines
- 150 g de brocolis
- 120 g de potimarron
- 1 dl d'huile d'olive
- 1 gousse d'ail
- 200 g de girolles revenues dans 20 g de beurre
- 1 pincée de fleur de thym

Flan

- 3 œufs
- 30 cl de crème fraîche
- 10 feuilles ciselées de basilic
- 50 g de parmesan ou gruyère
- 1 cuillerée à café de curry (facultatif)

Un blanc d'Alsace (un Sporen) de Hugel, de Riquewihr.

Pour une tarte de 30 cm de diamètre

Mélangez la farine, le beurre et le sel, en travaillant la pâte rapidement du bout des doigts. Incorporez l'eau et laissez reposer durant 30 min. Faites revenir les légumes détaillés en dés à l'huile d'olive. Abaissez la pâte et foncez-en le moule. Coupez les poivrons et les aubergines plus petits que les autres légumes. Faites revenir les champignons et les légumes, à l'exception des brocolis, avec l'huile d'olive, l'ail et la fleur de thym. Disposez les légumes et les champignons légèrement refroidis sur la pâte. Enfournez à 200° (th. 7) durant 15 min. Mélangez ensuite les ingrédients du flan et versez-le sur la tarte. Enfournez durant 20 à 25 min encore, en baissant la chaleur du four à 180° (th. 6).
Servez chaud avec, en accompagnement, une salade mêlée du jardin.

Gilles Kalck, salarié de l'ONF, est aussi animateur de balades au Parc régional des Vosges du Nord. Il écrit des poèmes et anime des séances de poésie (émission du 16 octobre 2004).

Quiche à la bière

UNE RECETTE RÉALISÉE POUR PIERRE ZIMMERMANN

Pierre Zimmermann, lauréat de la Coupe du Monde de boulangerie en 1996, a suggéré cette quiche à la bière aux multiples arômes, de son invention, et qui fait l'unanimité. Il en eut l'idée par le biais du chef Ernest Wieser, chantre des recettes à la bière. Il affina la recette jusqu'à l'obtention de ce parfait équilibre.

Préparez la pâte en pétrissant doucement tous les ingrédients ensemble. Puis laissez-la reposer 1 h au réfrigérateur. Beurrez le moule et garnissez-le de la pâte abaissée. Faites revenir l'oignon coupé en lamelles et la carotte râpée avec le beurre, ajoutez la bière et laissez mijoter.

Après refroidissement, disposez sur le fond de tarte le gruyère râpé, le jambon coupé en dés, les lardons ainsi que la garniture à la bière. Recouvrez avec le flan et cuisez à four moyen (210°, th. 7) pendant 35 à 40 min.

Pour 8 personnes

Pâte à quiche

- 250 g de farine
- 50 g de beurre
- 5 g de sel
- 5 g de levure boulangère
- 10 cl d'eau

Garniture

- 1 oignon
- 1 carotte
- 33 cl de bière
- 100 g de beurre
- 120 g de jambon cuit
- 120 g de lardons fumés
- 150 g de gruyère râpé

Flan

- 4 œufs
- 30 cl de lait
- 10 cl de crème fraîche
- 8 g de sel
- poivre

Une bière au malt de chez Météor, à Hochfelden.

Pierre Zimmermann est maître boulanger et maître pâtissier à Schnersheim. Il est aussi le président d'une troupe de théâtre. C'est un voyageur qui parcourt le globe (émission du 12 mars 2005).

Croissants au jambon, dits *Schinkenhoernchen*

UNE RECETTE RÉALISÉE POUR VÉRONIQUE STANDOP

Véronique Standop a gardé un souvenir tendre de ce plat à la dénomination allemande que préparait souvent sa grand-mère originaire de Hockenheim, près de Heidelberg. La farce de ces croissants en pâte feuilletée mangés chauds est faite de jambon cuit, d'oignons, de persil et elle est parfumée au cognac.

Pour 12 croissants

Pâte feuilletée

- Il en faut 400 g pour les 12 croissants, mais il est préférable de travailler sur cette base (le restant de pâte pouvant être congelé) :
- 1 kg de farine
- 20 g de sel fin
- 5 dl d'eau froide
- 800 g à 1 kg de beurre

Farce

- 200 à 250 g de tranches de jambon cuit
- 200 g d'oignons (ou d'échalotes)
- 1 botte de persil
- 2 cuillerées à soupe de cognac
- 1 œuf entier
- sel, poivre, muscade

Pour dorer

- 1 jaune d'œuf délayé avec un peu de crème

Un sylvaner sec, vif et fruité d'André et Marianne Pfister, de Dahlenheim.

La pâte feuilletée peut être achetée toute faite ou préparée la veille. Faites d'abord la « détrempe ». Disposez toute la farine en fontaine sur le plan de travail. Ajoutez le sel et versez les 5 dl d'eau froide au centre de la fontaine. Mélangez, tournez à la main en procédant de l'intérieur vers l'extérieur, de telle manière que l'eau imprègne la farine progressivement, sans faire de grumeaux. Mélangez rapidement de façon à rendre cette détrempe homogène. Roulez-la en boule, laissez reposer au frais pendant 30 min.

Ramollissez le beurre à l'aide d'une spatule de bois ou d'un rouleau à pâtisserie (pour lui donner à peu près la même consistance que la détrempe). Farinez le plan de travail et roulez la détrempe sur un carré d'environ 20 cm de côté et trois à quatre fois plus épais au centre que sur les bords. Étalez tout le beurre sur la pâte, sans aller jusqu'aux bords, repliez la pâte en quatre, un côté après l'autre. Laissez reposer au frais pendant 15 min.

L'opération qui démarre maintenant s'appelle le tourage : sur le plan de travail légèrement fariné, déposez la pâte et abaissez-la en un rectangle (60 sur 20 cm environ), en veillant à laisser partout la même épaisseur. Repliez le rectangle en trois, faites-le pivoter d'un quart de tour et, en plaçant le rouleau perpendiculaire aux plis, abaissez à nouveau la pâte en un rectangle de la même taille que le précédent. Repliez à nouveau la pâte en trois et laissez reposer pendant 20 min. Recommencez cette opération (abaisser, tourner, plier) quatre fois encore, en laissant la pâte reposer 20 min à chaque fois. Au sixième tour, la pâte est prête : prélevez 400 g que vous abaisserez en un rectangle d'environ 30 sur 50 cm ; découpez-le en six rectangles d'environ 15 sur 17 cm. Coupez-les en diagonale pour obtenir douze triangles (qui formeront les croissants).

Suite de la recette en p. 428

Véronique Standop est graveuse sur cristal aux Trois-Épis. Elle a créé son atelier et son magasin. Elle exécute des commandes et conçoit ses propres créations (émission du 21 avril 1996).

Tarte aux grattons, dite *Griewekueche*

UNE RECETTE RÉALISÉE POUR JEAN-LOUIS LEIMBACHER

Le Sundgauvien Jean-Louis Leimbacher, de Schlierbach, a une attirance pour la tarte aux grattons *(Griewekueche)* que faisait sa grand-mère. Les grattons, aussi appelés gratterons ou fritons (*Griewe* en alsacien), sont les fragments de viande et de peau, sorte de rillettes, que l'on retrouve dans la passoire après la fonte de graisse de porc.

Pour 6 personnes
- 200 g de farine
- 10 g de levure de boulanger
- 10 cl d'eau tiède
- 1 pincée de sel
- 200 g de grattons
- 1 oignon haché
- 2 cuillerées à soupe de persil haché

Un riesling grand cru du Sonnenberg de Marcel Mullenbach, de Niedermorschwihr.

Formez un puits dans la farine tamisée, ajoutez la levure diluée dans l'eau tiède. Ajoutez le sel, les grattons, l'oignon haché ainsi que le persil. Pétrissez la pâte pour l'aérer. Placez-la sur une tôle rectangulaire et laissez lever dans un endroit tiède, pendant 3 à 4 h. Enfournez à four chaud à 210° (th. 7). Au bout de 15 min de cuisson, réduisez la température à 150° (th. 5) et prolongez-la de 15 à 20 min environ, ou un peu plus selon l'épaisseur du gâteau. La tarte, qui doit être croustillante, aura une hauteur d'environ 1,5 cm. Servez-la chaude avec une salade verte.

Puisque les grattons sont devenus rares, difficilement trouvables dans le commerce, faites-les vous-même. Pour cela, passez au hachoir grosse grille 1 kg (ou plus) de panne ou graisse de porc, disposez-la dans une marmite avec 10 cl d'eau au fond et laissez-la fondre à feu très doux pendant 2 à 3 h. Il importe de ne pas surchauffer cette graisse qui, fondue, donne le saindoux et peut être stockée dans des pots en grès pour diverses utilisations (pommes sautées et pâtes).

La graisse est nommée saindoux, le restant dans la passoire se nomme les *Griewes*, grattons ou graillons.

Vous pouvez répéter cette opération avec de la graisse de canard ou d'oie et réserver les graillons pour parsemer une salade. C'est excellent et apporte beaucoup de goût.

Jean-Louis Leimbacher dirigea le Sofitel à Mulhouse puis l'hôtel Martinez à Cannes. Il est, depuis 1988, à la tête de l'hôtel du Palais à Biarritz (émission du 5 octobre 2002.).

Tarte à l'ail des ours, primevères et pâquerettes au sucre et miel de pissenlit

UNE RECETTE RÉALISÉE POUR MARCEL DIETSCH

Marcel Dietsch apprécie l'ail des ours, cette plante qui sent l'ail et pousse à l'état sauvage entre avril et mai dans les zones humides. Pour étonner ce cueilleur d'arômes, Hubert a servi, après la tarte à l'ail des ours, des primevères et pâquerettes au miel de pissenlit.

Pour 6 à 8 personnes (pour un moule à tarte de 32 cm de diamètre)

Pâte brisée
- 300 g de farine
- 150 g de beurre
- 1 pincée de sel
- 1 dl de lait
- beurre (pour enduire le moule)

Garniture
- 500 g d'ail des ours (frais si possible, à défaut congelé)
- 3 œufs
- sel
- poivre
- 3,5 dl de crème fraîche

Primevères et pâquerettes au sucre
- 50 primevères
- 50 pâquerettes
- 4 blancs d'œuf battus
- 300 g de sucre cristallisé

Miel de pissenlit
- 300 g de fleurs de pissenlit
- 200 g de sucre
- 3 l d'eau

Un gewurztraminer Spiegel (culture biologique) de François Meyer, de Bergholtz.

Tarte à l'ail des ours

Pour la pâte brisée, coupez le beurre à température ambiante en dés que vous incorporerez rapidement à la farine, en travaillant du bout des doigts. Lorsque vous aurez obtenu un mélange grumeleux, ajoutez le sel, puis petit à petit le lait; travaillez l'ensemble; laissez reposer la pâte au frais pendant 30 min.
Étalez la pâte sur une épaisseur d'environ 3 mm. Garnissez le moule généreusement beurré avec la pâte étalée. Lavez et hachez l'ail des ours. Battez les œufs en omelette, salez et poivrez, ajoutez la crème fraîche et l'ail des ours. Versez la garniture sur la tarte. Mettez au four chauffé à 210° (th. 7) pendant 45 min. Démoulez, mangez chaud ou tiède.

Primevères et pâquerettes au sucre

Cueillez de belles primevères le matin, lorsqu'elles sont bien ouvertes. Lavez-les soigneusement et faites-les sécher sur un torchon. Trempez-les délicatement une à une dans les blancs d'œuf battus en neige mousseux puis dans le sucre cristallisé. Posez-les côte à côte sur du papier sulfurisé et faites sécher à température ambiante ou à 50°. Procédez à l'identique avec les pâquerettes. Se déguste comme un bonbon.

Miel de pissenlit

Ôtez les parties vertes des fleurs de pissenlit, plongez-les dans l'eau portée à ébullition avec le sucre. Couvrez rapidement, arrêtez la cuisson et laissez infuser pendant 2 h. Pour un sirop ou un miel plus épais, vous pouvez répéter cette opération deux à trois fois pour intensifier le goût de fleur de pissenlit. Passez l'ensemble et faites réduire à votre propre convenance

Après avoir vécu en Bretagne – où il a travaillé comme métreur –, Marcel Dietsch est producteur et ramasseur de plantes médicinales à Bourbach-le-Haut dans la vallée de Masevaux (émission du 15 mai 1999).

Tourte de la vallée de Munster

UNE RECETTE RÉALISÉE POUR EUGÈNE MAEGEY

Eugène Maegey vit dans le presbytère de Metzeral dans la vallée de Munster où sa femme est pasteur. Il repense avec bonheur à la tourte de sa grand-mère, cette spécialité ancienne et populaire qui fut déjà appréciée par le pape Léon IX. Elle figure souvent au menu des mariages et son alchimie rencontre des variantes chez chaque ménagère.

Pour la pâte, mélangez la farine avec le beurre et formez de gros grumeaux. Ajoutez le sel, les jaunes d'œuf puis l'eau et pétrissez en boule. Laissez reposer au frais pendant au moins 1 h.
Parez la viande, coupez toutes les parties grasses, réservez-les et passez-les au hachoir (grille fine). Coupez le reste de viande en lanières d'environ 4 sur 0,5 cm de large, salez à raison de 15 g de sel par kg de viande. Vous pouvez laisser mariner cette viande dans le riesling pendant une demi-journée avec deux échalotes hachées (facultatif).
Faites tremper le pain dans le lait. Faites revenir les oignons dans le beurre. Mélangez les viandes (hachée et en lanières), ajoutez les œufs, le pain trempé, essoré et émietté, les oignons émincés revenus au beurre, le persil haché, l'ail, la noix de muscade, la poudre de clou de girofle. Salez, poivrez et mélangez bien le tout.
Abaissez la pâte et posez-la dans une tourtière beurrée, en la laissant déborder autour d'environ 3 cm. Garnissez l'intérieur avec la farce. Rabaissez le bord de la pâte sur la viande et humectez-le avec de l'eau. Abaissez la pâte feuilletée à la dimension de la tourtière et posez le disque sur la tourte en appuyant bien sur les bords pour sceller les deux pâtes. Décorez à l'aide d'une fourchette ou d'un couteau pointu pour dessiner un treillis sur la pâte. Avec un petit emporte-pièce ou un couteau, découpez un rond de 2 cm de diamètre, déposez-y une cheminée en carton (ou en papier alu) afin de laisser s'échapper la vapeur.

Suite de la recette en p. 429

Pour 6 personnes

Pâte à tourte
- 300 g de farine
- 100 g de beurre
- 6 g de sel
- 2 jaunes d'œuf
- 1 dl d'eau

Pâte feuilletée
- 300 g de pâte feuilletée (achetée toute prête). Vous pouvez aussi utiliser uniquement de la pâte feuilletée : comptez-en alors 750 g.

Garniture
- 1 kg d'échine de porc ou de collet, désossé, paré et grossièrement haché (ou coupé en lanières)
- 100 g de pain rassis
- lait (pour tremper le pain)
- 2 oignons moyens
- 1 dl de riesling (facultatif)
- 100 g d'échalotes
- 20 g de beurre
- 2 œufs et du persil haché
- 2 gousses d'ail
- 1 pincée de noix de muscade
- un peu de poudre de clou de girofle (facultatif)
- sel, poivre

Dorure (à mi-cuisson)
- 1 œuf

Un riesling grand cru Zinnkoepflé vendanges tardives de Jean-Marie et Myriam Haag, de Soultzmatt.

Eugène Maegey – qui fut chanteur et musicien des Luschtiga Malker – est directeur de l'École nationale de musique de Colmar et a suivi des cours au Conservatoire de Strasbourg (émission du 25 janvier 1997).

Tourte aux deux saumons

UNE RECETTE RÉALISÉE POUR CHRISTINE FISCHBACH

Christine Fischbach, d'Ottersthal, conteuse dans les écoles et les bibliothèques, aime régaler les siens avec cette recette de sa création qui mêle saumon frais et saumon fumé. Cette tourte parfumée au poireau, simple et festive, présente l'avantage de pouvoir être réchauffée et peut donc se préparer la veille. Notez que le saumon frais peut être utilisé précuit ou cru.

Pour 6 personnes

Pâte

- 2 x 250 g de pâte feuilletée
- 20 g de farine pour étaler la pâte

Farce

- 350 g de saumon frais
- 150 g de saumon fumé
- 5 blancs de poireau
- 3 œufs + 1 jaune pour dorer
- 20 cl de crème fraîche
- 4 échalotes
- 40 g de beurre
- 1 sachet (ou un cube) de court-bouillon
- 1 pointe d'aneth
- sel, poivre

Un pinot blanc klevener de Louis Stumpf & Fils, d'Epfig.

Découpez le saumon fumé en lanières. Lavez les poireaux, coupez-les en rondelles. Faites-les cuire à la vapeur pendant 15 min, laissez-les bien égoutter. Faites pocher doucement le saumon frais dans le court-bouillon 6 à 7 min (le garder rosé). Égouttez, enlevez la peau et les arêtes du saumon et effeuillez sa chair. Cette recette peut très bien se faire sans précuire le saumon : on peut poser le filet entier dans la tourte ou le découper en lanières et les poser dans le moule garni de pâte avant de verser l'appareil. Faites revenir les échalotes hachées à feu doux dans 20 gr de beurre. Ajoutez ensuite le poireau et le saumon, salez, poivrez. Laissez revenir sur feu doux 5 min.
Dans une jatte, battez les œufs et la crème fraîche, salez, poivrez, ajoutez le contenu de la poêle ainsi que l'aneth ciselé. Étalez la pâte dans le moule, garnissez avec le contenu de la jatte, posez les lanières de saumon fumé sur le flan, couvrez de la deuxième couche de pâte pour fermer la tourte, dorez au jaune d'œuf, faites une cheminée et quelques motifs sur le dessus de la tourte.
Enfournez à 180-200° (th. 6-7) pendant 40 min.

Christine Fischbach a travaillé à la mairie de Saverne puis est devenue bibliothécaire. Elle est maintenant conteuse dans les écoles et les bibliothèques (émission du 25 novembre 2000).

Tourte au foie gras aux saveurs de Noël

UNE RECETTE RÉALISÉE POUR DANIEL ZIEGLER

Hubert Maetz fut bien inspiré en créant pour le cinéaste haut-rhinois Daniel Ziegler, d'Orschwihr, cette recette qui associe inventivité et parfait équilibre des saveurs. La tourte, d'habitude rustique, est déclinée ici de façon festive, mariant le foie gras cru avec des fruits séchés – les mêmes que l'on retrouve dans le pain de Noël haut-rhinois nommé *Bierewecke*.

Pour 10 à 12 personnes

Pâte à foncer
- 250 g de farine
- 5 cl d'eau
- 2 jaunes d'œuf
- 5 g de sel
- 80 g de beurre

Pâte feuilletée
- 200 g de pâte prête à l'emploi

Garniture
- 1 kg de foie gras cru d'oie
- 4 g de fleur de sel
- 10 g de sel fin
- 2 g de mélange « quatre épices »
- 2 pincées de sucre semoule
- 200 g de fruits secs (figues, pruneaux, quetsches, abricots) pas trop sucrés
- 2 g de mélange « quatre épices »
- 5 cl de kirsch

Dorure
- 1 œuf
- 10 cl de crème

Appareil à flan
- 2 jaunes d'œuf
- 10 cl de crème fraîche
- 1 cuillerée à café d'épices à pain d'épices ou de mélange « quatre épices »

Un tokay pinot gris de Jean-Christophe Bott-Geyl, de Beblenheim.

Mélangez la farine avec le beurre en pommade et le sel jusqu'à une consistance finement grumeleuse. Ajoutez les jaunes et l'eau. Malaxez pour obtenir une pâte souple qui ne colle pas aux doigts. Façonnez en boule. Couvrez de papier film et mettez au frais 30 min environ.

Coupez les fruits secs en petits dés de 3 mm de côté. Faites-les mariner dans le kirsch avec le mélange «quatre épices» pendant 12 h. Déveinez le foie, assaisonnez-le de fleur de sel, de sel et de « quatre épices », le tout mélangé, puis reconstituez-le. Façonnez-le en lui donnant une forme ronde de 18 cm de diamètre, à l'aide d'un cercle à tarte ou dans un moule à manqué. Mettez au frais pendant 12 h couvert de papier-film. Étalez la pâte à foncer en un disque de 26 cm de diamètre. Étalez les fruits secs au milieu (juste sur le diamètre du gâteau de foie), posez le foie, remontez les bords de la pâte à foncer, puis enveloppez le haut et le pourtour d'une couche de pâte feuilletée. Coupez l'excédent de pâte, décorez à votre guise. Confectionnez trois cheminées en papier ou carton et placez-les sur la tourte. Badigeonnez avec la dorure. Faites cuire au four à 200° (th. 6-7) pendant 40 min. Sondez le foie : à 56° à cœur, vous pouvez sortir la tourte. Mélangez les différents éléments pour le flan et versez celui-ci doucement (en goutte à goutte) par les cheminées. Laissez cuire 5 à 8 min supplémentaires, le temps de faire prendre l'appareil. Laissez refroidir. Cette tourte peut être gardée 8 à 10 jours. Vous pouvez la servir avec une gelée au tokay. Vous pouvez également la servir chaude à la sortie du four : c'est un délice ! Soyez toutefois prudent pendant le découpage, car elle est très fragile.

Pour la servir chaude, vous pouvez faire des portions individuelles avec des boules de foie gras de 80 g et procéder de la même façon que précédemment.

Chef-décorateur dans un hypermarché à Mulhouse-Dornach, photographe publicitaire de formation, Daniel Ziegler est aussi cinéaste, réalisateur d'une trentaine de films (émission du 19 décembre 1998.).

Tourte paysanne à la viande

UNE RECETTE RÉALISÉE POUR MAURICE FISCHESSER

Maurice Fischesser a le sens de la fête et aime organiser des pique-niques dans les champs avec des tracteurs. Dans une dépendance aménagée en petit musée d'objets agricoles, il organise des repas pour ses amis en réalisant souvent cette tourte paysanne *(Buerepaschtet)* de sa maman Marie-Louise.

Pour 8 personnes
(Pour une tôle de 40 x 30 cm : 1 kg de veau et 1 kg de porc ; pour une tôle de 20 x 15 cm : 500 g de veau et 500 g de porc.)

- 1 kg de veau (épaule ou collet, à détailler en lanières de l'épaisseur d'un doigt et de la longueur d'un crayon)
- 1 kg de porc (épaule ou collet, à détailler en lanières identiques)
- 1/2 l de vin blanc
- 100 g de persil
- 150 g d'oignons hachés
- 30 g de sel
- 2 g de poivre
- 2 g de sucre semoule
- 1,5 kg de pâte feuilletée
- 2 jaunes d'œuf et 1 cuillerée à soupe de café pour les diluer
- beurre pour enduire la tôle (celle-ci peut être remplacée par des plaques ou des feuilles anti-adhésives)

Un alsace grand cru Schoenenbourg (riesling) de Frédéric Engel & Fils, de Riquewihr.

Détaillez la viande en lanières d'environ 2 cm de large et 7 de long. Faites-la mariner durant 48 h avec le vin blanc, le persil, les oignons, le sel, le poivre et le sucre. Égouttez la viande, mais sans l'essorer : elle doit rester bien humectée par la marinade. Étalez sur la tôle beurrée la pâte feuilletée abaissée en prévoyant un bord (de 2 cm).
Posez sur la base les lamelles de viande en intercalant veau et porc. Le fond sera tapissé de façon serrée. Continuez cette opération en hauteur et bien serrer la viande. Couvrez la viande avec le reste de pâte feuilletée. Soudez bien les bords. Découpez au centre une cheminée dont vous maintiendrez l'ouverture à l'aide d'un peu de papier sulfurisé enroulé. Faites un dessin sur le feuilletage à l'aide d'une fourchette ou d'un couteau et badigeonnez de jaune d'œuf, éventuellement rallongé d'un peu de café (c'est un procédé qu'utilise souvent Maurice Fischesser pour donner une belle coloration).
Enfournez à 250° (th. 8) pendant 10 min puis descendez à 150-180° (th. 5-6) pendant 40 min. Servez chaud avec une salade verte.

Maurice Fischesser, agriculteur à Wittenheim, est également marqueteur autodidacte depuis les années 1970. Sa grange est remplie de machines agricoles d'antan (émission du 6 mai 2001).

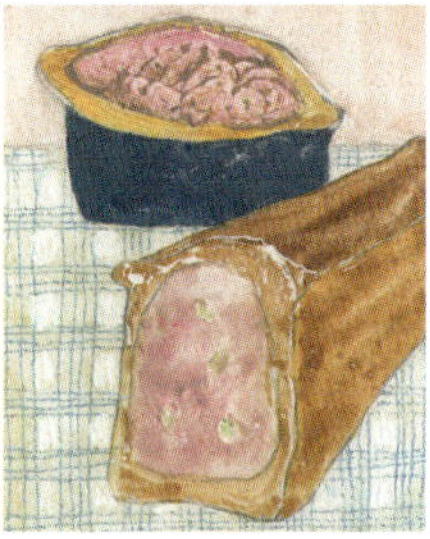

Terrine de foie gras aux pommes en gelée

UNE RECETTE RÉALISÉE POUR JACKY BIND

Jacky Bind, professionnel dans le domaine des vins à Scherwiller, donne des cours d'œnologie et anime des soirées vins-fromage. Il a aussi créé la carte des vins de son frère Christian, chef célèbre au Danemark où il a créé l'hôtel-restaurant Fakkelgaarden à Kollund. Ce frère, fin gourmet comme Jacky, est l'auteur de cette recette qui marie foie gras avec pommes acidulées et cidre.

Parez et dénervez soigneusement les foies ; coupez-les en dix ou douze morceaux. Ajoutez le cognac, le porto (ou le gewurztraminer) et le sel. Laissez mariner à température ambiante pendant 10 à 12 h. Posez les morceaux de foie dans la terrine ou dans un plat, ajoutez la marinade. Couvrez (facultatif). Enfournez à 100-120° (th. 3-4) pendant 30 min. À la sortie du four, posez le foie sur du papier absorbant pour en retirer la graisse. Tapissez une terrine de papier film, posez le foie dans la terrine en intercalant des morceaux des deux sortes de foie et la truffe émincée et recouvrez le tout avec du papier film en le surmontant d'un poids afin que le foie se tasse et que la graisse s'en extraie.

Pour la gelée aux pommes, épluchez les pommes et détaillez-les à l'aide d'une forme cylindrique. À l'aide d'une mandoline, détaillez ces cylindres de pommes en fines tranches rondes de 2 mm d'épaisseur. Faites blanchir pendant 5 sec ces tranches de pomme dans l'eau à ébullition et séchez-les. Mélangez le cidre ou le jus de pomme avec le vinaigre balsamique et portez à ébullition, ajoutez les feuilles de gélatine trempées au préalable dans l'eau froide, laissez tiédir. Disposez les tranches de pomme sur le bord de chaque assiette, répartissez délicatement la gelée sur les pommes et mettez au frais pendant 2 h.

Pour servir, sortez la terrine de foie gras de son récipient, découpez-la à l'aide d'un couteau chaud (en ôtant le papier film avant ou après découpe). Posez une tranche au milieu de chaque assiette nappée de gelée, décorez avec des pluches de cerfeuil. Servez avec des tranches de brioche toastées.

Pour 10 personnes
- 1 foie gras d'oie de 500 g
- 1 foie gras de canard de 500 g
- 2 cuillerées à soupe de cognac
- 5 cl de porto ou de gewurztraminer sélection de grains nobles
- sel
- 2 pommes granny smith
- 1/2 bouteille de cidre ou de jus de pomme
- 1 cuillerée à soupe de vinaigre balsamique
- 4 feuilles de gélatine
- 1 petite botte de cerfeuil
- 1 petite truffe (facultatif)

Accompagnement
- tranches de brioche toastées

Un vin autrichien, un Beerenauslese de Neusiedlersee (au sud de Vienne), du domaine Kracher.

Jacky Bind a créé la société Prestavin et assure la vinification ou la mise en bouteille. Il pratique le VTT, le cross, le parachutisme et la haute-montagne (émission du 27 novembre 1999).

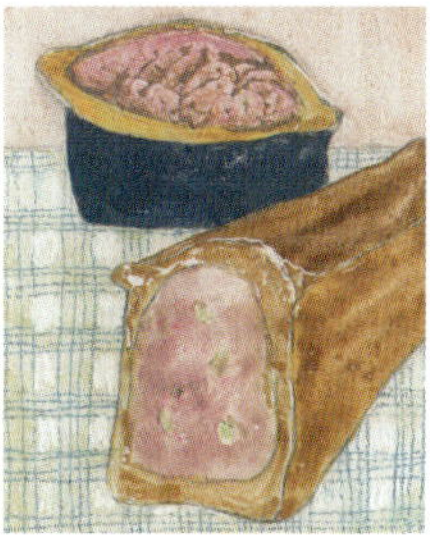

Foie gras avec sa compotée d'échalotes aux raisins secs et son confit d'échalotes au gewurztraminer

UNE RECETTE RÉALISÉE POUR RÉGINE VIERLING

Régine Vierling, productrice d'échalotes à Schnersheim, défend cette plante aromatique à bulbe, parente de l'oignon mais à l'arôme plus subtil. Elle déclencha chez Hubert Maetz l'envie d'inventer des recettes associant l'échalote à des saveurs sucrées. Il a sublimé ces trois variations autour de l'échalote, par un foie gras à servir froid ou chaud, selon votre désir.

Pour 6 personnes

Foie gras

- 1 bloc de 500 g de foie gras froid cuit (ou 1 foie gras d'oie cru à rôtir entier)
- 6 belles tranches de brioche rectangulaire
- 6 petits bouquets de mâche
- fleur de sel de Guérande,
- poivre du moulin

Compotée d'échalotes aux raisins secs

- 500 g d'échalotes
- 125 g de gros raisins secs blonds
- 60 g de sucre cassonade en poudre
- 50 g de beurre
- 2 cuillerées à soupe de vinaigre balsamique
- sel, poivre

Confit d'échalotes au gewurztraminer

- 500 g d'échalotes
- 50 g de beurre
- 50 g de gingembre frais râpé
- 100 g de raisins secs
- 0,5 l de gewurztraminer
- 200 g de sucre cassonade
- 1 petite branche de thym
- 1 feuille de laurier
- 1 cuillerée à café rase de curcuma
- sel, poivre

Échalotes confites

- 200 g de petites échalotes épluchées
- 1 dl d'eau
- 20 g de sucre
- 20 g de beurre
- 20 g de sel

Un tokay pinot gris de Camille Braun, d'Orschwihr.

Compotée d'échalotes aux raisins secs

Épluchez et émincez les échalotes. Faites-les revenir doucement au beurre avec les raisins jusqu'à ce qu'elles deviennent translucides. Salez-les légèrement et remuez à la cuillère en bois. Ajoutez le sucre et continuez de cuire, sans couvrir, en remuant de temps en temps, jusqu'à ce que les échalotes prennent une couleur caramel. Versez le vinaigre balsamique, cuisez encore 2 min et laissez refroidir. Cette compotée peut se faire à l'avance et être conservée au frais dans un bocal fermé.

Confit d'échalotes au gewurztraminer

Faites revenir dans la moitié du beurre les échalotes émincées. Faites suer doucement, remuez de temps en temps et ajoutez progressivement le beurre restant jusqu'à ce que les échalotes deviennent translucides, puis ajoutez les raisins secs, le gingembre, la cassonade ; laissez encore blondir, déglacez au gewurztraminer, ajoutez le curcuma, le thym, le laurier, le sel et le poivre, couvrez et laissez cuire au four à 120° (th. 4) pendant 2 h.

Échalotes confites

Dans une sauteuse, mettez les échalotes, l'eau à hauteur et le beurre, ajoutez le sucre et le sel, couvrez d'un papier aluminium (ou d'un couvercle) et cuisez (au four ou sur feu). En fin de cuisson, découvrez, laissez évaporer l'eau et faites caraméliser les échalotes.

Suite de la recette en p. 429

Régine Vierling jongle entre le travail des champs, son bureau, le magasin de vente et ses trois filles (émission du 6 octobre 2000).

Foie gras entier et canard en millefeuille

UNE RECETTE RÉALISÉE POUR MARTIN BERNHART

Martin Bernhart a jeté son dévolu sur le foie gras et fond devant cette recette de Materne Koestel, chef de fabrication des foies gras Artzner. Cette terrine se présente en superposition de couches de foie gras et de tranches de magrets qui, au final, présente une esthétique par l'alternance entre la couleur claire du foie gras et celle foncée du magret.

Enlevez la peau du magret de canard, assaisonnez la viande avec le sel et le poivre puis enveloppez-la dans du cellophane et laissez-la reposer au réfrigérateur pendant 48 h.

Séparez les deux lobes du foie gras puis, avec la pointe d'un petit couteau, ouvrez le foie et retirez délicatement toutes les veines. Assaisonner uniformément les lobes avec du sel et du mélange «quatre épices» et laissez macérer 12 h au réfrigérateur. Le lendemain, mettez la demi-carcasse (ou les deux cous) de canard dans une casserole avec la carotte, le poireau, le persil, l'échalote, le clou de girofle, le thym et le laurier; ajoutez 1 l d'eau. Salez et faites bouillir pendant 20 à 30 min. Passez ce fond dans l'étamine et remettez ce bouillon dans la casserole. Plongez-y le magret salé et laissez-le pendant une heure à une température stable de 60°. Laissez refroidir le magret dans ce bouillon.

Pour le montage, coupez le magret en fines tranches dans le sens de la longueur. Chemisez le fond d'une terrine rectangulaire d'une couche de foie gras, posez dessus une tranche de magret (pressez légèrement), puis ajoutez une couche de foie gras, une tranche de magret et ainsi de suite. Cuisez la terrine au bain-marie à four doux (100°, th. 3-4) pendant une heure, la température de l'eau ne doit pas dépasser 68°. Laissez bien refroidir et conservez au réfrigérateur. Posez un poids sur l'ensemble (par exemple, la même terrine vide remplie d'eau).

Pour servir, démoulez le millefeuille et coupez des tranches à l'aide d'un couteau à fine lame plongé dans l'eau chaude. Disposez la tranche au centre de l'assiette préalablement refroidie et servez.

Pour 8 personnes

- 1 magret de canard
- 1/2 carcasse de canard (ou 2 cous de canard dégraissés)
- 1 foie d'oie cru de 600 à 700 g
- 1 petite carotte
- 1 feuille de poireau
- 1 branche de persil
- 1 échalote
- 1 clou de girofle
- thym, laurier
- 1 g de « quatre épices »
- 10 g de sel, poivre

Un loupiac (vin blanc liquoreux) cuvée tradition de Jean-Marie Galineau, de Momprimblanc (Girtonde).

D'abord maître auxiliaire, Martin Bernhart est devenu photographe. Il est aussi spécialiste en aéromodélisme. Il est l'auteur de la photographie de couverture de ce livre (émission du 24 avril 2004).

Escalopes de foie gras aux endives caramélisées

UNE RECETTE RÉALISÉE POUR ROLAND KOENIG

Roland Koenig, de Mulhouse, adore cette recette de sa femme Christiane qui marie le foie gras chaud avec des endives dont l'amertume est tempérée par le sucre qui les caramélise. Ce légume d'hiver obtenu par forçage de la racine de chicorée est aussi appelé chicon ou *witloof*, ce qui signifie feuille blanche en flamand.

Pour 4 personnes

Endives caramélisées

- 1 kg d'endives belges *(witloof)*
- 1 cuillerée à soupe d'huile de tournesol
- 100 g de sucre
- sel, poivre

Escalopes de foie gras

- 8 escalopes de foie gras de canard de 60 à 80 g chacune
- 40 g de farine
- 8 cl de porto blanc (ou de tokay pinot gris vendanges tardives)
- 10 cl de crème fraîche
- sel, poivre
- 20 g d'ail des ours frais émincé (facultatif)

Décor

- fleurs d'ail des ours frites quelques secondes dans l'huile très chaude
- feuilles d'ail des ours enduites d'huile et séchées au four à 60° pendant 30 min

Un tokay grand cru de la maison Kuentz-Bas, à Husseren-les-Châteaux.

Lavez et émincez les endives, mettez-les dans une poêle avec l'huile de tournesol. Faites-les revenir. Lorsqu'elles rendent l'eau, égouttez-les dans une passoire et faites-les revenir une seconde fois dans le sucre pour les caraméliser. Salez et poivrez.
Passez les tranches de foie gras dans la farine. Tapotez-les pour en éliminer l'excédent. Faites-les revenir dans une poêle chaude (sans corps gras) pendant 30 sec de chaque côté. Déglacez la poêle avec le vin de vendanges tardives (ou le porto blanc) et la crème fraîche. Assaisonnez de sel et de poivre. Parfumez avec l'ail des ours émincé.
Égouttez les escalopes de foie gras sur du papier absorbant.
Posez les endives caramélisées sur les assiettes chauffées au préalable. Disposez les escalopes et nappez avec la sauce. Décorez avec les fleurs d'ail des ours frites et les feuilles d'ail des ours séchées au four pendant 30 min à 60°.

Roland Koenig travaille comme comme compositeur-typographe dans une grande imprimerie suisse. Fin gastronome, amateur de produits bio, il aime aussi l'écriture (émission du 6 mai 2000).

Terrine de foie gras et escalopes de foie gras aux figues

UNE RECETTE RÉALISÉE POUR BRIGITTE GIRARD

Brigitte Girard, de Strasbourg, une des rares femmes en France à être maître fourreur, est aussi un véritable cordon-bleu. Pour Noël, elle achète rituellement chez une fermière de Drusenheim une oie gavée qu'elle prépare avec pommes et figues. Elle accommode le foie en terrine et en escalopes poêlées aux figues, aux raisins ou aux poires d'après ces deux recettes de fêtes.

Pour 6 personnes

Terrine de foie gras

- 1 foie de canard ou d'oie de 400 g
- 8 g de sel épicé à foie gras (mélange pour le sel épicé par kilo de foie gras cru : 14 g de sel, 1 g de poivre, 1 g de sucre, 1 g de « quatre épices »)

Escalopes de foie gras aux figues

- 6 escalopes de foie gras cru (70-80 g par personne environ)
- 200 g de figues fraîches (ou, à défaut, sèches)
- 200 g de sucre pour le caramel
- 20 cl de muscat d'Alsace (bien fruité)
- sel, poivre du moulin

Un gewurztraminer (cuvée Barbara) de Pierre et Frédéric Becht, de Dorlisheim.

Terrine de foie gras

Choisissez un beau foie de canard ou d'oie cru : il doit être d'une teinte pâle, ivoire, crème pour l'oie, jaune pour le canard, très légèrement souple au toucher, de consistance onctueuse et exempte de tâches en surface et en profondeur. Ôtez toutes les parties verdâtres et fielleuses : la moindre trace restante transmet l'amertume au foie entier. Séparez les deux lobes, incisez à mi-épaisseur dans le sens de la longueur ; ôtez tous les vaisseaux sanguins (à l'aide d'une pince à épiler ou d'un couteau fin). Assaisonnez minutieusement de sel épicé pour foie gras (à raison de 15 g de sel épicé par kg de foie cru). Laissez reposer protégé de papier film dans une terrine au frais pendant une nuit.

Disposez les lobes du foie dans une terrine, en pressant délicatement de façon à évacuer les bulles d'air et afin que l'ensemble prenne bien la forme du récipient. Mettez le couvercle et faites cuire au bain-marie dans une eau chauffée à 70°, au four, à une température de 90° (th. 2-3) pendant 40 à 50 min environ. Il importe d'avoir un thermomètre pour vérifier que la température ne dépasse pas 60° (à cœur). Laissez refroidir le foie dans sa terrine. Après 2 h, posez sur le foie une planchette surmontée d'un poids ou d'une autre terrine : cette opération a pour but d'extraire du foie les bulles de graisse. Mettez au frais jusqu'au moment de l'utilisation. Cette terrine (de foie gras frais et non de « semi-conserve ») peut se garder sans problème pendant dix à douze jours à une température de 3°.

Pour la déguster, coupez de belles tranches avec un couteau que vous trempez à chaque fois dans de l'eau très chaude. Servez tel quel accompagné de gelée parfumée au gewurztraminer et de tranches de pain de campagne grillées.

Suite de la recette en p. 429

Brigitte Girard est devenue fourreur comme son père et son grand-père. Elle pratique aussi le modelage de figurines en argile, le bricolage et le jardinage (émission du 14 décembre 1996).

Escalope de foie gras au coulis de framboises

UNE RECETTE RÉALISÉE POUR JACQUELINE JOST-MAURER

Jacqueline Jost-Maurer a une préférence pour le foie gras poêlé au coulis de framboises qu'elle a dégusté chez Hubert Maetz. Le chef a également réalisé de petites papillotes de foie gras enveloppées de pâte filo. En remplacement du pain, Jacqueline accompagne le foie gras d'une tranche de pain d'épices que lui prépare ses fils: une trouvaille heureuse.

Pour 4 personnes

Mousse de foie gras au coulis de framboises

- 1 dl de gewurztraminer vendanges tardives
- 1 dl de bouillon de viande ou de légume
- 1 dl de crème
- 240 g de foie gras de canard coupé en dés
- sel, poivre
- 1 dl de coulis de framboises pur additionné de 20 g de sucre

Accompagnement

- 200 g de pain d'épices (facultatif)

Escalopes de foie gras au coulis de framboises

- 240 g de foie gras frais de canard à détailler en 4 escalopes de 60 g
- sel, poivre
- 1 dl de coulis de framboises

Papillotes de foie gras

- 60 g de foie gras coupé en dés de 2 cm de côté
- 2 feuilles de filo coupées en carré de 6 cm de côté

Un gewurztraminer vendanges tardives « cuvée Mireille » de Jacques et Christophe Lindenlaub, de Dorlisheim.

Pour la mousse de foie, portez à ébullition le gewurztraminer, le bouillon et la crème. Ajoutez le foie gras coupé grossièrement en dés et laisser bouillir pendant 2 min. Mixez finement ce mélange afin de le rendre mousseux. Dans des verres à vin, répartissez au fond le coulis de framboises sucré à température ambiante, versez par-dessus la mousse de foie gras chaude, qui surnagera sans se mêler au coulis. Servez avec une tranche de pain d'épice coupée en mouillettes et dégustez à l'aide d'une cuillère à tige longue.

Pour les escalopes de foie gras, nettoyez le foie, incisez les lobes pour ôter les nerfs et éliminer les parties fielleuses. Coupez-le en quatre tranches égales de 60 g. Posez les tranches dans une poêle anti-adhésive bien chaude, laissez saisir 20 à 30 s de chaque côté. Salez et poivrez. Dressez sur assiette en entourant d'un cordon de coulis de framboises.

Pour les papillotes, découpez deux feuilles de filo (une pâte très fine que l'on trouve en grandes surfaces) superposées en carrés de 6 cm de côté. Procédez rapidement car ces feuilles de pâte extra-fines sèchent très vite à l'air et craquellent. Enduisez-les au pinceau de beurre sur la face dirigée vers vous, posez au centre de chaque carré de pâte un dé de foie gras. Roulez la pâte pour donner la forme d'un bonbon dans son papier. Enfournez à 160° (th. 5-6) pendant 5 à 8 min pour qu'ils soient joliment colorés, et servez ainsi.

Née d'une famille de boulangers en sixième génération, Jacqueline Jost-Maurer a travaillé dans la boulangerie-pâtisserie reprise par ses deux fils. Elle a aussi créé une section de théâtre et écrit des sketches (émission du 22 mars 2003).

Foie d'oie poêlé sur paillassons de chou confit

UNE RECETTE RÉALISÉE POUR ANTOINE MISLIN

Antoine Mislin aime cette recette élaborée par lui : l'escalope de foie gras est posée sur une galette de chou caramélisé par l'oignon et le sucre de canne. Le chou à choucroute est confit selon le principe de la confiture d'oignons. Il peut se préparer à l'avance. L'escalope de foie gras sera quant à elle poêlée à la dernière minute.

Pour 6 personnes

Paillassons de chou confit
- 1 kg de choucroute
- 150 g de graisse d'oie
- 1 kg d'oignons émincés
- 100 g de sucre de canne
- sel, poivre

Foie gras
- 6 escalopes de foie gras frais d'oie (d'une épaisseur d'un peu moins de 1 cm) ou 12 escalopes selon la taille (compter 100 g de foie gras cru par personne)
- 80 g de farine
- sel, poivre
- 1 dl de vinaigre balsamique

Un tokay pinot gris de Gérard Schueller, de Husseren-les-Châteaux.

Paillassons de chou confit

Faites cuire la choucroute pendant 3h dans une grande quantité d'eau non salée. Égouttez-la et pressez-la fortement pour en sortir le maximum d'eau. Cette opération peut se faire la veille. Faites revenir les oignons émincés dans la graisse d'oie jusqu'à obtention d'une couleur brune. Ajoutez-y le sucre de canne et laissez confire pendant 10 min. Incorporez dans cette confiture d'oignons la choucroute cuite et égouttée. À l'aide d'une spatule, mélangez les deux éléments et laissez-les encore cuire à découvert pendant 20 min dans une sauteuse, en remuant souvent car l'ensemble attache rapidement. Le chou et l'oignon doivent être intimement liés jusqu'à avoir la même couleur : on ne distingue alors plus la différence entre le chou et l'oignon. Salez et poivrez. Étalez l'appareil sur une plaque de four, en formant des paillassons (galettes) de 80 à 100 g, d'un peu plus de 1 cm d'épaisseur. Leur taille doit faire environ le tiers d'une assiette. Enfournez à 150-180° (th. 5-6) durant 30 min afin d'assécher. Sur l'ensemble de l'opération, le chou doit réduire de moitié. Le paillasson doit avoir sur le dessus l'aspect desséché de la paille ; à la dégustation, on ne se doute plus qu'il y a de la choucroute dans les ingrédients.

Foie gras

Dans une poêle sans corps gras et très chaude, faites revenir les tranches de foie farinées, salée et poivrées, laissez saisir 20 à 30 sec de chaque côté. Le foie doit être croustillant à l'extérieur et moelleux à l'intérieur.

Disposez les tranches poêlées sur les paillassons de chou. Déglacez la poêle avec le vinaigre balsamique. Laissez réduire de moitié, jusqu'à épaississement. Versez ce jus concentré sur le foie.

Antoine Mislin, fabricant de foie gras frais à Saint-Louis, est aussi passionné par sa ville : il lui a consacré deux livres et il est le créateur de la Société d'histoire locale (émission du 9 décembre 2000).

Foie gras poêlé aux figues fraîches

UNE RECETTE RÉALISÉE POUR ADRIEN WEBER

Adrien Weber aime les figues fraîches associées aux escalopes de foie gras poêlées, un mets qu'il mange souvent chez ses amis Jeanine et Gérard Schmitter de la société de tourisme fluvial Croisi-Europe. La recette est une création de Jeanine, qui épate nos plus grands chefs lorsqu'elle les reçoit à sa table.

Pour 4 personnes

Foie gras poêlé

- 320 g de foie gras cru à détailler en 8 tranches de 40 g chacune (sur une épaisseur de 1 cm environ)
- 30 g de farine (facultatif)
- sel, poivre

Sauce

- 10 cl de fond brun de veau lié
- 4 cl de vinaigre de framboise
- 10 cl de porto (ou de vin doux, style Maury ou banyuls)
- 4 cl de jus de truffe (facultatif)
- 20 g de beurre

Figues en accompagnement

- 4 figues fraîches (les congeler individuellement, en les roulant d'abord dans un peu de sucre cristallisé, elles seront très simples d'utilisation après décongélation)
- 50 g de sucre (pour le sirop)
- 1 dl d'eau (pour le sirop)
- 1 cl de gewurztraminer
- 50 g de sucre (pour caraméliser)

Un sylvaner récolté en vin de glace de Seppi Landmann, de Soultzmatt.

Procédez d'abord à la préparation des fruits (celle du foie gras est très rapide). Les figues peuvent être remplacées par deux pommes reinettes épluchées, détaillées en quartiers, à faire revenir à la poêle au beurre, à couvert, jusqu'à ce qu'elles soient tendres, à parfumer éventuellement d'une pincée de cannelle.
Pour les figues, portez le sucre et l'eau à ébullition avec le vin, ajoutez les figues entières et laissez pocher pendant 5 min. Égouttez. Dans une poêle, versez le sucre, laissez-le prendre couleur sans remuer. Roulez aussitôt les figues dans le caramel.
Préparez la sauce: faites réduire pendant 5 min le vinaigre de framboise, le vin (ou le porto) et le jus de truffe jusqu'à obtention de 5 cl de sauce. Ajoutez le fond brun lié. Laissez réduire jusqu'à consistance de nappage. Ajoutez 20 g de beurre pour monter la sauce.
Coupez le foie gras sur 1 cm d'épaisseur en 8 tranches de 40 g environ. Farinez-les. Chauffez une poêle à feu vif, sans corps gras. Posez-y les escalopes. Faites-les revenir 30 sec, retournez-les. Laissez saisir l'autre côté pendant 30 sec également. Salez, poivrez et faites égoutter les escalopes.
Disposez deux escalopes et une figue par assiette. Entourez d'un ruban de sauce.

Adrien Weber, de Niedermodern, a travaillé comme compositeur-typographe puis comme commercial-deviseur au «Nouvel Alsacien». Il dirige l'entreprise Valblor avec Vincent Valentin (émission du 19 mars 2005).

Yves Siffer 05

Les légumes

Les légumes
par Yves Siffer

«J'ai choisi le poivron, la tomate, l'oignon pour leur forme et leur couleur, mais aussi par goût pour les légumes et les graines. J'aime aussi ces objets les accompagnant pour ce qu'ils représentent iconographiquement, pour leur mémoire, leur histoire, leur âge : l'assiette émaillée a pris des coups, cela la rend intéressante. La peinture sous verre exige l'inversion comme pour la gravure. Ce qui est à droite doit passer à gauche. On commence le tableau par ce qui est le plus à l'avant – ici l'oignon – pour finir par le fond. Je ne travaille qu'à la peinture à l'huile même si le verre accepte d'autres matériaux : aquarelle, encre, acrylique ou peinture à l'œuf. Je suis toute la journée à l'atelier dès huit heures du matin et jusqu'à la baisse du jour. Je ne peux travailler qu'en lumière naturelle. Je fais une pause vers midi pour préparer le repas. J'aime cuisiner et je le fais tous les jours de semaine. Le week-end, c'est ma femme qui cuisine. Le cordon-bleu, c'est elle.»

Yves Siffer

Variations autour du céleri

UNE RECETTE RÉALISÉE POUR NORBERT REPPEL

Norbert Reppel, vit à Mussig, village réputé pour sa fête du céleri qui se déroule tous les deux ans le dernier dimanche d'août. Voici une déclinaison du céleri-rave en trois recettes : la première provient de sa femme Marylène, les deux autres sont réalisées, parmi tant d'autres, lors de la fête du céleri.

Pour 4 personnes

Salade de céleri-rave aux fruits
- 200 g de céleri-rave coupé en julienne
- 2 pommes, 1 banane
- 20 cerneaux de noix
- 2 cuillerées à soupe de jus de citron
- 2 cuillerées à soupe de crème fraîche épaisse
- 1 pincée de mélange « quatre épices » (ou de curry)
- 1 pincée de sel
- 4 fines tranches de jambon fumé (facultatif)

Garniture
- 6 cerneaux de noix
- 2 petites tomates coupées en dés

Terrine de céleri au foie de canard
- 1 tête de céleri
- 1 foie gras cru de canard (400 g)
- 10 cl de gelée de volaille ferme
- sel, poivre
- quelques feuilles de laitue (déco)

Paillassons au céleri
- 1 kg de pommes de terre
- 300 g de céleri-rave
- 4 échalotes hachées
- 1 cuillerée à soupe de farine
- 3 œufs
- 1 pincée de noix de muscade
- sel, poivre, persil
- 15 cl d'huile

Un tokay pinot gris Les Faîtières, de la cave d'Orschwiller-Kintzheim.

Salade de céleri-rave aux fruits

Coupez les pommes épluchées en lamelles et la banane en petits dés ou en rondelles. Divisez grossièrement les cerneaux de noix. Dans un saladier, mélangez céleri, pomme, banane et noix. Ajoutez épices et sel. Arrosez du jus de citron. Mélangez délicatement tout en ajoutant la crème épaisse. Parsemez avec les dés de tomate et les cerneaux de noix. Marylène accompagne cette salade d'une fine tranche de jambon fumé.

Terrine de céleri au foie de canard

Faites cuire une tête de céleri dans l'eau bouillante salée durant 25 min. Faites sauter à feu doux le foie de canard salé et poivré pendant 8 à 10 min. Montez l'ensemble dans une terrine garnie de papier film : les tranches épaisses de céleri, une couche de gelée de volaille et une couche de foie gras revenue coupée en grosses tranches. Répétez l'opération sur toute la hauteur de la terrine. Recouvrez avec du papier film et placez l'ensemble au réfrigérateur pendant une nuit pour faire prendre. Le lendemain, coupez et dressez à votre guise.

Paillassons au céleri

Épluchez le céleri et les pommes de terre. Râpez le tout assez grossièrement, en alternant céleri et pommes de terre. Faites égoutter dans une passoire, puis pressez dans une mousseline. Mélangez aux échalotes le persil finement haché et les œufs. Salez, poivrez et mettez une râpée de muscade.

Suite de la recette en p. 429

Professeur de mathématiques, Norbert Reppel est rédacteur en chef de la revue « D'Heimet zwische Rhin un Vogese » et fondateur de l'association Heimetsproch un Tradition (émission du 12 mai 2001).

Déclinaison autour du germe de soja

UNE RECETTE RÉALISÉE POUR ARMAND JEHLE

Armand Jehle apprécie le soja, cette légumineuse qui constitue une nourriture de base dans les pays d'Extrême-Orient. Ces deux recettes qui associent le soja aux calamars, aux truffes et aux crevettes, proviennent de Jacques Le Divellec et Yvette Pécau et sont inspirées du livre *La grande cuisine aux herbes*.

Nid de pousses de soja aux calamars

Nettoyez les calamars, enlevez le cartilage, coupez-les en rondelles. Faites chauffer dans une poêle une cuillerée à soupe d'huile d'olive, faites revenir les calamars. Ajoutez les champignons émincés et l'ail haché. Laissez légèrement dorer, salez, poivrez et réservez au chaud. Dans une autre poêle, mettez une cuillerée à soupe d'huile. Faites revenir les pousses de soja, salez, poivrez, réservez au chaud. Mélangez le reste d'huile (deux cuillerées à soupe) avec la sauce soja, le nuoc-mâm et le jus d'un citron; poivrez, rectifiez l'assaisonnement.

Pour la présentation, faites un nid avec le soja moulé dans un cercle de dix centimètres de diamètre. Au centre, remplissez avec le mélange de calamars et de champignons. Arrosez de sauce, saupoudrez de coriandre.

Soja poêlé aux truffes et crevettes grises

Dans une poêle, faites revenir à l'huile l'échalote hachée sans la laisser colorer. Ajoutez le soja, faites-le revenir en le gardant croquant. Ajoutez les crevettes et la julienne de truffe. Remettez sur le feu, juste pour réchauffer. Assaisonnez et servez aussitôt. Le soja est particulièrement sensible au parfum des truffes, dont il s'imprègne facilement.

Pour 4 personnes

Nid de pousses de soja aux calamars

- 8 petits calamars
- 300 g de pousses de soja
- 100 g de champignons de Paris
- 1 gousse d'ail
- 4 cuillerées à soupe d'huile d'olive
- le jus d'1 citron
- 1 cuillerée à café de sauce soja
- 1 cuillerée à café de sauce nuoc-mâm (sauce à base de poissons, très riche en protéines et en sel)
- 1 cuillerée à soupe de coriandre fraîche ciselée
- sel, poivre

Soja poêlé aux truffes et crevettes grises

- 1 kg de pousses de soja
- 500 g de crevettes grises décortiquées
- 50 g de truffes en julienne
- 2 cuillerées à soupe d'huile d'olive
- 1 échalote
- sel, poivre

Un pinot noir clos Sainte-Odile élevé en fûts de chêne et mis en bouteille par la cave d'Obernai.

Armand Jehle est accordéoniste. Il compose, enregistre et se produit en solo ou avec d'autres artistes. Il anime la chronique astrologie sur France Bleu Elsass (émission du 12 janvier 2001).

Pâtissons à la vinaigrette, à la viande et salade de mini-pâtissons

UNE RECETTE RÉALISÉE POUR MIREILLE MONZEL

Mireille Monzel, qui anime au marché de Saverne le stand de légumes biologiques de la ferme Saint-André de Friedolsheim, aime les légumes oubliés, comme le pâtisson, petite courge hémisphérique bordée de dentelures à la chair d'un blanc laiteux. Ce légume fin, aussi appelé bonnet-de-prêtre est ici décliné en trois recettes provenant de la ferme Saint-André.

Pour 4 personnes

Pâtisson à la vinaigrette

- 1 pâtisson
- 1 tomate coupée en dés
- 1 œuf dur haché grossièrement
- 1/4 de concombre taillé en petits dés
- 100 g de saumon fumé ou 1 petite boîte de thon au naturel
- 3 cuillerées d'huile
- 1 cuillerée de vinaigre
- 100 g de haricots verts cuits et taillés en dés
- 100 g de riz cuit
- 50 g de poivrons coupés en dés
- sel, poivre

Pâtisson à la viande

- 4 petits pâtissons
- 25 g de beurre
- 400 g de viande hachée
- 1 oignon, 1 gousse d'ail
- 1 cuillerée à soupe de paprika ou de curry (facultatif)
- 1 dl de sauce tomate
- 50 g de fromage râpé
- sel, poivre

Salade de mini-pâtissons

- 12 mini-pâtissons
- 1 tomate épluchée
- 100 g de poivrons rouges pelés
- 30 olives et 3 cl d'huile d'olive
- sel, poivre
- 1 cl de vinaigre de xérès
- 1 cuillerée à soupe de basilic, coriandre, sarriette hachés

Un pinot blanc auxerrois de la cave vinicole de Cleebourg.

Pâtisson à la vinaigrette

Faites cuire le pâtisson entier pendant 45 min à l'eau salée. Égouttez-le, découpez un couvercle, retirez les graines et faites égoutter à nouveau jusqu'à complet refroidissement. Garnissez l'intérieur du pâtisson avec tomate, concombre, haricots, riz cuit, poivrons, œuf dur, thon ou saumon (selon votre envie), arrosez de vinaigrette. Servez en veillant, après avoir vidé le pâtisson de sa garniture, à prélever la chair du pâtisson avec une cuiller : chaque convive pourra, à sa guise, l'arroser d'un peu de vinaigrette.

Pâtisson à la viande

Faites cuire les pâtissons à l'eau bouillante salée durant 20 min. Égouttez-les et creusez-les en ôtant les graines et la masse filandreuse qui les entoure. Faites revenir la viande hachée dans le beurre avec l'oignon et l'ail hachés. Assaisonnez de sel, de poivre et d'épices et ajoutez la sauce tomate. Laissez mijoter pendant 20 min. Remplissez les pâtissons de la préparation. Saupoudrez de fromage râpé et faites gratiner au four ou à la salamandre.

Salade de mini-pâtissons

Faites cuire les mini-pâtissons à l'eau bouillante salée, égouttez-les et ajoutez la tomate et le poivron coupés en petits dés pour la couleur, les olives en rondelles, l'assaisonnement huile-vinaigre et les herbes hachées de saison. Salez et poivrez bien l'ensemble pour le relever.

Mireille Monzel travaille en cuisine au lycée Jules-Verne de Saverne et tient un stand de légumes biologiques le samedi sur le marché de la ville. Elle pratique aussi la peinture sur porcelaine (émission du 28 septembre 2002).

Compotée de légumes d'été, tomates farcies à la purée d'orties et beignets aux fleurs d'acacia

UNE RECETTE RÉALISÉE POUR GILLES SCHITTER

Gilles Schitter est un ardent défenseur de la terre. Il pratique un recyclage intelligent des déchets verts à partir desquels il crée un compost performant. Hubert Maetz s'en est donné à cœur joie pour lui réaliser ces trois recettes de printemps et d'été faites uniquement de produits de la terre.

Compotée de légumes d'été

Lavez tous les légumes, épluchez-les et faites-les revenir dans une poêle avec de l'huile d'olive. Les légumes sont coupés de la même taille à votre gré, les artichauts débarrassés de leur foin et des feuilles; déposez-les dans une grande cocotte pour pouvoir les identifier après cuisson.

Faites revenir à l'huile d'olive dans une grande cocotte les oignons émincés, ajoutez le poireau coupé en petits tronçons, ajoutez au fur et à mesure les autres légumes détaillés en dés (vous pouvez choisir les légumes que vous désirez, la recette étant une proposition large), salez et poivrez. Parfumez avec les herbes. Couvrez et faites cuire au four pendant 3 ou 4 h à 150° (th. 5), cuisson douce et lente.

Pour 8 personnes

Compotée de légumes d'été

- 1 dl d'huile d'olive
- 200 g de gros oignons
- 3 têtes d'ail
- 200 g de poireau
- 400 g de carottes
- 500 g de courgettes
- 500 g d'aubergines
- 600 g de chou vert
- 200 g d'oignons de mai
- 1 kg de tomates
- 200 g d'échalotes
- 350 g de céleri en branche
- 10 fonds d'artichauts crus
- 20 petits artichauts violets
- 100 g de haricots à fèves (roses ou blancs)
- 300 g de navets
- sel, poivre
- herbes aromatiques (thym, laurier, hysope, romarin, coriandre)

Vinaigrette

- 10 cl de jus de cuisson des légumes
- 5 cl d'huile d'olive
- 5 cl de vinaigre balsamique
- sel, poivre

Tomates farcies à la purée d'orties

- 20 g de beurre
- 4 tomates
- 200 g d'orties
- sel, poivre

Beignets aux fleurs d'acacia

- des fleurs d'acacia
- 90 g de farine
- 60 g de maïzena
- 15 g de levure chimique
- 1 œuf
- 12,5 cl d'eau
- 7,5 cl de crème épaisse
- huile de friture
- sucre glace (facultatif)

Un tokay pinot gris grand cru Steinert (cave de Pfaffenheim).

Vinaigrette

Vous pouvez avant dégustation prévoir une note acide bienvenue en ajoutant sur l'assiette une vinaigrette confectionnée avec le jus de cuisson, l'huile d'olive, le vinaigre, le sel et le poivre. Cette compotée peut se servir chaude, tiède ou froide, seule ou en accompagnement de poisson grillé ou d'une viande (volaille et agneau de préférence).

Suite de la recette en p. 430

Gilles Schitter, de Schirrheim, est l'initiateur et l'un des exploitants de la plate-forme de compostage de Bischwiller. Il y a aussi créé un potager de légumes bio (émission du 27 mai 2000).

Confiture d'oignons et foie gras en cocotte

UNE RECETTE RÉALISÉE POUR GILBERT WECKERLÉ

Gilbert Weckerlé, de Colmar, aime fabriquer une confiture d'oignons qu'il sert avec du foie gras chaud ou froid. Il a confié sa recette à Christine Ferber, maître-pâtissier à Niedermorschwihr, afin qu'elle en fasse naître cette version améliorée. Il s'agit là d'une recette née de l'association de la fée des confitures et du Petit Prince de l'ébénisterie d'art.

Pour 6 personnes

Confiture d'oignons (ingrédients pour environ 5 à 6 pots de 200 g)

- 1,5 kg d'oignons épluchés
- 100 g de miel d'acacia
- 100 g de beurre
- 500 g de sucre cristallisé
- 1/2 cuillerée à café rase d'épices à pain d'épices (moulues)
- 1/2 cuillerée à café rase de zeste d'une orange non traitée (finement râpé)
- 1/2 cuillerée à café rase de zeste d'un citron non traité (finement râpé)
- 100 g de raisins de Corinthe ou de Smyrne

Foie gras en cocotte

- 1 foie d'oie entier de 600 g
- fleur de sel
- 400 g de confiture d'oignons

Un tokay pinot gris cuvée Liberty, mis en bouteille au domaine viticole de la Ville de Colmar.

Pour la confiture, épluchez les oignons. Coupez-les en deux et émincez-les finement. Faites fondre le beurre et le miel dans un fait-tout en inox. Ajoutez les oignons émincés, mélangez et faites cuire doucement en remuant de temps en temps jusqu'à ce que les oignons deviennent transparents.

Ajoutez alors le sucre, les épices, les zestes d'orange et de citron râpés, mélangez délicatement à l'aide d'une cuillère en bois. Faites cuire à feu très doux pendant 1 h environ, en remuant de temps en temps. Quand la confiture a une belle couleur ambrée, retirez la casserole du feu, ajoutez les raisins. Laissez reposer pendant 10 min. Redonnez un bouillon, mettez en pots et couvrez à chaud.

Cette confiture se garde deux mois dans un pot fermé avec un couvercle à vis, dans un endroit frais (15-17°), à l'abri de la lumière. Lorsqu'elle est entamée, conservez-la au réfrigérateur. Pour la conserver plus longtemps, il faut la stériliser dans un verre à conserve (avec ébullition pendant 20 min). Elle est délicieuse avec un foie gras chaud ou froid, précise Christine Ferber. Ou avec une terrine de canard, de faisan. Elle est également bonne avec un canard cuit à l'orange, avec toutes les viandes rôties au four ou en cocotte, qui sont accompagnées par des fruits et ont des saveurs aigres-douces.

Hubert la servira avec des escalopes de foie gras rapidement poêlées de chaque côté et avec un foie gras entier cuit dans une cocotte fermée sur un lit de confiture d'oignons (cuisson à 250° pendant 10 min). Salez à la fleur de sel à la sortie du four.

Dans sa boutique à Colmar, Gilbert Weckerlé dessine des meubles. Il fut primé par les professionnels et reçut la médaille d'or du Salon américain des créateurs de meubles (émission du 22 janvier 2000).

Petits légumes farcis à la niçoise

UNE RECETTE RÉALISÉE POUR MICHEL BERRING

Michel Berring, de Mutzig, cultive à Neuwiller-les-Saverne un jardin de légumes et d'herbes dont il emmène les récoltes en son restaurant au Luxembourg. Parmi les nombreuses recettes proposées par ce chef réputé pour sa parfaite technicité, Hubert Maetz a retenu les petits légumes farcis à la niçoise, odes au jardin, aux produits frais et aux saveurs du sud.

Tomates

Coupez les chapeaux, videz et égouttez les tomates, faites suer l'oignon à l'huile d'olive et ajoutez la viande coupée en brunoise, la sauce, les herbes, assaisonnez et épaississez avec la mie de pain. Farcissez et remettez les chapeaux.

Pommes sabots

Taillez les pommes de terre en forme de sabot et cuisez-les à la vapeur. Préparez une farce molle avec la duxelles, la mie de pain, l'œuf dur haché, le beurre ramolli, les échalotes suées, le persil. Farcissez les pommes de terre. Beurrez bien les sabots au pinceau.

Champignons

Préparez une concassée avec les tomates et les oignons hachés. Videz les champignons (les parures serviront pour la duxelles) ; blanchissez-les fortement quelques secondes dans l'eau citronnée à ébullition. Égouttez et farcissez avec la concassée, l'ail et le basilic ; saupoudrez avec de la mie de pain et un peu d'huile d'olive.

Suite de la recette en p. 430

Pour 6 personnes

Tomates
- 6 tomates moyennes
- 100 g de bœuf en daube (avec un peu de sauce)
- 1 oignon haché
- 2 cl d'huile d'olive
- 50 g de mie de pain
- cerfeuil, estragon
- sel, poivre et muscade

Pommes sabots
- 6 pommes de terre fermes
- 50 g de duxelles de champignons
- 1 œuf dur
- un peu de mie de pain
- 1 noix de beurre
- échalotes et persil hachés

Champignons
- 6 gros champignons de Paris (hachés revenus avec des échalotes et du beurre)
- l'intérieur des 6 oignons
- des tomates
- 2 gousses d'ail hachées finement
- mie de pain, jus de citron
- basilic haché, huile d'olive
- sel, poivre

Oignons
- 6 oignons nouveaux moyens
- 2 tranches de pain de mie (en dés)
- 50 g de gruyère râpé
- 1 dl de crème
- huile d'olive
- sel, poivre, noix de muscade

Chou pointu
- 1 chou pointu
- 1 petite carotte cuite
- 1 gousse d'ail hachée
- l'intérieur des pommes sabots, cuit à la vapeur
- 100 g de chair à saucisse
- un peu de cumin frais
- sel, poivre, noix de muscade

Cuisson et finition
- 50 cl de bouillon de bœuf
- 10 cl de jus de viande
- basilic haché
- 1 filet d'huile d'olive

Un bellet mis en bouteille au château de Crémat (Alpes-Maritimes).

Formé à l'école hôtelière, Michel Berring dirige le restaurant Le Patin d'Or, au Luxembourg. Il fait de la peinture polychrome, répare des meubles, fait des moulures (émission du 6 octobre 2001).

Tarte au potimarron et au confit de courge-spaghetti

UNE RECETTE RÉALISÉE POUR ANTOINE BINNERT

Antoine Binnert, de Hindisheim, cultive des variétés de légumes anciens ainsi qu'une multitude de courges et de coloquintes qui foisonnent au sol et en hauteur. L'automne venu, sa femme Léonie lui cuisine des plats à base de potirons, de potimarrons et de courges, d'après des recettes qui rivalisent de saveurs et d'originalité transmises par leur voisine Francine Liegey.

Pour 6 personnes

Tarte au potimarron
Pâte brisée

- 200 g de farine
- 100 g de beurre
- 1 œuf
- 20 g de sucre
- 1 pincée de sel

Garniture

- 1 kg de potimarron (ou citrouille)
- 200 g de crème fraîche
- 3 œufs
- 150 g de sucre
- 60 g de poudre d'amandes
- 1 cuillerée à soupe de jus de citron
- les zestes émincés et blanchis d'1/2 citron
- sel
- amandes effilées (pour décorer)

Confit de courge-spaghetti

- 500 g de courge-spaghetti
- 150 g de sucre
- 1 dl d'eau

Courge-spaghetti en vinaigrette

- 1 courge de 3 kg
- 3 cl d'huile d'olive
- 2 cl de vinaigre
- quelques brins de bredy-mafana (une plante aromatique qui pousse en nos jardins) ou, à défaut, du basilic, de l'aneth ou de la menthe
- sel, poivre

Flan de potimarron salé

- 160 g de purée de potimarron (bien mixée et légèrement asséchée au four ou sur la plaque de cuisson)
- 3 œufs
- 15 cl de lait
- 15 cl de crème
- sel, poivre
- 20 g de beurre pour beurrer les ramequins

Un tokay grand cru Frankstein de la maison Haasz-Silber, à Dambach-la-Ville.

Tarte au potimarron

Confectionnez la pâte brisée et laissez-la reposer 30 min. Coupez le potimarron en dés (il n'est pas nécessaire de l'éplucher) et faites-le cuire dans l'eau salée pendant 15 min. Égouttez et réduisez en purée, puis asséchez la masse sur feu doux sans cesser de remuer. Mélangez la crème, le sucre, la purée de potimarron, le jus de citron, les zestes, la poudre d'amandes et en dernier les œufs battus en omelette. Garnissez une tourtière beurrée d'une abaisse de pâte et remplissez-la avec cette préparation. Mettez au four chaud à 160° (th. 5-6) pendant 30 à 40 min. Décorez la tarte avec des amandes effilées.

Confit de courge-spaghetti

Faites cuire les spaghettis végétaux dans de l'eau sucrée (150 g de sucre pour 1 dl d'eau). Laissez cuire 15 min et égouttez. Disposez-les sur la tarte au potimarron.

Courge-spaghetti en vinaigrette

Faites cuire la courge entière dans l'eau salée pendant 30 min. Coupez-la en deux, sortez les graines (à ne pas consommer) puis la masse de spaghettis végétaux. Assaisonnez-les d'huile, de vinaigre, salez et poivrez. Ajoutez quelques brins (feuilles et inflorescences) de bredy-mafana (ou de basilic, d'aneth ou de menthe).

Suite de la recette en p. 430

Fils d'agriculteurs, Antoine Binnert a travaillé comme jardinier, puis à la brasserie Kronembourg. Son jardin regorge de variétés oubliées et originales de fruits, fleurs et légumes (émission du 6 novembre 1999).

Purée de poireaux et œufs au plat avec sa garniture de poireau et de persil frit

UNE RECETTE RÉALISÉE POUR CAMILLE BACHMANN

Camille Bachmann, de Wihr-au-Val, religieux de la Congrégation des Spiritains, voulait redorer le blason de légumes anciens tels que crosnes, racines de persil, oignons d'Égypte, poireaux perpétuels ou le panais, qui fut cultivé autrefois dans la vallée de Munster sous le nom de *Pastinake*. Il a souhaité une purée de poireaux avec des œufs au plat : des saveurs d'enfance aimées entre toutes.

Pour 8 personnes

Purée
- 3 poireaux
- 2 kg de pommes de terre (variétés farineuses, du style josée, *sirtema*, *primura*)
- sel, poivre
- 10 cl de lait
- 5 cl de crème
- 50 g de beurre

Œufs au plat
- 16 œufs
- 2 cl d'huile
- 20 g de beurre
- sel, poivre

Garniture de poireau et persil frits
- 1 poireau
- 100 g de persil plat
- 10 cl d'huile
- sel

Un tokay pinot gris de l'ancien moulin de l'abbaye de J.-P. Klein & Fils, à Andlau.

Purée

Nettoyez les poireaux, coupez-les en quatre, lavez-les en prenant soin de séparer les feuilles, puis émincez-les finement. Dans une grande marmite, faites revenir le poireau au beurre, ajoutez les pommes de terre coupées en dés et mouillez à hauteur d'eau. Couvrez et laissez cuire pendant 30 à 45 min à petit feu. Égouttez (en conservant éventuellement le jus de cuisson pour confectionner un potage). Si vous êtes pressé, écrasez la purée à l'aide d'un pilon ou d'une spatule de bois, ajoutez une noix de beurre ainsi qu'un peu de crème fraîche. Vous pouvez aussi passer l'ensemble au moulin à légumes. Ajoutez le beurre ainsi que le mélange lait-crème préalablement chauffé. Rectifiez l'assaisonnement et la consistance, rajoutez s'il le faut un peu de lait.

Œufs au plat

Dans une poêle, faites cuire les œufs avec un peu d'huile et de beurre. Cassez-les dans la poêle bien chaude, couvrez éventuellement (afin que le jaune se réchauffe et que le blanc reste moelleux), salez (avec du gros sel, pourquoi pas, comme dans les souvenirs d'enfance), poivrez ou déposez-les dans un plat à gratin et faites-les cuire au four.

Garniture de poireau et persil frits

Pour le poireau et le persil frits, faites chauffer l'huile dans un petit caquelon (ou dans une poêle), plongez le poireau finement émincé et séché, laissez frire jusqu'à belle coloration, égouttez sur du papier absorbant. Saupoudrez d'un peu de sel. Procédez de même avec le persil.

Hubert, en dernière minute, a improvisé en préparant les légumes apportés par Camille Bachmann : il éminça finement les racines de persil crues et les assaisonna de jus de citron, d'huile d'olive et de sel.

Camille Bachmann rêvait de devenir missionnaire au Brésil et devint curé de la paroisse de Wasserbourg dans la vallée de Munster. Il rédigeait des chroniques sur les légumes et les plantes médicinales (émission du 5 octobre 1998).

Terrine de légumes et crêpes, dites *Schruewe*

UNE RECETTE RÉALISÉE POUR MARIE-GABRIELLE HOLTERBACH

Marie-Gabrielle Holterbach raffole des légumes et des céréales. En dessert, elle aime les *Schruewe* (dites aussi *Struewele* ou *Striewele*), des crêpes en formes de fleur, une spécialité de Frohmuhl en Alsace Bossue, où vivait son arrière-grand-mère Angélique. Ces crêpes étaient servies avec des myrtilles en conserve ou avec une compote de pommes.

Pour 10 personnes

Terrine de légumes

- 1 chou vert
- 200 g de navets
- 300 g de carottes
- 150 g de céleri
- 150 g d'oignons
- 3 œufs
- 3 dl de lait
- 300 g de purée de céleri
- 1 cuillerée à soupe de fines herbes hachées (persil, ciboulette, cerfeuil, estragon)
- 50 g d'orge perlé
- 50 g de flocons d'avoine
- une dizaine de sommités de brocolis
- 20 g de beurre
- sel, poivre

Finition

- du tamari (sauce soja) pour parfumer ou une purée de carottes chaude, délayée avec de la crème ou du lait ou une purée de persil (faite avec une botte de persil, un peu de crème et 20 g de beurre)

Crêpes (pour 4 personnes)

- la pâte doit être moins liquide qu'une pâte à crêpes, un peu plus qu'une pâte à *Mehlknepfle*; on compte par personne 1 œuf, 2 cuillerées à soupe bombées de farine et 5 cl de lait
- 4 œufs
- 2 dl de lait
- sel
- 340 g de farine
- 2 dl d'huile pour la cuisson
- 50 g de sucre semoule (pour le saupoudrage)
- cannelle (facultatif)

Accompagnement

- des myrtilles en conserve ou de la compote de pommes

Un tokay pinot gris de Mathieu Goetz, de Wolxheim.

Terrine de légumes

Coupez les légumes épluchés en bâtonnets dans le sens de la longueur et réservez-les. Détachez les feuilles du chou, supprimez-en les larges côtes et faites-les blanchir. Cuisez séparément à l'eau salée l'orge perlé (pendant 30 min) et les flocons d'avoine (jusqu'à ce qu'ils forment une bouillie épaisse). Montez les terrines en les chemisant de papier film légèrement beurré, puis de feuilles de chou vert blanchies, coupez le reste de chou en fines lamelles et répartissez-les dans les terrines afin qu'elles en épousent les parois. Battez les œufs, ajoutez le lait et la purée de céleri (obtenue en le cuisant dans 1 dl de lait, puis en le mixant), et assaisonnez de sel et de poivre.

Versez un peu de cet appareil dans la terrine. Procédez au montage en damier en intercalant chaque fois les différents légumes, les herbes et, par couche, l'orge perlé puis les flocons d'avoine au centre de la terrine, ainsi que les sommités de brocoli à l'envers (elles seront à l'endroit après le démoulage), remplissez la terrine en alternant comme précédemment les différents ingrédients, versez de l'appareil à hauteur, rabattez les feuilles de chou et le papier film de manière à couvrir l'ensemble. Faites cuire au bain-marie à 170° (th. 5-6) pendant 1 h 40 à 2 h. Cette terrine se déguste chaude, tiède ou froide.

Suite de la recette en p. 431

Marie-Gabrielle Holterbach, assistante sociale, est responsable de PAC Eureka 67, un programme d'activation cérébrale proposé par la Mutualité Sociale Agricole aux retraités (émission du 24 janvier 1998).

Repas macrobiotique

UNE RECETTE RÉALISÉE POUR VINCENT SAAS

Vincent Saas, de Valff, attache une grande importance à l'alimentation; la sienne est macrobiotique, d'après ce mode d'alimentation inspiré du zen, basé sur l'équilibre des principes yin (féminin) et yang (masculin). Les aliments de base en sont les céréales et les légumes secs. Vincent a proposé ce menu léger et énergétique composé par sa femme Nicole.

Salade de carottes et navets

Râpez les carottes et les navets, salez, ajoutez l'huile d'olive, le vinaigre de cidre (deux volumes pour quatre d'huile), rajoutez un peu d'eau si nécessaire.

Chou vert aux prunes d'Umebosis

Émincez l'oignon et le chou. Faites revenir les oignons dans l'huile. Dès qu'ils sont blanchis, ajoutez un peu de sel, laissez cuire encore un peu sans qu'ils deviennent bruns. Ajoutez le chou, faites cuire 20 à 30 min (à couvert), rajoutez un peu d'eau, le tamari, la purée de prunes et la sarriette, salez encore un peu si nécessaire.

Lentilles aux oignons

Faites cuire les lentilles à feu doux dans un volume et demi d'eau pendant 30 min. Faites revenir les oignons émincés comme pour le chou et ajoutez-les aux lentilles en fin de cuisson. Assaisonnez avec du tamari ou du shoyou.

Algues Isiki

Lavez les algues et laissez-les tremper dans un bol d'eau pendant 30 min. Réservez l'eau de trempage. Faites revenir les algues à feu doux pendant 5 min dans l'huile, puis ajoutez l'eau de trempage et faites cuire pendant 30 min. Ces algues sont mangées froides et peuvent être préparées la veille.

Pour 6 personnes

Salade de carottes et navets
- 150 g de carottes
- 150 g de navets
- 4 cl d'huile d'olive de première pression à froid
- 2 cl de vinaigre de cidre
- sel, un peu d'eau (facultatif)

Chou vert aux prunes d'Umebosis
- 2 gros oignons
- 1 chou vert
- huile d'olive (1re pression à froid)
- sel, un peu d'eau (facultatif)
- 5 cl de tamari (sauce de soja fermenté) ou de shoyou (sauce de soja et froment fermentés)
- 3 g de purée de prunes d'Umebosis (prunes japonaises salées)
- sarriette

Lentilles aux oignons
- 1,2 kg de lentilles vertes ou corail
- 500 g d'oignons
- eau, 5 cl de tamari ou de shoyou

***Algues* Isiki**
- 60 g d'algues *Isiki* (algues marines du Japon)
- eau, 2 cl d'huile d'olive

Riz complet
- 200 g de riz (thaï, rouge ou rond)
- 4 dl d'eau, sel

Gomasio
- 7 cuillerées à soupe bombées de graines de sésame grillées et écrasées
- 1 cuillerée à soupe rase de gros sel

(le gomasio peut être acheté tout prêt dans les magasins diététiques; mélange provenant du Japon, fait de graines de sésame broyées, puis grillées et mêlées à du sel)

Un tokay pinot gris Holder de la maison Henri Schoenheitz, à Wihr-au-Val.

Suite de la recette en p. 431

Initialement prothésiste et céramiste dentaire, Vincent Saas est vice-président des Sourciers d'Alsace. Il est géobiologue professionnel, concrétisant ainsi sa faculté à détecter les ondes (émission du 4 octobre 1997).

Menu végétarien

UNE RECETTE RÉALISÉE POUR VIVIANE BIERG

Viviane Bierg a fait le choix du végétarisme. Chez elle, à Schiltigheim, elle se régale de tofu qu'elle prépare souvent en galette. Elle agrémente les saveurs avec des herbes et des épices, fait germer graines de soja, blé et autres céréales. Depuis qu'elle a modifié son alimentation, elle se sent plus légère. Voici le menu varié qu'elle a proposé.

Pour 4 personnes

Salade aux lentilles et germes de soja

- 1 petite laitue
- 1 petite salade frisée
- 50 g de germes de lentilles
- 50 g de germes de soja
- 1 tomate
- huile d'olive
- vinaigre de cidre
- poivre gris ou noir

La blanquette au tofu

Blanquette

- 500 g de champignons de Paris lavés et coupés en 4
- 250 g de tofu coupé en dés
- 50 cl de sauce blanche
- 3 cl d'huile d'olive
- 2 échalotes
- 1 pincée de coriandre en poudre

Sauce blanche

- 3 cuillerées à soupe d'huile
- 3 cuillerées à soupe de farine
- 20 cl de bouillon de légumes
- 20 cl de lait de soja
- noix de muscade
- poivre
- 2 cl de sauce soja

Préparation au millet

- 150 g de millet
- 1 carotte
- 1 demi-courgette
- 30 cl de bouillon de légumes (ou d'eau)
- huile d'olive

Un muscat de Clément Weck, de Gueberschwihr.

Salade aux lentilles et germes de soja

Mélangez les différents ingrédients. Saupoudrez de gomasio, condiment qui a l'avantage de faire consommer moins de sel et adoucit le salage. Il contient beaucoup de sels minéraux et est moins agressif que le sel brut. Ce condiment utilisé au Japon est meilleur s'il est conservé au frais.

La blanquette au tofu

Commencez par préparer la sauce blanche. Faites chauffer l'huile dans une casserole, ajoutez la farine et faites un blanc (sans coloration). Ajoutez le lait de soja en alternance avec le bouillon en remuant sans cesse à l'aide d'un fouet afin d'obtenir une sauce lisse. Assaisonnez avec la sauce soja, beaucoup de poivre et de noix de muscade râpée. Préparez la blanquette en faisant revenir dans une poêle, à l'huile d'olive, les échalotes, la coriandre et le tofu pendant 10 min. Rajoutez alors les champignons, puis, 5 min plus tard, la sauce blanche. Laissez mijoter le tout pendant 15 à 20 min.

Préparation au millet

Faites revenir la demi-courgette et la carotte finement râpées dans l'huile d'olive pendant 5 à 10 min. Rajoutez le millet et le bouillon de légumes. Laissez cuire pendant 20 min. Surveillez afin que cela ne colle pas.

Originaire de Hochfelden, Viviane Bierg est assistante de direction dans le secteur automobile. Elle est aussi membre du collectif végétarien pour le respect de l'animal (émission du 12 février 2005).

Tourte aux châtaignes et compotée de légumes oubliés

UNE RECETTE RÉALISÉE POUR JEAN-MARIE PAFFENHOFF

Jean-Marie Paffenhoff, de Sélestat, apprécie la recette de tourte aux châtaignes aux herbes sauvages extraite de son livre sur sainte Hildegarde. Comme il est aussi amateur de légumes, de préférence ceux issus de l'agriculture biologique, Hubert Maetz a conçu pour lui une compotée de légumes oubliés, faite avec une palette colorée de légumes anciens.

Tourte aux châtaignes

Étalez les deux tiers de la pâte dans un plat beurré. Hachez les oignons et faites-les revenir au beurre. Dans un saladier, mélangez les châtaignes, les oignons, les œufs et la semoule. Salez, poivrez, ajoutez le persil haché et les aromates. Mélangez bien la préparation et mettez-la dans le moule. Recouvrez avec le tiers restant de pâte en mouillant les bords. Faites une petite cheminée au centre pour laisser échapper la vapeur. Cuisez au four pendant 45 min environ, à 160° (th. 5-6).

En variante, vous pouvez ajouter au mélange 500 g de viande hachée.

Compotée de légumes oubliés

Hubert Maetz précise que certains légumes peuvent être remplacés par d'autres (la liste n'est pas exhaustive). Épluchez-les, coupez-les en gros cubes de façon à avoir une cuisson homogène. Dans une cocotte, faites chauffer l'huile d'olive et faites revenir tous les légumes séparément, puis déposez-les en couches successives dans la cocotte, en salant et en intercalant les herbes et les aromates. Couvrez d'un papier aluminium huilé (pour éviter le dessèchement en surface) surmonté du couvercle et enfournez à 150° (th. 5) pendant 3 à 4 h. À la sortie du four, servez aussitôt. Vous pouvez aussi déguster ces légumes tièdes avec une vinaigrette faite avec l'huile d'olive, le vinaigre balsamique et un peu du jus de cuisson des légumes. Vous pouvez également les déguster en plat unique ou accompagnés d'un poisson blanc grillé.

Pour 4 personnes

Tourte aux châtaignes

- 600 g de pâte feuilletée
- 500 g de châtaignes épluchées, cuites et entières
- 3 œufs
- 3 oignons moyens
- 50 g de beurre
- 100 g de semoule d'épeautre (une variété de blé prisée par sainte Hildegarde de Bingen)
- sel non raffiné, poivre
- aromates (dont de la noix de muscade)
- persil haché

Compotée de légumes oubliés

- 500 g de chacun de ces légumes anciens : potiron, potimarron, courge, courge amande, fenouil, panais, topinambours
- 400 g de racines de persil
- 400 g de chou blanc (facultatif, sainte Hildegarde le jugeait indigeste)
- 300 g de salsifis
- 2 oignons rouges
- 2 oignons jaunes
- 10 gousses d'ail
- fleur de sel
- 10 cl d'huile d'olive
- herbes aromatiques, hysope, serpolet, origan, thym, laurier, romarin, marjolaine

Vinaigrette

- 7 cl d'huile d'olive
- 3 cl de vinaigre balsamique
- 10 cl de jus de cuisson des légumes

(ces trois derniers ingrédients sont facultatifs, pour réaliser une vinaigrette)

Un muscat grand cru Bruderthal, vendanges tardives, de Bernard Weber, de Molsheim.

Jean-Marie Paffenhoff vit à Horbourg. Médecin à Sélestat, il a écrit des ouvrages sur la Kabbale, les anges gardiens et les cristaux. Il est passionné par la Bible et l'œnologie (émission du 30 janvier 1999).

Symphonie d'asperges

UNE RECETTE RÉALISÉE POUR PIERRE MAURER

Pierre Maurer, de Dorlisheim, président de l'association pour la promotion de l'asperge d'Alsace, cultive quarante hectares de ce légume saisonnier, soit quatre millions de pieds ! Il s'est laissé surprendre par ces trois créations autour de l'asperge conçues par Hubert Maetz. La salade et les tartelettes constituent une entrée savoureuse. Les crêpes aux asperges composent un exquis plat de résistance.

Pour 2 personnes

Salade d'asperges

- 600 g d'asperges
- des herbes comestibles (alliaire, achillée, lierre terrestre, etc.)
- 1 échalote
- 1 cuillerée à soupe de ciboulette ciselée
- 1 œuf dur haché (facultatif)
- vinaigrette (faite avec 3 cl de jus de cuisson des asperges, 2 cl de vinaigre de vin, 4 cl d'huile d'olive, sel, poivre)
- fleur de sel, poivre du moulin

Garniture

- des toasts au munster
- 100 g de bœuf séché ou de viande des Grisons (ou de jambon cru)

Tartelettes d'asperges (ingrédients pour 8 personnes ; 2 tartelettes par personne)

- 1 kg d'asperges cuites
- 500 g de pâte brisée
- 200 g de jambon blanc
- 1 flan fait avec 2 œufs, 2 dl de crème fraîche, sel, poivre
- 20 feuilles de vigne (facultatif)

Crêpes farcies aux asperges (pour 6 personnes ou 18 crêpes)

Pâte à crêpes

250 g de farine
1/4 l de lait, 3 œufs
sel, 2 dl d'huile (pour la cuisson)

Garniture

1 kg d'asperges épluchées et cuites
2 cuillerées à soupe d'échalotes hachées
1 cuillerée à soupe d'estragon ciselé
20 à 30 feuilles de vigne (pour envelopper)
1 botte de ciboulette (facultatif)
vinaigrette (voir salade)

Un muscat d'Alsace du domaine de Jacques & Christophe Lindenlaub, à Dorlisheim.

Salade d'asperges au vinaigre de vin

Faites cuire les asperges épluchées dans l'eau salée (20 min), coupez-les à 8 cm de la pointe. Détaillez les chutes en petites rondelles. Dressez deux assiettes, déposez un panachage des herbes ramassées, surmontez des rondelles d'asperges, puis des asperges posées en éventail ; nappez de vinaigrette. Parsemez l'ensemble d'un œuf dur haché, d'échalotes et de ciboulette ciselée. Donnez trois tours de moulin à poivre sur la salade et parsemez d'un peu de fleur de sel.

Tartelettes d'asperges

Foncez de pâte brisée finement abaissée les petits moules beurrés au préalable, piquez le fond de pâte avec une fourchette. faites précuire à 180° (th. 6) pendant 10 min, puis disposez au fond de chaque tartelette un peu de jambon finement coupé et la feuille de vigne. Disposez les chutes d'asperges détaillées en rondelles et, en éventail ou alignées, les pointes d'asperges cuites. Versez le flan, enfournez pendant 20 min à 180° (th. 6). Dégustez chaud ou tiède.

Suite de la recette en p. 431

De formation viticole, Pierre Maurer reprend la ferme parentale en 1986. Souhaitant innover, il a abandonné la polyculture et démarré la culture des asperges un an plus tard. (émission du 22 mai 1999).

Gelée d'asperges et marinade d'asperges

UNE RECETTE RÉALISÉE POUR MARIETTE SIEFERT

Mariette Siefert, vice-présidente du Conseil régional d'Alsace, aime ses racines paysannes et reste une passionnée de la nature et des jardins. Elle connaît sur le bout des doigts les asperges qu'elle cultivait avec vignes et tabac. L'asperge, dit-elle, n'est bonne que si elle est consommée rapidement, si possible dans la journée. Elle souhaitait que Hubert la surprenne, ce qu'il fit avec ces deux entrées.

Gelée d'asperges

Coupez la tête des asperges à 7 cm, cuisez ces têtes à l'eau salée avec le sucre et le sel. Égouttez et réservez-les. Coupez les queues en petits tronçons, faites-les cuire dans l'eau de cuisson des têtes. Mixez les queues d'asperges égouttées avec 20 cl de bouillon de cuisson, passez au moulin pour obtenir 30 cl de purée d'asperges, puis réservez; ajoutez les 20 cl de crème fraîche. Faites bouillir l'ensemble, assaisonnez de haut goût et ajoutez les feuilles de gélatine trempées préalablement dans de l'eau. Versez dans 4 verres, laissez refroidir. Décorez avec des fleurs, des herbes de saison et les pointes d'asperges.

Pour une variante, vous pouvez également ne pas ajouter les feuilles de gélatine: dans ce cas, l'émulsion mousseuse peut être servie chaude ou froide. Elle sera à mixer au dernier moment.

Marinade d'asperges

Cuisez les asperges épluchées à l'eau salée, égouttez-les, coupez-les en deux dans le sens de la largeur et raccourcissez-les. Disposez-les en éventail sur l'assiette. Posez dessus le bœuf séché ou le jambon de marcassin fumé. Confectionnez la vinaigrette en mélangeant tous les éléments et disposez-en sur les pointes d'asperges. Décorez de pluches de cerfeuil et de fleurs de bourrache.

Pour 4 personnes

Gelée d'asperges
- 700 g d'asperges épluchées
- 2 l d'eau
- sel, poivre
- 3 g de sucre
- 20 cl de crème fraîche
- 4 feuilles de gélatine

Décor
- fleurs de saison (primevères, etc.)
- cerfeuil
- ciboulette
- pointes d'asperges

Marinade d'asperges
- 800 g d'asperges
- 200 g de bœuf séché ou de jambon fumé de marcassin (ou autre)

Vinaigrette
- 2 cuillerées à soupe de vinaigre de vin
- 4 cuillerées à soupe d'huile d'olive
- 4 cuillerées à soupe de bouillon de cuisson
- 1 échalote
- sel, poivre
- civette ou ciboulette

Décor
- pluches de cerfeuil
- fleurs de bourrache

Un muscat d'Alsace d'Arthur Metz, de Marlenheim.

Issue d'une famille d'agriculteurs, Mariette Siefert fut la première femme élue à la Chambre d'agriculture du Bas-Rhin. Fondatrice d'Alsace-Qualité, elle a aussi lancé le tourisme rural (émission du 17 mai 2003).

Terrine d'asperges à l'ail des ours

UNE RECETTE RÉALISÉE POUR CLAUDE DIRINGER

Claude Diringer, vit à Dessenheim, un village en bordure du Rhin situé dans la forêt de la Hardt, mais il est revenu dans son village d'origine, à Westhalten, pour demander à son ami d'enfance Gilbert Koehler, du restaurant Le Cheval Blanc, de lui créer cette recette originale qui allie des asperges blanches et vertes en gelée à l'ail des ours.

Pour 4 personnes
- 1 kg d'asperges blanches et vertes
- 10 g de sucre
- 1 cuillerée à soupe d'huile d'olive (ou 20 g de beurre)
- 200 g d'ail des ours
- 100 g de gelée en poudre
- sel, poivre, crème épaisse vinaigrée et parfumée aux fines herbes

Un muscat d'Alsace de la maison Félix Muré, à Westhalten.

Faites cuire les asperges épluchées dans l'eau salée additionnée du sucre et de l'huile d'olive. Égouttez-les. Triez l'ail des ours, ôtez la nervure centrale et lavez-le. Chemisez-en une terrine. Mettez une première couche d'asperges puis saupoudrez de gelée, salez et poivrez à chaque couche. Recommencez cette opération jusqu'à ce que la terrine soit pleine. Recouvrez avec les dernières feuilles d'ail des ours. Faites cuire au four à 180° (th. 6) pendant 45 min. À la sortie du four, pressez la terrine avec un poids. Mettez au réfrigérateur pendant 24 h.
Au moment de servir, coupez en tranches au couteau électrique et servez avec une crème épaisse vinaigrée et parfumée aux fines herbes.

D'abord tourneur sur métaux, Claude Diringer devient infirmier en secteur psychiatrique, métier qu'il exerce à Rouffach. Passionné de poésie, il publie les « Cahiers du Rhin » (émission du 15 mai 2004).

Asperges avec leur sauce mayonnaise et leur jus de mousse

UNE RECETTE RÉALISÉE POUR PETER ANDRÉ BLOCH

Peter André Bloch – originaire de Suisse, écrivain, passionné de lettres et d'art, spécialiste de Nietzsche et de Gide –, affectionne particulièrement les asperges. Hubert les a préparées de façon traditionnelle en les associant à une sauce mayonnaise. Mais il leur a ajouté un jus de mousse, au subtil goût boisé.

Faites bouillir à couvert les asperges épluchées et lavées, dans une grande marmite d'eau salée et additionnée du sucre pendant 20 à 30 min. Laissez-les reposer dans leur eau de cuisson pendant 30 min ou plus: cela les rendra plus onctueuses. Égouttez-les et présentez-les chaudes sur un plat garni d'une serviette qui absorbera leur eau ou sur la grille du plat à asperges. Servez en accompagnement les sauces préparées pendant leur cuisson.

Pour la mayonnaise, séparez les jaunes des blancs. Disposez les jaunes dans un bol, ajoutez la moutarde, salez et poivrez. À l'aide d'un fouet, incorporez progressivement l'huile. À la fin, ajoutez le filet de vinaigre. Procédez de même pour une mayonnaise aérée en incorporant à la fin les blancs d'œuf battus en neige ferme.

Pour le jus de mousse, faites bouillir la mousse bien lavée dans le fond d'asperges pendant 3 à 4 min. Passez le jus et mixez-le au dernier moment avec le beurre. On peut aussi, plus traditionnellement, accompagner les asperges de sauce hollandaise et d'une sauce vinaigrette.

Pour 8 personnes

Asperges
- 4 à 6 kg d'asperges
- sel
- 2 morceaux de sucre
- 4 l d'eau

Mayonnaise
- 2 jaunes d'œuf
- 1 cuillerée à café de moutarde
- 1/2 l d'huile
- 1 cl de vinaigre
- sel, poivre

Jus de mousse
- 1/4 l de fond de cuisson des asperges
- 200 g de mousse ramassée dans nos forêts (sphaigne ou dicrane en balai)
- 3 g de beurre

Un pinot auxerrois de Bernard Streng, de Gertwiller.

Peter André Bloch a dirigé le Centre de rencontres Waldegg. Il est, depuis 1991, directeur du Département d'allemand et le fondateur des études helvétiques à l'Université de Mulhouse (émission du 10 mai 2003).

Asperges aux quatre sauces

UNE RECETTE RÉALISÉE POUR FRITZ BENDER

Fritz Bender raffole des asperges. Servies avec les quatre sauces traditionnelles, elles constituent au mois de mai et de juin un temps fort de la gastronomie. Hubert Maetz les lui a servies ainsi avec, en plus, la sauce blanche au cerfeuil, originale et méconnue, que sa maman Jacqueline a apprise dans son enfance à Lochwiller.

Pour 8 personnes

Asperges
- 4 kg d'asperges
- sel
- 2 morceaux de sucre
- 4 l d'eau

Mayonnaise
- 2 jaunes d'œuf
- 1 cuillerée à café de moutarde
- 1/2 l d'huile
- 1 cl de vinaigre
- sel, poivre

Sauce vinaigrette
- 1 cuillerée à café de moutarde forte
- 3 cl de vinaigre de miel et plantes
- 1 dl d'huile
- 4 cl d'eau ou de bouillon (chaud ou froid)
- 2 oignons de mai avec tiges
- 50 g de persil
- 1 œuf dur coupé finement (ou écrasé à la fourchette)
- sel, poivre

Sauce hollandaise
- 4 jaunes d'œuf
- 250 g de beurre
- 3 cl d'eau ou de jus d'asperges
- sel, poivre
- le jus d'1/2 citron

Sauce blanche au cerfeuil
- 40 g de beurre
- 40 g de farine
- 1/2 l de bouillon d'asperges chaud (ou de lait)
- sel, poivre
- 2 cuillerées à soupe de moutarde
- 3 cuillerées à soupe de mayonnaise
- 2 à 3 blancs d'œuf
- 5 cuillerées à soupe de cerfeuil

Un jus de raisin ou de pomme de la maison Rothberger, à Traenheim, ou un muscat élaboré par Sylvie Spielmann, de Bergheim.

Quatre sauces (mayonnaise, vinaigrette, hollandaise et sauce blanche au cerfeuil)

Asperges

Choisissez de belles asperges de la région (Dorlisheim, Griesheim, Hoerdt, Lampertheim, Village-Neuf...) cueillies fraîchement, si possible le jour même. Épluchez-les soigneusement, lavez-les et faites bouillir à couvert, avec un linge ou un couvercle, dans une grande marmite d'eau salée (comptez 10 g de sel par litre d'eau) et additionnée du sucre qui absorbera leur éventuelle amertume. Vous pouvez également les cuire à la vapeur : elles gardent un goût plus prononcé mais leur temps de cuisson sera légèrement plus long. Vérifiez la cuisson : elle est d'environ 20 à 30 min et varie selon leur grosseur et leur tendreté. Vous pouvez les servir rapidement ou les laisser reposer dans leur eau de cuisson pendant 30 min, même plus longtemps (cela les rendra encore plus onctueuses). Égouttez-les en veillant à ne pas abîmer leurs pointes. Pour remédier à cet inconvénient, vous pouvez les cuire dans une casserole cylindrique spéciale : les asperges cuisent à couvert debout, les pointes maintenues hors de l'eau cuisent à la vapeur. Présentez les asperges chaudes sur un plat garni d'une serviette qui absorbera leur eau ou sur la grille du plat à asperges. Servez en accompagnement les différentes sauces.

Suite de la recette en p. 432

Depuis les années 1950, Fritz Bender gère un hôtel-restaurant sans alcool à Woerth. Avec sa femme, il livre également des repas à domicile aux personnes âgées ou malades (émission du 4 mai 1996).

Feuilletés d'asperges aux morilles

UNE RECETTE RÉALISÉE POUR ANDRÉ ICARD

Le Strasbourgeois André Icard, président Grand Aspergier de la Confrérie de l'asperge de Village-Neuf, qui fêtait au printemps 2005 ses vingt ans, a sorti de son tricorne de Grand Aspergier cette recette de sa création, qui associe l'asperge à la morille, champignon raffiné qui pousse à l'état sauvage en Alsace à la même saison.

Pour 4 personnes
- 1 kg d'asperges
- 250 g de pâte feuilletée
- 250 g de morilles fraîches (ou séchées, elles sont alors moins fragiles à travailler)
- 50 g de beurre
- 25 cl de vin blanc
- 25 cl de crème double
- 1 échalote hachée
- sel, poivre
- 1 œuf pour la dorure

Un pinot blanc du domaine Dopff-Irion, à Riquewihr.

Épluchez les asperges, coupez-les à 10 cm des pointes, faites-les bouillir dans l'eau salée pendant 10 min. Tenez-les au chaud en les égouttant. Pendant la cuisson des asperges, préparez les feuilletés : étendez la pâte sur une épaisseur de 5 mm et coupez 4 rectangles de 15 cm de long sur 10 de large. Laissez reposer une heure (facultatif). Dorez la surface en l'enduisant de dorure avec l'œuf entier à l'aide d'un pinceau. Décorez à votre goût à l'aide d'un couteau d'office. Faites cuire à four préchauffé à 180° (th. 6) pendant 12 min, puis les sécher 10 min à 150°.

Trempez et lavez les morilles plusieurs fois à grande eau afin d'éliminer toute trace de sable. Faites fondre au beurre l'échalote hachée, ajoutez les morilles, salez, poivrez et laissez mijoter à couvert pendant 10 min. Sortez les morilles, versez dans le récipient de cuisson le vin, laissez réduire à glace, ajoutez la crème double, laissez-la réduire de moitié. Salez et poivrez. Mettez les morilles dans la sauce. Rectifiez l'assaisonnement.

Ouvrez les feuilletés à l'aide d'un couteau-scie, coupez-les en deux (la partie haute est appelée le couvercle, la basse le fond). Disposez sur chaque fond six pointes d'asperges bien égouttées et séchées sur une serviette. Versez la sauce aux morilles sur les asperges, recouvrez avec le couvercle de pâte (la partie supérieure de ce qui fut tranché) et servez aussitôt pour que les feuilletés restent bien croustillants.

En 1968, André Icard, en partance pour le Canada, s'est finalement ancré par amour à Wentzwiller où il tient, avec sa femme et sa fille, le restaurant La Belle Vue. (émission du 28 mai 2005).

Asperges et volaille à l'ail des ours

UNE RECETTE RÉALISÉE POUR MARIE KNOCHEL

Marie Knochel peignait des œufs de Pâques d'après une technique ancestrale mêlant objets de fer rouillés, lait caillé et épluchures d'oignons. Hubert a imaginé pour elle ce mets pascal. Les asperges y font alliance avec l'ail des ours et des poitrines de volaille d'Alsace élevée en plein air durant douze semaines, appelée *Gilerle*, ce qui signifie poulet fermier au Label Rouge.

Pour 4 personnes

Viande
- 2 poitrines de volaille fermière d'Alsace élevée en plein air durant 12 semaines, appelée en alsacien *Gilerle* ou Label Rouge
- 20 g de beurre
- sel, poivre

Feuilletage rapide
- 125 g de farine
- 150 g de beurre
- 7,5 cl d'eau
- 3 g de sel
- 50 g d'ail des ours

Asperges
- 1,4 kg d'asperges blanches (ou vertes)
- sel
- 1 morceau de sucre
- 20 g de beurre

Sauce
- 50 g d'échalotes hachées finement
- 10 g de beurre
- 5 cl de vin blanc
- 8 cl de crème
- 1 petite louche de jus de cuisson des asperges

Vinaigrette
- 5 cl de vinaigre de vin
- 5 cl d'huile d'olive
- 50 g d'échalotes
- 50 g de ciboulette, de cerfeuil ou d'ail des ours
- sel, poivre

Un tokay pinot gris d'Alphonse Zimmermann, d'Orschwiller.

Pour le feuilletage, mélangez la farine et le beurre afin d'obtenir un grossier sablage, ajoutez le sel et l'ail des ours cru haché finement et l'eau, mélangez, laissez refroidir et reposer pendant 30 min. Abaissez sur 4 mm et découpez des carrés de 5 cm de côté. Cuisez-les au four à 170° (th. 5-6) pendant 25 min.

Cuisez (20 min) les asperges (en les bottelant si vous le souhaitez) dans l'eau salée additionnée d'un morceau de sucre et d'une noix de beurre. Pour la sauce, faites revenir les échalotes dans du beurre, ajoutez le vin blanc, laissez réduire à sec, ajoutez la crème et une petite louche de jus de cuisson des asperges, laissez réduire à consistance afin que la sauce nappe.

Pour la vinaigrette, mélangez tous les ingrédients et ajoutez les fines herbes au dernier moment.

Faites dorer les poitrines de volaille au dernier moment à petit feu, 10 min avant de servir, dans une poêle avec une noix de beurre, salez et poivrez.

Dressez sur une grande assiette le feuilletage détaché en deux dans le sens de la hauteur, les asperges, les poitrines de volaille revenues et coupées en deux, le couvercle du feuilletage. Pour une variante, versez la sauce chaude sur les poitrines de volaille. La sauce vinaigrette sera versée sur les asperges. Présentez à votre guise, garnissez de ciboulette ciselée, de cerfeuil ou d'ail des ours.

Marie Knochel, fermière à Ringendorf, pratiquait la technique ancienne de coloriage des œufs. Elle avait des poules, des lapins, des canards et un grand potager (émission du 22 avril 2000).

Millefeuille de champignons

UNE RECETTE RÉALISÉE POUR CHRISTIAN FUCHS

Christian Fuchs, de Niederhaslach, amateur et cueilleur de champignons, a donné carte blanche à Hubert afin qu'il élabore un plat autour des champignons des bois. La cueillette fut fructueuse: chanterelles, cèpes, pied-de-mouton, mousserons, rosés des prés, trompettes de la mort et *sparasis crépu* que Hubert a mariés avec veau haché et purée d'orties.

Pour 8 personnes

Champignons

- 2 kg de plusieurs variétés de champignons sauvages, selon cueillette (chanterelle, cèpe, pied-de-mouton, mousseron, rosé-des-prés, trompette-de-la-mort, *sparasis crépu*)
- 100 g de beurre
- 200 g d'échalotes hachées
- 2 cl de crème, sel, poivre

Farce

- 200 g de veau haché
- 1 œuf, sel, poivre
- 20 cl de crème fraîche

Purée d'orties

- 200 g d'orties cuites à l'eau bouillante, salées et mixées avec 20 g de beurre

Herbes aromatiques (1 cuillerée à soupe hachée de chaque)

- lierre terrestre ou ciboulette, cerfeuil, hysope estragon, persil plat

Brunoise

- 100 g de carottes, de poireau et de courgette
- sel

Salade de cèpes (facultatif, en accompagnement)

- des cèpes
- sel, vinaigre de vin
- 1 filet d'huile d'olive
- ciboulette ciselée

Un tokay pinot gris grand cru de la cave coopérative de Turckheim.

Apprêtez les champignons le plus rapidement possible (les amanites, coprins et lépiotes doivent être consommés rapidement, les cèpes et girolles peuvent attendre trois jours). Coupez les parties terreuses, nettoyez-les rapidement, à l'aide d'un chiffon humide ou en les passant sous un filet d'eau mais sans les laisser tremper.

Dans une sauteuse bien chaude, faites revenir au beurre et aux échalotes tous les champignons, séparément par petites quantités, salez et poivrez, puis laissez-les s'égoutter dans une passoire. Récupérez leur jus qui servira d'accompagnement, laissez-le réduire jusqu'à consistance sirupeuse. Incorporez au fouet 20 g de beurre et 2 cl de crème.

Confectionnez la farce de veau en mélangeant la viande hachée, l'œuf, le sel et le poivre. Mélangez puis incorporez progressivement la crème fraîche en remuant énergiquement. Pour la brunoise, coupez carottes, poireau et courgette en petits dés de 3 mm de côté, faites cuire à l'eau bouillante salée séparément, rafraîchissez-les à l'eau froide et égouttez-les.

Réservez un tiers des champignons revenus pour les servir en garniture, hachez le reste grossièrement. Partagez la farce en trois et ajoutez-en une partie à chaque mélange, opérez selon votre envie, par exemple en mélangeant le *sparasis crépu* ou les girolles avec le lierre terrestre et la brunoise; les pieds-de-mouton avec l'estragon et la purée d'orties; les trompettes de la mort avec le cerfeuil haché. Remplissez les ramequins beurrés au préalable avec ces trois mélanges intercalés d'une fine couche de farce.

Suite de la recette en p. 432

Christian Fuchs a étudié à l'École Normale, mais devint sculpteur sur pierre. Il est sollicité par les Monuments historiques et sculpte pour les cathédrales de Strasbourg et Metz (émission du 1er novembre 1997).

Tarte feuilletée aux pleurotes, gratin de riz aux pleurotes et lentins de chêne braisés

UNE RECETTE RÉALISÉE POUR FRANCIS LANG

Francis Lang produit des champignons frais, des pleurotes et des lentins de chêne, appelés également shiitake. Les pleurotes, pauvres en lipides, riches en protéines, sont fameux revenus avec un peu d'échalote, d'ail et de persil ou grillés au barbecue avec un simple filet d'huile d'olive. Hubert Maetz les a accommodés en tarte et avec un gratin de riz.

Pour 6 personnes

Tarte feuilletée aux pleurotes
- 300 g de pâte feuilletée
- 300 g de pleurotes jaunes (ou blancs)
- 300 g de pleurotes gris
- 50 g d'échalotes
- 30 g de beurre
- 60 g de mie de pain mélangée d'ail haché et de fines herbes
- 60 g de parmesan
- 10 g de graines de sésame
- 10 g de graines de pavot
- 60 g de tomates séchées
- 1 cuillerée à soupe de ciboulette ciselée

Gratin de riz aux pleurotes
- 400 g de pleurotes
- 12 cuillerées à soupe de riz
- 100 g de gruyère râpé
- 50 g de beurre
- 3 cuillerées à soupe de farine
- 30 cl de lait
- sel, poivre
- noix de muscade râpée

Pleurotes à la crème
- 600 g de pleurotes
- 8 cl de crème fraîche
- 80 g de lard gras fumé
- sel, poivre

Lentins de chêne braisés
- 600 g de shiitaké
- 25 cl d'eau chaude
- 2 cuillerées à soupe de sauce soja épaisse
- 2 cuillerées à soupe de sucre
- 1 cuillerée à soupe d'huile de sésame
- 3 cuillerées à soupe d'huile d'arachide

Un pinot blanc de Gilbert Lang, de Bernardswiller.

Tarte feuilletée aux pleurotes

Étalez la pâte feuilletée en une bande de 20 sur 15 cm et disposez autour une fine bande servant de légère bordure. Enfournez à 180° (th. 6) pendant 20 à 25 min. Faites revenir au beurre les échalotes hachées jusqu'à belle coloration, ajoutez les pleurotes nettoyés et coupés en fines lamelles, laissez bien colorer, parsemez de mie de pain aromatisée à l'ail et aux herbes. Laissez refroidir. Après refroidissement, posez joliment les pleurotes sur le feuilletage cuit, intercalez des tranches de tomates séchées, parsemez de graines de sésame (ou de pavot) et de copeaux de parmesan. Enfournez pendant 15 min à 180° (th. 6). Servez très chaud, saupoudré de ciboulette ciselée, avec une salade de poireau ou de mâche des vignes.

Gratin de riz aux pleurotes

Faites cuire le riz dans trois fois son volume d'eau. Lorsque l'eau est absorbée, le riz est cuit. Lavez-le à l'eau tiède dans une passoire. Nettoyez les pleurotes. Émincez-les et faites-les cuire dans 20 g de beurre pendant 5 min. Salez et poivrez. Faites une sauce béchamel légère avec le reste de beurre, la farine et le lait, ajoutez le gruyère, salez, poivrez, râpez un peu de muscade. Dans un plat allant au four, disposez une couche de riz, une couche de pleurotes et le reste du riz. Nappez le tout de sauce béchamel et faites gratiner à four chaud à 210° (th. 7) pendant 25 min.

Suite de la recette en p. 432

Francis Lang vit à Batzendorf où il exploite la ferme parentale. Il a commencé la culture de champignons en 1989 et possède deux salles de culture (émission du 3 mars 2001).

Compotée d'oignons aux œufs durs, dite *Kachelmues*

UNE RECETTE RÉALISÉE POUR JEAN-CLAUDE SCHMIDT

Jean-Claude Schmidt, de Villé, spécialiste de la truite fumée dont il fut l'un des précurseurs en Alsace, a suggéré cette compotée d'oignons aux œufs durs, dite *Kachelmues*, ce qui pourrait se traduire par compotée de caquelon. Il s'agit d'une spécialité du Val-de-Villé citée dès le Moyen Âge.

Dans une cocotte en fonte, faites revenir au beurre les oignons émincés. Laissez-les blondir et compoter à feu doux. Salez et poivrez. Ajoutez ensuite la farine, mouillez avec le lait froid, laissez cuire à feu doux, ajoutez progressivement la crème fraîche, mélangez bien le tout. Rectifiez l'assaisonnement, sans hésiter à bien poivrer. Vous obtiendrez une sauce pas trop liquide dans laquelle vous incorporerez les œufs durs coupés en rondelles assez épaisses.
Servez avec des pommes de terre en robe des champs tenues au chaud dans une serviette.

Pour 4 personnes

- 12 pommes de terre
- 1 kg d'oignons émincés
- 100 g de beurre
- sel, poivre
- 1 cuillerée à soupe de farine
- 10 cl de lait
- 15 cl de crème fraîche
- 8 œufs durs
- sel et eau

Un tokay pinot gris Holder de la maison Henri Schoenheitz, à Wihr-au-Val.

Jean-Claude Schmidt, imprimeur-rotativiste de formation, a ouvert un atelier de fumaison. Propriétaire de terres, il possède des lamas, des daims, des ânes et des vaches (émission du 11 septembre 2004).

Curry de légumes

UNE RECETTE RÉALISÉE POUR JOSEPH SCHMITTBIEL

L'homme de théâtre Joseph Schmittbiel veille à ce qu'il mange. Il apprécie les produits biologiques et privilégie les plats à base de légumes comme ce curry dégusté en Inde. Il s'y rendit en 1990, seul, pendant six semaines et en fit le tour, à vélo, en bus et en train. « J'y vivais très bien pour 5 francs par jour pour les repas et autant pour dormir chez l'habitant. Un intense souvenir, mêlant beaux paysages et belles rencontres. »

Pour 4 personnes

- 2 aubergines
- 3 courgettes
- 2 pommes de terre
- 4 poivrons
- 4 tomates
- 1/2 chou-fleur
- 3 cuillerées à soupe de beurre clarifié ou d'huile
- 1 cuillerée à café de curcuma en poudre
- 1 cuillerée à café de coriandre en poudre
- 1 cuillerée à café de cumin en poudre
- 1 pincée de piment doux en poudre
- 1 cuillerée à soupe de sucre roux
- sel et poivre

Un muscat du Domaine Léon Boesch à Soultzmatt et Westhalten.

Epluchez et lavez les aubergines, les courgettes et les pommes de terre.

Coupez le tout en lamelles de 5 mm d'épaisseur.

Lavez les poivrons, coupez-les en deux, ôtez les graines et les nervures blanches internes, puis taillez-les en lanières. Pelez les tomates (après les avoir plongées pendant 30 sec dans l'eau bouillante). Coupez le chou-fleur en petits bouquets. Faites chauffer le beurre clarifié ou l'huile dans une cocotte à fond épais. Faites-y sauter les pommes de terre. Réservez-les, et faites brunir le chou-fleur. Ajoutez ensuite les autres légumes dans la cocotte ainsi que les pommes de terre. Faites-les revenir pendant 5 min en remuant.

Mélangez les épices. Parsemez-les sur les légumes dans la cocotte, salez et poivrez. Arrosez d'un petit verre d'eau, couvrez et faites cuire pendant 15 min en mélangeant avec une spatule en bois. Ajoutez le sucre, remuez et poursuivez la cuisson à feu doux jusqu'à ce que les légumes soient tendres et mijotent dans une sauce épaisse.

Joseph Schmittbiel, auteur, créateur et metteur en scène du Théâtre de la Brosserie, marie avec bonheur le dialecte alsacien et le théâtre contemporain. Il est également traducteur pour des productions allemandes présentées au Théâtre National de Strasbourg ou au Théâtre National de Chaillot (émission du 22 octobre 2005).

Les recettes alsaciennes

Les recettes alsaciennes
par Christophe Meyer

«La commande m'a amusé. J'ai demandé à Jean-Marie Lang si le chapitre des recettes alsaciennes était encore libre. Il l'était. Je l'ai préempté. J'aime le côté festif des cochonnailles, cette convivialité à partager un saucisson entre amis. Il n'y a rien de plus triste que de manger seul. La peinture est pour moi une grande cuisine : je ne veux travailler qu'avec du frais, je ne veux pas d'une sauce toute faite. Je fabrique mes couleurs. Il ne s'agit pas ici d'un strict collage, car outre l'utilisation de papier de soie, papier alu, ficelles, je dessine, j'utilise de l'encre et de la peinture. Le manger alsacien est affectif, il parle à l'enfance. Et les repas alsaciens relèvent du domaine de la fable. Ce tableau inverse la fable du loup. Ici le loup tire la langue, il est en position de demandeur.»

Christophe Meyer

Kugel

UNE RECETTE RÉALISÉE POUR RENÉ JASNER

René Jasner – qui fut premier ministre officiant à la grande synagogue de la Paix à Strasbourg – apprécie ce kugel (spécialité juive) qui, en un gâteau cuit en deux temps, mélange avec bonheur les saveurs salées de l'oignon à celles sucrées des quetsches séchées, parfois remplacées par des poires ou des pommes de terre. Cette recette idéale de sabbat, fournie par Francine Mandel de Strasbourg, peut se préparer la veille et simplement être réchauffée.

Pour 4 à 6 personnes

Pâte

- 375 g de farine
- 250 g de graisse végétale (dite d'Arcy)
- 150 g de sucre
- 4 gros oignons crus râpés (épais) ou grossièrement hachés
- 3 œufs entiers
- 1 tranche de pain trempé
- 1 pincée de sel
- huile

Garniture

- 12 quetsches séchées ou au jus
- 12 morceaux de sucre
- 3 à 4 dl de jus de quetsches (ou de pruneaux ou de raisin) pur ou dilué (avec de l'eau ou éventuellement du vin rouge)

Un vin kascher produit par un viticulteur alsacien assermenté, Raymond Koenig, de Goxwiller.

Mélangez les différents ingrédients de la pâte, en ajoutant un peu d'eau. Disposez la pâte dans un moule à bord haut (genre tourtière) et faites cuire dans le four à 210° (th. 7) jusqu'à ce qu'elle soit brune. De consistance dure, elle ne sera pas très haute (une dizaine de centimètres) et prendra du volume à la cuisson suivante.
Le lendemain, mettez au fond d'une cocotte en fonte ronde bien huilée (ayant au moins le diamètre de la pâte) six quetsches ainsi que six morceaux de sucre, puis posez le kugel dessus. Disposez six quetsches et six morceaux de sucre au-dessus du kugel. Ajoutez du jus de quetsche (ou de pruneau ou de raisin dilué avec de l'eau ou du vin rouge) jusqu'à ce que le kugel soit recouvert. Couvrez et laissez mijoter avec couvercle au four (à 170°, th. 5-6) pendant 3 à 4 h. Dix minutes avant de vous mettre à table, ôtez le couvercle et laissez caraméliser le dessus.
Pour servir, disposez une portion par assiette, en l'arrosant d'un peu de jus recueilli au fond du fait-tout.

Chanteur liturgique talentueux, René Jasner a enseigné la musique et le chant à l'école Aquiba, à Strasbourg. Il anime les émissions religieuses sur Radio Judaïca et France Bleu Elsass (émission du 12 juin 1999).

Nouilles aux oignons, dites *Ziwwelspattle* ou *Schniederspattle*

UNE RECETTE RÉALISÉE POUR YVETTE GRAMMES

Yvette Grammes aime cuisiner des plats légers et bon marché. Elle apprécie donc ces *Ziwwelspattle*, aussi appelées *Schniederspattle*, ce qui signifie petits restes de tailleur, sortes de rectangles en pâte à nouilles parfumés aux oignons blondis. Elle accommode cette recette avec le moins de corps gras possible.

Disposez la farine en fontaine sur votre plan de travail ou dans une terrine, ajoutez les œufs successivement, la pincée de sel et l'huile d'olive. Travaillez cette pâte pour la rendre bien homogène puis laissez-la reposer pendant 30 min environ.

Roulez-la en une abaisse fine de 2 à 3 mm d'épaisseur (en farinant). Découpez des rectangles plus ou moins réguliers (4 x 7 cm de côté). Laissez-les reposer pendant le temps de préparation des oignons (qui prendra au minimum 30 min).

Après avoir épluché les oignons, coupez-les en rondelles très fines. Chauffez l'huile dans une poêle ou, de préférence, dans une sauteuse à bords hauts, ajoutez les oignons, laissez-les saisir pendant 2 min environ puis couvrez-les: cuisant ainsi à petit feu, ils vont se tasser. Ôtez alors le couvercle, et laissez-les cuire à découvert jusqu'à ce que leur jus de cuisson s'évapore et qu'ils prennent une jolie couleur brune. Ensuite, couvrez-les à nouveau et laissez-les mijoter à feu doux jusqu'à ce qu'ils soient tendres. Assaisonner de sel, de poivre du moulin et de muscade râpée.

Procédez alors à la cuisson des nouilles. Faites bouillir une grande marmite d'eau salée (additionnée de la cuillerée d'huile), versez les rectangles de pâte et laissez cuire pendant 4 à 10 min (selon épaisseur). Égouttez (ou mieux, passez-les sous l'eau froide: ils éviteront ainsi de coller ensemble). Dans un plat en terre cuite (ou autre matériau réfractaire), disposez dans le fond une couche d'oignons, couvrez d'une couche de nouilles, puis à nouveau d'une couche d'oignons, suivie d'une couche de nouilles.

Suite de la recette en p. 433

Pour 4 personnes
- 400 g de farine
- 4 œufs
- 5 g de sel
- 2 cl d'huile d'olive
- 1 kg d'oignons
- 2 cuillerées à soupe d'huile (pour faire revenir les oignons)
- 1 cuillerée à soupe d'huile (à joindre à l'eau de cuisson)
- gruyère râpé ou chèvre frais à fondre ou chèvre très sec à râper (facultatif)
- sel, poivre du moulin
- muscade râpée

Accompagnement
- une salade verte du jardin, selon saison, ou une salade de tomates
- un peu de sauce tomate maison (facultatif)

Un chasselas d'André Kientzler, de Ribeauvillé.

Yvette Grammes fabriquait des chaussures à Niedermodern, avant de contracter la passion de l'élevage caprin. Elle est devenue chevrière et fromagère à Lembach (émission du 29 octobre 1995).

Nouilles aux oignons, dites *Schniederspattle*, avec des foies de volaille

UNE RECETTE RÉALISÉE POUR DOMINIQUE ROHMER-HEITZ

Dominique Rohmer-Heitz – originaire de Kogenheim et vivant à Lampertheim – aime les *Schniederspattle*, en pâte à nouilles découpée géométriquement selon l'humeur de la cuisinière. Comme elle apprécie aussi les foies de volaille, Hubert a réalisé pour elle ce mariage de saveurs.

Pour 6 personnes

Pâte à nouilles

- 500 g de farine
- 6 œufs
- 1 cuillerée à soupe de sel
- 1 filet de vinaigre

***Finition des* Schniederspattle**

- 1 kg d'oignons ou d'échalotes
- noix de muscade râpée
- 6 cl d'huile ou 60 g de graisse d'oie
- persil
- 1/4 l de crème fraîche
- sel, poivre

Accommodement des foies

- 50 g de graisse d'oie (ou beurre)
- 50 g d'échalotes hachées
- 250 g de foies de volaille
- 2 cl de cognac
- 2 cl de vinaigre
- sel, poivre, muscade
- 1 cuillerée à soupe de persil et cerfeuil ciselés

Un riesling grand cru de Guy Wach, d'Andlau.

Préparez d'abord la pâte à nouilles : mettez la farine en fontaine ; disposez en son creux le sel, les œufs, l'eau et le vinaigre. Pétrissez pour obtenir une pâte bien lisse. Divisez-la en cinq boules que vous recouvrez d'un linge et laissez reposer pendant 1 h. Pendant ce temps, faites suer dans une cocotte en fonte la graisse d'oie avec les oignons (ou échalotes) finement émincés, ajoutez poivre et sel. Les oignons ne doivent pas brunir mais rester blonds en compotant longuement.

Étalez la pâte très finement sur 2 à 3 mm d'épaisseur. Coupez-la en morceaux irréguliers ou géométriques, selon votre humeur. Faites-les cuire pendant 5 min dans une grande quantité d'eau bouillante salée, rafraîchissez-les sous l'eau froide et laissez égoutter.

Dans une terrine en terre cuite beurrée, disposez en alternance une couche de nouilles et une couche d'oignons relevées de noix de muscade. Arrosez le tout de crème fraîche et mettez dans un four chauffé à 150° (th. 5) pendant 35 à 40 min.

Pendant ce temps, nettoyez les foies, faites-les revenir dans la graisse (ou le beurre) avec les échalotes, le temps de les saisir sur toutes leurs faces. Salez et poivrez, parfumez à la noix de muscade, flambez-les au cognac, décuisez au vinaigre Melfor et posez-les sur la préparation de *Schniederspattle*. Enfournez durant 5 min à 160° (th. 5-6) et saupoudrez de persil et de cerfeuil ciselés.

Dominique Rohmer-Heitz est gériatre et médecin-chef de l'établissement Les Mésanges à Hoenheim. Elle est aussi vice-présidente de l'association Jusqu'à la mort accompagner la vie (JALMALV) (émission du 15 mars 2003).

Nouilles farcies, dites *Schneckenuedle*

UNE RECETTE RÉALISÉE POUR CLAUDE BERNHART

Claude Bernhart, de Strasbourg, a passé une enfance heureuse au Neuhof. Il garde un souvenir irrésistible de ces *Schneckenuedle*, ces nouilles farcies moulées et tranchées accompagnées d'un coulis de tomates d'après une recette de sa maman Jeannette qui précise qu'elle la réussit le mieux au moment de la récolte des tomates du jardin.

Pour 6 personnes

Coulis de tomates
- 2 kg de tomates
- sel
- 2 oignons
- basilic (facultatif)
- thym, feuilles de laurier (facultatifs)

Pâte à nouilles
- 600 g de farine
- 4 œufs
- 3 à 4 cl d'eau
- 1 à 2 cl de vin blanc
- 1 cuillerée à café de sel fin

Farce
- 1 kg de bœuf haché cru
- 500 g de chair de saucisse à frire
- 2 œufs
- 2 oignons
- 1 petit pain trempé dans du lait
- 50 g de beurre
- 2 gousses d'ail
- 1 pincée de noix de muscade
- persil haché
- sel, poivre

Pour la cuisson
- 50 g de beurre demi-sel (ou 3 cl d'huile)
- jus des tomates
- 1 cube de bouillon (facultatif)

Un pinot noir barrique du domaine Jean-Luc Schwartz, à Itterswiller.

Commencez par la sauce tomate : faites cuire les tomates lavées et coupées en deux dans un peu d'eau ou beaucoup d'eau (comme le fera Hubert) avec le sel, les oignons, le basilic, le thym et le laurier. Lorsqu'elles sont cuites, versez-les dans le moulin à légumes ou dans une serviette posée dans une passoire et (ceci est important) conservez ce jus clair et très liquide (qui s'écoulera avant que vous ne passiez la pulpe des tomates). Réservez-le, il servira lors de la cuisson du plat. Passez ensuite la pulpe des tomates en purée, laissez en attente.

Préparez la pâte à nouilles : disposez la farine en puits sur une planche et cassez-y les œufs. Ajoutez le sel puis, progressivement, l'eau et le vin blanc (la grand-mère de Claude, une fille de boulanger, dosait le vin en remplissant une demi-coquille par œuf utilisé). Pétrissez la pâte et formez-en une boule que vous laisserez reposer pendant 1 h.

Pendant ce temps, préparez la farce. Émincez les oignons et faites-les blondir dans un peu de beurre, ajoutez la viande, les œufs, l'ail et le persil finement coupés. Ajoutez la pincée de noix de muscade râpée, salez et poivrez la chair à saucisse et le pain essoré.

Suite de la recette en p. 433

Après avoir passé un CAP de verrier, Claude Bernhart – pour qui la rencontre avec l'artiste Guy Vetter fut décisive – est devenu restaurateur de tableaux pour des musées et des églises (émission du 12 octobre 1996).

Nouilles farcies, dites *Fleischschnacka*

UNE RECETTE RÉALISÉE POUR ROLAND VONESCH

Roland Vonesch, d'Ensisheim, aime les *Fleischschnacka*, spécialité haut-rhinoise de nouilles farcies, que sa maman préparait rituellement le lundi avec les restes de pot-au-feu. Il en existe diverses variantes. Chez Roland, le cylindre de pâte était servi entier dans l'assiette, sans bouillon, avec une sauce à la moutarde et une salade verte.

Pour 6 personnes

Pâte à nouilles

- 500 g de farine
- 4 œufs
- 3 à 5 cl d'eau
- 1 cuillerée à café de sel fin
- 1 cuillerée à café de vinaigre

Farce

- 600 g de bœuf bouilli (ou autre reste de viande cuite)
- 2 œufs
- 2 oignons
- 50 g de beurre
- 2 gousses d'ail
- 1 pincée de noix de muscade
- persil haché
- sel, poivre

Pour la cuisson

- 50 g de beurre (ou 3 cl d'huile)
- 1,5 à 2 l de bouillon de bœuf

Sauce

- 80 g d'échalotes hachées
- 20 g de beurre
- 1/2 l de bouillon de pot-au-feu
- 5 cl de crème fraîche
- 1 cuillerée à soupe de moutarde à l'ancienne

Un pinot réserve de la maison Dirler, à Bergholtz.

Commencez par la pâte : disposez la farine en puits sur une planche et cassez-y les œufs. Ajoutez le sel puis progressivement l'eau et en dernier le vinaigre. Ce dernier a pour rôle de provoquer l'oxydation du jaune d'œuf et d'accélérer le séchage de la pâte. Pétrissez la pâte et formez-en une boule que vous laisserez reposer pendant 1 h. Pendant ce temps, préparez la farce. Hachez la viande au hachoir : elle ne doit pas être pulvérisée, sinon elle deviendrait sèche. Émincez les oignons et faites-les blondir dans un peu de beurre, ajoutez-les à la farce ainsi que les œufs, l'ail et le persil finement coupés. Ajoutez la pincée de noix de muscade râpée, salez et poivrez.

Divisez la pâte en six, abaissez chaque morceau, en rectangle, sur une épaisseur d'environ 2 à 3 mm. Si vous disposez d'un laminoir à pâte, n'hésitez pas à vous en servir car il est très pratique pour ce type de travail. Étalez uniformément un sixième de farce sur chaque abaisse de pâte et enroulez le tout comme on procède pour un biscuit roulé. Veillez à bien souder les côtés. Procédez de même avec les cinq autres (vous obtiendrez des cylindres difformes d'environ 5 cm de diamètre et 10 à 15 cm de long). Faites-les dorer à la poêle de tous côtés. Roland se souvient que les rouleaux, grillés sur quatre côtés, devenaient alors équarris et angulaires. Puis mouillez avec le bouillon chaud et laissez mijoter pendant 20 à 25 min dans un plat à gratin beurré au four.

Suite de la recette en p. 433

Roland Vonesch, mouleur-noyauteur de formation, devint une référence dans le métier de l'encadrement. Il est président de la Fédération régionale des Métiers d'art d'Alsace (émission du 28 avril 1996).

Petits pains vapeur, dits *Dampfnuedle*, et soupe de potimarron

UNE RECETTE RÉALISÉE POUR NATHALIE FRITZ

Nathalie Fritz, de Niederroedern, est la reine des *Dampfnuedle*, ces petits pains qui cuisent dans une poêle à couvercle et dont il existe des variantes. Voici sa recette, salée, à accompagner d'abord d'une soupe de potimarron puis de saveurs sucrées : compote de pomme ou de potimarron, fruits au sirop, crème à la vanille.

Soupe de potimarron

Faites revenir les oignons coupés en lamelles dans de l'huile. Pendant ce temps, coupez le potimarron en cubes, sans l'éplucher. Déposez les cubes de potimarron (ne nécessite pas d'être épluché) sur les oignons, salez, ajoutez 2 dl d'eau (juste assez pour assurer la cuisson), couvrez et laissez mijoter pendant 20 min environ. Ajoutez le tamaris. Mixez ou passez à la moulinette, ajoutez de l'eau pour obtenir la fluidité souhaitée. Ajoutez selon envie du tamaris pour corser les saveurs. Servez chaud avec des croûtons revenus au beurre, du persil et des *Dampfnuedle*.

Dampfnuedle

Délayez la levure dans 1 dl de lait tiédi et laissez gonfler pendant 10 min. Disposez la farine dans une jatte, ajoutez les œufs (battus en omelette), le reste de lait tiède et le sel. Puis ajoutez en dernier la levure délayée. Travaillez bien l'ensemble et aérez la pâte (à la main ou à la machine), laissez-la reposer pendant 1 h 30 dans un endroit tempéré, sans courant d'air. Faites ensuite une abaisse d'environ 3 cm d'épaisseur et découpez-y des rondelles à l'aide d'un verre. Laissez-les reposer une nouvelle fois (pendant 1 h environ), jusqu'à ce qu'elles gonflent et doublent de volume.

Suite de la recette en p. 433

Pour 6 personnes

Soupe de potimarron

- 1 potimarron d'1,5 kg (légume d'origine asiatique de la famille des courges, à l'exceptionnelle qualité de chair, sucrée et de longue garde)
- 2 cl d'huile
- 2 oignons
- sel
- tamaris (sauce soja) (facultatif, pour relever le goût)
- 250 g de croûtons de pain
- 30 g de beurre (pour les faire revenir)
- 1 cuillerée à soupe de persil haché

Dampfnuedle

- 1 kg de farine (donne environ 30 *Dampfnuedle*)
- 1/2 l de lait tiède
- 3 œufs
- 1/2 paquet de levure de bière (soit environ 20 g)
- sel
- 2 dl d'huile
- gros sel

Compote de potimarron

- 1 kg de potimarron
- 200 g de sucre
- 2 gousses de vanille
- 2 dl de lait

Un crémant d'Alsace de la maison Jülg, à Seebach.

Nathalie Fritz organise les concerts pour la Laiterie à Strasbourg. Passionnée de langues, de contacts interculturels et de voyages, elle reste très attachée à sa terre d'origine (émission du 17 janvier 1998).

Quenelles de farine et pommes de terre, dites *Doudou un Dédé*

UNE RECETTE RÉALISÉE POUR LE PÈRE FRANÇOIS MEYER

Le Père François Meyer, du couvent des Capucins de Hirsingue, a fait découvrir ce plat rustique au nom cocasse, les *Doudou un Dédé*, spécialité du pays de Bitche d'où il vient. Il associe des quenelles de farine appelées *Dédé* à des pommes de terre coupées en rondelles et cuites à l'eau appelées *Doudou*, parsemées de petits croûtons au beurre et servies avec des quetsches au sirop ou des poires au sirop.

Pour 6 personnes

Dédé *(quenelles de farine)*
- 400 g de farine
- 5 cl de lait
- 6 œufs
- sel

Doudou *(pommes de terre)*
- 1 kg de pommes de terre
- 5 l d'eau salée (à répartir dans deux casseroles)

Finition
- 50 g de beurre
- 250 g environ de petits croûtons de pain

Accompagnement
- 200 g de quetsches au sirop en bocal (appelées *gederrti Quetschle*) ou, à défaut, des pruneaux d'Agen
- 200 g de poires au sirop *(Bireschnitz)*

Un sylvaner du domaine Paul Kubler, à Soultzmatt.

Tamisez la farine dans une grande terrine ; creusez une fontaine, cassez-y les œufs, ajoutez le sel. Mélangez avec une partie de la farine, ajoutez le lait et travaillez le tout en incorporant progressivement toute la farine afin d'obtenir une pâte homogène et peu coulante. Laissez reposer cette pâte pendant 1 h.

Épluchez les pommes de terre et coupez-les en rondelles (d'environ 3 mm d'épaisseur). Préparez deux grandes casseroles. Dans l'une, faites cuire les pommes de terre à l'eau salée. Dans l'autre, faites chauffer une grande quantité d'eau salée. Lorsqu'elle est à ébullition, prélevez des portions de pâte à l'aide d'une grande cuillère. Servez-vous aussi d'une petite cuillère pour faire tomber (en parties difformes) ces portions de pâte dans l'eau bouillante. Dès que les quenelles remontent à la surface, retirez-les à l'aide d'une écumoire et plongez-les dans l'autre casserole (celle avec les pommes de terre). Égouttez les *Doudou un Dédé*. Dressez-les sur un plat de service chaud. Faites fondre le beurre dans une poêle, faites revenir les croûtons de pain, parsemez-en les *Doudou un Dédé* et arrosez avec le beurre chaud restant dans la poêle. Servez chaud avec en accompagnement des fruits au sirop : soit des quetsches séchées, trempées pendant une nuit dans l'eau, soit des poires séchées reconstituées de la même manière, ou les deux fruits en même temps.

Fondateur de Lunettes pour le tiers-monde, le Père François Meyer envoie des millions de lunettes de vue dans une soixantaine de pays en manque crucial d'ophtalmologues (émission du 5 novembre 1995).

Quenelles à la moelle, dites *Marikknepfle*, et os à moelle farcis

UNE RECETTE RÉALISÉE POUR CHANTAL RITLENG

Chantal Ritleng, qui travaille à Londres, revient le plus souvent possible dans la ferme parentale du Kochersberg. Elle insiste alors pour que sa maman Angèle lui prépare ces quenelles de moelle dégustées avec un bon bouillon de viande et qui accompagne généralement le pot-au-feu. Hubert a ajouté des os à moelle farcis avec carottes et panais.

Quenelles à la moelle

Sortez la moelle des os à l'aide d'une fourchette. Faites-la fondre au bain-marie, passez-la dans une passoire très fine pour en retirer les éventuels éclats d'os, ajoutez les différents ingrédients. Formez une boulette (de la taille d'une cerise) et faites un essai : laissez-la pocher dans un peu de bouillon, si elle a tendance à se désintégrer, rajoutez un peu de farine à la masse, si l'essai est concluant, faites pocher l'ensemble des boulettes. Chantal précise : « Cette recette ne contient ni farine, ni semoule. Ce sont des astuces que ma mère a fini par adapter avec le temps pour que le goût soit plus prononcé et que ce soit plus digeste »

Os à moelle farcis

Faites revenir l'oignon haché au beurre, ajoutez la moelle, les carottes cuites et coupées en dés ainsi que le panais cuit et coupé en dés. Ajoutez le bouillon (épaissi en le mixant avec les 20 g de panais cuit). Répartissez les différents ingrédients dans les os vides.

On peut aussi manger la moelle telle quelle, étalée sur une tranche de pain frais avec quelques grains de sel. Mais elle ne doit pas cuire plus de 20 min. Et, pour éviter qu'elle ne se détache de l'os dans lequel elle cuit, il faut la saler (avant cuisson) ou envelopper l'os dans une mousseline et pocher tout doucement (70-80°).

Pour 4 personnes

Quenelles à la moelle
- 125 g de moelle
- 125 g de chapelure
- 1 cuillerée à soupe de persil haché
- 2 œufs
- sel, poivre
- noix de muscade

Os à moelle farcis
- 4 os vidés
- 1 oignon haché
- 20 g de beurre
- la moelle des 4 os
- 100 g de carottes cuites
- 50 g de panais cuit
- 5 cl de bouillon à mixer avec 20 g de panais cuit

Un sylvaner vieilles vignes de Jean-Pierre Rietsch, de Mittelbergheim.

Chantal Ritleng a passé son enfance à la ferme parentale de Donnenheim. Elle travaille à Londres comme ingénieur commercial dans une entreprise informatique, mais garde un grand attachement à l'Alsace (émission du 23 novembre 2003).

Quenelles de semoule, dites *Griesknepfle*

UNE RECETTE RÉALISÉE POUR MARIE-JEANNE HAEGY

Marie-Jeanne Haegy, de Colmar, a gardé de son enfance haguenovienne une tendresse pour ces quenelles de semoule que sa maman lui préparait pour les goûters d'anniversaire. Ce petit plat rustique constituait autrefois un menu du vendredi. On peut l'accompagner d'une salade verte, d'une compote de pommes légèrement tiède ou de fruits au sirop.

Pour 6 personnes

- 1 l de lait
- 150 g de semoule de blé fine
- 100 g de beurre
- 2 pincées de sel
- noix de muscade
- 2 jaunes d'œuf (facultatif)
- fromage râpé (facultatif)
- quelques petits croûtons de pains frits au beurre

(Pour une variante sucrée, remplacez le sel par 150 g de sucre, la muscade par 1 cuillerée à café de cannelle et, en finition, ajoutez un peu de sucre roux pour faire gratiner au four.)

Un crémant d'Alsace de Léon Heitzmann, d'Ammerschwihr.

Faites bouillir le lait avec le sel et la moitié du beurre. Versez la semoule en pluie en remuant continuellement avec une spatule en bois jusqu'à obtention d'une bouillie épaisse. Arrêtez la cuisson. Ajoutez les jaunes d'œuf (ils sont facultatifs, car même sans eux la masse aura assez de consistance). Vous pouvez aussi ajouter un peu de noix de muscade râpée à cet appareil, mais uniquement si les quenelles ont un accompagnement salé, de la salade par exemple. Laissez refroidir, soit dans la casserole, soit en étalant la masse dans un plat creux : elle se figera.

À l'aide d'une cuillère à soupe, prélevez des morceaux de cette masse. On peut aussi découper des losanges ou des ronds (Marie-Jeanne se souvient que sa maman utilisait toujours un verre à moutarde). Faites-les revenir à la poêle dans le restant de beurre.

Vous pouvez aussi les disposer directement dans un plat en terre cuite, les arroser de beurre fondu (éventuellement de fromage râpé) et les passer dans un four chauffé à 180° (th. 6) pendant 10 min. Ajoutez-y quelques petits croûtons de pain frits au beurre.

Marie-Jeanne Haegy, créatrice de vêtements à Colmar, bénéficie d'une reconnaissance internationale de la part de ses pairs (émission du 19 novembre 1995).

Ravioles, dites *Biechsesaeck*, et bouillie de farine, dite *Kachelmeesel*

UNE RECETTE RÉALISÉE POUR GASTON JUNG

L'homme de lettres et de théâtre Gaston Jung est un gourmand de la vie qui évoque avec tendresse les *Biechsesaeck*, ces ravioles d'Engwiller, le village de ses parents, près de Pfaffenhoffen. Mais le plat qui parle aussi à son cœur est une nourriture rudimentaire, le *Kachelmeesel*, la bouillie de farine délicatement brûlée (en allemand *Sauerbronner Muschen*), aussi facile à réussir que les œufs au plat.

Ravioles (Biechsesaeck)

Disposez la farine en fontaine dans une terrine, ajoutez les œufs un à un, la pincée de sel et l'eau tiède. Travaillez la pâte pour la rendre bien homogène, puis laissez-la reposer pendant 30 min environ. Faites revenir les oignons émincés avec les lardons. Retirez du feu et ajoutez les œufs entiers, le sel, le poivre, la noix de muscade et, selon consistance, la chapelure.

Étalez la pâte en abaisse fine de 2 à 3 mm d'épaisseur (en farinant). Découpez-y des rectangles de 10 x 5 cm (ainsi, repliés, ils formeront des carrés de 5 cm de côté). Disposez sur chaque rectangle une cuillerée à café de farce. Humectez le pourtour intérieur avec du lait ou de l'eau, rabattez en pressant fortement pour souder les ravioles. Faites-les pocher pendant 8 à 10 min dans le bouillon, laissez égoutter, disposez sur le plat de service. Faites revenir les croûtons au beurre, parsemez-les sur les ravioles, avec des lardons (selon goût). Servez éventuellement nappés d'un peu de crème fraîche. Accompagnez d'une salade verte.

Bouillie de farine (Kachelmeesel)

Faites griller la farine dans une cocotte à fond épais en remuant à la spatule. Lorsque la farine a atteint une teinte caramel clair, versez-y le lait petit à petit, sans arrêter de tourner pour éviter les grumeaux. Ajoutez le sucre, et, au dernier moment, le jaune d'œuf dilué dans le lait en ne laissant alors plus bouillir.

Pour 5 personnes

Ravioles (Biechsesaeck)
Pâte à nouilles
- 1 kg de farine
- 4 œufs
- 3 dl d'eau tiède
- sel
- 5 cl d'eau (ou de lait) pour souder les ravioles

Farce
- 4 à 5 gros oignons émincés et revenus dans 20 g de beurre
- 150 g de lardons fumés revenus
- 3 à 4 œufs entiers
- sel, poivre
- noix de muscade
- 100 g de chapelure

Pour la cuisson
- 3 l d'eau (additionnés d'1 cube de bouillon), ou de fond blanc de volaille ou de fond de légumes

Pour servir
- 200 g de croûtons de pain
- 50 g de beurre
- 200 g de lardons
- 1/2 l de crème fraîche (facultatif)

Bouillie de farine (Kachelmeesel) (par personne)
- 2 cuillerées à soupe de farine
- 1/2 l de lait
- 50 g de sucre (ou plus)
- 1 jaune d'œuf préalablement dilué dans 5 cl de lait

Un pinot noir de Jean-Luc Schwartz, d'Itterswiller.

Gaston Jung, créateur du Théâtre des Drapiers, metteur en scène, a enseigné à l'École supérieure d'art dramatique du Théâtre National de Strasbourg (TNS). Il est écrivain, poète et éditeur (émission du 15 avril 2000).

Ravioles farcies, dites *g'fuellti Knepple*

UNE RECETTE RÉALISÉE POUR GUY UNTEREINER

Le styliste et dessinateur Guy Untereiner, de Siewiller, près de Saverne, apprécie ces ravioles farcies, spécialité de l'Alsace Bossue que lui préparait dans l'enfance sa maman Suzanne. Hubert les a préparées à son tour selon cette recette d'Anne Dumazert, d'Adamswiller.

Pour 5 à 6 personnes

Pâte à nouilles

- 1 kg de farine
- 5 œufs
- 3 dl de lait
- sel
- 5 cl de lait (ou 1 œuf battu) pour souder les ravioles

Farce

- 6 poireaux
- 1 bouquet de persil
- 1 oignon de mai et sa tige
- 4 cl d'huile
- 250 g de mie de pain
- 1,5 dl de lait (pour la tremper)
- 4 œufs
- sel, poivre
- noix de muscade

Pour servir

- 200 g de croûtons de pain
- 50 g de beurre
- 1/2 l de crème fraîche
- 1 salade verte ou composée

Un auxerrois cuvée Maxime de Sophie et Philippe Meyer, de Rosheim.

Disposez la farine en fontaine dans une terrine, ajoutez les œufs un à un, la pincée de sel et le lait. Travaillez la pâte pour la rendre bien homogène, puis laissez-la reposer pendant 30 min environ. Faites tremper le pain dans le lait tiède. Émincez les poireaux ainsi que l'oignon et sa tige, ajoutez le persil haché. Chauffez l'huile dans une sauteuse à bords hauts, ajoutez le mélange poireau-oignon-persil, salez, poivrez, laissez revenir à petit feu pendant 10 min. Ajoutez la mie de pain trempée, pressée et émiettée et laissez encore revenir pendant 5 min en remuant, jusqu'à ce que les légumes soient tendres. Rectifiez l'assaisonnement, parfumez à la noix de muscade, ajoutez les œufs, laissez sur le feu pendant 30 sec en remuant pour bien lier le tout, arrêtez alors la cuisson.

Étalez la pâte en abaisse fine de 2 à 3 mm d'épaisseur (en farinant). Découpez des rectangles (de 8 x 4 cm). Disposez sur chaque rectangle une cuillerée à café de farce (en la disposant sur une moitié du rectangle de manière à pouvoir rabattre la pâte). Avant de rabattre, humectez le pourtour intérieur avec du lait (ou de l'œuf), rabattez en pressant fortement pour souder les ravioles sur les trois côtés. Faites-les cuire pendant 6 à 8 min dans une grande quantité d'eau bouillante salée, laissez égoutter, disposez sur le plat de service. Faites revenir les croûtons au beurre, parsemez-les sur les ravioles. Servez nappé d'un peu de crème fraîche. Parsemez le plat d'une julienne croquante de nouilles séchées au four et servez avec une salade printanière composée de pissenlit, de roquette et de poireau des vignes.

Guy Untereiner fut pâtissier à Strasbourg, avant d'étudier à la Chambre syndicale de la Haute-Couture à Paris. Il est devenu un styliste et dessinateur de renom (émission du 21 mars 1998).

Spaetzle acidulés, dits *Sueri Spaetzle*, avec une déclinaison de canard

UNE RECETTE RÉALISÉE POUR LUCIEN DORIATH

Lucien Doriath a gardé de son enfance à Drusenheim le souvenir des *Sueri Spaetzle* de sa maman, un petit plat simple et exquis, à déguster avec une salade verte ou avec un reste de choucroute réchauffée. Hubert lui a servi des accompagnements de canard: magret, cuisse de canard confite et, évidemment, une tranche de foie gras poêlée.

Pour 4 personnes

Spaetzle
- 500 g de farine
- 6 œufs
- 1/4 l de lait entier
- 2 cl d'huile
- 1 pincée de sel

Sauce aigrelette
- 1/4 l de crème fraîche liquide
- 2 jaunes d'œuf
- 4 cuillerées à soupe de vinaigre de miel et de plantes (type Melfor)
- sel fin
- noix de muscade râpée
- poivre blanc

Croûtons
- 300 g de pain coupé en petits dés
- 30 g de beurre
- 2 cl d'huile

Accompagnements
- 1 salade verte ou :

- 1 magret de canard grillé
- 1 cuisse de canard confite sur un lit de choucroute grillée
- 1 escalope de foie gras frais poêlée
- de la peau de canard finement coupée puis grillée (qui donnera des grattons)

Un tokay pinot gris réserve particulière de Jean-Bernard Siebert, de Wolxheim.

Pour la pâte à spaetzle, battez les six œufs entiers, ajoutez le lait et le sel. Puis incorporez progressivement cette masse liquide à la farine et battez jusqu'au moment où la pâte sera bien onctueuse (ni trop liquide, ni trop compacte).

Dans une grande casserole ou marmite, portez de l'eau salée à ébullition additionnée d'un filet d'huile d'olive. Disposez une partie de pâte sur une planche en bois et, à l'aide d'un couteau, raclez de petites lanières de pâte dans l'eau bouillante. Il existe aussi une sorte de rabot à trous qui permet de faire tomber les spaetzle en pluie dans l'eau bouillante, ils ont alors une forme plus régulière. Laissez pocher pendant une dizaine de minutes (sauf s'ils sont très fins: en ce cas, ils sont à point lorsqu'ils remontent à la surface). Égouttez-les et maintenez-les au chaud.

Pour la sauce, faites réduire la crème en la faisant bouillir pendant 5 min (veillez à ce qu'elle n'attache pas), laissez-la refroidir un peu, incorporez les jaunes d'œuf, salez et poivrez, parfumez à la noix de muscade. Au dernier moment, ajoutez les quatre cuillerées à soupe de vinaigre. Gardez la sauce au chaud, mais évitez surtout de la porter à ébullition: elle coagulerait!

Pendant la préparation de la sauce, faites revenir les croûtons dans une poêle avec de l'huile et du beurre. Versez les croûtons sur le plat de spaetzle. Servez en nappant chaque portion de sauce selon convenance. Accompagnez d'une salade verte.

Le métier de Lucien Doriath a inspiré à Hubert Maetz des accompagnements de canard: par exemple un magret simplement grillé, ou une cuisse de canard confite posée sur un lit de choucroute grillée. On peut également servir ces spaetzle et leur sauce aigrelette avec une petite tranche de foie gras frais poêlée.

Lucien Doriath est producteur artisanal de foie gras de canard à Soultz-les-Bains. Gardien d'une tradition artisanale, il fait visiter son domaine de la Schleif (émission du 25 février 1995).

Choucroute aux spaetzle

UNE RECETTE RÉALISÉE POUR MICHEL BLEU

Michel Bleu vit à la ferme-auberge du Gsang. Il cuisine pour les randonneurs et les pensionnaires et a du succès avec cette choucroute servie avec ces petites quenelles de farines nommées spaetzle (ou *Mehlknoepfle* ou *Wasserstriwle*). Il s'agit là d'une façon typiquement haut-rhinoise de servir la choucroute du lendemain.

Pour 8 personnes

Choucroute
- 1,5 kg de choucroute
- 100 g de graisse d'oie
- 2 oignons

Aromates
- 1 gousse d'ail
- 3 clous de girofle
- 10 baies de genièvre
- 5 grains de coriandre
- 1 cuillerée à café de cumin
- 1 feuille de laurier
- 1/2 l de riesling

Garniture
- 400 g de lard salé
- 300 g de lard fumé
- 500 g de carré de porc salé
- 1 palette de porc salée et fumée
- 1 petit jambonneau
- 300 g de cotis *(Ripple)*
- 6 saucisses de Strasbourg *(knacks)* éventuellement de la saucisse blanche à griller ou du cervelas

Spaetzle
- 1 kg de farine
- 10 œufs
- sel, poivre, muscade
- beurre (pour les faire revenir) (facultatif)
- 50 cl d'eau

Un riesling d'Édouard Leiber, de Husseren-les-Châteaux

Lavez la choucroute à deux ou trois reprises, pressez-la pour en sortir l'eau. Dans une marmite, faites revenir dans la graisse d'oie les oignons émincés. Déposez une couche de choucroute, le lard salé, le lard fumé, le jambonneau, la palette de porc, remettez une couche de choucroute, puis le carré de porc et les aromates enfermés dans une étamine nouée. Remettez une couche de choucroute puis les cotis *(Ripple)*. Ajoutez le vin blanc, complétez avec de l'eau aux trois quarts de la hauteur de la choucroute, couvrez et laissez mijoter pendant 1 h 20. Posez les knacks sur la choucroute et laissez mijoter pendant une dizaine de minutes. Faites revenir à la poêle la saucisse blanche et le cervelas coupés en deux dans le sens de la longueur et légèrement incisés.

Pour les spaetzle, mélangez l'eau, les œufs, le sel, le poivre et la muscade à l'aide d'un fouet. Introduisez petit à petit cette masse à la farine pour obtenir une pâte bien lisse. Étalez un peu de cette pâte sur une planchette en bois et, à l'aide d'un couteau, raclez de petites lamelles que vous ferez tomber dans une grande marmite d'eau bouillante salée (il existe des ustensiles appropriés, genre râpe à gros trous ou moulin spécial, qui facilitent la tâche). Dès que les spaetzle remontent à la surface, égouttez-les. Servez tels quels avec la choucroute ou faites-les revenir au préalable au beurre.

Michel Bleu travaillait comme droguiste dans la vallée de Masevaux. Il a acquis la ferme-auberge du Gsang, sur les hauteurs de Moosch. Il élève des lapins, des cochons et une vache (émission du 22 février 1997).

Kasangscht

UNE RECETTE RÉALISÉE POUR PATRICK FOLTZER

Patrick Foltzer se régale de cette spécialité fromagère des Hautes-Vosges, appelée Kasangscht, faite à base de munster fondu, de lard et d'œufs. La dénomination Kasangscht serait liée au terme archaïque *Anke* qui signifie beurre en dialecte haut-rhinois et qui en Moyenne et Basse-Alsace, désigne le beurre fondu.

Faites revenir dans une poêle le lard coupé en dés ainsi que les oignons hachés. Quand ils ont blondi, ajoutez le munster coupé en tranches et laissez fondre doucement en remuant avec une spatule en bois. Assaisonnez avec le sel et le poivre. Parfumez avec la noix de muscade râpée.

Battez dans un bol les œufs puis intégrez-les à l'ensemble en laissant chauffer doucement tout en remuant, jusqu'à ce que les œufs soient bien intégrés à la masse. Ajoutez le kirsch. Servez avec des pommes de terre en robe des champs et une salade verte.

Pour 4 personnes

- 1 munster bien fait (d'environ 20 cm de diamètre)
- 4 tranches (pas trop épaisses) de lard fumé (à couper en lardons)
- 2 beaux oignons
- 4 œufs
- sel, poivre
- noix de muscade râpée
- 5 cl de kirsch

Un gewurztraminer grand cru Eichberg de François Lipp, de Husseren-les-Châteaux.

Patrick Foltzer est garde-forestier à Wildenstein. Militant pour la nature, il est vice-président régional d'Alsace-Nature et est à l'origine du Conservatoire des sites alsaciens (émission du 23 septembre 1995.).

Galettes au fromage blanc, dites *Kaskiechle*

UNE RECETTE RÉALISÉE POUR JACQUELINE BORNERT

Jacqueline Bornert, de Breuschwickersheim, psychopédagogue, fut élevée en partie par sa grand-mère Eugénie qui lui a laissé des souvenirs intenses et transmis des recettes dont ces galettes de fromage blanc, moins connues que les quenelles au fromage dites *Kasknepfle.* Ce petit plat du vendredi est à accompagner d'une salade de saison, du pissenlit par exemple.

Pour 4 personnes

Kaskiechle *(galettes de fromage blanc)*

- 1 kg de pommes de terre en robe des champs
- 400 g de fromage blanc
- 2 œufs
- 100/120 g de farine
- 1 bottillon de ciboulette
- sel et noix de muscade râpée
- 4 cl d'huile (pour les faire griller)

Salade de pissenlit (pour 2 personnes)

- 400 g de pissenlit
- 200 g de lard
- 2 œufs
- 1 échalote
- 2 cuillerées à soupe de vinaigre de vin
- 2 cuillerées à soupe d'huile
- sel, poivre

Un klevener de Heiligenstein, L'Exception, du domaine Daniel Ruff, à Heiligenstein.

Kaskiechle *(galettes de fromage blanc)*

Épluchez les pommes de terre cuites en robe des champs et passez-les au moulin à légumes (grille la plus grande). Ajoutez le fromage blanc égoutté, les œufs, la farine et la ciboulette finement ciselée. Salez et parfumez à la noix de muscade. Dans une poêle, chauffez un peu d'huile. Posez successivement, pour chaque galette, l'équivalent d'une cuillerée à soupe de cette préparation dans la poêle, aplatissez les galettes du dos de la cuillère, retournez-les lorsqu'elles sont grillées pour les faire dorer sur l'autre face. Si les galettes devaient se défaire dans la poêle, ajoutez un peu de farine à votre préparation. Servez chaud avec une salade.

Salade de pissenlit

Faites revenir les lardons dans une poêle, réservez-les et jetez l'excédent de graisse. Versez le vinaigre et l'huile, salez et poivrez. Versez sur le pissenlit nettoyé et lavé avec les œufs pochés.

Après ses études à l'École Normale, Jacqueline Bornert travaille comme institutrice et suit des études de dessin et de peinture. Elle anime des cours et des stages d'aquarelle (émission du 17 avril 2004).

Galettes de pommes de terre et compote de pommes

UNE RECETTE RÉALISÉE POUR FRANCIS MULLER

L'homme d'affaires Francis Muller a grandi à Réguisheim. Il passait deux mois d'été à Lembach chez sa grand-mère, Marie Lienhard, qui chaque vendredi lui préparait rituellement ces galettes de pommes de terre qu'elle servait accompagnées de compote de pommes. À Lembach, on les appelle *Dotscha*, ailleurs *Grumbeerekiechle* ou *Ardaepfekkiechla*.

Les galettes de pommes de terre constituent un petit plat rustique des jours sans viande, simplement accompagnées d'une salade verte ou d'une compote. Râpez les pommes de terre épluchées et lavées sur une râpe fine. Égouttez-les. Hachez les échalotes, faites-les revenir légèrement (cette opération est facultative) avant de les ajouter aux pommes de terre, ajoutez le persil haché (facultatif), la farine et éventuellement la fécule qui s'est déposée du fond du récipient dans lequel vous avez fait égoutter les pommes de terre râpées. Mélangez le tout avec les œufs, le sel, le poivre et la pincée de noix de muscade. Ne laissez pas attendre cet appareil car la pomme de terre crue noircit rapidement.

Versez une partie de l'huile dans la poêle (veillez à avoir une hauteur d'huile d'un centimètre environ). Lorsque l'huile est bien chaude (non fumante), prélevez l'équivalent d'une cuillerée à soupe de pâte à galettes que vous aplatirez dans la poêle pour lui donner une forme ronde. Faites dorer plusieurs galettes en même temps, environ 4 min par côté. Déposez-les sur du papier absorbant pour en retirer l'excès de graisse. Les galettes se servent chaudes et croustillantes, avec une salade verte ou une compote de pommes.

Pour 4 personnes

Galettes de pommes de terre

- 1 kg de pommes de terre
- 4 échalotes ou 3 oignons
- 100 g de persil haché (facultatif)
- 3 œufs
- 1 cuillerée à soupe de farine
- 1 pincée de noix de muscade râpée
- sel, poivre
- 1/3 l d'huile

Compote de pommes

- 1 kg de pommes
- 250 g de sucre
- sucre vanillé ou cannelle
- 5 cl d'eau

Un saint-émilion grand cru Fleur cardinale du domaine de Francis Muller.

Directeur de la société industrielle MGI Coutier, Francis Muller est président du conseil d'administration de la clinique Saint-Sauveur (Mulhouse). Il est propriétaire de vignobles en Bourgogne et dans le Bordelais (émission du 20 novembre 1999).

Pommes de terre farcies, dites *g'fuellti Grumbeere*

UNE RECETTE RÉALISÉE POUR RIA GERNER

Ria Gerner, de Strasbourg, doreur sur bois et femme d'art, aime les pommes de terre farcies, un plat qui lui rappelle avec tendresse sa « petite maman ». Ria a une prédilection pour la mâche qu'elle désigne sous le terme *Miese ehrele*, c'est-à-dire petites oreilles de souris. Elle accompagne ce plat d'une coupe de champagne.

Pour 6 personnes

Pommes de terre

- 12 pommes de terre moyennes (type BF 15 ou charlotte)

Farce

- 500 g de viande cuite hachée (si possible de la viande de pot-au-feu : ce plat se faisait souvent avec les restes de viande du dimanche)
- 300 g de lard salé non fumé
- 1 petit pain trempé dans du lait (ou 2 tranches de pain)
- 2 oignons hachés
- beurre (pour les faire revenir)
- 2 œufs
- 2 cuillerées à soupe de persil haché
- sel, poivre
- noix de muscade râpée

Pour la cuisson

- 100 g de beurre
- 1 oignon coupé en rondelles
- thym et laurier

Un crémant d'Alsace de la cave Bestheim, à Bennwihr.

Choisissez des pommes de terre régulières, pas trop grosses. Épluchez-les et lavez-les. Coupez-les en deux dans le sens de la longueur, puis évidez chaque moitié de pomme de terre en son centre ; réalisez une cavité d'environ 2 à 3 cm de diamètre selon la taille de la pomme de terre (ces parures pourront servir pour réaliser une soupe). Coupez aussi légèrement la partie de la pomme de terre qui sera posée dans le plat pour l'aplanir et la rendre stable.

Pour la farce, mélangez la viande hachée, l'oignon haché revenu préalablement au beurre, le petit pain imbibé de lait, pressé et réduit en miettes, le persil haché, les œufs, le sel, le poivre et un peu de noix de muscade râpée. Roulez des boulettes de farce (de la taille de la cavité des pommes de terre), posez une boulette sur une demi-pomme de terre aplanie et recouvrez avec l'autre moitié évidée. Faites tenir l'ensemble à l'aide d'une petite ficelle nouée (procédez comme pour un paquet cadeau).

Faites revenir ces pommes de terre au beurre, en les laissant dorer de chaque côté. Puis posez-les dans un plat avec l'oignon, le thym et le laurier ; enfournez sans couvrir. Faites cuire à 180° (th. 6) pendant 45 min à 1 h. Servez une salade verte en accompagnement.

Parallèlement à la dorure sur bois, Ria Gerner développa sa passion pour la nage et devint championne de natation. Elle est la créatrice des Ballets nautiques de Strasbourg (émission du 19 octobre 1996).

Pommes de terre farcies aux oignons

UNE RECETTE RÉALISÉE POUR GUY LAFUENTE

Guy Lafuente, de Truchtersheim, apprécie ces pommes de terre farcies aux oignons, une recette qui provient de son arrière-grand-mère maternelle de Wiwersheim, qui fut reconduite par sa maman Germaine et appréciée par toute la famille.

Épluchez les oignons, coupez-les en petits dés, faites-les revenir dans l'huile à feu très doux (ils ne doivent pas dorer, simplement suer) jusqu'à ce qu'ils soient translucides (on peut compter une petite heure).

Pendant ce temps, épluchez les pommes de terre, creusez-les dans le sens de la longueur (ne coupez pas la pomme de terre en deux, laissez-la entière, creusez simplement une cavité : les morceaux prélevés peuvent servir pour une soupe ou vous pouvez les disposer à côté des pommes de terre farcies et les cuire avec elles). Si la pomme de terre est trop bombée pour tenir en équilibre, égalisez le côté sur lequel elle sera posée en en coupant une partie. Remplissez les différentes pommes de terre avec les oignons revenus.

Faites chauffer dans une cocotte deux cuillerées à soupe d'huile, posez les pommes de terre dans la cocotte, laissez-les revenir quelques secondes, versez de l'eau jusqu'à hauteur, sans toutefois recouvrir les pommes de terre (si des oignons sortent de la pomme de terre et se mêlent au jus de cuisson, ce n'est pas grave). Mettez le couvercle et laissez cuire à petits bouillons pendant 30 min environ, salez et poivrez, ajoutez ensuite du lait pour couvrir à peine les pommes de terre. Dans un bol, diluez la farine avec un peu de lait et la crème fraîche, ajoutez ce mélange aux pommes de terre dès l'ébullition. Laissez mijoter une dizaine de minutes à feu très doux, en surveillant pour que les pommes de terre n'attachent pas.

Servez avec une salade (scarole avec vinaigrette à l'ail ou salade frisée de préférence).

Pour 4 personnes

- 8 pommes de terre moyennes (nouvelles, ou d'une variété ferme, style BF 15 ou rosewald)
- 4 gros oignons
- 5 cl d'huile (pour faire revenir les oignons)
- 5 cl d'huile (pour faire revenir les pommes de terre)
- sel, poivre
- de l'eau pour mouiller à hauteur
- 4 dl de lait
- 2 dl de crème fraîche
- 2 cuillerées à soupe de farine pour lier la sauce

Un sylvaner Grand Zotzenberg vieilles vignes d'André Seltz, de Mittelbergheim.

Guy Lafuente est professeur de français. Il écrit, adapte, joue et met en scène des pièces en dialecte avec le Théâtre de Truchtersheim (émission du 8 février 1997).

Pommes de terre de la vallée de Munster, dites *Roïgebrageldi*

UNE RECETTE RÉALISÉE POUR JEAN JESTER

Jean Jester vit dans le Ried à Hilsenheim. Né à Munster où il a grandi, il a choisi ces pommes de terre rôties, dites *Roïgebrageldi*, spécialité de cette vallée vosgienne. Cette recette de marcaire, longuement cuite au four ou dans l'âtre d'une cheminée, a une touche originale, rarement rencontrée : l'ajout de poireaux émincés.

Pour 6 personnes
- 400 g de lardons fumés finement coupés
- 2 kg de pommes de terre épluchées et coupées en rondelles
- 200 g d'oignons émincés
- 2 poireaux émincés
- 150 g de beurre
- sel, poivre

Accompagnement
- 1 palette fumée pochée à 62° pendant 4 h avec feuille de laurier, oignon, carotte et thym

Vinaigrette de la salade verte
- 3 cuillerées à café de moutarde forte
- 2 cl de vinaigre de plantes
- 6 cl d'huile
- 4 cl d'eau
- sel, poivre

Un edelzwicker de Jean-Marie Straub, de Blienschwiller.

Posez au fond d'une cocotte en fonte une couche de lardons, couvrez d'une couche de rondelles de pommes de terre, posez une couche d'oignons émincés, puis une couche de poireaux, salez et poivrez. Alternez ainsi les couches de lard, de pommes de terre, d'oignons et de poireaux en terminant par une couche de pommes de terre sur lesquelles vous parsèmerez le beurre détaillé en flocons. Pressez légèrement, de manière à ce que l'ensemble se tasse.
Couvrez et enfournez dans un four à 200° (th. 6-7) pendant 2 h 30. Les pommes de terre peuvent se désagréger : c'est ainsi qu'elles sont souvent servies dans les fermes-auberges pour accompagner palette ou collet fumé, avec une salade verte. La préférence de Jean va à la palette fumée simplement cuite à l'eau et servie avec ce plat. Hubert proposera pour la salade sa recette de vinaigrette : mélangez moutarde, vinaigre, huile et eau, assaisonnez. Cette vinaigrette se conserve bien dans un récipient couvert. Secouez-la avant chaque utilisation.

Jean Jester travaille comme géomètre dans un cabinet à Benfeld. Défenseur de la nature et passionné de canoë-kayak, il est président du Canoë-Kayak Club de l'Ill de Sélestat (émission du 11 septembre 1999).

Quenelles aux pommes de terre crues et cuites, dites *Buewespaetzle* ou *Buewespitzle*

UNE RECETTE RÉALISÉE POUR FABIENNE BASSANG

Fabienne Bassang, de Strasbourg, raffole de ces *Buewespaetzle*, ce qui signifie petits zizis de garçons. La recette de ces quenelles à base de pommes de terre crues et de pommes de terre cuites vient de sa grand-mère qui vivait à Strasbourg. Elle leur ajoutait un peu de blanc de poireau, apportant ainsi une saveur supplémentaire.

Faites cuire 500 g de pommes de terre avec leur peau dans l'eau salée, épluchez-les et passez-les au moulin à légumes. Épluchez le kilo restant de pommes de terre crues et râpez-les sur une râpe à fromage. Pressez-les fortement pour extraire le maximum d'eau dans un torchon. Mélangez les pommes de terre crues et les pommes de terre cuites, ajoutez le poireau, le persil, les œufs entiers battus en omelette, le sel, le poivre et une pincée de noix de muscade râpée. Mélangez avec une spatule en bois. Portez à ébullition 2 l d'eau salée et, à l'aide de deux cuillères à soupe, formez des quenelles, glissez-les dans l'eau bouillante et laissez cuire 7 à 8 min (faites d'abord un essai avec deux ou trois quenelles; si elles ne tiennent pas, ajoutez un peu de farine).

Égouttez et dressez les quenelles dans un plat creux. Faites dorer les lardons et les croûtons dans le beurre, ajoutez la crème et versez sur les quenelles. Servez avec une salade verte. Ces quenelles peuvent être préparées à l'avance. On peut les faire revenir avec du beurre avant d'ajouter la crème fraîche.

Pour 4 personnes

Quenelles
- 1 kg de pommes de terre crues râpées
- 500 g de pommes de terre cuites en robe des champs
- 1 poireau coupé finement (facultatif)
- 2 cuillerées à soupe de persil et de cerfeuil hachés
- 2 œufs
- 90 g de farine
- sel, poivre
- 1 pincée de noix de muscade râpée

Garniture d'accompagnement
- 100 g de lardons (facultatif)
- 150 g de croûtons de pain
- 100 g de beurre
- 20 cl de crème fraîche

Un pinot blanc de Simone et André Hopfner, de Rosheim.

Fabienne Bassang est décoratrice d'intérieur de formation. Passionnée du point de croix, elle crée des modèles originaux de broderie (émission du 8 janvier 2000).

Quenelles de pommes de terre aux épinards et au poireau, dites *Gaenseknepfle*

UNE RECETTE RÉALISÉE POUR LISELOTTE BRUDERER-SCHWAB

Liselotte Bruderer-Schwab, céramiste à Marmoutier, ne se lasse jamais du plat rustique de son enfance à Diemeringen. Ces quenelles de pommes de terre aux poireaux et aux épinards, dites *Gaenseknepfle* (quenelles des oies), que préparait sa maman de Lunéville, servies généralement avec une simple salade verte, le sont ici avec du pissenlit aux lardons et aux œufs pochés.

Pour 4 personnes

Quenelles

- 500 à 600 g de pommes de terre
- 300 g d'épinards frais
- 200 g de poireau
- 4 œufs
- 240 g de farine
- sel, poivre et noix de muscade

Finition et accompagnement

- croûtons revenus au beurre
- sauce tomate servie séparément (facultatif)

Salade de pissenlit

- 400 g de pissenlit
- 150 g de lardons fumés
- 4 œufs pochés (ou durs)
- 2 à 3 cuillerées à soupe de vinaigre
- 4 cuillerées à soupe d'huile
- sel, poivre

Un muscat de la cuvée « Marie» du domaine Valentin Zusslin & Fils, vignerons-récoltants d'Orschwihr.

Épluchez les pommes de terre, coupez-les en petits dés, faites-les cuire dans l'eau salée, en leur gardant une consistance un peu ferme. Évitez qu'elles soient trop cuites : elles ne doivent pas se réduire en purée. Pendant ce temps, hachez (manuellement) ou mixez (mais pas trop finement) les épinards frais et le poireau. Passez les pommes de terre chaudes sous l'eau froide et versez-les dans une jatte, sans trop les égoutter : il est bon de les maintenir bien humides. Ajoutez le poireau et les épinards, les œufs et la farine. Salez et poivrez, parfumez à la noix de muscade. Mélangez l'ensemble.

Faites un essai : prélevez une partie de la masse à l'aide d'une cuillère à soupe trempée dans l'eau chaude (pour que la quenelle se détache bien) et plongez-la dans une casserole d'eau bouillante salée. Laissez cuire à petits bouillons pendant une dizaine de minutes. Si la quenelle se disloque, ajoutez un peu de farine à la masse. Pendant la cuisson des *Gaenseknepfle*, faites revenir au beurre de petits croûtons de pain. Disposez-les sur les *Gaenseknepfle*. Ces *Gaenseknepfle* se réchauffent aisément : il suffit de les faire revenir dans un peu de beurre. Liselotte sert parfois en accompagnement une sauce tomate maison. On peut aussi faire un potage avec leur eau de cuisson, en lui ajoutant par exemple un peu de persil haché et des vermicelles.

Suite de la recette en p. 434

Issue d'une famille de potiers, Liselotte Bruderer-Schwab est céramiste. Elle a enseigné pendant sept ans les arts plastiques au collège Saint-Antoine de Phalsbourg (émission du 10 mars 1996).

Quenelles de pommes de terre, dites *Ardaepfelpflutta*, et cervelle aux câpres

UNE RECETTE RÉALISÉE POUR GILBERT SCHLURAFF

Gilbert Schluraff est le détenteur de la véritable recette des *Ardaepfelpflutta*, ces quenelles de pommes de terre à la haut-rhinoise, en l'honneur desquelles il a créé en 1984 une fête dite *Pfluttafascht* qui se déroule à Illfurth, au sud de Mulhouse, le troisième dimanche d'octobre. Hubert ajouta pour cet amateur d'abats une cervelle aux câpres et au beurre noisette.

Quenelles

Épluchez les pommes de terre. Coupez-les en quatre, couvrez-les d'eau salée et faites-les cuire. Piquez-les à l'aide d'un couteau pour vérifier la cuisson. Égouttez-les et versez-les dans un plat et passez-les au four à 180° (th. 6) pendant 2 min pour faire évaporer l'eau restante. Ajoutez la farine et le beurre, faites bien sécher l'ensemble en pilant sur grand feu à l'aide d'un pilon pendant environ 20 min. Il faut que la masse s'assèche, que le fond de la casserole brunisse légèrement, qu'elle «renarde» et que la masse se détache. Laissez reposer pendant 15 min. Trempez deux cuillères à soupe dans du saindoux chaud, prélevez des cuillerées de pâte, roulez-les dans un voile de farine (facultatif) et faites-les revenir dans de l'huile et du beurre. Gilbert a précisé qu'autrefois on utilisait comme corps gras du beurre rance, appelé en alsacien *Suerbutter* ou *Sueranke*.

Servez avec une salade verte ou des fruits au sirop. Gilbert place dans certaines quenelles une quetsche séchée dénoyautée: un mariage salé-sucré agréable, même avec un accompagnement salé.

Cervelle aux câpres et au beurre noisette

Lavez les cervelles à l'eau froide; débarrassez-les des membranes et des vaisseaux sanguins qui les entourent. Faites-les dégorger pendant 1 h dans l'eau vinaigrée. Faites-les blanchir dans l'eau vinaigrée salée pendant 2 min. Égouttez-les. Dans une poêle, faites revenir les cervelles dans le beurre mousseux et couleur noisette, ajoutez le vinaigre et portez à ébullition pendant 2 min. Ajoutez les câpres.

Pour 6 à 8 personnes

Quenelles

- 2,5 kg de pommes de terre (de préférence des rouges, type roseval ou charlotte)
- 200 g de farine
- 150 g de saindoux chaud (pour y tremper la cuillère avant de prélever la pâte)
- 50 g de beurre
- 1 dl d'huile et 100 g de beurre (pour la cuisson)
- quelques quetsches séchées dénoyautées (facultatif)

Cervelle aux câpres et au beurre noisette (pour 2 personnes)

- 4 cervelles de veau, de 350 g chacune (Gilbert en prévoit deux par personne !)
- 5 cl de vinaigre pour les blanchir
- sel, poivre
- 100 g de beurre
- 1 dl de vinaigre pour la sauce
- 120 g de câpres

Un riesling du domaine Robert Roth, à Soultz.

Originaire de Zaessingue, dans le Sundgau, Gilbert Schluraff pratiquait le commerce ambulant avant de devenir boucher-restaurateur à Soultz. Truculent et rabelaisien, il a fait l'objet de multiples reportages télévisés (émission du 13 février 1999).

Quenelles de pommes de terre crues et cuites, dites *Buewespaetzle*

UNE RECETTE RÉALISÉE POUR GILLES KLOPFENSTEIN

Gilles Klopfenstein, de Rosteig, chanteur, apprécie ces quenelles de pommes de terre de sa maman Maria. Pour cette alliance de pommes de terre crues et cuites, il importe de trouver le bon dosage afin que les quenelles tiennent sans apport de farine ni d'œufs. Il est recommandé de râper les pommes de terre et non de les mixer, afin qu'elles gardent une texture filandreuse.

Pour 8 personnes

- 1 kg de pommes de terre cuites en robe des champs
- 7 kg de pommes de terre à éplucher, à râper crues et à presser (il en restera environ 1,8 kg)
- sel, poivre
- 1 kg d'oignons
- 200 g de beurre
- 500 g de crème fraîche épaisse
- quelques pluches de cerfeuil (pour décorer, facultatif)

Accompagnement

- 1 salade verte

Un pinot noir Vorlauf du domaine Mosbach, à Marlenheim.

La veille, faites cuire un kilo de pommes de terre en robe des champs, laissez-les bien refroidir. Épluchez-les, râpez-les sur une râpe à crudités (il faut obtenir à peu près la texture des carottes râpées) ou sur une vieille râpe d'antan (le mixer réduirait trop la pomme de terre en bouillie).

Épluchez les sept autres kilos de pommes de terre, râpez-les (tâche ardue ; il ne faut pas trop traîner car les pommes de terre noircissent). Pressez la masse de pommes de terre râpées à travers un tissu (ou entre les paumes des mains) pour retirer le maximum d'eau.

Dans une grande poêle ou une sauteuse, faites blondir doucement dans du beurre les oignons épluchés et râpés en rondelles fines (ou hachés finement) : comptez environ 30 à 40 min à petit feu jusqu'à ce qu'ils soient bien dorés.

Pendant ce temps, mélangez la masse de pommes de terre cuites avec la masse de pommes de terre crues, salez et poivrez. Roulez à l'aide de vos mains légèrement farinées des quenelles de la taille d'un doigt. Plongez-les dans une grande quantité d'eau bouillante salée : lorsque les quenelles remontent à la surface, elles sont à point. Égouttez-les et disposez-les fumantes dans un plat contenant la crème épaisse non chauffée. Versez sur ce monticule de *Buewespaetzle* les oignons joliment dorés. Le restant de beurre se mêlera judicieusement à la crème. Pour finir, décorez avec quelques pluches de cerfeuil.

Ces quenelles de pommes de terre se servent avec une salade verte et constituent un plat de résistance. On peut leur ajouter des lardons fumés et des croûtons revenus au beurre. Elles peuvent aussi accompagner un rôti de viande.

Garçon d'hôtellerie à La Petite-Pierre, Gilles Klopfenstein est aussi chanteur, auteur et compositeur. Il revendique sa préférence pour la chanson alsacienne (émission du 16 novembre 1996).

Quenelles de pommes de terre, dites *Schneeballeknepple*

UNE RECETTE RÉALISÉE POUR ROGER ROESER

Roger Roeser apprécie les *Schneeballeknepple*, des quenelles faites à partir de pommes de terre cuites en robe des champs d'après une recette locale ancienne que préparait sa grand-mère Ida Esch et que reconduit sa maman Hilda. « Enfant, c'était mon bonheur du jeudi : je n'avais pas école et Oma me cuisinait mon plat préféré. »

Pour 4 personnes
- 1 kg de pommes de terre cuites en robe des champs, pelées et refroidies
- 3 œufs
- sel, poivre
- noix de muscade
- 120 g de farine
- 100 g de persil haché
- 20 g de beurre
- 300 g de croûtons
- 250 g de lardons fumés (facultatif)

Un pinot blanc de Hubert Reyser, de Nordheim.

Faites cuire les pommes de terre en robe des champs la veille. Laissez-les bien refroidir, épluchez-les et passez-les au hachoir, au moulin à légumes ou au tamis. Incorporez les œufs, le sel, le poivre, la muscade râpée, le persil et la farine. Laissez reposer pendant 30 min. Roulez des boulettes de la taille d'une balle de ping-pong, en vous farinant légèrement les paumes. Faites cuire dans une grande quantité d'eau bouillante salée. Les quenelles sont à point lorsqu'elles remontent à la surface. Égouttez-les. Saupoudrez de lardons et de croûtons revenus au beurre. « Le soir, lorsqu'il restait des quenelles, nous les faisions griller à la poêle, explique Roger. *Un die sin noch besser gewaenn* (et celles-ci étaient encore meilleures) ».
Servez ces quenelles avec une bonne salade verte du jardin bien mêlée.

Roger Roeser, meunier à Harskirchen, en Alsace Bossue, a hérité du moulin de son grand-père. Dans les instants volés à la meunerie, il aime pêcher dans la Sarre et jouer à la belote (émission du 8 septembre 2001).

Quenelles de pommes de terre, dites *Ardaepfelpfluetta*

UNE RECETTE RÉALISÉE POUR DE CHRISTIAN GEIGER

Christian Geiger, de Rixheim, a pu affiner ses papilles gustatives auprès de Suzanne, sa maman gastronome, et de Gilbert, son père connaisseur en vins. Il se souvient avec émotion des *Ardaepfelpfluetta* de sa grand-mère. Ces quenelles aux pommes de terre et à la semoule sont une spécialité haut-rhinoise qui constitue avec une salade verte un plat de vendredi.

Pour 4 à 6 personnes
- 1 kg de pommes de terre cuites en robe des champs (farineuses)
- 1/2 l de lait
- 350 g de semoule de blé dur
- 40 g de farine
- sel, poivre
- 100 g de beurre
- 2 dl de crème fraîche

Accompagnement
- 200 g de croûtons de pain
- 1 salade verte ou de la viande (veau, lapin, gibier)
- sauce tomate (facultatif)

Pour une variante sucrée
- compote de pommes ou :
- quetsches
- quetsches au thym et au pinot noir
- fruits au sirop

Un muscat Goldert du clos Saint-Imer, de la maison Ernest Burn, à Gueberschwihr.

Faites cuire les pommes de terre en robe des champs dans de l'eau salée. Égouttez-les, épluchez-les et écrasez-les avec une fourchette. Mouillez avec le lait chaud en mélangeant bien. Cette purée doit avoir l'épaisseur d'une bouillie. Ajoutez la semoule de blé dur afin d'obtenir une masse épaisse. Laissez gonfler sur petit feu en remuant sans cesse avec une spatule. Ajoutez également la farine, en remuant toujours pour que l'ensemble n'attache pas. La purée doit se détacher de la cuillère en bois. Rectifiez l'assaisonnement.

Préchauffez un plat, versez la crème fraîche, assaisonnez-la de sel et de poivre. Faites fondre le beurre dans une poêle. À l'aide d'une cuillère à soupe trempée dans le beurre fondu, détachez des portions en leur donnant la forme de la cuillère. Posez-les au fur et à mesure dans le plat contenant la crème fraîche. Trempez à chaque fois la cuillère dans le beurre fondu et continuez à former des quenelles en les dressant dans le plat. Réservez à l'entrée du four. Puis dorez des croûtons de pain dans le beurre restant et versez-les sur les *Ardaepfelpfluetta*. On peut également les faire revenir au beurre (on procède généralement ainsi avec les quenelles restantes à réchauffer le lendemain).

Servez avec de la sauce tomate (facultatif), accompagné d'une salade verte, avec une viande en sauce (lapin, gibier, etc.) ou avec du sucré : compote de pommes, quetsches au sirop. L'eau de cuisson peut servir de base pour une soupe.

Issu de l'École des Beaux-Arts de Mulhouse, Christian Geiger est connu pour ses peintures murales, ses fresques et ses trompe-l'œil facétieux (émission du 18 janvier 1997).

Baeckeoffe

UNE RECETTE RÉALISÉE POUR RENÉ SOMMER

René Sommer, de Hoenheim, aime que sa femme Alice reconduise le dimanche le rituel du baeckeoffe. Ce mot signifie four de boulanger, car cette potée de viandes et pommes de terre était autrefois cuite dans le four du boulanger après le pain, généralement le lundi, pour décharger les femmes que mobilisait la lessive.

Marinade

Pour cette recette, il importe d'avoir une terrine bien grande (si possible en terre cuite, style Soufflenheim), d'une dimension d'environ 40 cm de long, 25 de large et 20 de haut. Détaillez la viande en gros dés (4 cm de côté), salez et poivrez. Épluchez et émincez la carotte, l'oignon et le blanc de poireau, ajoutez l'ensemble à la viande avec le thym, le laurier, le persil et les clous de girofle. Couvrez avec le sylvaner et laissez mariner pendant 12 à 24 h.

Enduisez la terrine de graisse d'oie; salez et poivrez les pommes de terre épluchées, détaillées en rondelles et mélangées avec les légumes de la marinade, ajoutez l'ail, les oignons émincés, la marjolaine et la coriandre. Disposez les pieds de porc au fond de la terrine, couvrez avec la moitié du mélange pommes de terre-légumes, puis posez les viandes (par espèce, afin de les repérer en fin de cuisson). Recouvrez le tout avec pommes de terre et légumes restants. Mouillez avec la marinade. Couvrez. Pour que la terrine soit fermée hermétiquement, on peut luter le couvercle, c'est-à-dire le souder avec un ruban de pâte (fait avec la farine et l'eau), éventuellement tressé. Faites cuire au four chauffé à 150-180° (th. 5-6) pendant 4 à 5 h pour bien laisser confire l'ensemble (le temps de cuisson varie selon la température).

Servez très chaud et ne soulevez le couvercle que lorsque la terrine est sur la table. Cela provoque généralement un bel effet de surprise et la vapeur agréablement aromatisée qui s'en échappe donne une bouffée d'appétence aux convives. Servez avec une salade verte.

Pour 6 personnes

Viandes
- 500 g d'échine ou d'épaule de porc
- 500 g d'épaule d'agneau
- 500 g de bœuf à braiser (paleron ou macreuse)
- 2 pieds de porc fendus en quatre

Marinade
- sel, poivre
- 1 oignon
- 1 carotte
- 2 blancs de poireaux
- 1 petite branche de thym
- 2 feuilles de laurier
- 3 branches de persil
- 2 clous de girofle
- 1 l de sylvaner
- sel, poivre

Pour la cuisson
- 50 g de graisse d'oie
- 1,5 à 2 kg de pommes de terre
- 5 oignons
- 3 gousses d'ail
- 1 brin de marjolaine
- 1 cuillerée à café de graines de coriandre écrasées
- sel, poivre

Cordon de pâte
- 200 g de farine
- 1,5 dl d'eau

Un riesling d'André Regin, de Wolxheim.

René Sommer, retraité, était un marchand de quatre saisons. Sous le pseudonyme de « Renécourses », il donne des pronostics souvent gagnants pour le tiercé (émission du 14 janvier 1996).

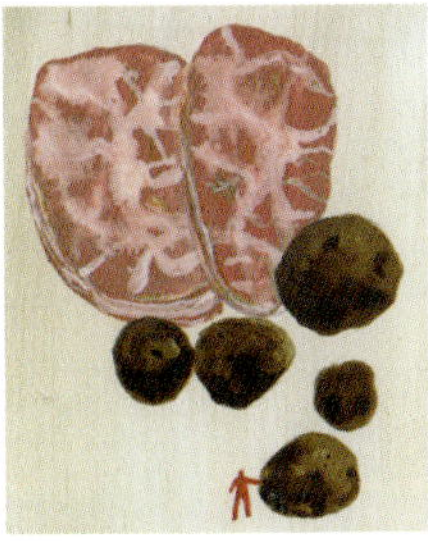

Beignets à la viande de lapin, dits *Falschi Frescheschenkel*

UNE RECETTE RÉALISÉE POUR ANDRÉ KLEIN

André Klein eut plaisir à dévoiler cette recette locale typique peu connue que réalisait souvent sa maman Madeleine. Sa dénomination, *Falschi Frescheschenkel* (fausses cuisses de grenouilles) est trompeuse. Il s'agit en fait de beignets à la viande de lapin.

Pour 4 personnes

Viande et marinade

- 4 cuisses de lapin
- sel, poivre
- 2 gousses d'ail entières
- 1 feuille de laurier
- 1 clou de girofle
- 80 g d'oignons
- 2 dl de vin blanc
- 1 cuillerée à soupe d'estragon ou de persil haché

Pâte à crêpes

- 200 g de farine
- 2 œufs
- 2 dl d'eau (ou de lait)
- sel

Pour frire

- 1 l d'huile

Un riesling de la maison Herrbach & Fils, à Dambach-la-Ville.

Désossez les cuisses, coupez la viande en lamelles minces (de 3 à 4 mm d'épaisseur). Assaisonnez de sel et poivre, ajoutez l'ail, les oignons émincés, les fines herbes hachées, le laurier et le clou de girofle. Portez le vin à ébullition et versez-le tiède sur la viande. Couvrez et laissez mariner 1 à 2 h.

Préparez la pâte à crêpes en mélangeant farine, œufs, sel et en la délayant avec l'eau.

Faites égoutter la viande, bien la sécher. Trempez chaque morceau dans la pâte. Faites frire dans l'huile chaude en laissant dorer.

Ce plat est exquis accompagné d'une salade verte.

André Klein possède à Scherwiller une épicerie 1900, qu'il ouvre occasionnellement. Cet agent SNCF, féru d'archives et d'histoire locale, est aussi collectionneur d'outils anciens (émission du 23 octobre 2004).

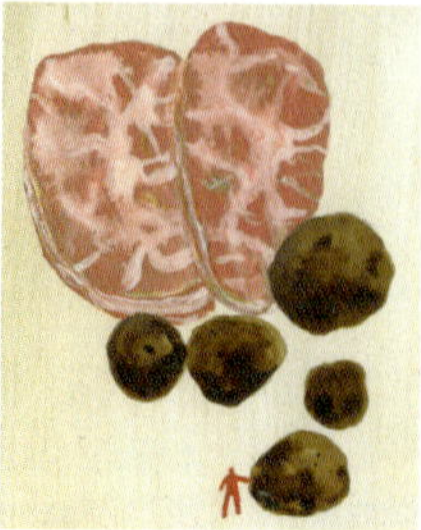

Boulettes de viandes à la sauce blanche, dites *Fleischknepfle*

UNE RECETTE RÉALISÉE POUR FRANCIS SCHNEIDER

Francis Schneider, de Brumath, menuisier, sculpteur et comédien, avouait une tendresse particulière pour ces boulettes de viande à la sauce blanche *(Fleischknepfle in ere wisse Sauce)* cuisinées à l'occasion des fêtes en Outre-Forêt, cette région du Nord de l'Alsace d'où venait sa mère, qui a grandi dans le petit village d'Eschbach, dont elle a rapporté cette recette.

Pour 4 personnes

Boulettes

- 250 g de viande de veau
- 250 g de viande de bœuf
- 250 g de viande de porc assez grasse
- 75 g de beurre
- 1 oignon
- 3 œufs
- 100 g de mie de pain (trempée dans 25 cl de lait)
- persil
- sel, poivre
- noix de muscade râpée
- 1 pincée de thym

Bouillon

- 2 l d'eau
- 3 os de veau
- 1 à 2 clous de girofle
- 1 bouquet garni
- 2 oignons
- sel, poivre

Sauce blanche

- 50 g de beurre
- 50 g de farine
- 1 l de bouillon
- 2 jaunes d'œuf (facultatif)
- 3 cuillerées à soupe de crème épaisse (facultatif)
- petits champignons de Paris (facultatif)
- persil haché

Un tokay pinot gris du domaine Thierry Martin, à Wangen.

Hachez les différentes sortes de viande (grille moyenne). Ajoutez les œufs entiers, la mie de pain trempée et pressée, un oignon émincé légèrement blondi dans un peu de beurre, le persil, et le thym. Salez, poivrez et parfumez à la noix de muscade râpée. Mélangez manuellement cet appareil afin de bien l'aérer puis laissez reposer pendant 15 min environ.

Préparez un bouillon avec l'eau et les os de veau, faites bouillir et écumez puis ajoutez un bouquet garni, les oignons piqués des clous de girofle, salez et poivrez et laissez mijoter pendant 30 min.

Pendant ce temps, roulez des boulettes d'environ 3 à 4 cm de diamètre avec l'appareil préparé, et faites-les pocher dans le bouillon pendant 10 à 15 min, selon la taille. Préparez une sauce blanche sur la base d'un roux, c'est-à-dire faites fondre le beurre puis ajoutez la farine, remuez à l'aide d'une spatule sans laisser brunir, mouillez avec un litre de bouillon des boulettes. Rectifiez l'assaisonnement. (Vous pouvez ajouter à la sauce deux jaunes d'œuf battus avec trois cuillerées à soupe de crème fraîche et quelques petits champignons de Paris.) Ne faites plus bouillir la sauce, elle risquerait de grainer. Versez la sauce sur les boulettes, saupoudrez d'un peu de persil haché.

En accompagnement, servez des pâtes maison (nouilles, spaetzle) ou une purée de pommes de terre.

Francis Schneider travaillait comme menuisier pour les Monuments historiques. Il a créé, avec sa femme Michèle, la galerie d'art L'Escalier à Brumath. Féru de théâtre, il avait fondé sa propre troupe (émission du 28 janvier 1996).

Chou farci

UNE RECETTE RÉALISÉE POUR JEAN-PHILIPPE ZIEGLER

Jean-Philippe Ziegler aime cette recette que sa maman a apprise chez son oncle Édouard Weber, de l'hôtel-restaurant La Pépinière, à Ribeauvillé. Les feuilles blanchies sont reconstituées en chou sur une ficelle posée en croix dans une passoire (pour la forme arrondie), avec alternance de couches de feuilles de chou et de couches de farce, le tout noué – comme un paquet-cadeau – puis revenu et cuit à l'étouffée.

Pour 4 personnes
- 1 chou vert (dit de Milan ou frisé)

Farce
- 300 g de pain rassis
- 3 dl de lait pour le tremper
- 350 à 400 g d'oignons
- 4 cl d'huile
- 500 g de bœuf haché
- 3 cuillerées de persil haché
- 5 gousses d'ail
- 2 œufs
- sel, poivre

Sauce
- 20 g de beurre (pour faire revenir le chou reconstitué)
- 4 cl d'huile
- 5 échalotes
- 3 gousses d'ail
- sel, poivre
- 2 dl de fond blanc de volaille (ou un cube de bouillon déshydraté) (facultatif)

Un tokay sec de la cave de Cleebourg.

Prenez un beau chou vert frisé, détachez chaque feuille, en ôtant les côtes les plus épaisses, lavez et faites blanchir à l'eau bouillante pendant 4 à 5 min, puis faites refroidir dans de l'eau froide et égouttez-les.

Pour la farce, faites tremper le pain rassis dans le lait, puis pressez-le pour en extraire le liquide et réduisez-le en miettes, faites revenir à l'huile les oignons émincés, mélangez la viande, les oignons, le pain trempé, l'ail haché, le persil, salez et poivrez, ajoutez les œufs entiers.

Utilisez une passoire pour la reconstitution du chou : disposez dans le fond de la passoire deux ficelles posées en croix (elles serviront à nouer le chou reconstitué en paquet), disposez dans le fond les premières feuilles en rond, étalez une couche de farce (en vous arrêtant à environ 2 cm du haut de la feuille), posez à nouveau des feuilles puis à nouveau une couche de farce, procédez ainsi jusqu'à utilisation complète de la farce et des feuilles. Vous pouvez garder une feuille pour couvrir joliment le haut du chou avant de le nouer avec les deux ficelles posées en croix.

Dans une cocotte ou sauteuse, faites revenir à l'huile et au beurre le chou avec les échalotes hachées, retournez-le afin qu'il dore sur toutes ses faces, ajoutez l'ail, un peu d'eau, éventuellement un peu de bouillon ou de fond de volaille, salez, poivrez, couvrez et laissez cuire à feu doux pendant 1 h.

Alice Ziegler, la mère de Jean-Philippe, sert ce plat avec des pommes de terre sautées *(Gebradeldi)*, mais on peut aussi l'accompagner de pommes vapeur ou d'une purée.

Jean-Philippe Ziegler est professeur des écoles à Wissembourg. Il transmet à ses élèves sa passion des arts et des traditions populaires, et notamment son amour pour la langue et la culture alsaciennes (émission du 29 mars 1997).

Chou vert en saumure, dit *Gumbisch*

UNE RECETTE RÉALISÉE POUR JOSIANE GULLY

Josiane Gully fabrique en octobre le *Gumbisch*, choucroute particulière faite dans certaines vallées vosgiennes avec du chou de Milan dit aussi chou vert, dont les feuilles sont découpées à la main en lanières de cinq millimètres de large puis mises en saumure avec du sel, fermentées et consommées jusqu'au printemps.

Josiane a pour habitude de faire revenir le lard fumé (la palette) et la bajoue de porc fumée puis de les faire cuire à l'eau à part avec le jambonneau et tout morceau de viande volumineux pour avoir l'assurance qu'ils seront suffisamment tendres. Vous pouvez parachever leur cuisson en les posant vers la fin de cuisson sur le *Gumbisch*.

Lavez le *Gumbisch* à grande eau, pressez-le pour en sortir l'eau. Dans une marmite, faites-le légèrement revenir dans la graisse d'oie ou le saindoux. Déposez sur le *Gumbisch* le lard fumé, le petit salé et les aromates. Ajoutez l'eau ou le vin, couvrez et laissez mijoter pendant 1h30. Dans les dix dernières minutes de cuisson, posez les knacks et autres garnitures de charcuterie sur le *Gumbisch*. Faites revenir à la poêle la saucisse blanche et le cervelas coupés en deux dans le sens de la longueur et légèrement incisés. Veillez à démarrer à temps la cuisson des pommes de terre en robe des champs afin qu'elles soient tendres au moment de la dégustation.

Selon Jeanne Loesch, auteur du livre *De choux et de choucroute*, l'origine du nom *Gumbisch* provient du latin *compositus* (participe passé de *componere*, mettre ensemble), qui s'est mué en *Gumpost, Gumps, Gumbisch*. «Dans la vallée de Thann, précise Josiane, on l'appelle *Bettakruet*, mais là-bas, on met des choux entiers en saumure».

Fabrication du *Gumbisch* : il faut le mettre préparer comme le chou à choucroute. Lavez-le soigneusement, coupez-le finement, salez-le et pressez-le dans un pot en grès (ou tout autre récipient).

Pour 8 personnes

Gumbisch
- 1,5 kg de *Gumbisch*
- 100 g de graisse d'oie ou de saindoux

Aromates
- 2 clous de girofle piqués dans 1 oignon
- 2 feuilles de laurier
- 1 dizaine de baies de genièvre (facultatif)
- 1 l d'eau (ou de vin blanc, ou moitié-moitié selon envie)

Garniture (à adapter selon humeur)
- une bajoue de porc fumée *(Kinnbackel)*
- 300 g de lard fumé
- 1 palette de porc fumée
- 1 petit jambonneau salé
- 300 g de petit salé *(Ripple)*
- 6 saucisses de Strasbourg (knacks) éventuellement de la saucisse blanche à griller, du cervelas ou toute garniture selon convenance

Accompagnement
- 1 kg de pommes de terre cuites en robe des champs

Un tokay pinot gris de Gérard Brand, de Bergholtz-Zell.

Josiane Gully habite dans la vallée de la Lauch, à Linthal, le dernier village avant le Markstein. Elle est comédienne et metteur en scène du cabaret Nets, dans son village (émission du 11 mars 2000).

Crépinettes de porc, dites *Netzwuerschtle* et choucroute

UNE RECETTE RÉALISÉE POUR BERNARD HERRGOTT

Bernard Herrgott, de Mitzach, dans la vallée de Saint-Amarin, qui a travaillé sa vie durant dans le textile à Wesserling, fut marqué dans son enfance par cette recette souvent dégustée au moment des cochonnailles et que préparait sa maman. Ces crépinettes, appelées *Netzwuerschtle*, accompagnaient une choucroute cuite simplement avec du lard fumé, sans autre accompagnement.

Pour 10 personnes

Crépinettes (30 pièces environ)

- 1,5 kg de viande de porc crue (épaule, collet) à hacher (grille moyenne)
- 3 grands oignons hachés
- 1 bouquet de persil
- 50 g de beurre
- 500 g de pain blanc trempé dans du lait puis émietté
- 3 œufs
- sel, poivre
- 3 à 4 crépines de porc
- 10 cl d'huile

Choucroute

- 1,5 kg de choucroute
- 50 g de graisse d'oie
- 100 g de lard fumé
- ail, échalote, clous de girofle, baies de genièvre, laurier, thym (à nouer dans une étamine)
- 2 dl de vin blanc

Un grand cru Kessler (Guebwiller) du domaine du Château, à Orschwihr.

Passez la viande au hachoir (grille moyenne), ajoutez les oignons revenus, le bouquet de persil finement haché, le pain trempé, essoré et émietté. Incorporez les œufs, salez et poivrez. Lavez à l'eau tiède les crépines pour enlever les parties grasses, pour les assouplir et ainsi les rendre plus faciles à manipuler. Leur rôle consiste à maintenir la préparation hachée pendant la cuisson. Étalez une crépine sur la table ; découpez-y des carrés d'environ 15 cm de côté, mettez sur chaque carré le contenu d'une cuillerée à soupe bombée de farce, enveloppez cette farce dans la crépine. Recommencez l'opération pour chaque crépinette ; elles peuvent être rondes ou ovales. Faites chauffer l'huile dans une cocotte en fonte, faites revenir les crépinettes pour qu'elles dorent de chaque côté. Faites cuire lentement, à feu doux, à couvercle fermé, environ 1 h, en les retournant de temps à autre. Elles doivent confire.

Faites cuire parallèlement la choucroute avec les différents ingrédients. Servez les crépinettes accompagnées de choucroute et éventuellement de pommes de terre à l'eau.

Bernard Herrgott, de Mitzach, a travaillé dans le textile à Wesserling, où se trouve aujourd'hui le musée du Textile et des Costumes. Membre du Club Vosgien, il se bat pour la protection des sentiers (émission du 16 mai 1998).

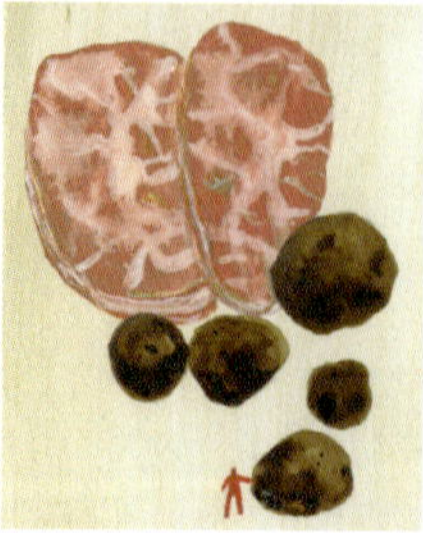

Estomac de porc farci aux légumes, dit *g'fuellter Soejmaawe*

UNE RECETTE RÉALISÉE POUR HERVÉ REEB

Hervé Reeb apprécie cet estomac de porc farci aux légumes et à la viande que sa maman préparait pour la maisonnée. Féru de cuisine, il le reconduit à son tour pour son fils et pour sa femme écossaise. Il existe des variantes sans viande, avec légumes et parfois rajout de châtaignes.

Frottez bien l'estomac de porc au gros sel à l'extérieur, retournez-le, répétez l'opération, rincez abondamment à l'eau froide. Si nécessaire, grattez avec une cuillère pour enlever la partie gluante.

Passez la panne de porc au hachoir et faites-la fondre à feu très doux. Récupérez la graisse très claire, ainsi que les graillons légèrement colorés. Réservez-les pour les incorporer dans les légumes.

Coupez les pommes de terre en dés et faites-les fortement blanchir pour les précuire. Émincez les oignons, faites-les revenir au beurre. Laissez bien colorer l'ensemble. Émincez le poireau et le chou vert. Coupez les carottes et le céleri en petits dés de 4 mm de côté, faites chauffer un peu de saindoux et faites revenir l'ensemble. Ajoutez la viande coupée en dés, les pommes de terre blanchies à la fin et l'ail haché, mélangez bien et assaisonnez d'herbes aromatiques (thym, coriandre, marjolaine). Ajoutez un peu de vin blanc pour donner du goût et éventuellement un peu de chair à saucisse pour lier l'ensemble.

Nouez une extrémité de l'estomac, farcissez-le sans donner trop de pression. Cousez l'autre extrémité, enveloppez-le dans un papier film puis dans une étamine et ficelez bien l'ensemble.

Suite de la recette en p. 434

Pour 8 personnes

Estomac de porc et farce

- 1 estomac de porc
- gros sel
- 100 g de saindoux
- 200 g de graillons réalisés avec 1 kg de panne de porc
- 1 kg de pommes de terre
- 150 g de carottes
- 150 g de poireau
- 100 g de céleri
- 200 g de chou vert
- 300 g d'oignons
- 300 g de collet de porc
- quelques feuilles de marjolaine (ou à défaut des graines)
- un peu de thym en branche
- quelques feuilles de coriandre (ou à défaut des graines)
- 6 gousses d'ail
- 1 dl de sylvaner
- 5 cl d'huile
- 50 g de beurre
- 150 à 300 g de chair à saucisse à frire hachée gros (facultatif, pour la liaison)

Pochage

- 100 g de carottes
- 100 g de poireau
- 2 branches de céleri
- 1 petite branche de thym
- 2 feuilles de laurier

Un riesling de Christophe et Xavier Maetz, de Rosheim.

Hervé Reeb est responsable du service de distribution au Conseil de l'Europe, à Strasbourg. Il dirige une équipe de vingt personnes (émission du 26 novembre 1995).

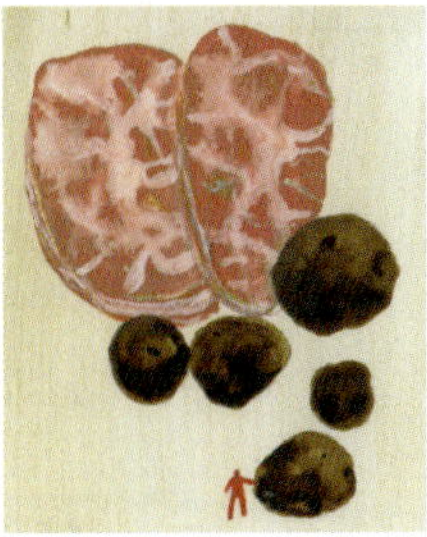

Estomac de porc farci aux pommes de terre, oignons et grattons, dit *g'fuellter Soejmaawe*

UNE RECETTE RÉALISÉE POUR DAMIEN KUHN

Damien Kuhn, de Wingersheim, aime cette recette de sa maman Marie-Rose, de Wittersheim. L'estomac de porc est farci aux pommes de terre et aux oignons avec une originalité: l'ajout de grattons, également appelés gratterons ou fritons, dits *Griewe* en alsacien. Ce mets est servi avec des cotis *(Ripple)* et de la saucisse à griller *(Brotwurscht)*.

Pour 6 personnes

Estomac de porc et farce

- 1 estomac de porc
- gros sel
- 1 kg d'oignons
- 100 g de beurre ou de saindoux
- 2 kg de pommes de terre cuites en robe des champs
- 300 à 500 g de grattons *(Griewe)*, ou à défaut un estomac de porc cuit et coupé en petits dés
- sel, poivre et noix de muscade
- 1 pincée de thym (facultatif)

Accompagnement

- 12 pièces de cotis
- 600 g de saucisse à griller *(Brotwurscht)*

Un pinot blanc de Patrick Beyer, d'Epfig.

L'estomac doit être bien nettoyé, frotté au gros sel et retourné. Faites cuire les pommes de terre en robe des champs. Épluchez-les et coupez-les en dés. Faites revenir la grande masse d'oignons émincés jusqu'à ce qu'ils soient transparents *(glasig)*, légèrement bruns. Mélangez oignons, pommes de terre et grattons (à défaut, remplacez les grattons par un estomac de porc cuit en pot-au-feu et coupé en petits dés).

Salez et poivrez, parfumez à la noix de muscade et éventuellement au thym. Remplissez l'estomac de porc avec l'appareil préparé, puis fermez-le en le cousant. Enveloppez-le dans un torchon (ou un papier film) afin qu'il soit bien maintenu et risque ainsi moins d'éclater. Posez-le dans une grande masse d'eau froide, de façon à ce qu'il soit recouvert (Marie-Rose Kuhn, la mère de Damien, le pose dans le panier de la cocotte-minute afin qu'il ne soit pas en contact trop direct avec la chaleur).

Laissez pocher à feu très doux (80°) pendant 3 à 4 h. Déballez-le. Vous pouvez le passer au four chauffé à 150° (th. 5) pendant 30 min pour le faire dorer, ou le couper en tranches tout de suite après le pochage. Servez accompagné de cotis *(Ripple)* ou de saucisse à griller.

Damien Kuhn, originaire de Wingersheim, est mécanicien d'entretien à la Seita. Il a la passion des vieux tracteurs agricoles. Il fait aussi partie des sapeurs-pompiers volontaires (émission du 19 octobre 2002).

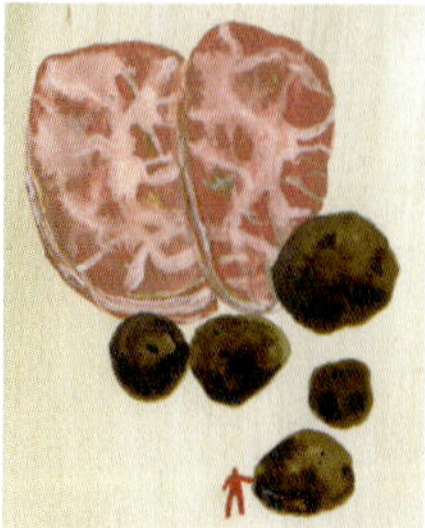

Estomac de porc farci à la viande de porc, aux légumes et aux marrons, dit *g'fuellter Soejmaawe*

UNE RECETTE RÉALISÉE POUR PATRICK HAMM

Patrick Hamm, de Strasbourg, né d'une maman de Ribeauvillé et d'un papa de Saessolsheim, garde un souvenir alléchant de l'estomac de porc farci que préparait sa grand-mère. La farce riche associe la viande de porc à toutes sortes de légumes et à des marrons. Ce plat est particulièrement apprécié pendant la saison froide.

Pour 8 personnes

Estomac de porc et farce
- 1 estomac de porc
- gros sel
- 800 g de pommes de terre en robe des champs
- 3 cl d'huile
- 50 g de beurre
- 200 g d'oignons
- 200 g de carottes
- 150 g de poireau
- 100 g de céleri rave
- 100 g de céleri branche
- 200 g de chou vert
- 900 g de collet de porc
- 300 g de panne de porc hachée (pour obtenir 100 g de graillons et 200 g de saindoux)
- 200 g de marrons cuits
- quelques feuilles de marjolaine
- un peu de thym en branche
- quelques feuilles de coriandre
- persil et cerfeuil
- 6 gousses d'ail
- 2 œufs
- sel, poivre
- 3 cl d'huile

Jus
- 50 g de carottes
- 80 g de poireau
- 2 branches de céleri
- 100 g d'oignons
- 1 brin de thym
- 2 feuilles de laurier
- 1 dl d'eau
- sel, poivre

Un pinot blanc du domaine Mischler, à Wolxheim.

Frottez bien l'estomac de porc au gros sel à l'extérieur, retournez-le, répétez l'opération, rincez abondamment à l'eau froide. Si nécessaire, grattez avec une cuillère pour enlever la partie gluante. Laissez dégorger dans l'eau durant deux heures. Passez la panne de porc au hachoir et faites-la fondre à feu très doux. Récupérez la graisse très claire, ainsi que les graillons légèrement colorés. Réservez-les pour les incorporer dans les légumes.

Faites cuire les pommes de terre en robe des champs, épluchez-les et coupez-les en dés. Faites revenir les oignons émincés avec un peu d'huile et de beurre. Coupez un tiers du collet en dés, passez les deux tiers au hachoir à la grille fine. Dans une grande marmite, faites chauffer le saindoux, ajoutez successivement les légumes coupés finement : carottes, poireau, céleri rave, céleri branche et chou. Faites bien revenir l'ensemble, assaisonnez, ajoutez les herbes aromatiques (marjolaine, thym, coriandre, persil, cerfeuil), l'ail haché, les graillons, les marrons cuits coupés en dés, le collet (en dés et haché). Incorporez les œufs et mélangez bien l'ensemble. Sortez l'estomac de l'eau, faites-le bien sécher, retournez-le pour lui donner sa forme initiale. Nouez la petite extrémité, farcissez-le sans donner trop de pression afin qu'il puisse se rétracter un peu à la cuisson. Cousez l'autre extrémité. Dans un plat huilé destiné au four, posez l'estomac, versez dessus une goutte d'huile, enfournez à four chauffé à 120° (th. 4) pendant 2h30 à 3 h. Arrosez-le fréquemment avec le jus de la plaque, retournez-le deux à trois fois, laissez-lui prendre un aspect coloré et croustillant.

Suite de la recette en p. 434

Patrick Hamm travaille comme librairie. Il est collectionneur et illustrateur de cartes postales, auxquelles il a d'ailleurs consacré une dizaine de livres (émission du 11 janvier 1996).

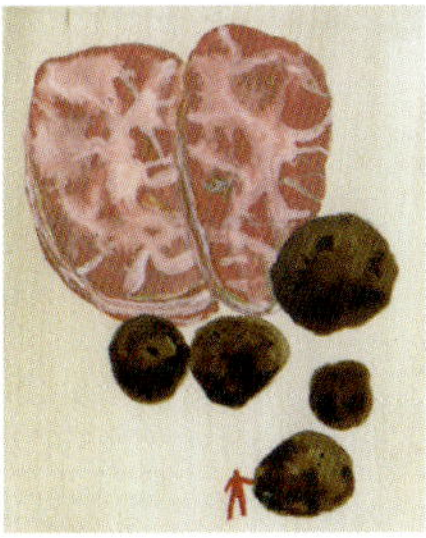

Galettes de viande, dites *Fleischkiechle*

UNE RECETTE RÉALISÉE POUR FRANÇOIS LOOS

Le ministre de l'Industrie François Loos, encore au Commerce extérieur au moment de l'émission, a la passion des galettes de viandes de sa grand-mère de La Vancelle et de sa maman. Sa femme Catherine les cuisine à son tour pour cet enfant unique qui a grandi à Schiltigheim, devenu père de six enfants, qui aime la vie de famille et est resté très attaché à sa terre comme à sa langue maternelle.

Pour 6 personnes
- 400 g de viande de bœuf crue
- 200 g de viande de bœuf cuite
- 150 g de viande de porc crue
- 100 g (ou moins) de chair à saucisse à frire
- 150 g de lard fumé cuit
- 2 tranches de pain trempées dans 8 cl de lait
- 100 g d'échalotes à faire revenir dans 30 g de beurre
- 1 œuf
- un peu de noix de muscade
- sel, poivre
- 6 cl d'huile (pour faire revenir les galettes)
- persil haché

Un auxerrois de la cave vinicole de Cleebourg, ou une bière Meteor.

Passez les différentes sortes de viande (crue et cuite) et le lard au hachoir grille moyenne. Ajoutez la chair à saucisse. Faites simplement blondir dans le beurre les échalotes hachées. Égouttez le pain trempé et pressez-le pour en extraire le plus de lait. Mélangez tous ces ingrédients. Incorporez l'œuf et le persil haché. Salez, poivrez, parfumez à la noix de muscade.

Formez des galettes de 2 cm d'épaisseur et faites-les revenir sur les deux faces dans l'huile bien chaude. En accompagnement, François Loos apprécie les pommes de terre rôties *(Roïgebradeldi)*, faites si possible à l'ancienne dans une cocotte en fonte, et une salade verte. Il accompagne volontiers ce plat de sauce tomate.

Après ses études à l'École Polytechnique, François Loos a travaillé comme ingénieur en chef à l'usine De Dietrich, puis chez Vegla, avant de mener de front une carrière politique de député et de ministre (émission du 31 mai 2003).

Haricots en saumure, dits *Sueri Bohne*

UNE RECETTE RÉALISÉE POUR JEAN-JACQUES REUTENAUER

Les *Sueri Bohne* tiennent à cœur à Jean-Jacques Reutenauer, pasteur à Ostwald : ils ont les parfums de son enfance passée à Struth, en Alsace Bossue. Ces haricots en saumure, mis en conservation comme la choucroute, sont introuvables dans le commerce. D'une grande douceur, au goût incomparable, ils sont mitonnés par sa femme Hermine et servis avec les accompagnements de la choucroute.

Ce mode de conservation très ancien qu'est la saumure permet de garder des haricots durant près d'une année, par le même type de fermentation que la choucroute. Il faut laver et nettoyer les haricots verts, laisser entiers les fins, couper finement les autres dans le sens de la longueur (le pasteur Reutenauer dispose pour cela d'un petit ustensile plus que centenaire). Portez-les à ébullition (cela leur ôtera toute mauvaise odeur durant la mise en saumure), égouttez-les et étalez-les sur une serviette pour les laisser sécher et refroidir. Disposez-les par couches dans un grand récipient en terre cuite en salant chaque couche et en posant une branche de sariette. Procédez ainsi jusqu'à épuisement du stock, en tassant très fort afin que la saumure dégorgée recouvre les haricots. Couvrez d'un tissu propre, puis de planches en bois adaptées à l'orifice et surmontez le tout d'une pierre lourde. Laissez reposer à la cave. Après quelques jours, une mousse affleurera. Il est conseillé de l'ôter tous les quinze jours environ, en en profitant pour laver le tissu et les planches avant de recouvrir à nouveau. Laissez reposer pendant six semaines avant la première consommation. Prélevez la veille la portion de haricots désirée, rincez-les et laissez-les tremper pendant une nuit dans l'eau froide non salée.

Pour 8 personnes

Mise en saumure (en été)
- 10 kg de haricots verts (à rames, dits Stangebohne, de la variété sabre)
- 1 kg de sel
- 1 dizaine de petites branches de sarriette *(Bohnekruet)*
- 1 cuve résistant à l'acidité (il en existe des spéciales, en poterie de Betschdorf ou de Soufflenheim) pouvant contenir cette quantité ou, pour de plus petites portions, de simples bocaux à conserve dans lesquels vous tassez les haricots en saumure avant de fermer avec le couvercle muni d'un caoutchouc)

Cuisson (en automne)
- 2 kg de haricots en saumure égouttés
- 1 palette fumée
- 250 g de lard fumé
- 250 g de lard salé
- 8 cotis *(Ripple)*
- 300 g de saucisse à frire
- 250 g de saucisse à cuire
- 4 paires de knacks
- 4 cl d'huile (ou de la graisse d'oie)
- 2 oignons piqués d'1 clou de girofle
- 4 gousses d'ail 1 feuille de laurier
- 1 branche de thym
- poivre

Accompagnement
- 500 g de pommes de terre à l'eau

Un vin de Cahors de Lucien-Émile Reutenauer, vigneron d'origine alsacienne qui a relancé le vignoble de Cahors en 1949 après une crise de phylloxera.

Suite de la recette en p. 435

Le pasteur Jean-Jacques Reutenauer est président du Conseil protestant de Strasbourg. Il fut aussi le coordinateur de Deux rives, une source, un rassemblement de protestants (émission du 15 novembre 1997).

Pot-au-feu avec ses quenelles de moelle et ses crudités

UNE RECETTE RÉALISÉE POUR CHRISTINE FERBER

Christine Ferber, maître-pâtissier à Niedermorschwihr, fée des confitures et des confits aigres-doux, raffole du pot-au-feu à l'alsacienne. Il la replonge dans son enfance lorsque le dimanche, à Obermorschwihr, sa grand-mère Marthe râpait les crudités, roulait les quenelles de moelle tandis que voltigeaient les arômes appétissants du bouillon de bœuf et de légumes.

Pour 8 personnes

Viande et bouillon
- 800 g d'un morceau gras ou demi-gras (plat de côtes, culotte, gîte à la noix)
- 800 g d'un morceau maigre (paleron, macreuse ou tranche)
- 3 os à moelle
- 5 l d'eau froide
- 200 g de carottes
- 200 g de poireaux
- 2 navets
- 1/2 céleri râve
- 1 bouquet garni (persil, cerfeuil, laurier)
- 1 oignon piqué de 3 clous de girofle
- 2 gousses d'ail
- 2 cuillerées à soupe de sel

Quenelles de moelle
- 150 g de moelle (d'os de bœuf)
- 2 œufs
- 80 g de chapelure
- 2 cuillerées à soupe de farine
- persil et cerfeuil hachés
- sel, poivre et noix de muscade

Accompagnements
- 1 kg de pommes de terre (sautées au beurre ou cuites à l'eau)
- les légumes cuits dans le bouillon
- noix de muscade, maggi
- persil haché
- pain grillé ou croûtons frottés d'ail
- 50 g de raifort
- carottes râpées
- concombre
- carottes cuites à couper en dés avec œuf dur, persil haché et vinaigrette
- betteraves rouges
- céleri (cru ou cuit)
- tomates

Un pinot blanc de Françoise et Jean-Marie Klein, œnologues à Saint-Hippolyte.

Placez la viande avec les os dans le fond de la marmite (en porcelaine à feu ou en fonte émaillée). Versez l'eau froide, ajoutez le sel, portez à ébullition sur feu vif. À l'aide d'une écumoire, ôtez l'écume (qui risquerait de troubler le bouillon) pendant une dizaine de minutes. Ajoutez alors les légumes épluchés (carottes, navets, céleri-rave), les poireaux liés en bottillon, le bouquet garni ficelé, l'oignon piqué des clous de girofle et l'ail.

Placez le couvercle sur la marmite, mais en ne couvrant pas tout à fait l'ouverture du récipient (il est bon de laisser échapper un peu de vapeur pour que le bouillon ne devienne pas trouble). Laissez mijoter à petit feu pendant 3 à 4 h (1h30 dans une cocotte-minute).

Pendant ce temps, préparez les quenelles de moelle. Écrasez la moelle à l'aide d'une fourchette (vous pouvez aussi la faire fondre au bain-marie et la passer dans une passoire pour en retirer les éventuels éclats d'os), ajoutez les différents ingrédients. Formez une boulette (de la taille d'une cerise) et faites un essai : laissez-la pocher dans un peu de bouillon, si elle a tendance à se désintégrer, ajoutez un peu de farine à la masse, si l'essai est concluant, faites pocher l'ensemble des boulettes.

Suite de la recette en p. 435

Pâtissier-confiseur-chocolatier, Christine Ferber est une des Alsaciennes les plus connues dans le monde. Auteur de livres à succès, ses recettes – principalement de confitures – séduisent par leur originale simplicité, à l'image de cette créatrice fière de son terroir (émission du 10 septembre 1995).

Quenelles de foie, dites *Lewerknepfle*

UNE RECETTE RÉALISÉE POUR MARTHE FUCHS

Marthe Fuchs a fait entrer dans sa demeure à colombage le tourisme culinaire par des séjours de découverte de la cuisine paysanne. Elle a une préférence pour les quenelles de foie pour lesquelles elle a révélé son secret : avant cuisson, elle ajoute un demi-verre d'huile au mélange, ainsi la chapelure s'en imprègne, gonfle et les quenelles deviennent plus moelleuses.

Pour 6 personnes
- 1 kg de foie de porc
- 400 g de lard non fumé
- 4 gros oignons
- 4 gousses d'ail
- 1 bouquet de persil
- sel, poivre et noix de muscade
- 4 œufs
- 4 cuillerées à soupe de farine
- 100 g de chapelure
- 1/2 verre d'huile (environ 7 à 8 cl)
- quelques croûtons de pain
- 100 g de beurre
- 1 oignon coupé en rondelles
- 1 ou 2 poignées de lardons fumés

Accompagnement
- 1 batavia
- 1 gousse d'ail
- 3 g de poivre
- huile, vinaigre

Un riesling Altenberg du domaine Mochel-Lorentz, à Traenheim.

Faites revenir dans une partie du beurre les oignons et l'ail hachés, sans leur laisser prendre couleur. Hors du feu, ajoutez le persil haché. Hachez (ou laissez hacher par un boucher) le foie à l'aide d'une grille moyenne avec le lard, les oignons et l'ail revenus. Salez, poivrez, ajoutez la noix de muscade râpée. Incorporez les œufs entiers, la farine, la chapelure et l'huile.

Dans une grande marmite, portez à ébullition de l'eau salée additionnée d'une cuillerée à soupe d'huile. Formez les quenelles à l'aide de deux cuillères à soupe (mais en prélevant seulement l'équivalent d'une demi-cuillerée de la masse pour obtenir de petites quenelles), plongez-les au fur et à mesure dans l'eau frémissante. Lorsque les quenelles remontent à la surface, laissez-les encore pocher pendant 10 min. Égouttez-les et disposez-les sur un plat.

Faites revenir les croûtons de pain dans le reste du beurre, faites revenir l'oignon coupé en rondelles et les lardons fumés. Disposez croûtons, rondelles d'oignons et lardons sur les quenelles de foie.

Marthe aime servir les quenelles de foie avec des pommes de terre qu'elle dit « paysannes » : il s'agit de pommes de terre sautées aux oignons et aux lardons, auxquelles elle ajoute (lorsqu'elles ont rôti de toutes parts) un verre de riesling (pour 1,5 kg de pommes de terre), et qu'elle laisse ainsi mijoter pendant une quinzaine de minutes (jusqu'à absorption du vin). Mais on peut aussi servir les quenelles de foie avec des pommes vapeur ou avec une purée de pommes de terre. L'accompagnement de salade verte est indispensable : laitue et mâche sont un choix judicieux. Marthe a une prédilection pour la batavia, qu'elle parfume à l'ail, à l'échalote et aux trois poivres.

Vendeuse de confiseries, Marthe Fuchs a épousé le fermier de Waltenheim-sur-Zorn, Jean-Adam Fuchs. Elle accueille dans sa ferme des groupes qu'elle héberge, nourrit et initie à la cuisine (émission du 1er octobre 1995).

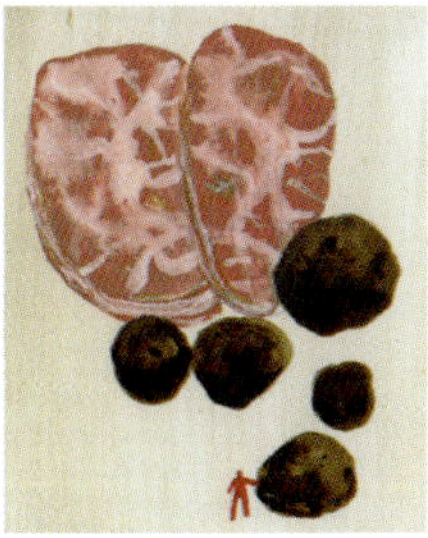

Rôti sauce aigre, dit *Suerbrote*

UNE RECETTE RÉALISÉE POUR GEORGETTE SCHULÉ

Georgette Schulé, appelée depuis des décennies *d'Kaffeemadam* (la dame du café), fut PDG des cafés Reck et Sati. Née d'une maman lorraine et d'un boulanger-pâtissier de Bischheim, elle manifeste une tendresse pour ce *Suerbrote mit Knepfle*, spécialité du pays de Bitche qui lui rappelle son enfance et qu'elle mitonne avec plaisir pour les siens le jour de la Saint-Étienne.

Pour 6 personnes

Viandes
- 1,5 kg de bœuf (noix en un morceau succulent qui se coupe en belles tranches en fin de cuisson)
- 2 à 3 petits morceaux de pieds de porc

Marinade
- 2 oignons coupés en rondelles
- 1 carotte
- 2 feuilles de laurier
- 6 baies de genièvre
- sel, poivre
- 1/4 l de vinaigre de vin
- 1/2 l d'eau

Sauce
- 3 cl d'huile (pour dorer la viande et le pied de porc)
- 2 à 3 morceaux de sucre
- 1 morceau de pain rassis
- 1 dl d'eau
- 5 dl de marinade
- 3 dl de vin (bordeaux)
- 20 g de beurre roulé et 30 g de farine

Un vin rouge d'Ottrott, cuvée des Confrères, d'Annie, Stéphane et Jean-Charles Vonville, d'Ottrott.

Portez à ébullition le vinaigre de vin et l'eau, laissez refroidir puis versez ce mélange sur la viande et les aromates. Dans une terrine en terre cuite (pas trop grande pour que le morceau de viande soit bien recouvert de liquide), mettez le morceau de bœuf, salez et poivrez. Ajoutez les oignons et la carotte coupés en rondelles, les feuilles de laurier, les baies de genièvre. Mouillez avec le liquide (vinaigre et eau) refroidi et laissez mariner pendant 24 à 48 h au frais.

Le lendemain, sortez le morceau de viande, essuyez-le bien. Dans une cocotte en fonte, faites-le dorer dans un peu d'huile bien chaude avec les morceaux de pied de porc (en ajoutant ou non les aromates qui ont servi à la marinade). La viande doit dorer de tous côtés et obtenir la couleur «robe de moine», sortez-la alors et réservez-la sur une assiette. Faites caraméliser le sucre dans la cocotte avec les sucs de la viande, tout en remuant avec une spatule en bois. Déglacez avec l'eau, ajoutez 5 dl de marinade (passée au chinois ou au tamis) ainsi que le vin. Goûtez la sauce, ajoutez selon besoin, soit un peu de marinade, soit un peu d'eau chaude. Remettez la viande dans la cocotte. Il faut que la sauce arrive à peu près à mi-hauteur de la viande. Couvrez et laissez mijoter à feu doux pendant 2 h à 2h30 en tournant de temps en temps le rôti dans son jus. Environ 1 h avant la fin de cuisson, ajoutez le morceau de pain rassis que vous écrasez un peu dans la sauce à l'aide de la spatule: il a pour but d'épaissir la sauce. Mélangez aussi la noisette de beurre avec la farine et ajoutez-la à la sauce en remuant bien. Laissez mijoter pendant 1 h encore.

Coupez la viande en tranches assez fines, disposez-les sur un plat chaud en nappant avec un peu de sauce. Servez le reste de sauce en saucière.

Accompagnez de knepfle.

Georgette Schulé fut PDG des cafés Reck et Sati. Après avoir pris sa retraite, elle se consacre à ses passions: les moulins à café, les antiquités, son jardin du Hohwald et la lecture (émission du 24 décembre 1995).

Soupe aux lentilles, dite *Linsesupp*

UNE RECETTE RÉALISÉE POUR PIERRE SPECKER

Pierre Specker, de Kappelen dans le Sundgau, auteur-compositeur-interprète et guitariste, aime donner dans ses disques une lecture différente de nos chants traditionnels. Il apprécie les lentilles qui furent autrefois intensément cultivées à Kappelen où les habitants portent le surnom de *Linsespalter* (fendeurs de lentilles), ce qui laisse deviner une tendance à l'avarice.

Rincez les lentilles et versez-les dans un fait-tout. Ajoutez l'eau. Portez à ébullition, ajoutez le morceau de cotis, puis les légumes, carottes, céleri, pommes de terre coupés en petits cubes, le poireau émincé, les feuilles de laurier, les oignons piqués de clous de girofle. Laissez cuire à feu doux durant 1h30. Retirez alors le morceau de cotis. Salez et poivrez la soupe et continuez la cuisson en remuant souvent pour éviter que les lentilles attachent au fond, puis ajoutez les cubes de bouillon. Faites cuire les saucisses pendant 20 min dans la soupe. Avant de servir, goûtez pour vérifier l'assaisonnement, coupez les saucisses en rondelles, disposez-les dans la soupe et servez avec les cotis.

En variante, on peut ajouter des lardons fumés préalablement passés à la poêle avec des échalotes hachées. On peut aussi faire revenir le poireau émincé dans du beurre avant de l'ajouter à la soupe. On peut également servir le potage avec des saucisses de Strasbourg coupées en rondelles.

Pour 6 personnes

- 4 l d'eau
- 500 g de lentilles vertes ou blanches
- 2 oignons piqués de 4-5 clous de girofle
- 2 feuilles de laurier
- 200 g de carottes
- 250 g de blanc de poireau
- 100 g de céleri
- 4 à 5 pommes de terre moyennes
- 1 kg de cotis fumé *(Ripple)*
- 6 saucisses dites *Hiri Wurscht* (à défaut des saucisses de Montbéliard) ou autres *Kochwurscht* (saucisses à cuire)
- sel, poivre
- 2 cubes de bouillon (facultatif)

Un pinot noir Martin Zahn, vinifié par les Viticulteurs réunis de Ribeauvillé.

Après ses études de lettres, Pierre Specker s'est consacré à la musique. Il a créé une école de guitare et de claviers et des groupes de musique, mêlant traditionnel et country (émission du 13 octobre 2001).

Galette de chou-fleur au fromage, cake au thon et gâteau au chocolat

UNE RECETTE RÉALISÉE POUR FRÉDÉRIC NITSCHKE

Frédéric Nitschke, enfant de la Meinau, est président de la Banque alimentaire du Bas-Rhin qui distribue gratuitement les denrées collectées tout au long de l'année à des organismes humanitaires ou caritatifs. Pour inciter les démunis à se préparer des repas, à faire du bon avec peu, la Fédération française des banques alimentaires a édité des fiches recettes : voici un menu établi à partir d'elles.

Pour 6 personnes

Galette de chou-fleur au fromage

- 1 chou-fleur
- 100 g de farine
- 10 cl de lait
- 20 g de beurre
- 2 œufs
- 200 g de gruyère râpé
- sel, poivre

Cake au thon

- 2 boîtes de thon à l'huile (de 125 g chacune)
- 100 g de farine
- sel, poivre
- 1 verre de lait
- 3 œufs
- 50 à 100 g de fromage râpé
- 1 sachet de levure chimique

Gâteau au chocolat

- 250 g de chocolat noir
- 200 g de beurre + 20 g pour beurrer le moule
- 200 g de sucre
- 4 œufs
- 100 g de farine

Un sylvaner de la maison André Durmann, à Andlau.

Galette de chou-fleur au fromage

Lavez et coupez le chou-fleur en petits bouquets. Faites-les cuire dans de l'eau bouillante salée pendant 10 min. Égouttez. Beurrez un plat destiné au four et déposez-y les bouquets. Dans un saladier, mélangez la farine avec le lait. Incorporez les œufs, le gruyère, le sel et le poivre. Versez ce mélange bien battu dans un plat à gratin. Enfournez à 200° (th. 6-7) pendant 30 min.

Cake au thon

Égouttez le thon et gardez l'huile. Mettez le thon dans une assiette et écrasez-le à la fourchette. Dans un saladier, mettez la farine, la levure et les œufs. Mélangez. Mélangez séparément l'huile avec le lait, ajoutez le thon, mélangez le tout, salez et poivrez, ajoutez le gruyère râpé. Versez le mélange dans un moule beurré et enfournez à 180° (th. 6) pendant 40 min.

Gâteau au chocolat

Faites fondre le chocolat et le beurre à feu doux. Séparez les jaunes d'œuf des blancs. Mélangez le sucre, la farine avec les jaunes. Ajoutez le beurre et le chocolat fondu, mélangez bien. Battez les blancs en neige. Ajoutez-les délicatement à la pâte. Versez dans un moule à manqué beurré et enfournez à 180° (th. 6) pendant 30 min.

Président de la Banque alimentaire du Bas-Rhin, Frédéric Nitschke est aussi directeur d'une structure d'insertion de quartier. Dessinateur amateur, il a illustré certains livres de Freddy Sarg (émission du 10 février 2001).

Omelette et aubergine

UNE RECETTE RÉALISÉE POUR LE PÈRE ÉTIENNE-MARIE STIRNEMANN

Le père spiritain Étienne-Marie Stirnemann, de Colmar, qui a créé autour de Conakry (Guinée) des foyers au profit des enfants des rue, a suggéré deux petites recettes de son invention faites avec des ingrédients que chacun connaît mais ne penserait pas à mélanger. Il a aussi proposé une recette d'aubergine et révélé la recette de l'omelette telle que la préparait sa maman Hélène.

Kassa

Mixez ces trois ingrédients ou écrasez-les à la fourchette pour obtenir une pâte homogène. Étalez la pâte en couche épaisse sur du pain ou des toasts. «C'est délicieux!»

Aubergine guinéenne

Le père Stirnemann a découvert combien l'aubergine et le fromage à tartiner se marient bien. Il faut faire revenir à l'huile des tranches d'aubergines coupées en longueur; lorsqu'elles sont grillées des deux côtés, posez sur un canapé de pain, tartinez une couche de fromage, dégustez chaud ou froid (Hubert propose une variante avec du munster tout frais – blanc – ou avec des copeaux de parmesan.)

Omelette de sa maman

«C'est une omelette qui a un cadre général et mille versions concrètes.» Pour le cadre général: faites revenir à l'huile ou au beurre l'oignon émincé. Lorsqu'il est doré, ajoutez la tomate coupée en dés, salez, poivrez et laissez compoter. Battez longuement l'œuf («il faut qu'il mousse»), ajoutez le lait, battez encore un peu et versez sur le mélange oignon-tomate. Ajoutez le fromage coupé en petits cubes. Laissez saisir et servez ainsi.

Pour les «mille versions concrètes», le père Stirnemann rappelle que les gourmets relèvent habituellement cette omelette en y ajoutant des miettes d'un bon poisson, ou du lard, ou une autre viande déjà cuite. Cette omelette se prête à tous les mélanges: restes de riz, petits pois, pommes sautées. «C'est une façon élégante et délicieuse pour une cuisinière économe de présenter les restes sans trop le faire voir.»

Pour 1 personne

Kassa
- 1 œuf dur
- 1 sardine à l'huile
- 1 portion de fromage à tartiner style Vache qui rit *(Schmierkasla)*

Omelette de sa maman Hélène
- 1 œuf
- 1 tomate
- 1 oignon
- 5 cl de lait
- 40 g de gruyère
- sel, poivre
- huile (ou beurre)

Aubergine guinéenne
- 1 aubergine
- 2 cl d'huile d'olive
- 2 portions de fromages à tartiner

Un tokay pinot gris de Gérard Hartmann, de Voegtlinshoffen.

Le Père Stirnemann a suivi des études au séminaire missionnaire spiritain de Blotzheim. Il a créé en Mauritanie et en Guinée des foyers venant en aide aux enfants des rues (émission du 22 novembre 2003).

Déclinaison autour du pain rassis : chapelure, pain perdu salé, potage et mendiant

UNE RECETTE RÉALISÉE POUR MARGUERITE RODENSTEIN

Marguerite Rodenstein, de Colmar, a donné l'envie de recycler le pain rassis. L'association d'accueil et d'entraide Espoir, où elle travaille, revalorise ce dont les gens se débarrassent. « Ne jetez donc plus votre pain : il y a ces multiples façons de le réutiliser et le recycler. Jeter le pain est un crime, sachant que deux millions d'êtres humains meurent de faim chaque jour. »

Pour 2 personnes

Pain perdu salé

- 2 à 3 tranches de pain sec
- 1 gros oignon
- 20 g de beurre
- 2 œufs
- 1/4 l de lait ou 5 cl de crème
- sel, poivre

Potage (pour 4 personnes)

- 1 oignon
- 20 g de beurre
- 1/2 l de lait
- 1/2 l d'eau

Mendiant

- 1 kg de pain
- 1 l de lait
- 4 à 6 œufs
- 200 g de sucre
- 10 g de cannelle
- 100 g de noix
- 1 kg de pommes
- 1 larme de kirsch
- chapelure
- pain sec en tranche (mixé)

Un gewurztraminer du domaine Munsch, à Saint-Hippolyte.

Chapelure

Glissez votre pain (de préférence tranché) pendant 5 min dans le four préalablement chauffé à 120° (th. 4). À la sortie du four, écrasez les tranches avec le rouleau à pâtisserie ou passez-les rapidement au mixer. La chapelure est aussi bonne que celle que vous achetez habituellement et ne vous coûtera rien.

Pain perdu salé

Salé avec une salade, ce sera votre plat principal, vite fait. Sucré, il s'agira d'un dessert ou d'un goûter très apprécié par petits et grands.

Faites fondre l'oignon émincé avec l'huile dans la poêle. Ajoutez le pain coupé en petits cubes. Laissez griller les croûtons. Dans une terrine, battez les œufs. Ajoutez la crème ou le lait, le sel et le poivre. Versez le mélange par-dessus les croûtons et faites saisir comme une omelette. Servez aussitôt avec une salade.

Potage

Vous régalerez vos invités avec ce potage vite fait. Faites blondir un gros oignon dans une sauteuse, avec un peu de beurre. Ajoutez le pain coupé grossièrement, pour le faire légèrement revenir. Lorsque le tout est un peu grillé, ajoutez moitié eau, moitié lait et un petit cube de bouillon. Une fois cette préparation en ébullition, battez avec un fouet. Servez aussitôt. Quelques croûtons bien dorés peuvent être ajoutés. On peut accommoder cette préparation en laissant revenir avec l'oignon de la laitue, de l'oseille ou de jeunes orties au printemps.

Suite de la recette en p. 435

Marguerite Rodenstein a créé avec son mari l'association Espoir qui vient en aide aux personnes en difficulté. Elle anime aussi un atelier d'écriture à la maison d'arrêt de Colmar (émission du 7 décembre 2002).

Les viandes

Les viandes

par Dan Steffan

« Je n'ai pas choisi de faire ce dessin. C'est Jean-Marie Lang qui m'a demandé d'illustrer ce chapitre. J'aime lorsqu'on m'impose une contrainte. Cela me force à aller vers un domaine que je n'aurais pas exploré. Celui des animaux n'est pas ma spécialité. J'ai fait quelques croquis et ce dessin sur papier est né, qui mêle crayon, aquarelle, un peu d'acrylique et aussi un peu de tempura pour donner le vif du cochon de lait à l'avant, de la viande suspendue au crochet, avec le rappel de l'orangé par les cheveux de la bouchère et son corsage. Les demoiselles cochons, debout à gauche, sont ma note d'humour : elles sont là en spectatrices, se demandant ce qui va leur arriver. »

Dan Steffan

Baeckeoffe d'agneau

UNE RECETTE RÉALISÉE POUR FRÈRE DOMINIQUE WACK

Dominique Wack, cuisinier de métier, a imaginé cette recette de baeckeoffe appliquée à l'agneau pascal. On peut cuire ou précuire cette potée la veille. Elle présente donc l'avantage d'éviter les coups de feu. Elle est de plus savoureuse et conviviale : la terrine posée au centre de la table illustre bien l'image du partage.

Pour 6 à 8 personnes
- 1 kg d'épaule d'agneau désossée et coupée en gros cubes
- 3 cl d'huile (pour la faire revenir)
- 1,5 kg de pommes de terre *bintje*
- 300 g de tomates
- 250 g de flageolets (à faire tremper la veille)
- 250 g de carottes
- 250 g de poireaux
- 250 g d'oignons
- 3 gousses d'ail
- 2 clous de girofle
- sel, poivre
- 1 bouteille de riesling
- 1 bouquet garni (thym, laurier, persil)
- 1 cuillerée à soupe de beurre d'escargot (pour chemiser la terrine en terre cuite)
- pâte à luter
- 200 g de farine
- 1,5 dl d'eau

Beurre d'escargot
- 100 g de beurre en pommade (bien ramolli)
- 2 gousses d'ails écrasées en compote
- 3 cuillères à potage de persil haché
- le jus d'un demi-citron
- sel, poivre du moulin

Un pinot blanc de Bernard et Paul Gaschy, d'Éguisheim

Il n'est pas nécessaire de faire mariner la viande. Faites-la revenir dans l'huile chaude afin de la saisir de tous côtés. Salez et poivrez.

Épluchez les pommes de terre et les carottes. Émincez-les, ainsi que le poireau, les oignons et les tomates mondées (trempées dans l'eau bouillante afin d'en retirer la peau, mais en gardant les graines et le jus). Pilez l'ail. Égouttez les flageolets trempés et les précuire 1/2 h à l'eau. Enduisez l'intérieur de la terrine en terre cuite de beurre d'escargot.

Posez la moitié de la viande au fond de la terrine, surmontez d'un mélange de pommes de terre, légumes, flageolets, ail et oignon. Ajoutez le bouquet garni et les clous de girofle.

Posez le reste de viande et finissez avec une couche de pommes de terre, de légumes et les tomates épluchées. Mouillez avec le riesling et complétez avec de l'eau pour arriver au 3/4 de la hauteur de la terrine. Fermez avec le couvercle et, pour le sceller hermétiquement, lutez le pourtour avec un ruban de pâte (facultatif). Enfournez à 170° (th. 5-6) et laissez cuire pendant 3 h 30 à 4 h. Accompagnez ce plat d'une salade verte.

Dominique Wack, frère spiritain à la Mission Saint-Florent à Saverne, est cuisinier de métier. Il s'occupe de la vente du calendrier et des abonnements à « L'Écho des Missions » (émission du 26 mars 2006).

Carré d'agneau en croûte de bolets avec sa sauce au miel de châtaigne

UNE RECETTE RÉALISÉE POUR CHRISTOPHE ROSFELDER

Christophe Rosfelder apprécie cette recette festive qui associe l'agneau aux saveurs de l'Italie. La recette est une création de son frère qui, inspiré par leur maman cordon-bleu, est devenu chef du restaurant Le Muralto, à Locarno, au lac Majeur. Le carré désigne une pièce de boucherie qui contient, réunies, l'ensemble des côtes premières et secondes.

Compotée de chou vert frisé

Émincez le chou en prenant soin d'ôter l'arête centrale des feuilles externes. Faites revenir l'oignon émincé dans le beurre, ajoutez la pomme coupée en lamelles et faites revenir le tout à feu doux, ajoutez le chou et la crème, salez et poivrez légèrement. Cuisez à feu modéré pendant 40 à 45 min.

Pesto *de bolets*

Mettez à tremper les bolets pendant 30 min dans de l'eau tiède. Essorez-les et mixez-les avec le persil, le basilic, l'ail et les noix. Ajoutez l'huile d'olive, mixez à nouveau, à la fin ajoutez l'huile de citrouille et le parmesan râpé. Il faut obtenir une masse relativement épaisse. Conservez au frais.

Sauce au miel de châtaigne et au nocino

Faites revenir les oignons hachés dans le miel, laissez caraméliser le tout de façon à obtenir une couleur brun clair, retirez du feu, ajoutez la liqueur de noix, laissez mijoter 1 min et réservez.

Viande

Salez et poivrez le carré d'agneau des deux côtés. Faites-le revenir légèrement dans une poêle avec un peu d'huile d'olive. Disposez sur le haut du carré du *pesto* de bolets sur une épaisseur de 1/2 cm et enfournez dans un four préchauffé à 200° (th. 6-7) pendant 20 à 25 min environ (la viande doit être de couleur rosée). Au terme de la cuisson, récupérez le jus et ajoutez-le à la sauce au miel, laissez réduire la sauce pendant quelques instants (environ 30 sec).

Pour le dressage, découpez le carré. Disposez au centre de l'assiette le chou et autour les petites côtelettes, nappez d'un filet de sauce. Servez avec une purée de pommes de terre.

Pour 4 personnes

Compotée de chou vert frisé
- 500 g de chou vert
- 30 g d'oignons
- 20 g de beurre
- 50 g de pommes
- 30 cl de crème fraîche entière
- sel, poivre

Pesto de bolets
- 50 g de bolets séchés
- 10 g d'ail
- 10 g de persil
- 10 g de basilic frais
- 20 g de cerneaux de noix
- 30 g de parmesan râpé
- 10 cl d'huile d'olive
- 3 cl d'huile de citrouille

Sauce au miel de châtaigne et au nocino
- 30 g d'oignon
- 30 g de miel
- 2 à 3 cuillerées à soupe de nocino (ou de liqueur de noix maison désignée en Alsace sous le terme *Nussewasser*)

Viande
- 800 g de carré d'agneau
- 3 cl d'huile d'olive
- sel, poivre

Un rouge de Saint-Léonard, du domaine de l'Ancien Monastère, vinifié par Bernard Hummel et ses filles.

Christophe Rosfelder, de Valff, adhérent de la Fédération des métiers d'art, travaille comme maître-ébéniste à Sélestat. Il aime la marche et pratique l'alpinisme (émission du 2 mars 2002).

Carré d'agneau et sa ratatouille

UNE RECETTE RÉALISÉE POUR SERGE VONAU

Serge Vonau, de Haguenau, reconnaît que sa femme Yasmine cuisine aussi bien que sa sœur Brigitte et que sa mère Richardine. Il a choisi la ratatouille de sa femme qu'elle sert avec des tagliatelles, parfois avec des frites. C'est Hubert Maetz qui décida d'associer les saveurs méridionales de ce ragoût de légumes à celles de l'agneau grillé.

Pour 6 personnes

Ratatouille

- 8 courgettes
- 3 oignons
- 4 poivrons (2 rouges et 2 jaunes)
- 8 tomates
- 4 gousses d'ail
- 6 aubergines
- 1 dl d'huile d'olive
- sel, poivre
- thym, romarin et laurier
- 1 filet de vinaigre balsamique

Carré d'agneau

- 1,5 kg de carré d'agneau
- fleur de sel
- 2 branches de thym

Un pinot noir Altenbourg de Kientzheim, de la cave vinicole de Kientzheim-Kaysersberg.

Ratatouille

Il n'est pas nécessaire de peler les courgettes, détaillez-les en rondelles. Émincez les oignons. Coupez en lanières les poivrons débarrassés de leurs graines et faites-les blanchir durant 2 min à l'eau bouillante salée (cette opération facultative rend les poivrons plus digestes). Plongez les tomates 20 sec dans l'eau bouillante, pelez-les (facultatif), coupez-les en morceaux et épépinez-les (facultatif). Hachez l'ail. Chauffez l'huile d'olive dans une cocotte, faites revenir les aubergines, ajoutez les poivrons, les tomates, les oignons, et en dernier les courgettes et l'ail. Ajoutez les herbes aromatiques, salez et poivrez, couvrez et laissez mijoter pendant 30 min. Servez très chaud. La ratatouille peut aussi se servir bien fraîche, additionnée d'un filet de vinaigre balsamique.

Carré d'agneau

Faites revenir le carré d'agneau à la poêle sur toutes les faces, salez-le, ajoutez le thym avant de l'enfourner à 180° (th. 6) pendant 20 min.

Serge Vonau fabrique des glaces artisanales. Accordéoniste, il joue jazz, musette ou classique. Sportif de haut niveau, il fut champion de France en lutte et en culturisme (émission du 17 juin 2000).

Épaule d'agneau farcie aux oignons de mai et aux pommes de terre avec sa purée d'ail des ours

UNE RECETTE RÉALISÉE POUR JEAN-PIERRE NASSOY

Pour Jean-Pierre Nassoy, Hubert a conçu cette recette printanière mêlant l'épaule d'agneau avec l'ail des ours *(Barlauch)*, une plante qui foisonne en avril et en mai dans les bois et les champs à sols argileux, riches en humus et en eaux souterraines. Ses feuilles ovales qui dégagent une forte odeur d'ail, rappellent par leur forme celles du muguet.

Pour 5 à 6 personnes

Viande
- 1 épaule d'agneau de 1,3 kg avec os à faire désosser
- 1 oignon, 1 gousse d'ail
- 1 branchette de thym
- 1 feuille de laurier

Farce
- 200 g d'oignons de mai
- 5 cl d'huile d'olive
- 1 œuf
- 100 g de pommes de terre roseval (à peau rouge) cuites en robe des champs
- 150 g de pommes de terre vitelotte (à chair violette) cuites en robe des champs et coupées en 2 ou 4
- 1 dl de lait
- 100 g de pain rassis
- 1 cuillerée à soupe d'ail des ours haché et conservé cru dans de l'huile d'olive

Garniture
- 400 g de pommes de terre vitelotte
- 8 oignons de mai
- 50 g d'ail des ours
- 20 g de lierre terrestre (ou estragon)
- 10 gousses d'ail

Purée de pommes de terre à l'ail des ours
- 400 g de pommes de terre
- 100 g d'ail des ours (des feuilles sauvages à cueillir en mai)
- sel, poivre

Un pinot noir du domaine Mittnacht & Frères, à Hunawihr.

Achetez une belle épaule d'agneau de 1,3 kg. Faites-la désosser et parer par votre boucher. Pour la farce, faites tremper le pain dans le lait tiède, mélangez-le avec l'œuf, les pommes de terre vitelotte et les roseval cuites en robe des champs, refroidies, épluchées et coupées en dés de 3 mm de côté, et les oignons de mai émincés et revenus au préalable dans l'huile d'olive. Salez et poivrez. Parfumez (facultatif) avec l'ail des ours. Ce mélange de légumes servira à farcir l'épaule qui sera ensuite roulée et ficelée. Rôtissez-la au four à 180° (th. 6) pendant 30 min avec 3 cl d'huile.

Ajoutez la garniture aromatique (oignon, ail, thym, laurier) pour la confection du jus, ajoutez les pommes de terre, les oignons de mai coupés en quartiers, les gousses d'ail, les herbes de saison (lierre terrestre ou estragon), l'ail des ours émincé. Baissez alors le four à 150° (th. 5) et laissez encore cuire l'ensemble pendant 45 min (les légumes doivent être cuits très tendres). Le jus récupéré sera simplement assaisonné. Ôtez la ficelle et servez aussitôt.

Vous pouvez servir une purée de pommes de terre parfumée à l'ail des ours cru haché mis au dernier moment ou ajoutez une cuillère à potage d'ail des ours mixé conservé dans l'huile d'olive.

Jean-Pierre Nassoy a travaillé aux abattoirs, auxquels il a consacré un livre. Il terminera sa carrière comme directeur général-adjoint dans une société de viande en gros (émission du 29 avril 2000.).

Épaule d'agneau farcie avec son gratin de haricots et de l'ail en chemise

UNE RECETTE RÉALISÉE POUR GÉRARD WALTER

Gérard Walter, de Soucht, dans le pays de Bitche, est le fils d'un graveur de cristal. Côté saveurs, c'est l'agneau qui émoustille ses papilles gustatives et qu'il trouve magnifié lorsqu'il est marié avec l'ail et les flageolets. Hubert Maetz en a pris acte, sans coup férir, avec ce menu de son invention.

Pour 6 personnes

Viande

- 1 épaule d'agneau désossée
- des os concassés
- 20 g de carottes
- 50 g d'oignons et de poireau
- thym, laurier, ail
- 3 cl d'huile

Farce

- 6 tranches de pain sec
- 3 œufs
- 100 g de persil plat
- 2 branches de thym en fleur
- 2 gousses d'ail
- 200 g de champignons
- 300 g d'oignons
- 50 g d'échalotes
- 10 g de beurre (pour faire revenir les champignons)
- sel, poivre

Gratin de haricots

- 100 g de haricots blancs
- 100 g de haricots rouges
- 100 g de flageolets
- 6 cl de crème fraîche
- 20 g de concentré de tomates
- 100 g d'oignons revenus
- 2 gousses d'ail
- thym et laurier
- 3 cl d'huile d'olive

Ail en chemise confit

- 3 têtes d'ail
- 2 dl d'huile d'olive
- 2 branches de thym
- 2 feuilles de laurier

Un pinot noir vinifié en rouge du domaine Marcel Deiss, à Bergheim.

Parez l'épaule d'agneau désossée en laissant tout autour une fine pellicule de graisse : cela évitera le dessèchement de la viande pendant la cuisson. Pour la farce, coupez des tranches de pain de 1/2 cm d'épaisseur, mélangez-les avec les œufs battus. Ajoutez le persil haché, la fleur de thym, l'ail haché et l'oignon haché et légèrement revenus, les champignons et échalotes hachés revenus au beurre. Salez et poivrez. Disposez la farce sur l'épaule que vous roulerez et ficellerez. Faites-la revenir dans un peu d'huile chaude dans une marmite en fonte et laissez-la bien dorer pendant une dizaine de minutes. Ajoutez la garniture (oignon, carotte et poireau coupés finement) et les os concassés, mouillez avec 2 dl d'eau. Laissez cuire au four à 180° (th. 6) ou à feu très doux dans une marmite couverte pendant 1 h 30 à 2 h en retournant l'épaule fréquemment.

Pour le gratin, faites cuire à l'eau salée les différentes sortes de haricots par espèce (le temps de cuisson varie) : cela peut déjà être fait la veille. Égouttez-les, faites revenir les oignons hachés, ajoutez la crème, le concentré de tomates, le thym, le laurier et les haricots mélangés. Versez l'ensemble dans un plat à gratin, enfournez pendant 30 min à 160° (th. 5-6).

Suite de la recette en p. 436

À Soucht, Gérard Walter, thermométriste de métier, est aussi le dernier artisan à fabriquer des épis en cristal. Retraité, il s'occupe de son étang de truites et de carpes (émission du 11 février 1996).

Gigot d'agneau au romarin

UNE RECETTE RÉALISÉE POUR JEAN-GEORGES SAND

Lors du départ en retraite de son ébéniste, Jean-Georges Sand, de Lingolsheim, l'équipe du Théâtre National de Strasbourg lui a offert une canne à pêche utilisée avec succès. Mais c'est la viande d'agneau qui a sa préférence. Avec cette recette, sa femme Denise régale souvent leurs amis. Et Jean-Georges avait pour rituel de préparer une fois par an ce plat pour ses collègues des ateliers du théâtre.

Ficelez le gigot. Introduisez sous la peau quelques gousses d'ail coupées en pointe. Faites un hachis avec le reste d'ail, l'oignon, le thym, le romarin et le persil. Mélangez le hachis avec l'huile et la moutarde. Versez la moitié de la préparation dans le fond d'un plat allant au four. Posez le gigot dans le plat et versez dessus le reste de la préparation. Salez et poivrez. Préchauffez le four à 210° (th. 7), enfournez et laissez cuire pendant 1 h en arrosant fréquemment le gigot pour le garder moelleux.

Servez avec des flageolets et des pommes paillasson (il suffit de râper des pommes de terre, et, sans les essorer, de poser l'équivalent d'une galette dans l'huile chaude et de laisser dorer, puis de retourner pour faire dorer l'autre côté).

Pour 6 personnes
- 1 gigot désossé
- 1 tête d'ail
- 1 oignon
- du thym
- 1 petite branche de romarin
- 2 branches de persil
- 3 cuillerées à soupe d'huile d'arachide (ou d'olive)
- 1 cuillerée à soupe de moutarde
- sel, poivre

Un riesling du domaine André Gueth, à Walbach.

Jean-Georges Sand, de Lingolsheim, fut ébéniste durant trente et un ans au Théâtre national de Strasbourg. Depuis sa retraite, il se consacre au jardinage et à la pêche à la ligne (émission du 8 novembre 2003).

Gigot d'agneau en croûte de pain et gratin dauphinois

UNE RECETTE RÉALISÉE POUR RICHARD DORFFER

Richard Dorffer, boulanger-pâtissier à Bischwiller, aime aussi faire la cuisine. Il parfait ses connaissances avec ses amis cuisiniers, Antoine Westermann et Fernand Mischler. En menu pascal, il apprécie le gigot d'agneau accompagné d'un gratin dauphinois. Hubert Maetz a créé pour ce passionné de la fermentation des pâtes un gigot enveloppé dans une exquise croûte de pain.

Pour 8 personnes
- 1 gigot de 1,8 à 2 kg

Croûte de pain
- 1 kg de farine
- 100 g de blé concassé (facultatif)
- 6 dl d'eau
- 20 g de levure de bière
- 20 g de sel
- 1 cuillerée à soupe de thym frais
- 4 feuilles de laurier écrasées
- 1 cuillerée à soupe de poivre en grains concassés
- 200 g de beurre

Pour dorer
- 1 jaune d'œuf
- 2 cl de crème

Gratin dauphinois
- 1,2 kg de pommes de terre épluchées
- 2 gousses d'ail
- noix de muscade râpée
- sel, poivre
- 200 g de gruyère râpé
- 3 dl de lait
- 6 dl de crème

Un pinot noir de la maison Hugel, à Riquewihr.

Croûte de pain

Pour la croûte de pain, versez la farine et éventuellement le blé concassé (facultatif) dans une jatte et faites une fontaine, incorporez progressivement l'eau, la levure, le sel, puis le poivre et les herbes aromatiques. Bien travailler l'ensemble pour avoir une pâte homogène. Laissez reposer 20 min, incorporez ensuite le beurre comme dans une pâte feuilletée, en tourant deux ou trois fois.

Salez et poivrez le gigot d'agneau et faites-le revenir dans une cocotte en fonte sur toutes les faces, laissez-le refroidir. Étalez finement la pâte à pain (sur une épaisseur d'environ 5 mm), enveloppez le gigot d'agneau de pâte, décorez à votre gré de motifs ou lanières de pâte. Badigeonnez l'ensemble au jaune d'œuf délayé avec la crème et enfournez pendant 40 à 50 min à four chauffé à 250° (th. 8-9) jusqu'à coloration de la pâte, puis baissez la température à 170° (th. 6-7). Après cuisson, laissez reposer 20 min, détaillez le gigot en fines tranches, servez avec des portions de croûte de pain (elle se déguste également) et avec le gratin dauphinois. Vous pouvez également l'assortir de légumes verts tels que haricots verts, flageolets ou fèves fraîches.

Gratin dauphinois

Coupez les pommes de terre épluchées en fines rondelles, salez, poivrez, parfumez à la noix de muscade, ajoutez l'ail haché. Dans un plat à gratin, étalez la moitié des pommes de terre, puis le gruyère râpé, couvrez avec le reste de pommes de terre, et versez le mélange lait-crème. Enfournez à 150° (th. 5) et laissez cuire pendant 2h. Il est préférable de laisser cuire le gratin longuement à basse température : ainsi, la crème ne risque pas de coaguler.

Richard Dorffer est devenu boulanger-pâtissier comme son père. Il a gardé une préférence pour la confection des pains. Il a le goût des voyages et s'adonne à la pêche et au vélo (émission du 30 mars 1996).

Gigot d'agneau à la menthe avec sa salade folle

UNE RECETTE RÉALISÉE POUR MARTINE HETZEL

Martine Hetzel, de Griesbach, passionnée par les roses anciennes et la botanique, est une reine des salades. Elle se laisse très souvent aller à l'improvisation, selon les produits dont elle dispose. La salade folle où les ingrédients de septembre peuvent être remplacés à l'infini, est servie avec une tranche de gigot grillé à l'huile d'olive et parfumée à la menthe fraîche, et accompagnée de figues caramélisées.

Nettoyez la salade, préparez la vinaigrette, mélangez les ingrédients au dernier moment.

Faites revenir la viande à l'huile d'olive dans une sauteuse, faites-la griller de toutes parts, salez et poivrez, saupoudrez de menthe ciselée et de thym.

Pour les figues, faites chauffer dans une poêle l'huile d'olive et le miel. Disposez les figues dans le mélange chaud et laissez-les caraméliser de toutes parts.

La viande peut aussi être accompagnée de dattes coupées en dés et de figues séchées légèrement revenues et nappées d'un peu de crème fraîche. Elle peut également être remplacée par un filet de sole ou de lotte.

Servez sur assiettes en disposant salade, viande et figues. Si vous disposez de capucines, vous pouvez faire suivre ce repas de fromage de chèvre très frais, très jeune, associé à des fleurs de capucine. «Le mariage est délicieux», précise Martine.

Pour 4 personnes

Salade folle

- 600 g de salade *lollo rossa*, laitue, roquette, feuille de chêne, mesclun (selon marché)
- 10 fleurs de capucine
- herbes de la nature : feuilles d'achillée millefeuille, de pimprenelle, de lierre terrestre, sauge des prés, aneth, cerfeuil (que Martine adore : elle en sème fréquemment entre les fleurs)
- quelques graines de courge ou de tournesol

Vinaigrette

- 3 cuillerées à soupe d'huile d'olive (ou de noix)
- 2 cuillerées à soupe de vinaigre (de plante ou de cidre)
- sel, poivre

Viande

- 4 tranches de gigot avec l'os
- 5 cl d'huile d'olive
- sel, poivre
- 1 pincée de fleur de thym
- 40 g de menthe fraîche ciselée

Figues caramélisées

- 8 figues fraîches
- 2 cl d'huile d'olive
- 20 g de miel

Un pinot noir de la cave vinicole Krossfelder, à Dambach-la-Ville.

Martine Hetzel, qui fut secrétaire trilingue au Conseil de l'Europe, a créé une promenade de découverte à Griesbach. Elle fait partie de la pastorale à Gundershoffen (émission du 14 septembre 2002).

Navarin d'agneau printanier

UNE RECETTE RÉALISÉE POUR ROLAND WELLER

Roland Weller était président du Racing-Club de Strasbourg lorsque fut diffusée l'émission, le jour même où son équipe gagna en Coupe de France. Fier de son métier de cuisinier, il lui arrive encore de mitonner des plats, comme ce navarin d'agneau, baptisé ainsi par référence au navet, légume qui constituait originellement sa garniture principale.

Pour 4 personnes

- 1 kg d'agneau (collier, haut de côtelettes ou épaule)
- 3 cuillerées à soupe d'huile
- sel, poivre
- 1 pincée de sucre
- 4 tomates pressées et hachées (ou 1 cuillerée à soupe de purée de tomate)
- 2 gousses d'ail
- 1 bouquet garni
- 12 petits oignons de mai
- 16 petites carottes nouvelles (ou 8 carottes fanes)
- 15 quartiers de navets (tournés en olive) ou 8 petits navets fanes
- 20 petites pommes de terre nouvelles
- 100 g de pois verts fraîchement écossés
- 100 g de haricots verts détaillés en tronçons
- 100 g de fèves

Un pinot noir élevé en barriques par Philippe Kirmann du domaine Baron-Kirmann, à Rosheim.

Découpez la viande en cubes d'environ 75 g, faites-la rissoler dans une cocotte avec l'huile, salez, poivrez et ajoutez la pincée de sucre qui va caraméliser et colorer la sauce. Mélangez et faites blondir. Ajoutez ensuite de l'eau tiède pour recouvrir les morceaux; portez à ébullition sans cesser de remuer, puis ajoutez à la viande les tomates pressées et hachées (ou la purée de tomate), les gousses d'ail écrasées et le bouquet garni. Couvrez et faites cuire doucement (au four de préférence à 160°, th. 5-6) pendant 1 h.
Retirez alors les morceaux d'agneau, faites cuire les pommes de terre crues dans la sauce. Faites cuire à part dans l'eau bouillante salée les petits pois, les haricots verts et les fèves; passez-les dans l'eau glacée pour leur faire garder une belle couleur et réservez ces légumes verts. Faites également cuire les carottes, les navets et les oignons de mai; lorsque les pommes de terre sont cuites, ajoutez ces trois derniers légumes dans la sauce ainsi que la viande.
Portez à nouveau à ébullition et laissez mijoter l'ensemble très doucement pendant 10 min. Au moment de servir, dégraissez et dressez dans un plat creux en essayant de bien faire ressortir les légumes, parsemez l'ensemble avec les légumes verts réchauffés dans l'eau bouillante.

Roland Weller, PDG de L'Alsacienne de restauration, est président du Sporting-Club de Schiltigheim. C'est aussi un passionné de tennis et de plongée sous-marine (émission du 12 avril 1997).

Selle d'agneau et tian provençal

UNE RECETTE RÉALISÉE POUR ANNE-MARIE SINGER

Anne-Marie Singer – qui élève des agneaux – a mis au point une formule d'agneau à la broche qu'elle rôtit doucement au-dessus des braises dans son jardin. Hubert eut l'idée d'envelopper une selle d'agneau dans une croûte d'herbes aromatiques et de la servir avec un tian provençal.

Parez la selle d'agneau, laissez une fine couche de graisse afin que la viande ne dessèche pas lors de la cuisson. Détachez les panoufles (la partie non osseuse, charnue et ventrale), dégraissez-les, salez-les, farcissez-les avec des légumes (au choix) ou des herbes hachés et ficelez-les. Salez, poivrez et faites rôtir la selle avec de l'huile ainsi que les panoufles au four chauffé à 210° (th. 7) pendant 20 min. Retirez les panoufles, maintenez-les au chaud. Badigeonnez la selle de moutarde puis de persillade (c'est-à-dire la chapelure mélangée avec les herbes et l'huile d'olive) et remettez au four pendant 20 min en baissant la température à 180° (th. 6) afin qu'elle cuise doucement : la croûte doit prendre couleur régulièrement et uniformément. À la sortie du four, faites bien chauffer le plat de cuisson pour colorer les sucs mais sans les brûler, ajoutez 5 cl d'eau pour confectionner le jus, laissez bouillir 2 min et passez ce jus, rectifiez si nécessaire l'assaisonnement.
Démarrez la préparation du tian : coupez finement les oignons épluchés et faites-les revenir dans une partie (2 cl) de l'huile d'olive, laissez blondir. Il n'est pas nécessaire d'éplucher les aubergines, les courgettes et les tomates : lavez-les et coupez-les en rondelles (d'épaisseur identique pour obtenir un effet plus esthétique).

Suite de la recette en p. 436

Pour 8 personnes

Viande
- 1 selle d'agneau de 1,5 à 2 kg
- 3 cl d'huile
- sel, poivre
- 180 g de moutarde forte
- légumes (selon convenance : cuits, taillés en brunoise ou duxelles de champignons divers)
- herbes fraîches (selon convenance : persil, cerfeuil, basilique, estragon...)

Persillade
- 150 g de chapelure
- 4 cuillerées à soupe d'herbes hachées (persil, cerfeuil, estragon)
- 2 cl d'huile d'olive

Tian
- 5 cl d'huile d'olive
- 200 g d'oignons
- 3 gousses d'ail
- 3 aubergines moyennes
- 4 courgettes moyennes
- 6 tomates moyennes
- sel, poivre
- 4 feuilles de laurier
- 1 pincée de fleurs de thym

Décor
- 8 fleurs de courgettes
- 8 mini-courgettes

Un pinot gris sec et fruité de Jean-Louis Dirringer, de Dambach-la-Ville.

Après avoir passé quinze ans en Grèce, Anne-Marie Singer, juriste de formation, élève des moutons à la ferme de Niederwyhl, à Bourbach-le-Haut. Elle propose également des chambres d'hôtes (émission du 14 septembre 1996).

Menu pascal

UNE RECETTE RÉALISÉE POUR ANDRÉ VOEGELÉ

André Voegelé, artisan campanaire à Strasbourg-Koenigshoffen, aime lorsque Pâques est ponctué par ce menu traditionnel et simple. Hubert a servi un gigot d'agneau de pré-salé (le meilleur) provenant de ceux qui paissent sur les prairies proches de la mer, imprégnées d'iode et de sel. Il l'a accompagné par les traditionnels flageolets et fait suivre par un agneau en biscuit.

Pour 6 personnes

Gigot d'agneau au four ou à la broche

- 1 gigot d'agneau pré-salé de 1,5 kg
- 4 gousses d'ail
- 50 g d'échalotes
- sel, poivre
- thym et laurier
- cresson (pour décorer)
- 2 cl d'huile

Flageolets à l'estragon

- 500 g de flageolets secs
- sel, poivre
- 20 g de beurre
- 50 g d'échalotes
- 4 tomates épluchées et épépinées
- 2 gousses d'ail
- 1/2 botte d'estragon

Agneau en biscuit

- 3 jaunes d'œuf
- 200 g de sucre
- 5 cl de lait
- 4 cl d'huile
- 200 g de farine
- 10 g de levure chimique
- 3 à 4 blancs d'œuf montés en neige
- sucre glace (pour saupoudrer)

Un riesling Kastelberg d'André et Rémy Gresser, d'Andlau.

Gigot d'agneau au four ou à la broche

Choisissez de préférence un gigot d'agneau pré-salé, c'est-à-dire d'un agneau élevé et engraissé dans les herbages proches de la mer, imprégnés de sel et d'iode : sa chair acquiert ainsi une saveur particulière et donne une viande de grande qualité. Piquez le gigot (du côté du manche surtout) de gousses d'ail et salez-le. Faites-le cuire à la broche ou au four (240°, th. 8) en comptant 22 à 26 min par kilo, selon que vous le vouliez saignant ou simplement rosé. Après cuisson, laissez-le reposer pendant 30 min au chaud, couvert de papier aluminium. Pincez les sucs du plat de cuisson avec les échalotes hachées, faites bien colorer l'ensemble, déglacez avec 1 dl d'eau, rectifiez l'assaisonnement. Servez le gigot avec son jus déglacé et dégraissé, entourez-le de cresson. Servez avec des pommes sautées et des flageolets à l'estragon.

Flageolets à l'estragon

Lavez les flageolets. Faites-les cuire à l'eau pendant environ 1 h 30 (un peu moins si vous les avez laissés tremper ; vous pouvez tremper les flageolets une nuit dans l'eau), salez-les ensuite. Faites revenir au beurre les échalotes hachées. Lorsqu'elles sont dorées, ajoutez les tomates épluchées et coupées en dés, l'ail haché et les flageolets. Rectifiez l'assaisonnement et ajoutez l'estragon ciselé.

Agneau en biscuit

Cette recette sort de l'ordinaire : elle fait intervenir un corps gras. La pâte, très rustique, est moins aérée et légère que la pâte biscuitée, mais elle demeure moelleuse plus longtemps.

Suite de la recette en p. 436

André Voegelé exerce le métier rare d'artisan campanaire à Strasbourg-Koenigshoffen. Son entreprise, créée en 1908 par son grand-père, assure l'entretien des cloches (émission du 11 avril 1998).

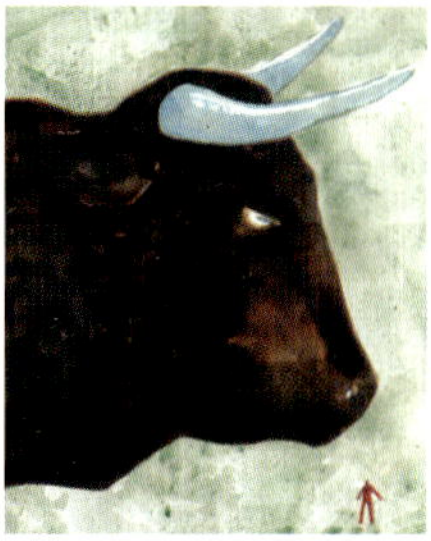

Alouettes sans tête

UNE RECETTE RÉALISÉE POUR ARMAND KAERCHER

Armand Kaercher, originaire d'Alsace Bossue, artiste-peintre et psychologue scolaire en Avignon, aime les saveurs du sud. C'est pourquoi il a choisi ces alouettes sans tête, dénomination pour désigner des paupiettes à la provençale, parfois appelées oiseaux sans tête. Faites avec du veau ou du bœuf, elles sont farcies, ficelées, cuites en sauce avec des ingrédients qui leur apportent la touche méridionale.

Hachez l'ail et le persil. Coupez le petit salé en petits dés. Préparez la farce : mélangez les dés de petit salé avec l'ail et le persil hachés. Poivrez et salez légèrement. Répartissez la farce au centre de chacune des tranches de bœuf (salées au préalable). Rabattez deux bords opposés, puis les deux autres, et ficelez le tout. Épluchez et émincez les oignons. Pelez les carottes et coupez-les en rondelles. Faites blondir oignons et carottes dans une cocotte à fond épais avec l'huile d'olive. Disposez les alouettes à plat dans la cocotte. Laissez suer et évaporer le liquide, sans remuer. Pendant ce temps, pelez les tomates fraîches (ébouillantées au préalable pendant 20 sec). Aussitôt que le fond est évaporé, ajoutez les tomates à la préparation avec le poivron coupé en dés, le thym, l'origan et le laurier. Ajoutez 2 l d'eau (ou de bouillon). Faites cuire à feu doux pendant 3 à 4 h. Rectifiez l'assaisonnement avec le sel et le poivre. Saupoudrez de basilic haché ou d'une autre herbe aromatique.

Servez très chaud, avec en accompagnement du riz ou une polenta. Servez de mini-pâtissons farcis avec la même farce que celle des alouettes et pochés dans un peu de bouillon prélevé sur le jus de cuisson des alouettes. Présentez également des fleurs de courgettes enrobées de pâte à crêpes, puis frites.

Pour 6 personnes

- 20 très fines tranches de bœuf (gîte à la noix ou paleron) de 10 x 10 cm environ
- sel

Farce

- 1 petite tête d'ail
- 1 bouquet de persil
- 200 g de petit salé (lard non fumé)
- sel, poivre

Cuisson

- 2 oignons et 2 carottes
- 3 cl d'huile d'olive
- sel, poivre
- 750 g de tomates bien mûres
- 1/2 poivron rouge, vert et jaune
- 2 branches de thym
- 2 branches d'origan (marjolaine sauvage)
- 2 feuilles de laurier
- 2 l d'eau (ou de bouillon de bœuf ou de volaille)
- basilic (ou autre herbe aromatique)

Accompagnement

- de la polenta ou du riz
- de petits pâtissons et de petites tomates (farcis avec la même farce que celle des paupiettes)
- des fleurs de courgettes enrobées de pâte à crêpes (faite avec 1 œuf, 1 cuillerée de farine, un peu d'eau et de sel) puis frites

Un tokay pinot gris sec du Domaine Rieflé, à Pfaffenheim.

Armand Kaercher, originaire d'Alsace Bossue, habite à Avignon où il a créé son propre atelier de peinture. Psychologue scolaire, il illustre aussi des livres pour enfants (émission du 10 septembre 1998.).

Bœuf bourguignon aux galettes de pommes de terre (rösti)

UNE RECETTE RÉALISÉE POUR PIERRE BLENY

Pierre Bleny, maréchal-ferrant à Soppe-le-Haut, a hérité de sa maman Alice – qui cuisinait dans des restaurants de la région colmarienne – le goût de la cuisine. Sur sa belle cuisinière à bois, il aime préparer ce bœuf bourguignon mijoté pendant trois heures. Il l'accompagne de rösti, ces galettes de pommes de terre à la mode zurichoise.

Pour 6 personnes

Bœuf bourguignon

- 1,5 kg de bœuf (paleron, gîte ou macreuse)
- 1 dl d'huile
- 6 oignons
- 200 g de lard de poitrine frais
- 50 g de carottes
- 50 g de farine
- 1 l de vin rouge corsé
- 3 dl de bouillon de bœuf (ou, à défaut, d'eau)
- 3 gousses d'ail
- 1 bouquet garni
- 2 feuilles de laurier
- sel, poivre

Rösti

- 1 kg de pommes de terre
- sel, poivre
- 10 à 15 cl d'huile
- 100 g de lardons fumés (facultatif)
- 100 g de gruyère (facultatif)

Un pinot noir du domaine Koberle-Kreyer, à Rodern.

Bœuf bourguignon

Détaillez la viande en cubes de 4 cm environ de côté. Faites-la revenir à l'huile dans une sauteuse. Coupez le lard de poitrine en lardons, ajoutez-les à la viande et faites encore revenir avec les oignons et les carottes épluchés et détaillés en petits dés. Lorsque l'ensemble est bien doré, saupoudrez avec la farine, laissez-la roussir, remuez en raclant bien le fond puis versez le vin rouge, laissez réduire de moitié, assaisonnez de sel et de poivre, ajoutez le bouillon ou l'eau, les gousses d'ail, le bouquet garni, les feuilles de laurier, couvrez et laissez cuire à feu doux pendant 3 h environ. Sortez la viande de son jus, faites-le réduire jusqu'à bonne consistance.

Rösti

La veille, faites cuire les pommes de terre en robe des champs en les maintenant un peu fermes. Égouttez-les et laissez-les reposer au frais pendant 24 h. Épluchez-les, râpez-les à l'aide d'une râpe spéciale à gros trous (formant des vermicelles environ trois fois plus épais qu'une râpe à céleri). Salez et poivrez. Faites chauffer une partie de l'huile dans une poêle (de 18 cm de diamètre) qui n'attache pas, versez la moitié des pommes de terre râpées (procédez à la cuisson de l'autre moitié dans un deuxième temps), remuez-les légèrement à l'aide d'une spatule afin qu'elles s'enrobent d'un peu d'huile puis laissez-les griller sur une face, sans les remuer mais en les tassant bien. Lorsqu'une belle croûte s'est formée, posez sur la poêle une assiette de la taille du rösti, renversez la poêle de manière à faire tomber le rösti côté croûte sur l'assiette, glissez à nouveau le rösti dans la poêle et laissez griller la face claire ; ensuite, détaillez le rösti en portions et servez. Il s'agit là du rösti traditionnel suisse tel qu'il est servi dans la région zurichoise. Il est possible d'ajouter lardons fumés et gruyère aux pommes de terre avant de faire revenir à la poêle, ou, après cuisson, de laisser gratiner au four en saupoudrant d'un peu de gruyère.

Répondant à la vocation de son enfance, Pierre Bleny est devenu maréchal-ferrant à Soppe-le-Haut. Il est le maréchal-ferrant attitré de l'Écomusée d'Alsace (émission du 9 octobre 1999).

Bœuf braisé à la sauce aigre sans alcool, dit *Sauerbraten*, et quenelles, dites *Mehlknepfle*

UNE RECETTE RÉALISÉE POUR VICTOR SCHWACH

Victor Schwach, qui dirige à Haguenau un centre de postcure alcoologique, est convaincu que l'on peut s'épanouir dans l'abstinence et le prouve dans un fascicule de recettes sans alcool afin d'aider les anciens alcooliques à recevoir leurs amis. Ce *Sauerbraten* sans alcool, bœuf braisé à la sauce aigrelette, servi avec des quenelles de farine, lui apporte une grande joie gourmande.

Bœuf braisé

La veille, piquez la viande avec l'ail et faites-la mariner dans un mélange composé à moitié de vinaigre, à moitié d'eau, ajoutez le bouquet garni. La viande doit être recouverte de liquide (salez après le temps de marinade).

Le lendemain, égouttez la viande et séchez-la, faites-la revenir à l'huile dans une cocotte avec les lardons et les oignons émincés (vous pouvez réserver une partie des lardons grillés et les ajouter en fin de cuisson afin qu'ils restent bien fermes et croustillants). À coloration, ajoutez la farine et le jus de marinade, complétez avec le bouillon ou l'eau (pour que le liquide affleure 1 à 2 cm au-dessus de la viande). Laissez mijoter 2 à 3 h. Surveillez le jus en cours de cuisson, ajoutez éventuellement de l'eau. Dans les cinq dernières minutes de cuisson, ajoutez une louche de fond brun qui donnera de la couleur à la sauce, rectifiez l'assaisonnement avec sel et poivre, ajoutez les champignons émincés sautés au préalable dans la graisse des lardons et les lardons grillés réservés. Servez accompagné d'une purée, ou, comme le préconise Victor Schwach, de *Mehlknepfle* (quenelles de farine ou spaetzle).

Mehlknepfle

Battez les six œufs entiers, ajoutez le lait et le sel. Puis incorporez progressivement cette masse liquide à la farine et battez jusqu'au moment où la pâte sera bien onctueuse (ni trop liquide, ni trop compacte). Dans une grande casserole, portez de l'eau salée à ébullition. Disposez une partie de pâte sur une assiette bien plate humidifiée au préalable et, à l'aide d'une cuillère à soupe, faites tomber des quenelles de pâte dans l'eau bouillante salée.

Pour 4 personnes

- 1 kg de bœuf à braiser (gîte à la noix, paleron ou macreuse)
- 6 gousses d'ail
- 1 bouquet garni
- sel, poivre
- 5 dl de vinaigre (pour la marinade)
- 5 dl d'eau (pour la marinade)
- 1 dl d'huile
- 200 g de lardons fumés en dés
- 2 oignons
- 2 cuillerées à soupe (60 g) de farine
- 1 l de bouillon de bœuf (ou d'eau) pour compléter
- 1 dl de fond brun (facultatif)
- 250 g de champignons

Mehlknepfle

- 500 g de farine
- 6 œufs
- 1/4 l de lait entier
- 1 pincée de sel
- 50 g de beurre (pour faire revenir)

Un pinot noir d'Yves Affolter, de Rosheim.

Suite de la recette en p. 436

Victor Schwach est docteur en psychologie et en sociologie. Il dirige depuis 1982 le Château Walk, à Haguenau, un centre de postcure qui vise à soigner l'alcoolisme (émission du 24 octobre 1998).

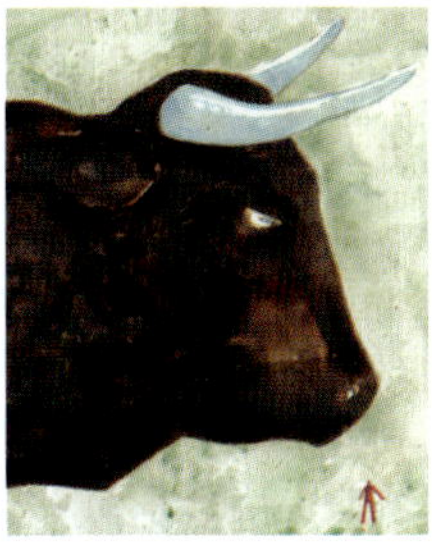

Bœuf Stroganov

UNE RECETTE RÉALISÉE POUR RENÉ DAUEN

René Dauen, clarinettiste, apprécie ce plat classique de la cuisine russe. Cet apprêt de bœuf émincé, nappé de crème, garni d'oignons et de champignons, doit son nom à son inventeur, le comte Alexandre Stroganov, diplomate russe qui se rendit célèbre comme gastronome.

Pour 4 personnes
- 800 g de bœuf (filet, contre-filet ou rumsteck)
- sel, poivre
- 4 oignons
- 3 à 4 échalotes
- 1 grosse carotte
- 1 feuille de laurier
- 1 branche de thym
- 1 dl de vin blanc
- 80 g de beurre
- 200 g de champignons
- 1 petit verre de cognac chauffé et flambé
- 1,5 dl de crème fraîche épaisse
- 1 cuillerée à soupe de persil haché

Un pinot noir du domaine Edmond Rentz, à Zellenberg.

Coupez le bœuf en lamelles de 2,5 cm de longueur, salez et poivrez-les. Disposez-les dans un récipient avec les oignons et les échalotes hachés, la carotte épluchée et détaillée en rondelles, la feuille de laurier et le thym. Mouillez à hauteur de vin blanc.

Laissez mariner pendant au moins 12 h au frais, à couvert. Égouttez et épongez les lamelles de viande. Faites réduire la marinade de moitié. Faites revenir les champignons émincés dans une poêle avec 30 g de beurre. Réservez. Dans une sauteuse, faites sauter à feu vif la viande avec 50 g de beurre. Veillez à la retourner fréquemment, arrosez-la avec le cognac préalablement chauffé et flambez l'ensemble. Disposez la viande dans un plat tenu au chaud. Mettez les champignons dans la sauteuse, ajoutez la marinade réduite et passée ainsi que la crème fraîche épaisse. Remuez sur feu vif pour faire épaissir la sauce, nappez la viande. Parsemez de persil ciselé et servez très chaud avec du riz pilaf, ou avec des pommes de terre frites, petits pois et concombres (comme c'est souvent le cas en Russie).

René Dauen est clarinettiste et dirige l'orchestre Eurotop. Avec son association Artishow, il produit le Quartette de Saint-Petersbourg (émission du 8 mars 2003).

Côte de bœuf, sauce gitane et déclinaison autour de l'oignon

UNE RECETTE RÉALISÉE POUR PIERRE FIEFEL

Pierre Fiefel élève dans les Vosges du Nord, à Erckartswiller, des vaches *Highland Cattle* dont la viande est d'une qualité comparable à la viande du bœuf limousin, avec un léger goût giboyeux. Pour cette recette, il est possible de prendre une côte de bœuf plus traditionnelle. Pierre souhaitait une sauce gitane et des pommes de terre rôties. Hubert lui fit en sus une déclinaison autour de l'oignon.

Pour 4 personnes

Côte de bœuf
- 1 côte de bœuf de 1,2 kg
- sel, poivre
- 1 pincée de fleurs de thym
- 5 cl d'huile

Sauce gitane
- 500 g d'oignons jaunes
- 50 g de poivrons
- 1 pointe de couteau de paprika
- 1 dl de fond brun
- 30 g de moutarde
- sel, poivre

Pommes de terre rôties
- 300 g de pommes de terre rattes *(Miesele)*
- 300 g de vitelottes (pommes de terre du Nord, de couleur violette) (facultatif)
- 60 g de beurre
- sel, poivre

Fondue d'oignons
- 200 g d'oignons
- 3 cl d'huile
- sel, poivre

Oignons glacés
- 12 oignons de mai
- 5 g de sucre
- 5 g de beurre
- sel

Accompagnement d'oignons frits
- 100 g de rondelles d'oignons
- 20 g de farine
- 2 pommes de terre

Un rouge d'Ottrott du domaine Fritz-Schmitt, à Ottrott.

Pour la côte de bœuf rôtie, préchauffez le four à 250° (th. 8-9). Salez et poivrez la côte de bœuf, huilez-la, parsemez-la de thym avec la partie qui n'est pas en contact avec la chaleur et enfournez-la. La cuisson est de 18 min environ par kg selon l'épaisseur de la côte de bœuf. Égouttez la viande et tenez-la dans le four éteint pendant 30 min, recouverte de papier d'aluminium (afin que la chaleur se répartisse uniformément à l'intérieur).

Pour la sauce gitane, faites revenir les oignons épluchés et hachés avec les poivrons coupés en petits dés, déglacez au fond brun, laissez mijoter. Au dernier moment, ajoutez la moutarde. Salez et poivrez. Ajoutez une pointe de couteau de paprika. Pour la fondue d'oignons, faites revenir les oignons à l'huile. Laissez compoter à feu doux jusqu'à ce qu'ils soient bien tendres. Pour les oignons glacés, coupez les oignons de mai en deux, faites-les revenir au beurre avec une pincée de sucre, l'eau et faites cuire jusqu'à ce qu'ils soient bien tendres.

Pour l'oignon frit, coupez-le en fines rondelles, farinez les rondelles, enlevez l'excédent de farine en tapotant les rondelles entre les doigts avant de les plonger dans un bain d'huile à 160°. À belle coloration, égouttez-les. Faites de même avec deux pommes de terre coupées en rondelles. Pour obtenir des chips, salez oignons et pommes de terre après cuisson au dernier moment.

Faites revenir au beurre séparément les deux variétés de pommes de terre crues coupées en dés.

Chauffeur routier pendant quinze ans, Pierre Fiefel élève aujourd'hui des vaches des Highlands dans les Vosges du Nord (émission du 26 octobre 2002).

Filet de bœuf Wellington

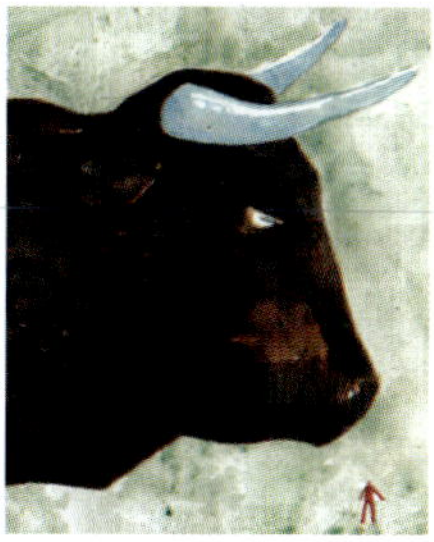

UNE RECETTE RÉALISÉE POUR GÉRARD GROFF

Gérard Groff, hôtelier-restaurateur à Biesheim et pilote d'avion, maîtrise l'art de la cuisine par sa formation de chef. Il apprécie ce plat succulent et noble, qui porte le nom de ce général anglais, artisan de la défaite de Napoléon à Waterloo. Un filet de bœuf farci de foie gras, enveloppé d'une duxelles de champignons et d'une pâte feuilletée et cuit au four.

Pour 6 personnes
- 900 g de filet de bœuf paré
- 1,1 kg de pâte feuilletée (ou 500 g de pâte brisée pour le fond et 600 g de pâte feuilletée pour couvrir)
- 2 cl d'huile
- 1 jaune d'œuf
- 200 g de foie gras

Duxelles
- 1 kg de champignons de Paris
- 70 g d'échalotes
- beurre
- herbes hachées (facultatif) : persil plat, cerfeuil et estragon
- le jus d'1 citron
- sel, poivre blanc
- 200 g de champignons sauvages (morilles ou autres) (facultatif)
- 200 à 300 g de foie gras d'oie

Pour badigeonner
- 1 œuf entier additionné d'une pincée de sel

Un pinot noir réserve du domaine Marcel Hurst & Fils, à Turckheim.

Parez le filet de bœuf, entaillez-le sur toute sa longueur pour pouvoir le fourrer en son centre avec le foie gras. Ficelez l'ensemble pour un bon maintien. Faites-le revenir à feu vif dans une cocotte huilée sur toutes ses faces, arrêtez le feu, salez, poivrez, égouttez et laissez refroidir.
Pour la duxelles, nettoyez le pied sableux des champignons, lavez-les, et hachez-les finement. Faites chauffer une grosse noix de beurre dans une poêle, faites revenir les échalotes hachées, ajoutez les champignons, le jus de citron, du sel et du poivre. Faites revenir à feu vif pour faire évaporer l'eau de végétation des champignons. Mélangez la duxelles refroidie avec quelques dés de foie gras, les herbes hachées, les champignons sauvages (girolles, trompettes, morilles ou autres) revenus au beurre.
Abaissez la pâte sur une épaisseur de 4 mm. Déposez une partie de la duxelles, posez le filet revenu débarrassé de toute ficelle. Entourez-le du reste de duxelles. Badigeonnez le pourtour intérieur de la pâte avec le jaune d'œuf (pour faire adhérer la pâte), rabattez les bords sur le dessus et sur les côtés pour envelopper complètement la viande. Appuyez légèrement avec les doigts pour bien souder. Ajoutez éventuellement des décorations taillées à l'emporte-pièce dans les restes de pâte. Badigeonnez avec l'œuf entier battu additionné d'une pincée de sel (qui accentuera le brillant). Enfournez dans un four préchauffé à 250° (th. 8-9). Après 15 min, lorsque la pâte commence à dorer, ramenez la température à 150° (th. 5). Lorsque l'ensemble a cuit au four pendant 45 min au total, vérifiez la cuisson à l'aide d'un thermomètre-sonde, à piquer au cœur de la viande. Si elle atteint 50°, vous pouvez arrêter la cuisson : la viande sera rosée. Si vous la préférez à point, laissez la température atteindre 55° au cœur. Vous servirez en accompagnement des pommes de terre violettes, dites vitelottes, des pointes d'asperges et des petits pois frais.

Gérard Groff est hôtelier-restaurateur à Biesheim. Piqué par le virus de l'aviation, il est devenu pilote professionnel (émission du 17 mai 1997).

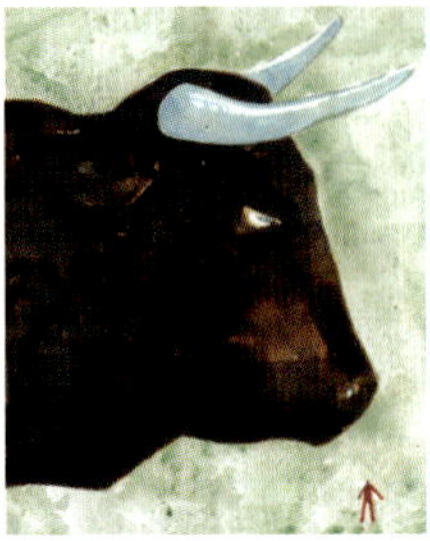

Tournedos Rossini

UNE RECETTE RÉALISÉE POUR GÉRARD FOLTZ

Gérard Foltz a choisi le tournedos Rossini. Le compositeur italien, à l'origine de ce plat festif, avait exigé un tournedos surmonté de foie gras et de truffe. Le maître d'hôtel, dit-on, était gêné de montrer aux convives ce plat qui finalement passa à la postérité.

Tranchez le foie d'oie (ou de canard) en deux escalopes et laissez-les mariner dans du madère pendant 1 h. Séchez-les, salez et poivrez, farinez-les puis faites-les revenir rapidement (environ 30 sec de chaque côté) dans une poêle.
Faites chauffer l'huile dans une autre poêle et faites revenir les tournedos qui doivent rester saignants. Ôtez la viande de la poêle et tenez-la au chaud.
Versez le madère (ou porto) et le pinot noir dans la poêle en y laissant les sucs de la viande, ajoutez les échalotes hachées, laissez réduire à une cuillerée à soupe. Ajoutez le fond brun et faites cuire jusqu'à consistance.
Posez la viande sur les tranches de pain grillé tiède, surmontez-les des escalopes de foie gras. Garnissez avec des lamelles de truffe et nappez le tout de sauce.

Faire pincer les sucs : c'est-à-dire colorer les petites particules collées au fond de la poêle, ajoutez les échalotes. À belle coloration de l'ensemble, ajoutez le madère, le pinot noir et faites réduire l'ensemble jusqu'à une cuillère à soupe, ajoutez le fond brun, à défaut du fond blanc ou de l'eau, et faites réduire jusqu'à consistance sirupeuse.

Pour 2 personnes
- 2 tranches de filet de bœuf (de forme ronde et pesant environ 100 g chacune)
- 2 cl d'huile
- 40 g de foie d'oie (ou de canard)
- 10 g de farine
- 5 cl de madère (ou de porto)
- 5 cl de pinot noir
- 2 échalotes finement hachées
- 10 cl de fond brun
- 5 g de truffes (facultatif)
- 2 tranches de pain de mie grillé ou beurré
- sel, poivre

Un madiran du domaine Laffont, à Maumusson (Gers).

Gérard Foltz était directeur de l'école-annexe de l'Institut universitaire de formation des maîtres (IUFM). Il dirige la chorale des enseignants et La Philharmonie de Strasbourg (émission du 20 novembre 2004).

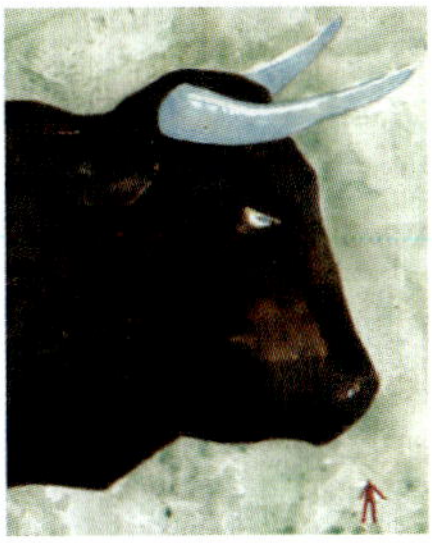

Bœuf au pinot noir et spaetzle au muscat

UNE RECETTE RÉALISÉE POUR DENISE MEYER

Denise Meyer, fine cuisinière, a suggéré ce bœuf au pinot noir avec des champignons ou des baies de raisin. Elle accompagne ce plat de spaetzle – à faire à l'ancienne sur une planchette – dont elle prépare astucieusement la pâte avec deux verres de muscat en remplacement de l'eau.

Pour 8 personnes

Bœuf au pinot noir

- 2 kg de paleron
- 200 g de grains de raisin de table (ou des oignons grelots)
- 200 g de champignons
- 2 gousses d'ail
- 10 cl d'huile
- poivre du moulin, sel
- 1 bouquet garni
- 20 g de beurre
- 200 g de lardons
- 1 cuillerée à café de sucre fin
- 3 cuillerées à soupe de vinaigre balsamique

Marinade

- 1 bouteille de pinot noir
- 200 g de carottes
- 2 gros oignons

Spaetzle au muscat

- 400 g de farine
- 250 g de semoule fine
- 5 œufs
- 1 pincée de muscade râpée
- 1 pincée de sel fin
- 2 dl de muscat sec
- 30 g de beurre (pour les faire sauter)

Un pinot noir cuvée des Myrtilles de la Maison Alphonse Meyer & Fils, à Zimmerbach.

Bœuf au pinot noir

Préparez la marinade 24 h à l'avance. Faites bouillir le vin et flambez-le. Laissez refroidir. Mettez dans un grand plat la viande coupée en cubes. Ajoutez carottes et oignons émincés. Recouvrez avec le vin refroidi. Mettez au frais durant 24 h.

Le lendemain, égouttez bien la viande et les légumes. Dans une cocotte en fonte, faites revenir la viande avec l'huile. Salez, poivrez, ajoutez les carottes et oignons émincés, le liquide de marinade, le bouquet garni et les gousses d'ail. Portez à ébullition et écumez. Disposez dans une daubière (en fonte ou terre cuite) et enfournez à 200° (th. 6-7) pendant 2h30 à 3 h. Surveillez la cuisson, tournez la viande et remuez-la de temps en temps en allongeant d'un peu d'eau si nécessaire. Après cuisson, retirez la viande et gardez au chaud. Mixez la sauce avec les légumes. Gardez quelques carottes entières sans les mixer pour les ajouter plus tard à la sauce. Remettez la sauce sur la viande.

Pendant la cuisson de la viande, mettez les oignons grelots dans une casserole avec 20 g de beurre et une cuillerée à café de sucre, recouvrez d'eau et faites bouillir pour réduire jusqu'à évaporation de toute l'eau. Ajoutez le reste du sucre et laissez colorer. Ajoutez sel, poivre et vinaigre balsamique et laissez réduire totalement, faites revenir les champignons de Paris – ou sauvages – coupés en quartiers.

Pour servir ce bœuf au pinot noir en période de vendanges, Denise remplace les oignons grelots par des grains de raisin de table, qu'elle fait sauter à feu doux dans un peu de beurre et qu'elle ajoute juste avant de servir.

Suite de la recette en p. 437

Denise Meyer fait connaître les vins de la maison Alphonse Meyer à Zimmerbach, créée en 1624, en les faisant déguster dans les salons viniques et agricoles de l'hexagone (émission du 31 octobre 2004).

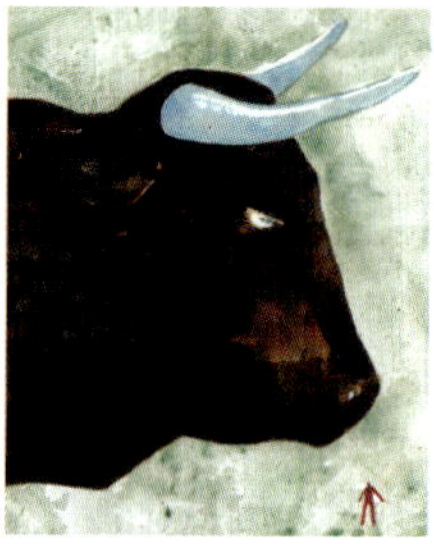

Pain de viande, dit *Hackbrote*

UNE RECETTE RÉALISÉE POUR CHRISTOPHE WEHRUNG

Christophe Wehrung, originaire du pays de Hanau, garde un souvenir exquis du *Hackbrote* de sa maman Marie-Ève. Les œufs durs disposés à l'intérieur de ce pain de viande rôti donnent aux tranches d'irrésistibles centres jaunes. « Servi avec une purée de carottes et une salade verte, ça a comme un petit goût de paradis », dit-il.

Hachez la viande crue et les restes de viandes cuites. Hachez les oignons et faites-les revenir doucement dans l'huile, laissez-les refroidir avant de les ajouter, avec l'ail haché, à la viande. Incorporez la chair à saucisse, la mie de pain préalablement trempée et pressée, le sel, le poivre, la noix de muscade (ou le mélange «quatre épices»), le persil haché, les deux œufs crus. Travaillez cette masse afin de bien la mélanger.

Semez de chapelure une planche à découper, disposez la moitié du mélange sur la planche, posez au milieu, en enfilade, les œufs durs (aux extrémités coupées afin d'obtenir au découpage de belles tranches avec le jaune au centre), posez le reste de farce, donnez au tout la forme d'un rôti en le roulant dans la chapelure. Posez le rôti dans un plat graissé destiné au four, entourez-le de la carotte et de l'oignon coupés en morceaux. Enfournez à 180-200° (th. 6-7) pendant 1 h à 1 h 30. Après 20 min de cuisson, ajoutez 1 dl d'eau pour le jus. Décorez à votre guise d'herbes du jardin (ciboulette, branche de thym, cerfeuil). On peut éventuellement mettre quelques tranches de poitrine fumée sur le dessus. Le *Hackbrote* se mange chaud ou froid (c'est par exemple un bon repas de pique-nique). Christophe quant à lui le préfère chaud, accompagné d'une purée de carottes et de pommes de terre *(Galeriewelgemies)* et d'une salade verte.

Pour 6 à 8 personnes
- 500 g de porc haché (épaule, collet)
- 300 g de viande cuite (porc ou bœuf) hachée, reste de pot-au-feu, daube, bourguignon
- 100 g de chair à saucisse
- 200 g de mie de pain imbibée de lait ou de bouillon
- 250 g d'oignons ou d'échalotes
- 3 gousses d'ail
- 5 cl d'huile
- 2 cuillerées à soupe de persil
- 1 cuillerée à soupe de ciboulette, cerfeuil
- 1 pincée de thym
- sel, poivre
- noix de muscade râpée (ou une pointe de couteau de « quatre épices »)
- 2 œufs entiers
- 4 œufs durs écalés (et aux extrémités coupées)
- 50 g de chapelure
- 1 carotte et 1 oignon pour le jus

quelques tranches de poitrine fumée (facultatif)

Un pinot blanc de Robert Klingenfuss, de Molsheim.

Christophe Wehrung, originaire de Bouxwiller, est issu de l'École des arts décoratifs de Strasbourg. Il est artiste peintre et professeur d'arts plastiques (émission du 24 mai 1997).

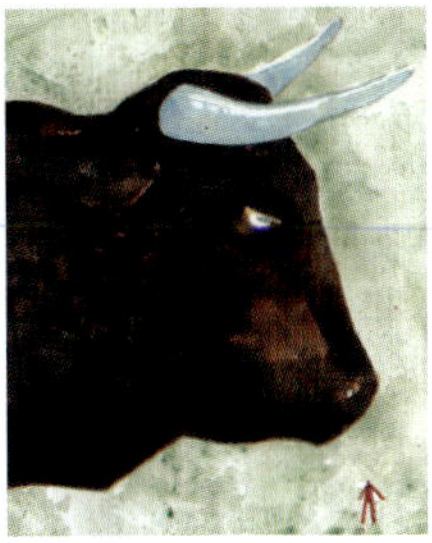

Paupiettes

UNE RECETTE RÉALISÉE POUR RUDY GIRBIG

Comme son père mourut jeune, Rudy Girbig, a grandi entre sa maman acrobate de cirque et sa grand-maman, avec le dimanche le fumet des paupiettes de bœuf, mitonnées à petit feu avec des pommes vapeur et du chou rouge. Lorsque sa maman eut passé l'âge des acrobaties, elle s'est reconvertie dans la restauration et devint chef de rang au Crocodile à Strasbourg.

Pour 4 personnes

- 4 tranches de bœuf assez minces (taillées dans la tranche ou le paleron) de 150 g chacune
- sel, poivre
- 8 échalotes
- 3 oignons
- 4 gousses d'ail
- 200 g de lardons fumés
- 3 carottes émincées en petits dés
- 3 cuillerées à soupe de persil haché
- 50 g de farine
- 3 cl d'huile
- 2 à 3 cubes de bouillon de bœuf (facultatif)
- 5 cl de vin blanc ou rouge (facultatif)
- des os ou 2 morceaux de pied de porc fendus
- 1 bouquet garni

Un pinot noir élevé en fûts de chêne de la maison Wusch-Mann, à Wettolsheim.

Faites tailler des tranches de bœuf minces. Aplatissez-les bien, salez et poivrez. Dans une poêle, faites revenir les lardons puis, dans la graisse rendue par les lardons, les échalotes et les oignons hachés (gardez-en un pour la sauce) en les faisant bien confire pour obtenir une couleur caramel. Ajoutez les carottes et laissez revenir pendant 3 min, puis ajoutez l'ail et le persil haché. Étalez une couche de cette farce sur chaque steak. Roulez la paupiette dans le sens de la longueur en forme de gros bouchon et ficelez-la. Faites revenir les paupiettes à l'huile dans une cocotte en les faisant brunir de tous côtés, ainsi que les os et le pied de porc.

Après belle coloration, ajoutez l'oignon haché, laissez-le colorer, puis ajoutez la farine en prenant soin de bien remuer pendant sa torréfaction, déglacez au vin, réduisez à sec puis mouillez à hauteur d'eau, ajoutez le bouquet garni et éventuellement les cubes de bouillon, laissez mijoter à couvert pendant 1 h à 1h30 en retournant deux à trois fois les paupiettes pendant la cuisson. Il faut qu'elles soient tendres et fondantes. Servez en accompagnement des pommes de terre vapeur et du chou rouge aux marrons.

Rudy Girbig, kinésithérapeute du sport, a créé en 1990 un centre de revitalisation à Strasbourg. Depuis 1992, il est le président de la Société européenne des kinés du sport (émission du 4 janvier 1997).

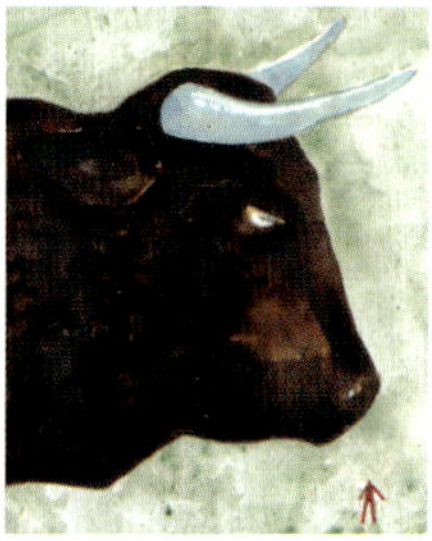

Roulades de bœuf, dites *Rouladle*

UNE RECETTE RÉALISÉE POUR GEORGES ISENMANN

Georges Isenmann aime ces roulades farcies d'une fine tranche de poitrine fumée, d'échalotes et de persil. Elles sont liées aux dimanches de son enfance dans le quartier de la Musau à Strasbourg. Son père, pompier professionnel, s'était juré qu'après les frustations de la guerre, il mangerait des frites chaque dimanche.

Mélangez le persil et les échalotes hachées. Placez sur une planche une tranche de gîte sur laquelle vous poserez une tranche de lard débarrassé de sa couenne. Posez une bonne cuillerée à soupe du mélange persil-échalotes. Salez légèrement et poivrez. Roulez le tout, en veillant à ce que le lard et le hachis restent bien à l'intérieur de la tranche de gîte. Ficelez la roulade ou fermez-la avec un cure-dents. Gardez le surplus d'échalote et de persil.

Dans une cocotte en fonte, faites chauffer l'huile pour y faire revenir les os du pied de porc et les roulades sur toutes leurs faces, ajoutez le reste d'échalotes et de persil et mouillez avec un peu de vin (ou de bouillon ou d'eau). Ne mettez pas trop de liquide. Laissez cuire pendant 2 h à 2 h 30. Au cours de la cuisson, laissez réduire complètement le jus et tournez les roulades dans la cocotte pour qu'elles prennent une belle teinte foncée, puis rajoutez de l'eau pour faire le jus. Servez avec des frites maison, croustillantes, ou de la purée et des haricots verts.

Vous pouvez prévoir large : ces roulades sont excellentes réchauffées dans leur jus.

Pour 6 personnes

- 6 tranches de gîte de 150 à 200 g coupées fin (4 à 6 mm d'épaisseur)
- 6 tranches de poitrine fumée (2 à 3 mm d'épaisseur)
- 200 g d'échalotes
- 1 petit bouquet de persil
- 5 cl d'huile
- sel, poivre
- 1 bouquet garni
- des os concassés menus
- 1 pied de porc coupé en 6
- 1/2 l de vin blanc ou rouge (ou d'eau)
- 2 dl de fond de veau ou de bouillon de bœuf (facultatif)

Un pinot noir élevé en fûts de chêne de Marc Anstotz, de Balbronn.

Georges Isenmann, enseignant retraité, est tromboniste dans l'orchestre de jazz New Orleans Les Célestins. Il enseigne encore le solfège et le chant à l'école de Niederschaeffolsheim (émission du 24 janvier 2004).

Blanquette de veau

UNE RECETTE RÉALISÉE POUR JEAN CLAUS

Jean Claus a découvert tardivement le plaisir de faire la cuisine. Il ne se lasse pas des plats longuement mijotés dans une cocotte-minute. « C'est poétique. C'est la cuisine des anges », ajoute-t-il. Dans cette recette, la viande est revenue avant cuisson dans le bouillon. Le veau peut être remplacé par de la volaille, du lapin ou de l'agneau.

Pour 4 personnes

Blanquette

- 1 kg d'épaule de veau (ou tendrons ou collet)
- 30 g de beurre ou d'huile
- 2 l de bouillon, ou de fond blanc ou d'eau additionnée de deux cubes de bouillon
- 3 carottes
- 1 poireau
- 2 oignons piqués chacun d'1 clou de girofle
- 3 gousses d'ail
- 1 bouquet garni
- sel, poivre
- 300 g de petits oignons blancs
- 300 g de champignons de Paris

Sauce

- 50 g de beurre
- 40 g de farine
- 10 cl de crème
- 1 jaune d'œuf (facultatif)
- 1/2 cuillerée à soupe de jus de citron
- 1/2 l du bouillon de la blanquette

Un crémant d'Alsace de la cave de Sigolsheim.

Détaillez la viande en cubes de 5 cm de côté environ après l'avoir parée et dégraissée. Faites fondre le beurre dans la cocotte et faites raidir la viande sans la laisser colorer (vous pouvez aussi mettre la viande crue, mouillée à hauteur d'eau ou de bouillon froid et la porter à ébullition sans la saisir). Mouillez à hauteur avec du bouillon ou du fond blanc, salez au sel gros. Portez rapidement à ébullition et écumez. Ajoutez les oignons piqués de blancs de poireaux, de clous de girofle, l'ail, les carottes épluchées et coupées en quatre ainsi que le bouquet garni. Couvrez et laissez cuire à toute petite ébullition pendant 1 h 15 (dans la cocotte-minute, le temps de cuisson sera ramené à 20 min à partir de la mise en rotation de la soupape).

Égouttez les morceaux de viande, mettez-les dans un plat, au chaud avec les champignons et les petits oignons cuits avec du bouillon blanc à hauteur pendant 10 min. Pour la finition de la sauce, préparez un roux blanc : faites fondre le beurre dans une casserole, ajoutez la farine, cuisez ce roux pendant 1 min et laissez refroidir. Puis ajoutez le bouillon chaud sur le roux froid. Mélangez bien au fouet jusqu'à reprise de l'ébullition. Faites mijoter la sauce une dizaine de minutes jusqu'à consistance de nappage. Cette opération a pour but d'exalter tous les arômes et les saveurs concentrés de la sauce. Rectifiez l'assaisonnement et bien fouetter s'il y a des grumeaux. Passez la sauce au chinois fin. Ajoutez hors du feu la crème, le jaune d'œuf et quelques gouttes de citron pour lui donner un petit goût acidulé. Rectifiez l'assaisonnement, ne plus la faire bouillir.

Servez avec une purée de pommes de terre, du riz ou des nouilles.

Jean Claus, peintre et sculpteur à Strasbourg, a enseigné la sculpture à l'École d'architecture et animé un atelier de peinture à la maison d'arrêt de l'Elsau (émission du 27 octobre 2001).

Côte de veau de lait et sa mitonnée de légumes aux girolles

UNE RECETTE RÉALISÉE POUR JACQUES SCHLEEF

Jacques Schleef, amateur de vins et de grande cuisine, apprécie ce repas de fête souvent dégusté dans son enfance. La mitonnée de légumes et de girolles qui l'accompagne fut inspirée à son neveu, Nicolas Durif, par son maître Émile Jung, le chef du Crocodile à Strasbourg.

Confectionnez la fondue d'oignons en faisant revenir les oignons émincés à l'huile pendant 5 min à feu doux, sans leur laisser prendre coloration, et laissez tiédir. Sur la côte de veau préalablement salée et poivrée, posez la fondue d'oignons, saupoudrez de mie de pain et de gruyère, ajoutez les 20 g de beurre ainsi que les 5 cl de vin blanc. Enfournez à 180° (th. 6) pendant 30 min.

Après 20 min de cuisson, ajoutez la mirepoix d'oignons et de carottes coupées en petits dés de 2 cm. Puis sortez la côte du four, faites pincer les sucs (c'est-à-dire caraméliser les particules restant au fond du récipient, cette opération donnant la couleur à la sauce) en leur donnant une belle coloration, déglacez au vin blanc, laissez réduire et passez au chinois (si la sauce est trop corsée, ajoutez un peu d'eau). Ajoutez à la fin les truffes hachées.

Pendant la cuisson de la côte de veau, préparez la mitonnée de légumes. Faites revenir les légumes à l'huile dans une casserole en leur faisant prendre une légère coloration, salez et poivrez, mouillez à hauteur avec le fond blanc et laissez mijoter sur le coin du feu jusqu'à ce que les légumes soient cuits (environ 15 à 20 min de cuisson).

Pendant la cuisson des légumes, nettoyez les girolles ; faites-les «tomber» (c'est-à-dire les faire revenir dans une sauteuse afin qu'elles rendent l'eau) ; ajoutez les girolles aux légumes. Servez la côte dans un plat avec les légumes disposés autour. Découpez à table.

Pour 2 personnes

Côte de veau de lait
- 1 côte de veau de lait de 600 à 700 g
- 50 g d'oignons
- 3 cl d'huile (pour la fondue d'oignons)
- 100 g de mie de pain
- 30 g de gruyère
- 20 g de beurre
- 5 cl de vin blanc
- sel, poivre

Sauce
- 1 mirepoix (50 g d'oignons et 30 g de carottes)
- 1 dl de vin blanc
- 15 g de truffes hachées

Mitonnée de légumes
- 60 g de carottes coupées en sifflets (biseau)
- 40 g de céleri coupé en losanges
- 40 g de navet coupé en bâtonnets
- 90 g d'oignons nouveaux
- 4 cl d'huile (pour faire revenir)
- 15 cl de fond blanc de volaille (ou bouillon)
- 160 g de girolles
- sel, poivre

Un pinot noir Schlossreben de la maison Eblin-Fuchs, à Zellenberg.

Jacques Schleef, officier à la police aux frontières, est aussi l'organisateur du festival de musique Summerlied d'Ohlungen (émission du 17 octobre 1998.).

Émincé zurichois aux galettes de pommes de terre à la mode suisse, dites *Rösti nach schweizer Art*

UNE RECETTE RÉALISÉE POUR OSCAR GROSS

Oscar Gross, de Muttersholtz, a choisi cette recette en hommage à sa maman Mina, une couturière d'origine suisse. À l'âge de trois ans, elle fut « donnée » en raison de la pauvreté de sa famille à une famille de Muttersholtz. Un abandon qui resta toujours une douleur pour elle.

Pour 4 personnes

Émincé de veau zurichois

- 750 g de viande de veau coupée dans la noix
- 2 oignons
- 300 g de champignons frais (girolles, pleurotes ou de Paris)
- 2 cuillerées à soupe d'huile
- sel, poivre
- 30 g de beurre (ou de margarine)
- 30 g de farine
- 1/4 l de vin blanc sec
- 30 cl de crème fraîche
- 1/2 cuillerée à soupe de jus de citron
- 2 cuillerées à soupe de persil finement haché

Galettes de pommes de terre à la mode suisse

- 750 g de pommes de terre
- 125 g de fromage à pâte cuite
- 1/4 l de crème fraîche
- 3 cuillerées à soupe d'huile
- 1 cuillerée à café de sel
- 1 cuillerée à soupe d'oignon revenu (facultatif)

Un tokay pinot gris de Michel Frank, de Goxwiller.

Émincé de veau zurichois

Émincez la viande en fines lanières. Émincez les oignons. Nettoyez les champignons et émincez-les finement. Faites chauffer l'huile dans une sauteuse. Faites revenir la viande vivement en la retournant fréquemment pendant environ 2 min afin qu'elle dore sur toutes ses faces (il faut que la viande soit bien saisie). Sortez la viande pour la réserver, salez et poivrez-la.

Faites chauffer le beurre dans la sauteuse. Faites revenir les champignons, puis ajoutez-les à la viande. Faites revenir les oignons et la farine et ajoutez le vin blanc en remuant sans cesse. Laissez mijoter une dizaine de minutes. Ajoutez la crème fraîche, laissez réduire jusqu'à consistance de nappage, puis rectifiez l'assaisonnement. Portez à ébullition, ajoutez la viande et les champignons. Maintenez au chaud (mais ne portez plus à ébullition). Ajoutez le jus de citron et rectifiez l'assaisonnement. Saupoudrez de persil.

Galettes de pommes de terre à la mode suisse

Râpez le fromage, mélangez avec la crème fraîche. Râpez avec une grille épaisse les pommes de terre. Chauffez l'huile dans une poêle, salez les pommes de terre, posez-les dans la poêle et faites-les revenir à feu moyen jusqu'à ce qu'elles commencent à brunir sur la face en contact avec la source de chaleur. Ajoutez alors le mélange fromage-crème et laissez encore revenir pendant 5 min.

Oscar Gross a travaillé comme cadre commercial et fut correspondant des « Dernières Nouvelles d'Alsace ». Pianiste et chanteur, il dirige la chorale des vignerons de Goxwiller (émission du 13 mars 2004).

Escalopes de veau aux pommes et aux courgettes

UNE RECETTE RÉALISÉE POUR ANDRÉ-PIERRE SCHMITT

André-Pierre Schmitt, de Strasbourg-Neuhof, a suggéré cette recette, une création de sa femme Carmen. Les escalopes, avec une tranche de gruyère en leur cœur, sont roulées puis enrobées d'un mélange d'œuf-moutarde-oignon avant d'être associées aux pommes et aux courgettes. La viande de veau supporte bien l'alliance avec des fruits.

Faites dorer les escalopes dans l'huile chaude sur une face. Disposez une tranche d'emmental sur chaque escalope. Roulez les escalopes et maintenez-les fermées à l'aide d'un cure-dent. Battez le jaune d'œuf avec la moutarde, ajoutez l'oignon haché, le persil, le thym, le sel et le poivre.
Roulez les escalopes dans ce mélange et déposez-les dans un plat destiné au four. Épluchez pommes et courgettes, épépinez-les et coupez leur chair en dés. Versez le tout sur les escalopes. Arrosez avec le vin et faites cuire dans un four préchauffé à 180° (th. 6) pendant 20 min. Servez aussitôt avec des pommes de terre poêlées ou rissolées.

Pour 2 personnes
- 2 escalopes de veau de 180 g chacune
- 2 cl d'huile
- 2 fines tranches d'emmental
- 1 jaune d'œuf
- 1 cuillerée à soupe de moutarde
- 1 oignon haché à faire revenir légèrement
- persil, thym
- sel, poivre
- 300 g de pommes golden
- 200 g de courgettes
- 20 cl de pinot blanc

Accompagnement
- 400 g de pommes de terre rôties

Un pinot blanc d'André et Rémy Gresser, d'Andlau.

André-Pierre Schmitt, maître peintre en lettres et décors, est devenu artiste peintre et l'un des meilleurs spécialistes de la peinture polychrome d'Alsace qu'il a longtemps enseignée (émission du 30 avril 2005).

Escalope cordon-bleu, petits pois frais et frites

UNE RECETTE RÉALISÉE POUR CLAUDE FUCHS

Claude Fuchs connaît une foule de bonnes adresses pour manger, adoubé en cela par son père qui l'a initié tout petit à la « philosophie de la winstub ». Ce qui lui inspira le livre *L'âme des winstubs*. L'escalope cordon-bleu est l'un de ses plats préférés: simple, rapide et tellement savoureuse avec de bonnes frites et des petits pois frais.

Pour 4 personnes

Escalopes
- 4 escalopes pour cordon-bleu préparées par le boucher de 180 g pièce
- sel, poivre
- 160 g de jambon à l'os tranché finement
- 100 g de gruyère
- 1 œuf battu
- 120 g de chapelure
- 4 cl d'huile

Sauce
- 20 g d'échalotes
- 30 g de beurre
- 200 g de champignons de Paris
- 5 cl de crème fraîche
- 1 pointe de curry
- sel, poivre

Frites
- 1 kg de pommes de terre
- 2 l d'huile
- sel

Petits pois
- 600 g de petits pois à écosser
- sel, poivre
- 1 cuillerée à soupe de persil
- 6 feuilles de laitue
- 5 cl de crème fraîche (facultatif)

Un pinot blanc de Willy Gisselbrecht, de Dambach-la-Ville.

Escalopes

Faites découper par votre boucher des escalopes pour cordon-bleu, c'est-à-dire des bi-valves restant attachées par un bord. Salez et poivrez-les, introduisez entre les deux parties une tranche de jambon ainsi qu'une tranche de gruyère, refermez. Trempez chaque escalope dans l'œuf battu, puis dans la chapelure afin qu'elle en soit enrobée. Faites-les sauter à l'huile dans une poêle chaude et dorez les deux faces. Lorsque les escalopes sont cuites aux 3/4, sortez-les de la poêle et maintenez-les au chaud au four (préchauffé à 120°, th. 4). Faites revenir au beurre les champignons de Paris émincés avec 20 g d'échalotes, ajoutez la crème fraîche, salez, poivrez et assaisonnez au curry. Laissez venir à ébullition et réservez.

Frites

La cuisson des frites est celle qui vous prendra le plus de temps. Débutez par elle. Coupez les pommes de terre en bâtonnets réguliers, séchez-les pour éliminer toute humidité. Remplissez à moitié d'huile la bassine à friture munie d'un panier métallique s'y emboîtant (un ustensile pratique pour l'égouttage), faites chauffer à 160°, plongez les pommes de terre (pas plus de 500 g à la fois) dans le bain de friture, cette opération s'appelle «blanchir» afin d'obtenir des frites pré-cuites avec une peau formée et sans coloration. Égouttez-les, puis plongez-les dans un bain de friture à 180°, par petites quantités, pour les frire dorées et croustillantes. Salez au dernier moment, juste avant de servir.

Suite de la recette en p. 437

Claude Fuchs est un docteur en dermatologie qui excelle dans le dessin satirique. Il a créé dans les années 1970 à Strasbourg, avec Marc Jung, le cinéma d'art et d'essai Kléber (émission du 26 avril 1997).

Poitrine de veau farcie aux saveurs d'été, dite *g'fuellti Kalbsbruscht*

UNE RECETTE RÉALISÉE POUR RÉMI HAGENBACH

Rémi Hagenbach a grandi – aîné de sept enfants – à Richwiller dans le Bassin potassique. Il a gardé un attachement pour les plats simples et savoureux de sa maman Odile, comme cette poitrine de veau farcie, spécialité de Thann. Hubert Maetz lui a donné quelques touches estivales.

Dans une grande terrine, mélangez la viande de veau hachée avec les oignons revenus, les poivrons rouges coupés en petits dés, les petits pois précuits à l'eau bouillante salée pendant 1 min, ainsi que les croûtons de pain détaillés en cubes. Ajoutez les œufs entiers battus en omelette, les herbes et les olives dénoyautées et blanchies à deux reprises. Salez, poivrez et mélangez le tout intimement. Étalez cette farce sur la poitrine parée et bien mise à plat, puis roulez le tout et cousez-le à l'aide d'une aiguille à brider. Enfournez à 150° (th. 5) pendant 2 h à 2 h 30.

Après 1 h de cuisson, ajoutez les légumes et aromates pour confectionner le jus. Laissez bien colorer et ajoutez alors le vin blanc. Laissez encore cuire au four pendant 30 minutes en arrosant de temps à autre.

Pour servir, coupez en tranches. Accompagnez d'une salade verte. Cette préparation est également agréable lorsqu'on la déguste froide.

Pour 8 personnes

Viande
- 1,8 kg de poitrine de veau parée

Farce
- 100 g d'oignons hachés revenus
- 150 g de poivrons rouges épluchés
- 200 g de petits pois
- 200 g de croûtons de pain
- 150 g de veau haché
- 3 œufs
- herbes (marjolaine, sarriette)
- 100 g d'olives (facultatif)
- sel, poivre

Jus
- 100 g de carottes coupées en dés
- 80 g de poireau émincé grossièrement
- 100 g d'oignons coupés en dés
- 2 gousses d'ail écrasées
- 1/2 l de vin blanc sec
- thym et laurier

Un tokay pinot gris vieilles vignes d'Armand Landmann, de Nothalten.

Rémi Hagenbach, fondateur et PDG du groupe immobilier Stradim, pilote lui-même son avion pour se rendre en ses différents bureaux (émission du 19 juin 2004.).

Poitrine de veau farcie, dite *g'fuellti Kalbsbruscht*

UNE RECETTE RÉALISÉE POUR PHILIPPE JUNGER

Philippe Junger a travaillé comme cuisinier (notamment comme choucroutier à la Maison des Tanneurs à Strasbourg) avant de devenir le responsable de la cave des hospices de Strasbourg. Il raffole de la poitrine de veau farcie de sa maman Gabrielle. Il s'agit de la recette à la mode alsacienne : la poitrine n'est pas roulée mais entaillée pour être remplie comme une poche puis cuite au four.

Pour 10 personnes

- 1 poitrine de veau entaillée de 2,5 kg
- 250 g de pain rassis
- 2 à 3 dl de lait
- 400 g d'oignons
- 800 g de champignons de Paris
- 5 cl d'huile
- 200 g de carottes précuites
- 1 poireau
- 1 céleri branche
- 400 g de jambon cuit
- 500 g de chair à saucisse à frire *(Buerebrotwurschtteig)*
- 1 gousse d'ail
- 2 cuillerées à soupe de fines herbes hachées (estragon, coriandre, cerfeuil, persil)
- sel, poivre
- noix de muscade râpée (facultatif)
- 5 cl de cognac
- 1 petite branche de thym

Un pinot blanc de la cave des hospices civils de Strasbourg.

Faites entailler par le boucher la poitrine de veau afin que vous puissiez la remplir comme une poche (l'opération est délicate : il ne faut pas aller trop près des bords pour ne pas les percer). Salez et poivrez. Faites tremper le pain dans le lait chaud. Émincez les oignons et faites-les revenir dans l'huile. Nettoyez et coupez les champignons en quartiers, faites-les également revenir. Détaillez en minuscules dés les carottes précuites (sinon elles resteront légèrement craquantes). Détaillez en fines lamelles le poireau et le céleri en branches. Découpez le jambon en dés.

Dans une jatte, mélangez la chair à saucisse, le jambon, les oignons et les champignons revenus, les légumes, le pain gonflé, pressé et émietté, l'ail haché, les fines herbes hachées, le sel, le poivre, la noix de muscade, la fleur de thym et le cognac. Remplissez la poche avec cette farce en veillant à ne pas trop la rembourrer afin qu'elle n'éclate pas à la cuisson. Cousez l'ouverture supérieure, donnez éventuellement quelques points de couture à la base, si un endroit vous paraît fragile ; enduisez d'un peu d'huile et enfournez à four moyen (180°, th. 6) pendant 30 minutes puis baissez le four à 140° (th. 4-5) et laissez cuire doucement pendant environ 3 h en arrosant fréquemment la poitrine farcie et en la tournant à plusieurs reprises. Si elle devait prendre trop de couleur, couvrez-la de papier aluminium. À l'inverse, si elle ne colore pas suffisamment, augmentez la température du four. Coupez en tranches et servez avec une salade verte (une scarole à l'ail, par exemple).

Philippe Junger est responsable de la cave des hospices de Strasbourg, vieille de six siècles. Des visites y sont organisées pour faire découvrir ses voûtes et ses fûts (émission du 1er février 1997).

Rôti de veau et ses quenelles à la sauce brune

UNE RECETTE RÉALISÉE POUR CHRISTOPHE FELDER

Christophe Felder, chef-pâtissier de l'hôtel Crillon à Paris, qualifié de surdoué dans sa profession, a grandi dans la vallée de la Bruche, à Natzwiller et à Schirmeck où son papa est boulanger. Il y revient souvent et demande alors à sa tante, Marie-Jeanne Claude, de lui préparer ce plat qu'elle a inventé.

Faites revenir la viande dans une cocotte, avec l'huile et le beurre, des deux côtés. Salez et poivrez. Ajoutez la tomate, l'oignon haché, la carotte hachée et la farine. Laissez brunir. Ajoutez le vin blanc et 2 dl d'eau ainsi que le demi-cube de bouillon de poule. Mettez à four moyen (160°, th. 5-6) pendant 1 h à 1 h 30 en retournant fréquemment la viande. Faites revenir dans une poêle les champignons coupés en lamelles et ajoutez-les au rôti.

Pendant la cuisson du rôti, préparez les quenelles. Mélangez viande de veau et graisse, salez et poivrez, ajoutez la noix de muscade, l'œuf, l'échalote et le persil hachés. Dans un bol, faites tremper la mie de pain dans le lait, puis ajoutez à la farce. Confectionnez les quenelles en les roulant au creux de la main légèrement enduite de farine, donnez-leur une forme ronde (de la taille d'une noix) ou une forme allongée (de la taille d'un doigt). Préparez un bouillon de poule (ou une infusion faite avec les herbes aromatiques) et laissez pocher les quenelles pendant 10 min. Réservez-les puis ajoutez-les au rôti, dans la sauce, 10 min avant la fin de cuisson : ainsi, elles se gorgeront d'un peu de sauce. Parsemez de fines herbes hachées : estragon, thym, hysope...

Servez la viande coupée en tranches avec les quenelles. Accompagnez de nouilles alsaciennes.

Pour 6 personnes

Rôti de veau
- 1,2 kg d'épaule de veau
- 200 g de champignons de Paris frais
- 3 dl de vin blanc
- 1 tomate
- 1 oignon
- 1 carotte
- 1/2 cube de bouillon de poule (facultatif)
- 5 cl d'huile
- 20 g de beurre
- 50 g de farine
- sel, poivre
- herbes fraîches (estragon, thym, hysope, persil plat, sauge)

Quenelles
- 300 g de veau haché
- 150 g de graisse de veau hachée
- sel, poivre
- 1 pincée de noix de muscade râpée
- 1 œuf
- 1 échalote hachée
- 1 cuillerée à soupe de persil haché
- 3 tranches de pain de mie
- 5 cl de lait
- 1 cube de bouillon de poule (ou des herbes aromatiques comme le persil, l'estragon, la fleur de thym, l'hysope)

Un rouge de Saint-Léonard des sœurs Hummel.

Christophe Felder est sollicité dans le monde entier pour créer des desserts et animer des sessions de pâtisserie (émission du 14 juin 1997).

Roulé de veau et ses rognons, dits *Nierebrote*

UNE RECETTE RÉALISÉE POUR MICHELINE SCHWARTZ

Micheline Schwartz, d'Otterswiller, parle avec émotion des bouteilles d'exception qu'elle collecte, de la romanée-conti, du château-yquem, parmi les sept cents bouteilles offertes annuellement par des viticulteurs et vendues au profit de l'association Vaincre le diabète. En matière culinaire, elle a une préférence pour ce plat de fête qu'elle aimait cuisiner pour l'homme de sa vie, Roland.

Pour 4 personnes

Roulé de veau farci aux rognons

- 800 g de quasi ou de noix de veau
- 1 rognon de veau
- 5 cl de lait
- 100 g de lard de poitrine légèrement fumé
- 5 cl d'huile
- 50 g de beurre
- 100 g d'oignons
- 50 g d'échalotes
- 50 g de persil haché
- sel, poivre

Sauce

- 100 g d'oignons
- 50 g de carottes
- 5 cl de cognac
- 5 cl de vin blanc
- 5 cl de crème fraîche (facultatif)

Un rouge de Saint-Hippolyte, de Jean-Marie et Françoise Klein.

Parez le rognon en ôtant les parties grasses, posez-le dans du lait pendant 30 min. Cette opération a pour but d'éliminer toute odeur forte. Faites revenir au beurre les lardons finement coupés. Lorsqu'ils sont revenus et qu'ils ont bien rendu leur graisse, ajoutez les oignons et les échalotes émincés, laissez dorer puis ajoutez le persil. Égouttez le rognon, séchez-le, enduisez-le de ce mélange lardons-oignons-échalotes-persil. Entaillez le morceau de veau pour y glisser le rognon, fermez alors l'ouverture en la cousant. Vous pouvez aussi déposer le rognon au centre d'un morceau de veau et rouler celui-ci en le maintenant à l'aide d'une ficelle.

Faites revenir la viande à l'huile avec les carottes et les oignons coupés en gros morceaux. Lorsque la viande est dorée de toutes parts, arrosez-la avec le cognac et flambez-la, salez et poivrez et déglacez la cocotte au vin blanc. Couvrez et faites cuire à feu très doux pendant 1 h environ : au toucher, la viande doit être bien moelleuse (le rognon doit rester rosé à l'intérieur). Il est aussi possible de faire la cuisson au four, à découvert, pendant 1 h à 180° (th. 6). Avec une sonde thermique, vous pouvez contrôler la cuisson à cœur et arrêter à 58°. Pour allonger la sauce et la rendre plus onctueuse, ajoutez la crème fraîche en fin de cuisson.

En accompagnement, Micheline apprécie un gratin de pommes de terre (fait avec un mélange de lait et de crème, de noix de muscade râpée et de fromage râpé).

Micheline Schwartz, sage-femme à la retraite, collecte dans toute la France des bouteilles de vin au profit de l'association Vaincre le diabète du professeur Pinget (émission du 29 novembre 1997.).

Tendrons de veau à l'orange

UNE RECETTE RÉALISÉE POUR ROGER KEMPF

L'écrivain Roger Kempf, né d'un père cuisinier qui a fait ses classes chez le grand Escoffier au Savoy de Londres et qui fut le premier importateur de caviar, a choisi les tendrons de veau à l'orange, selon la recette de Raymond Oliver. « Il y a bien longtemps, je dînais régulièrement au Grand-Véfour à Paris, à la table de Raymond Oliver. J'avais même rendu visite à notre grande Colette qui habitait au-dessus du restaurant du Palais-Royal. »

Coupez la viande en cinq tranches de 2 cm d'épaisseur environ. Salez, poivrez et farinez-les, faites-les dorer régulièrement dans la sauteuse avec beurre et huile, puis laissez-les rissoler doucement.

Coupez en julienne le zeste des oranges et du citron et faites-les blanchir. Pour cela, plongez-les dans l'eau froide, portez à ébullition, laissez bouillir 3 min et égouttez-les. Épluchez à vif (c'est-à-dire en enlevant la peau blanche) les oranges et le citron, découpez-les en quartiers en évitant les peaux qui séparent chaque tranche. Pressez ces peaux pour en extraire le jus à réserver dans un bol.

Dans une casserole, faites fondre à feu doux, sans mettre d'eau, le sucre en poudre. Remuez avec la cuillère en bois jusqu'à ce que vous obteniez un caramel blond. Ajoutez alors le jus des fruits réservés et le vinaigre, mélangez et laissez mijoter très doucement.

Retirez la viande de la cocotte, mettez-la sur un plat allant au four, arrosez-la de la graisse de cuisson et enfournez pendant 1h30 à 160° (th. 5-6). Testez la tendreté de la viande en la piquant avec un couteau d'office.

Déglacez la cocotte avec 1/4 l d'eau, grattez bien le fond avec la cuillère en bois pour que le suc de la viande se détache. Laissez bouillir fort pendant 2 min. Versez sur le caramel, mélangez et ajoutez une liaison préparée avec la fécule, le curaçao, la gelée de groseille, le tout bien mélangé. Laissez mijoter doucement. Ajoutez 5 min avant de servir les tranches d'orange et de citron. Lorsque les tendrons sont cuits, dressez-les sur le plat de service, recouvrez-les de quartiers d'orange égouttés, parsemez de zestes et nappez avec la sauce. Servez bien chaud.

Pour 5 personnes
- 1,2 kg de poitrine de veau assez maigre
- 2 oranges
- 1 citron
- 3 cuillerées à soupe de vinaigre
- 2 cuillerées à soupe de sucre en poudre
- 25 cl d'eau
- 1 cuillerée à soupe de curaçao
- 1 cuillerée à soupe de fécule
- 1 cuillerée à soupe de gelée de groseille
- 50 g de farine
- 5 cl d'huile
- 20 g de beurre
- sel, poivre

Un gewurztraminer cuvée d'Émilie d'Émile Schillinger, de Gueberschwihr.

Roger Kempf, écrivain lauréat du Prix Fémina de l'essai 2004, a enseigné à Berkeley, Stanford, Chicago, Zurich. Il a publié de nombreux livres, des traductions de Kant et des articles (émission du 14 mai 2005).

Cabri rôti et fricassée d'asperges

UNE RECETTE RÉALISÉE POUR HUGUETTE HOLDER

Huguette Holder a proposé pour Pâques cette fricassée d'asperges apprise de sa grand-mère sundgauvienne, petite agricultrice à Schlierbach. Elle l'accompagne de gigot d'agneau ou de cabri. Ce dernier étant un peu fade, Hubert Maetz l'a enduit de moutarde et l'a saupoudré d'une persillade assaisonnée d'ail et d'échalotes.

Pour 6 personnes

Cabri
- 1 gigot avec le foie et les rognons
- 1 dos de cabri (la selle et le carré)
- 20 g de beurre
- 3 cl d'huile
- thym, laurier, sel, poivre

Jus
- 1 échalote
- 1 gousse d'ail
- thym, laurier
- sel, poivre
- 1 dl d'eau

Persillade
- 100 g de chapelure ou de mie de pain
- 2 gousses d'ail hachées
- 40 g d'échalotes hachées
- 30 g de persil haché
- 50 g de moutarde (pour enduire la viande)
- 3 cl d'huile d'olive

Fricassée d'asperges
- 1,5 kg d'asperges fraîches
- 4 échalotes
- 2 gousses d'ail
- 2 cuillerées à soupe de persil
- 80 g de farine
- 4 dl d'eau (ou de bouillon de volaille ou de bœuf)
- 10 cl de crème fraîche
- 3 jaunes d'œuf
- 60 g de beurre, sel, poivre

Un tokay pinot gris Rangen de Thann de la maison Schofitt, à Colmar.

Cabri

Achetez un cabri entier (ou un demi) chez votre volailler ou votre boucher. Faites-le découper, de manière à avoir un gigot et un dos (selle et carré). Faites rôtir avec le mélange beurre et huile le gigot, le dos et les parures (foie et rognons) sur toutes les faces, salez et poivrez, ajoutez thym et laurier. Enfournez pendant 20 min à 190° (th. 6-7). Pendant ce temps, préparez la persillade en mélangeant tous les éléments, sauf la moutarde et l'huile d'olive.

La moutarde est utilisée pour badigeonner, à sortie du four (après les 20 min de cuisson), le gigot et la selle uniquement. Le foie et les rognons doivent simplement être maintenus au chaud. Parsemez la viande avec la persillade et arrosez de quelques gouttes d'huile d'olive, remettez au four chauffé à 180° (th. 6) pendant une bonne dizaine de minutes.

À la sortie du four, sortez la viande du plat de cuisson, faites encore bien colorer les sucs sans qu'ils prennent trop de couleur, ajoutez l'échalote hachée et la garniture aromatique, déglacez à l'eau: vous obtiendrez un petit jus coloré que vous assaisonnerez de sel et de poivre.

Tranchez le foie, les rognons et la viande, présentez le jus à part. Accompagnez avec une fricassée d'asperges et des nouilles maison.

Suite de la recette en p. 437

Huguette Holder, de Bitschwiller-les-Thann, est artiste spécialiste du verre. Elle travaille avec tous les matériaux imaginables: cuir, métal, papier, tissu... (émission du 7 avril 1996).

Rossbiff et spaetzle

UNE RECETTE RÉALISÉE POUR JULIEN DUCHÊNE

Julien Duchêne, d'Uttenhoffen, plus jeune invité de l'émission *Sür un Siess*, avait huit ans en 2001 et terminait son année de CE2 à l'école de Mietesheim, le village voisin. Il a souhaité un rossbiff, ce plat à base de viande de cheval. La première fois qu'il en a mangé, il s'est convaincu que cette viande lui donnerait la force de courir plus vite et de devenir plus fort. « Depuis je l'aime », a-t-il dit.

Spaetzle

Pour la pâte à spaetzle, mélangez la farine, les œufs et le sel à l'aide d'une spatule en bois. Ajoutez l'eau de manière à obtenir une pâte qui ne soit ni trop fluide ni trop épaisse.
Dans une grande casserole ou marmite, portez de l'eau salée à ébullition. Disposez un peu de pâte sur une planchette en bois et, à l'aide d'un couteau, raclez de petites lanières de pâte que vous ferez tomber dans l'eau bouillante. Il existe aussi une sorte de rabot à trous qui permet de faire tomber les spaetzle en pluie dans l'eau bouillante ; ils ont alors une forme plus régulière. Laissez pocher jusqu'à ce qu'ils montent à la surface, égouttez-les et maintenez-les au chaud. Il est possible de les faire sauter au beurre avant de les servir, mais la présence de sauce ne nécessite pas cette opération.

Rossbiff

Faites mariner la viande avec le sel, le laurier, le thym, les clous de girofle, la coriandre, le genièvre, le poivre concassé ainsi que l'ail, la carotte, les oignons et les échalotes grossièrement hachés et le bouquet garni. Couvrez avec les 2 l de vin rouge et laissez reposer au frais pendant deux jours. Égouttez la viande, séchez-la avant de la faire rôtir dans une cocotte avec l'huile. Lorsqu'elle a bien bruni de toutes parts, retirez-la et réservez-la. Faites revenir les aromates égouttés de la marinade : l'ail, la carotte, les oignons et les échalotes. Ajoutez le concentré de tomates, la moutarde et, lorsque ce mélange est asséché, la farine brunie. Remuez bien à l'aide d'une spatule. Ajoutez les tomates, la marinade (bouillie et écumée au préalable) avec les différentes épices et le bouquet garni. Laissez mijoter à couvert pendant 4 à 6 h. Sortez la viande et coupez-la en belles tranches fines. Passez la sauce et nappez-en la viande. Faites-la réduire si cela est encore nécessaire.

Pour 8 personnes

Viande
- 2 à 3 kg de cheval (paleron ou longe) à faire mariner au moins 48 heures

Marinade
- 2 cuillerées à soupe de sel
- 2 feuilles de laurier
- 2 brins de thym
- 10 grains de coriandre
- 5 baies de genièvre concassées
- 10 grains de poivre noir concassés
- 4 clous de girofle
- 4 gousses d'ail
- 1 carotte
- 2 oignons
- 4 échalotes
- 1 bouquet garni
- 2 l de vin rouge (simple vin de table)

Sauce
- 3 cuillerées à soupe d'huile
- 1 cuillerée à soupe de concentré de tomates
- 2 tomates
- 1 cuillerée à soupe de moutarde
- 4 cuillerées à soupe de farine (torréfiée au four)

Spaetzle
- 1 kg de farine
- 10 œufs
- sel
- 50 cl d'eau
- beurre (pour les faire sauter)

Un jus de pomme de la Société Cidou, à Mietesheim.

Julien Duchêne aime passer du temps avec son grand-père, cultivateur retraité – qui a aménagé un verger-école – ou avec son père qui l'emmène pêcher (émission du 16 juin 2001).

Caillette aux herbes

UNE RECETTE RÉALISÉE POUR ROLAND EBERLÉ

Le Strasbourgeois Roland Eberlé, cadre technique à l'Université du vin de Suze-la-Rousse (Drôme), a choisi une spécialité provençale qui se rapproche du goût aimé des quenelles de foie de sa maman. La caillette – qui vient du mot cail qui désigne une partie de l'estomac des ruminants – est un plat du Sud-Est mangé chaud, tiède ou froid, fait de foie, viande de porc et épinards entourés d'une crépinette.

Pour 6 personnes
- 1,5 kg d'épinards
- 500 g de foie de porc
- 500 g de poitrine de porc maigre
- feuilles de sauge fraîche
- 1 grand morceau de crépine de porc
- sel, poivre
- quelques tranches de lard gras salé *(tziginer Speck)*

Un côtes-du-rhône village, cuvée Les Bruneau, du domaine de Vincent et Bruno Delubac, à Cairannes (Vaucluse).

Faites blanchir les épinards pendant 2 min dans de l'eau salée, égouttez-les bien en les pressant et hachez-les grossièrement au couteau. Hachez le foie et la poitrine. Hachez très finement la sauge. Mélangez le tout et assaisonnez. Trempez-la crépine dans de l'eau tiède. Avec la farce, réalisez des boules de la taille d'une grosse mandarine et entourez-les de crépine taillée en carrés. Huilez un plat à gratin et posez-y les crépinettes, en y intercalant de fines tranches de lard gras. Déposez quelques feuilles de sauge sur chaque boule.
Préchauffez le four à environ 180° (th. 6) et enfournez durant 30 à 45 min en fonction de la grosseur des boules.
Ce plat peut se manger chaud avec un gratin de pommes de terre, ou tiède, avec un coulis de tomates, ou froid, en entrée ou même au casse-croûte, avec un petit vin blanc.

Initialement ingénieur en mécanique à l'usine atomique de Pierrelatte, Roland Eberlé travaille depuis 1997 comme cadre technique à l'Université du vin de Suze-la-Rousse (émission du 30 novembre 2002).

Cassoulet

UNE RECETTE RÉALISÉE POUR CHRISTIAN FUCHS

Christian Fuchs, passionné de patrimoine, vit à Stetten dans le Sundgau dans un ancien presbytère. Il aime ce cassoulet, spécialité languedocienne à base de haricots et de viandes qui lui donnent son originalité. Celui-ci est une symbiose entre le cassoulet de Castelnaudary (qui revendique le titre de capitale mondiale du cassoulet) et celui de Toulouse.

Pour 8 personnes

- 1 kg de haricots blancs secs
- 3 oignons
- 2 clous de girofle
- 4 gousses d'ail
- 2 carottes
- 1 bouquet garni
- 1 kg de confit d'oie ou de canard
- 300 g de couennes de lard frais (non fumé)
- 400 à 500 g de graisse d'oie
- 800 g de saucisse de Toulouse
- 400 g de lard de poitrine demi-sel
- 800 g d'épaule d'agneau
- 3 cuillerées à soupe de concentré de tomates
- sel, poivre
- 2 branches de thym
- 3 feuilles de laurier
- 50 g de chapelure

Un pinot noir de Justin Boxler, de Niedermorschwihr.

La veille, faites tremper les haricots dans l'eau froide. Préparez le confit : il suffit de laisser mijoter dans 300 g de graisse d'oie les morceaux d'oie ou de canard salés pendant 2 à 3 h.

Le lendemain, égouttez et rincez les haricots. Épluchez les oignons, émincez-en deux et piquez le dernier avec les clous de girofle. Épluchez les gousses d'ail, épluchez et émincez les carottes. Mettez les haricots dans une marmite, couvrez-les d'eau froide, ajoutez la moitié des gousses d'ail, l'oignon piqué de clous de girofle et le bouquet garni ; laissez cuire à petit feu pendant 1 h.

Dans une sauteuse, mettez deux cuillerées à soupe de graisse d'oie, faites revenir la saucisse de Toulouse après l'avoir piquée pour qu'elle n'éclate pas à la cuisson ; quand elle commence à prendre couleur, égouttez-la et réservez-la au chaud. Gardez la graisse.

Coupez le lard en lardons que vous faites revenir dans la graisse ayant servi à la cuisson de la saucisse. Lorsqu'ils sont à point, égouttez-les. Coupez l'agneau en gros dés, assaisonnez-le, faites-le revenir dans la même graisse. Ajoutez oignons et carottes émincés. Faites blondir le tout, puis ajoutez les deux dernières gousses d'ail, le concentré de tomates, mélangez pendant 1 min à feu vif, mouillez à hauteur avec de l'eau bouillante et portez à ébullition.

Dans une terrine en terre cuite enduite de graisse d'oie, déposez au fond les couennes de lard, puis la moitié des haricots cuits durant 1 h, disposez le confit d'oie, la saucisse de Toulouse découpée et l'agneau ; couvrez avec les haricots restants, le thym et le laurier, mouillez à mi-hauteur d'eau, couvrez et enfournez (210°, th. 7). Après 30 minutes de cuisson, baissez à 150° (th. 5) et laissez encore mijoter 1 h 30 environ.

Suite de la recette en p. 437

Membre-fondateur de l'Écomusée d'Alsace, Christian Fuchs est conseiller en patrimoine au Conseil général du Haut-Rhin. Il a repris un atelier et installe des poêles en faïence (émission du 21 janvier 1996).

Filet mignon au roquefort et aux navets caramélisés

UNE RECETTE RÉALISÉE POUR ROLAND STUCK

Roland Stuck apprécie cette recette de sa femme Annie, simple à réaliser et qui a l'avantage d'être festive et riche en goût. Le filet mignon est marié de façon originale à une sauce aux olives – vertes ou noires – et au roquefort. Le vermouth blanc apporte sa pointe d'amertume que tempère la douceur des navets caramélisés.

Pour 4 personnes

- 800 g de filet de porc
- 600 g de navets blancs
- 250 à 300 g de roquefort
- 100 g d'olives vertes (ou des noires de Nyons)
- 1/2 l de crème fraîche
- 4 échalotes
- 50 g de graisse d'oie
- 40 g de sucre (pour caraméliser les navets)
- sel, poivre
- 15 cl de vermouth blanc (noilly-prat) ou martini blanc

Un tokay sec de la maison Louis et Claude Hauller, à Dambach-la-Ville.

Épluchez les navets, coupez-les en cubes ou en boules (à l'aide d'une cuillère parisienne). Faites-les blanchir environ 15 min (selon la tendreté des navets), égouttez.

Faites dorer le filet mignon, ajoutez les échalotes hachées, faites blondir, ajoutez le vermouth (ou le martini), ainsi que les olives. Laissez mijoter juste le temps que les filets soient encore roses à l'intérieur. Ajoutez le roquefort écrasé et la crème.

Mettez la graisse d'oie dans une cocotte. Faites revenir les navets. Saupoudrez-les de sucre et faites-les caraméliser. Ajoutez-les à la viande, rectifiez l'assaisonnement. Ne faites plus bouillir à ce moment-là.

Roland Stuck est ingénieur principal de physique nucléaire au CNRS. Lui-même compétiteur, il est pilote et instructeur au Centre de vol à voile de Haguenau (émission du 29 septembre 2001).

Jambonneaux, dits *Waedele,* à la sauce raifort chaude avec salade de pommes de terre

UNE RECETTE RÉALISÉE POUR MARIE-CLAIRE LANNO

Marie-Claire Lanno, d'Ingwiller, apprécie la salade de pommes de terre, accompagnées de *Waedele* (jambonneaux) cuits au court-bouillon et d'une sauce chaude au raifort. Le raifort, riche en vitamine C, est un condiment traditionnel de la cuisine d'Alsace, mais aussi d'Allemagne, de Russie et de Scandinavie.

Salade de pommes de terre

Épluchez les pommes de terre cuites en robe des champs encore chaudes et coupez-les en fines rondelles. Arrosez de vinaigre et du bouillon de volaille (ou du lait) chaud, ajoutez la moutarde, l'oignon haché, le sel, le poivre, la crème et la ciboulette. Servez légèrement tiède. Vous pouvez aussi ajouter à cette salade des cornichons hachés et des lardons rissolés.

Jambonneaux au court-bouillon

Portez à ébullition une grande masse d'eau non salée en joignant les aromates. Lorsque l'ébullition est atteinte, ajoutez les jambonneaux, couvrez et laissez mijoter pendant 1 h 30 à 2 h (écumez de temps en temps). Vous pouvez, après cuisson au court-bouillon, braiser les jambonneaux au four à 180° (th. 6).

Sauce au raifort chaude

Faites un roux en mélangeant farine et beurre dans une poêle, mouillez avec le bouillon, mélangez bien en portant à ébullition. Ajoutez si nécessaire encore un peu de bouillon. Ajoutez le sel, le sucre et laissez mijoter 10 min. Liez avec la crème fraîche et incorporez le raifort au dernier moment.

Pour 4 personnes

Salade de pommes de terre

- 1 kg de pommes de terre (type charlotte)
- 1 dl de vinaigre
- 1 cuillerée à soupe de moutarde
- 1 oignon
- sel, poivre
- 1 dl de bouillon de volaille (ou de lait) chaud
- 1 dl de crème fraîche (facultatif)
- 1 cuillerée à soupe de ciboulette ou cerfeuil
- cornichons hachés (facultatif)
- lardons rissolés (facultatif)

Jambonneaux au court-bouillon

- 4 *Waedele* (jambonneaux non fumés mais salés) de 250 g chacun
- 4 carottes
- 1 oignon piqué d'un clou de girofle
- 1 branche de persil
- 1 petit poireau
- sel, poivre

Sauce au raifort chaude

- 30 g de beurre
- 30 g de farine
- 1 dl de bouillon
- 200 g de raifort râpé fin
- sel
- 1/2 morceau de sucre (facultatif)
- 1 dl de crème fraîche

Un muscat d'Alsace Ortenberg de Jean Dillenseger & Fils, de Scherwiller.

Institutrice à la retraite, Marie-Claire Lanno fut également conseillère pédagogique de l'École Normale. Bénévole, elle consacre son énergie aux œuvres sociales de Caritas Secours Catholique d'Alsace (émission du 1er décembre 2001).

Jambonneaux braisés à la bière brune, salade de pommes de terre et salade de choucroute nouvelle

UNE RECETTE RÉALISÉE POUR DANIÈLE KRONENBERGER

Danièle Kronenberger, qui partage sa vie entre l'Alsace et le Niger, est restée profondément alsacienne quant à ses plaisirs gourmands. Rien ne la réjouit plus qu'un plat rustique d'ici aux saveurs simples et vraies. Hubert Maetz a conçu pour elle cette association de saveurs, avec l'originalité d'une salade de choucroute nouvelle à déguster dès son arrivée, à la fin de l'été.

Pour 4 personnes

Viande

- 4 jambonneaux salés
- 5 cl d'huile
- 4 cuillerées à café de miel
- 100 g d'oignons
- 60 g de carottes
- thym, laurier
- 15 cl de bière brune
- 1 dl de fond brun (facultatif)
- sel, poivre

Salade de pommes de terre

- 1,2 kg de pommes de terre fermes
- 150 g d'oignons
- sel, poivre
- 8 cl d'huile d'arachide
- 4 cl de vinaigre de miel et de plantes
- 1 verre d'eau, de lait ou de bouillon
- persil haché

Salade de choucroute nouvelle

- 250 g de choucroute cuite, encore croquante
- 5 cl d'huile
- 3 cl de vinaigre de vin rouge à l'ancienne
- 1 cuillerée à soupe de moutarde à l'ancienne
- sel, poivre
- quelques lardons grillés (facultatif)

Un muscat de la maison Kuehn, à Ammerschwihr.

Faites cuire les jambonneaux dans une grande quantité d'eau non salée, les écumer fréquemment. Lorsqu'ils sont tendres (après environ 1h30 de cuisson), égouttez-les. Cette cuisson peut être faite la veille. Versez un filet d'huile sur une plaque à rôtir, et faites revenir de part et d'autre jusqu'à belle coloration. Pour éviter les éclaboussures, faites cette opération au four ou sur le feu, dans une sauteuse avec couvercle pour bien griller les jambonneaux. Étalez ensuite une cuillerée à café de miel sur chaque jambonneau, ajoutez l'oignon haché, la carotte détaillée en petits dés, le thym, le laurier, le sel et le poivre. Colorez légèrement, déglacez avec la bière brune, laissez réduire à découvert, au four, jusqu'à consistance sirupeuse en glaçant (c'est-à-dire en arrosant souvent les jambonneaux). Ajoutez éventuellement le fond brun.

Pour la salade de pommes de terre, faites-les cuire en robe des champs dans l'eau salée. Épluchez-les encore tièdes et coupez-les en rondelles. Disposez-les dans un saladier. Ajoutez les oignons finement coupés, le sel, le poivre, l'huile, et le vinaigre. Ajoutez un verre d'eau, de lait ou de bouillon tiède pour rendre l'ensemble plus onctueux.

Pour la salade de choucroute nouvelle, faites cuire la choucroute de manière traditionnelle en veillant à la garder bien croquante. Assaisonnez-la (froide ou tiède) avec les différents éléments de la vinaigrette. Vous pouvez la parsemer de quelques lardons grillés.

Danièle Kronenberger vit entre Alsace et Niger. Technicienne de laboratoire, elle a épousé le chef d'une tribu targuie et se bat pour la survie des Touaregs (émission du 20 septembre 1997).

Joues de porc *(Sauejbaeckle)* à la sauce raifort et à la purée de navets jaunes

UNE RECETTE RÉALISÉE POUR JEAN-PAUL EHRISMANN

L'aquarelliste Jean-Paul Ehrismann a choisi cette recette car elle fait référence aux scènes joyeuses et tellement vivantes des cochonnailles vécues dans son enfance à Seebach, ce village de l'Outre-Forêt. Elles ont laissé dans sa mémoire de belles empreintes autant colorées que gustatives. Les joues de porc sont associées à deux saveurs bien choisies : le raifort et les navets jaunes.

Faites revenir dans une cocotte les joues dans l'huile pendant 3 min de chaque côté jusqu'à belle coloration. Ajoutez 2 l d'eau, les carottes coupées en rondelles, les feuilles de laurier, le céleri coupé en dés et les navets. Ajoutez le poireau, le persil, l'ail, l'échalote piquée de six clous de girofle et les oignons grelots. Salez et poivrez. Laissez mijoter 30 à 40 min. Écumez jusqu'à ce que le liquide soit clair.

Pendant la cuisson des joues, faites cuire à l'eau salée pommes de terre et navets. Égouttez, réduisez en purée et ajoutez le beurre. Préparez la sauce en portant simplement à ébullition la crème et le raifort. Salez et poivrez. Présentez sur une assiette trois joues égouttées. Poivrez. Déposez autour des joues les légumes cuits.

Accompagnez de la purée de navets et de la sauce raifort.

Pour 4 personnes

Joues de porc

- 12 à 16 joues (soit 3/4 joues par personne)
- 10 cl d'huile
- 2 l d'eau
- 3 grosses carottes
- 1/4 de céleri moyen
- 4 navets jaunes
- 1 blanc de poireau
- 1 petit bouquet de persil plat
- 2 gousses d'ail
- 1 échalote piquée de 6 clous de girofle
- 15 oignons grelots
- 3 feuilles de laurier
- sel, poivre

Purée de navets jaunes

- 5 navets
- 5 pommes de terre
- sel, poivre
- 60 g de beurre

Sauce raifort

- 100 g de raifort
- 10 cl de crème fraîche
- sel, poivre

Un pinot blanc élevé en barriques neuves du domaine de Cathy et Gilbert Lang, à Bernardswiller.

Jean-Paul Ehrismann est ingénieur au service de l'assainissement de la CUS. Aquarelliste, il est président de l'association « Château d'eau » qui organise des manifestations artistiques. Il a publié un beau livre d'aquarelles avec Robert Werner : « Strasbourg, l'esprit d'une ville » (émission du 22 janvier 2005).

Mique

UNE RECETTE RÉALISÉE POUR JEAN-CLAUDE KLINGER

Jean-Claude Klinger, de Sélestat, se rend chaque année en Dordogne, pour satisfaire sa passion de l'archéologie et aussi pour le plaisir de déguster cette spécialité d'origine corrézienne, la mique, transmise par son amie périgourdine Solange Pagès. Il s'agit d'une boule de pâte pochée dans un bouillon, servie avec des légumes et du petit salé.

Pour 6 personnes

Mique

- 700 g de farine
- 4 œufs
- 60 g de beurre ou de graisse de canard
- 15 g de sel
- 20 g de levure de bière
- 25 cl d'eau tiède

Bouillon et accompagnement légumes-viandes

- 1,2 kg de petit salé (plat de côtes de porc, jarret, jambonneau)
- 1 kg de légumes divers (chou de Milan, carottes, navets, céleri, oignons, 1 oignon piqué de 3 clous de girofle, 3 gousses d'ail, bouquet garni)

Un pinot noir élevé en fûts de chêne de Cécile Bernhard-Reibel, de Châtenois.

Faites une fontaine avec la farine, ajoutez les œufs, la graisse fondue, le sel et la levure délayée dans de l'eau tiède. Travaillez le tout et laissez reposer dans un endroit chaud, couvert d'un linge pendant environ 1 h à 1 h 30.

Préparez le bouillon pour la cuisson. Faites bouillir petit salé et légumes dans de l'eau pendant 1 h 30, écumez de temps en temps. Quand le salé est cuit, réservez-le au chaud, puis déposez la mique dans le bouillon, laissez cuire à petit bouillon pendant 1 h. Aussitôt cuit, servez. Coupez la mique dès sa sortie du bouillon pour lui éviter de s'aplatir.

Elle se déguste chaude avec le petit salé et les légumes, ou avec un civet de bœuf ou de gibier. S'il y a des restes, coupez la mique en tranches, passez à la poêle avec un peu d'huile, faites-la griller des deux côtés. Dégustez avec une salade, ou en dessert avec de la confiture maison.

Jean-Claude Klinger, peintre abstrait, a travaillé comme graphiste et publiciste. Il est aussi archéologue amateur et fut batteur de rock dans les années « yéyé » (émission du 16 avril 2005).

Palette à la diable

UNE RECETTE RÉALISÉE POUR PAUL CASPAR

Paul Caspar aime la palette à la diable, cette spécialité dont la viande, légèrement saumurée est recouverte de moutarde mélangée à du persil et à des oignons hachés, le tout entouré d'une crépine. Hubert Maetz lui a confectionné en sus une sauce charcutière et des pommes paillasson, de fort bon aloi avec ce plat apprécié en temps de froidure.

Commandez chez le boucher une palette salée (non fumée). Laissez-la dessaler dans l'eau froide pendant 4 h, égouttez et séchez-la. Badigeonnez-la de moutarde forte, parsemez de persil haché et d'oignons hachés revenus, enveloppez le tout de la crépine. Déposez la palette dans un plat à gratin huilé et enfournez à 160° (th. 5-6) pendant 45 min. Arrosez alors seulement (après 45 min de cuisson) la palette de riesling ou de bière et continuez la cuisson pendant 15 min en l'arrosant fréquemment. Laissez-la reposer (en la maintenant au chaud).
Préparez la sauce charcutière : faites revenir les oignons ciselés au beurre, faites-les suer, déglacez avec le riesling, laissez réduire presque entièrement, ajoutez le fond de veau, laissez mijoter jusqu'à bonne consistance. Hors du feu, ajoutez la moutarde et les cornichons en julienne. Rectifiez l'assaisonnement.
Pour les pommes paillasson, faites clarifier le beurre, jetez le petit-lait ; coupez les pommes de terre en fines lanières avec une râpe, salez et poivrez-les. Liez-les en leur ajoutant la moitié du beurre clarifié. Mélangez-les bien. Dans une poêle, faites chauffer le beurre clarifié restant, déposez les pommes de terre en les pressant et faites-les griller à feu doux. À belle coloration de la galette, tournez-la et faites cuire l'autre face. Vous pouvez terminer la cuisson au four pendant 20 min (ou à la poêle). En accompagnement de la palette, de sa sauce et des pommes paillasson, servez une salade de mâche assaisonnée aux échalotes.

Pour 6 personnes

Palette à la diable
- 1 palette salée de 1,5 kg
- 100 g de moutarde forte
- 50 g de persil haché
- 2 oignons hachés revenus
- 1 crépine de porc
- 25 cl de riesling ou de bière

Sauce charcutière
- 30 g de beurre
- 80 g d'oignons
- 20 cl de riesling
- 4 dl de fond brun de veau
- 20 g de moutarde à l'ancienne
- 100 g de cornichons
- sel, poivre

Pommes paillasson
- 1 kg de pommes de terre
- 80 g de beurre clarifié
- sel, poivre

Un pinot blanc de la maison Léonard et Olivier Humbrecht, à Turckheim.

Paul Caspar est artiste-marqueteur autodidacte. D'abord comptable, thermicien et enfin PDG d'une entreprise de chauffage-sanitaire, il expose de façon permanente chez lui à Colmar (émission du 23 janvier 1999).

Poitrine de porc farcie aux oignons et purée aux navets blancs sucrés

UNE RECETTE RÉALISÉE POUR ANNE-MARIE TRITSCHLER

Anne-Marie Tritschler aime cette poitrine de porc fraîche farcie aux oignons *(g'fuellts Blechel)*, qu'elle sert avec une purée de pommes de terre et de navets blancs légèrement sucrés *(siessi Ruewe)*. Un plat d'enfance, rustique et savoureux, qu'elle apprécie à la saison froide.

Pour 6 personnes

Poitrine de porc fraîche farcie aux oignons
- 1,8 à 2 kg de poitrine de porc fraîche (entaillée sur le côté et sur toute la longueur comme une poitrine de veau)
- 500 g d'oignons
- 8 cl d'huile
- 40 g de beurre
- 200 g de carottes
- sel, poivre
- 3 à 4 dl d'eau
- quelques cure-dents ou de la ficelle (pour fermer l'entaille)
- gros sel

Pour laquer en fin de cuisson (facultatif)
- 2 à 3 cuillerées à soupe de miel
- mélange d'épices douces en poudre (cumin, coriandre, cannelle, cardamome, paprika, curry, curcuma, piment doux...) ; au choix, une ou plusieurs épices

Purée aux navets blancs sucrés
- 1 kg de navets blancs (ou jaunes)
- 1 kg de pommes de terre
- 80 g de beurre
- 50 g de sucre
- sel, poivre
- 1 oignon haché revenu au beurre

Un riesling grand cru Wiebelsberg de Marcel Schlosser, d'Andlau.

Poitrine de porc fraîche farcie aux oignons

La poitrine de porc doit être entaillée comme une poitrine de veau (en portefeuille). Faites revenir les oignons hachés au beurre et à l'huile. Lorsqu'ils sont bien bruns, farcissez-en l'entaille de la poitrine de porc. Fermez l'entaille à l'aide de quelques cure-dents en bois ou avec de la ficelle. Salez et poivrez. Faites revenir la poitrine sur toutes les faces, ajoutez les carottes et faites-les également revenir. Lorsque l'ensemble est bien brun, versez l'eau, couvrez et laissez mijoter pendant 1 h 30 dans une cocotte ou au four à 180° (th. 6). Il n'est pas nécessaire de mettre de la farine dans la sauce. 30 min avant la fin de cuisson, laissez caraméliser la poitrine sous le grill du four, surtout le côté couenne pour le rendre croustillant.

Si vous aimez les saveurs plus asiatiques, badigeonnez-la d'un peu de miel et saupoudrez d'un mélange d'épices douces en poudre, telles que cumin, coriandre, cannelle, cardamome, paprika, curry, curcuma, piment doux (un mélange dosé à votre palais). Glissez-le sous le grill pendant 15 min avant la fin de cuisson, guère plus car le miel brûle rapidement. Avant de servir, saupoudrez d'un peu de gros sel, d'oignons rissolés, de carottes et de trois tours de moulin à poivre.

Suite de la recette en p. 438

Anne-Marie Tritschler, céramiste à Schwabwiller, a ouvert son propre atelier après vingt-trois ans à la poterie Remmy. Elle siège au bureau d'aide sociale et au conseil municipal de sa commune (émission du 29 janvier 2000).

Rôti de porc bavarois à la bière blonde et quenelles

UNE RECETTE RÉALISÉE POUR TONY JUNG

Tony Jung, originaire de Rittershoffen, est devenu boulanger à succès en Bavière, après y avoir épousé la fille du boulanger de Schönberg qui lui donna quatre enfants. Voici la spécialité bavaroise préférée de cet enthousiaste qui a le sens de l'entraide et que les Bavarois surnomment *der Elsass-Bäcker*.

Rôti de porc

Frottez la viande avec sel, poivre et cumin. Dans une marmite, faites revenir à l'huile la viande de toutes parts. Épluchez et coupez finement carotte, oignons et ail. Lorsque la viande est grillée, sortez-la de la marmite et faites revenir les os. Ajoutez oignons, ail et carotte. Mouillez avec la bière. Ajoutez la viande. Faites cuire au four chauffé à 160° (th. 5-6) pendant 1h30 à couvert. De temps en temps, ajoutez un peu de bière au rôti en arrosant la viande.

Quenelles

Faites tremper le pain coupé en tranches dans le lait tiède pendant 10 min. Ajoutez la farine, les œufs, le persil et l'oignon hachés, le sel et le poivre. Mélangez et formez des boules que vous plongerez dans l'eau bouillante salée et égoutterez lorsqu'elles remonteront à la surface.

Pour 4 personnes

Rôti de porc

- 800 g de collier
- sel, poivre
- cumin
- 1 carotte
- 2 oignons
- 1 gousse d'ail
- 3 cuillerées à soupe d'huile
- 50 cl de bière blonde (Tony utilise une bière bavaroise artisanale, dite *Unertl Weissbier*)
- 500 g d'os
- 2 pieds de porc
- 1 queue (facultatif)

Quenelles

- 6 semmel (petits pains, qui peuvent être remplacés par 300 g de baguette ou de suebrot de la veille)
- 50 cl de lait
- 3 œufs
- 80 g de farine
- sel, poivre
- persil
- 1/2 oignon

Un tokay pinot gris de Jean-Louis Kayser, d'Eichhoffen.

Après son apprentissage, Tony Jung devient maître-boulanger en Allemagne avant de reprendre la boulangerie de Schönberg et d'ouvrir trois filiales (émission du 3 décembre 2003).

Baeckeoffe de lapin

UNE RECETTE RÉALISÉE POUR SIMONE VETTER

La fleuriste de Thann, Simone Vetter, a pris des cours de cuisine dans un lycée professionnel car elle aime cuisiner. Elle a fait découvrir cette recette originale d'un baeckeoffe de lapin, exquis avec ses légumes et ses herbes arômatiques. Simple à réaliser, il a l'avantage de pouvoir être confectionné à l'avance car il est aussi bon – sinon meilleur – réchauffé.

Pour 6 personnes

Viande

- 1 lapin de ferme de 1,5 à 2 kg (de préférence d'un élevage bio ou de ferme)

Marinade

- 2 carottes
- 1 oignon, 1 poireau
- 1 échalote
- 1/2 branche de céleri
- 1 gousse d'ail
- 3 branches de thym
- 1/2 feuille de laurier
- sel, poivre
- 1 bouteille de sylvaner ou de riesling

Pour la cuisson

- 400 g de poireaux
- 150 g de carottes
- 1,5 kg de pommes de terre (dont quelques vitelottes à la chair violette)
- 16 oignons de mai à laisser entiers
- sel, poivre et noix de muscade
- quelques brins d'hysope et de sarriette (facultatif)
- 20 g d'huile et de beurre (pour faire revenir la viande)
- 80 g de graisse d'oie
- 300 g de farine (pour le lutage)
- 1,5 dl d'eau

Un riesling grand cru de Thann de la maison Zind-Humbrecht, à Turckheim.

Découpez le lapin. Faites-le mariner (tête et abats compris) durant une nuit avec les carottes, l'oignon, le poireau épluchés et émincés, l'ail, l'échalote, les herbes aromatiques, le sel et le poivre, les branches de céleris et le riesling.

Pour le baeckeoffe, épluchez et émincez poireaux et carottes. Épluchez les oignons de mai, gardez-les entier avec un morceau de fane et coupez les pommes de terre en rondelles d'environ 0,5 cm d'épaisseur. Égouttez les morceaux de lapin, faites-les revenir légèrement (en les laissant blondir) dans un mélange huile-beurre. Réservez la marinade. Badigeonnez l'intérieur d'une cocotte en terre cuite avec la graisse d'oie. Disposez une première couche de légumes et de pommes de terre. Posez les morceaux de lapin et couvrez avec le reste de légumes, de pommes de terre et de toutes les herbes aromatiques finement hachées. Veillez à saler, poivrer, parfumer à la muscade les différents ingrédients au fur et à mesure de leur empilage. Mouillez avec la marinade tous les légumes mélangés, les aromates de la marinade et les autres ingrédients.

Posez le couvercle sur la terrine et scellez le pourtour avec un cordon de pâte faite de farine et d'un peu d'eau. cette opération de lutage permet de mieux garder la vapeur dans la terrine. Enfournez à four chaud, à 180-200° (th. 7) pendant 2 h à 2 h 30. Posez la terrine sur la table et servez en proposant en accompagnement de la salade verte de saison.

Simone Vetter est devenue fleuriste malgré la perte d'un bras dans un bombardement en 1944. Bernadette Chirac lui a remis le prix « Madame Commerce de France » (émission du 26 mai 2001).

Ballottine chaude de lapin

UNE RECETTE RÉALISÉE POUR ROBERT ADAM

Robert Adam n'a pas connu l'amour de son père, mort à la guerre en 1944. Sa maman fut emportée par la tuberculose lorsqu'il avait huit ans. Élevé par ses grands-parents à la Wantzenau, il garde de tendres souvenirs liés à son grand-père qui fauchait la luzerne pour les lapins. Sa grand-mère adorée était fine cuisinière : avec peu, elle savait faire du très bon. Hubert Maetz a conçu pour lui cette ballotine de lapin.

Levez les filets mignons. Retirez le foie et les rognons, faites-les saisir. Désossez le lapin entièrement par le dos. Désossez les épaules, les cuisses et les râbles. Gardez les os pour la sauce. Réservez la viande du râble, des cuisses ainsi que les panoufles en un seul morceau. Passez le reste de la viande au hachoir avec les épaules et le lard.

Étalez les cuisses de lapin bien ouvertes, salez et poivrez-les. Faites-les mariner avec un peu d'alcool de mirabelle, puis déposez les quetsches séchées coupées en petits dés et une couche de farce assaisonnée de sel et de poivre, ajoutez le foie gras, les truffes en lanières et le restant de farce. Refermez l'ensemble en remontant les cuisses et les panoufles. Roulez bien l'ensemble pour donner à la ballottine une forme régulière et enveloppez-la de crépine par deux couches croisées pour solidifier l'ensemble.

Pour la sauce, concassez finement les os du lapin. Faites-les revenir avec la couenne au four (ou dans une sauteuse à sec) avec les légumes jusqu'à belle coloration. Saupoudrez de farine. Ajoutez les légumes coupés en dés, le concentré de tomates et l'ail. Faites bien torréfier. Mouillez avec le vin rouge et l'eau. Faites cuire à découvert pendant 1 h. Passez la sauce.

Enfournez la ballottine à 250° (th. 8) puis baissez à 200° (th. 7) et laissez cuire pendant 20 min. Dégraissez l'ensemble, versez la sauce sur la viande et laissez encore mijoter pendant 30 min. Servez avec des nouilles maison.

Pour 6 personnes

Ballottine
- 1 lapin entier de 1,8 à 2 kg
- 200 g de crépine de lard
- sel épicé, poivre
- 150 g de lard gras non fumé
- 50 g de quetsches séchées
- 5 cl de schnaps à la mirabelle ou à la quetsche
- 50 g de truffes
- 100 g de foie gras frais
- quelques pluches de cerfeuil
- 4 cl d'eau-de-vie de mirabelle

Sauce
- les os du lapin
- la couenne du lard
- 50 g de farine
- 2 oignons
- 2 carottes
- 1 branche de céleri
- 1 cuillerée à soupe de concentré de tomates
- thym, laurier, marjolaine
- 1/2 tête d'ail
- 1 l de vin rouge ordinaire
- 2 l d'eau

Un pinot noir bien concentré de Marcel Lichtlé, d'Ammerschwihr.

Robert Adam est devenu correspondant puis archiviste-photos aux « Dernières Nouvelles d'Alsace ». Son fils étant atteint d'une maladie incurable, il a créé l'association Pierre-Henri et ses amis (émission du 12 décembre 1998).

Filets de lapereau à la bière

UNE RECETTE RÉALISÉE POUR ERNEST WIESER

Après avoir œuvré pendant quatre décennies comme chef de cuisine, Ernest Wieser a quitté Schiltigheim, où il dirigea le restaurant L'Ange durant vingt-quatre ans, pour Reipertswiller où il mitonne des plats à la bière pour ses amis. La recette qui suit est une de ses créations, extraite de son livre co-écrit avec Jean-Claude Colin: *La cuisine à la bière*.

Pour 6 personnes

- 3 râbles de lapereau (6 filets)
- 200 g de haricots verts frais (ou congelés)
- 3 gousses d'ail
- 3 échalotes
- sel, poivre
- 5 cl d'huile d'arachide
- 100 g de beurre
- 5 cl de saveur de bière (un distillat d'une bière forte et de ses levures, aromatisé d'épices et d'agrumes, créé par Pierre Neuhauser des Quelles, près de Schirmeck, élaboré à l'idée d'Ernest), ou à défaut du cognac
- 1/4 l de bière blonde ou ambrée
- 1/2 l de fond brun de veau ou de volaille
- 150 g de petits oignons blancs au naturel
- 50 g de beurre (dont 20 pour les lentilles
- 1 cuillère de sucre semoule
- 300 g de lentilles vertes
- 100 g de lardons finement coupés
- 20 g d'échalotes (pour les lentilles)

Un riesling de Charles Palmer, de Scherwiller.

Préparez les filets de lapereau, salez et poivrez-les. Disposez les haricots verts blanchis sur les filets dans le sens de la longueur, parsemez d'ail frais haché finement et ficelez. Chauffez l'huile et le beurre dans une sauteuse avec couvercle. Faites dorer les filets de tous les côtés. Ajoutez les échalotes finement hachées ; flambez avec la saveur de la bière. Déglacez avec la bière et le fond brun. Laissez mijoter pendant 10 à 20 min à couvert. Décantez. Réduisez le fond brun à bonne consistance et passez-le au chinois. Glacez les petits oignons à brun avec beurre et sucre. Préparez les lentilles aux échalotes et aux lardons.
Faites revenir les échalotes avec 20 g de beurre et les lardons à belle coloration, ajoutez les lentilles, mouillez à hauteur d'eau et laissez cuire doucement (choisissez de belles lentilles vertes).
Pour le dressage, placez les lentilles au centre de l'assiette et la sauce autour. Coupez le filet en biais, dressez-le sur les lentilles. Garnissez de petits oignons autour des lentilles et dans la sauce.

Le chef de cuisine Ernest Wieser fut animateur à Radio 67 et RTA, et participa à la série télé Kichespring. Retraité, il enseigne épisodiquement en Ukraine la cuisine française (émission du 21 septembre 2002).

Lapin au beurre d'escargot

UNE RECETTE RÉALISÉE POUR CHRISTIAN STEIN

Christian Stein apprécie les talents culinaires de sa femme Nathalie qui ne cuisine que dans du cuivre étamé et pour cause: son mari est le dernier maître chaudronnier sur cuivre de l'Est de la France. Elle le régale, ainsi que leurs deux enfants, Jérôme et Fanny, avec ce lapin au beurre d'escargot qu'elle sert, si possible, avec des nouilles fraîches.

Coupez le lapin en morceaux en prenant soin de garder les panoufles, c'est-à-dire les flancs de la partie abdominale. Coupez une gousse d'ail en deux, hachez un peu de persil, remplissez chacun des deux flancs avec l'ail haché, un peu de persil, un rognon du lapin, éventuellement un peu de foie coupé en 2 et fermez le flanc en le cousant ou en le nouant à l'aide d'une ficelle.

Dans une cocotte en cuivre étamé ou en fonte, faites revenir dans l'huile d'olive tous les morceaux de lapin. Quand ils sont bien saisis, retirez le surplus de graisse. Ajoutez le vin et l'eau, salez et poivrez. Ajoutez une gousse d'ail écrasée, le thym, le laurier et laissez mijoter à couvert pendant 35 à 40 min. Ensuite, vous pouvez lier la sauce si vous le désirez avec le beurre «manié» (un mélange égal de beurre et de farine) à froid; ajoutez les champignons détaillés en morceaux (revenus au préalable au beurre) et le beurre d'escargot. Laissez encore cuire à feu très doux pendant une dizaine de minutes.

Préparez une pâte à nouilles très riche en œufs en incorporant progressivement les jaunes à la farine, puis en ajoutant le sel et l'huile d'olive. Laissez reposer durant 12 h sous papier film bien serré. Abaissez finement sur une épaisseur de 2 mm. Coupez des nouilles au format qui vous convient. Laissez-les sécher pendant 1 h. Faites-les bouillir à l'eau salée pendant 1 à 2 min, les égoutter et les passer au beurre dans une poêle. Servez-les parsemées de petits croûtons de pain grillés et d'une noix de beurre.

Pour 6 personnes

Lapin
- 1 lapin d'environ 1,6 kg (avec foie et rognons)
- 2 gousses d'ail
- 2 cuillerées de persil haché
- 5 cl d'huile d'olive
- 2 dl de vin blanc d'Alsace
- 2 dl d'eau
- sel, poivre
- 1 petite branche de thym
- 2 feuilles de laurier
- 300 g de champignons revenus dans 30 g de beurre
- du beurre manié, fait avec 20 g de beurre et 20 g de farine (facultatif, pour lier la sauce)

Beurre d'escargots
- 250 g de beurre salé
- 4 échalotes hachées
- 3 gousses d'ail hachées
- 3 cuillerées à soupe de persil haché
- sel, poivre

Nouilles fraîches
- 30 jaunes d'œuf
- 40 g de sel
- 1 kg de farine type 45
- 5 cl d'huile d'olive
- 200 g de croûtons de pain revenus au beurre
- 30 g de beurre pour la finition

Un vieux tokay Schlossberg, grand cru de Kientzheim, du domaine Joseph Fritsch.

Christian Stein, de Mulhouse, est le dernier maître chaudronnier sur cuivre de l'Est de la France. Il a repris l'atelier de Rudy Schwartzentruber (émission du 26 février 2000).

Lapin à la crème et nouilles fraîches

UNE RECETTE RÉALISÉE POUR JEAN GERBER

Jean Gerber, emporté par un accident de moto, aimait les lapins qui lui rappellaient sa grand-mère maternelle d'Eckartswiller qui l'a élevé tandis que ses parents tenaient boucherie à Strasbourg. Il avait mémorisé comme autant de trésors ses gestes de savoir-faire et d'infinie tendresse lorsqu'elle faisait rissoler le lapin avec du beurre et des échalotes.

Pour 6 personnes

Lapin

- 1 lapin de ferme de 1,8 à 2 kg
- 5 cl d'huile
- 20 g de farine
- 2 oignons
- 1 carotte
- thym, laurier, serpolet
- 2 gousses d'ail
- 8 cl de vin blanc
- 8 cl de crème
- estragon, basilic, persil plat

Râble farci

- le râble du lapin
- le foie et les rognons
- sel, poivre
- 100 g de champignons de Paris
- 100 g de champignons sauvages (girolles, trompettes, morilles au choix)
- beurre (pour les faire revenir)
- 4 feuilles de chou vert
- 50 g de tomates séchées
- thym, sariette, romarin

Accompagnement

- 600 g de nouilles cuites
- 40 g de beurre
- 200 g de croûtons
- 2 cl d'huile

Un bourgogne blanc (un chassagne-montrachet premier cru), de Jacques Gagnard-Delagrange.

Découpez le lapin en morceaux en gardant le râble entier (avec la partie abdominale non détachée). Réservez ce râble pour le farcir. Faites revenir les morceaux de lapin dans l'huile (la viande de lapin est peu calorique, elle absorbe par contre beaucoup de corps gras à la cuisson). À belle coloration dorée, ajoutez les légumes coupés en petits morceaux, faites bien revenir l'ensemble, saupoudrez de farine et d'herbes (thym, laurier, serpolet), mouillez avec le vin blanc, laissez réduire à sec (à découvert), puis mouillez à hauteur d'eau, couvrez, laissez mijoter à petit feu pendant 40 min à 1 h, en fonction de la taille du lapin, afin d'obtenir des morceaux fondants à souhait. Retirez la viande, laissez réduire la sauce jusqu'à belle consistance, ajoutez la crème (bouillie au préalable, ainsi elle ne laissera pas de petits points blancs dans la sauce).

Pendant la cuisson du lapin, désossez le râble (en commençant par l'intérieur de la partie ventrale puis en détachant délicatement la partie arrière), prélevez les filets mignons. Mettez la viande bien à plat, salez, poivrez, posez les filets mignons, parsemez de romarin finement haché au couteau, garnissez l'intérieur avec les champignons hachés et revenus au beurre et, en dernier, les tomates séchées hachées, le thym et la sariette. Disposez le foie coupé en trois dans le sens de la longueur et les rognons coupés en deux. Roulez et fermez bien l'ensemble en redonnant la forme initiale du râble.

Suite de la recette en p. 438

Jean Gerber, maître pâtissier-chocolatier à Strasbourg, se plaisait à créer des lapins de Pâques exubérants. Passionné de nature, il pratiquait le jardinage et aimait dessiner (émission du 22 mars 1997).

Lapin mariné et quenelles, dites *Kasknepfle*

UNE RECETTE RÉALISÉE POUR RENÉ KUNTZ

René Kuntz évoque avec bonheur son enfance strasbourgeoise au contact de parents aimant la culture alsacienne. Son papa l'emmenait souvent aux revues du *Barabli* de Germain Muller. Sa maman reconduisait les traditions culinaires de la grand-mère. Parmi celles-ci figurait le lapin mariné au vin rouge servi le dimanche, avec en accompagnement des quenelles au fromage blanc.

Pour 6 personnes

Lapin
- 1 lapin fermier d'environ 1,8 kg
- 2 carottes
- 2 oignons
- 3 gousses d'ail
- 1 bouquet garni
- 1 branche de thym
- 3 feuilles de laurier
- 3 feuilles de sauge
- 1 l de vin rouge de la vallée du Rhône
- 1 dl de vin blanc
- sel, poivre
- 5 cl d'huile
- 1 cuillerée à soupe de farine
- 2 tomates
- 1 petite cuillerée à soupe de concentré de tomates
- 1 cuillerée à soupe de persil haché

Quenelles au fromage blanc
- 1,2 kg de fromage blanc (à laisser égoutter une nuit)
- 7 œufs
- 400 g de farine
- sel, poivre, noix de muscade
- 100 g de croûtons de pains
- 50 g de beurre

Un pinot blanc de la maison Fernand Engel, à Rorschwibr.

Lapin

Découpez le lapin. Salez et poivrez les morceaux. Disposez-les dans une terrine, ajoutez les carottes et les oignons grossièrement coupés, les gousses d'ail, le bouquet garni, les herbes aromatiques et les deux vins. Laissez mariner durant 24 à 48 h. Égouttez les morceaux de lapin. Faites bouillir à part la marinade (sans les légumes) pendant environ 5 min, écumez bien en retirant les parties coagulées qui remontent à la surface, puis passez-la à la passette fine et gardez en attente.

Dans une cocotte, faites revenir les morceaux de lapin dans l'huile. Lorsqu'ils sont bien grillés, ajoutez les légumes de la marinade, les tomates émincées et le concentré de tomates, puis saupoudrez de farine, remuez à la spatule sur feu vif pour assécher et laisser prendre couleur, versez la marinade bouillie et passée, ajoutez un peu d'eau pour compléter à hauteur. Couvrez et laissez cuire à feu doux pendant 1 h à 1 h 30. Après cuisson, goûtez et rectifiez l'assaisonnement. Dressez dans un plat creux (avec ou sans les légumes), nappez de sauce et saupoudrez de persil haché.

Quenelles au fromage blanc

Il est impératif de laisser égoutter le fromage blanc pendant une nuit (sur un tissu fin posé dans une passoire). Mélangez le fromage, les œufs et la farine. Ajoutez le sel, le poivre et la noix de muscade râpée. Portez 2 l d'eau salée à ébullition. Faites un essai pour vérifier la consistance de la pâte : si la quenelle se disloque, ajoutez un peu de farine. À l'aide d'une cuillère à soupe, prélevez des portions de pâte : les quenelles auront environ la taille d'un œuf de poule. Laissez-les pocher dans l'eau frémissante durant une dizaine de minutes. Égouttez-les et réservez-les au four chauffé à 150° (th. 5). Faites revenir les croûtons au beurre, versez-les sur les quenelles et dégustez avec le lapin en sauce.

René Kuntz, directeur commercial des Grands Moulins de Strasbourg, est aussi le directeur sportif du Sporting-Club de Schiltigheim, (émission du 17 mars 1996).

Lapin aux olives

UNE RECETTE RÉALISÉE POUR PAUL KANITZER

Le photographe mulhousien Paul Kanitzer, qui vit à Valdieu-Luttran dans le Sundgau dans une ferme du XIXe siècle, aime cette recette pour sa simplicité et sa force en saveurs. Sa femme Christiane et lui, tous deux des fins becs, rivalisent en savoir-faire culinaire. Ils ont une prédilection pour les saveurs du Sud, comme les olives de Nyons, dans la Drôme, dont la présence est importante dans cette recette provenant des sœurs Scotto.

Pour 4 personnes

Lapin

- 1 lapin de 1,3 kg (avec son foie) coupé en 9 morceaux
- 200 g d'olives noires de Nyons
- 125 g de poitrine fumée
- 1,5 dl de vin blanc sec
- 6 gousses d'ail
- 1/2 cuillerée à café de brindilles de romarin
- 2 pincées de fleur de thym
- 3 cuillerées à soupe d'huile d'arachide
- sel, poivre

Polenta

- 1/2 l de lait
- 125 g de semoule de maïs
- 50 g de beurre
- sel, poivre

Pour la cuisson

- 20 g de beurre
- 5 cl d'huile

Un pinot noir du domaine Charles Koebly, à Rodern.

Pelez les gousses d'ail et coupez-les en deux (en éliminant le germe, si nécessaire). Huilez les morceaux de lapin, salez-les et poivrez-les. Ôtez la couenne de la poitrine fumée et coupez cette dernière en fins bâtonnets. Ébouillantez les lardons 1 min puis rincez-les sous l'eau courante et égouttez-les. Faites chauffer l'huile dans une sauteuse anti-adhésive de 28 cm. Faites dorer les morceaux de lapin de tous côtés, pendant 10 min. Ajoutez ensuite les bâtonnets de lard, les demi-gousses d'ail, le thym et le romarin. Mélangez encore 5 min jusqu'à ce que l'ail soit blond et les morceaux de lapin bien dorés. Versez 1 dl de vin dans la sauteuse et couvrez. Laissez cuire 15 min sur feu doux puis arrosez du reste de vin. Laissez cuire encore 15 min de la même manière. Au bout de ce temps, ajoutez les olives et le foie du lapin dans la sauteuse. Laissez cuire 15 min en tournant souvent. En fin de cuisson, ajoutez quelques gouttes d'eau, si nécessaire, pour obtenir un jus sirupeux. Mettez le lapin dans un plat creux et servez aussitôt. Accompagnez de tranches de polenta poêlées.

Pour la polenta, faites bouillir le lait avec le beurre, salez, poivrez. Ajoutez la semoule de maïs, mélangez avec une spatule de bois et faites cuire 20 min, en remuant constamment pour éviter qu'elle n'attache. Si vous prenez de la semoule précuite, 3 à 4 min suffiront. Versez la masse sur une plaque ou dans un moule et laissez refroidir. Coupez alors des tranches, en triangle ou en losange, faites revenir au beurre et à l'huile d'arachide dans une poêle anti-adhésive

Paul Kanitzer est porté par trois passions : la musique, la photographie et les oiseaux. Il a tenu un studio photographique à Mulhouse et il est le directeur du Festival de jazz de Mulhouse (émission du 27 septembre 1997).

Lapin à la périgourdine

UNE RECETTE RÉALISÉE POUR RICHARD BRAUN

Richard Braun a grandi à la Krutenau, quartier populaire du centre de Strasbourg. Il est né d'un père coiffeur devenu employé de la SNCF, Jean, de Beinheim, qui a rencontré sa femme à Périgueux lors de l'évacuation. Elle prenait plaisir à réaliser des recettes périgourdines comme ce lapin enduit de moutarde, rôti entier sous une couverture d'oignons et de lardons. Une recette facile et éclatante de saveurs.

Le lapin reste entier (il n'est découpé qu'après cuisson). Salez-le, poivrez-le et enduisez-le généreusement de moutarde. Disposez dans un plat à gratin ou une lèchefrite et enfournez pendant 1h30 à 1h40 à 170° (th. 5-6).
Dès la mise au four, épluchez et émincez les oignons, faites revenir à l'huile dans une poêle les lardons et les oignons, faites colorer l'ensemble. Lorsque les oignons et les lardons sont dorés, couvrez le lapin (qui a alors cuit 45 min) avec cette couche d'oignons-lardons et remettez en cuisson pendant 45 min environ, en surveillant : si les oignons brunissent trop, couvrez le plat de papier aluminium.
Pour les nouilles, mélangez les ingrédients et laissez la pâte reposer pendant 1 à 2 h. Abaissez la pâte. (Richard procède avec originalité pour la découpe : il utilise la roulette cannelée de sa grand-mère, ce qui donne des formes très particulières aux nouilles.) Après découpe, disposez-les sur des serviettes et laissez sécher une demi-journée à une journée. Portez à ébullition une grande quantité d'eau salée, laissez bouillir les nouilles durant 20 min, égouttez et ajoutez un morceau de beurre (s'il vous reste un surplus de nouilles, sachez qu'elles se conservent dans des boîtes de fer-blanc). Découpez le lapin, servez avec les nouilles.

Pour 4 personnes

Lapin
- 1 lapin fermier de 1,7 kg
- sel, poivre
- 150 à 200 g de moutarde forte (ou, éventuellement, de la moutarde violette de Brive, faite avec des raisins)
- 1,5 kg d'oignons
- 300 g de lardons
- huile

Nouilles
- 300 g de farine
- 200 g de semoule de blé
- sel
- 5 œufs
- 1/2 verre d'eau
- 30 g de beurre

Un pinot noir du domaine Fabrer-Ackermann, à Orschwiller.

Richard Braun, qui fut technicien instrumentaliste à l'Institut de géographie de Strasbourg, a également eu le titre de nivologue, c'est-à-dire de spécialiste de l'enneigement (émission du 19 avril 1997).

Lapin aux trompettes de la mort et quenelles de pommes de terre, dites *Rappes Zappes*

UNE RECETTE RÉALISÉE POUR LE PASTEUR GEORGES BRONNENKANT

Hubert Maetz a imaginé pour le pasteur Bronnenkant, amateur de lapin, cette recette festive: des râbles farcis avec le foie et les rognons et des trompettes de la mort, les champignons préférés du pasteur, mycologue amateur. En accompagnement, le pasteur a souhaité ces *Rappes Zappes* qui lui rappellent son enfance. Il pense que le nom provient de *rappe* (râper) et *Zapfe* (ou *Zappe*), qui signifie bouchons, un terme qui renvoie à la forme de ces quenelles.

Pour 2 à 3 personnes

Lapin de clapier

- 1 râble de lapin avec le foie et les rognons
- 100 g de trompettes de la mort
- 20 g d'échalotes
- 20 g de cerfeuil
- 60 g de foie gras
- sel, poivre
- thym, laurier
- 2 à 3 feuilles de chou vert précuites
- 20 g de beurre

Quenelles de pommes de terre (pour 4 personnes)

- 500 g de pommes de terre farineuses cuites la veille en robe des champs dans l'eau salée
- 250 g de farine environ (en fonction de la consistance des pommes de terre)
- 120 g d'oignons (environ)
- 30 g de beurre
- 30 g de persil
- 2 œufs

Un tokay pinot gris sec d'Alphonse Zimmermann, d'Orschwiller.

Lapin de clapier

Faites désosser de l'intérieur le râble par le boucher ou le volailler. Faites revenir le foie et les rognons du lapin. Mélangez-les avec les trompettes de la mort revenues au beurre et à l'échalote. Assaisonnez avec le sel, le poivre, le thym et le cerfeuil ciselé. Disposez la farce sur le râble, ajoutez joliment le foie et les rognons coupés en deux dans le sens de la longueur. Reconstituez le râble en le roulant sur lui-même. Enveloppez-le de feuilles de chou précuites à l'eau salée. Enfournez pendant 15 min (ou plus, selon l'épaisseur du râble et de la farce) au four préchauffé à 220° (th. 7-8). Après la cuisson, déglacez le plat de cuisson avec 5 cl d'eau, laissez bien réduire et grattez bien pour détacher tous les sucs. Bien le faire cuire jusqu'à obtention d'un petit jus.

Quenelles de pommes de terre

À l'aide d'une râpe manuelle, râpez les pommes de terre cuites la veille en robe des champs et refroidies en utilisant la zone à grande ouverture. Ajoutez oignons hachés revenus au beurre, persil, œufs et à la fin la farine. Il faut adapter la quantité de farine jusqu'à ce que la pâte se détache des mains. Formez des bouchons, dits en alsacien *Zapfe* ou *Zappe*.

Portez 3 l d'eau salée à ébullition. Plongez-y les quenelles. Lorsqu'elles remontent à la surface, sortez-les à l'aide d'une écumoire. Servez-les ainsi en accompagnement du lapin ou d'une autre viande en sauce.

S'il en reste, faites-les revenir dans une poêle accompagnées de petit-lait. Les estomacs plus robustes les apprécieront aussi accompagnées d'une sauce à la crème avec oignons, champignons et lardons.

Georges Bronnenkant, pasteur à Eckwersheim, fut aumônier en psychiatrie et organisa des fêtes d'hôpital. Il est l'instigateur des fenêtres décorées et illuminées de ce village pendant les fêtes de Noël (émission du 15 décembre 2001).

Râble de lapin aux pousses de sapin et ses épaules aux légumes

UNE RECETTE RÉALISÉE POUR JACQUES HENRY

Le cardiologue Jacques Henry a un credo: manger de façon saine en adaptant le fameux régime crétois, idéal pour le cœur, aux produits d'Alsace. «On a tout ce qu'il faut: des céréales, des fruits, des légumes, du poisson, des volailles. L'alimentation alsacienne traditionnelle est trop riche en apports énergétiques, elle contient une proportion de graisses, essentiellement animales, trop importante et elle est trop salée.»

Déposez le râble dans une cocotte. Salez et poivrez. Parsemez-le d'herbes, de pousses de sapin et de deux tomates coupées en petits dés. Enfournez à 210° (th. 7) pendant 12 à 15 min. Servez en garniture des petits pois et des pois mange-tout cuits à l'eau salée, égouttés et assaisonnés d'une fine julienne d'épiaire des bois, à défaut d'estragon haché ou d'épinards ou de feuilles de laitue.

Faites revenir à l'huile d'olive les épaules de lapin dans une cocotte, sortez-les lorsqu'elles sont bien dorées. Faites revenir les légumes de saison coupés régulièrement, ajoutez la garniture aromatique et les épaules. Laissez mijoter à couvert pendant 30 à 40 min. Servez aussitôt avec les herbes fraîches hachées parsemées sur l'ensemble. Rectifiez l'assaisonnement.

Pour 2 personnes

Râble

- 1 râble de lapin
- sel, poivre
- 3 cl d'huile d'olive ou de colza
- 100 g de pousses fraîches de sapin
- 1 pincée de thym et de sarriette
- 2 tomates

Garniture

- 100 g de petits pois
- 100 g de pois mange-tout
- sel, poivre
- 20 g de feuilles d'épiaire (plante sauvage labiée, dont les feuilles, dentelées et en pointes, sont couvertes comme la tige de poils couchés. En alsacien, on l'appelle notamment *Abnahmkruet*), ou à défaut de l'estragon

Épaules de lapin (pour 4 personnes)

- 8 pièces
- 2 cl d'huile d'olive ou de colza
- 6 gousses d'ail nouveau
- 1 fenouil
- 100 g de chou-fleur
- 1 à 2 tomates
- 200 g de carottes fanes
- 2 feuilles de laurier
- 1 petit brin de thym et de sarriette
- 2 oignons nouveaux
- 100 g d'aubergines
- 150 g de courgettes
- sel, poivre

Un pinot noir de Jean-Bernard Siebert, de Wolxheim

Jacques Henry, cardiologue, est coordinateur de la rééducation cardiaque à la clinique de l'Orangerie à Strasbourg. Tromboniste, il est fan de jazz et pratique le vélo (émission du 15 juin 2002).

Ravioles de pommes de terre aux cuisses de grenouilles

UNE RECETTE RÉALISÉE POUR PIERRE RICHARD

Pierre Richard, passionné de fleurs, rêvait d'être paysagiste et devint cuisinier, un métier qu'il exerça pendant trente ans. Cette recette, inventée par lui, demande un peu de doigté et de patience. La pâte à ravioles est à base de pommes de terre, ce qui constitue son originalité. La farce de cuisse de grenouilles lui confère une touche de raffinement.

Pour 6 personnes

Pâte

- 500 g de pommes de terre
- 250 g de farine
- 2 œufs
- sel, poivre
- 1 pincée de noix de muscade râpée

Farce et sauce

- 1 kg de cuisses de grenouille (environ 24 paires)
- 6 gousses d'ail
- 50 g de beurre
- sel, poivre et noix de muscade râpée
- 50 cl de riesling
- 2 bottes de cresson
- 25 cl de crème fraîche
- 1 petite botte de ciboulette

Un tokay pinot gris de Henri Bleger, de Saint-Hippolyte

Faites cuire les pommes de terre dans leur peau, à l'eau salée. Épluchez-les et passez-les au tamis (ou au moulin à légumes, grille fine). Ajoutez à la purée obtenue la farine, les œufs, le sel, le poivre et la noix de muscade râpée. Mélangez bien. Laissez refroidir puis étalez la pâte au rouleau (sur une épaisseur de 3 mm environ). À l'aide d'un emporte-pièce, découpez des ronds de 10 cm de diamètre et réservez-les.

Nettoyez les cuisses de grenouille, découpez-les en deux et coupez l'avant des pattes. Épluchez et hachez l'ail. Faites-le suer au beurre, puis ajoutez les cuisses, salez, poivrez, parfumez à la noix de muscade râpée. Au bout de 2 min, arrosez de riesling. Laissez cuire 8 min à feu doux. Égouttez et décortiquez les cuisses, réservez-les.

Remettez le jus de cuisson sur le feu. Nettoyez le cresson en ne conservant que les feuilles que vous ajoutez au jus. Laissez réduire aux trois quarts, puis liez à la crème fraîche. Portez cette sauce à ébullition et retirez-la du feu.

Répartissez les cuisses sur les ravioles, ajoutez une cuillerée à café de sauce sur chaque raviole et fermez-les en pinçant fermement les bords. Cuisez-les dans de l'eau salée pendant 5 min à feu doux. Égouttez-les. Nappez de sauce le fond du plat de service. Posez les ravioles dans la sauce et saupoudrez de ciboulette ciselée. Servez bien chaud. Hubert Maetz les accompagnera d'une purée de «chénopode Bon Henri», une mauvaise herbe qui a la forme et le goût des épinards, qu'on appelle *Dorf Gaensefuss* en alsacien et *Guter Heinrich* en allemand.

Pierre Richard fut cuisinier pendant trente ans. Passionné de fleurs, il s'installa à Struth où il travaille aujourd'hui comme concepteur de jardins. Il a aménagé chez lui un jardin paysager visitable (émission du 19 septembre 1998).

Cuisses de grenouilles à la purée d'orties

UNE RECETTE RÉALISÉE POUR RENÉ LETZGUS

En saveurs culinaires, le producteur et réalisateur de films René Letzgus a une préférence pour les cuisses de grenouilles. Il a laissé libre cours à Hubert Maetz pour les préparer selon son idée, avec le souhait qu'il les accompagne de quenelles de farine *(Mahlknepfle)*, que lui préparait dans son enfance sa maman Marguerite. Le chef a ajouté une purée d'orties, plante riche en fer et en vitamines A et C.

Désossez les grenouilles fraîches, séchez-les, faites-les revenir rapidement avec le beurre et les échalotes hachées, gardez-les bien juteuses et réservez-les. Salez et poivrez.

Cueillez de belles orties (si possible de jeunes pousses), équeutez-les et lavez-les en protégeant les mains de leur pouvoir urticant. Faites-les cuire dans une grande casserole d'eau bouillante salée. Faites-les cuire comme les épinards, pendant 5 min. Égouttez-les et mixez-les avec une noix de beurre afin d'obtenir une purée bien lisse.

Pour la sauce, faites revenir les os des grenouilles avec le beurre et les échalotes taillées en petits dés, ajoutez le riesling, laissez réduire, ajoutez la crème, l'estragon, laissez cuire 5 min, assaisonnez de sel et de poivre et passez à la passoire.

Pour les *Mahlknepfle*, battez l'œuf et l'eau, mélangez avec la farine, salez. Prélevez à l'aide de deux cuillères à soupe des portions (de la taille d'un œuf, ainsi procédait la maman de René) et faites-les glisser dans l'eau salée frémissante. Lorsqu'elles remontent à la surface, laissez-les cuire durant 3 min puis égouttez-les.

Pour 2 personnes

Grenouilles
- 300 g de grenouilles
- 30 g de beurre
- 30 g d'échalote
- sel, poivre

Purée d'orties
- 600 g d'orties
- 40 g de beurre
- sel

Sauce
- les os des grenouilles
- 20 g de beurre
- 30 g d'échalote
- 10 g d'estragon
- 8 cl de crème
- 5 cl de riesling
- sel, poivre

Décor
- herbes du jardin

***Quenelles de farine* (Mahlknepfle)**
- 200 g de farine
- 1 œuf
- 10 cl d'eau
- sel

Un torraccia, un vin corse élaboré par Christian Imbert, un Alsacien vigneron installé en Corse.

René Letzgus, directeur des cinémas Star à Strasbourg et du multiplexe de Brumath, est aussi producteur et réalisateur de films (émission du 27 avril 2002).

Soupe d'escargots

UNE RECETTE PROPOSÉE PAR MARIE-LOUISE NESSELBUSCH

Marie-Louise Nesselbusch est née et a grandi dans le restaurant À l'Arbre vert, à Weyersheim. La grande passion de l'artiste peintre est aussi la cuisine. « Et tout ce qui est autour pour réussir un bon menu : l'ambiance d'une belle table, les vins et la chaleur apportée par les amis. » Elle a suggéré cette soupe d'escargots avec laquelle elle ravit ses proches et ses amis.

Pour 6 personnes

Soupe

- 1 oignon
- 30 g de beurre
- 2 carottes
- 2 blancs de poireaux
- 1/4 céleri-rave
- 1/4 l de vin blanc (de préférence un pinot blanc auxerrois)
- 60 petits escargots
- 1/4 l de crème fraîche
- 1 l de bouillon de volaille
- sel, poivre
- 2 cuillerées à soupe de persil haché
- 1 cuillerée à soupe d'ail des ours haché (facultatif)
- 50 g de beurre et 50 g de farine pour lier (facultatif)

Accompagnement de pâte feuilletée

- 300 g de pâte feuilletée
- 1 jaune d'œuf
- 10 g de cumin concassé

Un tokay pinot gris Cormier élevé en barriques du domaine Loew, à Westhoffen.

Faites blondir l'oignon épluché et émincé avec 30 g de beurre, ajoutez la julienne de légumes (carottes, poireaux, céleri-rave) et le vin blanc, puis le bouillon de volaille. Laissez mijoter pendant 15 min environ. Puis ajoutez la crème fraîche, salez, poivrez et, pour un bouillon plus onctueux, liez éventuellement en ajoutant le beurre mélangé à la farine. Si vous voulez rendre le bouillon légèrement mousseux, vous pouvez le mixer (mais sans les légumes).

Rincez les escargots, coupez-les en quatre et faites-les réchauffer dans la soupe sans faire bouillir. Servez très chaud dans des tasses à bouillon, avec un peu de persil haché.

Accompagnez avec un morceau de pâte feuilletée cuite pendant la cuisson de la soupe. Pour cela, étalez la pâte et découpez six lanières de 3 x 15 cm. Badigeonnez au jaune d'œuf et saupoudrez de cumin concassé. Enfournez-les pendant 10 min au four à 220° (th. 7-8).

Marie-Louise Nesselbusch tenait un magasin d'alimentation. Elle a découvert son don pour la peinture après une grave maladie. Sa maison est remplie de ses tableaux signés Mané (émission du 20 avril 2002).

Croustillant d'escargots aux cèpes

UNE RECETTE RÉALISÉE POUR MARIE-THÉRÈSE DINTINGER

Marie-Thérèse Dintinger élève des escargots à Hirschland, en Alsace Bossue. La première « cueillette » d'escargots (c'est le terme consacré) a lieu en août, la deuxième en octobre. Marie-Thérèse assure la transformation des escargots dans son laboratoire : elle les prépare en conserve (au naturel) ou les place, avec du beurre à l'ail, dans leurs coquilles, dans des bouchées en pâte feuilletée. Hubert Maetz a conçu pour elle cette recette.

Pour 4 personnes

Pâte
- 200 g de pâte feuilletée

Escargots
- 32 escargots
- 40 g d'échalotes hachées
- 30 g de beurre
- sel, poivre

Champignons
- 200 g de cèpes
- 30 g de beurre
- 40 g de mie de pain
- 20 g de ciboulette
- sel, poivre

Purée de persil
- 300 g de persil
- 30 g de beurre
- sel

Ail nouveau confit
- 20 gousses d'ail nouveau épluchées
- 20 g de beurre
- sel, poivre

Abaissez la pâte feuilletée sur une hauteur de 3 mm en un rectangle de 20 x 5 cm. Faites cuire pendant 25 min au four chauffé à 170° (th. 5-6). À la sortie du four, découpez le rectangle de pâte en quatre. Réservez.

Blanchissez trois fois l'ail en changeant l'eau à chaque fois, puis faites-le confire avec un peu de beurre, du sel et du poivre.

Faites revenir les escargots cuits avec les échalotes et le beurre. Assaisonnez l'ensemble.

Nettoyez les cèpes en grattant leurs pieds et en les passant sous un filet d'eau très fin. Essuyez-les et coupez-les en quartiers. Faites-les revenir au beurre. Assaisonnez de sel et de poivre et saupoudrez l'ensemble de mie de pain bien chaude et de ciboulette ciselée. Réservez.

Jetez le persil dans de l'eau fortement salée déjà en ébullition et faites-le bouillir pendant 5 min. Mixez-le chaud en ajoutant le beurre.

Pour le dressage, posez au centre la croustade de pâte feuilletée. Couvrez-la d'escargots et de cèpes. Disposez autour un cordon de purée de persil. Posez les gousses d'ail confites.

Un tokay pinot gris de François Muhlberger, de Wolxheim.

D'abord comptable, Marie-Thérèse Dintinger élève des escargots sur la colline du Steiberg et est membre de l'association de producteurs Paniers du terroir (émission du 20 octobre 2001).

Poitrine de veau farcie aux épinards, dite *g'fuellti Kalbsbruscht*

UNE RECETTE RÉALISÉE POUR JO SIMON

Jo Simon garde de cette spécialité de Village-Neuf que préparait sa grand-mère de Huningue un souvenir ému. Il n'avait plus dégusté ce plat depuis une cinquantaine d'années, sa « Mamama » étant morte en 1962. Hubert Maetz put lui récréer cette émotion gustative grâce à Aimée Dantzer-Brengard de Village-Neuf, qui a conservé cette recette originale, peu connue, typique de cette région en bordure du Rhin et de la Suisse.

Pour 6 à 8 personnes

Viande
- 1 poitrine de veau (avec 1 poche à farcir ou à rouler) de 2 à 2,5 kg
- 5 cl d'huile et 50g de beurre pour la cuisson
- sel et poivre du moulin

Sauce
- quelques os de veau concassés menus
- 1 dl de vin blanc
- 3 dl d'eau ou de bouillon
- 2 oignons
- 1 carotte
- 2 gousses d'ails écrasées
- 1 feuille de laurier
- un peu de thym frais

Farce
- 1,5 à 2 kg d'épinards frais
- 5 cl d'huile
- 25 g de beurre
- 2 oignons hachés finement
- 8 œufs
- 6 à 8 tranches de pain de mie trempées dans 1 dl de lait tiède
- sel, poivre et noix de muscade râpée

Un tokay pinot gris de Marianne et André Pfister, de Dahlenheim.

Préparez de préférence la farce la veille. Coupez finement les épinards frais. Faites revenir les oignons dans de l'huile et du beurre. Ajoutez les épinards, le sel, le poivre et la pincée de noix de muscade râpée. Mélangez et laissez cuire jusqu'à complète évaporation de l'eau de végétation des épinards. Ajoutez le pain bien pressé et faites suer le tout pendant 10 min.Vérifiez l'assaisonnement qui doit être bien relevé.

Retirez du feu et après quelques minutes, ajoutez les œufs battus en omelette et mélangez bien. La farce est prête. Elle ne doit pas être liquide, elle doit tenir sur la cuillère. Si elle devait être trop liquide, ajoutez de la chapelure. Remplissez la poitrine de veau avec cette farce et recousez l'ouverture avec une grosse aiguille et de la ficelle alimentaire.

S'il y a trop de farce, utilisez la en accompagnement en la mettant à part dans une casserole où vous pouvez la cuire comme des œufs brouillés, juste en chauffant le tout.

Pour la cuisson, salez, poivrez et faites dorer la poitrine farcie des 2 côtés avec les os de veau autour dans une cocotte (ou dans un récipient avec de hauts bords destiné au four). Ajoutez les oignons et la carotte taillés en mirepoix, laissez colorer. Mouillez avec le verre de vin blanc et environ 3 dl d'eau ou de bouillon. Ajoutez l'ail, le laurier et le thym frais. Enfournez et laissez cuire à petit feu pendant 2 h à 2 h 30 à 160° (th.5/6) à découvert en arrosant de temps en temps avec la sauce et en retournant la poitrine 3 à 4 fois pendant la cuisson. Notez que vous pouvez aussi cuire la viande dans une cocotte, à couvert pendant 2 h. Dans les deux cas, en fin de cuisson, retirez la viande, laissez reposer le jus de cuisson pour bien le dégraisser, et faites le réduire jusqu'à consistance voulue. Rectifiez l'assaisonnement.

Jo Simon, élevé par sa mère et ses grands-parents (car son père est mort sur le front italien en 1944 peu de temps après sa naissance), est professeur de sciences physiques à la retraite et artiste peintre. Il a publié un recueil de souvenirs sur la vie à Huningue dans l'après-guerre : « Rue de l'espérance » (émission du 28 avril 2006).

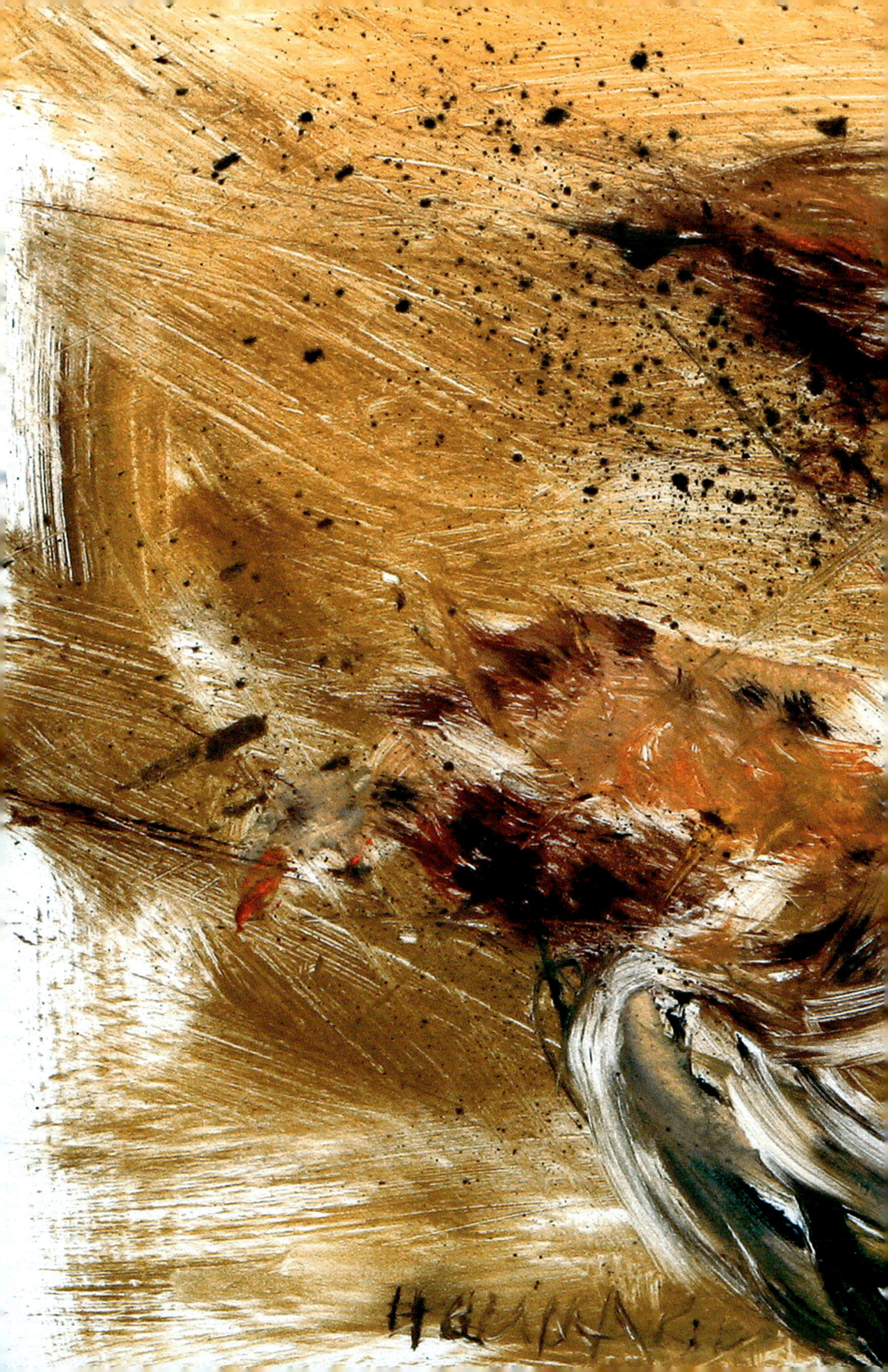

Les volailles

Les volailles
par Pierre Gangloff

« Si j'ai choisi de peindre les animaux à plumes, c'est par pur désir graphique et esthétique. Les plumes rappellent des formes pointues plutôt que rondes et entrent parfaitement dans mon univers pictural fait de douceur et de violence. J'ai voulu, à la manière d'autrefois, faire une planche de croquis, des variations sur un sujet. J'ai utilisé des couleurs naturelles, ocre, sépia, terre et terre d'ombre. Il s'agit d'un monotype, une estampe en quelque sorte : la peinture à l'huile est appliquée sur du métal, du papier est ensuite posé dessus et passé sous presse, imprimé en un exemplaire qui sera unique, contrairement à la gravure. »

Pierre Gangloff

Poussin aux morilles

UNE RECETTE RÉALISÉE POUR ANNICK ET CARINE KOERCKEL

Les sœurs Annick et Carine Koerckel, de la ferme avicole de Saint-Léonard, que leurs parents tenaient déjà, ont ajouté un magasin dans lequel elles vendent des volailles mais aussi des produits qu'elles élaborent : tourtes, quenelles de foie de volaille, cordons bleus de dinde et pâtés en croûte. Hubert Maetz a imaginé pour elles ce plat qui sied à la période pascale ou à un jour de fête.

Pour 2 personnes

Volaille
- 2 poussins de 300 à 400 g chacun
- sel, poivre
- beurre (pour enduire la plaque)

Farce
- 80 g de dés de pommes de terre cuites en robe des champs
- 50 g de croûtons de pain grillés
- 50 g d'oignons hachés revenus
- 100 g de foies de volaille revenus
- 1 pincée de marjolaine fraîche, thym, laurier
- 1 œuf
- sel, poivre

Fond blanc de volaille
- 200 g de carcasse des poussins (ou de volaille)
- 1 oignon, 1 carotte, 1 poireau
- 5 dl d'eau, sel, poivre

Fond brun de volaille
- 200 g de carcasse des poussins (ou de volailles)
- 1/2 oignon
- 1 gousse d'ail
- 1 carotte
- thym, laurier
- 2 dl de fond blanc de volaille

Sauce
- 1 dl de fond brun de volaille
- 1 dl de fond blanc de volaille
- 40 g d'échalotes
- 200 g de morilles
- 5 cl de crème fraîche
- 6 feuilles d'ail des ours ou estragon
- sel, poivre, beurre

Dressage
- 10 asperges vertes cuites au préalable

Un vin jaune d'Arbois du domaine de la Pinte.

Débarrassez les poussins plumés de tout duvet. Flambez-les (avec un chalumeau ou au-dessus d'une flamme de gaz, faites roussir les poils restant sur la peau, éliminez le duvet des plumes), frottez-les avec un torchon pour parfaire le nettoyage. Désossez-les par le dos en ôtant la carcasse et en laissant attachées les cuisses entières (cette opération peut être faite par le boucher ou votre volailler ; à défaut, le poussin peut également être farci sans être désossé).

Confectionnez le fond blanc en laissant cuire les différents ingrédients pendant 1 h. Pour le fond brun de volaille, faites brunir les carcasses concassées menues dans une cocotte en fonte. Ajoutez la mirepoix, laissez colorer et bien confire l'ensemble. Dégraissez, déglacez à l'eau ou au fond blanc de volaille en mouillant jusqu'à hauteur des os. Ajoutez l'ail écrasé, le thym et le laurier. Laissez mijoter 20 min environ. Passez au chinois étamine et faites réduire pour obtenir 1 dl de fond brun bien concentré. Réservez.

Suite de la recette en p. 436

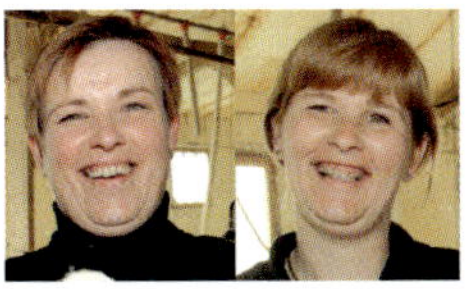

Dans leur ferme de Saint-Léonard, Annick et Carine Koerckel élèvent des poussins, des coquelets, des poulets et des dindes. Elles sont membres du groupe Alsace Volailles (émission du 14 avril 2001).

Poitrine de coquelet, dit *Gilerle*, aux poireaux, champignons et pommes

UNE RECETTE RÉALISÉE POUR RÉMY ADOLFF

Rémy Adolff, qui transforme en son atelier de Dossenheim-sur-Zinsel les pommes en jus, a laissé carte blanche à Hubert Maetz pour le choix de la recette. Pour ce passionné de pommes, le chef a conçu cette recette qui allie ce fruit aimé à la viande de volaille. Cidre, calvados et compote de pommes interviennent dans la sauce. Et sa garniture d'accompagnement est des plus originales.

Pour la farce, épluchez la pomme, nettoyez les girolles, faites revenir les girolles au beurre avec les échalotes hachées, laissez-les bien compoter, ajoutez le poireau blanchi et liez le tout avec 4 cl de crème et la pomme coupée en fin bâtonnets. Laissez tiédir.

Ouvrez les poitrines en portefeuille, laissez l'os du pilon et manchonnez-le pour une jolie présentation puis emplissez les poitrines avec la farce, refermez bien en rouleau et enveloppez la poitrine farcie de papier film. Plongez la poitrine bien enveloppée dans l'eau froide, faites chauffer et laissez pocher pendant 20 min à une température ne dépassant pas 60°. Cette opération peut être faite la veille. Lorsque les poitrines sont pochées, débarrassez-les de leur film et faites-les rôtir avec du beurre dans une poêle anti-adhésive pour bien les colorer; salez à la fleur de sel, poivrez.

Pour la sauce, faites revenir les échalotes hachées avec du beurre dans une poêle, flambez au calvados, versez 10 cl de cidre, faites bouillir 3 min, laissez réduire presque à sec, ajoutez 4 cl de crème (facultatif) et une cuillerée à soupe de compote de pommes non sucrée pour lier l'ensemble.

Pour la garniture, coupez les pommes épluchées en petits dés de 8 mm de côté. Coupez le céleri en losanges, faites-le cuire à l'eau salée. Égouttez-le, ajoutez les pommes, la crème, les épices et le gingembre coupé en minuscules dés. Portez à ébullition et liez avec 50 g de compote de pommes. Rectifiez l'assaisonnement.

Pour 2 personnes

Viande
- 2 poitrines de *Gilerle* (volaille fermière d'Alsace portant le Label rouge) désossées ou avec l'os du pilon

Farce
- 1 pomme
- 100 g de girolles
- 20 g de beurre
- 20 g d'échalotes
- 50 g de poireau
- 4 cl de crème
- fleur de sel, poivre

Finition et sauce
- 20 g d'échalotes
- 4 cl de calvados
- 10 cl de cidre
- 15 g de compote de pommes
- 4 cl de crème (facultatif)

Garniture d'accompagnement
- 200 g de céleri
- 2 pommes
- 4 cl de crème
- 1 cuillerée à café de curcuma (ou de curry)
- 10 g de gingembre
- 50 g de compote de pommes
- sel

Un muscat d'Alsace de la maison Gustave Lorentz, à Bergheim.

Outilleur dans une entreprise savernoise, Rémy Adolff est le créateur avec son frère d'un atelier de jus de pommes. Sportif, il pratique le tennis de table et le vélo (émission du 30 octobre 1999).

Chapon farci

UNE RECETTE RÉALISÉE POUR DOMINIQUE WICKER

Dominique Wicker apprécie le chapon, jeune coq castré et engraissé, dont la chair de grande finesse et tendre bénéficie d'une appellation d'origine contrôlée. Âgé de quatre à huit mois, il peut peser jusqu'à six kilos. Il ne se trouve sur le marché qu'au cours des mois de décembre et de janvier. Dans cette recette festive, il est poché puis rôti au four.

Pour 8 personnes

Volaille
- 1 chapon de 4 kg
- sel, poivre

Fond de volaille
- 1 kg de carcasse de volaille (ou ailerons)
- 150 g de poireau
- 50 g de carottes
- 100 g de branches de céleri
- 100 g d'oignons
- 1 bouquet de persil et cerfeuil
- 2 feuilles de laurier
- sel, poivre

Farce
- 150 g de viande de porc
- 150 g de viande de veau
- 100 g de foies de volaille
- 2 blancs d'œuf
- 20 cl de crème fraîche
- 20 g de purée d'échalote
- 150 g de foie gras (facultatif)
- 50 g de truffes
- 150 g de marrons coupés en dés
- sel, poivre

Sauce
- 5 cl de porto ou de whisky
- 20 cl de fond de volaille
- 1/4 l de crème fraîche
- 80 g de foie gras frais
- 20 g de beurre
- sel, poivre

Un tokay pinot gris Glintzberg de Marc Anstotz, de Balbronn.

Préparez un fond de volaille en faisant bouillir à tout petit feu les différents ingrédients dans 5 l d'eau pendant 1 h. Parez le chapon en laissant les pattes, flambez-le à tout petit feu, nettoyez-le bien à l'intérieur comme à l'extérieur. Salez et poivrez l'intérieur.

Pour la farce, hachez les viandes, ajoutez les foies de volaille revenus au préalable et coupés en dés, mélangez-les, salez et poivrez, ajoutez les deux blancs d'œuf, la purée d'échalote, rectifiez l'assaisonnement. Ajoutez le foie gras en un morceau ou en plusieurs, les truffes et les marrons détaillés en dés. Farcissez le chapon en tassant bien, cousez et bridez.

Faites pocher le chapon pendant 50 min dans le bouillon de volaille bien relevé. Laissez frémir. Couvrez d'un linge pendant la cuisson. Égouttez le chapon, posez-le dans un plat destiné au four. Enfournez-le à 220° (th. 7-8) pendant 20 min (ou à 150°, th. 5, pendant 30 min). Retournez et arrosez la volaille de temps en temps en cours de cuisson.

Pour la sauce, déglacez le plat de cuisson du chapon au porto ou au whisky. Faites réduire 20 cl de fond de volaille à 5 cl. Ajoutez la crème et faites encore réduire. Mixez foie gras frais et beurre, ajoutez le mélange à la sauce au dernier moment, salez et poivrez, passez la sauce au chinois. Détachez les cuisses et découpez-les en petites parts, levez les filets entiers, escalopez-les perpendiculairement à la longueur.

Proposez en garniture des endives braisées, de la purée de céleri, un gratin de potiron ou des flans de petits légumes.

Dominique Wicker, agent au service social de la Communauté urbaine de Strasbourg, a créé le chœur d'hommes Pluricanto. Pour son plaisir, il joue avec un quatuor de trombones (émission du 11 décembre 1999).

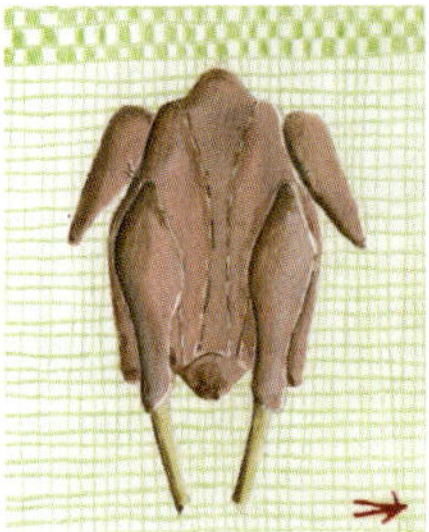

Poulet au citron

UNE RECETTE RÉALISÉE POUR SIMONE STRUSS

Simone Struss, de Lochwiller, près de Marmoutier, apprécie le poulet au citron dit Yassa, cette recette simple et délicieusement acidulée qui vient du Mali et du Sénégal et qu'une amie lui transmit. Hubert Maetz a ajouté des couleurs, accompagnant le mets de carottes au curcuma et d'une purée de pommes de terre à chair violette, la teinte préférée de Simone.

Poulet

La veille, faites mariner les cuisses de poulet dans le jus de citron. Réservez cette marinade. Égouttez les cuisses, épongez-les pour en retirez le maximum d'humidité, puis faites-les griller à l'huile d'arachide dans une sauteuse, de telle sorte qu'elles soient bien dorées. Salez et poivrez. Retirez les cuisses et réservez-les. Faites revenir dans la même sauteuse les oignons coupés en fines lamelles, laissez-les devenir transparents. Mouillez avec le jus de la marinade puis le bouillon ; ajoutez le thym, le laurier et éventuellement le piment. Remettez les cuisses de poulet dans la sauteuse, sur le lit d'oignons. Laissez mijoter 35 à 40 min. Vérifiez l'assaisonnement et ajoutez éventuellement du jus de citron pour accentuer l'acidité de la sauce.

Garniture de carottes

Faites cuire les carottes épluchées et détaillées en lamelles biseautées à l'eau salée additionnée de beurre, égouttez-les, ajoutez le gingembre, liez avec la crème et ajoutez le curcuma.

Purée de vitelottes

Faites cuire les pommes de terre épluchées à l'eau salée. Passez-les au moulin à légumes ou écrasez-les à la fourchette. Laissez la purée s'assécher un peu sur feu doux, puis ajoutez le beurre et la crème.

Poireaux des vignes

Faites simplement cuire ces petits poireaux à l'eau salée.

Pour 4 personnes

Poulet
- 4 belles cuisses de poulet
- le jus de 6 citrons jaunes (ou remplacés, pour moitié, par des citrons verts)
- 1 cuillerée à soupe d'huile d'arachide
- sel, poivre
- 1 kg d'oignons
- 1/2 l de bouillon de viande ou de légumes
- 1 petite branche de thym
- 2 feuilles de laurier
- piment d'Espelette ou piment doux (facultatif)

Garniture de carottes
- 200 g de carottes
- 20 g de gingembre frais
- 20 g de beurre
- 5 cl de crème fraîche (facultatif)
- 2 g de curcuma
- sel

Purée de vitelottes
- 500 g de pommes de terre vitelottes (à chair violette)
- sel
- 50 g de beurre
- 5 cl de crème

Poireaux des vignes
- 100 g de poireaux des vignes (qui poussent à l'état sauvage)
- sel

Un pinot blanc de Romain Fritsch, de Marlenheim.

Simone Struss pratique le patchwork, auquel elle consacre un site internet. Elle a traduit des pièces en alsacien et donnait des cours d'alsacien à l'Université populaire de Molsheim (émission du 8 avril 2000).

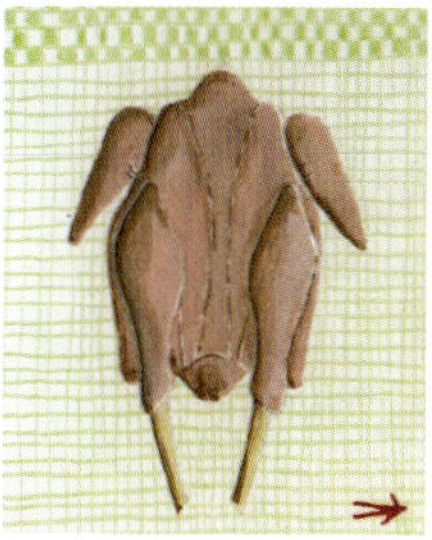

Poulet à la basquaise

UNE RECETTE RÉALISÉE POUR NORBERT HECHT

Norbert Hecht, de Thann, a prolongé d'un jour son service militaire à Bayonne car ce plat figurait au menu de la cantine. Une étude menée par l'abbé Joseph Peter - en vallée de Saint-Amarin - atteste que les premiers occupants préhistoriques des Vosges au quaternaire étaient, au sortir des glaciations, des Basques dits *Eskualduna-Bascoïdes*. Le mot *Vogesen* (Vosges) signifie montagne des Basques.

Pour 4 personnes

- 1 poulet de qualité, par exemple de la Chalosse (Landes)
- sel, poivre
- 14 petits oignons blancs
- 100 g de jambon de Bayonne coupé en tranches un peu plus épaisses que la normale
- 20 g de farine
- 10 cl d'huile d'olive (ou de la graisse de porc)
- 2 oignons hachés
- 4 poivrons verts
- 2 poivrons rouges
- 10 g de piment d'Espelette
- 2 gousses d'ail
- 1 kg de tomates bien mûres
- 5 g de sucre (facultatif)
- 1 dl de vin blanc

Un tokay grand cru du Rangen, à Thann, de la maison Schoffit, à Colmar.

Découpez le poulet en huit à dix morceaux, salez, poivrez et farinez-les. Dans une cocotte en fonte, faites-les dorer à l'huile d'olive à feu moyen sur toutes les faces. Lorsqu'ils sont dorés, ajoutez les oignons blancs, le jambon de Bayonne coupé en dés, les poivrons verts et rouges (éventuellement grillés et pelés) coupés en dés ou en lamelles et l'oignon haché.

Lorsque le tout est bien frit, ajoutez le vin blanc, les tomates pelées, épépinées et coupées en dés, l'ail haché ou pilé, le sucre et le piment d'Espelette. Ne salez pas trop (le jambon de Bayonne apporte une dose de sel).

Faites cuire à feu doux durant 45 min environ. Rectifiez l'assaisonnement si nécessaire. Si la sauce vous paraît trop acide, ajoutez 5 g de sucre.

Norbert Hecht travaille à Steinbach dans la manufacture de caoutchouc Rollin. Photographe amateur, c'est un amoureux des coteaux du Rangen (émission du 29 mai 2004).

Coq au vin d'Alsace

UNE RECETTE RÉALISÉE POUR PATRICK GARNIER

Bien qu'ayant beaucoup voyagé, Patrick Garnier est resté très attaché à l'Alsace. L'ancien directeur du musée de l'Automobile de Mulhouse – devenu viticulteur à Orschwihr par amour pour Régine, une des trois filles du domaine de Materne Haegelin – a insisté pour déguster un coq d'Alsace parfumé au vin d'Alsace.

Salez et poivrez le coq coupé en morceaux. Chauffez l'huile et le beurre dans une cocotte, faites revenir les oignons épluchés et les lardons. Égouttez-les, bien vider la cocotte pour qu'il ne reste plus d'oignons et remplacez-les par les morceaux de coq que vous ferez brunir de toutes parts. Ajoutez alors les oignons et les lardons, mélangez et laissez suer l'ensemble pendant 2 min. Ajoutez le vin, le bouquet garni et l'ail écrasé. Portez à ébullition et laissez mijoter à couvert à tout petit feu durant 45 min. Sortez alors les poitrines. Faites encore cuire les cuisses pendant 45 min.

Faites sauter au beurre les champignons nettoyés et émincés, ajoutez-les dans la cocotte. Laissez cuire l'ensemble pendant 15 min. Sortez les morceaux de coq, faites réduire la sauce, ajoutez la crème chauffée au préalable (pour éviter qu'elle ne coagule et ne forme de petits points blancs dans la sauce), laissez mijoter jusqu'à bonne consistance. Rectifiez l'assaisonnement. Servez accompagné de pâtes fraîches ou d'une purée de pommes de terre.

Pour 6 personnes

- 1 coq de 3,5 kg coupé en morceaux
- sel, poivre
- 1 cuillerée à soupe d'huile
- 50 g de beurre
- 18 petits oignons blancs
- 125 g de lardons maigres
- 75 cl de vieux riesling ou de tokay
- 1 bouquet garni
- 3 gousses d'ail
- 200 g de champignons de Paris (ou autres) revenus dans 30 g de beurre
- 1 dl de crème

Un riesling du domaine Materne Haegelin et ses filles, à Orschwihr.

Après vingt ans à la direction du musée de l'automobile de Mulhouse, Patrick Garnier, passionné de compétition automobile, travaille la vigne et le vin sur le domaine de Materne Haegelin (émission du 14 février 2004).

Coq au riesling

UNE RECETTE RÉALISÉE POUR GUY DETTWILLER

Guy Dettwiller, de Wingen-sur-Moder, portait dans son adolescence le surnom de *Gigerigi*, onomatopée dialectale équivalant au cocorico français. Il avait le souhait de déguster un coq au riesling d'après cette recette de son amie Monique Ensminger, cristallière à Wingen-sur-Moder. Elle accompagne ce plat de spaetzle réalisés à base de semoule.

Pour 6 personnes

Coq au riesling

- 1 jeune coq de 2,5 à 3 kg
- 3 cl d'huile
- 100 g de beurre
- 6 échalotes
- 1 oignon
- 1 carotte
- 300 g de champignons de Paris
- 1 bouteille de riesling
- 25 cl de crème fraîche
- 1 citron
- sel, poivre
- 1 cuillerée à soupe de farine

Spaetzle

- 150 g de farine
- 350 g de semoule de blé dur
- sel, poivre
- 1 pincée de noix de muscade râpée
- 6 œufs
- 5 cl d'eau
- 1 cuillerée à soupe d'huile pour l'eau de cuisson
- 50 g de beurre (pour les faire revenir)

Un riesling grand cru Frankstein de Pierre Arnold, de Dambach-la-Ville..

Découpez le coq en morceaux, salez et poivrez-les. Faites-les revenir dans une cocotte avec l'huile et une partie du beurre (70 g environ). Lorsqu'ils sont bien dorés, retirez-les. Dans la cocotte, mettez les échalotes et l'oignon épluchés et émincés, ajoutez la carotte coupée en fines rondelles et faites cuire pendant 10 min. Saupoudrez avec la farine, remuez bien à l'aide d'une spatule en bois pour décoller les sucs du fond et remettez les morceaux de coq dans la cocotte. Mouillez avec le riesling, couvrez et laissez mijoter pendant 45 min à 1 h. Pendant ce temps, nettoyez les champignons. Émincez-les et mettez-les dans une casserole avec le reste du beurre et le jus de citron. Laissez étuver une dizaine de minutes. Lorsque le coq est cuit, prélevez les poitrines en premier et les cuisses en dernier lieu selon leur degré de tendreté (ou faites-les cuire plus longuement si nécessaire), faites réduire à feu vif le fond de cuisson, ajoutez les champignons. Hors du feu, liez avec la crème fraîche et versez la sauce sur le coq. Servez avec des nouilles ou des spaetzle à la semoule.

Pour confectionner ces spaetzle, mélangez dans une terrine la farine, la semoule, le sel, le poivre et la noix de muscade. Faites un puits et versez-y les œufs battus en omelette. Travaillez à la cuillère en bois et ajoutez environ 5 cl d'eau, afin d'obtenir une pâte souple et un peu molle ; si elle vous semble trop compacte, ajoutez un peu d'eau. Dans une grande casserole, faites bouillir 2 à 3 l d'eau salée additionnée d'une cuillerée à soupe d'huile (pour éviter que les spaetzle ne collent entre eux). Posez au-dessus une passoire à gros trous et faites passer la pâte à travers cette passoire. Procédez par petites quantités. Quand les spaetzle remontent à la surface, ils sont cuits. Sortez-les à l'aide d'une écumoire, égouttez-les, laissez-les refroidir. Peu avant de servir, faites-les sauter au beurre dans une poêle.

Guy Dettwiller travaille avec son frère dans leur entreprise de couverture, de chauffage et de sanitaire. Chanteur-né, sa voix de ténor lui permet d'animer des cérémonies religieuses et de donner des récitals (émission du 5 avril 1997).

Coq farci et rôti

UNE RECETTE RÉALISÉE POUR GÉRARD BASTIAN

Gérard Bastian, de Soucht (Moselle), se réjouissait à l'idée d'un coq farci. Hubert Maetz a imaginé cette farce riche et originale qui sied à l'esprit pascal : elle mêle – entre autres – foies de volaille, champignons, mousse de foie, cognac, croûtons de pains et œufs de caille durcis et écalés.

Pour 8 personnes
- 1 beau coq de ferme d'environ 3 kg (ou un chapon) vidé, avec son foie et son gésier
- 3 tranches de pain de mie
- 2 dl de lait
- 2 oignons hachés revenus
- 80 g de beurre
- 400 g de foies de volaille
- 200 g de champignons (trompettes de la mort, chanterelles, pleurotes ou morilles)
- une petite boîte de mousse de foie (ou 200 g de foie gras frais)
- 200 g de chair à saucisse paysanne ou farce fine
- 2 cuillerées à soupe de persil haché
- 200 g de petits croûtons de pain dur
- 5 cl de cognac
- sel, poivre
- 4 œufs de caille durcis et écalés
- 1 bouquet garni
- 1 carotte
- 2 oignons
- huile

Un tokay pinot gris de la maison Bott Frères, de Ribeauvillé.

Versez le lait chaud sur le pain et laissez imbiber. Nettoyez soigneusement les foies de volaille, ainsi que le foie et le gésier du coq. Faites blondir les oignons dans la moitié du beurre, faites revenir la moitié des foies de volaille entiers pendant 2 min. Coupez-les en petits dés, mettez-les dans un saladier avec les oignons revenus pour la confection de la farce.

Passez le restant des foies de volaille (crus) au hachoir ainsi que le gésier, le foie du coq et la mie de pain égouttée et émiettée, ajoutez l'ensemble à la farce, salez et poivrez. Ajoutez les champignons revenus au beurre et détaillés en petits morceaux, la mousse de foie, la farce fine ou la chair à saucisse, le persil, les croûtons et le cognac. Mélangez pour obtenir une farce homogène, rectifiez l'assaisonnement. Préchauffez le four à 240° (th. 8).

Remplissez le coq avec la farce en y glissant délicatement les œufs de caille cuits dans 4 min d'ébullition et écalés. Si vous utilisez du foie gras frais (et non de la mousse de foie en boîte), placez le bloc entier, entouré de farce, au centre de la cavité à farcir. Cousez l'ouverture. Disposez le coq dans un plat à four, enduisez-le avec une fine couche d'huile, salez, poivrez et enfournez-le à 200° (th. 6-7). Faites-le dorer de tous côtés pendant 1 h en l'arrosant fréquemment. Puis ajoutez le bouquet garni, les oignons et la carotte coupés en petits dés afin qu'ils rissolent et, à belle coloration (après 20 min environ), ajoutez 1/2 l d'eau, couvrez le coq de papier aluminium et laissez cuire encore 40 min en baissant la température à 150° (th. 5). Arrosez fréquemment le coq avec son jus pour éviter qu'il dessèche. Disposez-le sur un plat de service chaud, passez le jus et versez-le dans une saucière. En accompagnement, servez de larges nouilles maison. Vous pouvez y adjoindre une jardinière de légumes et une salade verte.

Souffleur de verre, Gérard Bastian s'est reconverti comme artisan chocolatier dans le pays de Bitche, créant une entreprise familiale. Il a un étang de pêche et va à la chasse (émission du 4 avril 1998).

Suprêmes de pintade avec légumes et pommes galettes

UNE RECETTE RÉALISÉE POUR MARCEL RONCARI

Marcel Roncari, de Saint-Louis, aime ces suprêmes de pintades accompagnés de légumes et de pommes galettes, selon une recette de son ami Philippe Schneider qui tient le restaurant Le Tivoli, à Huningue. La pintade, volaille de basse-cour de la famille des numididés, était déjà appréciée des Romains qui l'appelaient poule de Numidie.

Pour 4 personnes

Suprêmes de pintade

- 4 suprêmes de pintade (c'est-à-dire le blanc de la volaille)
- 160 g de duxelles de champignons
- 80 g de tapenade d'olives noires
- sel, poivre
- 40 g de beurre clarifié

Légumes

- 1 kg de différents légumes de saison (carottes, navets, céleri, asperges vertes, fenouils)
- sel, poivre
- 3 dl de fond de volaille (très peu salé)
- 3 cl d'huile d'olive

Pommes galettes

- 250 g de pommes de terre cuites en robe des champs et passées au tamis
- 1/4 l de lait
- 3 cuillerées à soupe de farine
- 3 œufs entiers
- 150 g de beurre clarifié
- sel, poivre

Un pinot noir Schwarzberg de Jean-Jacques et Nathalie Loberger, de Bergholtz.

Pour farcir les suprêmes, mélangez la duxelles de champignons avec la tapenade. Faites glisser cette farce sous la peau du filet de pintade, en veillant à ne pas le déchirer. Salez, poivrez et faites-les poêler au beurre clarifié. Réservez; passez les suprêmes au four juste avant de servir, pour les chauffer légèrement.

Préparez les légumes, coupez-les selon votre choix. Faites-les cuire dans le fond de volaille. Lorsque le fond est presque absorbé, ajoutez l'huile d'olive afin de les glacer (leur donner une belle brillance), salez et poivrez.

Pour les galettes de pommes de terre, mélangez les divers ingrédients en veillant à ne pas rendre l'appareil trop liquide. La cuisson se fera dans une poêle anti-adhésive à l'aide de beurre clarifié. Prévoyez deux galettes par personne.

Marcel Roncari, spécialiste de la pêche à la mouche, est guide international pour les eaux froides et chaudes. Cette spécialisation le mène en Alaska ou en Égypte en passant par le Rhin (émission du 3 mai 2003).

Feuilleté de poulette à l'estragon

UNE RECETTE RÉALISÉE POUR JEAN-PAUL MEYER

Jean-Paul Meyer, d'Illzach, transplanté cardiaque qui milite pour le don d'organes et qui doit éviter les viandes rouges, aime les saveurs proches des bouchées à la reine. Pour son plaisir, Hubert a inventé ce plat. La poulette de qualité provenant de Bresse, dite pattes noires ou pattes bleues, associée aux morilles, aux asperges et à la pâte feuilletée compose un mets de choix.

Cuisez à petit feu la poulette découpée en morceaux comme une poule au pot, dans un bouillon réalisé avec les légumes, les aromates et l'eau. Salez. Sortez les blancs après 25 min de cuisson, les cuisses après 40 min. Après cuisson de la viande, prélevez 20 cl de bouillon de poule pour la cuisson des morilles, faites réduire le reste de bouillon à découvert (avec légumes et aromates) jusqu'à 1/4 l. Liez avec le roux blond (fait avec le beurre et la farine). Crémez l'ensemble et passez au chinois.

Faites cuire les asperges épluchées et lavées à l'eau salée. Lavez soigneusement les morilles. Faites revenir les échalotes hachées avec le beurre, ajoutez les morilles, mouillez à hauteur avec du bouillon de poule prélevé, faites cuire 10 min à petit feu, crémez (facultatif) avec 5 cl de crème. Rectifiez l'assaisonnement.

Pendant la cuisson des asperges et des morilles, faites cuire le feuilletage à 180° (th. 6) pendant 25 min.

Pour le dressage, divisez le feuilleté en deux dans la longueur, réservez la partie supérieure. Sur la partie inférieure, posez les asperges, un morceau de cuisse et un demi-blanc, parsemez de morilles et posez dessus l'autre rectangle de feuilletage et nappez de sauce à laquelle vous ajouterez l'estragon au dernier moment.

Pour 4 personnes

Poulette
- 1 poulette (coq fermier d'Alsace ou pattes noires) de 1,5 kg
- 2 carottes
- 1 oignons
- 1 céleri
- 1 bouquet garni
- thym, laurier
- 3 l d'eau
- gros sel

Liaison
- 20 g de beurre
- 20 g de farine
- 8 cl de crème fraîche

Garniture
- 200 g de morilles
- 400 g d'asperges
- 50 g de beurre
- 40 g d'échalotes
- estragon
- 5 cl de crème (facultatif)
- sel, poivre

Feuilletage
- 4 rectangles de pâte feuilletée cuite (4 x 5 cm)

Un pinot blanc réserve de la maison Kuentz & Fils, à Pfaffenheim.

Jean-Paul Meyer était contremaître avant de se voir obligé de cesser son travail pour raison médicale. Il est président fondateur de la Coordination des Transplantés d'Alsace (émission du 4 mai 2002).

Poulette pattes noires aux morilles

UNE RECETTE RÉALISÉE POUR PASCAL GUTH

Pascal Guth, de Schiltigheim, apprécie les volailles en sauce qui lui rappelle sa mère Henriette. En son hommage, Hubert Maetz a imaginé cette recette de volaille extra-fine dite pattes noires, flanquée d'oignons et de morilles, cuite à l'étouffée à la manière d'un baeckeoffe.

Pour 4 personnes

Poulette
- 1 poulette de 1,3 kg
- 50 g de beurre
- sel, poivre
- 1 feuille de laurier
- 1 brin de thym
- 1 carotte
- 2 oignons jaunes
- 2 oignons de mai
- 200 g de morilles fraîches, congelées ou 50 g de morilles déshydratées
- 1/4 l d'eau
- 1/4 l de vieux sylvaner
- 1 petite botte de persil plat

Pâte à « luter »
- 400 g de farine
- 15 cl d'eau tiède
- 1 jaune d'œuf

Finition de la sauce
- 15 cl de crème épaisse

Pâte à nouilles
- 400 g de farine
- 4 œufs
- 5 g de sel

Garniture (facultatif)
- 16 asperges (4 par personne) cuites à l'eau salée

Un pinot blanc de l'année de la cave Bestheim, à Beblenheim.

Choisissez une belle poulette pattes noires, salez-la à l'intérieur, déposez-y une feuille de laurier et une branche de thym. Salez aussi à l'extérieur. Épluchez les légumes, coupez les oignons en petits dés, ainsi que la carotte. Laissez bien revenir l'ensemble, ajoutez les morilles (si elles sont séchées, veillez à les tremper préalablement dans l'eau froide pour qu'elles se reconstituent). Versez l'ensemble sur la poulette déposée dans une terrine à baeckeoffe. Versez 1/4 l de sylvaner et 1/4 l d'eau. Salez et poivrez, ajoutez le persil. Couvrez et « lutez » la cocotte avec la pâte obtenue en mélangeant la farine et l'eau chaude. Dorez ce cordon de pâte à l'œuf (facultatif).
Enfournez à 150° (th. 5) et laissez cuire pendant 2 h. Retirez le couvercle, goûtez le jus et rectifiez l'assaisonnement. Au besoin, liez la sauce avec de la crème épaisse et laissez-la réduire selon la consistance souhaitée. Servez avec des nouilles maison (voir recette p. 250) et éventuellement des asperges.

Pascal Guth pratique l'art du découpage et du réassemblage. Avec son frère Christian, il crée grâce à cette technique des tableaux, des affiches, des pochettes de disques (émission du 25 mars 2000).

Poularde bressane

UNE RECETTE RÉALISÉE POUR FRANCIS MASER

Francis Maser aime les plats festifs et conviviaux, comme cette poularde aux trompettes de la mort avec, de préférence, une sauce brune et des spaetzle. La poularde est une jeune poule engraissée en cage et dans la pénombre afin qu'elle ne parvienne pas à maturité sexuelle. Mais communément, on appelle aussi poularde un poulet, mâle ou femelle, pesant plus de 1,8 kg.

Pour 4 personnes
- 1 poularde de Bresse de 1,4 kg (coupée en 8 morceaux)
- 50 g de beurre
- 1 gousse d'ail
- 1/2 dl de vin blanc sec (riesling ou vin jaune pour les jours de fête)
- 600 g de morilles fraîches (ou de trompettes de la mort)
- 1/2 l de crème fraîche double
- sel, poivre du moulin
- 1 jaune d'œuf

Un bourgogne blanc de François Jobard, de Meursault (Côte-d'Or).

Dans une sauteuse, chauffez le beurre, faites sauter les morceaux de poularde pour les dorer. Mouillez avec le vin, faites réduire presque à sec, puis ajoutez les morilles (ou les trompettes de la mort), mouillez avec la crème et laissez cuire à feu doux. Après 20 min de cuisson, retirez les ailes et la poitrine. Ajoutez de temps à autre du bouillon de volaille pour maintenir une quantité suffisante de jus de cuisson.
20 à 30 min plus tard, retirez tous les morceaux de poularde (cuisses et ailerons) et les champignons; déposez-les dans le plat de service maintenu au chaud. Faites réduire la cuisson à 1/4 l de liquide. Liez avec le jaune d'œuf en battant au fouet, chauffez sans bouillir et versez la sauce chaude sur la volaille.

Le vin jaune - vin du Jura - se marie superbement avec ce plat. En effet, le côté oxydatif du vin jaune, mélangé à la crème, aux morilles et à la volaille est un grand classique de la cuisine française. À défaut de vin jaune, vous pouvez utiliser un vieil alsace avec des notes évoluées (de 15/20 ans, un pinot blanc ou tokay pinot gris sec).

Francis Maser, de Vendenheim, est doreur comme son père et son arrière grand-père. Il travaille comme doreur à l'ancienne et aussi de façon contemporaine. Il est également artiste peintre (émission du 6 décembre 2003).

Poule au pot, dite *Suppehuehn*

UNE RECETTE RÉALISÉE POUR ÉVELYNE PINARD-OSTERHOLD

Évelyne Pinard-Osterhold, de Strasbourg, aime se souvenir de la *Suppehuehn* que préparait sa maman. Cette poule au pot façon Henri IV avait fait dire au souverain : « Si Dieu me prête encore la vie, je ferai qu'il n'y aura point de laboureur en mon royaume qui n'ait le moyen d'avoir le dimanche une poule dans son pot ».

Pour 6 personnes

Poule

- 1 poule de 2 kg
- 150 g de carottes
- 50 g de navets
- 1 chou frisé
- 100 g de racines de persil (facultatif)
- 1 branche de céleri
- 1 pomme
- 1 oignon
- 2 gousses d'ail
- sel, poivre
- 1 tranche de 60 g de jambon fumé

Farce

- 150 g de lard fumé,le foie, le cœur et le gésier de la poule hachés
- 1 œuf
- 1 bouquet de persil
- 120 g de mie de pain
- 1 dl de lait chaud
- sel, poivre

Un pinot noir vinifié en rouge par la cave Jean-Geiler, à Ingersheim.

Remplissez d'eau une grande marmite. Mettez-y les carottes, les navets, le chou, les racines de persil, la branche de céleri, la pomme épluchée et coupée en quartiers, l'oignon et l'ail. Salez et poivrez. En attendant que l'eau arrive à ébullition, faites une farce avec le lard, le foie, le cœur et le gésier de la poule (finement hachés).

Ajoutez un œuf, le persil haché, la mie de pain (trempée dans le lait chaud puis pressée), le sel et le poivre. Garnissez-en la poule et fermez en cousant. Plongez-la dans l'eau bouillante. Laissez cuire 3 h à frémissement. Après 2 h de cuisson, ajoutez la tranche de jambon fumé et laissez encore mijoter durant 1 h.

Évelyne Pinard-Osterhold, dix fois championne de France de lancer de javelot, également championne de France de pentathlon, fut professeur de sport jusqu'à sa retraite (émission du 6 mars 1999).

Poule et knepfle

UNE RECETTE RÉALISÉE POUR LOUISE HELMSTETTER

La Tzigane Louise Helmstetter, de Barr, en partance après l'émission pour le pèlerinage aux Saintes-Marie-de-la-Mer, expliqua comment faire la poule à sa façon qu'elle sert avec des knepfle, des quenelles de farine. Elle a aussi montré comment elle réalisait d'épaisses crêpes dans sa vieille marmite en fonte qui voyage avec elle depuis des décennies.

Poule

La poule doit être détaillée en morceaux. Dans une marmite, faites chauffer l'huile et faites revenir les différents morceaux de tous côtés. Lorsqu'ils sont bruns, sortez-les de la marmite et faites revenir l'oignon coupé en petits dés; il doit brunir. Ajoutez les morceaux de poule, salez et poivrez, couvrez d'eau à hauteur et laissez mijoter à couvert jusqu'à ce que la poule soit tendre (il faut qu'il reste environ 4 cm de hauteur de jus). Louise vérifie sa tendreté en piquant une fourchette. Pour la finition de la sauce, délayez la farine dans un peu d'eau, ajoutez l'ail haché ainsi que le vinaigre. Laissez reprendre l'ébullition et maintenez-la pendant environ 4 min.

Knepfle

Délayez la farine avec les œufs, salez, puis ajoutez l'eau pour obtenir une masse pas trop liquide. Faites revenir par ailleurs à l'huile ou au beurre de petits croûtons de pain rassis. Lorsqu'ils ont refroidi, ajoutez-les à la pâte à knepfle avant de plonger l'équivalent d'une cuillerée à soupe de cette pâte dans une grande casserole d'eau bouillante salée. Dès que les quenelles remontent à la surface, égouttez-les. Procédez ainsi jusqu'à écoulement de toute la pâte. Il n'est pas nécessaire de les faire revenir au beurre, nappez seulement avec la sauce de la poule. Accompagnez d'une salade du jardin. Dans sa marmite en fonte, Louise prépare deux épaisses crêpes à manger salées ou sucrées et parfumées à la cannelle, dont elle réalise la pâte avec six œufs, 500 g de farine, une pincée de sel, 3 dl d'eau et 3 dl de lait. Elle laisse dorer chaque crêpe dans une importante quantité d'huile (environ 2 dl). Durant l'émission, Louise Hemstetter a précisé que dans la culture tzigane, «il faut mélanger les ingrédients en tournant dans le sens des aiguilles d'une montre pour éviter le mauvais sort».

Pour 4 personnes

Poule
- 1 poule d'au moins un an de 1,8 kg élevée aux grains
- 5 cl d'huile
- 1 oignon coupé
- sel, poivre
- 6 dl d'eau

Finition de la sauce
- 2 cuillerées à soupe de farine délayées dans un peu d'eau
- 4 gousses d'ail hachées
- 2 cuillerées à soupe de vinaigre

Knepfle
- 1 kg de farine
- 6 œufs
- 5 dl d'eau
- 400 g de petits croûtons revenus au beurre
- sel

Un klevener d'Heiligenstein du domaine de Daniel Ruff, à Heiligenstein,

Louise Helmstetter ne sait ni lire ni écrire mais elle sait défendre la culture tzigane et dire son amour de la nature. Sa fille retranscrit ses souvenirs dans un livre (émission du 20 mai 2000).

Oie bouillie et rôtie, dite *Gansebrote*, et son foie gras au torchon

UNE RECETTE RÉALISÉE POUR BERNARD REBSTOCK

Bernard Rebstock, de Wolschheim, aime préparer en hiver une oie, mets rituel qui lui rappelle sa grand-mère Clémentine. Il a conçu cette recette, qui allie le foie gras cuit au torchon dans le bouillon. Celui-ci est servi avec de petites quenelles dites *Riwele,* avant ou après le foie gras. Puis vient l'oie rôtie entourée de ses légumes.

Pour 6 personnes

Pot-au-feu
- 1 oie grasse de 4 kg (flambée et vidée)
- 5 l d'eau froide
- 300 g de carottes
- 400 g de poireaux
- 3 navets, 1 céleri
- 1 bouquet garni
- 1 oignon piqué de 3 clous de girofle
- 3 gousses d'ail
- 2 cuillerées à soupe de gros sel
- noix de muscade râpée
- 1 cuillerée à soupe de persil et cerfeuil hachés
- pain grillé ou croûtons frottés d'ail

Foie gras au torchon
- 1 foie d'oie de 600 à 800 g environ
- sel, poivre
- 1 dl de porto
- 2 cl d'armagnac ou de cognac
- 1 barde de lard
- le bouillon de légumes

Riwele (à cuire au dernier moment dans le bouillon avant de le servir)
- 250 g de farine, 2 œufs, sel

Mirepoix (autour de l'oie)
- 2 carottes
- 2 oignons

Accompagnement
- pommes de terre vapeur

Un tokay pinot gris grand cru du Kirchberg de Jean-Louis Bachert, de Barr.

L'avant-veille, séparez les deux lobes du foie, vérifiez qu'il ne reste pas de trace de fiel, enlevez le gras, les nervures et les veines qui suivent facilement (laissez celles contenues à l'intérieur, elles donneront à la découpe en tranches de petits points d'un bel effet). Salez et poivrez le foie, disposez-le dans un récipient avec le porto et l'armagnac et laissez-le mariner pendant 48 h (en le retournant de temps à autre).

Portez une grande marmite d'eau salée à ébullition, ajoutez les légumes et les aromates. Laissez mijoter pendant 30 min, le temps d'obtenir un bon bouillon. Pendant la cuisson du bouillon de légumes, égouttez le foie mariné de l'oie, disposez ses deux lobes tête-bêche afin que l'ensemble forme un ovale à peu près régulier, roulez-le dans la barde de lard puis dans un torchon en lin ou en coton en serrant fort, de manière à obtenir une forme de boudin. Ligotez les deux extrémités afin de bien maintenir l'ensemble et lui donner sa forme, puis plongez ce foie enveloppé dans son torchon dans le bouillon bouillant, laissez pocher à très léger frémissement pendant 15 à 17 min. Arrêtez la cuisson, laissez refroidir le foie dans le bouillon jusqu'au lendemain. Puis sortez-le du bouillon et réservez-le au frais jusqu'au moment de le trancher avant dégustation.

Conservez le bouillon avec ses légumes, dégraissez-le après refroidissement et faites-y blanchir l'oie entière pendant 20 min le temps de permettre à une partie de la graisse d'oie de se retirer dans le bouillon. Sortez l'oie du bouillon et égouttez-la, séchez-la puis posez-la dans un plat à rôtir et enfournez-la à découvert dans un four préchauffé à 200° (th. 6-7).

Suite de la recette en p. 436

Bernard Rebstock, cuisinier de formation, était autrefois restaurateur dans le Kochersberg. Il travailla ensuite comme serveur dans une brasserie strasbourgeoise et se passionne pour l'histoire de l'art (émission du 20 décembre 1997).

Oie farcie rôtie

UNE RECETTE RÉALISÉE POUR MARIE-FRANCE KINTZ

Marie-France Kintz, de Strasbourg, aime l'oie rôtie servie dans son enfance avec du chou rouge aux pommes et aux marrons. Les oies, chargées d'un fort pouvoir symbolique, représentent l'élément air dans le repas de Noël. Elles sont dégustées, rôties au four, à partir de la Saint-Martin et durant les fêtes de fin d'année.

Choisissez une belle oie fermière à rôtir. Vidée et flambée, elle sera salée et poivrée à l'intérieur comme à l'extérieur. Préparez la farce : faites revenir les oignons hachés dans la graisse d'oie ou le beurre. Faites revenir séparément les champignons coupés en quartiers. Faites également revenir le foie de l'oie et la moitié des foies de volaille en les gardant rosés (l'autre moitié reste crue).

Passez au moulin fin le pain trempé dans le lait et égoutté, ainsi que les gésiers et les foies crus réservés, mélangez avec les garnitures revenues (oignons, champignons, foie). Ajoutez les œufs entiers, les pommes de terre cuites préalablement en robe des champs et coupées en dés, les marrons préalablement cuits et coupés en dés, et les croûtons de pain. Assaisonnez de sel et de poivre du moulin. Remplissez l'oie de cette farce et cousez-la. Posez-la dans un plat destiné au four et enfournez à 200° (th. 6-7). Après 45 min de cuisson, ajoutez la mirepoix d'oignons et de carottes, l'ail, le bouquet garni, le thym et le laurier. Arrosez régulièrement l'oie de son jus de cuisson et de sa graisse (qui sera prélevée après cuisson pour une utilisation ultérieure).

Le temps de cuisson varie selon la taille et l'âge de la volaille. Comptez en général 30 min de cuisson par kilo de viande. Une fois la cuisson parvenue à son terme, dégraissez le jus de rôti, ajoutez le vin blanc, laissez réduire, ajoutez de l'eau et laissez réduire jusqu'à consistance. Servez l'oie telle quelle, accompagnée d'une purée de pommes de terre, de chou rouge aux pommes et du jus de rôti. La farce sera servie à la cuillère.

Pour 8 à 10 personnes
- 1 oie fermière à rôtir de 5 kg environ
- sel, poivre

Farce
- 50 g de graisse d'oie ou de beurre
- 500 g d'oignons hachés
- 500 g de champignons de Paris
- 300 g de pommes de terre cuites en robe des champs
- le foie de l'oie
- 250 g de foies de volaille
- le gésier de l'oie
- 100 g de gésiers de volaille
- 3 petits pains
- 2 dl de lait
- 300 g de petits croûtons de pain
- 2 œufs entiers
- 500 g de marrons épluchés
- sel, poivre du moulin

Pour la cuisson
- 150 g d'oignons coupés en petits dés
- 50 g de carottes coupés en petits dés
- 15 cl de vin blanc
- 2 gousses d'ail
- 1 bouquet garni
- thym, laurier

Un tokay pinot gris grand cru de Jean-Daniel Hering, de Barr.

Après avoir élevé des moutons, Marie-France Kintz est devenue créatrice et vendeuse d'animaux en peluche. Elle nourrit une passion pour l'habitat ancien et la restauration des maisons à colombages (émission du 21 décembre 1996).

Civet d'oie et son cou farci

UNE RECETTE RÉALISÉE POUR SABINE MUNICH

Sabine Munich, de Hanviller, un petit village du pays de Bitche, élève avec son mari Yvan quelques oies. Et, même si le renard parfois malmène leur basse-cour, il leur en reste encore suffisamment pour préparer ce civet (dit *Gansepfeffer*) et son cou farci (dit *g'fuellter Gansehals*), d'après ces deux recettes conçues par le chef Hubert Maetz.

Pour 8 personnes

Civet d'oie

- 1 oie non gavée de 3 à 4 kg
- 3 oignons
- 2 carottes
- 1 poireau
- 1 branche de thym
- 1,5 l de pinot noir
- 2 gousses d'ail
- 1 bouquet garni
- 1/2 feuille de laurier
- sel, poivre
- 150 g de lardons
- 300 g de champignons de Paris
- huile, beurre

Cou d'oie farci

- la graisse de l'oie
- la peau entière d'un cou d'oie
- 100 g d'épaule de porc
- 100 g de d'épaule de veau
- le foie de l'oie (non gavée)
- le gésier
- 5 cl de jus de truffes
- 2 échalotes hachées
- 150 g de foie gras
- 100 g de grattons
- 100 g de pommes de terre en robe des champs
- 100 g de tranches de pain trempées dans 6 cl de lait
- 20 g de truffes hachées
- 1 l de bouillon de volaille
- 120 g de marrons
- sel, poivre

Un pinot noir élevé en fûts de chêne de Jean-Jacques Muller, de Traenheim.

Civet d'oie

Coupez l'oie plumée et flambée en morceaux. Réservez le cou. Faites mariner les autres morceaux pendant une nuit avec les oignons coupés en quatre, les carottes et le poireau coupés en petits dés, le thym et le pinot noir à hauteur. Le lendemain, égouttez les morceaux d'oie dans une passoire. Dans une cocotte, faites chauffer l'huile et le beurre. Dorez les morceaux d'oie de chaque côté, avec les légumes de la marinade. L'oie libérera sa graisse pour sa coloration. Mouillez avec le vin de la marinade (préalablement bouilli et écumé), ajoutez les gousses d'ail, la feuille de laurier, le bouquet garni. Salez et poivrez. Mélangez bien et laissez mijoter durant 1 h 30.

Dans une poêle, faites rissoler les lardons, puis les champignons en quartiers. Quand le civet est cuit, dressez les morceaux sur un plat et tenez au chaud. Passez la sauce au chinois. Rectifiez l'assaisonnement. Ajoutez la garniture de champignons et de lardons. Dégraissez la sauce ; dressez viande et sauce sur un plat.

Cou d'oie farci

Faites fondre toute la graisse que vous aurez récupérée en vidant l'oie. Faites-y revenir les échalotes en les laissant colorer légèrement. Passez au hachoir (grille fine) les viandes de porc et de veau, les tranches de pain trempées dans le lait et égouttées, le foie et le gésier.

Suite de la recette en p. 437

Sabine Munich travaillait comme aide-soignante jusqu'à l'arrivée de ses quadruplés. Aujourd'hui, mère de cinq enfants, elle aime broder des canevas (émission du 5 décembre 1998).

Canard rouennais aux pêches

UNE RECETTE RÉALISÉE POUR JOSEPH RISCH

Joseph Risch, de Haguenau, apprécie le canard. Hubert a imaginé pour lui ce canard rouennais aux pêches qui fut diffusé la veille de la Fête des Pères. Il a préconisé un canard de Rouen, d'excellente réputation pour sa viande de grande tendreté, mais on peut le remplacer par un autre canard de qualité.

Salez et poivrez le canard. Faites-le rôtir à four très chaud, à 200° (th. 6-7) pendant 20 min. Arrosez-le fréquemment en cours de cuisson. Laissez-le reposer 10 min hors du four. Prélevez les poitrines. Laissez cuire les cuisses encore 20 min à four doux (160°, th. 5-6) pour les rendre fondantes.

Pour la semoule exotique, mélangez les différents ingrédients. Parsemez cette semoule comme une chapelure sur les filets de canard et passez 5 min au four à 180° (th. 6) pour la chauffer et la colorer légèrement.

Pour la sauce, faites fondre à sec le sucre. À belle coloration, ajoutez le jus de pêche, laissez bien réduire, ajoutez le fond brun, assaisonnez et laissez cuire encore jusqu'à bonne consistance.

Faites chauffer au four à 180° (th. 6) les pêches épluchées avec les 40 g de sucre. Lorsque le sucre est légèrement coloré, ajoutez 5 cl de la sauce précédemment réalisée et laissez compoter les pêches pendant 5 min.

Pour l'accompagnement, Joseph a une prédilection pour les pommes de terre cuites en robe des champs, sautées au lard et à l'oignon.

Le canard à la rouennaise est tué par étouffement. Le sang reste dans la chair, donnant une coloration rougeâtre à celle-ci. Elle reste aussi plus juteuse en foin de cuisson.

Pour 4 personnes

Canard
- 1 canard rouennais de 1,8 kg
- sel, poivre
- 8 pêches (blanches, de préférence)
- 40 g de sucre
- 5 cl de sauce

Sauce
- 60 g de sucre
- 1 dl de jus de pêche
- 1 dl de fond brun
- sel, poivre

Semoule exotique
- 50 g de semoule cuite
- 20 g de raisins
- 10 g de pistaches
- 10 g de piment doux (facultatif)
- 20 g d'amandes hachées

Pommes de terre sautées
- 1 kg de pommes de terre cuites en robe des champs
- 100 g de lard fermier
- 60 g d'oignons hachés revenus
- sel, poivre

Un vin rouge d'Ottrott, de la cave vinicole d'Obernai.

Passionné par la ferronnerie d'art, Joseph Risch était serrurier, puis professeur de serrurerie et de métallurgie (émission du 14 juin 2003).

Canard farci et spaetzle

UNE RECETTE RÉALISÉE POUR ANDRÉ HALLER

Pour André Haller, de Vieux-Thann, Hubert n'a pas résisté au plaisir d'imaginer une farce à passer dans l'un des cinq cents hachoirs de l'invité. Elle mêle veau, porc, foie, mie de pain, marrons, porto et cognac. Cette recette constitue aussi un menu de choix pour les fêtes.

Pour 4 personnes

Canard

- 1 canard de Barbarie de 2,8 à 3 kg
- sel, poivre
- 40 g de graisse d'oie pour l'enduire

Farce

- 100 g de mie de pain
- 10 cl de lait
- 3 échalotes
- 200 g d'échine de porc désossée
- 150 g de lard gras
- 200 g d'épaule de veau
- le foie du canard
- le gésier paré
- le cœur
- 200 g de foies de volaille crus
- 150 g de foies de volailles revenus
- 200 g de marrons cuits au naturel
- 1 cuillerée à soupe de porto
- 1 cuillerée à soupe de cognac
- 20 g de beurre
- sel, poivre
- 150 g d'oignons
- 60 g de carotte
- 1 gousse d'ail haché

herbes : cerfeuil, estragon, persil, lierre terrestre (facultatif)

Spaetzle (aux épinards, aux carottes ou aux champignons)

Pâte

- 500 g de farine
- 6 œufs
- 1/4 l de lait entier
- 2 cl d'huile
- 1 pincée de sel
- 50 g de beurre (pour les faire revenir)

Pour parfumer les spaetzle (à ajouter à la pâte)

- 200 g de purée de carottes ou 300 g d'épinards frais à mixer avec 5 cl de lait ou 250 g de champignons hachés menu

Un tokay pinot gris de François Lichtlé, de Husseren-les-Châteaux.

Canard et sa farce

Faites tremper la mie de pain dans le lait. Faites blondir les échalotes hachées dans le beurre. Passez le porc, le lard, le veau et les foies de volaille au hachoir. Ajoutez la mie de pain trempée et pressée, les échalotes blondies, le porto, le cognac, le sel et le poivre. Introduisez les marrons à la farce et garnissez le canard de cette farce et des herbes hachées. Fermez les ouvertures en les cousant.

Enduisez le canard de graisse et posez-le sur un plat à four. Enfournez dans un four préchauffé à 200° (th. 6-7) et laissez cuire pendant 1h45 à 2 h en arrosant fréquemment avec le jus formé. Après 1h30 de cuisson, ajoutez les oignons et les carottes en dés, l'ail et les herbes. Continuez la cuisson pendant 30 à 40 min en couvrant d'un papier aluminium. Après cuisson, posez le canard sur un plat, tenez-le au chaud. Dégraissez la plaque de cuisson, laissez colorer tous les ingrédients de la plaque, les sucs tout en remuant et déglacez avec 2 dl d'eau. Laissez réduire. Dressez le canard sur un plat de service, dégraissez le jus et versez en saucière.

Suite de la recette en p. 437

André Haller travaillait à l'usine de produits chimiques Thann et Mulhouse comme agent de maîtrise. Il possède une magnifique collection de cinq cents machines à coudre et autant de hachoirs à viande (émission du 7 mars 1998).

Canard à l'orange

UNE RECETTE RÉALISÉE POUR NATHALIE ROLLAND-HUCKEL

Nathalie Rolland-Huckel, styliste pour les arts de la table, a plaisir à cuisiner et à recevoir à sa table joliment dressée. Elle a spontanément pensé à ce canard à l'orange que confectionnait son père le dimanche. Elle reconduit à son tour cette recette exquise, mêlant saveurs salées et sucrées, avec tendresse et émotion.

Parez le canard, enlevez toutes traces de plume, flambez-le si nécessaire, salez et poivrez-le à l'intérieur comme à l'extérieur. Faites-le revenir à l'huile de tous côtés dans une cocotte, ajoutez les abattis puis enfournez-le à 200° (th. 6-7) pour lui laisser prendre coloration. Pendant la cuisson, arrosez-le fréquemment avec la graisse écoulée. Après 45 min de cuisson, ajoutez la garniture aromatique (oignon émincé, carotte en dés, bouquet garni, ail) et laissez-la colorer.

Vérifiez la cuisson après 1 h à 1 h 10 en piquant avec une aiguille dans la cuisse : si le jus qui s'écoule est clair et non sanguinolent, vous pouvez arrêter la cuisson et réserver le canard. Faites encore revenir la garniture aromatique, si elle le nécessite pour atteindre une belle coloration ; ôtez l'excédent de graisse. Vous pouvez saupoudrer la garniture avec deux cuillerées à soupe de farine (opération facultative, qui permet d'obtenir une sauce plus épaisse), puis déglacez avec 0,5 l d'eau. Laissez bien réduire, passez le jus et réservez.

Pour la sauce nommée la gastrique (terme culinaire : caramel sec avec un jus d'agrume; exemple : l'orange ou du vinaigre), mettez le sucre dans une sauteuse, laissez-le colorer légèrement pour obtenir un caramel brun clair, déglacez avec les jus d'orange et de citron, ajoutez le filet de vinaigre, laissez réduire jusqu'à consistance sirupeuse, ajoutez alors le fond de canard préparé au préalable. Vous pouvez ensuite ajouter un peu de fond brun ou de fond de volaille pour intensifier et corser la sauce. Épluchez au couteau économe six belles oranges bien fermes, coupez les zestes en fine julienne et faites-les blanchir pendant 3 min. Ajoutez les deux tiers des zestes blanchis à la sauce. Réservez le tiers restant pour la garniture du plat.

Suite de la recette en p. 438

Pour 6 personnes
- 1 canard (mulard, nantais ou de Barbarie) de 3,2 à 3,4 kg
- sel, poivre
- 5 cl d'huile

Fond de sauce
- les abattis du canard
- 2 oignons
- 1 carotte
- 1 bouquet garni
- 3 gousses d'ail
- 5 dl d'eau
- sel, poivre
- 40 g de farine (facultatif)

Gastrique
- 50 g de sucre
- le jus de 2 oranges et 1 citron
- le zeste et les tranches de 6 oranges pelées à vif
- 5 cl de liqueur d'orange (mandarin ou grand-marnier)
- 5 cl de vinaigre Melfor
- 5 cl de fond brun ou de volaille (facultatif)

Décor
- herbes et fleurs de saison

Accompagnement
- des pommes vapeur
- du cresson

Un muscat de Beaumes-de-Venise, mis en bouteille par Michel Chapoutier, à Tain-l'Hermitage (Drôme).

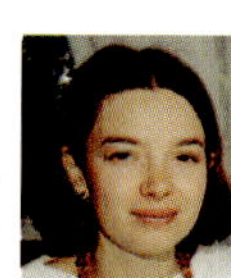

Nathalie Rolland-Huckel, de Gries, est créatrice pour les arts de la table. Elle conçoit des formes et des décors pour la porcelaine dans son atelier La Marlotte (émission du 26 septembre 1998).

Canette aux citrons confits

UNE RECETTE RÉALISÉE POUR GERMAINE IDOUX

La Colmarienne Germaine Idoux, gastronome autodidacte qui a créé et tenu à bout de bras une auberge au Schnepfenried, a ensuite réuni les recettes dans son livre *Le plaisir de la bonne cuisine*. Voici sa recette de la canette de Barbarie aux citrons confits, une «création du tonnerre» qui lui fut tant de fois réclamée par ses habitués.

Pour 6 à 8 personnes

Citrons confits

- 1 bocal à fermeture hermétique
- 6 citrons non traités
- 3 feuilles de laurier
- 1 branche de thym
- un peu de romarin
- 2 pincées de grains de poivre blanc concassés
- huile d'arachide ou d'olive (pour couvrir à hauteur)

Canettes

- 3 canettes de Barbarie de 1,2 kg chacune
- 30 quartiers de citron confit (12 pour farcir, 6 pour placer sous les ailerons, 6 pour la sauce et 6 pour le décor)
- huile d'arachide
- 50 g de beurre
- 4 échalotes hachées
- sel, poivre
- 2 cuillerées à soupe de concentré de tomates (soit 50 g)
- 1/2 l de vin rouge
- 1/2 l de fond brun de veau
- 3 cuillerées à café de sucre semoule

Un châteauneuf-du-pape de Henri de Villamont.

Citrons confits (à préparer deux mois avant)

Lavez et brossez les citrons. Essuyez-les bien. Coupez leurs extrémités. Divisez-les en quatre dans le sens de la longueur. Remplissez le bocal avec ces quartiers de citron. Ajoutez le poivre, les feuilles de laurier, le romarin, le thym et l'huile. Fermez hermétiquement. Laissez en attente au moins deux mois. Conservez au réfrigérateur.

Canettes

Nettoyez et lavez bien l'intérieur de trois belles canettes soigneusement plumées et parées. Salez et remplissez chacune de quatre quartiers de citron confit. Fermez les ouvertures en les cousant. Placez un quartier de citron sous les ailerons de chaque canette et ficelez chacune pour bien maintenir les quartiers de citron. Badigeonnez les canettes avec l'huile de macération des citrons, laissez reposer 2 h. Mettez un peu de cette huile parfumée dans la rôtissoire, ajoutez un peu d'huile d'arachide, posez les canettes, salez et poivrez-les. Enfournez à 150° (th. 5) pendant environ 1 h 30.

Pour la sauce, mettez dans une cocotte 20 g de beurre et les échalotes hachées, faites légèrement revenir, tournez avec une cuillère en bois et ajoutez le concentré de tomates. Laissez bien brunir. Ajoutez dans la cocotte six quartiers de citron confit détaillés en dés (1 cm de côté). Laissez bien saisir le tout, puis déglacez avec le vin rouge et le fond de veau. Ajoutez le sucre à la sauce et laissez cuire à feu doux pendant 1 h environ. La sauce doit être onctueuse. Rectifiez l'assaisonnement.

En fin de cuisson, sortez les canettes, ôtez les ficelles et divisez les canettes en quatre. Comptez deux morceaux par personne. Présentez la viande sur un plat préchauffé. Nappez de sauce. Garnissez le plat de quartiers de citron confit et servez avec une purée de pommes de terre.

Germaine Idoux dirigeait la boutique de foie gras du chef Jean Schillinger avant de transformer son chalet à Sondernach en un restaurant connu qui s'appelait Au refuge de chasse (émission du 3 février 2001).

Magret rôti aux cerises et aux pommes et clafoutis

UNE RECETTE RÉALISÉE POUR ÉMILE MEYER

Émile Meyer, de Riquewihr, a créé à Triembach-au-Val un verger-conservatoire avec trente-cinq variétés de cerisiers hautes tiges, uniquement des cerises à kirsch. Hubert Maetz a conçu pour lui ce repas qui associe le canard, sa viande préférée, aux pommes et aux cerises, ses fruits préférés, avec en accompagnement un clafoutis très original.

Pour le clafoutis aux cerises et au pain d'épices, faites pocher les cerises dans le pinot noir (ou prenez des cerises dénoyautées en bocal), égouttez-les et hachez-les grossièrement. Battez les œufs, ajoutez le lait, la crème, le sucre, le sel et un tour de moulin à poivre. Garnissez des ramequins à moitié de ce mélange, ajoutez les cerises hachées et le pain d'épices émietté, remplissez les ramequins à hauteur avec le flan. Faites cuire au bain-marie au four chauffé à 150° (th. 5) pendant 25 min.

Préparez la compote de pommes (faites cuire dans un fait-tout les pommes épluchées et épépinées, coupées en quartiers, avec le sucre; cuisez doucement jusqu'à obtention d'une compote). Puis épluchez les deux pommes restantes, détaillez-les en quartiers et faites-les revenir au beurre et au sucre dans une poêle pour obtenir de beaux quartiers caramélisés.

Faites des entailles en forme de losanges sur la peau des magrets, salez-les et poivrez-les, parsemez de thym et de romarin, faites-les revenir côté peau dans une poêle pendant 5 min, juste le temps de saisir, puis enfournez à four très chaud (210°, th. 7). À belle coloration, baissez le four à 150° (th. 5). Retournez les magrets, prélevez la peau bien grillée, badigeonnez-la d'un peu de miel et faites-la caraméliser au four à 180° (th. 6), déglacez la poêle avec le vinaigre de queues de cerises, mouillez d'un peu de fond brun de volaille, ou à défaut de sauce soja. Laissez mijoter et réduire de moitié. Rectifiez l'assaisonnement et la consistance.

Suite de la recette en p. 438

Pour 4 personnes

Clafoutis aux cerises et au pain d'épices

- 5 œufs
- 25 cl de lait
- 25 cl de crème fraîche
- 100 g de cerises au sirop
- 60 g de sucre
- 1 pincée de sel
- poivre
- 20 g de pain d'épices
- 25 cl de pinot noir d'Alsace

Compote de pommes

- 400 g de pommes
- 50 g de sucre

Viande

- 2 magrets de canard d'environ 400 g
- 1 branche de thym
- 1 branche de romarin
- sel, poivre
- 50 g de miel
- 3 cl de vinaigre de queues de cerises (ou de vinaigre de cerises)
- 5 cl de fond brun de volaille ou de sauce soja

Décor

- 2 pommes
- 20 g de beurre
- 10 g de sucre
- 80 g de griottes au kirsch

Un tokay pinot gris de Laurent et Michel Dietrich, de Dambach-la-Ville.

Émile Meyer, ingénieur à l'Institut Technique du Vin (ITV), à Colmar, a créé à Triembach-au-Val un verger-conservatoire. Il est président du Syndicat des arboriculteurs du Val-de-Villé (émission du 18 octobre 1997).

Magret de canard aux roses

UNE RECETTE RÉALISÉE POUR RENÉ BARTH

Hubert Maetz a étonné le rosiériste René Barth en lui servant un magret de canard accompagné d'une confiture de roses. Aimée au Moyen-Orient et dans les Balkans, cette confiture se fait avec des pétales provenant de rosiers non traités. Le bouton pulvérisé de la fleur sert aussi à saupoudrer certains plats d'Afrique du Nord.

Pour 4 personnes

Magret

- 2 gros magrets de canard
- sel, poivre

Confiture de roses

- 250 g de pétales de rose non traités
- 1 kg de sucre cristallisé
- 1 jus de citron
- 1 l d'eau

Un tokay pinot gris Altenberg d'Anne-Marie Schmitt, de Bergbieten.

Plongez les pétales dans un litre d'eau bouillante. Laissez infuser pendant 3 min. Égouttez. Faites fondre doucement le sucre avec l'eau et le jus de citron. Portez ensuite le sirop à feu vif jusqu'au «petit boulé» (à 119°). À ce stade on obtient une boule molle lorsqu'on verse une goutte de sirop dans un verre d'eau froide. Une autre vérification consiste à tremper un manche de fourchette dans le sirop, puis dans l'eau froide et à vérifier la consistance entre le pouce et l'index (cela doit former une petite boule molle). À ce moment-là, versez les pétales dans le sirop et portez à ébullition en remuant délicatement le mélange. Retirez du feu et laissez macérer une nuit. Le lendemain, remettez la préparation à cuire quelques minutes jusqu'à ce que les pétales soient transparents. Mettez en pots et couvrez à froid. Servez cette confiture en accompagnement du magret, incisé et simplement grillé dans une poêle, uniquement sur le côté peau, durant 10 à 12 min (selon l'épaisseur). Salez et poivrez. Laissez reposer 10 min la viande couverte d'une feuille de papier aluminium.

Prélevez la peau du canard, coupez-la en petits dés et faites-la colorer. La graisse se libérera et vous obtiendrez de petits graillons rétrécis et croustillants; faites-les caraméliser avec 50 g de sucre (Hubert Maetz appelle cette peau des bonbons de canard).

René Barth, agriculteur devenu rosiériste, produit trois cent mille rosiers par an à Lochwiller. Se considérant comme un agriculteur à part entière, il produit encore du blé et du maïs (émission du 11 octobre 2003).

Ravioles de canard à la sauce aux cèpes

UNE RECETTE RÉALISÉE POUR MIREILLE ISSLER

Mireille Issler, de Boofzheim, a introduit des nouveautés dans l'exploitation paternelle. Elle élève des canards qu'elle transforme en foie gras, tourtes, rillettes, confits, pâtés en croûte, magrets roulés persillés ou en ces ravioles savoureuses de son invention.

Pour 4 à 5 personnes

Pâte à nouilles

- 500 g de farine
- 4 à 5 œufs
- 1 cuillerée à café de sel
- 2 cuillerées à café de vinaigre

Farce

- 1 kg de chair désossée de canard (cuisses ou parures de carcasse)
- 3 échalotes
- 1 oignon
- 3 gousses d'ail
- 5 cl de cognac
- sel parfumé aux herbes (ou additionné d'herbes fraîches du jardin : cerfeuil, estragon et marjolaine hachés)
- 2 g de poivre
- 2 g de noix de muscade râpée
- 6 œufs entiers
- 1 bouquet de persil
- 5 cl d'huile ou 40 g de beurre ou 40 g de graisse de canard

Sauce

- 2 gousses d'ail
- 100 g d'échalotes
- 400 g de cèpes émincés (frais ou congelés)
- 50 g de beurre
- 1/2 l de crème fraîche
- sel, poivre
- 5 cl de vinaigre de miel et de plantes
- 2 cl de cognac

Un riesling (réserve Hahnenberg) d'Auguste Gerber, de Châtenois.

Pour la pâte à nouilles, disposez la farine en fontaine sur votre plan de travail ou dans une terrine, ajoutez les œufs successivement, la pincée de sel et le vinaigre. Travaillez cette pâte pour la rendre bien homogène puis laissez-la reposer pendant 30 min environ.

Pendant ce temps, faites légèrement revenir (simplement blondir) les échalotes, l'oignon et l'ail hachés, passez à la machine à hacher (grille moyenne) avec la viande parée. Faites alors revenir cette viande à l'huile (ou à la graisse de canard). Ensuite seulement, salez et poivrez-la, ajoutez la noix de muscade. Laissez refroidir la viande assaisonnée avant d'incorporer les 6 œufs entiers, le persil haché et le cognac.

Roulez la pâte à nouilles en une abaisse fine de 2 à 3 mm d'épaisseur (en farinant). Servez-vous d'un ustensile à ravioles qui permet aisément de les couper et de les sceller. Sinon, découpez des morceaux de pâtes d'environ 7 x 14 cm (pliées, les ravioles formeront des carrés de 7 cm de côté) ; farcissez chacune d'une cuillerée à café de farce. Mouillez les bords avec de l'eau pour les souder. Déposez les ravioles dans l'eau bouillante salée et laissez-les pocher pendant 5 à 7 min.

Pendant ce temps, préparez la sauce. Faites revenir l'ail, les échalotes hachées et les cèpes, salez et poivrez, ajoutez la crème fraîche et le vinaigre. Portez à ébullition et maintenez-la pendant 2 min environ. Ajoutez à la fin, avant de servir, le cognac, goûtez cette sauce, rectifiez l'assaisonnement et ajoutez des herbes hachées.

D'abord dans la restauration, Mireille Issler a rejoint son père dans l'agriculture. Elle fut la première femme à accéder à la présidence du Centre bas-rhinois des jeunes agriculteurs (émission du 18 avril 1998).

Terrine de canard de Barbarie

UNE RECETTE RÉALISÉE POUR BLANDINE BERBACH

Blandine Berbach a grandi à Uhlwiller, dans une ferme où ses parents élèvent des canards et pratiquent l'agriculture. Elle apprécie ce pâté de canard de Barbarie dont la recette provient de sa maman Monique originaire de Bitche. C'est une terrine appréciée lors des repas de fêtes. Elle se sert froide et il est important de la laisser reposer au frais durant trois jours avant de la déguster.

Pour 8 personnes

- 2 canards de barbarie à cuire avec des légumes comme pour un pot-au-feu (poireaux, carottes, oignon piqué d'un clou de girofle, céleri, bouquet garni)
- leurs foies + 200 g de foie de porc
- 200 g de poitrine de porc fraîche
- 1/2 baguette de pain
- 3 dl de lait (pour tremper le pain)
- persil
- 4 œufs
- 2 cuillerées à soupe de farine
- 1 cuillerée à soupe de cannelle
- 1 pincée (2g) de clou de girofle moulu
- 1 pincée (2g) de noix de muscade râpée
- une pincée (2 g) de coriandre moulu
- sel et poivre
- 1/2 l de riesling
- 1 crépine

Un tokay pinot gris de la cave d'Ingersheim.

Faites cuire les deux canards comme un pot-au-feu en ajoutant les légumes, l'oignon piqué et le bouquet garni. Les foies de canard et de porc doivent simplement être blanchis avec le fond de volaille. Après refroidissement, détachez la viande puis hachez-la sans rajouter les légumes. Mélangez la viande de canard hachée avec les foies de volaille et de porc taillés en lamelles, la poitrine de porc hachée, le persil, les œufs, la farine, et les épices. Salez et poivrez puis ajoutez le vin blanc. Mélangez intimement. Dans une terrine à baeckeoffe, disposez la crépine, posez le mélange de hachis, couvrez avec la crépine. Faites cuire au four, sans couvercle à 100° (th. 3/4) jusqu'à ce que le dessus soit doré et que la température à cœur soit de 65°. Posez un poids sur la terrine afin de faire affleurer la graisse à hauteur. Laissez reposer une nuit avant de démouler. La terrine devra ensuite reposer 3 à 4 jours au frais : elle n'en sera que meilleure. Servez avec une salade scarole ou les légumes du pot-au-feu (carottes, poireaux, céleri) servis froids assaisonnés d'une vinaigrette à l'ail.

Blandine Berbach, d'Uhlwiller, bachelière lors de l'émission, s'est orientée vers le métier d'horticultrice. Elle fait du théâtre, pratique le secourisme et le dessin, écrit et interprète des chansons (émission du 17 février 2001).

Le gibier
et les abats

Les gibiers et les abats

par France Siptrott

« Ce que j'aime chez le sanglier ? D'abord, c'est de la vraie bête de forêt : corps à la masse, force et racines, humus, obscurité, grognement, course au carré, âpreté, mais aussi bondissement, agilité, légèreté : la grâce malgré la pesanteur, en réalité vous comprenez. Comment je le préfère ensuite ? À la broche, c'est Hugues qui en est le maître et la broche d'Hugues, ce n'est rien qu'un subtil équilibre entre le feu (des braises continues), du badigeon d'huile d'olive parfumée au serpolet de la vallée, une poignée de gros sel (mais virile la poignée !), adoucie tout de même d'une cuillerée plus féminine de miel, sans oublier alors le remerciement de la fin : celui qu'on doit à une bête prodigieusement douée de la vie même de la forêt... »

France Siptrott

Civet de mou de veau et ses quenelles de farine, dites *Melknepfle*

UNE RECETTE RÉALISÉE POUR DIDIER HETZEL

Didier Hetzel apprécie cette recette ancienne et bon marché de sa grand-mère et que reconduisait rituellement son père. Le mou est un terme de triperie désignant les poumons des animaux de boucherie. Mais ce civet, mariné au vin rouge, est aussi fait à base de cœur et de foie. Il était servi dans la famille de Didier avec des quenelles de farine.

Pour 6 à 8 personnes

Abats
- 1,3 kg de mou (c'est-à-dire de poumon) de veau ou de porc
- 1,3 kg de cœur de veau ou de porc
- 400 g de foie de génisse ou de porc (facultatif)
- 1 dl d'huile

Marinade
Mirepoix de légumes coupés en dés :
- 50 g de céleri, 100 g de carottes
- 150 g d'oignons, 2 gousses d'ail
- 80 g de poireau émincé
- 2 feuilles de laurier, 1 brin de thym
- 1 l de vin rouge
- sel, poivre

Finition de la sauce
- 100 g de beurre, 120 g de farine
- 20 g de sucre semoule

Quenelles de farine
- 500 g de farine
- 5 œufs
- 1 pincée de sel
- 2 dl d'eau
- 50 g de beurre (pour les faire revenir)

Un médoc château la croix Gravelongue (Gironde).

Marinade

Laissez mariner les abats découpés en cubes pendant une nuit dans le vin rouge avec les différents légumes et aromates. Le lendemain, faites revenir dans l'huile très chaude les abats bien égouttés ainsi que les légumes et aromates égouttés de la marinade. Lorsque l'ensemble est bien doré, jetez l'excédent d'huile et mouillez avec la marinade (que vous aurez au préalable portée à ébullition et écumée), complétez à hauteur avec de l'eau ; salez, poivrez. Laissez cuire à couvert pendant 2 h au moins. Sortez les morceaux d'abats, passez la sauce et, pour lui donner de la consistance, faites un roux brun. Pour cela, mettez le beurre à fondre dans une casserole à fond épais, ajoutez la farine en remuant constamment avec une cuillère de bois, énergiquement pour éviter la formation de grumeaux. Ajoutez le sucre et faites cuire ainsi pendant 5 à 10 min, le temps de lui faire atteindre une couleur brune, à feu plutôt doux pour ne pas brûler l'ensemble. Lorsque la couleur désirée est atteinte, retirez du feu et laissez refroidir jusqu'au moment de la liaison du liquide. Versez la sauce chaude passée au tamis sur le roux froid (pour éviter les grumeaux), mélangez avec le roux et chauffez progressivement en remuant. Ajoutez les abats à la sauce, rectifiez l'assaisonnement. Laissez mijoter 5 min pour bien imprégner la viande. Servez avec des quenelles de farine.

Suite de la recette en p. 440

Didier Hetzel, cuisinier-restaurateur à Strasbourg, est passionné par les bonsaïs. Peintre amateur, il a une prédilection pour les natures mortes, les paysages et les clowns (émission du 9 mai 1998).

Émincé de foie au vin rouge, dit *Suerlawerla*

UNE RECETTE RÉALISÉE POUR JEAN-PIERRE JANTON

Jean-Pierre Janton, de Bitschwiller-les-Thann, apprécie les *Suerlawerla*, cet émincé de foie à la sauce aigrelette au vin rouge, accompagné de spaetzle maison. Cette célèbre recette haut-rhinoise est généralement faite avec du foie de porc et de bœuf, ici remplacé par du foie de veau que Jean-Pierre préfère. Rose, pâle et ferme, le foie de veau est aussi le plus moelleux.

Pour 6 personnes

Émincé de foie
- 900 g de foie de veau ou de porc (évitez le foie de bœuf, qui prend à la cuisson une teinte brunâtre guère appétissante)
- 3 cl d'huile
- 1 oignon
- 3 échalotes
- 1 cuillerée à soupe bombée de farine
- 1/2 l de vin rouge
- 5 cl de vinaigre
- 50 g de beurre
- sel, poivre
- 1 cuillerée à soupe de persil haché et de ciboulette ciselée

Spaetzle (on peut les préparer à l'avance)
- 500 g de farine
- 6 œufs
- 1/4 l de lait entier (ou d'eau)
- sel

Un pinot noir de la maison André Gueth, à Walbach.

Coupez le foie en lanières (environ 0,5 x 6 cm) ou en fines escalopes coupées par votre boucher. Faites chauffer de l'huile dans une poêle, posez-y le foie légèrement fariné et faites revenir à feu vif. Laissez en attente hors du feu. Pour la sauce, faites blondir l'oignon et les échalotes finement hachés dans le beurre. Saupoudrez avec la farine et laissez prendre couleur tout en remuant avec une spatule en bois. Ajoutez le vin et le vinaigre. Salez et poivrez. Laissez cuire la sauce pendant 10 min. Rajoutez le foie. Laissez simplement reprendre ébullition puis arrêtez la cuisson. Saupoudrez de persil haché et de ciboulette ciselée.

Pour la pâte à spaetzle, battez les six œufs entiers, ajoutez le lait et le sel. Puis incorporez progressivement cette masse liquide à la farine et battez jusqu'au moment où la pâte sera bien onctueuse (ni trop liquide, ni trop compacte). Dans une grande casserole ou marmite, portez de l'eau salée à ébullition. Disposez une partie de pâte sur une assiette (bien plate) humidifiée au préalable (ou sur une planchette en bois) et, à l'aide d'une cuillère à soupe, raclez de petites lanières de pâte dans l'eau bouillante. Il existe aussi une sorte de rabot à trous qui permet de faire tomber les spaetzle en pluie dans l'eau bouillante ; ils ont alors une forme plus régulière. Laissez pocher pendant une dizaine de minutes (sauf s'ils sont très fins : en ce cas, ils sont à point lorsqu'ils remontent à la surface). Égouttez-les et maintenez-les au chaud. Les spaetzle sont l'accompagnement préféré de Jean-Pierre, mais on peut aussi servir cet émincé de foie au vin rouge avec des pommes sautées ou des galettes de pommes de terre.

Jean-Pierre Janton, directeur-adjoint du collège de Lutterbach, dirige le chœur des Petits Chanteurs de Thann. Il est aussi le créateur des Max's, un ensemble de dix chanteurs et musiciens (émission du 22 novembre 1997).

Foie de veau à la florentine

UNE RECETTE RÉALISÉE POUR JEAN-LUC NETH

Jean-Luc Neth, habité par la passion du folklore, restaure et recrée des coiffes alsaciennes du XVIIIe siècle. Il aime les abats sous toutes les formes, sans aucune exclusive et a choisi cette recette à la florentine. Cette dénomination désigne un apprêt dans lequel figurent des épinards.

Pour 4 personnes

Pâte (pour faire frire les rondelles d'oignon)

- 100 g de farine
- 1 jaune d'œuf
- 1 cuillerée à soupe d'huile
- 1 pincée de sel
- 2 dl de bière
- 2 dl d'huile (pour frire)
- 300 g de gros oignons

Épinards

- 400 g d'épinards frais en branche
- 80 g de beurre
- sel, poivre

Foie

- 600 g de tranches fines de foie de veau
- 30 g de farine, 30 g de beurre
- 3 cl d'huile, sel, poivre

Sauce

- 100 g d'échalotes hachées
- 1 dl de pinot blanc
- 5 cl de fond de veau
- 2 cl de vinaigre
- 10 cl de madère
- 5 cl d'eau, sel, poivre

Accompagnement

purée de pommes de terre parfumée à l'ail des ours

Un riesling de Roland Pettermann, de Dambach-la-Ville.

Pour la pâte à frire, mélangez la farine avec le jaune d'œuf, l'huile, le sel et la bière. Veillez à obtenir une pâte lisse. Laissez-la reposer pendant 30 min. Pendant ce temps, nettoyez et lavez les épinards, faites-les revenir doucement dans le beurre pendant 5 min à découvert, salez et poivrez.
Épluchez les oignons, coupez-les en rondelles épaisses et défaites celles-ci en anneaux, passez-les dans la pâte à frire, puis plongez-les dans l'huile à 170°. Disposez les épinards dans un plat tenu au chaud.
Pour la sauce, faites revenir dans une sauteuse les échalotes, déglacez au vinaigre, ajoutez le madère et le pinot blanc, faites réduire aux 3/4 puis ajoutez le fond de veau (à défaut, de l'eau), faites cuire 15 min et rectifiez l'assaisonnement.
Dans une poêle, faites revenir au beurre et à l'huile les tranches de foie farinées au préalable, laissez-les bien saisir et colorer, en veillant à garder le foie rosé à l'intérieur, salez et poivrez. Vous pouvez déglacer la poêle avec un peu d'eau pour récupérer les sucs et les ajouter à la sauce pour en rehausser le goût. Disposez les tranches sur les épinards. Versez le jus sur le foie. Décorez avec les rondelles d'oignon.
Servez avec une purée de pommes de terre à laquelle vous intégrerez de l'ail des ours haché (plante sauvage parfumée qui sent l'ail, que l'on trouve au printemps dans les prairies et certaines forêts). Pour la conservation, ses feuilles sont hachées et mises à macérer avec de l'huile d'olive dans un pot fermé : ce mélange se conserve au frais durant plusieurs mois et permet d'assaisonner pâtes, sauces ou, comme dans l'émission, une purée.

Jean-Luc Neth, technicien dentaire à Strasbourg, collectionne les coiffes et costumes alsaciens d'autrefois. Il est l'animateur et le chorégraphe du groupe d'Kochloeffel, de Souffelweyersheim (émission du 24 avril 1999).

Tête de veau, dite *Kalbskopf*, avec sa sauce gribiche

UNE RECETTE RÉALISÉE POUR PIERRE JUNG

Pierre Jung aime les saveurs simples comme cette tête de veau à servir avec une sauce vinaigrette ou une sauce gribiche. La gribiche est une sauce froide dérivée de la mayonnaise dans laquelle le jaune d'œuf cru est remplacé par un jaune d'œuf dur.

Vous pouvez acheter tête et langue toutes préparées et roulées par le tripier (ou à défaut le boucher), sinon laissez-les tremper quelques heures dans une grande bassine d'eau vinaigrée légèrement salée. Frottez-les bien pour les nettoyer parfaitement. Roulez et ficelez (il est possible aussi de les cuire telles quelles, à plat). Disposez tête et langue dans une marmite, couvrez d'eau. Portez à ébullition pendant quelques minutes pour débarrasser la tête de toutes les impuretés. Égouttez. Remettez à nouveau tête et langue dans la marmite, couvrez d'eau froide. Ajoutez le demi-verre de vinaigre, l'oignon coupé en deux (éventuellement brûlé sur les faces plates) et piqué de clous de girofle, ainsi que les carottes, le bouquet garni, le sel et le poivre. Couvrez et laissez cuire 1 h 30 à 2 h.

Pendant ce temps, préparez la sauce gribiche. Écrasez le jaune d'un œuf dur, ajoutez une cuillerée à café de moutarde forte, du sel, du poivre puis l'huile en filet. Lorsque la sauce est prise, relevez-la avec du vinaigre, des cornichons hachés, des câpres, les herbes hachées. Ajoutez en dernier le blanc haché de l'œuf dur.

La tête de veau égouttée doit être servie chaude, tranchée et accompagnée de sauce gribiche. Si vous l'avez cuite à plat, coupez des carrés de 3 à 4 cm de côté.

Pour 6 personnes

Tête de veau

- 1/2 tête de veau
- 1/2 langue
- 1 oignon piqué de 4 clous de girofle
- 2 carottes
- bouquet garni
- 5 cl de vinaigre
- sel, poivre

Sauce gribiche

- le jaune d'1 œuf dur
- 1 cuillerée à café de moutarde forte
- sel, poivre
- 10 cl d'huile
- 2 cl de vinaigre de miel et de plantes
- 150 g de cornichons hachés
- 50 g de câpres
- 1 cuillerée à soupe de persil, cerfeuil et estragon hachés
- le blanc haché de l'œuf dur

Un riesling « cuvée Drei Exa » de Paul Ginglinger, d'Éguisheim.

Pierre Jung, de Gundershoffen, est directeur commercial de Bergerat Monnoyeur Manutention, à Souffelweyersheim. Il pratique l'équitation et il est devenu champion d'Europe en attelage (émission du 16 octobre 1999).

Ris de veau aux morilles et aux langoustines

UNE RECETTE RÉALISÉE POUR DENISE ROTH

Denise Roth, grande voyageuse, aime le ris de veau aux morilles, ces fins champignons de printemps, coniques et alvéolés qu'elle mangeait en Normandie. Le ris de veau désigne une glande, le thymus, qui disparaît à l'âge adulte. Comme Denise raffole aussi des fruits de mer, Hubert Maetz a ajouté des langoustines à cette recette.

Pour 4 personnes
- 0,8 à 1 kg de ris de veau
- 200 g de morilles
- 20 g de beurre
- 3 cl d'huile
- 100 g d'échalotes
- 100 g de carottes
- 100 g de blanc de poireau
- 1 l de fond blanc de volaille (ou de fond de langoustine)
- 10 cl de pinot blanc
- 1 dl de crème fraîche
- 1 kg d'asperges
- 12 langoustines
- herbes (thym, laurier, ciboulette, cerfeuil, ail des ours) (facultatif)
- sel, poivre

Un tokay pinot gris de quinze ans d'âge en vendanges tardives de David Ermel, de Hunawihr.

Nettoyez les morilles, coupez-les en deux dans le sens de la hauteur, faites-les tremper dans l'eau, lavez-les au moins quatre fois. Faites cuire à l'eau salée les asperges épluchées, coupez les queues et gardez uniquement les pointes à 8 cm. Faites blanchir les ris de veau en les plongeant dans l'eau froide, amenez à ébullition et maintenez-la 3 min, égouttez les ris de veau, débarrassez-les de leur fine peau et faites-les revenir avec du beurre et de l'huile en les faisant bien saisir. À belle coloration, retirez-les, ajoutez échalotes, carottes et blanc de poireau (finement coupés), ajoutez les morilles, faites bien revenir l'ensemble, ajoutez les ris de veau, le thym, le laurier, l'ail des ours et déglacez avec 1 dl de vin blanc. Faites réduire l'ensemble à sec et mouillez de fond blanc à hauteur (vous pouvez mouiller avec moitié fond blanc et moitié jus de crustacé si vous en avez). Salez et poivrez. Laissez cuire l'ensemble à feu doux pendant 15 min à couvert.

Sortez les ris de veau, réservez-les au chaud, laissez réduire le fond. Ajoutez la crème bouillie. Ajoutez les langoustines (entières ou décortiquées) et faites-les cuire dans le fond pendant 2 min (les garder rosées à l'intérieur, donc moelleuses). Rectifiez l'assaisonnement et la consistance. Ajoutez les herbes hachées (ciboulette et cerfeuil) et dressez sur assiette.

Denise Roth a travaillé comme gouvernante, puis est devenue rédactrice en anglais et en allemand pour l'entreprise DMC. Elle est aujourd'hui verrier d'art à Rixheim (émission du 17 avril 1999).

Tranche de rognon de veau au madère et rognons de porc à la moutarde à l'ancienne

UNE RECETTE RÉALISÉE POUR PAUL LAZARUS

Paul Lazarus, de Saverne, raffole des rognons, pas nécessairement de veau, il aime aussi les rognons de porc, avec en accompagnement des pommes sautées. À l'usine, les jours où les rognons étaient au menu de la cantine, les copains lui disaient: «Paul, c'est 14 juillet aujourd'hui!» Ces deux recettes simples et goûteuses ont été élaborées par Hubert Maetz.

Tranche de rognon de veau

Coupez la graisse autour du rognon, laissez juste 1 cm autour. Coupez des tranches de rognon de 1,5 cm d'épaisseur, faites-les griller à l'huile dans une poêle sur les deux faces. La graisse qui va fondre va nourrir la cuisson. Réservez les rognons au chaud sur un plat retourné à couvert. Jetez l'excédent de graisse et faites revenir les échalotes, déglacez avec le madère et laissez réduire. Ajoutez le fond brun et laissez mijoter jusqu'à bonne consistance de nappage.

Cuisez les pommes de terre en robe des champs, épluchez-les, coupez-les en rondelles. Faites revenir les oignons dans la graisse d'oie (ou dans l'huile), ajoutez les pommes de terre et laissez bien griller l'ensemble. Salez, poivrez. En accompagnement, servez une salade verte.

Rognons de porc à la moutarde à l'ancienne

Enlevez la fine pellicule autour des rognons, coupez-les en deux dans le sens de la longueur. Trempez-les dans de l'eau vinaigrée, puis blanchissez-les durant une minute, égouttez-les et séchez-les bien. Badigeonnez-les de moutarde et parsemez de mie de pain, émiettez quelques particules de beurre sur l'ensemble et faites griller au four les rognons posés dans une poêle près de la voûte. Laissez griller une minute. Prélevez un peu de sauce madère de la recette de tranche de rognon de veau, ajoutez une cuillerée de moutarde et la crème. Rectifiez l'assaisonnement.

Pour 2 personnes

Tranche de rognon de veau

- 1 rognon de veau de 300 g
- 2 cl d'huile

Sauce

- 20 g d'échalotes hachées
- 5 cl de madère (ou porto ou monbazillac)
- 4 cl de fond brun (ou à défaut de bouillon ou eau)
- sel, poivre

Garniture

- 500 g de pommes de terre
- 3 cl d'huile (ou de graisse d'oie)
- 100 g d'oignons
- persil
- sel, poivre

Rognons de porc à la moutarde à l'ancienne

- 2 rognons de porc
- 2 cl de vinaigre (dilué dans 1 dl d'eau)
- 20 g de moutarde condiment
- 40 g de mie de pain
- 10 g de beurre
- 5 cl de crème pour la sauce
- sel, poivre

Un irouléguy du domaine Arretxea, cuvée Haitza, de Michel Riouspeyrous, d'Irouléguy (Pyrénées-Atlantiques).

Paul Lazarus est outilleur d'une usine horlogère savernoise. Passionné de chevaux et de westerns, il a appris la sculpture sur cuir grâce à un cours américain par correspondance (émission du 13 mars 1999).

Rognons de veau et riz en timbale

UNE RECETTE RÉALISÉE POUR JOSEPH SCHAAL

Joseph Schaal aime les rognons de veau flambés au cognac, parfumés à la moutarde et nappés d'une sauce à la crème et aux champignons. Hubert Maetz les a accompagnés de riz, de petits pois en timbale et, pour saluer le printemps à peine né, de quelques légumes de saison.

Pour 4 personnes

Rognons
- 2 rognons de veau
- 2 cl d'huile
- 4 échalotes
- sel, poivre
- 6 cl de cognac
- 15 cl de crème épaisse
- 1 cuillerée à soupe de moutarde forte
- 250 g de champignons de Paris
- 40 g de beurre
- 1 cuillerée à soupe de persil

Riz en timbale
- 200 g de riz blanc à cuire à la créole
- sel
- 20 g de beurre
- 1 échalote
- 200 g de petits pois

Garniture (légumes de saison à votre gré)
- 4 carottes fanes
- 4 oignons blancs
- 4 asperges
- 4 navets
- 30 g de beurre

Un rouge d'Ottrott (dit « Ottrotter Roter ») du domaine de la Schliff, à Ottrott.

Parez les rognons (ou faites-le faire) : enlevez la membrane qui les recouvre. Fendez-les en deux et retirez-en la partie graisseuse et fibreuse. Détaillez-les ensuite en tranches de 1 à 2 cm d'épaisseur.
Nettoyez les champignons, détaillez-les en lamelles et faites-les revenir avec 40 g de beurre. Dans une poêle ou une sauteuse, faites revenir les rognons à l'huile à feu vif durant 2 à 3 min en les retournant à mi-cuisson. Laissez-les égoutter, le temps de faire blondir au beurre les échalotes hachées, ajoutez alors les rognons égouttés (en jetant le jus qui s'en est retiré), salez et poivrez, laissez revenir rognons et échalotes pendant 2 min encore, arrosez avec le cognac et faites flamber. Battez la crème avec la moutarde, ajoutez ce mélange aux rognons, donnez quelques bouillons pour laisser épaissir la sauce, ajoutez les champignons. Saupoudrez de persil haché.
Servez avec du riz cuit à la créole (à l'eau salée). Après cuisson, faites revenir l'échalote hachée au beurre, ajoutez le riz et les petits pois cuits, mélangez avant de mouler dans des timbales. Servez en accompagnement les différents légumes cuits à l'eau et agrémentés d'un peu de beurre.

Joseph Schaal, d'Obernai, professeur de mathématiques à la retraite, a créé le club régional de modèles réduits. Il met sa passion du maquettisme au service d'associations (émission du 29 mars 2003).

Rognon de veau rôti dans sa graisse et salsifis

UNE RECETTE RÉALISÉE POUR JEANNETTE SELTZ

Jeannette Seltz, de Mittelbergheim, a transmis l'amour de la cuisine à l'un de ses deux fils, Matthieu, chef de cuisine dans un restaurant étoilé de Fribourg-en-Brisgau. Elle aime les rognons et le salsifi noir (ou scorsonère), ce légume exquis mais tombé en désuétude, que l'on trouve sur le marché d'octobre jusqu'à la fin mars et que l'on désigne en alsacien sous le terme *Schwarzwurzle* (racines noires).

Rognon de veau rôti dans sa graisse

Ôtez une partie de la graisse en veillant à laisser environ 1 cm d'épaisseur tout autour du rognon. Enfournez à 250° (th. 8-9) pendant 30 min. Le rognon sera encore légèrement rosé. Laissez-le reposer 10 min avant de le trancher. Retirez la graisse restante, coupez-le en tranches de 2 cm d'épaisseur, salez à la fleur de sel, poivrez avec le moulin. La graisse peut également être servie en accompagnement, faites-la griller à nouveau si nécessaire : elle doit être croustillante et joliment colorée. Servez-la aux amateurs avec un peu de fleur de sel.

Rognon de veau rôti à la moutarde

Dégraissez partiellement le rognon, coupez-le en quatre en ôtant la partie graineuse et fibreuse du centre, salez et poivrez-le, enduisez-le de moutarde, placez-le dans une petite cocotte huilée et faites-le rôtir dans le four préchauffé à 250° (th. 8-9) pendant 12 min environ. Égouttez-le et tenez-le au chaud. Versez la graisse hors de la cocotte, ajoutez le madère et faites réduire de moitié, ajoutez le fond brun de veau (facultatif), délayez une cuillerée à soupe de moutarde dans la sauce en fouettant vigoureusement, faites chauffer la sauce en évitant l'ébullition. Remettez le rognon dans la cocotte, réchauffez-le et servez-le nappé de sa sauce.

Suite de la recette en p. 440

Pour 2 personnes

Rognon de veau rôti dans sa graisse
- 1 rognon de veau entouré de graisse (selon la taille, il servira pour 1 ou 2 personnes)
- fleur de sel, poivre du moulin

Rognon de veau rôti à la moutarde
- 1 rognon de veau
- sel, poivre
- 50 g de moutarde, huile
- herbes de Provence (ou herbes aromatiques)
- 5 cl de madère ou de porto
- 1 cuillerée à soupe de moutarde (pour la sauce)
- 5 cl de fond brun de veau (facultatif)

Salsifis au gratin à la manière de Paul Haeberlin (ingrédients pour 6 personnes)
- 1 kg de salsifis
- le jus d'1/2 citron
- 1 l d'eau, 60 g de farine
- 2 échalotes hachées
- 50 g de beurre
- 1/2 l de crème fraîche
- sel, poivre
- 50 g de gruyère râpé
- 40 g de chapelure

Un rouge de Jean Rohrer, de Mittelbergheim.

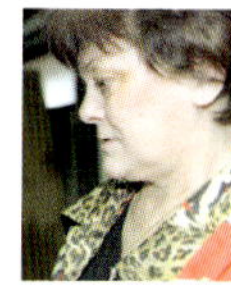

Jeannette Seltz est juge canin international. Passionnée par les phénomènes de magnétisme, elle pratique le pendule et la télépathie (émission du 14 mars 1998).

Gratin de tripes au riesling

UNE RECETTE RÉALISÉE POUR MICHEL GANDER

Michel Gander aime ce gratin de tripes au riesling. Sa femme Chantal le lui mitonna alors qu'il était son fiancé et elle l'épata. Les tripes permettent de multiples accommodements, la façon la plus célèbre restant à la mode de Caen, avec cidre et calvados.

Pour 6 personnes

Gratin

- 1,25 kg de tripes blanchies
- 150 g de beurre
- 4 dl de riesling
- 2 gros oignons
- 1 carotte
- 4 gousses d'ail
- 2 tomates fraîches
- 1 pied de veau fendu en 4
- 1 petite branche de thym
- 1 petite branche de marjolaine
- 3 branches de persil haché
- 1 cuillerée à soupe d'estragon haché
- sel, poivre
- 1/2 cuillerée à café de poivre en grains écrasés
- 3 cl de crème fraîche
- 150 g de gruyère râpé
- 120 g de parmesan râpé
- quelques noix de beurre

Accompagnement

- 600 g de pommes vapeur
- 1 salade verte (scarole ou mâche)

Un riesling Bruderthal d'Alain Klingenfus, de Molsheim.

Dans une poêle, faites revenir, dans la moitié du beurre, les oignons émincés, les tripes blanchies et coupées en lanières, la carotte coupée en rondelles, déglacez avec le vin blanc. Ajoutez les tomates coupées en dés, le persil, le thym et la marjolaine, le sel, le poivre concassé, trois gousses d'ail écrasées et le pied de veau (préalablement blanchi). Faites saisir au début sur feu vif et laissez mijoter ensuite le tout pendant 1h30 environ (peut-être moins, cela dépend de la taille des tripes et de leur durée de blanchiment). Complétez avec de l'eau ou du bouillon de veau si nécessaire. Vérifiez la cuisson au toucher. Préparez un plat à gratin en terre ou un caquelon beurré frotté à l'intérieur avec la quatrième gousse d'ail écrasée.

Entre-temps, faites réduire le jus de cuisson, ajoutez la crème fraîche ; versez les tripes dans le plat à gratin. Grattez la chair du pied de veau, détaillez-la en dés et mélangez-la aux tripes, ajoutez l'estragon, une partie du gruyère et du parmesan râpés et mélangez le tout. Parsemez l'ensemble du reste de gruyère et de parmesan. Nappez le tout de la sauce réduite et crémée, déposez quelques noix de beurre et faites gratiner au four 30 min environ à 180° (th. 6).

Servez avec des pommes vapeur. Accompagnez ou faites suivre d'une salade de scarole ou de mâche.

Michel Gander a d'abord travaillé auprès d'un architecte. Il est finalement devenu tisserand, installé à Muttersholtz, dans le Ried. Il s'est spécialisé dans le tissage du lin (émission du 7 janvier 1996).

Tripes

UNE RECETTE RÉALISÉE POUR PAUL HIRTH

Paul Hirth, longtemps fermier-aubergiste dans le massif du Gresson, a livré sa recette de tripes. Il aime les manger accompagnées d'une purée de pommes de terre. Ainsi, dit-il, il peut réaliser dans son assiette « un bon mortier ».

Les tripes doivent être dégorgées, blanchies, rafraîchies et coupées en carrés de 5 cm de côté ou en lanières. Disposez-les dans une cocotte avec le poireau émincé, les oignons émincés, les carottes détaillées en petits dés, les tomates, ajoutez le pied de veau et le pied de porc fendus dans le sens de la longueur. Ajoutez le concentré de tomates, le bouquet garni, salez, poivrez et ajoutez ail, thym, laurier et le piment d'Espelette ; mouillez avec le vin blanc, couvrez et laissez mijoter pendant 2 à 3 h.
Vous pouvez aussi faire cuire les tripes au four à 180° (th. 6), durant 2 à 3 h dans une terrine à baeckeoffe de Soufflenheim. Saupoudrez généreusement de persil haché avant de servir.

Chez votre boucher, vous trouverez le plus souvent les tripes fortement blanchies. Rincez-les à l'eau fraîche. Mettez-les en cuisson, mais les temps de cuisson peuvent être fortement écourtés selon le degré de blanchiment des tripes.

Pour 6 personnes
- 2 kg de tripes
- 200 g de poireaux
- 250 g d'oignons émincés
- 250 g de carottes
- 250 g de tomates
- 1 cuillerée de concentré de tomates
- 1 bouquet garni
- 1 pied de porc
- 1 pied de veau
- 6 gousses d'ail
- 6 dl de vin blanc
- thym, laurier
- sel, poivre
- 1 pointe de couteau de piment d'Espelette ou piment d'oiseau
- 100 g de persil haché

Un riesling de Pierre Birgban, de Husseren-les-Châteaux.

Paul Hirth, agriculteur, tenait la ferme-auberge du Gresson, à mille mètres d'altitude, dans la vallée de Masevaux. Il aime la musique, la littérature, le chant et la philosophie (émission du 23 septembre 2000).

Carré de biche au chocolat

UNE RECETTE RÉALISÉE POUR FRANCIS TRYK

Francis Tryk souhaitait que Hubert lui réalise une recette de gibier. Pour cette émission diffusée l'avant-veille de la Saint-Valentin, le chef a conçu ce repas pour amoureux qui associe la biche à une sauce au pinot noir et au chocolat. Le tout est servi avec des tuiles fines et plates en forme de cœur.

Pour 4 personnes

Biche
- 1 kg de carré ou 600 g de filet de biche
- 5 cl d'huile
- 1 petite branche de thym
- 2 feuilles de laurier
- sel, poivre

Sauce
- 1/2 l de pinot noir
- 2 gousses d'ail
- 1 pincée de thym
- 1 feuille de laurier
- 5 g (1 cuillerée à café) de cacao amer
- 20 g de beurre

Croûte de biche
- 100 g de dragées
- 50 g de grué de cacao (des éclats de fève de cacao)
- 50 g de pistaches grossièrement hachées
- 50 g d'amandes grossièrement hachées

Cœurs en chocolat (des tuiles fines plates à préparer la veille)
- 20 cl de lait
- 40 g d'huile de noisette
- 3 œufs
- 100 g de sucre
- 30 g de farine
- 150 g de chocolat noir

Purée de panais
- 400 g de panais
- sel
- 50 g de beurre

Garniture
- 3 endives rouges effeuillées, braisées avec 30 g de beurre et caramélisées avec 50 g de sucre
- confiture d'oignons chaude (facultatif)

Un pinot noir élevé en barriques de la cave Jean-Geiler, à Ingersheim.

Faites saisir le carré ou le filet de biche à feu vif puis faites-le rôtir à four doux (150°, th. 5) pendant 5 min avec l'huile et toute la garniture aromatique. Salez et poivrez. Rajoutez 5 min de cuisson si vous rôtissez un carré avec les os. À la sortie du four, parsemez la viande du mélange de dragées concassées, de cacao, de pistaches et d'amandes grossièrement hachées. Enfournez à nouveau à 150° pendant 5 min en arrosant bien l'ensemble avec la graisse de la cuisson.

Pour les cœurs en chocolat (à préparer la veille), faites bouillir le lait avec l'huile et 50 g de sucre. Battez les œufs avec les 50 g de sucre restants, faites-les bien blanchir, ajoutez la farine, versez le lait bouillant sur ce mélange, recuisez l'ensemble en lui donnant une ébullition, ajoutez le chocolat en carreaux, remuez, laissez refroidir et posez au frais pendant 12 h. À l'aide d'un emporte-pièce (ou moule bas) en forme de cœur ou autre, garnissez de la masse froide bien compacte, sur une fine épaisseur (2 mm) ; lissez l'ensemble. Cuisez au four à 150° (th. 5) pendant 10 min. Laissez bien refroidir sur la plaque avant de démouler.

Suite de la recette en p. 441

Francis Tryk, serrurier-soudeur au parc automobile de Mulhouse, fait des sculptures avec des chutes de métaux. Il aime la nature et pêche dans le canal du Rhône au Rhin (émission du 12 février 2000).

Civet de biche aux pommes et aux airelles

UNE RECETTE RÉALISÉE POUR DANIEL DOLLINGER

Daniel Dollinger aime le civet de biche, qu'il mangeait parfois avec sa maman dans un restaurant de Plobsheim, aujourd'hui disparu. Voici la recette que lui a concoctée Hubert Maetz. Il l'accompagne de spaetzle originaux dont la pâte contient du fromage blanc et d'une garniture d'oignons caramélisés, de pommes et d'airelles.

La veille, faites mariner la viande coupée en cubes de 3 cm de côtés avec le pinot noir. Ajoutez toute la garniture aromatique coupée en dés. Le lendemain, égouttez la viande. Dans une cocotte en fonte, faites revenir la viande. À belle coloration, ajoutez la garniture aromatique. Colorez l'ensemble. Saupoudrez avec la farine et colorez légèrement, puis déglacez avec la marinade préalablement bouillie et écumée. Mouillez à hauteur avec de l'eau, salez, poivrez et faites cuire à couvert au four à 160° (th. 5-6) pendant 2 h. Après cuisson, retirez les morceaux de viande (cette opération se nomme décanter), faites réduire la sauce jusqu'à bonne consistance. Passez la sauce dans un chinois étamine.

Pour 6 personnes

Civet
- 1,5 kg d'épaule et de collet de biche
- 1 l de vin rouge de la vallée du Rhône ou de pinot noir d'Alsace
- 100 g de carottes
- 200 g d'oignons
- 2 gousses d'ail
- 1 tomate
- 1 petite branche de thym
- 2 feuilles de laurier
- 5 cl d'huile
- 40 g de farine
- sel, poivre

Garniture
- 250 g d'oignons grelots (à cuire avec de l'eau, 20 g de beurre, 10 g de sucre et 1 pincée de sel)
- 250 g de lardons
- 250 g de champignons de Paris coupés en quartiers
- 250 g de croûtons taillés en dés
- 20 g de beurre
- 2 cl d'huile
- 2 pommes
- 100 g de sucre
- 10 cl d'eau
- 200 g d'airelles (à cuire avec 50 g de sucre et 1 dl de pinot noir)

Spaetzle
- 10 œufs
- 500 g de farine
- 100 g de fromage blanc
- sel, poivre

Un pinot noir mûri sur le Furstentum de Paul Blanck, de Kientzheim.

Préparez la garniture en faisant revenir les lardons, puis les champignons de Paris et les croûtons. Mouillez les oignons épluchés à hauteur avec de l'eau, ajoutez une noix de beurre et une cuillerée à café de sucre. Couvrez et faites cuire jusqu'à évaporation complète de l'eau. Remuez les oignons dans le caramel qui s'est formé au fond de la sauteuse. Cuisez les pommes dans un sirop léger (fait avec 10 cl d'eau et 100 g de sucre). Cuisez les airelles dans 50 g de sucre et 1 dl de pinot noir pendant 2 min. Servez avec des spaetzle : pour les confectionner, mélangez les différents ingrédients, disposez une portion de pâte sur une assiette et, à l'aide d'un couteau, faites glisser des lanières de pâte dans de l'eau bouillante salée. Lorsque les spaetzle remontent à la surface, égouttez-les et servez (en faisant éventuellement revenir au beurre au préalable).

Daniel Dollinger travaille à la direction de la communication de France Telecom. Photographe et vidéaste, il est aussi chanteur-guitariste. Il est passionné de poésie alsacienne (émission du 16 janvier 1998).

Civet de chevreuil parfumé au sapin

UNE RECETTE RÉALISÉE POUR GABRIEL FLECHER

Dans sa ferme, à Ohnenheim, près de Sélestat, où il cultive son jardin, fait son miel, fume son lard et préserve le savoir-faire de ses aïeux, Gabriel Flecher écrit aussi des livres culinaires. Cette recette est extraite des *Secrets de Tante Eugénie*. Ce civet de chevreuil, qui peut aussi se faire avec du marcassin, est cuit de façon originale avec une ou deux petites branches de sapin.

Pour 8 personnes
- 2 kg de chevreuil ou de marcassin (épaule, gigot, collier, côtes)
- 1 à 2 petites branches de sapin (100 à 150 g)
- 3 feuilles de laurier
- 4 clous de girofle
- 4 oignons
- 1,5 l de vin rouge mélangé avec 1/2 l d'eau
- 150 g de lard coupé en dés
- 50 g de beurre
- sel, poivre
- 750 g de champignons frais (girolles, trompettes, cèpes...)
- 30 g de maïzena
- 2 cl de kirsch
- thym, sarriette

Un pinot noir du domaine Marcel & Christophe Mittnacht, à Hunawihr.

Dans une terrine, déposez les branches de sapin. Ajoutez la viande coupée en morceaux, ainsi que les feuilles de laurier, les clous de girofle et les oignons coupés en rondelles. Recouvrez avec 1,5 l de bon vin rouge mélangé avec 1/2 l d'eau. Couvrez et laissez mariner une nuit.
Retirez les morceaux de viande de la marinade et faites-les égoutter. Faites dorer les dés de lard dans une cocotte en fonte, ajoutez la viande et faites rissoler de tous côtés. Mouillez avec la marinade. Ajoutez les aromates (thym, sariette) et les branches de sapin, ainsi que les champignons lavés et coupés. Salez, poivrez et portez à ébullition. Laissez cuire à petit feu pendant 1h30 à 1h45. Contrôlez le niveau de temps en temps et, s'il le faut, ajoutez un peu d'eau ou de vin.
Retirez du feu et passez le liquide au chinois étamine. Remettez le jus sur le feu, rectifiez l'assaisonnement, ajoutez le kirsch puis la maïzena délayée dans un peu d'eau. Portez à ébullition et remettez la viande dans la sauce épaissie. Laissez mijoter 5 min ; rectifiez l'assaisonnement.
Servez accompagné de nouilles ou de spaetzle.

Officier honoraire retraité, Gabriel Flecher vit des produits de sa ferme, son potager, son verger et son rucher. Il écrit aussi des livres culinaires (émission du 18 octobre 2003).

Civet de chevreuil et flan de girolles

UNE RECETTE RÉALISÉE POUR FRANCIS HANHART

Francis Hanhart raffole du gibier et aime les viandes cuites longuement, comme ce civet non mariné cuit au pinot noir selon une recette de Hubert Maetz qui l'a accompagné d'un flan de girolles parfumé à l'estragon, au persil et à l'hysope.

Faites revenir la viande non marinée à l'huile en la faisant dorer de tous côtés, salez et poivrez, ajoutez les légumes, les herbes aromatiques et le lard fumé. Pendant ce temps, faites bouillir le vin rouge de manière à le réduire de moitié. Ajoutez-le à la viande. Laissez cuire à couvert pendant 1 h 30. Complétez avec de l'eau ou du vin si nécessaire. Sortez la viande et faites réduire la sauce jusqu'à consistance.

Pour le flan de girolles, mélangez crème, œufs, sel, poivre et herbes, ajoutez les girolles (revenues au beurre avec les échalotes hachées), versez dans des ramequins et enfournez au bain-marie à 120° (th. 3-4) pendant 45 minutes (ou 1 h à 90°, th. 3, à four sec). Servez avec des spaetzle maison.

Pour 6 personnes

Civet de chevreuil

- 2 kg de gibier (épaule et collet) coupé en cubes de 4 cm de côté
- sel, poivre
- 5 cl d'huile
- 200 g d'oignons
- 100 g de lard fumé taillé en gros lardons
- 4 gousses d'ail
- 150 g de carottes
- 1/2 poireau
- 20 g de céleri
- 2 brins de thym
- 2 feuilles de laurier
- 1 l de pinot noir

Flan de girolles

- 5 dl de crème
- 4 œufs
- 1 cuillerée à soupe d'herbes hachées (estragon, persil, hysope)
- 250 g de girolles
- 50 g d'échalotes
- 20 g de beurre
- sel, poivre

Un pinot noir de la maison Charles Salber, à Rodern.

Francis Hanhart est directeur régional d'une société spécialisée dans la pulvérisation par hélicoptère, à Colmar. Il est passionné d'écriture et féru d'histoire de France (émission du 2 octobre 2004).

Gigot de chevreuil de trois heures

UNE RECETTE RÉALISÉE POUR COLETTE SCHOTT

Colette Schott, de Lampertheim, aime les viandes en sauce au vin rouge longuement mijotées. Sa préférence va au gibier. Voici le gigot de chevreuil de trois heures selon Christian Dior, couturier gastronome. Ce plat peut être préparé à l'avance et être réchauffé doucement à 120°. Il est exquis avec une purée de marrons ou du chou rouge aux pommes et aux marrons.

Pour 6 personnes

Gigot
- 1 gigot de 2,5 à 3 kg
- 300 g de lard gras détaillé en lardons fins
- 30 g de beurre
- 3 cuillerées à soupe d'huile
- 5 cl de cognac
- 1/4 l de vin rouge
- 1 gousse d'ail, 1 brin de thym
- 1 petit piment rouge sec (facultatif)
- le jus d'1 citron, sel, poivre

Sauce
- 1 cuillerée à soupe de farine
- 1 cuillerée à soupe de moutarde forte
- 1/4 l de vin rouge
- 2 cuillerées à soupe de gelée de framboises

Accompagnement
- 1 kg de purée de marron
- 2 cuillerées à soupe de crème épaisse
- 600 g de chou rouge
- 100 g de marrons
- 30 g de beurre, 50 g d'oignons
- 4 pommes
- 2 cuillerées à café de cannelle
- sel, 1/2 l d'eau

Un pinot noir de la maison Kuentz-Bas, à Husseren-les-Châteaux.

Parez le gigot et piquez-le avec les lardons. Dans une braisière, faites chauffer le beurre et l'huile. Faites dorer le gigot sur toutes les faces. Faites chauffer le cognac, versez-le sur le gigot et flambez. Couvrez et laissez cuire pendant 1 h à feu doux. Ajoutez dans la braisière 1/4 l de vin rouge, la gousse d'ail, le petit piment rouge sec, le jus de citron, le sel et le poivre. Laissez cuire encore pendant 1 h, à couvert et à feu doux. Délayez ensuite la farine et la moutarde avec 1/4 l de vin rouge. Versez sur le gigot et laissez à nouveau cuire pendant 1 h (toujours à couvert).
Au moment de servir, passez la sauce au chinois et liez-la avec la gelée de framboises, rectifiez l'assaisonnement.
Servez avec la purée de marron chaude à laquelle vous aurez ajouté la crème épaisse. Vous pouvez également présenter du chou rouge aux pommes et aux marrons (cuit avec le beurre, les oignons, les pommes, la cannelle, le sel et l'eau).

Colette Schott, démonstratrice en lingerie féminine, aime le football, même si elle ne le pratique pas elle-même. Elle collectionne de nombreux objets liés à ce sport : billets d'entrée, articles de presse, autographes (émission du 19 janvier 2002).

Gigot de chevreuil et nouilles maison

UNE RECETTE RÉALISÉE POUR RAYMOND FISCHER

Ancien chasseur, Raymond Fischer est un fin cuisinier qui apprécie ce gigot entier qui mijote dans du vin rouge dans une terrine à baeckeoffe, à la manière d'une estouffade. Il l'accompagne de nouilles maison ou de spaetzle.

Disposez le gigot dans un récipient pour le faire mariner pendant deux à trois jours avec tous les ingrédients de la marinade détaillés en dés de 0,5 cm de côté, salez et poivrez. Ajoutez le vin. Couvrez; retournez le gigot une fois par jour. Égouttez-le, séchez-le avant de le faire revenir sur toutes ses faces. Disposez-le ensuite dans une terrine en terre cuite avec tous les éléments de la marinade. Couvrez et lutez. Pour cela, préparez une pâte toute simple en mélangeant la farine et l'eau, et disposez un cordon de pâte autour du couvercle afin de le fermer hermétiquement.

Faites cuire à four moyen (130-140°, th. 4-5) pendant 3 à 4 h (selon le poids du gigot).

À la sortie du four, passez le fond de cuisson au chinois. Faites un roux blond (c'est-à-dire: faites fondre le beurre, ajoutez la farine, laissez colorer, puis ajoutez le fond et portez à ébullition, laissez cuire pendant 15 min, finissez la sauce en ajoutant la crème fraîche et les 5 cl de vin).

Servez en accompagnement des nouilles maison: mélangez les ingrédients selon l'ordre indiqué, abaissez la pâte finement avant de découper les nouilles, laissez-les sécher pendant 5 min et portez-les à ébullition pendant 2 min, égouttez-les et liez-les avec la noix de beurre.

Pour 8 personnes

Gigot et marinade
- 1 gigot de chevreuil de 2 à 2,5 kg
- 150 g d'oignons
- 2 clous de girofle
- 4 baies de genièvre
- 10 grains de coriandre
- 4 feuilles de sauge
- 2 feuilles de laurier
- 150 g de carottes
- 1 tige de poireau
- 1 l de vin rouge (de la vallée du Rhône ou un pinot noir d'Alsace)
- sel, poivre
- 5 cl d'huile (pour faire revenir)

Lutage
- 300 g de farine
- 19 cl d'eau

Roux blond
- 30 g de farine et 30 g de beurre

Finition de la sauce
- 5 cl de crème fraîche
- 5 cl de vin rouge

Nouilles
- 400 g de farine
- 4 œufs
- sel, 2 cl d'huile d'olive
- 2 cl de vinaigre
- 20 g de beurre (pour la finition)

 *Un vougeot de la maison Chopin-Groffier, à Clos-Vougeot (Côte-d'Or).*

Raymond Fischer a enseigné la musique pendant dix ans avant de devenir agent technique forestier, d'abord à Linthal près du Grand Ballon, puis à Rott, à proximité de Wissembourg (émission du 13 novembre 1999).

Noisettes de chevreuil

UNE RECETTE RÉALISÉE POUR MARIANNE GNAEDIG

Marianne Gnaedig aime le gibier qui lui rappelle son enfance, à Haguenau, auprès d'un père chasseur. Hubert Maetz a réalisé pour elle ces noisettes de chevreuil, accompagnées de tuiles au fromage avec une salade d'oxalis. Cette plante sauvage - qui affectionne les places ombragées et humides des forêts riches en humus - est aussi appelée petite oseille et pain de coucou (*Suerklee* et *Haseklee* en alsacien).

Pour 6 personnes

Chevreuil
- 1 selle de chevreuil de 1,2 kg
- 3 cl d'huile
- sel, poivre
- 100 g de chapelure
- 100 g de purée d'ail des ours

Tuiles
- 250 g de bargkas (fromage de montagne alsacien à pâte pressée, cuite à 70°), ou à défaut du parmesan

Salade
- 350 g d'oxalis (ou, en remplacement, de la roquette)

Vinaigrette
- 8 cl de fond de chevreuil (ou fond brun), ou à défaut de la sauce soja
- 3 cl d'huile d'olive
- 2 cl de vinaigre balsamique
- 30 g d'échalotes
- marjolaine fraîche

Décor
- 18 feuilles d'ail des ours (passées dans une poêle chaude pour les sécher et les rendre croustillantes)

Un tokay vendanges tardives de quinze ans d'âge de Nicolas Scharsch, de Wolxheim.

Dans les filets de chevreuil, coupez des noisettes de 50 g. Tapotez-les légèrement pour les aplatir et leur donner une belle forme. Salez et poivrez, puis faites-les revenir vivement à la poêle dans de l'huile. Mettez un peu de mélange chapelure-feuilles d'ail des ours sur chaque noisette, passez-les rapidement au four chaud (200°, th. 6-7) pour bien griller l'ensemble, surtout la chapelure pour qu'elle forme une légère croûte joliment dorée. Veillez à garder les noisettes rosées.

Pour les tuiles, coupez de fines tranches de fromage de montagne (bargkas), ou à défaut du parmesan, posez les tranches dans une poêle anti-adhésive, laissez colorer à feu doux. À belle coloration, tournez la tuile à l'aide d'une spatule, laissez-la bien dorer. Réservez sur du papier absorbant.

Pour la vinaigrette destinée à l'oxalis (ou à la roquette), mélangez le fond de chevreuil (à défaut, prenez de la sauce soja), ajoutez l'huile d'olive et le vinaigre balsamique, mélangez avec la cuillère. Au dernier moment, avant de napper, ajoutez échalotes et marjolaine hachées.

Dressez la salade, les noisettes de chevreuil à votre convenance, la tuile de fromage bargkas et l'ail des ours bien en relief. Nappez légèrement le tout de vinaigrette.

Marianne Gnaedig exerce le métier de guide-conférencière à Colmar, ville dont elle fait découvrir le patrimoine culturel en français, en allemand et aussi en alsacien (émission du 21 juin 2003).

Selle de chevreuil aux fruits et confiture d'oignons

UNE RECETTE RÉALISÉE POUR HANNIE SCHWEITZER

Hannie Schweitzer est un cordon-bleu qui mitonne les recettes de gibier qu'elle affectionne, avec en accompagnement un florilège de fruits. Hubert Maetz a conçu pour elle cette recette qui allie saveurs salées, sucrées et aigres-douces et qui propose une confiture d'oignons en accompagnement inattendu.

Pour 6 personnes

Viande
- 1 selle de chevreuil de 1,2 à 1,5 kg
- 3 cl d'huile
- sel, poivre

Sauce
- 100 g d'oignons
- 30 g de carotte
- 30 g de céleri
- 1 dizaine de queues de persil
- 2 dl de vin rouge corsé
- 3 gousses d'ail
- 1 petite branche de thym (ou des fleurs)
- 2 feuilles de laurier

Confiture d'oignons
- 1 douzaine d'oignons jaunes
- 20 g de beurre
- 60 g de sucre
- 1 petite branche de thym
- 1 feuille de laurier
- 5 cl de vinaigre Melfor
- 25 cl de vin rouge

Pommes aux airelles
- 3 pommes acidulées (type reinettes ou jonagold)
- 50 g de sucre
- 5 cl d'eau
- 10 g de beurre
- 1 pincée de sel
- 100 g d'airelles (en conserve)

Autres garnitures
- spaetzle
- poires ou pêches pochées fricassée de champignons des bois (style girolles)
- des marrons et de la purée de marrons
- des garnitures aigres-douces comme celles que propose Christine Ferber (abricots et raisins au gewurztraminer, quetsches et cerises au pinot noir et au thym, confiture de Noël).

Un rouge d'Alsace de la cave coopérative Wolfberger, à Éguisheim.

La confiture d'oignons peut être préparée à l'avance : épluchez, émincez les oignons, déposez-les dans un fait-tout avec tous les ingrédients, laissez cuire à feu doux à découvert pendant 2 h pour confire.

Choisissez une belle selle de chevreuil : c'est la partie la plus noble et la plus chère. Parez, salez, poivrez et faites rôtir la selle à four chaud, préchauffé à 250° (th. 8-9), pendant 10 min puis réduisez la chaleur à 200° (th. 6-7) en arrosant fréquemment ; laissez cuire 25 à 30 min (donc environ 35 à 40 min de cuisson au total). Puis laissez reposer environ 30 min hors du four en couvrant la selle de papier aluminium pour la garder chaude.

Sur une plaque de cuisson, faites colorer les sucs avec les légumes coupés en petits dés, déglacez au vin rouge, ajoutez queues de persil, thym, laurier et ail ; laissez réduire de moitié, ajoutez 0,5 l d'eau. Laissez réduire à bonne consistance et passez l'ensemble au chinois. Gardez la sauce au chaud.

Préparez pendant la cuisson de la sauce les pommes aux airelles : épluchez les pommes, évidez-les à l'aide d'un vide-pomme. Taillez-les en rondelles de 0,5 cm d'épaisseur, faites-les cuire doucement avec l'eau, le sucre, le sel et le beurre. Réservez-les et garnissez-les au dernier moment d'airelles chaudes : ainsi, ces dernières ne coloreront pas les pommes. Dressez la selle sur un grand plat, entourée des différentes garnitures.

Hannie Schweitzer a découvert la gym à soixante ans et l'enseigne à Kembs-Loechlé, près de Saint-Louis. Elle animait chaque après-midi la chronique de gymnastique sur France Bleu Alsace (émission du 26 mai 1996).

Gigot de marcassin, coings au pinot noir et quenelles de semoule aux champignons

UNE RECETTE RÉALISÉE POUR CHRISTIAN SCHMITT

Le jeune sanglier garde la dénomination de marcassin jusqu'à l'âge de six mois. Christian Schmitt, de Bouxwiller, souhaitait que Hubert Maetz accompagne ce gigot tendre de quenelles de semoule aux champignons (si possible des girolles), comme celles qu'il ramassait au Bastberg jusqu'à l'adolescence. Hubert eut l'idée d'ajouter au plat des coings cuits dans le pinot noir et parfumés au thym et au laurier.

Pour 6 personnes

Viande
- 1 gigot de marcassin ou de jeune sanglier (1,8 à 2 kg)
- 3 cl d'huile, sel, poivre

Sauce
- quelques os de marcassin concassés menus
- 1 oignon, 1 carotte, 2 gousses d'ail
- 2 dl de pinot noir
- 1 l d'eau
- 30 g de farine
- thym, laurier, sel, poivre

Coings au pinot noir
- 3 coings
- 1 bouteille de pinot noir d'Alsace
- 100 g de sucre
- thym, laurier

Quenelles de semoule aux champignons
- 30 g de beurre
- 1 échalote
- 300 g de girolles et de trompettes de la mort
- 180 g de semoule de blé fine
- 1/2 l de lait
- 100 g de gruyère
- noix de muscade
- sel, poivre

Un pinot noir de Nicolas Simmler, de Saint-Hippolyte.

En achetant le gigot de marcassin, demandez quelques os pour la confection de la sauce. Faites revenir le gigot des deux côtés dans une poêle, posez-le assaisonné de sel et de poivre dans un plat huilé ou une cocotte pouvant aller au four avec les os posés de part et d'autre. Enfournez à 200° (th. 6-7). Laissez bien colorer, arrosez fréquemment avec le jus de cuisson. Aux 3/4 de la cuisson, ajoutez carotte, oignon et ail coupés finement et laissez cuire selon la taille (par exemple, pour un gigot de 2 kg, la cuisson sera de 35 à 40 min à 200°, th. 6-7). Arrosez-le bien, sortez-le après cuisson et laissez-le reposer pendant autant de temps que la durée de cuisson.

Faites revenir les os et les légumes, laissez-les bien brunir en remuant constamment, saupoudrez de farine, faites-les torréfier, mélangez, ajoutez le pinot noir et 0,5 l d'eau, le thym et le laurier. Laissez réduire aux 3/4, ajoutez 0,5 l d'eau et laissez réduire jusqu'à consistance sirupeuse, rectifiez l'assaisonnement, passez à travers une passette fine.

La préparation des coings peut se faire à l'avance. Épluchez-les, coupez-les en quatre, ôtez le trognon et les parties dures. Faites cuire les coings dans le pinot noir avec le sucre, le thym et le laurier. Égouttez et laissez refroidir. Coupez une partie des coings en fines tranches afin de chemiser de petits ramequins garnis de papier film. Coupez le restant en dés et remplissez les ramequins. Réchauffez au bain-marie.

Suite de la recette en p. 441

Christian Schmitt, pompier bénévole, devint secrétaire général de la Fédération des pompiers français et fut président de l'Union départementale des pompiers du Bas-Rhin (émission du 30 novembre 1996).

Rôti de marcassin et coings à la cannelle et à l'anis

UNE RECETTE RÉALISÉE POUR GRÉGOIRE GABRIEL

Grégoire Gabriel, le mineur devenu sculpteur, apprécie les plats de sa femme Marie-Jeanne, excellente cuisinière. Pour Noël, elle prépare généralement du rôti de marcassin, qu'elle fait mariner avec vin rouge et aromates. Elle fait une sauce en petite quantité, très réduite, de saveur intense. Elle aime accompagner ce plat de morilles (généralement séchées en hiver) et de girolles. Hubert a ajouté la saveur des coings parfumés à la cannelle et à l'anis.

Laissez mariner la viande pendant une nuit avec les différents ingrédients. Le lendemain, faites-la revenir sur toutes ses faces avec les légumes aromatiques coupés en dés. Ajoutez le vin de la marinade et laissez mijoter 35 à 40 min. Après cuisson, laissez reposer la viande pendant 30 min. Faites réduire le fond de cuisson, jusqu'à l'obtention d'une consistance sirupeuse, passez-le à la passette et, pour finir, montez la sauce avec 100 g de beurre fin.

Pour les coings, épluchez-les, coupez-les en quatre en ôtant le cœur et sa partie dure et faites-les cuire dans l'eau avec le sucre et les aromates. Laissez mijoter 20 à 30 min selon la dureté du fruit, puis laissez refroidir dans le jus.

Servez en accompagnement des spaetzle, des morilles et des girolles revenues au beurre (vous pouvez servir d'autres champignons : des *sparasis crépus* par exemple). Vous pouvez aussi proposer des airelles avec ce plat.

Pour 8 personnes

Marcassin
- 2 kg de marcassin
- 3 échalotes
- 150 g de carottes
- 1 blanc de poireau
- 1 gousse d'ail
- 1 clou de girofle
- 1 bouquet garni
- 1 feuille de laurier
- 200 g d'os
- sel, poivre
- 75 cl de vin rouge
- 100 g de beurre, 2 cl d'huile

Coings
- 1 kg de coings
- 1 l d'eau
- 100 g de sucre
- 1 petite branche de thym
- 1 feuille de laurier
- 1 bâton de cannelle
- 1 anis étoilé

Accompagnement
- mélange de morilles, de girolles et/ou d'autres champignons au choix (comme le *sparasis crépus*, morilles des pins)
- spaetzle

Un tokay pinot gris vendanges tardives Hengst de quinze ans d'âge du domaine Albert Mann, à Wettolsheim.

Grégoire Gabriel, de Bollwiller, a travaillé durant trente-deux ans aux Mines de Potasse. Il est sculpteur sur bois et est aussi un passionné de fleurs (émission du 14 décembre 2002).

Marcassin rôti et navets confits

UNE RECETTE RÉALISÉE POUR YVES WILLMANN

Yves Willmann, de Strasbourg, aime la cuisine régionale et raffole du gibier, bien qu'il ne soit pas chasseur. Comme il apprécie aussi les navets salés *(Sueri Ruewe)*, Hubert Maetz a imaginé cette recette associant navets confits et épaule de marcassin aux épices.

Pour 3 à 4 personnes

- 1 épaule de marcassin de 1 kg et quelques os concassés
- 60 g de céleri coupé en dés
- 60 g de poireau émincé grossièrement
- 100 g de lard taillé en lardons
- 1 pied de porc
- 75 cl d'eau, sel, poivre

Après une heure de cuisson

- 30 g de miel de châtaigne ou autre
- 5 cl de sauce soja
- 20 g de coriandre pulvérisée
- 3 baies de genièvre
- 2 g d'épices douces (style « 4 épices »)
- 10 grains de poivre
- 4 baies de genièvre
- 2 clous de girofle

Navets salés

- 800 g de navets salés
- 30 g de graisse d'oie
- 1 oignon, 1 bouquet garni
- 3 baies de genièvre
- 2 clous de girofle, 1 feuille de laurier

30 g de miel (facultatif)

Un côte-de-marmandais Chante coucou d'Élian Daros, de Laclotte (Lot).

Marcassin

Dans une cocotte, faites saisir l'épaule de marcassin des deux côtés avec les os concassés. Salez et poivrez. Enfournez-la au four préchauffé à 150° (th. 5). Ajoutez le céleri, le poireau, le lard et le pied de porc fendu en deux. Après 30 min de cuisson, à belle coloration, ajoutez 75 cl d'eau. Laissez cuire à couvert au four. Dans une sauteuse, faites fondre le miel, ajoutez les épices et les aromates, déglacez à la sauce soja, laissez cuire 5 min et versez sur l'épaule. Laissez cuire 1 h à feu doux (150°, th. 5). Après, enlevez le couvercle et laissez colorer pour qu'une petite croûte se forme. Si nécessaire, augmentez la température du four pour caraméliser le dessus. Faites réduire le jus jusqu'à consistance sirupeuse (en y laissant les légumes).

Navets salés

Faites revenir l'oignon émincé dans la graisse d'oie, ajoutez les navets salés, lavés et essorés. Faites cuire à feu doux à couvert pendant 35 min avec la garniture aromatique ficelée dans un linge fin. Vous pouvez en fin de cuisson les faire caraméliser : pour cela, retirez l'eau de cuisson, ajoutez le miel et, à découvert, laissez caraméliser.

Yves Willmann, technicien de machines à coudre, est inscrit comme artisan en électro-ménager à la Chambre des Métiers. Il se passionne pour le saut à parachute (émission du 19 janvier 2002).

Selle de sanglier et chutney aux mirabelles

UNE RECETTE RÉALISÉE POUR JACKY FEIDT

Né d'un père chasseur, Jacky Feidt aime le gibier, de préférence la selle de sanglier. Hubert Maetz l'a accompagnée d'un chutney aux mirabelles. Ce condiment aigre-doux, fait de fruits ou de légumes cuits dans du vinaigre avec du sucre et des épices, peut aussi se faire avec des quetsches ou des pommes.

Faites rôtir au four la selle de sanglier salée et poivrée, dans la graisse d'oie (ou l'huile), en l'arrosant fréquemment. Après 20 min de cuisson, sortez la viande, dégraissez le plat, déglacez en ajoutant 1/4 l de vin rouge, faites bouillir l'ensemble en raclant à l'aide d'une spatule les sucs attachés au fond. Réservez pour l'ajouter à la sauce.

Pour la sauce, faites revenir à l'huile les os de marcassin afin qu'ils soient bien colorés, ajoutez la garniture aromatique, jetez l'excédent de graisse, laissez colorer l'ensemble, déglacez avec 1/4 l de vin rouge, laissez réduire jusqu'à consistance sirupeuse, ajoutez l'eau et les sucs de cuisson de la selle et laissez mijoter pendant 45 min environ, jusqu'à ce que la sauce ait la consistance désirée.

Pour ce chutney de mirabelles (ou de quetsches ou de pommes), faites revenir l'oignon sans coloration, ajoutez le sucre, déglacez au vinaigre, ajoutez le sel, le poivre, le gingembre et la pomme finement coupée et les fruits dénoyautés, laissez compoter pendant 35 min. Ce chutney se sert froid, il se conserve dans des verres à confiture pendant six mois.

Plongez les pêches des vignes pendant 15 sec dans l'eau bouillante afin de les éplucher aisément. Faites bouillir le pinot noir avec le sucre et l'origan. Plongez-y les pêches de vigne, laissez-les mijoter pendant 5 min puis laissez-les infuser et refroidir. Posez les tranches de pêche réchauffées sur les assiettes, disposez le chutney de mirabelles, les aiguillettes de sanglier et nappez avec la sauce.

Pour 8 personnes

Viande et sauce

- 1 selle de sanglier de 2,5 à 3 kg
- 50 g de graisse d'oie (ou 5 cl d'huile)
- 1 kg d'os de marcassin
- 120 g d'oignons
- 80 g de carottes
- 1 tomate, thym, laurier
- 30 g de beurre
- 50 cl de vin rouge de la vallée du Rhône
- 1 l d'eau, sel, poivre

Chutney aux mirabelles

- 250 g de mirabelles (elles peuvent être remplacées par des quetsches ou des pommes)
- 1 gros oignon
- 1 pomme hachée finement
- 100 g de sucre
- 25 cl de vinaigre blanc
- sel, poivre
- 50 g de gingembre (coupé en petits dés de 2 mm de côté)

Garniture aux pêches des vignes

- 4 pêches des vignes
- 100 g de sucre
- 1 dl de pinot noir
- 1 petite branche d'origan (ou de marjolaine)

Un pinot noir de Wolff-Dresch, de Blienschwiller.

Intermittent du spectacle, Jacky Feidt exerce le métier de fauconnier. Il est aussi un des rares chasseurs au vol en France et dressait des faucons pour des émirs (émission du 2 octobre 1999).

Baeckeoffe de gibier

UNE RECETTE RÉALISÉE POUR JEAN-PIERRE BULLAN

Jean-Pierre Bullan chassait enfant avec un arc de fortune dans la forêt de Wittenheim. Cet expert européen est aussi un fin gourmet. Il a souhaité que Hubert Maetz crée pour lui un baeckeoffe original qui mêle gibier, légumes et herbes aromatiques. L'étonnante variété de viandes et de légumes d'automne crée un séduisant équilibre de saveurs.

Pour 8 à 10 personnes (à répartir dans 2 terrines)

Viande

- 500 g de collet et d'épaule de biche ou de chevreuil (désossés)
- 500 g de collet ou d'épaule de marcassin (désossé)
- 1 kg de pieds de porc (ou de sanglier) fendus et blanchis
- 1 dl d'huile (pour faire revenir les viandes)

Variante : vous pouvez ajouter tout ou partie :

- 4 cuisses et 4 poitrines de canard colvert
- 4 cuisses et 4 poitrines de faisan
- 4 cuisses et 4 poitrines de perdreau (facultatif)
- 600 g de cuisse et de selle de lièvre (facultatif)

Légumes

- 2 kg de pommes de terre roseval
- 300 g de carottes
- 400 g de poireaux
- 200 g de céleri rave
- 3 branches de céleri branche
- 200 g de navets raves
- 200 g de haricots coco
- 300 g d'oignons jaunes
- 1 botte d'oignons fanes
- 1/2 chou frisé (coupé en 3)
- 2 têtes d'ail
- 2 radis *ostergruss*
- 1 l de riesling
- 1 l de pinot noir
- 1 l d'eau pour compléter
- sel, poivre

Herbes aromatiques à déposer dans les terrines (pour la cuisson et pour le décor)

- fleurs de thym
- feuilles de laurier
- coriandre
- hysope
- persil plat
- marjolaine ou origan
- romarin
- sarriette
- livèche

Pâte à luter

- 1 kg de farine
- 5 dl d'eau
- 1 œuf pour dorer

Un gewurztraminer de Joseph et André Scherb, de Gueberschwihr.

Coupez les viandes de biche (ou chevreuil) et de marcassin en cubes de 3 cm de côté, détaillez les pieds de porc (ou de sanglier) en morceaux (vous pouvez vous limiter à ces deux variétés de gibier ou étoffer la recette avec le gibier à plumes selon votre goût). Détachez les cuisses de canard et de faisan du coffre. Réservez les poitrines de faisan et colvert, qui seront rôties plus tard. Faites revenir à l'huile les pieds de porc, le gibier (chevreuil et marcassin), les cuisses de canard et de faisan en laissant colorer.

Épluchez les légumes, coupez-les en dés de manière à avoir à peu près une grosseur identique. Mélangez tous les légumes en ajoutant les herbes et les aromates, salez et poivrez. Dans les deux terrines, disposez successivement les pieds de porc, une partie du mélange de légumes, les différents morceaux de viande, le mélange d'herbes et le reste de légumes, versez les deux bouteilles de vin, complétez avec l'eau à hauteur.

Suite de la recette en p. 439

Jean-Pierre Bullan est le père de la chasse à l'arc en Alsace. Il est le président fondateur de l'association des Chasseurs à l'arc d'Alsace (émission du 3 octobre 1998).

Civet de lièvre, dit *Hasepfeffer*

UNE RECETTE RÉALISÉE POUR FERNAND GASTEBOIS

Fernand Gastebois est devenu guide-interprète par amour pour Henri Loux, l'artiste originaire comme lui de Sessenheim, et par admiration pour Auguste Michel, le mécène gastronome qui a créé, en 1896, le *Kunschthafe*, un mouvement culturel réunissant une kyrielle d'artistes. Voici le civet de lièvre que préparaient sa grand-mère et sa maman.

Faites découper le lièvre en demandant de faire réserver son foie et son sang. Salez, poivrez et disposez les morceaux dans une terrine, ajoutez les carottes et les oignons grossièrement coupés, les gousses d'ail, le bouquet garni, les herbes aromatiques et le vin. Laissez mariner durant 24 à 48 h avec un peu d'huile en surface pour éviter le contact de l'air. Puis faites égoutter.

Dans une cocotte, faites revenir les morceaux de lièvre dans l'huile. Lorsqu'ils sont bien grillés, ajoutez les légumes de la marinade, remuez à la spatule sur feu vif pour assécher et laisser prendre couleur, puis saupoudrez de farine (torréfiée préalablement au four), mouillez avec la marinade. Rajoutez s'il le faut un peu de vin rouge pour compléter à hauteur. Mélangez, couvrez et laissez cuire pendant environ 1 h 30 à 2 h à feu doux, ou au four à 150° (th. 5). Faites revenir les champignons émincés dans un peu de beurre, faites rissoler les lardons. Après cuisson, sortez les morceaux de lièvre et réservez au chaud. Hachez le foie, mélangez-le avec le sang, ajoutez l'ensemble à la sauce en portant simplement à ébullition puis arrêtez la cuisson, passez éventuellement la sauce, ajoutez selon vos désirs champignons et lardons, rectifiez l'assaisonnement. Dressez dans un plat creux et nappez de sauce.

Suite de la recette en p. 441

Pour 8 personnes

Civet

- 1 beau lièvre d'environ 2,5 à 3 kg en ayant fait réserver son foie et son sang
- 2 carottes
- 3 oignons
- 3 gousses d'ail
- 1 bouquet garni (avec poireau et feuilles de céleri)
- 1 branche de thym
- 1 feuille de laurier
- 1 l de vin rouge d'Ottrott
- sel, poivre
- 5 cl d'huile
- 70 g de farine

Facultatif

- 200 g de champignons de Paris ou de girolles
- 150 g de lardons fumés
- 20 g de beurre

Nouilles

- 500 g de farine
- 20 jaunes d'œuf
- 1 cuillerée à soupe de sel
- 1 filet de vinaigre (facultatif)
- 2 poignées de croûtons de pain revenus au beurre

Un pinot noir élevé en fûts de chêne de la cave du Roi Dagobert, à Traenheim.

Fernand Gastebois a travaillé comme postier. Depuis sa retraite, il est devenu guide-interprète. Il est l'un des fondateurs de l'association des Amis de Henri Loux (émission du 28 septembre 1996).

Lièvre à la royale

UNE RECETTE RÉALISÉE POUR JACKY BECHTOLD

Jacky Bechtold, sellier à Achenheim, a suivi son père Alphonse sur la voie de cet artisanat en voie de disparition. Tous deux partagent aussi l'amour de la musique. Le trompettiste du groupe des *Rhinwagges* a souhaité ce lièvre à la royale. Cette appellation désigne un apprêt prestigieux, avec foie gras et truffe, revendiqué par le Périgord et par l'Orléanais.

Pour 6 à 8 personnes

Viande
- 1 beau lièvre en peau de 3 à 4 kg
- sel, poivre

Marinade
- 100 g d'échalotes
- 2 baies de genièvre
- thym, laurier
- 2 bouteilles de vin rouge de la vallée du Rhône

Fond de cuisson et sauce
- les os du lièvre
- 150 g de carottes
- 200 g d'oignons
- 2 gousses d'ail, 1 bouquet garni
- 1 branche de céleri
- sel, poivre du moulin
- 8 cl de sang

Farce
- 200 g de lard gras
- 300 g de foie gras
- 200 g de girolles
- 200 g de pleurotes
- 1 truffe (facultatif)
- foie, rognons et poumons du lièvre
- 1 barde de lard fine
- fleur de thym
- sel, poivre

Un pinot noir élevé en barriques de Jean-Marie Bechtold, de Dalhenheim.

Dépecez le lièvre, désossez-le entièrement en récupérant le sang. Concassez finement les os. Récupérez les pattes antérieures et les panoufles, et marinez-les au vin rouge avec échalotes, thym, laurier et abats (foie, cœur, rognons) pendant 24 h. Faites aussi mariner les autres morceaux du lièvre.

Passez à la grille moyenne les épaules, les abats avec le lard gras, mélangez l'ensemble. Ajoutez girolles et pleurotes (ou autres champignons de saison finement hachés et revenus au préalable.) Assaisonnez de fleur de thym, sel, poivre.

Étalez les morceaux de lièvre désossés sur la barde (sous laquelle vous aurez posé un torchon ou une étamine) de grande mensuration (qui servira à rouler la viande farcie, à lui donner une forme de gros boudin, pour la pocher ensuite).

Pour le montage, étalez cette farce sur les différents morceaux de lièvre, parsemez (éventuellement) de truffe finement tranchée à la mandoline. Disposez au centre, en gros boudin, le foie gras. Fermez bien l'ensemble avec la barde et le torchon (ou étamine), ficelez pour maintenir en gros boudin.

Faites revenir les os de lièvre concassés avec toute la garniture aromatique taillée en mirepoix, ajoutez la marinade bouillie, le bouquet garni ainsi que le lièvre farci enroulé dans son torchon. Laissez cuire doucement pendant 8 h (en pochant à 70°), laissez refroidir dans le bouillon. Faites réduire le fond de cuisson avec les os, passez au chinois, laissez encore réduire jusqu'à obtenir un bon nappé. Ajoutez le sang et donnez encore une ébullition. Passez la sauce au chinois, deux fois s'il le faut afin d'ôter toutes les fines particules en suspension. Rectifiez l'assaisonnement.

Servez avec des nouilles maison sur lesquelles vous râperez quelques rondelles de truffe.

Jacky Bechtold est sellier à Achenheim. Il nourrit un amour pour les voitures attelées et le harnachement d'époque (émission du 1er février 2002).

Tourte au lièvre façon royale

UNE RECETTE RÉALISÉE POUR SERGE MARZOLFF

Serge Marzolff, homme de théâtre, apprécie la cuisine et le bien manger. « La cuisine et le théâtre sont très proches. On prend un élément par ci, par là. À l'arrivée, il faut parvenir au choc, à l'harmonie. » Pour ce passionné de lièvre sous toutes les formes, Hubert Maetz a créé cette tourte de lièvre façon royale.

Confectionnez la sauce lièvre en faisant revenir les os concassés, faites-les bien colorer, ajoutez la garniture aromatique taillée en mirepoix, mouillez avec le vin rouge. Laissez mijoter 3 h, passez au chinois étamine, laissez réduire à 1/4 l. Liez avec un peu de sang de lièvre, portez à ébullition et passez encore une fois la sauce.

Faites mariner le lièvre désossé avec tous les ingrédients de la marinade. Confectionnez la farce en passant au hachoir (grille moyenne) le lard, le foie, les poumons, les rognons et la chair du lièvre. Ajoutez les 200 g de champignons hachés et revenus au préalable, puis le thym. Salez et poivrez.

Pour le montage, disposez la pâte feuilletée dans un moule à manqué ou une tourtière de 18 cm de diamètre. Dans le fond, étalez la moitié de la farce en la nivelant du dos d'une cuillère. Disposez les cuisses, le râble, étalez les escalopes de foie gras, ajoutez de fines lamelles de truffe, recouvrez du restant de farce. Fermez avec un couvercle de pâte feuilletée, découpez la cheminée au centre, dorez avec un œuf. Enfournez pendant 10 min dans un four préchauffé à 250° (th. 8-9) puis baissez le four à 180° (th. 6) pendant 30 min.

Pour 8 personnes (soit un moule à tourte de 18 cm de diamètre)
- 1 lièvre de 3 à 3,5 kg désossé entièrement (désossez le lièvre par le dos, réservez le râble et les cuisses, passez le reste de la chair à la grille fine : épaules, panouffle...)

Sauce
- os concassés du lièvre
- 100 g de carottes
- 150 g d'oignons
- 2 gousses d'ail
- 1 bouquet garni
- 2 branches de céleri
- 75 cl de vin rouge
- sang du lièvre

Marinade de lièvre
- 50 g d'échalotes
- 2 baies de genièvre
- thym et laurier
- 5 cl de cognac
- 10 cl de vin rouge
- 1 râble de lièvre débarrassé des os
- 2 cuisses de lièvre dénervées et débarrassées des os

Garniture du moule
- 300 g de pâte feuilletée
- 1 œuf
- 400 g de foie gras frais tranché en 8 escalopes
- 1 truffe de 30 g (facultatif)

Farce
- 200 g de lard gras
- 200 g de champignons (pieds-de-mouton, chanterelles, trompettes de la mort)
- 50 g de beurre
- foie, rognons et poumons du lièvre
- 200 g de chair de lièvre
- thym, sel, poivre

Un fitou (Les Vendangeurs de la Violette) de Jacques Guérin, de La Palme (Aude).

Le scénographe strasbourgeois Serge Marzolff a réalisé pour les scènes européennes plus de trois cents décors pour théâtre, opéra, cinéma, télévision, ballets et comédies musicales (émission du 4 décembre 2004).

Colvert aux pêches

UNE RECETTE RÉALISÉE POUR PAUL JUNG

Paul Jung exerce le métier rare de puisatier. Il est aussi champion du monde en *bench rest*, c'est-à-dire en tir de précision, une discipline américaine qui exige une précision absolue. Pour ce chasseur amateur de gibier, Hubert Maetz a inventé cette recette de canard colvert à la sauce salmis, accompagné d'échalotes confites et de pêches au pinot noir.

Pour 2 personnes

Gibier
- 1 canard colvert
- 5 cl d'huile, sel, poivre

Sauce salmis
- la carcasse pressée et concassée du canard
- 1 dl de fond brun
- 100 g d'échalotes
- 1/2 carotte
- 1 brin de thym, 1 feuille de laurier
- 10 cl d'eau
- 2 dl de vin rouge (côtes-du-ventoux)
- 1 gousse d'ail

Finition de la sauce
- le jus extrait de la carcasse par la presse (ou au chinois)
- 20 g de beurre

Échalotes confites
- 200 g de petites échalotes
- 20 g de beurre, 5 g de sucre, sel
- 1 dl de vin rouge
- 1 brin de thym

Pêches au pinot noir
- 2 pêches
- 80 g de sucre
- 1 dl de pinot noir
- fleur de sel, thym, sariette

Un vin de Bourgogne, un chorey-les-beaune, de Tollot-Beaut & Fils, de Chorey-les-Beaune (Côtes-d'Or).

Faites revenir le canard salé et poivré à l'intérieur et à l'extérieur pendant 8 min à four très chaud (250°, th. 8-9). Ensuite, désossez-le, levez les filets et les cuisses, concassez les carcasses finement ; extrayez le jus des carcasses en les pressant dans un chinois avec un pilon (ou en utilisant une presse à canard professionnelle).

Faites ensuite revenir les carcasses pressées dans le plat de cuisson. À belle coloration, ajoutez les échalotes hachées et la carotte taillée en brunoise. Déglacez au vin rouge corsé, laissez réduire presque à sec, mouillez alors avec 10 cl d'eau, ajoutez le thym, le laurier et la gousse d'ail, laissez mijoter jusqu'à obtention de 5 cl de sauce que vous passerez au chinois, puis liez-la avec le jus des carcasses sans laisser bouillir. Repassez la sauce une nouvelle fois au chinois.

Faites confire les échalotes épluchées et entières en les faisant revenir au beurre et au sucre, mouillez de vin rouge et d'autant d'eau jusqu'à hauteur. Salez. Ajoutez le thym et le laurier, laissez cuire jusqu'à réduction complète du liquide, glacez avec le liquide restant au fond de la casserole pour donner de la brillance.

Faites confire les pêches avec le pinot noir, le sucre, le sel et les aromates (thym, sariette) pendant 10 min.

Paul Jung, de Batzendorf, puisatier, est aussi champion du monde en « bench rest », pour lequel il fut dix-huit fois champion de France (émission du 28 octobre 2000).

Faisan sur choucroute

UNE RECETTE RÉALISÉE POUR LAURENCE LUEGER

Laurence Lueger, escrimeuse, est paralysée de naissance. Elle a souhaité déguster un faisan sur choucroute, une alliance qui réussit bien à ce gibier à plumes venu d'Asie pour s'acclimater en nos contrées au Moyen Âge.

Préparez la choucroute. Faites revenir les oignons hachés dans la graisse d'oie, ajoutez la choucroute bien lavée (à l'eau froide) et la garniture aromatique enfermée dans une petite étamine, ce qui évitera la dispersion des aromates dans la choucroute. Mouillez la choucroute avec les 25 cl de tokay pinot gris et avec 10 cl d'eau. Salez au gros sel. Laissez cuire 1 h 30.
Plumez et videz les faisans. Flambez-les et ôtez soigneusement toute trace de plume. Faites-les revenir avec de la graisse d'oie, au four chauffé à 210° (th. 7) pendant 15 min, en leur laissant bien prendre couleur, puis posez-les sur la choucroute et finissez la cuisson pendant 30 min à couvert (au four ou sur la cuisinière).
Gardez la poêle qui a servi à rôtir les faisans, chauffez-la pour colorer les sucs laissés par le rôtissage des faisans puis déglacez avec 10 cl de tokay pinot gris. Versez ce jus sur le faisan et la choucroute. Suivant la taille et l'origine du faisan, la cuisson sera plus ou moins longue. Une fois cuits, découpez les faisans et présentez-les sur un lit de choucroute. Servez en accompagnement des galettes de pommes de terre *(Grumbeerekiechle)* ou des pommes vapeur.
En variante, si vous avez un faisan plus âgé, coupez-le en quatre. Faites-le revenir dans la graisse d'oie. Posez-le au milieu de la choucroute au début de la cuisson de cette dernière et laissez cuire pendant 1 h 30. Le faisan donnera ainsi un maximum de goût à la choucroute.

Pour 8 personnes
- 2 beaux coqs faisans mâles de l'année, d'environ 1 à 1,5 kg chacun
- 1 faisan plus âgé (2 à 3 ans) pour cuire dans la choucroute (facultatif)
- 2,5 à 3 kg de choucroute nouvelle
- 80 g de graisse d'oie
- 100 g d'oignons
- 3 gousses d'ail
- du poivre en grains concassés
- 1 petite branche de thym
- 2 feuilles de laurier
- 3 clous de girofle
- 10 baies de genièvre
- 15 graines de coriandre
- 35 cl de tokay pinot gris
- 10 cl d'eau
- gros sel

Accompagnement
- galettes de pommes de terre ou pommes vapeur

Un tokay pinot gris, clos de la Chapelle Saint-Urbain, d'Eugène et Dominique Schnebelen, à Thann.

Laurence Lueger, de Guebwiller, est escrimeuse émérite en fauteuil roulant et joue en Équipe de France. Elle s'occupe du club d'escrime qu'elle a créé, le Florival Handisport (émission du 3 décembre 1995).

Faisan aux olives

UNE RECETTE RÉALISÉE POUR JEANINE EICHINGER

Jeanine Eichinger, de Richwiller, passionnée du cheval, a également écrit un livre sur son minuscule village d'origine, Saint-Cosme dans le Sundgau. La maison paternelle était le café-auberge du village, L'Arbre vert, qui fut le rendez-vous des chasseurs jusqu'à sa fermeture en 1938. Les tantes de Jeanine leur cuisinaient le gibier pour leurs soirées. En souvenir de cette page d'histoire familiale, elle a choisi le faisan aux olives.

Pour 4 personnes

Faisan
- 1 beau faisan
- sel, poivre

Farce
- 200 g de poitrine de porc
- 200 g de poitrine de veau
- 100 g de bajoue de veau
- 30 g de champignons (si possible des trompettes de la mort)
- 100 g d'olives vertes dénoyautées
- 50 g de chapelure
- 1 échalote, 1 gousse d'ail
- 1 cuillerée à soupe de persil
- 1 cuillerée à café de basilic haché (facultatif)
- 1 pincée de noix de muscade
- thym, laurier, basilic
- 1 barde de lard (de 150 g)
- sel, poivre

Jus
- 30 g d'oignon, 20 g de carotte
- thym, laurier
- 5 cl d'eau

Accompagnement
- des airelles
- du chou rouge aux pommes et aux marrons

Un tokay pinot gris de Michel Schoepfer, d'Éguisheim.

Préparez une farce onctueuse en mélangeant les viandes hachées : les poitrines de porc et de veau, la bajoue. Ajoutez les champignons, la chapelure, les olives vertes dénoyautées et coupées en quatre, la muscade et les aromates (thym, laurier, ail, échalote hachée, persil haché et éventuellement basilic). Salez et poivrez. Farcissez le faisan et cousez l'ouverture. Bardez l'oiseau et enfournez-le pendant environ 1 h à 200° (th. 6-7). Arrosez avec le jus de cuisson.

Aux 3/4 de la cuisson, ajoutez la garniture aromatique taillée en petits dés, laissez-la colorer pour faire un petit jus en déglaçant avec l'eau. Rectifiez l'assaisonnement. Servez avec des airelles tièdes, ainsi que du chou rouge aux pommes et aux marrons.

Jeanine Eichinger fut charcutière. Elle a la passion du cheval et organise avec ses collections des expositions itinérantes (émission du 20 janvier 2001).

Cailles farcies

UNE RECETTE RÉALISÉE POUR CLAUDE BECH

Claude Bech éprouve un amour de la cuisine qui lui vient de son grand-père maternel, Henri Goetz, cuisinier du général de Lattre de Tassigny. Les cailles, ces petits oiseaux migrateurs proches de la perdrix, constituent un de ses mets préféré, très éloigné des plats sophistiqués qu'il réalise pour ses amis. Sa maman Irène les farcit de cette façon très simple mais exquise.

Préparez la farce en trempant le pain dans le lait puis en l'émiettant. Égouttez-le en le pressant légèrement. Ajoutez les oignons hachés revenus, les foies et les cœurs finement coupés (préalablement revenus), le sel, le poivre, la noix de muscade, les œufs et, facultativement, la truffe râpée en fines rondelles.
Salez et poivrez les cailles, à l'intérieur comme à l'extérieur. Farcissez-les. Enfournez à 200° (th. 6-7) pour 10 min avec 2 cl d'huile. Mais, après 5 min, ajoutez l'oignon coupé finement, la carotte en rondelles, la tomate coupée en deux. Remettez à cuire 5 min. Réservez.
Pour la finition du jus, versez 10 cl d'eau dans le récipient, laissez réduire afin d'obtenir un petit jus goûteux. Servez avec des nouilles maison, sur lesquelles vous râperez quelques rondelles de truffe (la truffe peut être préalablement trempée pendant 2 h dans l'huile de truffe, ce qui, d'après Claude Bech, la rendra plus parfumée encore). Ajoutez un tour de moulin à poivre au dernier moment.

Pour 6 personnes

Cailles
- 6 cailles (de 150 à 200 g chacune), à garder entières ou à désosser
- 2 cl d'huile
- 100 g d'oignons
- 50 g de carottes
- 1 tomate
- 10 cl d'eau
- sel, poivre

Farce
- 150 g d'oignons revenus
- le cœur et le foie des cailles
- 200 g de pain imbibé de lait et émietté
- 2 œufs entiers
- sel, poivre
- noix de muscade
- 30 g de truffe (facultatif)

Accompagnement
- 300 g de nouilles maison
- sel, poivre du moulin
- 30 g de truffe râpée à la mandoline

Un tokay d'Henri Fleck & Fils, de Soulzmatt.

Comptable le jour, ce Strasbourgeois consacre son temps libre à copier les toiles de maîtres. Il visite les musées du monde. Il aime les beaux cadres et la musique, jazz et classique (émission du 18 janvier 2003).

Pigeonneau aux myrtilles et flan de girolles

UNE RECETTE RÉALISÉE POUR JEAN-PIERRE ULRICH

Jean-Pierre Ulrich cultive la myrtille douce. Il transforme une partie de sa production en confiture et a également mis au point une préparation de myrtilles marinées au vinaigre qui accompagne les terrines, le foie gras et les salades. Jean-Pierre se « damnerait » pour un pigeonneau. Il a laissé libre cours à Hubert Maetz afin qu'il lui concocte une recette mariant cette viande fine avec la myrtille.

Pour 8 personnes

Pigeonneaux et jus

- 4 pigeonneaux de 500 g chacun, plumés, vidés mais pourvus de leur foie
- sel, poivre du moulin
- 2 cl d'huile
- 100 g d'oignons, 80 g de carottes
- 1 gousse d'ail
- 1 branche de thym
- 2 feuilles de laurier
- 5 cl d'eau

Flan aux girolles (pour 8 petits ramequins)

- 125 g de girolles
- 20 g de beurre
- 50 g d'échalotes
- 12,5 cl de lait, 12,5 cl de crème
- 3 œufs
- sel, poivre
- ciboulette et cerfeuil hachés

Compote de myrtilles

- 200 g de bluets (ou myrtilles)
- 1 dl de pinot noir
- 1 branche de thym
- 1 feuille de laurier
- sel, poivre
- 20 g de sucre

Un pinot noir de Rolly-Gassmann, de Rorschwihr.

Utilisez quatre beaux pigeonneaux d'Alsace plumés et vidés mais encore pourvus de leur foie, au goût très fin (on ne retire jamais le foie d'un pigeon, car il ne contient pas de fiel). Si vous souhaitez les plumer vous-même, laissez-les au frais quelques heures auparavant: ainsi, la chair se resserrera et ne se déchirera pas. Salez et poivrez les pigeonneaux à l'intérieur et à l'extérieur. Il n'est pas nécessaire de barder les sujets jeunes. Ne jetez pas le cou et les ailerons, mais concassez-les et disposez-les dans une cocotte en fonte, ajoutez les pigeonneaux et faites revenir l'ensemble sur feu vif, juste le temps de laisser colorer les poitrines. Tournez les pigeonneaux sur le dos, couvrez la cocotte et mettez à four chaud à 250° (th. 8-9) pendant 12 min. Ajoutez alors les oignons et les carottes coupés en petits dés, la gousse d'ail, le thym et le laurier. Remettez au four pendant 5 min. Disposez ensuite les pigeonneaux sur un plat et maintenez-les au chaud. Confectionnez un petit jus de pigeon. Pour cela, remettez la cocotte sur le feu et laissez bien colorer les légumes et les sucs, n'ôtez pas la graisse, ajoutez 5 cl d'eau, laissez mijoter pendant 5 min, rectifiez l'assaisonnement. En procédant ainsi vous pouvez extraire le maximum de saveurs.
Coupez les pigeonneaux en deux. Disposez sur assiette une moitié par personne. Versez sur la viande (dont vous aurez retiré le cou et les ailerons concassés) le jus avec les légumes, et donnez un tour de moulin à poivre. Disposez autour le flan de girolles, la compote de myrtilles chaude et les myrtilles infusées.

Suite de la recette en p. 441

À Breitenbach, Jean-Pierre Ulrich, paysagiste de formation, cultive la myrtille douce dite bluet des Vosges. Il est également producteur de framboises, pommes et poires (émission du 7 septembre 1996).

Pigeons aux coings

UNE RECETTE RÉALISÉE POUR JACQUES BRISWALTER

Artisan d'art, Jacques Briswalter cultive aussi la passion de la cuisine, contractée auprès de sa maman thannoise, Mariette. Grand mangeur, chanceux – car il reste filiforme –, il a opté pour cette recette simple et savoureuse.

Épluchez les coings, tournez de petits coings en leur donnant la forme ovale d'une grosse olive et faites-les cuire pendant 30 min à l'eau bouillante. Salez et poivrez les pigeons, faites-les dorer de tous les côtés avec du beurre dans une cocotte, terminez la cuisson au four, sans couvrir (à 180°, th. 6) pendant 12 min en veillant à ce qu'ils restent saignants. À mi-cuisson, ajoutez le thym, les carottes et l'oignon coupés en mirepoix. Déglacez avec le vin blanc, sortez les pigeons et faites réduire la sauce en retirant l'excédent de graisse.

Dressez les pigeons nappés de sauce sur un plat entouré de coings. Servez avec des châtaignes revenues au beurre, du chou rouge et/ou une purée de pommes de terre.

Pour 6 personnes

Pigeons

- 3 pigeons fermiers de 500 g chacun
- 50 g de beurre
- 3 coings
- 2 carottes
- 1 oignon
- 1,5 dl de vin blanc
- sel, poivre
- thym

Accompagnement

- châtaignes au beurre
- chou rouge ou purée de pommes de terre

Un pinot noir de la maison André Ehrhart & Fils, à Wettolsheim.

Jacques Briswalter est restaurateur en ébénisterie et statuaire, collaborateur des Musées de France et des Monuments historiques. Il pratique l'alpinisme de haut niveau (émission du 29 janvier 2005).

Pigeons aux légumes confits et raisins

UNE RECETTE RÉALISÉE POUR ALBAN HOLLNER

Alban Hollner élève pigeons et poules que ses petits-enfants présentent aux concours. Il souhaitait que Hubert Maetz lui mitonne un pigeon aux légumes et aux raisins. « À l'automne, nous avons tellement de pigeons que nous devons songer à les faire passer à la cocotte. Ma petite-fille Marine ne le voit pas d'un très bon œil, je la comprends. Mais moi, je déguste ces pigeons avec bonheur, sans sentiment de culpabilité. »

Pour 2 personnes

Pigeons
- 2 pigeons (leurs foies revenus)
- 2 cl d'huile
- sel, poivre

Farce
- 50 g de veau haché
- 50 g de saucisse blanche paysanne
- 50 g d'échalotes revenues
- 50 g de pain trempé dans 5 cl de lait
- sel, poivre

Ajout à la sauce
- 200 g de carottes coupées en grosses rondelles
- 200 g d'oignons de mai entiers (petits ou coupés en 2)
- 200 g de petites échalotes entières
- 200 g de pommes de terre rattes du Touquet *(Miesele)* épluchées et entières
- 8 gousses d'ail entières
- thym, romarin, laurier
- 200 g de baies de raisin noir épluchées et épépinées
- 1 cuillerée à soupe de persil et d'estragon
- 5 cl d'eau

Un tokay pinot gris vendanges tardives de quinze ans de Frédéric Mochel, de Traenheim.

Préparez la farce en mélangeant les différents ingrédients. Farcissez les pigeons. Cousez les ouvertures. Faites rôtir les pigeons sur toutes leurs faces dans une cocotte. Sortez-les, réservez-les. Faites revenir les différents légumes (carottes, oignons de mai, échalotes, ail, pommes de terre). Ajoutez généreusement des herbes aromatiques (thym, romarin, laurier) puis déposez les pigeons sur les légumes, couvrez et enfournez à 180° (th. 6) pendant 35 min ; sortez les pigeons et vérifiez la cuisson en piquant l'articulation entre le pilon et le gras de la cuisse (le jus doit « perler » légèrement rosé), retirez les ficelles de la couture.

Vérifiez aussi la cuisson des légumes. Si nécessaire, laissez-les encore compoter à couvert. Au dernier moment, ajoutez 5 cl d'eau pour obtenir un petit jus. Coupez le pigeonneau en deux. Déposez les baies de raisin noir épluchées dans le plat et saupoudrez de persil et d'estragon.

Alban Hollner, de Steinbourg, fut directeur de la maison des jeunes et de la culture à Steinbourg et garde-chasse. Il est passionné d'aviculture, et pratique la sculpture (émission du 31 mars 2001).

Pigeons aux échalotes confites et aux champignons

UNE RECETTE RÉALISÉE POUR GILBERT HUTTLER

Enfant, Gilbert Huttler élevait des pigeons à Haegen, non loin de Saverne. Il est aussi un passionné de champignons. Cette recette inspirée par Jean-Marie Muckensturm, le chef de cuisine de la cantine du collège de Bouxwiller, associe ces ingrédients.

Pour 2 personnes

Pigeons
- 2 pigeons de 400 g chacun
- sel, poivre
- 3 cl d'huile
- sel, poivre

Sauce
- 50 g d'échalotes ciselées
- 5 cl de porto
- 10 cl de vin rouge
- 10 cl de fond de volaille (ou d'eau)
- 10 g de beurre

Échalotes confites
- 200 g d'échalotes épluchées et émincées
- 30 g de beurre
- 1 pincée de sucre
- poivre

Accompagnement
- 300 g de champignons (girolles, pieds-de-mouton, shiitaké)
- 40 g de beurre
- 20 g d'échalotes hachées
- 10 g d'herbes fraîches
- 3 cl d'huile de noisette
- 4 feuilles de chou vert blanchies
- sel, poivre

Un pinot noir du domaine Barmes-Buecher, à Wettolsheim.

Faites confire les échalotes en les faisant revenir doucement au beurre, poivrez-les, ajoutez la pincée de sucre et laissez compoter pendant 15 min couvert de papier sulfurisé. Réservez.

Faites revenir les champignons frais séparément au beurre avec l'échalote. Assaisonnez (sel, poivre), ajoutez la pincée d'herbes et le filet d'huile de noisette. Disposez ce mélange sur les feuilles de chou vert blanchies à l'eau bouillante salée et façonnez des petits choux farcis.

Faites revenir les pigeons salés et poivrés à l'huile puis achevez la cuisson au four, à 180° (th. 6) pendant 12 à 15 min selon la taille du pigeon. Après cuisson des pigeons, faites revenir les échalotes, jetez l'excédent de graisse, déglacez avec le porto et le vin rouge. laissez réduite, ajoutez le fond blanc (ou l'eau), laissez cuire jusqu'à bonne consistance, salez et poivrez.

Chauffez au four les petits choux farcis aux champignons dans un plat beurré. Dressez les pigeons dans un plat ovale en terre ; disposez autour les échalottes confites et les quatre petits choux farcis aux champignons avec un cordon de sauce autour et le restant dans une saucière. Servez le tout très chaud.

Gilbert Huttler, principal au collège de Bouxwiller, est passionné de théâtre. Il écrit des pièces en français et en alsacien et les fait jouer par la compagnie du Marque-Page (émission du 27 mars 2004).

Pigeons aux épices et crème de patates douces

UNE RECETTE RÉALISÉE POUR JEAN-LOUIS KIEHL

Jean-Louis Kiehl aime cuisiner, le dimanche surtout. Cette recette est la sienne, inspirée de l'Afrique où il travailla durant quatorze ans comme conseiller en communication. Il aime associer aux pigeons la patate douce, qui se trouve assez aisément dans les commerces spécialisés en produits exotiques. « Elle a des vertus pour les yeux et le teint, a une valeur nutritive élevée et elle a bon goût », dit-il.

Pour 4 personnes

Crème de patates douces

- 500 g de patates douces
- 5 à 10 cl de crème fraîche
- 20 à 35 g de beurre
- 2 cuillerées à soupe de jus d'orange
- noix de muscade, sel, poivre

Pigeons aux épices

- 4 pigeons vidés et bridés
- 6 cuillerées à soupe de miel toutes fleurs
- 1 cuillerée à café de graines de coriandre
- 1 cuillerée à café de poivre noir en grains
- 1 cuillerée à café de cannelle
- 1/2 cuillerée à café de cumin
- 1 g de noix de muscade
- 1 cuillerée à soupe de fond de volaille réduit et très concentré
- 75 g de beurre
- 10 cl de vin blanc sec
- 1 cuillerée à café de mélange « cinq baies » (grains de coriandre, de poivre noir, blanc, gris et rose)
- 1 cuillerée à café de mélange d'épices d'Orient (ou mélange « 4 épices »)

Un crémant d'Alsace de Xavier Schoepfer, de Wintzenheim.

Crème de patates douces

Lavez les patates douces et mettez-les au four préchauffé à 225° (th. 7-8) pendant 1 h environ, jusqu'à ce qu'elles soient souples sous la pression du doigt. Retirez-les du four, laissez-les tiédir. Pelez-les et mettez la pulpe dans le bol d'un mixeur. Ajoutez le jus d'orange, le beurre, la crème, parfumez à la noix de muscade, salez et poivrez. Mixez jusqu'à l'obtention d'une purée lisse. Réchauffez au moment de servir.

Pigeons aux épices

À l'aide d'un moulin à poivre, écrasez la coriandre, le poivre et le mélange «cinq baies». Mélangez au miel avec les épices d'Orient. «Une seule pincée de ces mystérieux assemblages suffit parfois à donner chaleur et relief à une très simple préparation, la transformant en un grand plat», précise Jean-Louis.

Dans une cocotte, faites fondre 20 g de beurre. Lorsqu'il mousse, faites revenir les pigeons durant 5 à 6 min sur toutes les faces. Lorsqu'ils sont bien dorés, badigeonnez du mélange miel-épices. Parsemez selon votre goût de canelle, de cumin et de muscade. Couvrez, baissez le feu, retournez les pigeons, faites cuire 15 min et réservez au chaud. Déglacez le fond de la cocotte avec le vin blanc. Ajoutez le fond de volaille et montez légèrement avec le reste de beurre. Coupez les pigeons en deux, remettez-les dans la cocotte. Redonnez un coup de chaud sans faire bouillir la sauce et servez-les tels quels accompagnés de la crème de patates douces.

Jean-Louis Kiehl, délégué du Médiateur de la République, défend les droits des citoyens dans leurs différends avec l'administration. Il est passionné par l'opéra (émission du 11 janvier 2003).

Salmis de pigeons et quenelles de pommes de terre, dites *Buewespitzle*

UNE RECETTE RÉALISÉE POUR CLAUDE KRIEGER

Claude Krieger, bon vivant et fin gourmet comme ses parents, apprécie les pigeons en salmis, c'est-à-dire en ragoût de gibier, d'après cette recette de Hubert Maetz. L'accompagnement préféré de Claude reste ces *Buewespitzle*, des quenelles de pommes de terre réalisées d'après une recette de son papa.

Faites revenir les pigeons salés et poivrés dans une marmite à fond épais. Lorsque l'ensemble est uniformément brun, ajoutez oignons, échalotes et carottes en fine brunoise, enfournez à 180-200° (th. 6-7) pendant 15 min. Laissez légèrement tiédir puis prélevez les plus belles parties de viande (les cuisses et les filets), et réservez au chaud. Concassez les carcasses à l'aide d'un grand couteau et disposez-les dans une presse de manière à en extraire le maximum de jus, réservez ce jus. (Si vous n'avez pas de presse, vous pouvez presser les carcasses concassées à l'aide d'un chinois solide et d'une louche.) Faites bien revenir les carcasses broyées dans une sauteuse, ajoutez ensuite le vin, le thym, le laurier, le bouquet garni, du sel et du poivre. Laissez cuire à couvert à petit feu pendant une dizaine de minutes (jusqu'à consistance sirupeuse). En fin de cuisson, ajoutez le jus des carcasses, ne faites alors plus bouillir la sauce, rectifiez l'assaisonnement. Disposez un filet et une cuisse de pigeon par assiette, nappez de sauce et entourez de quenelles de pommes de terre.

Pour ces quenelles (dites *Buewespitzle* ou *Buewespaetzle*), faites cuire la veille les pommes de terre en robe des champs, égouttez-les de suite afin qu'elles puissent sécher. Après les avoir épluchées, passez-les au moulin, ajoutez les pommes de terre crues finement râpées et essorées, les échalotes et l'ail hachés, le persil, le cerfeuil et les œufs. Salez et poivrez, parfumez à la noix de muscade râpée, ajoutez la farine.

Suite de la recette en p. 442

Pour 6 personnes

Pigeons
- 3 pigeons (environ 500 g pièce)
- 2 cl d'huile ou 20 g de beurre
- 30 g d'oignon et 30 g d'échalotes
- 30 g de carotte
- sel, poivre
- 2 dl de vin rouge (un côtes-du-rhône de préférence)
- 1 branche de thym
- 2 feuilles de laurier, bouquet garni

Quenelles de pommes de terre
- 700 g de pommes de terre en robe des champs (cuites la veille)
- 2 pommes de terre crues finement râpées et fortement essorées (facultatif)
- 3 échalotes, 2 gousses d'ail
- 2 cuillerées à soupe de persil
- 1 cuillerée à soupe de cerfeuil haché
- 2 à 3 œufs, sel, poivre noix de muscade râpée
- 2 cuillerées à soupe de farine
- 200 g de petits croûtons revenus au beurre

Accompagnement
1 salade de mâche

Un rouge d'Ottrott en magnum de Jean-Charles et Stéphane Vonville, d'Ottrott.

Claude Krieger, boulanger-pâtissier à Schiltigheim, fait son pain à l'ancienne dans un four des années 1940. Il est devenu le plus jeune patron boulanger-pâtissier de la Fédération (émission du 20 décembre 1997).

Pigeonneau aux morilles

UNE RECETTE RÉALISÉE POUR ALBERT STRICKLER

Le poète Albert Strickler a grandi à Sessenheim. Son père lui a transmis l'amour de la nature et le respect de la vie. De sa maman, Marlyse, il a hérité un tempérament généreux et hyperactif. Il a choisi ce pigeonneau farci, qui associe le talent de cordon-bleu de sa maman et l'amour de son père Édouard pour les oiseaux et l'élevage.

Pour 4 personnes

Viande

- 4 pigeons de 400 g chacun
- 5 cl d'huile d'olive pour faire revenir les pigeons
- sel et poivre

Farce

- le foie, l'estomac et le cœur des pigeons hachés finement
- 50 g de beurre
- 2 oignons revenus légèrement et 2 morilles coupées finement
- 150 g de mie de pain trempée dans 15 cl de lait
- 1 œuf
- persil haché,
- sel, poivre et noix de muscade râpée
- 1 cuillerée à soupe de porto
- 1 cuillerée à soupe de crème

Sauce (pour 6 pigeonneaux)

- 500 g de morilles
- 3 échalotes
- 75 g de beurre
- 1 dl de porto
- 4 dl de crème fraîche
- sel et poivre

Un moenchberg pinot gris de la cuvée « Partage avec toi » de Marc Kreydenweiss, vigneron à Andlau

Pour la farce, faites revenir au beurre les oignons émincés avec deux morilles coupées finement. Ajoutez le foie, le cœur et l'estomac finement hachés, la mie de pain trempée dans le lait et l'œuf. Salez et parfumez avec persil, poivre et noix de muscade. Ajoutez la cuillerée à soupe de porto et celle de crème. Farcissez les 6 pigeons.

Salez et poivrez les pigeons, faites-les revenir à l'huile d'olive dans une cocotte en fonte, de préférence sur le feu (et non au four). Ajoutez 5 cl d'eau et laissez mijoter durant 1 h au four avec le couvercle à 160° (th. 5/6). Arrosez et tournez les toutes les 20 min (ajoutez de temps en temps un peu d'eau ou de bouillon si cela s'avère nécessaire).

Préparez pendant ce temps la sauce. Nettoyez les morilles, coupez les plus grosses en 2 ou 3 pour qu'elles soient à peu près de la même grosseur. Hachez finement les échalotes épluchées. Faites revenir au beurre les morilles, laissez-les cuire sur feu vif jusqu'à ce que toute l'eau de végétation se soit évaporée. Ajoutez alors les échalotes, salez et poivrez. Laissez cuire à couvert à feu doux pendant 5 min. Remuez et arrosez avec le porto. Mélangez bien. Lorsque le porto est totalement réduit, ajoutez la crème fraîche, mélangez et laissez mijoter à feu doux afin que la crème réduise d'1/4. Ajoutez à cette sauce le jus de cuisson des pigeons dégraissés.

Marlyse Strickler sert ces pigeonneaux avec des pommes dauphines qu'elle prépare en un tour de main. D'autres accommodements de pommes de terre, riz ou légumes sont également possibles

Albert Strickler, poète, est auteur d'une vingtaine d'ouvrages : recueils de poèmes, romans, journal et livres d'art. Il dirige à Sélestat quatre structures de l'Association des parent d'enfants inadaptés, dont « L'évasion », seul Centre d'aide pour le travail artistique où les résidents sont payés pour faire de la peinture et de la musique (émission du 13 mai 2006).

Les poissons
et les fruits de mer

Les poissons et les fruits de mer
par Annie Greiner

« Les crustacés, les coquillages et les poissons, c'est ce que je préfère manger. Un plateau de fruits de mer, cela se déguste longuement. C'est un bonheur qui arrive. Les formes des fruits de mer font rêver. Les outils utilisés pour les manger ont un aspect magique. J'ai souhaité illustrer ce chapitre en pensant aux crustacés, à l'orangé du tourteau et du homard. En pensant à eux, l'immédiateté de la forme s'est imposée à moi. J'aime les formes élancées, percutantes et architecturales. J'ai laissé l'idée mûrir dans la tête jusqu'à ce qu'elle s'impose comme une évidence. Ce dessin, c'est comme une poussée, une force qui arrive de l'extérieur, une entrée dans le sujet d'emblée. J'ai dessiné avec des pastels et des fusains sur du papier brun qui se marie bien à l'orangé car il tranche moins que le blanc. »

Annie Greiner

Anguille en croûte de foin

UNE RECETTE RÉALISÉE POUR ALEXIA VOGLER

Alexia Vogler aime la saveur de l'anguille. Ce poisson à la chair grasse naît dans la mer des Sargasses, près des Bermudes, puis les larves sont entraînées pendant deux ou trois ans par les courants marins vers les côtes d'Amérique ou d'Europe. Seules les femelles pénètrent dans les estuaires. Hubert Maetz a créé pour Alexia cette recette originale où les filets d'anguille, encadrés de choucroute, sont enveloppés dans une croûte de pâte parfumée au foin.

Pour 8 personnes

Anguille
- 2 kg d'anguille
- 80 g d'échalotes
- cerfeuil
- ciboulette
- 100 g de choucroute rouge cuite (facultatif, peut-être remplacée par la traditionnelle)
- 100 g de choucroute blanche cuite
- 800 g de pommes de terre cuites en robe des champs
- sel, poivre

Croûte de foin
- 800 g de farine
- 50 cl d'eau
- 200 g de foin frais (bien sec)
- 100 à 200 g de gros sel
- 1 œuf pour dorer (facultatif)

Un tokay pinot gris cuvée spéciale de René Fleck et ses filles, de Soultzmatt.

Dépecez l'anguille, videz-la, mettez-la en filets. Les arêtes attachées à l'épine dorsale se retirent facilement. Quadrillez-la côté peau en l'incisant légèrement. Faites-la mariner à sec avec échalotes hachées, cerfeuil et ciboulette ciselés, sel, poivre. Confectionnez la croûte de foin en mélangeant tous les ingrédients. Le foin doit être haché finement.
Étalez finement la pâte (il faudra qu'elle enveloppe l'ensemble), déposez les pommes de terre en robe des champs coupées en rondelles de 5 mm environ d'épaisseur. Surmontez de choucroute blanche ou rouge (en fait, la choucroute est facultative, qu'elle soit blanche ou rouge). Déposez les filets d'anguille puis la choucroute et les pommes de terre. Fermez la pâte de manière à enfermer la préparation et faites cuire à 180° (th. 6) pendant 1 h. Selon l'épaisseur, il faut compter jusqu'à 1h30.

La choucroute rouge est réalisée à partir de chou rouge cru fermenté.

Alexia Vogler, médium et voyante à Colmar, fait de la voyance en direct sur Radio Florival et sur Azur FM et s'occupe d'une association qui aide les personnes à communiquer par l'esprit (émission du 6 janvier 2001).

Brochet en gelée

UNE RECETTE RÉALISÉE POUR IRMA ENGEL

Irma Engel apprécie le brochet en gelée, spécialité du Ried, qui rappelle la tradition piscicole de Boofzheim, ce village proche du Rhin où elle vit. Son parrain, Albert Lehmann, cuisinier strasbourgeois qui travaillait sur le torpilleur *Forbin*, cuisinait de magnifiques poissons en gelée. Hubert Maetz releva le défi et réalisa en cette veille de Pâques un plat esthétique et savoureux à l'image de ceux du parrain d'Irma.

Faites écailler et vider le brochet. Réalisez un fumet avec les arêtes de poisson, le riesling et l'eau, les parures et la garniture aromatique émincée finement. À défaut, faites un court-bouillon avec les légumes et les épices et faites pocher pendant 20 min dans le court-bouillon chaud, mais non bouillant, jusqu'à ce que la température à cœur du poisson atteigne 50°. Vous pouvez au préalable l'envelopper dans un papier film, qui lui permettra de garder une bonne tenue pendant la cuisson. Après cuisson, ôtez la peau à l'aide d'une pointe de couteau, en veillant à ne pas inciser la chair. Pour clarifier le fumet, mélangez les 150 g de chair de poisson hachée et la garniture aromatique liée avec les deux blancs d'œuf, versez ce mélange dans le fumet (de préférence froid), portez à ébullition en remuant doucement. Laissez frémir 10 min, passez l'ensemble dans un torchon-étamine (mouillé au préalable). Ajoutez par litre obtenu dix feuilles de gélatine et faites prendre l'ensemble en le laissant reposer.

Vous pouvez confectionner de la gelée blanche en mélangeant 0,5 l de fumet avec 25 cl de crème fraîche et cinq feuilles de gélatine.

Pour 4 personnes

Poisson
- 1 jeune brochet de 1,2 kg

Fumet
- 300 g de parures et arêtes de poisson
- 1 oignon
- 1 branche de céleri
- 1 poireau
- 75 cl de riesling
- 2 l d'eau
- thym, laurier
- sel, poivre en grains

Pour clarifier le fumet
- 150 g de chair de merlan
- 2 blancs d'œuf
- garniture aromatique (1 poireau, 1 oignon, quelques tiges de persil concassées)

Garniture
- 200 g de carottes
- 200 g de poireaux
- 2 tomates mondées
- 100 g de petits pois
- 100 g de brocolis
- 8 écrevisses (ou crevettes bouquet)
- cerfeuil, ciboulette, persil
- fleurs de courgettes

Sauce claire
- 20 cl de crème épaisse
- le jus de 2 citrons
- herbes hachées (cerfeuil, persil, ciboulette)
- 5 cl de jus de persil

Crème caviar
- 30 cl de crème épaisse
- 20 g de caviar
- le jus d'1/2 citron

Gelée
- 10 feuilles de gélatine pour 1 l de fumet

Gelée blanche
- 1/2 l de fumet
- 25 cl de crème fraîche
- 5 feuilles de gélatine
- 50 g de purée d'épinards (facultatif)

Un riesling du domaine Roland Schmitt, à Bergbieten.

Suite de la recette en p. 442

Irma Engel, de Boofzheim, est artisan gainier : elle habille de tissu des tiroirs de meubles pour y entreposer l'argenterie. Elle est membre de la Fédération des métiers d'art d'Alsace (émission du 3 avril 1999).

Brocheton au fenouil et aux tomates confites

UNE RECETTE RÉALISÉE POUR ANTOINE LINDER

Antoine Linder vit au bord du Rhin dans une grande maison entourée d'un foisonnant studio photographique de plein air. Pour cet ancien maraîcher et ce pêcheur amoureux de son étang, Hubert Maetz a créé ce plat estival qui associe un jeune brochet, poisson à la chair fine, avec du fenouil et des tomates confites.

Pour 2 personnes

Poisson
- 800 g de brocheton ou 300 g de filet de brochet
- 3 cl d'huile d'olive
- sel, poivre

Fenouil
- 200 g de fenouil
- sel

Tomates confites
- 4 tomates
- 2 g de sucre
- 3 g de sel
- 5 cl d'huile d'olive
- 10 g de thym, basilic et estragon finement hachés
- 1 feuille de laurier
- 1 gousse d'ail hachée

Ail confit
- 1 tête d'ail nouveau
- 2 dl d'huile d'olive

Vinaigrette
- 3 cl de vinaigre balsamique
- 8 cl d'huile d'olive
- 10 g d'estragon haché
- 3 cl d'eau

Garniture (facultative)
- 100 g de jeunes feuilles de vigne crues
- 20 g de beurre
- sel, poivre

Un Grauer Burgunder Spätlese troken *du Pays de Bade, un pinot gris sec vendanges tardives, de Rainer Probst, de Vogtsburg-Achkarren.*

Levez les filets du brocheton, ôtez les arêtes, détaillez en morceaux de 150 g que vous poserez dans un plat destiné au four. Versez un trait d'huile d'olive et faites cuire à 150° (th. 5) pendant 8 à 10 min selon l'épaisseur des filets.

Mondez les tomates : plongez-les 15 sec dans l'eau bouillante, épluchez-les et coupez-les en quatre. Videz-les, posez les quartiers sur des feuilles de papier sulfurisé, saupoudrez de sucre, salez, versez un filet d'huile d'olive, saupoudrez avec les herbes aromatiques et l'ail haché, posez la feuille de laurier dans le plat. Laissez sécher au four à 80° pendant 4 h.

Faites cuire le fenouil entier à l'eau bouillante salée pendant 15 min. Égouttez et coupez-le en tranches.

Pour l'ail confit, portez l'huile d'olive à ébullition, plongez-y la tête d'ail entière, non épluchée, et laissez infuser hors du feu pendant 2 h ; puis défaites les gousses et extrayez-les d'une simple pression des doigts.

Mélangez les ingrédients de la vinaigrette sans fouetter.

Faites revenir dans le beurre les feuilles de vigne ou les jeunes pousses lavées et égouttées. Salez et poivrez et servez en accompagnement.

Dressez le brochet sur la tranche de fenouil posée sur une assiette, ajoutez la tomate confite et les feuilles de vigne revenues et versez un trait de vinaigrette autour.

Antoine Linder, photographe à Neuf-Brisach, vit sur une île du Rhin, à Strohstadt. Il est le président de la Corporation des photographes d'Alsace. Cet ancien maraîcher est aussi un Européen engagé (émission du 1er juin 2002).

Mousseline de brochet aux écrevisses

UNE RECETTE RÉALISÉE POUR PAUL MUHLHEIM

Paul Muhlheim, de Lampertheim, aime pêcher et a la réputation de faire de belles prises qu'il cuisine ensuite. Ce gourmand de mots est aussi un gourmand de saveurs, salées et sucrées, sans exclusive. La recette qui suit est inspirée d'un livre de François Voegeling (*La Gastronomie alsacienne*).

Passez au hachoir puis au tamis la chair du brochet; salez, poivrez, parfumez à la muscade et laissez reposer au froid pendant 1 h. Travaillez la chair dans un bol, à la spatule en bois, afin de lui donner de la consistance (la fraîcheur du poisson, le sel et le froid permettent de donner du corps; la pâte se lie, devient compacte). Ajoutez successivement, par petites quantités, les blancs d'œuf, puis peu à peu la crème. Beurrez généreusement des moules à dariole, remplissez-les et faites cuire doucement au four (160°, th. 5-6) pendant 20 min, à la manière d'une crème caramel. Démoulez-les dans un plat creux. Nappez de la sauce à laquelle vous aurez ajouté les queues d'écrevisse.

Faites sauter les écrevisses fraîches et vivantes dans une sauteuse avec un peu d'huile et du beurre, puis flambez-les au cognac, ajoutez la brunoise de légumes, le concentré de tomates, les queues de persil, le thym, le laurier et le vin blanc. Mouillez avec 1 l d'eau ou du fumet de poisson, salez, poivrez.

Après 5 min d'ébullition, retirez les écrevisses, décortiquez les queues, remettez les carcasses dans la sauce et laissez réduire jusqu'à 1 d l. Ajoutez la crème et laissez réduire jusqu'à obtention de bulles un peu grasses et de bonne consistance. Passez la sauce et rectifiez l'assaisonnement. Ajoutez le jus de citron.

Pour 8 personnes

Poisson

- 1 brochet de 1 à 1,2 kg (pour obtenir 400 g de chair)
- 4 dl de crème fleurette
- 2 blancs d'œuf
- sel, poivre
- noix de muscade
- 20 g de beurre (pour beurrer les moules)

Sauce

- 1,5 kg d'écrevisses (ou de langoustines)
- 25 g de beurre
- 2 cl d'huile
- 1 dl de cognac
- 150 g de carottes, poireaux, céleri coupés en brunoise
- 50 g de concentré de tomates
- 20 g de queues de persil
- 1 pincée de thym
- 1 feuille de laurier
- 4 dl de vin blanc
- 1 l d'eau ou du fumet de poisson
- 1/2 l de crème
- sel, poivre
- 2 cl de jus de citron

Un riesling grand cru Bruderthal d'Alain Klingenfus, de Molsheim.

Paul Muhlheim, professeur d'histoire à la retraite, a écrit un recueil de poésie dialectale («Bi'm Rumspolaise»), récompensé par la Société des écrivains d'Alsace et de Lorraine (émission du 2 avril 2005).

Carpe frite

UNE RECETTE RÉALISÉE POUR MARCEL THOMANN

Marcel Thomann aime la carpe frite, cette spécialité du Sundgau, région riche en étangs où sa femme Anne-Marie passa son enfance. Elle initiera vite son mari à ce mets dont il existe deux variantes : l'une, où les darnes sont roulées dans la semoule ; l'autre, déclinée ici, où elles sont enrobées de pâte à frire. À déguster avec mayonnaise, salade verte et frites.

Pour 4 personnes

Poisson
- 1 carpe vivante, charnue de 1,5 kg avec ses laitances
- sel, poivre, thym et laurier

Pâte
- 90 g de farine
- 60 g de maïzena
- 15 g de levure chimique
- 1 œuf
- 12,5 cl d'eau
- 7,5 cl de crème épaisse
- sel, poivre

Friture
- 4 dl d'huile

Accompagnement
- 1 bol de mayonnaise (ou de rémoulade)
- 2 citrons
- des pommes vapeur ou des pommes frites
- 1 salade verte

Un riesling grand cru Altenberg de Zoeller, de Wolxheim.

Faites vider la carpe par le poissonnier et retirer la poche à fiel, difficile à extraire car au fond de la gorge ; réservez les laitances. Écaillez la carpe et coupez-la en darnes de 2 cm d'épaisseur. Lavez les darnes (on peut – mais c'est facultatif – les laisser séjourner 10 min dans un bain d'eau vinaigrée pour leur ôter le goût de vase), puis égouttez et séchez-les avec du papier absorbant, salez et poivrez-les, ajoutez thym et laurier et laissez reposer pendant 15 min.

Pour la pâte, mélangez dans l'ordre, successivement : farine, maïzena, levure chimique, œuf, eau, crème épaisse, sel, poivre. Veillez à obtenir une pâte bien lisse. Laissez-la reposer pendant 15 min.

Faites chauffer un bain d'huile à 165° dans une sauteuse, trempez les darnes dans la pâte et plongez-les dans la friture. Laissez-les dorer 4 min de chaque côté.

Égouttez-les sur du papier absorbant, salez si nécessaire, servez chaud et croustillant avec en accompagnement un bol de mayonnaise (ou de rémoulade), des pommes vapeur ou des frites, des quartiers de citron et une salade verte. Tony Troxler, le créateur de la Route de la carpe frite, disait que la délicatesse suprême était de déguster les laitances, simplement revenues dans un peu de beurre d'escargot !

Marcel Thomann, professeur à la faculté de droit de Strasbourg, juriste, philosophe et historien du droit transfrontalier, est également président des Amis de l'orgue Silbermann de Marmoutier (émission du 9 janvier 1999).

Carpe frite

UNE RECETTE RÉALISÉE POUR ERNEST TRÜMPY

Ernest Trümpy, de Ferrette, prépare la carpe frite à sa façon. Il l'apprécie en filets – non en darnes – ce qui permet de la déguster sans arêtes. Les filets enrobés de semoule, servis sans mayonnaise et sans frites, en font un plat léger. Dans la trilogie « air, terre, eau », la carpe est le poisson symbolique, autrefois dégusté à Noël, en Alsace comme en Allemagne.

Écaillez, nettoyez et levez les filets de carpe. Dans la recette traditionnelle, il faudrait couper des darnes, mais Ernest préfère les filets coupés dans le sens de la largeur du filet, sur une largeur de 1 à 1,5 cm environ. Salez et poivrez-les. Passez-les dans le blanc d'œuf, puis roulez-les dans la semoule, et faites-les revenir à l'huile chaude, dans une poêle. Retournez-les sur l'autre face. Ils doivent être croustillants.

Égouttez sur du papier absorbant. Arrosez de jus de citron et servez avec une salade et un peu de pain. Ni frites, ni salade de pommes de terre, éventuellement une pomme vapeur.

Pour 6 personnes

- 1,5 kg de filets de carpe
- 4 blancs d'œuf
- 200 g de semoule pour la panure
- 10 cl d'huile
- sel, poivre
- 1 citron coupé en rondelles

Accompagnement

- salade
- pain
- pommes vapeur (facultatif)

Un muscat de la cave viticole d'Hunawihr.

Ernest Trümpy, un passionné de nature, photographie les orchidées sauvages du Sundgau. C'est un fabricant et joueur de «didgeridoos», *instrument à vent d'origine australienne (émission du 11 juin 2005).*

Petite marmite d'eau douce

UNE RECETTE RÉALISÉE POUR JEAN-JACQUES KLEIN

Jean-Jacques Klein aime le poisson d'eau douce. Hubert Maetz lui a réalisé cette petite marmite de poissons d'eau douce, d'après une idée d'Alain Reix (le chef du Jules-Verne à la Tour Eiffel) qui réalise une recette quelque peu analogue mais avec des poissons de mer.

Pour 4 à 6 personnes

- 200 g de filets de sandre
- 200 g de filets de brochet
- 200 g de filets de perche
- 200 g de filets d'anguille
- 12 moules d'Espagne
- 4 gousses d'ail
- 4 oignons blancs
- 4 oignons rouges
- 8 carottes
- 8 navets
- 2 petites courgettes
- 100 g de petits pois écossés
- 5 cm de bâton de cannelle
- 20 g de zeste d'orange confit
- 1 petit piment oiseau
- 10 g de harissa

Accompagnement

- pain de campagne grillé, puis frotté à l'ail

Un riesling Kirchberg mis en bouteille au domaine Jean Sipp, à Ribeauvillé.

Coupez les filets de poisson en quatre morceaux. Confectionnez le bouillon. Mettez les oignons épluchés et coupés en quatre dans une casserole d'eau bouillante ainsi que l'ail non épluché. Laissez cuire 10 min à moyenne ébullition. Égouttez.
Épluchez les carottes et les navets. Coupez les courgettes en quatre dans le sens de la longueur. Dans une marmite d'eau bouillante légèrement salée, plongez les navets. Au bout de 3 min, ajoutez les carottes, la cannelle, et, en fin de cuisson, les courgettes et les petits pois. Faites cuire encore 2 min.
Ajoutez alors l'ail et l'oignon déjà cuit. Rectifiez l'assaisonnement. Ajoutez la harissa. Réservez au chaud. Faites chauffer une partie du bouillon pour la cuisson du poisson. Prélevez trois cuillères à soupe de bouillon pour ouvrir les moules posées dans une petite casserole et portez à ébullition à couvert pendant 1 min. Plongez-y les morceaux de poisson. Laissez cuire 2 min ou plus, selon l'épaisseur. Disposez les poissons dans un plat creux avec les légumes, en nappant d'un peu de bouillon. Servez le reste du bouillon à part dans une soupière. Ainsi chaque convive pourra se servir à sa guise en bouillon, poissons et légumes. Servez avec du pain de campagne grillé et parfumé à l'ail.

D'abord ingénieur électromécanicien, Jean-Jacques Klein est devenu chef de service au port autonome de Strasbourg. Il est aussi le président de l'association Saumon Rhin qui se bat pour le retour du poisson dans le fleuve (émission du 13 avril 2002).

Matelote aux morilles

UNE RECETTE RÉALISÉE POUR ISABELLE BRUNNER

Isabelle Brunner, de Sessenheim, a grandi à Auenheim en bordure de la Moder. Férue de morilles, qu'elle déniche dans la campagne environnante, attachée aux arts, traditions et à la culture de l'Alsace, elle est aussi une fine cuisinière. Elle aime cette matelote, délice du mois de mai puisqu'elle est à base de morilles fraîches. Cette recette ancienne est inscrite dans l'histoire des villages de pêcheurs du Nord de l'Alsace.

Pour 10 personnes
- 1 kg de lotte de rivière (difficile à trouver)
- 1,2 kg de brochet
- 500 g d'anguille
- 1 kg de perche (de petite taille, de préférence)
- 1,2 kg de sandre
- 600 g de tanche
- 20 g de gros sel
- 2 feuilles de laurier
- 1 petite branche de thym
- 150 g de beurre (pour faire revenir les poissons)
- 100 g d'oignons hachés
- 1 l de vin blanc sec
- 500 g de morilles
- 2 dl de crème fraîche
- 40 à 60 g de farine
- 1 cuillerée de persil haché

Un riesling Kanzlerberg de Sylvie Spielmann, de Bergheim.

Écaillez, videz, lavez, égouttez puis salez les poissons au gros sel. Ajoutez le laurier et le thym et entreposez au frais pendant une journée. Laissez la plupart d'entre eux entiers, sauf les plus gros (brochet, anguille, sandre) qui sont découpés en darnes. Dans une grande cocotte faites revenir les poissons au beurre (en les laissant simplement blondir). Ajoutez les oignons hachés, qui ne doivent pas colorer, seulement devenir translucides. Ajoutez le vin blanc, couvrez et laissez cuire doucement pendant 15 à 20 min.

Coupez les morilles en deux, lavez-les soigneusement (leurs alvéoles retiennent facilement le sable), ajoutez-les après 20 min de cuisson à la matelote, laissez cuire à couvert pendant 10 min environ. Avant de servir, délayez la farine avec la crème, ajoutez petit à petit à la sauce jusqu'à consistance voulue, laissez venir à ébullition et arrêtez la cuisson. Dressez la matelote sur un plat; saupoudrez de persil haché. Servez avec des nouilles larges, de préférence faites maison.

Autrefois gestionnaire chez Michelin, Isabelle Brunner, petite-fille de pêcheur professionnel, installe des équipements spécifiques de traitements des eaux, surtout des bassins d'orages (émission du 2 mai 1998).

Matelote au riesling

UNE RECETTE RÉALISÉE POUR ANDRÉ SCHEIDEL

André Scheidel a une prédilection pour la matelote. Il aime les poissons de rivière et garde de son enfance à Betschdorf quelques souvenirs joyeux liés à des parties de pêche dans la Sauer. Hubert Maetz a conçu pour lui une matelote sans arêtes. Les poissons y sont présentés en filets et cette version, de plus en plus fréquemment proposée par les restaurateurs, rencontre l'assentiment des gastronomes.

Pour 8 personnes

Matelote
- 500 g d'anguille
- 600 g de perche
- 700 g de brochet
- 600 g de carpe
- 600 g de tanche
- 750 g de truite rosée
- 750 g de sandre
- 30 cl de fumet de poisson
- 50 cl de riesling bien sec
- 4 échalotes
- 250 g de champignons de Paris
- 100 g de beurre
- 30 cl de crème fraîche épaisse
- quelques gouttes de jus de citron
- un peu de ciboulette
- quelques pluches de cerfeuil
- sel, poivre

Purée d'oignons (facultatif)
- 400 g d'oignons (de mai de préférence, à défaut des blancs ou des jaunes)
- 20 cl de bouillon de volaille
- 10 g de beurre
- 2 cl de crème fraîche
- sel, poivre

Un riesling cuvée Les Écailles de Léon Beyer, d'Éguisheim.

Tous les poissons doivent être écaillés. Faites lever les filets des différentes variétés par le poissonnier. Si vous achetez les filets déjà levés, il suffit de prendre le tiers du poids indiqué. À l'aide de votre index, repérez la ligne d'arête sur le filet et, à l'aide d'une pince (à épiler ou autre), retirez toutes les arêtes, une à une. La tâche est délicate, voire fastidieuse, mais la dégustation en sera d'autant plus satisfaisante.

Coupez ensuite les différentes variétés en portions d'environ 30 à 40 g et disposez-les dans un plat creux (destiné au four) légèrement beurré et parsemé avec les échalotes hachées, en les alignant selon l'espèce. Ajoutez les champignons de Paris coupés en quartiers. Versez le fumet bouillant additionné de riesling. Enfournez dans un four chauffé à 180° (th. 6) et laissez cuire 10 min environ, en couvrant avec une feuille de papier aluminium. Versez le fond de cuisson dans une casserole et faites réduire pendant une dizaine de minutes jusqu'à ce qu'il ne reste que 15 cl. Montez la sauce comme un beurre blanc avec 100 g de beurre intégré progressivement, par petits morceaux, à l'aide d'un fouet, en mélangeant énergiquement. Ajoutez les 30 cl de crème fraîche. Remuez en laissant bien chauffer jusqu'au premier bouillon, ajoutez quelques gouttes de jus de citron, rectifiez l'assaisonnement, passez la sauce au chinois.

Pendant la cuisson du poisson, préparez la purée d'oignons : faites cuire les oignons épluchés et coupés en lamelles dans le bouillon de volaille pendant 20 min environ, égouttez-les et mixez-les, rectifiez l'assaisonnement, ajoutez le beurre et la crème. Disposez cette purée sur le plat de présentation, dressez le poisson sur la purée, nappez avec un peu de sauce, garnissez de pluches de cerfeuil et de ciboulette finement ciselée. Servez le reste de sauce à part.

Suite de la recette en p. 442

Ancien élève des Arts décoratifs, André Scheidel est connu pour ses jouets en bois. Il a élargi son champ d'activités en devenant designer pour l'environnement des enfants (émission du 17 décembre 1995).

Omble chevalier à l'orange et au gewurztraminer

UNE RECETTE RÉALISÉE POUR BERNARD MOTSCH

Bernard Motsch, de Mutzig, a une préférence pour le poisson d'eau douce comme l'omble chevalier, voisin du saumon, qui vit dans les lacs froids en France, en Écosse, en Irlande, au Canada. C'est l'un des plus fins poissons d'eau douce, qui pèse jusqu'à huit kilos et qui reçoit les mêmes apprêts que la truite saumonée. Cette recette a été imaginée par Hubert Maetz.

Commencez par la sauce. Faites réduire le gewurztraminer avec les échalotes hachées jusqu'à obtenir une cuillerée à soupe, ajoutez alors le jus d'orange et laissez réduire à nouveau jusqu'à obtention d'une cuillerée à soupe. Montez avec 50 g de beurre salé. Rectifiez l'assaisonnement.

Pour l'omble chevalier, levez les filets, débarrassez-les de leurs arêtes, essuyez-les. Posez-les individuellement sur des morceaux d'écorce de sapin, les saler et les poivrer. Ces écorces doivent être lavées, brossées et stérilisées à la vapeur au préalable ou dans l'eau bouillante. Lors de la cuisson, ce bois donnera un agréable parfum au poisson (mais vous pouvez aussi vous servir d'un simple plat destiné au four). Disposez les écorces avec le poisson au four chauffé à 150° (th. 5) et laissez cuire 5 min. Prélevez la peau du poisson et faites-la griller dans une poêle anti-adhésive afin de la sécher et de la rendre croustillante. Découpez-la selon votre convenance (losange, triangle, etc.) (facultatif).

Faites cuire les vitelottes épluchées entières à l'eau salée, égouttez-les. Dans une poêle, faites-les revenir au beurre, saupoudrez d'amandes concassées et grillées au préalable. Ajoutez le zeste d'orange blanchi.

Présentez l'écorce sur assiette avec un trait de sauce autour avec les suprêmes d'orange. Assaisonnez avec du sel, ou du sel parfumé à l'ail des ours.

Pour 2 personnes

Omble chevalier

- 600 g d'omble chevalier entier ou 300 g de filet
- sel (ou sel parfumé à l'ail des ours)
- poivre
- 10 suprêmes d'orange (quartiers épluchés à vif)
- pour décorer, morceaux d'écorce de sapin (10 x 5 cm environ) (facultatif)

Sauce au gewurztraminer

- 60 g d'échalotes
- 20 cl de gewurztraminer
- le jus de 2 oranges
- 50 g de beurre salé
- sel, poivre

Salade de pommes de terre vitelottes aux amandes

- 400 g de vitelottes (pommes de terre violette)
- 20 g de beurre salé
- 50 g d'amandes grillées concassées
- 20 g de zeste d'orange

Un gewurztraminer sec du cellier de la Chapelle, à Dorlisheim.

Bernard Motsch est technicien en hydraulique chez Messier-Bugatti. Passionné par le travail manuel, il restaure des voitures anciennes, dont une Talbot torpedo sport (émission du 6 avril 2002).

Omble chevalier rôti sur foin

UNE RECETTE RÉALISÉE POUR JEAN WENCKER

Jean Wencker est passionné par la pêche à la mouche qu'il pratique dans le Doubs. Fin gourmet, amateur de bon vin, il est très exigeant en matière de bonne cuisine. Hubert Maetz lui a préparé cet omble chevalier, fin poisson d'eau douce, qu'il a farci aux herbes avant de le rôtir au four sur du bon foin pour le servir avec une sauce à l'épiaire, une plante des bois et des marais.

Pour 4 personnes

Poisson
- 1,2 kg d'omble chevalier
- 300 g de foin
- sel, poivre

Herbes du moment
- thym
- sarriette
- estragon
- coriandre
- cive

Bouillon d'épiaire
- 2 dl de fond blanc de volaille
- 250 g d'épiaire des bois
- sel
- poivre
- 50 g de beurre

Sauté de courgettes
- 20 mini-courgettes
- 20 g de beurre
- 3 cl d'huile d'olive
- 10 g de d'épiaire coupé finement
- sel, poivre

Un riesling du domaine Ostertag-Hurlimann, à Epfig.

Videz, écaillez, lavez, salez et poivrez le poisson. Garnissez l'intérieur d'herbes du moment. Dans un grand plat avec couvercle allant au four, déposez le foin puis, par-dessus, le poisson. Recouvrez de foin et enfournez à couvert pendant 20 min à 150° (th. 5). À la sortie du four, ôtez le foin et servez aussitôt. Vous pouvez également servir le poisson en retirant délicatement l'arête centrale.

Pour la sauce, faites bouillir le fond blanc de volaille et ajoutez l'épiaire. Mixez de suite, ajoutez une noix de beurre, passez au travers d'une passette en veillant à maintenir le jus onctueux et mousseux. Servez la sauce à part.

Pour la garniture, faites sauter à l'huile d'olive les courgettes émincées; ajoutez l'épiaire coupé finement et la noix de beurre. Salez, poivrez. Vous pouvez remplacer l'épiaire par du basilic, c'est une autre version du plat, avec plus de virilité, l'épiaire étant plus en douceur.

Jean Wencker, président départemental d'Alsace Nature et agrégé de mathématiques, se passionne pour l'écologie, le Rhin, le Doubs et la pêche à la mouche (émission du 27 septembre 2003).

Sandre au beurre blanc

UNE RECETTE RÉALISÉE POUR CATHERINE SCHMIDT

Catherine Schmidt aime cuisiner. En hommage au Rhin, si proche de Schoenau, elle a proposé cette recette de sandre, poisson d'eau douce, cuit entier et servi avec un beurre blanc. Un classique indémodable ! L'émission, diffusée peu avant la Sainte-Barbe, la patronne des pompiers fêtée le 4 décembre, a fourni à Catherine une belle occasion pour le mitonner pour ses amis.

Sandre au court-bouillon

Placez les légumes épluchés dans une grande poissonnière avec l'eau, le vin, les condiments et les herbes aromatiques. Portez à ébullition à feu vif. Pendant ce temps, videz et nettoyez le poisson. Laissez infuser le court-bouillon à feu doux. Placez le poisson sur le panier de la poissonnière et plongez le tout dans le court-bouillon. Le liquide doit recouvrir le poisson de 3 à 4 cm. Laissez cuire à couvert pendant 10 min, en laissant seulement frémir. Écartez la poissonnière du feu et laissez pocher le poisson 15 min supplémentaires dans le court-bouillon chaud. Enlevez le panier de la poissonnière, laissez égoutter quelques instants puis placez le poisson sur un plan de travail. Débarrassez-le soigneusement de sa peau, rangez-le sur un plat et gardez-le au chaud.
Mettez une casserole d'eau salée sur feu vif pour cuire les pâtes. Cette opération est à faire simultanément avec la préparation du sandre, afin qu'elles soient cuites, chaudes et égouttées lorsque la sauce et le poisson seront prêts.

Beurre blanc

Mettez le riesling, les échalotes coupées en fines lamelles, le sel et le poivre dans une casserole. Portez à ébullition en remuant de temps à autre, jusqu'à ce que le liquide réduise aux 4/5e. Retirez la casserole du feu et récupérez le liquide restant à l'aide d'un chinois dans lequel vous écraserez la pulpe d'échalote avec une cuillère à soupe pour extraire les saveurs.
Reversez le liquide dans la casserole et ajoutez quatre petits cubes de beurre froid en battant constamment à l'aide d'un fouet jusqu'à ce que tout le beurre soit incorporé. Remettez la casserole sur feu très doux et ajoutez un petit cube de beurre à la fois, en battant toujours avec le fouet.

Pour 6 personnes

Sandre au court-bouillon

- 1,8 kg de sandre
- 1 l d'eau
- 1 l de vin blanc
- 1 carotte
- 1 oignon
- 1 ou 2 gousses d'ail
- 1 poireau
- 3 branches de céleri
- sel, poivre
- thym, laurier

Beurre blanc

- 5 dl de riesling
- 4 échalotes
- sel, poivre
- 250 g de beurre coupé en dés (et à la température du réfrigérateur)
- 2 cuillerées à soupe de
- crème fraîche

Un riesling du Mandelberg de François Edel, de Mittelwihr.

Suite de la recette en p. 442

Catherine Schmidt est sapeur-pompier bénévole à Schoenau. Elle est aussi artiste-peintre amateur et réalise des dessins au crayon et des sanguines (émission du 28 novembre 1998).

Sandre avec une poêlée de cèpes

UNE RECETTE RÉALISÉE POUR RÉMY MAHLER

Pour faire plaisir à Rémy Mahler, autant lui confectionner un poisson, du sandre de préférence, un poisson d'eau douce à la chair fine, ferme et blanche, contenant peu d'arêtes. Hubert Maetz l'a accommodé avec une poêlée de cèpes qu'il a mariée au dernier moment avec une plante marine : de la criste-marine ou de la salicorne.

Pour 8 personnes
- 1 beau sandre de 2 à 3 kg (il faut compter 300 g par personne en poids brut)
- 80 g de beurre
- 1,5 kg de cèpes
- 80 g d'échalotes
- 150 g de dés de tomates mondées
- 1 botte de ciboulette
- 1 botte de cerfeuil
- 200 g de criste-marine (appelée aussi perce-pierre) ou de salicorne (ce sont des plantes marines)
- sel, poivre du moulin

Un tokay pinot gris de Bernard Becht, de Dorlisheim.

Faites écailler et lever les filets du sandre par le poissonnier. Coupez les filets en morceaux de 140 g. Salez, poivrez. Faites chauffer 30 g de beurre dans une poêle et faites revenir les filets à feu doux en les retournant avec précaution. Faites-les cuire ensuite au four à 180° (th. 6) pendant une dizaine de minutes en les gardant bien moelleux. Faites un essai en appuyant avec le doigt : si la chair résiste, la cuisson est bonne.

Nettoyez les cèpes, lavez-les un par un sous le robinet (si vous les trempez, ils se gorgeront trop d'eau), veillez à bien enlever toute trace de terreau, émincez-les finement en lamelles de 4 à 5 mm. Dans une poêle, faites revenir les échalotes hachées ; lorsqu'elles blondissent, ajoutez les cèpes. Faites-les bien saisir à feu vif et veillez à ce qu'ils ne tirent pas trop d'eau. Faites revenir les cèpes en deux fois : en petite quantité ils saisiront mieux et plus vite, cela évite qu'ils rendent trop d'eau. Salez, poivrez en fin de cuisson. Égouttez-les dans une passoire et conservez le jus. Après la cuisson, ajoutez les dés de tomate, les herbes finement hachées (en en gardant une cuillerée pour la finition de la sauce) et la criste-marine (au dernier moment, pour qu'elle conserve sa couleur verte). Prenez le jus de cèpes réservé, faites-le chauffer, ajoutez le reste de fines herbes hachées.

Dressez sur assiette le filet de sandre, versez un filet de jus autour, disposez trois petits tas de cèpes. Garnissez d'herbes fraîches et dégustez.

Rémy Mahler, facteur d'orgue à Pfaffenhoffen, où il a créé sa propre entreprise, travaille beaucoup outre-Rhin. Il adore la lecture et pratique le vélo (émission du 15 octobre 1995).

Sandre décliné à l'européenne

UNE RECETTE RÉALISÉE POUR ROLAND MACK

Si Roland Mack aime les recettes badoises de son enfance et les mets italiens, ce gourmet gourmand apprécie aussi le sandre pour sa chair fine, ferme et blanche, avec peu d'arêtes. Aussi, pour cet Européen enthousiaste et convaincu, Hubert Maetz a créé une recette de sandre du Rhin associé à des saveurs de différents pays européens : France, Italie, Espagne, Portugal.

Pour 4 personnes

Sandre
- 600 g de filet de sandre
- 5 cl d'huile d'olive
- 20 g de beurre
- sel, poivre

Sauce aux olives
- 50 g d'échalotes hachées
- 50 g d'olives (vertes ou noires)
- 50 g de purée d'olives noires (ou vertes)
- 100 g de tomates mondées
- 5 cl de vinaigre balsamique
- 5 cl d'eau
- sel, poivre
- 10 g d'hysope hachée

Mousse aux poivrons del Piquillo
- 1/2 l de crème fraîche
- 100 g de poivrons del Piquillo (piments doux cultivés en Navarre, pelés au feu de bois et mis en saumure qui s'achètent en conserve)
- sel, poivre
- 2 g de piment d'Espelette en poudre
- 1 branche d'hysope

Gratin de macaronis
- 200 g de macaronis cuits
- 20 g de beurre
- sel, poivre
- 20 g de parmesan

Tomates séchées
- 4 tomates
- 2 cl d'huile d'olive
- 2 g de sucre
- sel, poivre

Garniture
- 4 fleurs de courgettes
- 8 mini-courgettes de 10 cm
- sel, poivre

Un crémant d'Alsace de la cave Bestheim, à Bennwihr.

Coupez dans le filet de sandre des morceaux de 150 g. Dans une poêle anti-adhésive, faites chauffer beurre et huile d'olive. Déposez le poisson côté peau, salez et poivrez ; faites-le cuire doucement dans la poêle ou au four (150°, th. 5) pendant 10 min. Veillez à le préserver moelleux.

Pour la sauce, faites revenir les échalotes hachées à l'huile dans une sauteuse, ajoutez les olives coupées en rondelles, la purée d'olives, les tomates pelées, épépinées et coupées en petits dés. Faites cuire l'ensemble avec le vinaigre balsamique, ajoutez 5 cl d'eau et laissez cuire pendant 5 min, rectifiez l'assaisonnement et ajoutez l'hysope hachée.

Pour le gratin de macaronis, alignez par six les macaronis cuits sur une plaque beurrée, parsemez-les de parmesan râpé, enfournez pendant 5 min à 150° (th. 5) pour faire fondre le fromage et faire ainsi coller les pâtes entre elles (vous pourrez couper les pâtes en blocs ou en tronçons selon votre désir).

Pour les tomates séchées, disposez dans un plat des tomates épluchées, épépinées et coupées en quatre. Salez, sucrez, un filet d'huile d'olive, poivrez et enfournez à 80° (th. 2-3) pendant 4 h.

Pour la mousse aux poivrons del Piquillo, faites chauffer 10 cl de crème avec 100 g de poivrons, amenez simplement à ébullition, salez et poivrez, et mixez finement l'ensemble, ajoutez le reste de crème, salez et relevez l'ensemble avec du piment d'Espelette. Versez la sauce dans un verre. Vous pouvez aussi la transformer en mousse à l'aide d'une bombe à chantilly.

Suite de la recette en p. 443

Ingénieur en mécanique générale, Roland Mack dirige avec son frère Jürgen le parc d'attraction Europa Park. Il est collectionneur d'art et fut un excellent joueur de football (émission du 25 juin 2005).

Sandre aux écrevisses

UNE RECETTE RÉALISÉE POUR PATRICK UNTERSTOCK

Patrick Unterstock a grandi au bord de l'eau à Ehnwihr, un hameau contigu à Muttersholz. Comme il aime les poissons de rivière, Hubert Maetz a imaginé pour lui ce sandre cuit entier, accompagné d'écrevisses et d'une salade d'herbes.

Pour 4 personnes

Poisson
- 1 sandre de 1,2 à 1,5 kg
- 100 g d'échalotes
- 50 cl de riesling
- 10 cl de crème épaisse
- sel, poivre

Finition de la sauce
- 40 g de beurre
- 10 cl de crème
- 20 g de cerfeuil haché
- sel, poivre

Écrevisses
- 16 pièces d'écrevisses vivantes
- 50 g de gros sel
- eau bouillante

Salade d'herbes
- 12 joues de sandre (à défaut, 2 filets de perche)
- 20 g de beurre
- herbes sauvages (50 g de lierre terrestre, 50 g de pimprenelle, 50 g de feuilles d'achillée millefeuille), fleurs sauvages (scabieuses, fleurs de trèfle...) ; à défaut, de la salade mesclun et des fleurs de capucine

Vinaigrette
- 30 g d'échalotes
- 2 cl de vinaigre de vin
- 5 cl d'huile d'olive

Un riesling Kirchberg en culture biologique de Vincent Stoeffler, de Barr.

Écaillez le sandre, coupez toutes ses nageoires et videz-le. Salez et poivrez le poisson, posez-le dans le plat de cuisson allant au four, parsemez-le d'échalotes finement hachées, de crème épaisse et mouillez avec le riesling. Enfournez le tout, couvert d'une feuille d'aluminium, à 180° (th. 6) pendant 30 min, en arrosant le poisson avec son jus de cuisson toutes les 5 min.

Après cuisson, versez le fond de cuisson dans une sauteuse, faites-le réduire à 90%, ajoutez le beurre coupé en petits morceaux et la crème, salez et poivrez, portez seulement à ébullition et rectifiez l'assaisonnement. Ajoutez le cerfeuil au dernier moment.

Cuisez les écrevisses à l'eau bouillante salée pendant 5 min.

Pour la salade, faites revenir au beurre les joues de sandre (ou les filets de perche), posez-les sur un fond de salade d'herbes et de fleurs sauvages. Déglacez la poêle avec 30 g d'échalotes hachées, le vinaigre de vin et l'huile d'olive. Servez le sandre sur un plat avec la sauce. Disposez les écrevisses autour. Présentez à part la salade d'herbes.

Patrick Unterstock fabrique des barques à fond plat et propose des visites guidées dans le Ried avec son association des Bateliers du Ried (émission du 30 septembre 2000).

Silure sur choucroute

UNE RECETTE RÉALISÉE POUR GÉRARD RAPP

Gérard Rapp, de Geispitzen, aime la choucroute au poisson. Hubert Maetz a eu l'idée d'accommoder un poisson du Rhin, parfois décrié à tort : le silure, également appelé poisson-chat. Ce poisson peut peser jusqu'à soixante-dix kilos dans le Rhin et jusqu'à cent cinquante kilos dans le Danube. Il vit sur les fonds vaseux des grands fleuves.

Faites lever les filets de silure par le poissonnier, soit latéralement en tronçons, soit en les faisant couper en pavés. Posez-les dans un plat à four dans lequel vous aurez disposé la matière grasse et les aromates. Salez et laissez cuire à 250° (th. 8-9) pendant 3 min puis baissez la température à 150° (th. 5). Laissez cuire au total 10 min. Vérifiez la cuisson avec la pression du doigt. Si la chair résiste, le poisson est cuit (essayez de maintenir le poisson moelleux afin qu'il garde toute son eau et ne se dessèche pas).

Pour le chou nouveau, goûtez-le afin de tester son acidité. Si celle-ci est plaisante, il n'est pas nécessaire de le laver. Cuisez-le à couvert avec le bouquet garni, les échalotes et 1,5 dl d'eau. Ajoutez au besoin un peu de vin au dernier moment, si l'acidité ne vous convient pas.

Pour la sauce, faites revenir les échalotes au beurre, déglacez au vinaigre de vin. Lorsqu'il est réduit à sec, ajoutez le bouillon de pot-au-feu ou le fond de volaille (ou de veau), le thym et le laurier ; laissez réduire jusqu'à bonne consistance sirupeuse. Rectifiez l'assaisonnement.

Pour les pommes de terre *Miesele* : faites-les cuire en robe des champs, épluchez-les et faites-les revenir dans le mélange huile-beurre agrémenté d'une branche de thym.

Pour 2 personnes

Poisson

- 300 g de filet de silure
- 10 g de beurre
- 2 cl d'huile d'olive
- thym, laurier
- fleur de sel

Sauce

- 50 g d'échalotes hachées
- 20 g de beurre (pour les faire revenir)
- thym, laurier
- 5 cl de vinaigre de vin
- 5 cl de bouillon de pot-au-feu ou de fond de volaille (ou de veau)

Choucroute nouvelle

- 200 g de choucroute nouvelle
- 20 g d'échalotes
- bouquet garni
- 1,5 dl d'eau
- sel, poivre si nécessaire

Pommes de terre

- 10 rattes *(Miesele)* de petit calibre
- 20 g de beurre
- 2 cl d'huile
- thym

Un crémant de Guy Klein, de Soultzmatt.

Gérard Rapp, imprimeur-typographe, est vice-président national des Meilleurs Ouvriers de France dont il fut l'un des organisateurs du 21e concours (émission du 18 novembre 2000).

Choux farcis à la truite fumée

UNE RECETTE RÉALISÉE POUR FRANCINE FISCHER

De ses années à Belmont – près du Champ-du-Feu – où son mari René travaillait comme instituteur, Francine Fischer, de Molsheim, a gardé une passion de la nature qu'elle exprime à travers ses mosaïques florales. Elle aime cuisiner des recettes de sa création, comme celle-ci. Un plaisir hérité de ses grands-mères qui lui a fait exercer le métier de cuisinière jusqu'à son mariage en 1970.

Pour 8 personnes

Pâte à choux

- 1/4 l d'eau
- 75 g de beurre
- 3 gros œufs
- 125 g de farine
- 1 pincée de sel
- 1 jaune d'œuf (pour badigeonner les choux)

Garniture

- 8 filets de truite fumée effilochés
- 2 cuillerées à soupe de ciboulette
- 1 cuillerée à soupe d'échalotes hachées
- salade

Mayonnaise

- 1 œuf
- 1 cuillerée à soupe de moutarde
- 1/4 l d'huile
- sel, poivre

Décor

- tomates
- olives
- fleurs de bourrache, capucine, lilas, pensée, primevère
- ail des ours selon la saison

Un tokay pinot gris de Bernard Backer, de Dorlisheim.

Pâte à choux

La préparation des choux est à faire la veille. Mettez dans une casserole l'eau, le beurre coupé en morceaux et le sel. Portez à ébullition puis versez d'un seul coup la farine en remuant vigoureusement jusqu'à ce que la pâte forme une boule et se détache du fond de la casserole. Retirez du feu. Ajoutez les œufs un à un, en remuant jusqu'à ce que la masse redevienne homogène, avant d'incorporer le suivant. Laissez reposer une bonne demi-heure avant l'utilisation. Dressez huit tas sur une plaque, à l'aide d'une cuillère à soupe ou d'une poche à douille. Badigeonnez chaque chou avec du jaune d'œuf. Enfournez dans le four préchauffé à 150° (th. 5), puis faire cuire à 200° (th. 6-7) pendant 45 min en surveillant la cuisson jusqu'à ce que les choux soient bien dorés et légers (ils doivent pratiquement tripler de volume pendant la cuisson).

Mayonnaise

Montez la mayonnaise avec le jaune d'œuf, puis incorporez le blanc battu en neige. Effilochez les filets de truite fumée en éliminant éventuellement les arêtes restantes. Hachez finement la ciboulette et les échalotes. Mélangez délicatement la mayonnaise avec les filets de truite et les herbes. Coupez le couvercle des choux et remplissez-les avec cette préparation. Disposez le chou garni sur un lit de salade préalablement assaisonnée. Enfoncez le couvercle verticalement, et décorez avec des tomates, des olives ou des fleurs, selon la saison.

Francine Fischer réalise des créations de mosaïques florales. Elle enseigne la religion à Molsheim et anime des séances d'arts plastiques et de théâtre (émission du 19 mai 2001).

Truites aux amandes braisées et endives

UNE RECETTE RÉALISÉE POUR CLAUDE DREYER

Claude Dreyer se montre bon cuisinier, un talent qu'il a hérité de sa maman Olympe. Il a gardé des images fortes des parties de pêche avec son père dans la Mossig. C'est pourquoi il a une prédilection pour les truites servies avec son légume préféré, les endives. Car truites et endives se marient bien. Hubert Maetz l'a prouvé avec cette recette.

Truites aux amandes

Nettoyez les truites, épongez-les, salez-les, poivrez-les et farinez-les. Faites chauffer 50 g de beurre dans une grande poêle (ovale de préférence) et faites-y dorer à feu fort les truites sur les deux faces, puis baissez le feu et laissez la cuisson s'achever pendant 10 à 12 min, en les retournant une fois. Faites dorer à sec les amandes effilées, dans une poêle ou au four. Lorsque les truites sont cuites, égouttez-les et dressez-les sur le plat de service, arrosez-les avec le jus de citron et saupoudrez de persil ciselé, réservez au chaud au four à 120°. Faites revenir les amandes dans la poêle avec 20 g de beurre, faites colorer l'ensemble en remuant puis ajoutez encore 20 g de beurre et le vinaigre ou le jus de citron pour déglacer la poêle, l'ensemble moussera, versez-le aussitôt sur les truites et servez avec les deux préparations d'endives.

Endives braisées

Ôtez les feuilles abîmées, passez les endives rapidement sous l'eau et essuyez-les, évitez de les laisser tremper dans l'eau. Évidez la base en enlevant au couteau un petit cône d'environ 2,5 cm où se concentre l'amertume. Faites fondre le beurre dans une sauteuse, ajoutez les lardons, les oignons et les carottes coupées en rondelles, faites revenir l'ensemble sans coloration, disposez les endives bien à plat, salez, ajoutez le sucre et le jus de citron ; mouillez à hauteur avec de l'eau et faites cuire pendant 1 h à couvert, à feu doux ou au four à 150° (th. 5), en surveillant le braisage et en arrosant de temps en temps avec le jus de citron. Dès l'appoint de cuisson, ôtez le papier, augmentez la température pour faire réduire le jus. Prélevez les endives. Égouttez-les, puis faites-les colorer dans une poêle au beurre mousseux.

Suite de la recette en p. 443

Pour 4 personnes

Truites aux amandes

- 4 truites (d'environ 250 g pièce)
- sel, poivre
- 100 g de farine
- 90 g de beurre (dont 40 g pour faire revenir les amandes)
- 100 g d'amandes effilées
- 2 cuillerées à soupe de jus de citron
- 1 cuillerée à soupe de persil ciselé
- 20 g de beurre
- 1 cuillerée à soupe de vinaigre (ou de jus de citron)

Endives braisées

- 1 kg d'endives
- 50 g de beurre + 50 g pour la coloration
- 150 g de lardons
- 150 g d'oignons
- 100 g de carottes
- 10 g de sucre
- le jus d'1/2 citron
- sel

Endives caramélisées au citron

- 1 kg d'endives belges
- 50 g de beurre
- 120 g de sucre semoule
- sel, poivre
- le zeste finement émincé et blanchi d'un citron vert et d'un jaune

Un riesling Bruderthal grand cru de Philippe Heitz, de Molsheim.

Claude Dreyer, imprimeur typographe, est aussi auteur de pièces de théâtre dialectal et poète. Il fut champion d'Alsace d'athlétisme et vice-champion de France (émission du 31 janvier 1998).

Truite au crémant

UNE RECETTE RÉALISÉE POUR ALAIN VONAU

Alain Vonau a grandi à Cernay dans l'hôtel-restaurant de son grand-père. Il exerça durant dix-huit ans le métier de cuisinier avant de se reconvertir dans l'industrie chimique. La recette proposée, une des siennes, est légère, simple et festive.

Pour 6 personnes

Poisson

- 6 beaux filets de truite saumonée (débarrassés de leurs arêtes et sans peau)
- 20 g de beurre
- 1 échalote finement hachée
- 25 cl de crémant d'Alsace sec
- 1 pointe de safran
- un peu de beurre manié (10 g de beurre, 10 g de farine) pour lier la sauce
- sel, poivre
- 10 cl de crème fraîche

Julienne de légumes

- 100 g de carottes
- 100 g de poireaux
- 100 g de céleri
- 100 g de navets (ou autre légume)
- 30 g de beurre
- sel, poivre

Riz pilaf

- 360 g de riz sauvage (240 g de riz blanc et 120 g de riz brun)
- 1 oignon haché
- 50 g de beurre
- fumet de poisson pour le mouillement (ou de l'eau)
- 1 bouquet garni (tiges de persil, thym, laurier)
- sel, poivre

Décor

- 1 branche d'aneth (ou de verdure de fenouil)
- 1 à 2 brindilles de ciboulette
- 1 tomate cerise

Un crémant d'Alsace de Michel Schoepfer, d'Éguisheim

Beurrez le fond d'une plaque destinée au four et parsemez d'échalote finement ciselée. Posez les filets de truite salés et poivrés sur ce lit, recouvrez largement avec du crémant et faites braiser au four à 180-200° (th. 6-7) pendant 4 min à découvert.

Récupérez le fond de cuisson de ces filets dans une casserole et liez-le au beurre manié. Ajoutez la pointe de safran, rectifiez l'assaisonnement et ajoutez, juste avant de servir, la crème fraîche. Portez à ébullition et mixez si possible pour rendre la sauce mousseuse.

Faites revenir dans un peu de beurre la julienne de légumes, préalablement blanchie, en la gardant légèrement craquante, salez et poivrez.

Faites cuire le riz sauvage à la façon pilaf. Dressez sur assiette le lit de légumes, posez par-dessus le filet de truite en laissant un peu apparents les petits légumes, nappez légèrement et partiellement de sauce, dressez le riz en timbale et décorez le filet de truite avec la petite verdure, et la timbale de riz avec la tomate cerise.

Cuisinier pendant dix-huit ans, Alain Vonau, tambour-major qui aime Napoléon et le Premier Empire, dirige la Batterie des Grognards de Haute-Alsace dont il est le président-fondateur (émission du 26 janvier 2001).

Filet de truite rôti sur sa peau et salade d'herbes et de fleurs

UNE RECETTE RÉALISÉE POUR ANGÈLE HOLTERBACH

Angèle Holterbach vit dans le presbytère de l'abbaye de Murbach où elle cultive un jardin des délices inspiré des *Paradiesgärtlein* du Moyen Âge. Bonne cuisinière, elle aime les poissons de rivière. Hubert Maetz a conçu pour elle ce plat simple et savoureux, ce filet de truite rôti servi avec une salade qui contient les couleurs et les arômes de son jardin d'herbes médiéval.

Choisissez un beau filet de truite, de préférence sauvage, à défaut de la truite rosée ou saumonée. Coupez-le en deux ou en trois (selon taille) et faites-le rôtir dans une poêle anti-adhésive, côté peau et avec un filet d'huile d'olive, salez côté chair avec la fleur de sel et poivrez au moulin, veillez à garder la chair rosée. Après cuisson, détachez la peau et continuez à la griller afin de la rendre croustillante sans lui laisser prendre trop de coloration.

Confectionnez la salade avec les différentes herbes et fleurs sauvages ramassées dans la nature en les complétant avec celles du jardin. Lavez-les soigneusement et dressez-les mêlées sur une assiette, disposez à côté le filet de truite tiède avec la peau croustillante et chaude que vous salerez au dernier moment. Garnissez la salade de quelques baies de poivre rose, nappez-la de vinaigrette confectionnée avec du vinaigre à l'estragon, de l'huile d'olive au poivre rose et le jus de citron. Pour réaliser cette dernière, laissez simplement macérer des baies de poivre rose dans l'huile pendant une quinzaine de jours, avant de vous en servir selon besoin, en laissant les baies roses en place.

Pour 1 personne

Poisson

- 1 filet de truite sauvage, à défaut de truite saumonée ou rose (120 g)
- 3 cl d'huile
- fleur de sel, poivre

Salade d'herbes et de fleurs (un mélange selon saison et envie)

- herbes sauvages (achillée, lierre terrestre, pimprenelle)
- herbes du jardin (cerfeuil, aneth, estragon, persil plat, origan)
- fleurs (molène ou bouillon blanc, capucine, fleurs de thym, d'aneth, de bourrache, de courgette et de souci)
- baies de poivre rose
- vinaigre d'estragon
- huile d'olive
- jus de citron
- sel, poivre du moulin

Un grand cru Zinnkoepflé d'Agathe Bursin, de Westhalten.

Angèle Holterbach, peintre polychrome, vit dans le presbytère de l'abbaye de Murbach. Elle a remis en état ce lieu, y plantant les herbes aromatiques dont elle a la passion (émission du 13 septembre 1997).

Truite en papillote aux herbes fraîches

UNE RECETTE RÉALISÉE POUR RENÉ ET ANDRÉ BECKER

René Becker élève, avec son frère André, des truites arc-en-ciel, blanches ou roses selon la nourriture servie et des fario, truites sauvages avec des points rouges. La truite aime toutes les cuissons: au gril, à la poêle, au four, à la vapeur ou en papillote. Elle s'accommode avec toutes les herbes, fraîches ou sèches, avec les aromates et les épices. Cette recette en papillote est simple, diététique et rapide.

Pour 1 personne
- 1 truite de 300 g
- 1 douzaine de brins d'herbes fraîches (selon les disponibilités de la saison): aneth, estragon, coriandre, cerfeuil, marjolaine, basilic, ciboulette
- 10 graines de coriandre
- 3 à 4 baies de poivre rose lyophilisé
- sel (de préférence de la fleur de sel)
- 4 cl de vin blanc (ou 2 cl de vin additionnés de 2 cl d'eau) par papillote
- papier aluminium de 40 à 50 cm de large de préférence (sinon celui, plus couramment trouvé dans le commerce, de 30 cm de large)
- 15 g de beurre
- 2 cl d'huile d'olive
- 1/4 de jus de citron

Un riesling sec de Stéphane Bannwarth, d'Obermorschwihr.

Grattez, videz, et rincez la truite. Sortez les ouïes. Salez-la et enrobez-la de graines de coriandre et de baies de poivre rose écrasées. Découpez un rectangle de papier aluminium (30 ou 40 cm de large sur environ 1 m de long: il faut en effet une grande dimension, ceci afin de laisser le plus grand espace possible dans la papillote, ainsi elle se gonflera lors de la cuisson).

Au centre, disposez la moitié des herbes de votre choix, puis la truite salée et enrobée de baies. Couvrez la truite du reste d'herbes, ajoutez le liquide vin-eau. Fermez la papillote en veillant à bien sceller les bords et à laisser beaucoup d'espace entre la truite et le papier aluminium. Glissez la papillote au four préchauffé à 300° (th. 10) et laissez-la cuire à une température de 240° (th. 8) pendant 20 min.

Servez la truite dans sa papillote. Vous la dégusterez telle quelle, légère et parfumée. Vous pouvez aussi l'arroser de beurre fondu ou d'un filet d'huile d'olive et de citron. Pour les maladroits craignant les arêtes, il est possible aussi de lever les filets et de les servir ainsi sur assiette avec le jus récupéré dans la papillote.

À Heimersdorf, dans le Sundgau, René Becker a repris avec son frère André la pisciculture de leur père où ils élèvent des truites arc-en-ciel et fario (émission du 8 octobre 1995).

Bar en croûte de sel

UNE RECETTE RÉALISÉE POUR ROBERT ZIEBA

L'artiste-peintre Robert Zieba, de Wittenheim, est passionné de gastronomie et a l'habitude de manger dans les très bons restaurants. Il aime aussi organiser des repas chez lui. Il souhaitait que Hubert lui mitonne un bar de ligne en croûte de sel, accompagné de rattes et de poireaux cuits à l'étouffée.

Posez le bar entier sur une plaque ou un récipient de sa taille, couvrez-le entièrement de gros sel, enfournez à four chauffé à 180° (th. 6) et faites-le cuire durant 30 min. Brisez ensuite la croûte très dure, sortez le filet, servez-le tel quel avec des rattes (cuites en robe des champs et revenues au beurre) et du poireau à l'étouffée.

Pendant la cuisson du poisson, faîtes blanchir fortement les poireaux finement coupés dans de l'eau salée à ébullition, égouttez-les rapidement et passez-les sous l'eau froide afin qu'ils gardent leur couleur, faites-les revenir au beurre avec les échalotes et ajoutez la crème fraîche. Jeannine, son épouse, ne les cuit pas à l'eau mais à l'étouffée, en leur adjoignant une cuillerée à soupe de sucre et du sel.

Pour 4 personnes

Poisson
- 1 bar de ligne de 1,2 kg vidé

Croûte de sel
- 2 à 3 kg de gros sel

Poireaux
- 400 g de poireaux cuits
- 20 g de beurre
- 60 g d'échalotes hachées
- 8 cl de crème fraîche
- sel

Accompagnement
- 300 g de pommes de terre rattes cuites à l'eau ou revenues au beurre

Un pinot blanc sélectionné par le Syndicat viticole d'Eguisheim.

Robert Zieba a travaillé aux Mines de potasse et fut président de MJC. Artiste peintre à la ferme du Moulin de la Hardt, à Burnhaupt-le-Bas, il est connu pour ses peintures blanches (émission du 1er mars 2003).

Dos de bar aux girolles et aux pommes de terre

UNE RECETTE RÉALISÉE POUR BERNARD EIBEL

Bernard Eibel, de Reichshoffen, est un fin cuisinier, qui se définit comme un « épicurien perfectionniste ». Il aime le bar, poisson de mer riche en protéines, à la chair particulièrement pauvre en matières grasses. Cette recette d'Alain Reix est extraite du livre *Poissons, techniques et saveur.*

Pour 4 personnes
- 4 pavés de bar de 200 g chacun
- 400 g de girolles fraîches
- 20 petites pommes de terre
- 12 oignons grelots
- 50 g de persil plat
- 150 g de beurre
- 2 dl d'huile d'olive
- 1/2 l de bouillon de volaille
- sel, poivre

Un sylvaner cuvée L'Été indien de Bernard Becht, de Dorlisheim.

Épluchez les oignons grelots. Lavez et épongez les pommes de terre épluchées. Faites-les colorer avec les oignons dans 90 g de beurre et un peu d'huile. Baissez le feu, salez et poivrez. Poursuivez la cuisson durant 10 min.

Essuyez les girolles après les avoir lavées. Faites-les suer à la poêle dans 5 cl d'huile et 50 g de beurre. Mouillez avec le bouillon chaud. Salez et poivrez. Laissez cuire 2 min puis égouttez-les et mélangez-les avec les pommes de terre et les oignons. Ajoutez le persil haché. Faites réduire le jus de girolles. Faites dorer les pavés de bar à la poêle dans 5 cl d'huile d'olive, pendant 8 à 10 min selon l'épaisseur des morceaux, en les retournant. Répartissez dans chaque assiette les pommes de terre, les girolles et les oignons. Posez les pavés de bar. Incorporez le beurre restant au fouet dans le jus de cuisson des girolles ainsi qu'un filet d'huile d'olive. Nappez de sauce. Servez aussitôt.

Enseignant retraité, Bernard Eibel a écrit des dizaines de pièces de théâtre en alsacien. Il a fondé le Théâtre alsacien de Reichshoffen-Nehwiller (TARN) (émission du 26 février 2005).

Petit chou farci au cabillaud et au poireau

UNE RECETTE RÉALISÉE POUR HUBERT STRIEBIG

Hubert Striebig, de Wissembourg, apprécie les bons plats mais préfère éviter les recettes trop caloriques. Cabillaud, poireau, chou : à partir de ces ingrédients choisis par l'invité, Hubert Maetz a conçu cette recette où des feuilles de choux entourent une farce mêlant chou, poireau, moules et pommes qui enveloppe un pavé de cabillaud.

Pour 6 personnes

Poisson
- 1 cabillaud de 3 à 4 kg (ou 1,2 kg de filet)
- 3 cl d'huile d'olive
- cerfeuil et thym, sel, poivre
- 12 feuilles de chou vert

Moules marinière
- 1 l de moules bouchot
- 5 dl de riesling
- 2 cl d'huile d'olive
- 50 g d'échalotes hachées
- thym et laurier
- poivre

Farce
- 400 g de chou vert
- 1 poireau
- 1 oignon haché
- 2 dl de jus de cuisson des moules
- 2 pommes
- 1 dl de crème épaisse
- 4 graines de cardamome (une plante d'Asie dont les graînes ont un goût poivré)
- 1 cuillerée à café de curry

Sauce
- 5 cl de vinaigre de vin
- 3 tomates
- 3 cl d'huile d'olive
- 1 échalote
- 2 graines de cardamome
- 1 anis étoilé
- herbes hachées
- 1 branche de thym
- 1 dl de jus de moules

Garniture
- 2 pommes de terre (vitelotte et charlotte) cuites en robe

Un riesling Brand de Paul Buecher, de Wettolsheim.

Levez les filets de cabillaud, dépiautez-les et concassez finement l'arête. Coupez dans la partie épaisse du filet des pavés de 150 g pièce. Marinez-les en instantané avec les herbes, l'huile d'olive, le sel et le poivre.

Faites cuire les moules à la marinière (avec l'huile d'olive et les échalotes revenues, l'ajout de moules, de vin blanc, cuit à couvert pendant 4 à 5 min ; les moules s'ouvrent alors). Prélevez douze moules que vous garderez dans leur coquille, décortiquez les autres, réservez le jus. Effeuillez le chou vert, gardez douze belles feuilles, lavez-les et faites-les cuire à l'eau salée pendant 5 min. Coupez le reste de chou ainsi que le poireau en fines lamelles. Faites suer l'oignon, ajoutez le chou et le poireau, faites tomber l'ensemble, ajoutez les 2 dl de jus de moule préalablement récupéré et filtré et faites cuire l'ensemble avec quatre graines de cardamome. Laissez réduire à 5 cl. Ajoutez 10 cl de crème et deux pommes coupées en petits dés, laissez réduire jusqu'à bien lier. Ajoutez les moules décortiquées, rectifiez l'assaisonnement. Vous pouvez ajouter du curry (facultatif), du curcuma ou du paprika.

Étalez six feuilles de chou cuites à plat, déposez une cuillerée à soupe de farce sur la feuille puis un pavé de cabillaud mariné, ajoutez un peu de farce et fermez l'ensemble en remontant les bords de la feuille, recouvrez l'ensemble d'une autre feuille de chou. Disposez dans un plat avec un peu d'huile d'olive et une branche de thym, cuisez au four à 180° (th. 6) pendant 20 min.

Suite de la recette en p. 443

Hubert Striebig, fut coureur automobile avant de devenir gérant d'une entreprise de transports et de voyages (émission du 6 novembre 1998).

Dorade à la russe

UNE RECETTE RÉALISÉE POUR ROBERT RIMMELSPACHER

Robert Rimmelspacher, qui vient d'une famille où les hommes se transmettent depuis cinq générations les subtilités du métier de ferronier d'art, apprécie ce plat que réalise souvent son épouse Véronique, bibliothécaire. La dorade est farcie d'aneth, de thym, de rondelles d'orange et de citron et servie avec une choucroute additionnée de dés de jambon cuit.

Pour 2 personnes

Poisson

- 1 grosse dorade de 800 g
- 15 cl de vin blanc
- 300 g de choucroute cuite
- 2 tranches de jambon cuit coupé en dés
- herbes (aneth, thym, laurier, persil)
- 30 g d'échalotes
- 100 g d'oignons
- 1 citron
- 1 orange
- 30 g de beurre
- 100 g de carottes
- sel, poivre
- 10 cl de jus d'orange
- cornichons à la russe

Sauce

- 50 g de raifort râpé
- 50 cl de crème fraîche épaisse
- sel

Un pinot blanc de Jean-Pierre Frick, de Pfaffenheim.

Écaillez, videz, lavez et essuyez la dorade. Salez, poivrez et garnissez l'intérieur avec l'aneth et le thym, ainsi que trois rondelles de citron et d'orange. Posez le poisson dans un plat à four beurré, disposez autour les herbes, carottes, oignons, échalotes coupés en petits dés. Recouvrez avec le vin blanc et faites cuire à four moyen (180°, th. 6) pendant 20 min, en arrosant de temps à autre.

Pendant la cuisson du poisson, faites chauffer la choucroute avec du beurre et le jambon en dés.

Posez la dorade cuite (sans les éléments aromatiques accompagnant sa cuisson) sur un plat chaud. Arrosez de jus d'orange et entourez-la avec la choucroute, parsemez de fines rondelles de cornichon et arrosez de sauce ainsi réalisée: mettez 50 g de raifort râpé dans une casserole et délayez doucement avec la crème légèrement salée, chauffez et arrêtez avant l'ébullition.

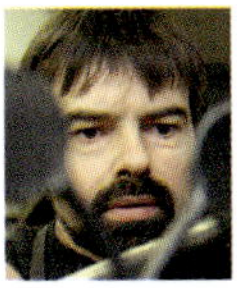

Robert Rimmelspacher est ferronnier d'art à Riedisheim. Il aime restaurer des pièces anciennes, crée des pièces contemporaines, imagine des volutes, torsade le fer et l'ajuste (émission du 21 février 2004).

Dorade rôtie avec sa rosace de pommes de terre et ses pointes d'asperges

UNE RECETTE RÉALISÉE POUR LAURENT HORTER

Le Mulhousien Laurent Horter a indiqué qu'il aimait poisson, pommes de terre et asperges. Partant de là, Hubert Maetz a créé cette recette où les filets de dorade, parfumés aux olives noires, sont servis avec une rosace de pommes de terre rattes *Miesele* et des pointes d'asperges.

Dorade

Les dorades (ou daurades) sont vendues entières, généralement vidées. Il est préférable de les faire écailler par le poissonnier (car les écailles sont nombreuses, larges et collantes) et de faire lever les filets. (Le pourcentage de déchets étant très élevé - 50 % - comptez 150 g par personne de filet paré). Disposez les filets dans un plat à gratin huilé au préalable avec les olives, assaisonnez, versez un filet d'huile d'olive vierge, parsemez de thym et d'herbes aromatiques. Faites cuire au four sous la voûte (ou le grill), à 200° (th. 6-7) pendant 5 min. Surveillez pour ne pas trop griller les herbes. Gardez le poisson rosé et moelleux à l'intérieur.

Rosace de pommes de terre

Lavez les rattes épluchées, coupez-les en rondelles très fines à l'aide d'une mandoline sur une épaisseur de 2 mm environ. Dans une poêle anti-adhésive, faites fondre du beurre clarifié, disposez les pommes de terre en rosace (les rondelles doivent se chevaucher sur leur moitié), salez, faites dorer doucement sur une face puis sur l'autre en appuyant sur l'ensemble pour bien coller les pommes de terre entre elles ; salez avant de servir.

Suite de la recette en p. 443

Pour 2 personnes

Dorade
- 1 dorade royale ou rose (ou à défaut une grise) de 500 à 600 g
- 100 g d'olives noires
- sel, poivre
- 3 cl d'huile d'olive vierge
- 2 brins de thym
- 1 feuille de laurier
- quelques brins d'herbes aromatiques (hysope, lierre terrestre, sarriette)

Rosace de pommes de terre
- 300 g de rattes *(Miesele)* ou à défaut roseval ou charlotte
- 60 g de beurre clarifié ou de graisse d'oie
- sel

Asperges
- 300 g de pointes d'asperges
- fleur de sel
- 1 cl d'huile d'olive
- 1 morceau de sucre
- 1 branche d'ache de montagne ou de livèche (facultatif)

Sauce vinaigrette
- 9 cuillerées à soupe de fond d'asperges
- 3 cuillerées à soupe de vinaigre de vin
- 6 cuillerées à soupe d'huile d'olive
- sel, poivre

Finition et dressage de l'assiette
- 50 g d'échalotes
- 2 cuillerées à soupe d'herbes aromatiques
- 1 tomate confite
- ail des ours frit

Un riesling de la maison Trimbach, à Ribeauvillé.

Laurent Horter, champion de France de natation, est président du Mulhouse Olympique Natation. Il était directeur commercial et devint professeur de sport et entraîneur de l'équipe nationale de natation (émission du 23 mai 1998).

Dorade au piment

UNE RECETTE RÉALISÉE POUR ÉRIC WOLLENSCHLAEGER

Éric Wollenschlaeger, d'Obermodern, a la passion des plantes rares, notamment de l'orchidée disparue – le sabot de Vénus – qui poussait autrefois à l'état sauvage en Alsace. En saveurs, il aime la cuisine piquante et raffole des poivres. Hubert Maetz a imaginé pour lui cette dorade accompagnée de piquillos, des petits poivrons rouges doux cultivés en Navarre, pelés au feu de bois et mis en saumure, farcis aux girolles et relevés de piment d'Espelette.

Pour 4 personnes

Dorade

- 1 dorade de 1 kà 1,2 kg
- 3 cl d'huile
- sel, poivre
- thym, hysope, sarriette (pour farcir)

Poivrons farcis

- 2 poivrons del Piquillo
- 30 g d'échalotes
- 300 g de girolles
- 2 cl d'huile d'olive
- 5 g d'hysope ou d'estragon
- sel, poivre

Sauce

- 300 g de courgettes
- 2 cl d'huile d'olive
- 100 g de piquillos (petits poivrons rouges doux cultivés en Navarre pelés au feu de bois et mis en saumure qui se trouvent en conserve)
- 5 cl de vinaigre balsamique
- 15 cl d'eau
- sel
- thym, sarriette
- piment d'Espelette

Décor

- 4 fleurs de courgettes

Un vin barrique de Jean-Luc Mader, de Hunawihr.

Écaillez, videz la dorade et levez les filets, retirez les arêtes. Posez les filets dans un plat huilé au préalable, salez et poivrez, parsemez d'herbes aromatiques à votre guise. Enfournez à four chaud à 180° (th. 6) pendant 8 min puis retirez les filets de dorade.

Pour les poivrons del Piquillo farcis, faites revenir les girolles avec l'échalote hachée et l'huile d'olive. Assaisonnez de haut goût et parfumez d'hysope ou d'estragon haché. Farcissez les poivrons et chauffez-les au four doux dans un plat huilé.

Pour la sauce, coupez les courgettes et les poivrons en petits dés. Faites revenir doucement à l'huile d'olive, versez le vinaigre balsamique, laissez réduire, ajoutez les 15 cl d'eau, laissez cuire jusqu'à consistance, assaisonnez de sel, de piment d'Espelette et d'herbes aromatiques hachées.

Pour le dressage, posez le poisson dans un plat, décorez d'une fleur de courgette juste passée dans l'eau bouillante, posez les poivrons avec un cordon de sauce autour, parsemez d'herbes.

Après des études au lycée agricole d'Obernai, Éric Wollenschlaeger est devenu architecte-paysagiste. Il travaille comme responsable des espaces verts à l'hôpital de Brumath (émission du 27 septembre 2003).

Lieu jaune et terrine de lentilles

UNE RECETTE RÉALISÉE POUR DOMINIQUE ET JEAN-MARC SCHNELL

Dominique et Jean-Marc Schnell, d'Huttenheim, apprécient les lentilles, ces légumineuses nourrissantes et énergétiques, riches en protides, glucides, phosphore et fer. Cette terrine qu'ils font cuire dans leur *Kachelofe* réussit également dans un autre four. Elle peut être un plat de résistance, simplement servie avec une salade verte. On peut aussi l'accompagner d'une viande ou d'un poisson, l'option retenue par Hubert Maetz.

Faites cuire les lentilles 15 à 20 min avec l'oignon piqué dans 1/2 l d'eau ou de fumet de poisson (retirez l'éventuelle écume qui se forme en surface) et passez-les au moulin à légumes (sans l'eau de cuisson) avec le pain ramolli dans le lait et l'oignon émincé. Incorporez à cette masse les jaunes d'œuf et le beurre fondu ainsi que le sel et les herbes hachées et, pour terminer, les blancs battus en neige ferme. Versez le tout dans un moule beurré, saupoudrez de chapelure et faites cuire 30 à 40 min à four moyen (200°, th. 6-7). Pour tester le degré de cuisson, piquez le centre de la terrine à l'aide d'une aiguille à tricoter : si elle sort sèche, la cuisson est achevée. La croûte peut être bien croustillante.

Pour le poisson, posez les pavés dans un plat destiné au four déjà garni avec les échalotes et les lardons. Salez, poivrez, versez un filet d'huile d'olive, ajoutez thym et laurier, enfournez pendant 10 min (le plat de poisson peut être enfourné en fin de cuisson de la terrine et cuire en même temps qu'elle). Sortez le poisson du four et du plat de cuisson. Faites revenir la garniture (échalotes et lardons) jusqu'à belle coloration dorée. Déglacez alors au vinaigre de vin, laissez réduire, ajoutez le fond de veau, à défaut de l'eau tout simplement, ou de l'eau additionnée d'un cube de bouillon de volaille, laissez réduire jusqu'à consistance. Disposez à nouveau le poisson dans le plat. Parsemez de quelques pluches d'herbes. Garnissez éventuellement, comme le fera Hubert Maetz, de lentilles corail (lentilles provenant de Grèce, de couleur orangée ; les faire cuire à l'eau jusqu'à ébullition).

Démoulez la terrine de lentilles (attention, elle peut être friable), coupez-la en tranches et servez chaud avec le poisson. Servez en accompagnement la salade verte.

Pour 6 personnes

Terrine
- 125 g de lentilles vertes du Puy
- 1/2 oignon piqué d'un clou de girofle et 1 petite feuille de laurier
- 200 g de pain complet ou biscotte
- 20 cl de lait
- 50 g d'oignon
- 2 œufs
- 50 à 100 g de beurre
- sel marin
- 50 g d'herbes hachées (persil, estragon, cerfeuil, coriandre)
- chapelure

En accompagnement
- 1 salade verte
- vinaigrette

Pour le poisson
- 1 kg de lieu jaune détaillé en pavés de 160 à 170 g environ
- 60 g d'échalotes ciselées
- 100 g de lardons
- 1 cl d'huile d'olive
- 1 brin de thym
- 2 feuilles de laurier
- sel, poivre

Sauce
- 3 cl de vinaigre de vin
- 3 à 5 cl de fond de veau

Un riesling Wiebelsberg de Marc Kreydenweiss, d'Andlau.

Dominique et Jean-Marc Schnell sont installateurs de poêles en faïence, dits « Kachelofe ». Ils restaurent des poêles ou des cuisinières. Ils ont reçu un Bretzel d'or de l'Artisanat (émission du 23 novembre 1996).

Loup de mer en croûte de sel

UNE RECETTE RÉALISÉE POUR RICHARD WALTHER

Richard Walther n'hésite pas à préparer des repas pour trente-cinq personnes ou à partir en Bretagne, sur un bateau de pêche professionnel, faire une pêche de douze jours. Hubert Maetz a imaginé pour lui ce loup dans sa croûte de sel avec une émulsion de beurre salé aux herbettes. Le loup, baptisé ainsi en Provence pour sa férocité – également appelé bar – possède une chair délicate, maigre et peu d'arêtes.

Pour 6 personnes

Poisson
- 1 loup de mer (bar) de 2 à 3 kg
- huile d'olive

Farce (facultatif)
- 50 g d'échalotes
- 200 g de tomates concassées
- 200 g de bulbe de fenouil
- 5 cl d'huile d'olive

Pâte à sel
- 1 kg de gros sel de mer
- 800 g de farine
- 4 œufs
- 25 cl d'eau
- 1 cuillerée à soupe de thym frais
- 1 cuillerée à soupe de brins de romarin
- 3 feuilles de laurier grossièrement hachées

Fenouils braisés
- 2 bulbes de fenouil
- 8 cl d'huile d'olive
- sel, poivre

Sauce aux herbettes
- 2 dl de riesling
- 1 branche de fenouil séché
- 1 branche de citronnelle
- fleur de sel
- 150 g de beurre salé

herbes hachées (cerfeuil, estragon, ciboulette) (facultatif)
- poivre

Un riesling Osterberg du domaine Louis & Étienne Sipp, à Ribeauvillé.

Commencez par préparer la pâte à sel en mélangeant les différents ingrédients. Laissez-la reposer 10 min avant de l'étaler au rouleau sur une hauteur d'environ 1 cm. Il faut que les filets de poisson farcis soient entièrement enveloppés.
Écaillez le bar, levez les filets en gardant la peau, faites-les bien sécher. Confectionnez la farce (facultatif) en mélangeant échalotes hachées, concassée de tomates et fenouil coupé en dés, mélangez l'ensemble et liez avec 5 cl d'huile d'olive.
À l'aide d'un pinceau, enduisez la partie intérieure de l'abaisse de pâte à l'huile d'olive (le poisson n'adhérera pas trop à la pâte). Posez un premier filet avec le côté peau contre la pâte. Surmontez ce filet de la farce puis recouvrez avec le second filet, côté peau vers le haut. Ne salez pas. Enveloppez l'ensemble avec la pâte, en veillant à bien souder les joints afin que la cuisson se fasse hermétiquement. Enfournez à four très chaud, à 270-300° (th. 9-10) pendant 20 min. Il faut que la température atteinte soit de 35° à cœur. Vous pouvez ensuite laisser reposer le poisson dans sa croûte de sel pour parachever la cuisson avant de briser la croûte pour le service.
Pendant la cuisson du poisson, faites doucement braiser dans l'huile d'olive le fenouil coupé en tranches. Salez et poivrez.
Pour la sauce, faites bouillir le vin avec le fenouil, la citronnelle et la fleur de sel jusqu'à le laisser réduire de 3/4. Au dernier instant, montez au beurre en l'incorporant successivement sur feu doux à l'aide d'un fouet et incorporez les herbes hachées ; au dernier moment, rectifiez l'assaisonnement.

Richard Walther est mécanicien et coureur automobile. C'est aussi un passionné de cuisine (émission du 1er avril 2000).

Saint-pierre et symphonie en roses

UNE RECETTE RÉALISÉE POUR ROLAND MARQUART

Roland Marquart cultive des roses anciennes autour d'une maison forestière, au milieu de la forêt, à Rosteig, en Alsace Bossue. Hubert Maetz a imaginé pour lui un saint-pierre cuit dans un bouillon de queue de boeuf parfumé à l'eau de rose. Ce poisson, qui porte de chaque côté du corps une grosse tâche noire, un des meilleurs poissons de mer, fut suivi de roses au sucre et de liqueur de roses.

Dans le bouillon de bœuf (ou un fond de volaille), faites infuser pendant 20 min les pétales de roses et le gingembre frais épluché, ajoutez l'eau de rose et filtrez l'ensemble. Faites cuire les filets de saint-pierre à la vapeur 8 à 10 min selon l'épaisseur. Salez et poivrez. Pour servir, versez le bouillon dans une assiette creuse, disposez le saint-pierre au centre et, à côté, la fleur de courgette simplement cuite à l'eau pendant 5 sec.

Pour les roses au sucre, coupez la tige environ 2 cm sous la fleur. Battez légèrement à la fourchette le blanc d'œuf, trempez la fleur dans le blanc d'œuf de façon à en enrober tous les pétales, saupoudrez ensuite la fleur de sucre avant de la poser sur une plaque. Faites de même, à l'aide d'un pinceau, avec les fleurs et les pétales restants. Enfournez à 50° (th. 1-2) pendant 3 à 4 h, en laissant la porte du four entrouverte (pour maintenir l'entrebâillement, vous pouvez vous servir d'une cuillère en bois). Ces merveilles, qui se dégustent, vont décorer vos gâteaux et desserts. Elles peuvent être conservées dans une boîte en métal ou en plastique fermée pendant six mois (en les séparant à l'aide de papier sulfurisé).

Pour la liqueur de rose, disposez par couches successives pétales et sucre dans un bocal ou un pot en grès. Placez le bocal à la cave et laissez macérer jusqu'à ce que le sucre soit entièrement fondu. Passez alors le jus à travers un tamis, ajoutez 2 l d'eau-de-vie (à 40°). Filtrez à nouveau, mettez en bouteille.

Pour 4 personnes

Saint-pierre
- 1,6 kg de saint-pierre ou 600 g de filet
- 25 g de gingembre frais
- 1,5 dl de bouillon de bœuf ou de fond de volaille)
- 100 g de pétales de roses
- 2 cl d'eau de rose
- sel, poivre

Décor
- 4 fleurs de courgettes

Roses au sucre
- 8 petites roses de jardin non traitées
- 30 pétales de roses non traitées
- 3 blancs d'œuf
- 200 g de sucre semoule

Liqueur de rose
- 500 g de pétales de roses rouges parfumées
- 1 kg de sucre
- 2 l d'eau-de-vie

Un gewurztraminer alsace grand cru Hengst de Josmeyer, de Wintzenheim.

Roland Marquart est conducteur de travaux. Il aime les roses anciennes, qu'il cultive lui-même, et fut membre et chef de jardin de l'association Les Amis des roses de Schiltigheim et Strasbourg (émission du 16 septembre 2000).

Filets de sole aux pommes

UNE RECETTE RÉALISÉE POUR MARC ZUCCOLIN

Au moment de l'émission, Marc Zuccolin dirigeait à Deauville l'hôtel Normandy et révélait alors son coup de cœur pour cette recette créée par André Plunian, le chef des cuisines de cet hôtel. Dans cette recette, la sole, poisson de goût délicat qui permet tant d'apprêts, est mariée avec des pommes pour rappeler les parfums de la Normandie.

Pour 4 personnes

Poisson

- 2 soles de 500 à 600 g
- 1 kg de poireaux
- 50 g de beurre
- 7 cuillerées à soupe de crème fraîche épaisse
- 4 pommes granny smith (calibre 60)
- sel, poivre du moulin
- 2 cuillerées à café de poivre vert en purée (ou 1 cuillerée à soupe de poivre vert en grains)
- 2 pincées de paprika
- 2 pincées de noix de muscade

Fumet

- arêtes de la sole
- 1 carotte
- 1 gros oignon
- 1 poireau
- 1 branche de thym
- 1 feuille de laurier
- 1 branche de céleri

Un tokay grand cru Bruderthal du domaine Boehler, à Molsheim.

Levez les filets. Avec les arêtes et les autres ingrédients indiqués, préparez un fumet, dont vous réserverez 25 cl. Lavez les poireaux en enlevant une partie du vert, émincez-les. Faites-les suer dans 25 g de beurre, mouillez les poireaux avec une cuillerée de crème et laissez cuire doucement pendant 20 min, salez et poivrez.

Épluchez les pommes, émincez-les en deux finement et posez-les sur une assiette, salez-les et poivrez-les, lustrez-les avec du beurre fondu et mettez au four à 120° (th. 4) environ 20 à 30 min.

Faites bouillir dans une sauteuse la purée de poivre vert avec la moitié du fumet, ajoutez ensuite la crème fraîche, une pincée de sel et quelques tours du moulin à poivre. Laissez réduire de moitié, à feu moyen, pendant 6 min environ.

Coupez le restant de pommes épluchées en quartiers. Déposez les quartiers de pommes dans la sauce devenue onctueuse pendant 7 min environ, le temps de les cuire tout en les gardant fermes. Ajoutez le paprika et la muscade. Chauffez un plat de service. Retirez les quartiers de pommes avec une spatule et disposez-les sur le plat, couvrez et tenez au chaud.

Mettez dans une autre sauteuse le reste du fumet et faites-y pocher les filets de sole pendant 2 min à frémissement. Disposez entre chaque quartier de pomme une cuillerée d'émincé de poireau. Prélevez les filets de sole avec une spatule et déposez-les sur le plat, disposez les pommes émincées sur les filets de sole. Mettez la sauce autour des filets de sole et servez aussitôt.

Marc Zuccolin est un Colmarien qui dirige des hôtels du groupe Lucien Barrière. Passionné par la communication, il adore l'écriture et prend plaisir à rédiger des lettres manuscrites (émission du 15 février 1997).

Turbot sauce hollandaise

UNE RECETTE RÉALISÉE POUR PATRICK MOYSES

Après avoir perdu l'usage de ses jambes en 1980, Patrick Moyses, ne fait plus la cuisine mais continue à l'apprécier. Cette recette, un grand classique, reste l'une de ses préférées. Hubert Maetz l'a servie avec la saveur bien trouvée du poireau.

Faites cuire les filets de turbot à la vapeur pendant 8 à 10 min selon épaisseur. Salez et poivrez.
Préparez ensuite l'embeurrée de poireaux : émincez le blanc de poireaux, disposez-le dans un plat à gratin, ajoutez le beurre, l'eau, le sel et le poivre. Couvrez à l'aide de papier alu et enfournez à 180° (th. 6) pendant 20 min.
Pour la sauce hollandaise, clarifiez le beurre (c'est-à-dire : faites-le fondre au bain-marie, sans remuer, afin d'en éliminer le petit-lait qui forme un dépôt blanchâtre au fond du récipient). Maintenez-le au chaud. Mettez les jaunes d'œuf dans une sauteuse ou une petite casserole. Ajoutez l'eau froide. Mélangez à l'aide d'un fouet les jaunes d'œuf et l'eau. Fouettez bien l'ensemble et chauffez doucement en évitant de dépasser 55° (les œufs ne doivent pas coaguler). Lorsque le mélange devient crémeux, retirez-le du feu. Incorporez petit à petit le beurre clarifié à l'aide du fouet, en évitant de mettre le petit-lait. Salez et poivrez, ajoutez le jus de citron. Réservez au chaud au bain-marie à environ 50°. Ne tardez pas à servir, en disposant le filet de turbot sur une portion de poireaux. Nappez le poisson de sauce hollandaise. Servez éventuellement avec une pomme vapeur ou du riz créole. Décorez avec une fleur de courgette à peine trempée dans l'eau bouillante et une mini-courgette cuite à l'eau salée.

Pour 4 personnes

Poisson
- 4 filets de turbot de 150 g chacun (450 g de poisson brut ou entier par personne)
- sel, poivre

Embeurrée de poireaux (facultatif)
- 1 kg de blancs de poireaux émincés
- 200 g de beurre
- 2 l d'eau
- sel, poivre

Sauce hollandaise
- 250 g de beurre
- 3 jaunes d'œuf
- 2 cuillerées à soupe d'eau froide
- 1 cuillerée à café de jus de citron
- sel, poivre

Décor
- 4 fleurs de courgettes pochées
- 4 mini-courgettes cuites à l'eau

Un riesling de René Birgban, de Pfaffenbeim.

En 1980, Patrick Moyses, d'Ungersheim, cuisinier de métier, perd l'usage de ses jambes. Il devient alors un sportif bandicapé hors-pair en basket et surtout en natation (émission du 25 septembre 1999).

Turbotin aux pointes d'asperges

UNE RECETTE RÉALISÉE POUR FABIENNE NICLAUS

Fabienne Niclaus aime le turbot aux asperges. Apprécié depuis l'antiquité, surnommé « roi du Carême » pendant des siècles, le turbot, poisson de l'Atlantique dont les yeux sont disposés sur un seul côté, a bénéficié des apprêts les plus fastueux. Sa chaire blanche, ferme, feuilletée et particulièrement fine n'apprécie pas les cuissons longues.

Pour 4 personnes

Poisson
- 1 turbotin de 1,2 kg (ou du bar)
- 10 g de beurre
- 2 échalotes
- 1 dl de vin blanc
- 1/4 l de lait (pour faire reposer le poisson)
- 1 l de fumet

Fumet
- l'arête du turbot
- 3 échalotes
- 1 carotte (facultatif)
- thym, laurier
- 30 g de beurre
- 2 dl de vin blanc
- 1 l d'eau

Roux blanc (pour le velouté)
- 30 g de beurre
- 30 g de farine

Finition
- 2 dl de crème fraîche
- sel, poivre
- 400 g de pointes d'asperges
- cerfeuil

Un tokay pinot gris du domaine Schlumberger, à Guebwiller.

Levez les quatre filets du turbotin (ou faites-le faire par le poissonnier). Coupez-les en portions et posez-les dans le lait pour soutenir leur couleur. Réservez l'arête, concassez-la, mettez-la à dégorger dans de l'eau froide pendant 1 h puis rincez-la à l'eau courante. Préparez le fumet : épluchez, lavez et émincez les légumes. Faites-les suer, sans coloration dans du beurre. Ajoutez l'arête du turbot et mouillez avec 2 dl de vin blanc et 1 l d'eau. Portez à ébullition puis laissez cuire doucement pendant 30 min. Passez le fumet au chinois sans fouler.

Cuisez les pointes d'asperges à la vapeur.

Mettez les quatre morceaux de turbotin dans une casserole beurrée avec les deux échalotes ciselées, 1 dl de vin blanc et 1 dl de fumet. Faites cuire à feu doux pendant 10 min. Préparez un roux blanc avec 30 g de farine et 30 g de beurre. Ajoutez le jus de cuisson des filets de turbotin ainsi que le fumet restant. Portez à ébullition et ajoutez la crème fraîche. Assaisonnez et vérifiez la consistance, sinon faites réduire. Disposez les morceaux de turbotin sur une assiette ou dans un plat de service ; nappez de sauce, décorez avec les pointes d'asperges puis servez aussitôt.

La réalisation du fumet de poisson est décrite dans le cadre de la recette « Filet de sole aux pommes » (p. 305).

Fabienne Niclaus enseigne la peinture sur porcelaine à Strasbourg et se perfectionne en poterie et en peinture sous verre. Elle est également maître dans l'art floral japonais Ikebana (émission du 24 mars 2001).

Turbot à la tomate, fleurs de courgettes et compotée de chou vert

UNE RECETTE RÉALISÉE POUR FABIENNE GRAFF

Fabienne Graff, grande gourmande, dit se faire violence pour ne pas faire d'excès. Très organisée, elle cuisine le soir pour le lendemain midi « des légumes tous les jours, sans exclusive ». Son poisson préféré est le turbot, aussi bon poché que braisé, grillé ou poêlé. Ici, les darnes ou filets sont revenus et servis avec un florilège de légumes.

Faites tronçonner le turbot par le poissonnier (afin d'obtenir des darnes de 150 g par personne). Faites revenir les darnes au beurre avec la fleur de sel et le thym et le tour de moulin à poivre. Faites cuire tout doucement.
Pour la compotée de chou, coupez finement le demi-chou vert. Faites-le revenir avec les oignons blancs émincés finement et le beurre. Mouillez avec 5 cl d'eau et faites cuire l'ensemble à couvert pendant 15 min. Après cuisson, et juste avant de servir, ajoutez les radis coupés en fine julienne et l'oignon de mai finement émincé. Cela donnera du craquant à l'ensemble. Salez et poivrez.
Mondez les tomates, coupez-les en quartiers, chauffez-les sur un plat avec quelques gouttes d'huile d'olive. Faites cuire les petites courgettes dans l'eau salée. Égouttez-les, mélangez les tomates aux courgettes, sans omettre d'ajouter l'huile d'olive restante du plat, parsemez de feuilles de basilic coupées finement. Salez à la fleur de sel et poivrez pour bien relever ce mélange de légumes.
Pour le dressage, disposez le chou sur le fond de l'assiette, posez le tronçon de turbot, disposez autour le mélange tomate-courgette. Posez sur le turbot un bouquet de brocolis cuits à la vapeur et une fleur de courgette (également cuite à la vapeur).

Pour 4 personnes

Poisson
- 1,5 kg de turbot entier (ou 600 g de filet)
- 50 g de beurre
- fleur de sel, poivre
- thym

Garniture
- 300 g de tomates
- quelques gouttes d'huile d'olive
- 12 mini-courgettes (de 5 cm de longueur)
- 20 feuilles de basilic
- fleur de sel
- poivre du moulin

Compotée de chou
- 1/2 chou vert
- 100 g d'oignons blancs
- 30 g de beurre
- 5 cl d'eau
- sel, poivre
- 100 g de radis *ostergruss*
- 50 g d'oignon de mai

Décor (facultatif, à ajouter après cuisson)
- 250 g de brocolis
- 8 fleurs de courgettes

Un riesling vendanges tardives de Gilbert et Denis Marschall, de Houssen.

Fabienne Graff, maraîchère à Colmar, a travaillé longtemps comme secrétaire. Avec son mari, ils font partie du Groupement de développement des producteurs de légumes d'Alsace (émission du 15 septembre 2001).

Baeckeoffe de poissons

UNE RECETTE RÉALISÉE POUR BERNARD WEBER

Bernard Weber, de Woerth, trouve que gastronomie et pédagogie, font bon ménage. Il a grandi dans une ambiance gourmande et nous a épatés avec cette recette de son invention qui, sur la base du baeckeoffe, remplace la viande par du poisson. Simple, pratique et très goûteux !

Pour 6 personnes
- 1,5 kg de pommes de terre
- 5 poireaux
- 1 tête d'ail
- 1,5 kg de filets de poisson épais débarrassés des arêtes (au choix, ou en fonction du marché : lotte, saumon, loup, sandre, rascasse, lieu jaune, dorade rose)
- 3 feuilles de laurier
- 3 pincées de thym
- 50 cl de vin blanc d'Alsace sec (riesling ou autre)
- 50 cl de crème fraîche liquide
- sel, poivre
- 500 g de farine et un peu d'eau (pour la pâte à luter)

Un riesling grand cru Geisberg d'André Kientzler, de Ribeauvillé.

Épluchez et émincez les pommes de terre, coupez les poireaux, hachez finement l'ail. Dans une cocotte en terre, disposez une couche de pommes de terre, puis le poireau, l'ail, le thym et le laurier (variante possible : disposez en deux couches successives les filets de poisson laissés entiers. Autre variante : découpez les filets de poisson en carré et en alternant les morceaux de filet de poisson pour créer un damier. Ainsi, chaque convive aura l'assurance d'avoir plusieurs sortes de poisson dans son assiette).

Couvrez le poisson avec une nouvelle couche de pommes de terre. Salez et poivrez. Mouillez avec le mélange vin blanc-crème fraîche. Couvrez et lutez avec la pâte. Faites cuire au four à 150° (th. 5) pendant 2 h.

Servez avec une salade verte. Selon la variante choisie, veillez, au moment du service, à ce que chaque convive reçoive plus qu'une sorte de poisson.

Bernard Weber, inspecteur de l'Éducation nationale de la circonscription de Wissembourg, est féru d'histoire ; il est président honoraire du musée de Woerth (émission du 27 février 1999).

Baeckeoffe de poissons

UNE RECETTE RÉALISÉE POUR FREDDY KEMPF

Freddy Kempf a suggéré ce baeckeoffe de poissons. Une recette à faire avec poissons de mer ou de rivière et qui rappelle l'activité des pêcheurs professionnels qui fut forte autrefois dans les villages riediens. Il a découvert ce plat, version allégée de notre baeckeoffe, en Lorraine, dans sa belle-famille.

Râpez les carottes avec la grosse râpe, hachez l'ail, salez et poivrez. Coupez les poireaux en rondelles fines. Préparez un mélange fait avec le vin, la crème, le fumet, le curry, le thym émietté, du sel et du poivre. Gardez le tout au frais. Épluchez et coupez les pommes de terre en tranches épaisses (il est parfois préférable de les précuire dans un peu d'eau salée). Coupez les poissons en morceaux d'environ 5 cm.

Après avoir graissé la terrine, disposez successivement une couche de pommes de terre, du sel, du thym et du laurier, puis une couche de poireaux, salez, puis une couche de carottes. Ajoutez la couche de morceaux de poisson qu'on sépare les uns des autres. Procédez ainsi. Veillez à terminer cette disposition avec une couche de pommes de terre sur laquelle vous poserez le reste des herbes aromatiques.

Ajoutez le mélange à base de vin et de crème réservé au frais au préalable. Lutez le couvercle avec le ruban de pâte à pain qui sera laissé durant la cuisson. Faites cuire au four à 170° (th. 5-6) pendant 2 h 30. Servez tel quel accompagné d'une salade verte.

Pour 5 personnes

- 2 kg de pommes de terre
- 400 g de poireaux
- 350 g de carottes
- 1 kg de poissons (perche, lotte, saumon ou, si vous en aimez le goût, haddock ; au minimum deux sortes de poisson choisies selon vos préférences, en sachant que la lotte garde une belle consistance à la cuisson)
- 3 cuillerées à soupe de fumet de poisson
- 60 cl de vin blanc (riesling ou edelzwicker)
- 50 cl de crème
- 3 brins de thym
- 1 pincée de curry
- 5 feuilles de laurier
- 2 gousses d'ail
- sel, poivre
- 20 g de beurre
- 350 g de pâte à pain (pour luter le couvercle de la terrine)

Un riesling Wireck-Schlossberg de Vincent Spannagel, de Katzenthal.

Freddy Kempf est instituteur depuis vingt ans à Ohnenheim, dans le Ried. Il se passionne pour l'aquarelle sur soie avec laquelle il réalise tableaux et abat-jour (émission du 18 juin 2005).

Baeckeoffe de printemps

UNE RECETTE RÉALISÉE POUR MARGUERITE SCHRECK

Marguerite Schreck aime tous les poissons sans exclusive. Elle a jeté son dévolu sur la cuisson, si pratique, dans des terrines : il suffit d'y placer un mélange d'ingrédients et la cuisson se fait toute seule au four, sans surveillance. Hubert Maetz a imaginé pour elle ce baeckeoffe de printemps qui mêle poissons, légumes et pommes de terre.

Pour 6 personnes

- 1,2 kg de filets de poissons épais débarrassés des arêtes (au choix, ou en fonction du marché : lotte, saumon, loup, sandre, rascasse, lieu jaune, dorade rose, saint-pierre, turbot, barbue, pagre, rouget)
- 500 g de pommes de terre
- 1 botte de carottes nouvelles
- 300 g de petits pois à écosser
- 200 g d'oignons blancs
- 200 g de navets
- 400 g d'asperges
- 50 g de tomates séchées (facultatif)
- 4 gousses d'ail
- 2 feuilles de laurier
- 1 branchette de thym
- 50 cl de vin blanc d'Alsace sec (riesling ou autre)
- 50 cl de crème fraîche liquide
- sel, poivre
- herbes de saison (ail des ours, ciboulette, cerfeuil)

Un riesling grand cru mis en bouteille par les propriétaires-récoltants de la cave de Turckheim.

Épluchez et émincez les pommes de terre, les carottes, les navets, les tranches de tomate séchée ; coupez les oignons blancs en deux, hachez l'ail. Disposez ce mélange de légumes et de pommes de terre au fond de la terrine, couvrez avec les 50 cl de vin blanc, le thym, le laurier et les 50 cl de crème fraîche. Enfournez à four chauffé à 210° (th. 7) et laissez cuire pendant 45 min. Sondez avec la pointe d'un couteau pour vérifier si les pommes de terre sont tendres.

Disposez les filets de poisson coupés en portions. Salez et poivrez et enfournez à four chauffé à 160° (th. 5-6) pendant 10 min environ (vérifiez à l'œil et au toucher la cuisson du poisson). Dans les cinq dernières minutes de cuisson, déposez les petits pois et les asperges (cuits au préalable dans l'eau salée) sur le poisson (juste le temps nécessaire pour les chauffer). À la sortie du four, parsemez d'herbes fraîches de saison ciselées.

Marguerite Schreck enseigne la peinture polychrome à Turckheim. Cette Mulhousienne d'origine est aussi passionnée par toutes les autres formes de peintures (émission du 5 avril 2003).

Bouille

UNE RECETTE RÉALISÉE POUR CHRISTIANE PETIT-MÉDER

Christiane Petit-Méder proposa, après son émission, de devenir la décoratrice de table de *Sür un Siess*. De sa tante de Saint-Nabor, qui fut une cuisinière émérite, elle a hérité quelques fourneaux antiques sur lesquels elle mitonne pour ses amis des plats colorés comme cette bouille du sud de la France, un genre de bouillabaisse faite avec des poissons de roches.

Préparez un fumet : écrasez les crabes verts (non décortiqués) avec un pilon, faites-les revenir à l'huile d'olive avec la garniture aromatique taillée en brunoise, ajoutez le vin, l'eau, le sel et le poivre et faites cuire pendant 20 min, passez au chinois. Essuyez tous les poissons vidés, les crabes, les moules, les crevettes, et mettez-les dans un grand plat, arrosez-les de quatre à cinq cuillerées à soupe d'huile d'olive et de la moitié du pastis. Saupoudrez d'herbes l'intérieur et l'extérieur des poissons et laissez-les mariner pendant 1 h en les retournant de temps en temps.

Dans un fait-tout, faites dorer dans le reste d'huile d'olive les oignons et le poireau émincés, ajoutez l'ail haché, les tomates, le zeste de l'orange détaillé en julienne, le sel, le poivre, le reste d'herbes aromatiques et le safran. Faites revenir les différents poissons dans ce mélange, ajoutez le fumet de crabes, faites cuire les poissons selon la taille, en commençant par les morceaux les plus gros et les poissons à chair ferme (congre, rascasse, grondin) ; après 5 min de cuisson, ajoutez les petits poissons de roche et, 5 min plus tard, les crevettes et crustacés. Les pommes de terre peuvent être cuites à part dans du fumet de bouille prélevé dans le fait-tout et additionné d'une pincée de safran.

Pour 10 personnes

Fumet
- 1 kg de crabes verts
- 3 cl d'huile d'olive
- 5 cl de vin blanc
- 2 l d'eau
- garniture aromatique : 50 g d'échalotes, de carottes et de blancs de poireaux, 1 branche de céleri, thym et laurier
- sel, poivre

Soupe
- 2 kg de petits poissons entiers (rascasse, civette, vieille, vive, saint-pierre, rouget grondin, dorade)
- du homard et des langoustines (facultatif)
- 1 tronçon de congre
- 800 g de petits poissons de roche (genre rougets de roche)
- 500 g de crabes verts ou tourteaux
- 30 grosses moules et 10 grandes crevettes
- 1 poireau
- 3 cuillerées à café de pastis ou quelques grains de fenouil
- 1 dl d'huile d'olive
- 3 petites branches de thym, de sarriette et d'origan
- 1 feuille de laurier
- hysope
- persil plat
- 4 oignons
- 2 cuillerées à café de safran
- le zeste d'une orange
- 4 tomates
- 1 tête d'ail
- sel marin et grains de poivre
- 500 g de pommes de terre

Rouille
- 2 gousses d'ail
- quelques anchois écrasés pour relever le goût (facultatif)
- 1 piment oiseau
- 2 rondelles de pomme de terre cuites dans le fumet
- 1 jaune d'œuf
- sel
- 1 pincée de safran
- 20 tranches de pain grillé
- 8 cl d'huile d'olive

Un pinot blanc de Louis Gisselbrecht, de Dambach-la-Ville.

Suite de la recette en p. 444

Christiane Petit-Méder, potière à Eschau dans son atelier Terre de lune, bijoutière de formation, a la passion des Antilles. Douée pour la décoration, elle réalise des décors de tables (émission du 6 septembre 1997).

Choucroute aux poissons

UNE RECETTE RÉALISÉE POUR FRANCIS KLEE

Francis Klee trouve harmonieuse l'association de la choucroute et du poisson, née de l'imagination du «prince des brasseries» Guy-Pierre Baumann. Hubert Maetz, abondant dans ce sens, a créé cette recette qui mêle poissons de mer et d'eau douce avec moules et écrevisses, qu'il servit à l'œnologue avec un riesling de Katzenthal, son village d'origine.

Pour 4 personnes

Choucroute
- 1,2 kg de choucroute
- 50 g de graisse d'oie
- 2 oignons
- 3 gousses d'ail
- 1/2 feuille de laurier
- 10 baies de genièvre
- 2 cuillerées à café de cumin
- 1 brin de thym
- 3 dl de riesling
- 2 dl d'eau
- sel, poivre

Fumet
- 2 échalotes
- parures et arêtes de poisson
- 1 dl de riesling
- 5 cl d'eau
- sel, poivre

Poissons
- 300 g de filets de haddock fumé (détaillé en morceaux de 100 g)
- 2 dl de lait
- 40 g de beurre
- 3 échalotes hachées
- 2 dl de riesling
- 1 dl de fumet
- 300 g de filets de turbot
- 300 g de filets de lotte
- 250 g de filets de saumon
- 200 g de filets de truite
- 200 g de moules
- 8 écrevisses à pattes rouges (les plus recherchées)
- sel, poivre

Pour monter la sauce
- le jus rendu par les moules
- le jus de cuisson des poissons
- 15 cl de crème fraîche
- 80 g de beurre
- sel, poivre

Un riesling de Victor Klee, de Katzenthal.

Lavez la choucroute à l'eau tiède, pressez-la bien entre les paumes des mains. Mettez dans une casserole la graisse d'oie, les oignons émincés et les gousses d'ail haché. Faites revenir légèrement dans la graisse d'oie sans laisser colorer. Mettez les aromates dans une mousseline : laurier, genièvre, cumin, thym. Fermez la mousseline à l'aide d'une ficelle, disposez-la dans la casserole, ajoutez la choucroute, les 3 dl de riesling, deux verres d'eau, une pincée de gros sel, cinq à six tours de moulin à poivre. Laissez mijoter à couvert pendant 1 h 30 environ.

Préparez le fumet en laissant mijoter les différents ingrédients pendant 10 min, passez et laissez en attente. Préparez les poissons : posez les morceaux de haddock dans le lait froid et portez à ébullition, laissez infuser hors du feu pendant 10 min, réservez au chaud. Dans un plat creux allant au four, étalez un peu de beurre, les échalotes hachées, 2 dl de riesling et 1 dl de fumet. Déposez les filets de turbot, de lotte, de saumon et de truite dans ce plat, salez et poivrez, couvrez d'une feuille d'aluminium, enfournez à four chaud à 210° (th. 7) pendant 8 à 10 min. Réservez le plat de poissons au tiède. Pendant la cuisson du poisson, faites ouvrir les moules dans une casserole, réservez le jus rendu. Faites cuire les écrevisses dans l'eau bouillante salée pendant 4 min.

Suite de la recette en p. 444

Francis Klee, œnologue à la maison Kuehn d'Ammerschwihr, est aussi vigneron à Katzenthal, sur les terres familiales. Il est passionné d'escalade, de deltaplane et de parapente (émission du 26 octobre 1996).

Matelote

UNE RECETTE RÉALISÉE POUR CHARLES MANGOLD

Charles Mangold, de Saint-Louis, apprécie cette matelote d'Aquitaine, qu'il dégustait autrefois dans le Lot-et-Garonne, la région d'origine de son ex-belle-famille. Il s'agit d'une superposition de filets de poissons de mer coupés en dés et de pommes de terre. Le tout arrosé de vin blanc et cuit au four. Un plat plaisant, simple à réaliser et parfumé.

Levez les filets de poisson, parez-les. Détaillez-les en cubes d'environ 2,5 cm de côté. Épluchez les pommes de terre et coupez-les en rondelles. Beurrez un plat à gratin, déposez une couche de pommes de terre, puis une couche de poisson. Salez et poivrez, renouvelez l'opération en prenant soin de terminer avec le poisson et assaisonnez à nouveau. Sur le dessus, déposez la feuille de laurier, la brindille de thym, les herbes hachées et les rondelles de citron. Versez le vin (éventuellement coupé avec le bouillon de poule) à hauteur (il doit couvrir les aliments). Enfournez à 240° (th. 8) pendant 1h30 à 1h45 (jusqu'à ce que les pommes de terre soient tendres). Surveillez le niveau du liquide, qui doit, pendant les premières 20 min, recouvrir les aliments.

Les poissons cités peuvent aisément être remplacés par d'autres : utilisez des poissons en filet dans la gamme de ceux disponibles aujourd'hui sur le marché, c'est-à-dire, par personne : 50 g de lotte, 40 g de saumon, 40 g de chapon, 40 g de merlan et 30 g de bar (ou de lieu jaune).

Pour 4 personnes

- 600 g de lotte
- 500 g d'ailes de raie (ou de rougets-barbets)
- 400 g de saumonette
- 200 g de filets de cabillaud
- 1,2 kg de pommes de terre
- 30 g de beurre (ou d'huile d'olive)
- sel, poivre
- 1/2 feuille de laurier
- 1 brindille de thym
- 2 cuillerées à soupe d'herbes hachées
- 6 dl de vin blanc (il doit recouvrir le plat)
- 6 dl de bouillon de poule (facultatif : pour couper le vin, sinon doubler la dose de vin)
- 5 tranches de citron

Un crémant de Camille Braun, d'Orschwihr.

Charles Mangold est menuisier en Suisse. Passionné de cinéma animalier et de vidéo, il a filmé les baleines du Saint-Laurent au Canada et les fous de bassan (émission du 14 février 1998).

Pot-au-feu de la mer

UNE RECETTE RÉALISÉE POUR LAURENCE SCHOCH

Laurence Schoch a suggéré ce pot-au-feu de la mer né de son inspiration. Fait de légumes et de poissons divers, de noix de saint-jacques et de crustacés, des ingrédients à varier à l'infini, il est servi avec une sauce au raifort, simple et savoureuse.

Pour 4 personnes

Pot-au-feu

- 1,5 kg de poissons entiers ou 800 g de filet (dorade, sole, bar, rouget, mulet, rascasse...)
- 400 g de moules (facultatif)
- 200 g de crevettes roses cuites
- 4 langoustines
- 4 noix de saint-jacques
- 6 belles carottes
- 4 courgettes
- 4 navets
- 2 poireaux
- 2 bouquets garnis
- 1 l de fumet de poisson
- 5 gros oignons
- 1 grosse échalote (ou 2 petites)
- 2 gousses d'ail
- 4 clous de girofle
- 2 cubes de bouillon de légumes
- sel, poivre
- 30 g de beurre
- 1 beau bouquet de coriandre fraîche

Sauce au raifort

- 250 g de fromage blanc (40 % de matière grasse)
- 60 g de raifort râpé
- sel, poivre

Un riesling de Christophe et Charles Maetz, de Rosheim.

Pour la cuisson du poisson : dans une grande casserole, portez à ébullition le fumet, plongez successivement les morceaux de poisson selon le temps de cuisson de chacun d'eux, suivant leur fermeté. Ajoutez le bouquet garni, deux oignons piqués d'un clou de girofle et les gousses d'ail. Salez et poivrez. Laissez infuser l'ensemble en ajoutant dans les dix dernières minutes de cuisson les langoustines, les noix de saint-jacques et les crevettes.

Dans une autre casserole, faites revenir au beurre les échalotes finement émincées puis ajoutez les moules nettoyées. Salez et poivrez. Laissez mijoter à couvert, le temps que les moules s'ouvrent.

Pour la cuisson des légumes, laissez en attente les courgettes, disposez les autres, coupés en en tronçons assez gros dans une grande casserole d'eau bouillante avec le bouquet garni, le bouillon de légumes, les trois oignons restants piqués chacun d'un clou de girofle, l'ail. Salez et poivrez. Environ 15 min avant la fin de la cuisson des légumes, ajoutez les courgettes également coupées en tronçons. Finissez la cuisson des légumes, qui doivent être tendres.

Pour la sauce au raifort, versez le fromage blanc dans un cul-de-poule, salez, poivrez et ajoutez le raifort. La sauce doit être un peu piquante.

Pour la présentation : sur une grande assiette préalablement chauffée, placez une fine tranche de toutes les variétés de poisson, un assortiment des différents légumes, une petite louche de bouillon de légumes et la sauce raifort à part dans une saucière pour que chaque convive se serve selon son désir. Décorez avec crevettes, langoustines, noix de saint-jacques et moules, et avec de la coriandre fraîche.

Suite de la recette en p. 444

Laurence Schoch travaillait dans deux grands hôtels avant de devenir responsable des relations publiques du Centre européen d'étude du diabète de Strasbourg-Hautepierre (émission du 5 février 2005).

Soupe niçoise

UNE RECETTE RÉALISÉE POUR ROBERT LITT

Robert Litt, champion de France pour la beauté de ses oiseaux exotiques, faisait dans son restaurant une cuisine basée sur les poissons de mer. Voici une soupe niçoise de sa création, genre de bourride servie en trois temps avec aïoli, rouille et un peu de sauce hollandaise parfumée au pastis.

Écaillez, videz, lavez soigneusement les poissons de mer et mettez-les en filets en les débarrassant des arêtes. Conservez les grosses arêtes. Dans une grande marmite, faites revenir à l'huile d'olive oignons, échalotes et ail hachés, la carotte coupée, le laurier, le thym, les tiges de fenouil et le romarin. Ajoutez les arêtes de poisson ainsi que 500 g de poissons de roche (qui amélioreront le goût). Saupoudrez de farine, de piment, mouillez avec l'eau, le vin blanc, puis ajoutez les tomates (en dés), le concentré de tomates, le safran, le sel, le poivre et les deux pommes de terre entières et crues. Laissez cuire à couvert pendant 45 min à feu doux.

En fin de cuisson, mettez le broyeur dans la soupe ou passez au mixer ou au moulin à légumes puis passez-la au chinois, rectifiez l'assaisonnement. Dressez les filets de poisson, les coquilles saint-jacques, les crevettes et les moules dans une braisière. Versez la soupe très chaude par-dessus et laissez mijoter à couvert pendant 5 min.

Pour l'aïoli, pilez l'ail, ajoutez les pommes de terre cuites passées à la moulinette. À l'aide d'un fouet ajoutez les jaunes d'œuf, la moutarde et incorporez doucement l'huile d'olive. Ajoutez le piment, le sel, le poivre et le safran. Pour la rouille, prélevez la moitié de l'aïoli et ajoutez le concentré de tomates (cela produira deux couleurs de sauce).

Pour 12 personnes

Soupe de poissons

- 4,5 kg de poissons de mer variés (chapon, rascasse, empereur, dorade, orphie, rouget, grondin, capitaine, mérou, grenadin)
- 500 g de poissons de roche
- 6 coquilles saint-jacques
- 6 crevettes crues
- 1 l de moules
- 3 cuillerées à soupe d'huile d'olive
- 2 oignons, 2 échalotes
- 5 gousses d'ail
- 1 carotte
- 1 feuille de laurier
- 1 brindille de thym
- 3 tiges de fenouil sec
- 1 branche de romarin
- 1 pincée de piment de Cayenne
- 50 g de farine
- 4 l d'eau froide
- 20 cl de vin blanc sec
- 4 tomates fraîches
- 1 cuillerée à soupe de concentré de tomates
- 2 g de safran
- sel, poivre
- 2 pommes de terre crues

Aïoli

- 3 gousses d'ail
- 2 pommes de terres cuites
- 2 jaunes d'œuf
- 1 cuillerée à café de moutarde
- 8 cl d'huile d'olive
- 1 pincée de piment de Cayenne, de sel, de poivre et de safran

Rouille

- la moitié de l'aïoli
- 10 g de concentré de tomates

Garniture

- 3 croûtons par personne
- 4 cl d'huile d'olive
- 1 gousse d'ail
- 20 g de gruyère rampé
- 50 g de riz cuit
- 5 cl de sauce hollandaise parfumée avec 2 cl de pastis

Un blanc de blanc côtes-de-provence des domaines Ott à La Londe-Les Maures (Var).

Suite de la recette en p. 444

Robert Litt, cuisinier à la retraite, était propriétaire du restaurant La Camargue à Strasbourg, pendant vingt-sept ans. Il est président du club ornithologique L'exotique bas-rhinois (émission du 18 mai 2001).

Aumônières de saumon au tokay

UNE RECETTE RÉALISÉE POUR CÉCILE BERNHARD-REIBEL

Cécile Bernhard-Reibel, vigneron à Châtenois avec son fils et membre de la confrérie Saint-Étienne, épate ses amis avec ces aumônières faites avec des feuilles de brick. Elles sont exquises, simples à réaliser et ont l'avantage de pouvoir être préparées à l'avance et glissées au four au dernier moment. Et sur l'assiette, elles font rayonner une image festive.

Pour 4 personnes

Aumônières

- 480 g de filet de saumon (120 g par personne)
- sel, poivre
- 50 g de crème épaisse
- 4 feuilles de brick
- beurre
- 4 brins de ciboulette préalablement ébouillantés

Sauce

- 2,5 dl de tokay bien concentré, de type vendanges tardives
- 2,5 dl de fumet de poisson
- 4 échalotes émincées
- 20 cl de crème épaisse
- sel, poivre
- 250 g de beurre
- 2 à 3 cuillerées à soupe de ciboulette ciselée

Un riesling Weingarten vinifié par Cécile Bernhard-Reibel, de Châtenois.

Mélangez le saumon débarrassé des arêtes et coupé en dés avec 50 g de crème, salez et poivrez. Répartissez ce mélange au centre des quatre feuilles de brick préalablement beurrées. Liez chacune à l'aide d'un brin de ciboulette ébouillanté. Disposez les aumônières sur une plaque beurrée et enfournez à 180° (th. 6) pendant 10 min environ jusqu'à belle coloration et que l'aumônerie soit bien croustillante.

Pour la sauce, faites réduire presque à sec le tokay avec le fumet de poisson et les échalotes émincées. Passez au chinois et faites réduire avec 20 cl de crème. Montez la sauce avec le beurre à l'aide d'un fouet en l'incorporant progressivement à feu doux. Salez et poivrez. Dressez sur chaque assiette une aumônière, entourez-la de sauce, parsemez de ciboulette et servez chaud.

Cécile était secrétaire médicale, et n'a jamais rompu le contact avec les ceps de son enfance. Elle est devenue vigneron et s'occupe de sa dizaine d'hectares de vignes (émission du 3 janvier 1998).

Feuilleté de saumon au poireau

UNE RECETTE RÉALISÉE POUR DENIS MORGENTHALER

Le paysagiste Denis Morgenthaler – qui se transforme en saint Nicolas et en père Noël lorsque décembre s'installe – sait qu'à son retour de tournée, la nuit de Noël, ce plat festif l'attend, préparé rituellement par sa femme. Facile à réaliser, ce mets exquis – qui associe saumon et poireau ceints de pâte feuilletée – peut être préparé la veille et enfourné au dernier moment. On peut aisément le maintenir au chaud.

Pour 6 personnes
- 550 g de pâte feuilletée
- 1 filet de saumon de 1 kg, sans la peau (pour que la cuisson soit uniforme, demandez la partie la plus épaisse du filet)
- 4 larges et fines tranches de saumon fumé
- 500 g de blancs de poireaux
- 1/2 citron
- 25 g de beurre
- 10 cl de crème fraîche épaisse
- 1 œuf pour la dorure
- 1 cuillerée à soupe de farine
- 1 pincée de muscade râpée
- sel, poivre

Sauce
- 10 cl de fumet réduit à 2 cl
- (ou, à défaut, 2 cl d'eau)
- 120 g de beurre
- 2 cl de jus de citron
- sel, poivre
- cerfeuil et estragon hachés (facultatif)

Décor
- œufs de saumon
- ciboulette

Un tokay pinot gris d'Alphonse et François Griesbaber, de Mutzig.

Réservez 50 g de pâte feuilletée pour la finition. Étalez le reste sur 3 mm d'épaisseur sur le plan de travail fariné. Découpez-y deux rectangles plus longs et plus larges de 6 cm que le filet de saumon. Laissez-les reposer au réfrigérateur 30 min sur une plaque en intercalant une feuille de papier sulfurisé.

Émincez finement les blancs de poireaux lavés, égouttez-les et séchez-les en les roulant dans un torchon. Faites-les revenir avec 25 g de beurre chaud dans une grande poêle, sans coloration, jusqu'à ce qu'ils soient tendres. Ajoutez la crème fraîche, le jus d'un demi-citron, du sel, du poivre et une pincée de muscade. Laissez réduire sur feu doux en remuant souvent, jusqu'à ce que la fondue de poireaux soit bien liée. Laissez refroidir.

Vérifiez qu'il ne reste pas d'arêtes dans le filet de saumon : passez un doigt sur le filet pour les repérer, retirez-les avec une pince à épiler. Salez et poivrez le filet. Déposez une des abaisses de pâte sur une plaque à four humide. Badigeonnez-la au pinceau avec l'œuf battu. Tapissez-la avec deux tranches de saumon fumé et répartissez la moitié de la fondue de poireaux, jusqu'à 3 cm des bords. Posez le filet de saumon au milieu de l'abaisse, ajoutez le reste des poireaux, puis posez les deux dernières tranches de saumon fumé. Recouvrez avec la seconde abaisse de pâte feuilletée. Humidifiez le contour et pressez les deux épaisseurs de pâte sur tout le tour pour les souder. Si nécessaire, retaillez le rectangle de pâte avec un grand couteau très tranchant pour éviter d'écraser les feuillets de la pâte. Badigeonnez toute la surface du feuilleté avec l'œuf battu. Étalez les 50 g de pâte réservée sur 1,5 cm d'épaisseur en une bande correspondant à la largeur du pâté. Taillez-la en bandelettes, posez-les en diagonales sur le pâté et dorez-les à l'œuf. Placez le pâté 30 min au réfrigérateur.

Suite de la recette en p. 444

Denis Morgenthaler vit à Trimbach et travaille comme paysagiste à Rastatt, en Allemagne (émission du 6 décembre 1997).

Saumon à la gaspésienne

UNE RECETTE RÉALISÉE POUR RAYMOND JOST

Raymond Jost aime le saumon grillé servi avec une sauce homardine. Les homards et les saumons sont légion en Gaspésie, cette péninsule comprise entre le Saint-Laurent et le Nouveau-Brunswick. Hubert Maetz a imaginé cette recette qu'il a servie avec des pommes de terre grillées, selon le vœu de l'invité.

Pour 4 personnes

Saumon
- 600 g de filets de saumon
- 40 g de beurre
- fleur de sel

Sauce coulis
- la carcasse d'un homard (ou d'écrevisses, de langoustines, à défaut de crabes verts)
- 100 g d'oignons
- 50 g de carottes
- 60 g de poireau
- 1 tomate coupée en quatre
- 40 g de concentré de tomates
- thym, laurier
- 2 gousses d'ail
- 6 cl d'huile d'olive
- 2 cl de cognac (pour flamber)
- 3 dl d'eau
- 2 dl de sylvaner
- poivre

Liaison
- le corail entier du homard
- 10 cl de crème
- sel, poivre

Finition de la sauce
- 20 g d'estragon haché

Garniture
- 4 fleurs de courgettes
- 4 branches de thym frais
- 1 poignée de pluches de cerfeuil
- pommes de terre grillées

Un riesling Kirchberg d'André Kleinknecht, de Mittelbergheim.

Faites lever les filets par le poissonnier et faites-en aussi retirer la peau. Coupez des pavés de 3 cm de hauteur. Faites-les revenir au beurre en les faisant cuire doucement pour les garder rosés et moelleux. Laissez-les reposer.

Avant de cuire le poisson, commencez par préparer la sauce. Faites revenir les carapaces de homard concassées à l'huile d'olive. À défaut vous pouvez prendre un kilo de crabes verts (qui sont bon marché) que vous concasserez avant de bien les laisser colorer. L'ensemble doit bien rougir. Ajoutez la garniture aromatique (oignons, carottes, poireau) coupée en petits dés, les herbes (thym, laurier), l'ail; poivrez, ajoutez la tomate, le concentré de tomates; flambez au cognac, déglacez au sylvaner, laissez réduire, mouillez avec 3 dl d'eau, laissez cuire à feu doux pendant 25 min. Passez alors le jus, laissez-le réduire jusqu'à obtention de 10 cl, ajoutez le corail mixé avec la crème, mélangez bien avant l'ébullition, mixez et passez la sauce au chinois. Rectifiez l'assaisonnement.

Au dernier moment, avant de servir, mixez à nouveau la sauce afin de la rendre mousseuse, servez aussitôt avec un cordon de sauce autour du saumon, décorez avec la fleur de courgette et des herbes fraîches du jardin. Parsemez un peu d'estragon haché dans la sauce. Servez avec des pommes de terre grillées.

Arrivé au Canada comme lauréat du Conseil des Arts, Raymond Jost vit à Montréal. Il est fondateur et secrétaire général de l'association Solidarité Eau Europe (émission du 14 octobre 2000).

Saumon soufflé

UNE RECETTE RÉALISÉE POUR JACKY HOFF

Jacky Hoff, cuisinier professionnel, a mis au point une choucroute faite à base de chou rouge, d'après un procédé breveté. À la maison, son fils Sébastien, également cuisinier, prend le relais et mitonne volontiers ce saumon soufflé appris de son père. Un grand classique, à déguster, si l'on veut, avec un peu de choucroute rouge.

Pour la farce, passez à la grille fine la chair de saumon et de sandre. Ajoutez les deux œufs entiers ainsi que les deux jaunes ; salez, poivrez et parfumez avec très peu de noix de muscade. Montez la farce en mousseline en ajoutant la crème. Disposez la farce dans un saladier. Réservez-la au froid. Battez les blancs en neige et mélangez-les délicatement à la farce bien froide.

Coupez le filet en portefeuille (comme on procède pour une escalope cordon-bleu) : coupez une tranche sans aller jusqu'au bout afin qu'elle reste attachée, pour la deuxième tranche, coupez totalement. Poursuivez ainsi jusqu'à la fin du filet pour obtenir 8 escalopes bivalves. Disposez la farce entre les deux escalopes en procédant à l'aide d'une poche : elle a l'avantage de faire des motifs crénelés d'un bel effet. Placez les escalopes farcies sur un plat beurré, salez et poivrez, parsemez d'échalotes hachées. Mouillez avec le fumet de poisson et le riesling et enfournez à 180° (th. 6) pendant 15 à 20 min. Posez les escalopes de saumon soufflé sur un plat de service et réservez au chaud. Versez le fond de cuisson dans une sauteuse, ajoutez la crème et laissez réduire de moitié. Montez la sauce avec le beurre bien froid en petits morceaux. Ajoutez le jus de citron. Rectifiez l'assaisonnement et versez la sauce autour du saumon. Décorez avec les fleurons en feuilletage.

Pour 8 personnes

Farce
- 125 g de chair de saumon
- 125 g de chair de sandre
- sel, poivre
- 1 petite pincée de noix de muscade
- 2 œufs
- 2 jaunes d'œuf
- 1/4 l de crème fraîche
- 2 blancs d'œuf montés en neige

Montage du saumon
- 1 saumon de 2 kg vidé (ou 1,2 kg de filet)
- sel, poivre
- 4 échalotes
- 1/4 l de fumet de poisson
- 1/2 l de riesling
- 1/4 l de crème
- 150 g de beurre
- le jus d'1/2 citron

Décor
- 8 fleurons en feuilletage

Un riesling Bollenberg de Pierre Reinhart, d'Orschwihr.

Jacky Hoff, de Flaxlanden, travaille comme traiteur-restaurateur. Il écrit, compose et chante ses chansons et pratique la peinture (émission du 21 novembre 1998).

Saumon soufflé

UNE RECETTE RÉALISÉE POUR SERGE SCHLEIFFER

Serge Schleiffer aime le saumon frais. Hubert Maetz a réalisé pour lui ce saumon soufflé constitué d'une farce à la chair de brochet, d'après une recette qui est un grand classique de Paul Haeberlin, le chef mythique de L'Auberge de l'Ill, à Illhaeusern.

Pour 8 personnes

Poisson
- 1 saumon de 2 kg
- 1/2 l de riesling
- 25 cl de fumet réduit
- 4 échalotes
- 1/4 l de crème
- 150 g de beurre
- 1/2 citron

Farce
- 250 g de chair de brochet
- 1/4 l de crème
- 2 œufs entiers
- 2 jaunes d'œuf
- 2 blancs d'œuf en neige
- sel, poivre et muscade

Décor
- pluches de cerfeuil
- 1/2 botte de cerfeuil (pour la sauce)
- fleurons en feuilletage

Un riesling Kirchberg du domaine Hering, à Barr.

Faites lever les filets par le poissonnier. Détaillez les filets en huit médaillons. Préparez d'abord la farce : passez à la grille fine la chair de brochet, mettez-la dans le mixer. Ajoutez les deux œufs entiers et les deux jaunes, salez, poivrez et parfumez à la muscade (un soupçon seulement). Mettez en marche et versez la crème peu à peu en filet. Gardez la farce au froid débarassée dans un saladier. Battez les deux blancs en neige et mélangez-les délicatement à la farce bien froide. Recouvrez chaque médaillon de farce en lui donnant la forme d'un dôme. Placez les médaillons de saumon dans un plat beurré parsemé d'échalotes hachées. Mouillez avec le riesling et le fumet de poisson ; enfournez à 180° (th. 6) pendant 15 à 20 min. Sortez le saumon sur un plat de service. Réservez au chaud.

Versez le fond de cuisson dans une sauteuse, ajoutez la crème et laissez réduire. Montez la sauce avec le beurre bien froid en petits morceaux. Ajoutez le jus de citron. Rectifiez l'assaisonnement et versez la sauce autour du saumon. Prélevez la moitié de la sauce pour la mixer avec une poignée de cerfeuil frais : vous pourrez ainsi dresser sur assiette en jouant avec les deux sauces déclinées en teintes et saveurs différentes. Pour finir, décorez avec les pluches de cerfeuil et les fleurons en feuilletage.

Serge Schleiffer, de Cronenbourg, travaille comme postier au centre de tri. Tournage et montage passionnent cet autodidacte de la réalisation de films (émission du 10 mars 2001).

Mouclade

UNE RECETTE RÉALISÉE POUR ANNE-CATHERINE SCHMIDT

Anne-Catherine Schmidt apprécie cette mouclade, spécialité d'origine charentaise à base de moules. Les moules achetées vivantes doivent avoir les coquilles bien fermées. Veillez à ne pas les cuire trop longtemps : elles sont cuites sitôt ouvertes par la chaleur.

Pour 4 personnes
- 3 l de moules bouchot (ou une autre variété)
- 15 cl de vin blanc sec
- 1 gousse d'ail
- 1 bouquet garni
- 4 échalotes
- 40 g de beurre salé
- 4 cuillerées à soupe de crème fraîche épaisse
- 1 pincée de curry (ou de safran)
- poivre

Un riesling alsace grand cru Zinnkoepflé de la maison Schlegel-Boeglin, à Westhalten.

Lavez et grattez les moules sous l'eau courante. Disposez-les dans une marmite, ou dans un fait-tout avec le vin blanc, la gousse d'ail épluchée et écrasée, ainsi qu'avec le bouquet garni. Couvrez et faites ouvrir les moules à feu vif en remuant régulièrement avec une spatule en bois pendant environ 5 min. Laissez un peu refroidir, puis ôtez une coquille à chaque moule. Rangez les coquilles contenant les moules dans un grand plat à four. Calez-les bien entre elles.

Faites revenir les échalotes hachées dans le beurre à feu doux. Lorsqu'elles sont dorées, versez petit à petit le jus de cuisson des moules, préalablement filtré. Remuez la sauce sur feu doux jusqu'à ce qu'elle nappe le fouet. Ajoutez la crème et le curry, poivrez et remuez à nouveau. Répartissez la sauce sur les moules et faites réchauffer au four pendant 10 min. Servez chaud, accompagné de riz, en présentant dans une saucière le reste de sauce.

Anne-Catherine Schmidt, de Sainte-Croix-en-Plaine, est la responsable haut-rhinoise de l'association Un bouchon, un sourire, qui collecte des bouchons en plastique au bénéfice de sportifs handicapés (émission du 28 février 2004).

Moules marinières

UNE RECETTE RÉALISÉE POUR PATRICK WEHNER

Patrick Wehner aime ce plat populaire qu'il déguste souvent à la bonne franquette après l'entraînement de son sport. Les moules ont des atouts pour plaire aux sportifs : pauvres en calories (80 kcal pour 100 g), elles sont riches en fer, en iode et en calcium.

Pour 4 personnes

Moules marinières

- 2 l de moules
- 2 grosses échalotes
- 2 cuillerées à soupe de
- persil haché
- 1 petite branche de thym
- 1/2 feuille de laurier en morceaux
- 2 dl de vin blanc sec
- 80 g de beurre
- poivre

Salade de moules aux pommes et au curry

- 2 l de moules bouchot
- 1 échalote
- 1 dl de riesling
- 2 pommes
- 3 cl de vinaigre de cidre
- 5 cl de crème
- 1/2 cuillerée à café de curry
- 40 g de persil
- 2 endives
- 5 noix
- 200 g de salade mêlée
- 1 feuille de gélatine (facultatif)

Un pinot blanc sec de Christophe Bleesz, de Reichsfeld.

Moules marinières

Grattez, lavez et ébarbez les moules. Il faut les débarrasser de tous les filaments et parasites qui peuvent y être accrochés, en les brossant et grattant sous l'eau courante. Hachez les échalotes, disposez-les dans un fait-tout avec du persil, la branche de thym, le laurier, le vin blanc et la moitié du beurre. Ajoutez les moules, couvrez-les et faites-les ouvrir sur feu vif en secouant plusieurs fois le récipient. Lorsqu'elles sont ouvertes, retirez le fait-tout du feu, déposez les moules dans une cocotte de service. Ôtez le thym et le laurier, ajoutez au jus de cuisson le beurre restant (environ 40 g) en fouettant pour la confection du jus légèrement lié, poivrez puis versez la sauce sur les moules. Saupoudrez de persil haché.

Salade de moules aux pommes et au curry

Pour cette recette conçue par Hubert Maetz, faites cuire les moules à la marinière avec l'échalote ciselée, le vinaigre de cidre et le vin blanc. Décortiquez-les et réservez. Ajoutez au jus bouillant la crème et le curry et versez cette sauce sur les pommes coupées en dés et les endives ciselées. Mélangez. Sur un lit de salade de saison (lolo rossa, feuille de chêne, endives par exemple), disposez le mélange de moules, pommes et endives. Parsemez l'ensemble de noix hachées. Vous pouvez également prélever une partie de la sauce au curry et l'additionner d'une feuille de gélatine. Versez un peu de jus dans quelques coquilles de moule, ajoutez dans chaque coquille une moule, laissez refroidir : vous pourrez les servir en amuse-bouche.

Patrick Wehner, de Gundershoffen, est vice-champion du monde et champion d'Europe en « barefoot » (ski nautique pratiqué les pieds nus). Il travaille dans l'entreprise familiale de décors de jardin (émission du 31 octobre 1998).

Gratin d'écrevisses pattes rouges

UNE RECETTE RÉALISÉE POUR CHRISTIAN MAEDER

Christian Maeder, d'Illzach, cuisinier devenu artiste peintre lorsqu'un accident le priva de la mobilité, a suggéré en fin gourmet cette recette raffinée de Pierre Gaertner, d'Ammerschwihr, qui fut son maître d'apprentissage au restaurant Aux Armes de France. L'écrevisse pattes rouges, la plus fine, est bien plus recherchée que l'américaine ou celle aux pattes blanches.

Épluchez, lavez, émincez les légumes, mettez-les à cuire (pendant 10 min) dans 2 l d'eau avec le thym, le laurier, le sel et le poivre pour préparer le court-bouillon. Faites cuire les écrevisses lavées et nettoyées pendant 5 min dans ce court-bouillon.

Une fois qu'elles sont refroidies, décortiquez-les, gardez les coffres pour préparer un beurre d'écrevisse. La quantité indiquée ici est supérieure à celle nécessaire pour la recette, car ce beurre de belle couleur orangée se conserve au frais pendant trois mois. Pilez la soixantaine de coffres, ajoutez 500 g de beurre ramolli et mélangez bien avant de cuire au four, à découvert, à 140° (th. 3-4) pendant 1 h environ. Avec une louche, prélevez le beurre qui surnage et passez au chinois sur un récipient rempli d'eau froide aux 2/3. Mettez au frais et laissez figer. Quand le tout est bien froid, prélevez le beurre et faites-le fondre pour le clarifier. Les impuretés tombent au fond de la casserole; passez le beurre ainsi clarifié à travers une étamine. Ce beurre peut aussi servir pour les sauces de poisson et les bisques.

Procédez maintenant à la finition du gratin d'écrevisse. Dans une sauteuse, faites fondre 100 g de beurre d'écrevisse et faites-y revenir les queues d'écrevisse. Ajoutez la crème, salez et poivrez. Laissez cuire pendant environ 2 min, rectifiez l'assaisonnement. Versez ce ragoût dans un plat à gratin beurré et faites gratiner vivement, à four très chaud (220 à 250°, th. 8-9) pendant environ 1 min.

Si la sauce est trop liquide, retirez les écrevisses et faites-la réduire jusqu'à bonne consistance de nappage.

Pour 4 personnes

Court-bouillon
- 1 carotte
- 1 poireau
- 1 oignon
- 2 l d'eau
- 1 branche de thym
- 1/2 feuille de laurier
- 60 écrevisses
- sel, poivre

Beurre d'écrevisse
- 60 coffres d'écrevisse
- 500 g de beurre

Gratin d'écrevisse
- les 60 écrevisses cuites au court-bouillon et décortiquées
- 100 g de beurre d'écrevisse
- 1/2 l de crème double
- sel, poivre

Un riesling grand cru Rangen de Thann du domaine Martin Schaetzel, vinifié par Jean Schaetzel, d'Ammerschwihr.

Christian Maeder, artiste peintre résolument figuratif, expose en France et dans le monde. Il est auteur d'un projet de solidarité qui collecte des fauteuils roulants pour l'Afrique Noire (émission du 12 avril 2003)

Émincé de coquilles saint-jacques, huîtres frémies, croustillant de coquillages

UNE RECETTE RÉALISÉE POUR ASTRIDE VOLLMER

Astride Vollmer, de Betschdorf, raffole des fruits de mer qui lui rappellent deux mois de rêve passés à Tahiti à déguster des oursins crus et des coquillages. Hubert Maetz avait conçu pour cette émission du jour de l'an ce trio de recettes festives, faciles à faire, qui portent en elles les embruns marins.

Pour 4 personnes

Émincé de coquilles saint-jacques
- 8 coquilles saint-jacques
- 1 cuillerée à café de jus de citron
- 3 cuillerées à café d'huile d'olive
- 1 cuillerée à café d'eau
- sel, poivre
- beurre
- ciboulette, cerfeuil et mâche

Huîtres frémies (pour 1 personne)
- 4 huîtres n° 2
- 250 g de gros sel
- 2 cl d'huile d'olive extra-vierge (ou du beurre salé)
- ciboulette

Croustillants de coquillages (pour 4 personnes)

Coquillages et court-bouillon
- 100 g de moules bouchot
- 150 g de bigorneaux
- 100 g de coques
- 100 g d'amandes (coquillages)
- 100 g de vénus (mollusques bivalves de la famille des praires)
- 150 g de palourdes roses
- 4 huîtres (facultatif)
- 200 g d'échalotes
- 1 dl riesling
- 1 dl d'eau
- sel, poivre

Croustillants
- 400 g de pommes de terre
- 2 dl d'huile pour friture
- sel

Vinaigrette
- 5 cl d'huile d'olive extra-vierge
- 2 cl de jus de citron
- 100 g d'échalotes
- sel
- ciboulette

Dressage
- 2 poignées de mâche

Un klevener de dix ans d'âge de Charles Boch, d'Heiligenstein.

Émincé de coquilles saint-jacques

Ouvrez les coquilles saint-jacques fraîches, sortez les noix avec le corail et lavez-les sous l'eau courante. Émincez finement les noix crues en rondelles et disposez-les en rosace sur les assiettes salées et poivrées préalablement. Salez et poivrez aussi la partie supérieure. Mélangez le jus de citron, l'huile d'olive et l'eau. Nappez les noix émincées avec cette vinaigrette-minute. Garnissez autour du corail préalablement passé au four (2 min à 180°, th. 6) sur une plaque beurrée. Parsemez de ciboulette finement coupée. Décorez autour de feuilles de mâche et de pluches de cerfeuil. Cette recette est rapide, simple et exquise: bien que les coquilles soient crues, la vinaigrette au citron leur assure comme une légère cuisson à froid.

Huîtres frémies

Choisissez de belles huîtres n° 2, spéciales «fines de claire»: elles sont de taille moyenne (plus le numéro augmente, plus les huîtres sont petites). Ouvrez-les, prélevez leur jus que vous filtrerez et ferez tiédir. Détachez les huîtres des coquilles et pochez-les dans leur jus tiédi. Il faut veiller à ne pas trop chauffer l'huître, sinon elle rétrécit, durcit et devient caoutchouteuse. Sur une assiette, disposez un monticule de gros sel surmonté des coquilles vides lavées et rincées. Garnissez-les des huîtres pochées. Fouettez rapidement leur jus avec l'huile d'olive (ou le beurre salé) en laissant prendre un seul bouillon. Nappez les huîtres du jus. Garnissez de ciboulette finement ciselée.

Suite de la recette en p. 443

Astride Vollmer, férue de danse et sacrée plusieurs fois «disco-queen», travaille comme assistante commerciale à Karlsruhe. Elle enseigne le fitness dans sa commune (émission du 1er janvier 1995).

Gambas au poivre rose

UNE RECETTE RÉALISÉE POUR FRANCINE LOEGEL

Pour Francine Loegel, Hubert Maetz a conçu cette symphonie en rose à réaliser à la poêle. Il a démontré en variante que ces longues crevettes roses pêchées en Méditerranée et dans l'Atlantique pouvaient aussi être cuites sur un bloc plat de grès préchauffé au four à 200° pendant une heure. La pierre chaude posée au centre de la table cuira les gambas, décortiquées ou non, en quatre à cinq minutes.

Faites revenir les gambas (décortiquées au préalable, en réservant les carcasses) dans une poêle fumante pour les saisir rapidement de part et d'autre et pour les garder bien juteuses.
Pour la sauce, faites revenir les carcasses à l'huile d'olive, laissez-les bien colorer, ajoutez l'échalote hachée, la tomate coupée en dés, les herbes. Déglacez avec un peu de riesling, mouillez à hauteur d'eau, laissez réduire (jusqu'à 5 cl), mixez et passez au chinois. Salez et poivrez.
Pour la garniture, faites revenir à l'huile d'olive dans une poêle les échalotes, ajoutez le soja, les dés de tomates, le gingembre frais et l'ail des ours (ou une autre herbe aromatique, estragon, sarriette ou thym). Salez et poivrez.
Pour la concassée de tomates, faites revenir les échalotes et les tomates, ajoutez le gingembre, les herbes aromatiques, salez et poivrez, mouillez avec l'eau et laissez cuire. Servez-la en sauce, disposée autour de la garniture et des gambas. Parsemez les baies roses. Servez ce plat avec du riz basmati cuit à la créole.

Pour 2 personnes

Gambas
- 10 pièces crues
- 5 cl d'huile d'olive

Sauce
- carcasses des gambas
- huile d'olive
- 1 échalote
- 1 tomate
- thym et sarriette
- 5 cl de riesling
- 8 cl d'eau
- sel, poivre

Garniture
- 3 cl d'huile d'olive
- 200 g de germes de soja
- 20 g d'échalotes hachées
- 60 g de tomates en dés
- gingembre
- ail des ours, thym ou sarriette (facultatif)
- sel, poivre

Concassée de tomates
- 2 tomates épluchées et épépinées
- 20 g d'échalotes hachées
- 5 g de gingembre haché finement
- herbes aromatiques
- 5 cl d'eau
- 2 pincées de baies roses
- sel, poivre

Un riesling grand cru Wiebelsberg cuvée La Dame de Marc Kreydenweiss, d'Andlau.

Francine Loegel travaille dans les Vosges du Nord, où sa société découpe le grès au jet d'eau. Cette femme chef d'entreprise est gérante de la carrière de Rothbach (émission du 11 mai 2002).

Huîtres et loup de mer

UNE RECETTE RÉALISÉE POUR MARTIN KLIEBER

Pour la 200e émission de *Sür un Siess* – qui fut aussi la dernière de l'an 2000 –, Martin Klieber, originaire de Weitbruch et chef de cuisine en Allemagne, a proposé de faire découvrir deux recettes épatantes de son invention, festives et simples à réaliser.

Pour 4 personnes

Gratinée d'huîtres au croustillant de lard fumé, julienne de poireaux

- 24 huîtres (petites ou moyennes)
- sel, poivre
- 150 g de julienne de poireaux
- 50 de lard fumé (chaque tranche est coupée en 4 morceaux)

Sabayon au vin blanc

- 5 cl de vin blanc
- 5 cl de jus de cuisson des huîtres
- 5 cl de crème épaisse
- 2 jaunes d'œuf
- 4 cuillerées à soupe de crème fouettée
- sel, poivre (à doser modérément car le jus est déjà salé)
- gruyère râpé (facultatif)

Filet de loup de mer au raifort et saumon fumé (pour 2 personnes)

- 240 à 280 g de filets de poisson (loup ou sandre)
- 20 g de raifort râpé
- 2 pincées de persil haché
- 2 tranches de saumon fumé (20 à 30 g chacune)
- 4 cuillerées à café de mie de pain (sèche et mixée finement)
- 20 g de beurre froid (pour les copeaux)

Sauce au crémant d'Alsace

- 5 cl de crémant
- 1 dl de fumet de poisson
- 5 cl de crème
- sel, poivre

Finition

- 50 g de beurre froid
- 5 gouttes de jus de citron
- 1 gorgée de crémant

Un crémant d'Alsace du domaine Gilbert Ruhlmann, à Scherwiller.

Gratinée d'huîtres au croustillant de lard fumé, julienne de poireaux

Dans une casserole, faites pocher les huîtres détachées de leur coquille dans leur jus pendant 10 sec environ pour les faire raidir (évitez de les faire bouillir). Faites revenir à la poêle les fines tranches de lard. Sortez le lard et, dans la graisse laissée dans la poêle, faites tomber la julienne de poireaux, salez et poivrez. Dans une casserole, faites réduire le vin blanc, ajoutez 5 cl de jus de cuisson des huîtres, la crème fraîche épaisse, laissez réduire de moitié puis laissez tiédir, incorporez les jaunes d'œuf et de la crème fouettée, rectifiez l'assaisonnement. Pour le montage, disposez dans les coquilles vides la julienne de poireaux, l'huître pochée, le lard croustillant, puis nappez de sabayon. Vous pouvez parsemer (facultatif) de gruyère râpé. Posez sur une plaque avec une couche d'un centimètre de gros sel (l'équivalent d'une cuillerée à soupe) qui maintiendra les huîtres en place. Faites gratiner au gril ou sous la salamandre à 180-200° (th. 6-7) pendant environ 1 min.

Suite de la recette en p. 445

Martin Klieber a quitté son poste de chef de l'Austernkeller, restaurant munichois spécialisé en poissons et fruits de mer, pour Munster, par amour pour son épouse, cardiologue de renom, et leur fille Laetitia (émission du 16 décembre 2000).

Langouste aux épices d'Orient

UNE RECETTE RÉALISÉE POUR PIERRE MEYER

Pierre Meyer aime cette cassolette de langouste parfumée aux épices d'Orient. Ce plat festif – qui figurait au menu du réveillon 2004 du Royal Palace – a été mis au point par Bruno Schlewitz, chef de cuisine du Majestic et du Versailles, les deux restaurants du Royal Palace.

Préparez un fond de pochage en portant à ébullition les ingrédients pendant 10 min. Préparez la brunoise en découpant les légumes en minuscules dés, puis faites-les étuver dans une poêle à couvert avec le beurre, le sucre et le sel. Préparez la sauce en faisant réduire le jus de moule de moitié avec le safran et les épices, puis incorporez la crème fraîche. Laissez réduire à consistance.

Faites rôtir la saucisse de pomme de terre pendant 20 min au four à 140° (th. 4-5). Faites pocher les langoustes dans le fond de pochage pendant 10 min. Faites sécher les feuilles de brick au four (à 150°, th. 5) enduites de beurre pendant 2 à 3 min. Dressez sur assiette la saucisse de pomme de terre en tranches, la langouste coupée en deux avec sa carcasse. Posez autour un cordon de sauce puis décorez avec la brunoise, le basilic et la feuille de brick croustillante.

Pour 4 personnes

Langouste
- 2 belles pièces de langouste du Cap de 450 g environ chacune

Fond de pochage
- 75 cl de vin blanc
- 1 feuille de laurier
- 3 g de poivre mignonnette
- 10 g de sel
- 5 cl de bouillon de poule (facultatif)
- 5 g de mélange d'épices (gingembre, macis, coriandre, poivre rose)
- 3 l d'eau

Sauce
- 50 cl de jus de cuisson de moule
- 1 g de safran en poudre
- 3 g de mélange d'épices (gingembre, macis, coriandre, poivre rose)
- 20 cl de crème épaisse

Brunoise de légumes
- 30 g de brunoise de carotte
- 30 g de brunoise de courgette
- 30 g de brunoise de céleri
- 50 g de beurre
- 5 g de sucre
- sel

Dressage
- 4 belles feuilles de basilic (ou de persil plat) frites
- 4 feuilles de brick
- 4 pièces de saucisses de pomme de terre (*Grumbeerewurscht*) de 80 g chacune, ou 200 g à couper en tranches

Un tokay pinot gris, cuvée Laetitia Bleger (Miss France 2004), du domaine Windmuehl de Claude Bleger, à Saint-Hippolyte.

Pierre Meyer a créé le cabaret Royal Palace à Kirrwiller. Il se rend dans de nombreux pays pour y trouver les meilleurs artistes (émission du 11 décembre 2004).

Poêlée de langoustines piquées au romarin, mini-fenouil et tomates confites à l'anis étoilé

UNE RECETTE RÉALISÉE POUR MICHEL ROTH

Michel Roth, de Hambach près de Sarreguemines, était au moment de l'émission chef de cuisine du Ritz, ce palace parisien rendu célèbre par Coco Chanel. Créatif à souhait, il ne cesse d'inventer des recettes. Il a conçu cette préparation estivale à base de langoustines, simple à réaliser et pourtant très raffinée.

Pour 4 personnes

Langoustines
- 20 queues de langoustine
- 1 petite botte de romarin
- 6 mini-bulbes de fenouil
- 4 tomates garniture mondées
- 4 gousses d'ail
- 1/2 botte de basilic
- 5 cl d'huile d'olive
- 7 pièces d'anis étoilé (4 à garder entières pour le décor, 3 à écraser grossièrement)
- sel, poivre du moulin

Sauce
- 100 g d'échalotes
- 8 cl de vin blanc
- 8 cl de vinaigre de vin
- 1 dl de crème fleurette
- 150 g de beurre
- sel, poivre

Dressage
- feuilles de basilic
- romarin
- achillée, lierre terrestre, ail des ours

Un riesling grand cru Winzenberg de Hubert Metz, de Blienschwiller.

Blanchissez à l'eau salée les mini-fenouils pendant 2 à 3 min, refroidissez-les, épongez-les, poêlez-les à l'huile d'olive ; salez, poivrez et gardez-les au chaud. Taillez les tomates en forme de pétales, faites-les confire doucement au four (1 h à 100°, th. 3) dans l'huile d'olive avec la moitié des brisures d'anis étoilé, les gousses d'ail et les feuilles de basilic. Piquez les queues de langoustine avec des aiguilles de romarin, salez et poivrez ; faites-les saisir dans une poêle, cuisez-les rapidement 30 sec de chaque côté.

Pour la sauce, mettez les échalotes émincées dans une sauteuse, ajoutez le reste de brisures d'anis étoilé, le vin blanc et le vinaigre de vin, laissez réduire aux 3/4, ajoutez la crème, laissez réduire à nouveau de moitié puis, à l'aide d'un fouet, incorporez le beurre ramolli. Salez, poivrez, passez au chinois étamine, réservez au bain-marie.

Pour le dressage, disposez les queues de langoustine sur les assiettes, garnissez avec les mini-fenouils et les pétales de tomate confite. Terminez la présentation avec une feuille de basilic, du romarin frit et, comme le fera Hubert, avec de l'achillée, du lierre terrestre et de l'ail des ours frits, versez délicatement un peu de sauce au fond de l'assiette, décorez avec une pièce d'anis étoilé.

À Paris, Michel Roth fut le chef de cuisine du Ritz puis chez Lasserre. Il est détenteur, depuis 1991, du Bocuse d'or et du titre de Meilleur Ouvrier de France dans le domaine culinaire (émission du 30 mai 1998).

Noix de saint-jacques aux endives et citrons caramélisés

UNE RECETTE RÉALISÉE POUR GASTON FRAULOB

Gaston Fraulob, de Geispolsheim, entretient des rapports d'amitié avec les chefs Patrick Klipfel et Armand Roth. Le sachant amateur de coquilles saint-jacques, Hubert Maetz a concocté pour lui cette recette succulente et raffinée qui marie endives caramélisées et zestes de citron confit.

Achetez de belles coquilles saint-jacques dans leur coquille bien fermée. Débarrassez-les de leur coquille à l'aide d'un couteau, en coupant le muscle et en veillant à ne pas abîmer la noix. Ébarbez-les, enlevez le corail, rincez-les sous l'eau claire en ôtant toute trace de sable (ou faites-les dégorger dans l'eau claire pendant 5 min). Réservez.

Pour les endives caramélisées, effeuillez une endive, lavez-la et faites-la revenir dans le sucre caramélisé, laissez compoter pendant 10 min et faites caraméliser doucement.

Pour les endives braisées, faites-les cuire dans un blanc (fait avec de l'eau salée et une cuillerée à café de farine), ajoutez le jus de citron. Après cuisson, égouttez les endives et faites-les revenir au beurre sur chaque côté. Salez et poivrez. Pour les citrons confits, prélevez les zestes en évitant la partie blanche (amère), coupez-les en fines lanières, blanchissez-les trois fois en renouvelant à chaque fois l'eau (pour leur ôter l'amertume), puis ajoutez 10 cl d'eau avec 30 g de sucre et laissez confire.

Pour la cuisson des noix de saint-jacques : dans une poêle anti-adhésive, faites revenir noix et coraux au beurre salé, faites-les bien dorer sur chaque face (sans trop prolonger la cuisson pour éviter le dessèchement), sortez-les de la poêle et réservez-les. Salez et poivrer. Gardez la poêle avec les sucs, ajoutez les noix concassées, les zestes de citron et d'orange blanchis ainsi que 2 cl de jus de citron et 2 cl d'eau. Faites bouillir l'ensemble, laissez légèrement réduire et montez la sauce avec 10 g de beurre salé.

Sur une grande assiette, dressez en corolle les cinq noix de saint-jacques, disposez autour les endives caramélisées et l'endive braisée revenue. Nappez le tout de la sauce citronnée, parsemez de ciboulette des vignes ciselée
et de zeste de citron confit.

Pour 2 personnes

Coquilles saint-jacques
- 10 coquilles
- 20 g de beurre salé
- sel, poivre

Sauce
- 20 g de beurre salé
- 2 cl de jus de citron
- 2 cl d'eau
- 30 g de zeste de citron émincé et blanchi
- 30 g de zeste d'orange émincé et blanchi
- 60 g de noix fraîches
- 1 pincée de ciboulette des vignes

Citron confit
- 30 g de zeste de citron
- 10 cl d'eau
- 30 g de sucre

Endive caramélisée
- 1 endive belge
- 20 g de sucre

Endives braisées
- 2 endives
- 1/2 cuillerée à café de farine pour 1/2 l d'eau
- 3 cl de jus de citron
- 10 g de beurre
- sel, poivre

Un crémant cuvée ancestrale de Julien Meyer, de Nothalten.

Gaston Fraulob travaille comme agent à l'Électricité de Strasbourg. Il est aussi musicien, compositeur et dirige un orchestre de musique folklorique (émission du 6 février 1999).

Coquilles saint-jacques, homard à la sauce corail et oursins aux œufs brouillés

UNE RECETTE RÉALISÉE POUR CÉLINE DUFFORT

Céline Duffort, de Dossenheim-sur-Zinsel, aime la bonne cuisine dont le goût lui fut donné par une grand-mère et un oncle gastronomes. Pour cette amoureuse des fruits de mer, Hubert Maetz a conçu ces trois recettes de fêtes qui allient coquilles saint-jacques, homard et oursins qu'il a servis avec une purée de persil.

Pour 4 personnes

Coquilles saint-jacques
- 16 noix de saint-jacques avec le corail
- 30 g de beurre
- sel, poivre

Purée de persil
- 300 g de persil
- 20 g de beurre
- sel, poivre

Homard et sauce corail
- 1 homard de 500 à 600 g
- 4 cl d'huile d'olive
- 100 g d'oignons
- 2 gousses d'ail
- 30 g de carotte
- thym, laurier
- sel, poivre
- 20 g de concentré de tomates
- 3 cl de cognac
- 10 cl de vin blanc
- 1 l de fumet de poisson
- 10 à 15 cl de crème fraîche

Oursins aux œufs brouillés
- 4 oursins
- 3 œufs
- 10 g de beurre
- sel, poivre

Un gewurztraminer sec Zinnkoepflé de Myriam et Marie Haag, de Soultzmatt.

Coquilles saint-jacques

Choisissez de belles coquilles saint-jacques et demandez au poissonnier de les débarrasser de leur coquille. Lavez-les soigneusement afin d'enlever tout excédent de sable, faites-les s'égoutter sur un torchon et laissez-les bien sécher. Dans une poêle anti-adhésive, faites revenir les saint-jacques avec le beurre, à feu fort pour bien les saisir. La cuisson est rapide (environ 1 min de chaque côté) ; au-delà, elles risquent de se racornir. Salez et poivrez avant de servir.

Homard et sauce corail

Choisissez un beau homard (breton de préférence) vivant. Décortiquez-le, réservez le corail (cette partie crémeuse qui se trouve dans le thorax sera utilisée en liaison dans la sauce). Faites-le revenir à l'huile d'olive sur feu fort afin de bien le colorer (il changera de couleur : de bleu violacé, il deviendra rouge orangé à la cuisson).

Après 4 à 5 min de cuisson, décortiquez-le, réservez sa chair, faites encore revenir sa carcasse, ajoutez les légumes et aromates, laissez colorer l'ensemble, ajoutez le concentré de tomates, flambez au cognac, ajoutez le vin blanc, faites réduire l'ensemble à sec, mouillez avec le fumet de poisson (à défaut avec de l'eau). Laissez mijoter 30 min, passez l'ensemble, faites réduire jusqu'à consistance sirupeuse, ajoutez la crème fraîche (5 à 10 cl selon convenance), portez à ébullition, ajoutez le corail mixé avec 5 cl de crème fraîche, passez l'ensemble au chinois et mixez pour rendre la sauce lisse.

Suite de la recette en p. 445

Céline Duffort, Miss Alsace 1995, préparait le diplôme d'infirmière à Sarrebourg. Elle pratique l'équitation, la gymnastique et la natation (émission du 28 décembre 1996).

Tarte pommes-boudin et noix de saint-jacques safranées

UNE RECETTE RÉALISÉE POUR FRANÇOIS-XAVIER HEICHELBECH

François-Xavier Heichelbech pense que son goût de la cuisine lui vient de sa maman Léona, de Lembach. Joueur de tennis, soucieux de sa ligne, il invente des recettes savoureuses et légères, comme les deux qui suivent : la tarte pommes-boudin constitue une entrée originale, tandis que les noix de saint-jacques constituent un plat principal.

Tarte pommes-boudin au beurre blanc

Abaissez la pâte feuilletée, étalez-la sur une plaque beurrée, rectangulaire de préférence (cela permet un découpage en rectangles). Épluchez les pommes, disposez-en de fines tranches sur la pâte. Salez et poivrez. Faites cuire au four à 170° (th. 5-6) pendant 20 à 30 min. Laissez tiédir la tarte. Posez des tranches de boudin noir froid débarrassé de la peau (de 4 mm d'épaisseur environ) sur la tarte. Remettez au four pendant 10 min.

Pour le beurre blanc, faites bouillir les échalotes finement hachées avec le vinaigre blanc et le riesling jusqu'à évaporation. Ajoutez le beurre, morceau après morceau, en l'incorporant à l'aide d'un fouet. Salez et poivrez. Servez en disposant autour de chaque portion de tarte un ruban de sauce beurre blanc.

Pour 4 personnes

Tarte pommes-boudin au beurre blanc

Tarte
- 100 g de pâte feuilletée
- 3 pommes reinettes (type boskoop)
- 1 pincée de sel
- 1 pincée de poivre
- 20 g de beurre (pour badigeonner la plaque)
- 1 boudin noir froid débarrassé de sa peau

Beurre blanc
- 50 g d'échalotes
- 5 cl de vinaigre blanc
- 5 cl de riesling
- 100 g de beurre froid
- sel, poivre

Coquilles saint-jacques safranées

Noix de saint-jacques
- 20 coquilles saint-jacques (dont ne seront utilisées que les noix)
- sel, poivre
- 20 g de beurre
- 5 cl d'huile d'olive

Sauce
- 2 échalotes
- 1 pincée de sucre
- 20 g de beurre
- 4 cuillerées à soupe de vin blanc
- 4 cuillerées à café de vermouth (ou noilly-prat)
- 4 cuillerées à soupe de bouillon de volaille
- 4 cuillerées à soupe de tomates coupées en dés
- sel, poivre
- 1/2 l de crème fraîche
- 1 pincée de pistils de safran

Un gewurztraminer, un grand cru Steinert, du domaine Joseph Rieflé & Fils, à Pfaffenheim.

Coquilles saint-jacques safranées

Ouvrez les coquilles saint-jacques en veillant à ne pas les casser, détachez les noix, lavez-les pour ôter toute trace de sable, séchez-les bien, salez et poivrez-les. Dans une poêle, faites fondre 20 g de beurre dans 5 cl d'huile d'olive, faites saisir vivement les noix de saint-jacques en leur donnant une belle coloration, cuisez-les seulement à moitié et achevez leur cuisson sur une assiette couverte à l'entrée du four.

Suite de la recette en p. 446

François-Xavier Heichelbech, avocat et bâtonnier à la cour d'appel de Colmar, est un passionné de tennis et de judo. Il est aussile créateur d'un club de tir à l'arc (15 janvier 2000).

Noix de saint-jacques crues à la crème de caviar et ballottine d'oie aux épices douces de Noël

UNE RECETTE RÉALISÉE POUR MICHEL RIEGERT

Michel Riegert est intarissable sur les œufs d'esturgeon nommés beluga, oscietre ou sevruga. Son père était grossiste en produits laitiers et volailles rue du Faubourg-de-Pierre, à Strasbourg. À Noël, ils mangeaient de l'oie, jamais de caviar ! Voilà pourquoi Hubert Maetz a imaginé cette recette d'oie aux parfums de Noël, précédée de noix de saint-jacques au caviar.

Pour 1 personne

Noix de saint-jacques au caviar

- 2 noix de saint-jacques
- 2 langoustines bien fraîches
- 8 g de caviar
- 10 cl de crème épaisse
- 1 g de fleur de sel
- 2 pluches de cerfeuil

Pour 8 personnes

Ballottine d'oie aux pommes, aux marrons et aux épices douces de Noël

- 1 oie de 3 à 4 kg
- 200 g de pommes de terre cuites en robe des champs
- 100 g de marrons
- 200 g de pommes en dés revenus
- beurre
- 200 g d'oignons (dont 100 g crus et 100 g revenus)
- 1 pincée de thym et marjolaine
- le gésier et le foie de l'oie hachés
- 100 g de foie gras d'oie
- 1 truffe
- 5 g de mélange « quatre épices »
- 2 jaunes d'œuf

Sauce

- 100 g d'oignons
- 1 carotte
- sel, poivre
- 1 dl d'eau

Un crémant d'Alsace de Vincent Stoeffler, de Barr.

Noix de saint-jacques au caviar

Veillez à utiliser des noix de saint-jacques très fraîches. Coupez-les en fines tranches que vous disposerez en rosace sur votre plus belle assiette, placez au centre les langoustines crues surmontées d'une cuillerée à café de caviar, disposez autour de la rosace un ruban de sauce faite simplement avec 10 cl de crème épaisse à laquelle vous mélangerez 5 g de caviar, un peu de fleur de sel et un filet de citron.

Ballottine d'oie aux pommes, aux marrons et aux épices douces de Noël

Pour la farce, écrasez les pommes de terre cuites en robe des champs, ajoutez les marrons coupés en dés, les oignons hachés crus et ceux revenus, les pommes coupées en petits dés et revenues dans le beurre, le gésier et le foie hachés, les deux jaunes d'œuf, le mélange « quatre épices », une pincée de thym et de marjolaine.

Faites désosser l'oie par le boucher ou le volailler par le dos. Prélevez les cuisses désossées, coupez-les en deux dans le sens de la hauteur et détachez les poitrines sans inciser la peau. Coupez la peau en deux à la hauteur du bréchet, posez une cuisse dessus, bien à plat, étalez par-dessus deux cuillerées à soupe de farce. Posez le morceau de foie gras, des lamelles de truffe, terminez par une cuillerée à soupe de farce. Formez une ballottine avec l'ensemble, ficelez le tout délicatement. Enfournez à 150° (th. 5) pendant 1 h. Retournez parfois et arrosez du jus et de la graisse rendus. 10 min avant la fin de cuisson, augmentez le four à 220°.

Suite de la recette en p. 446

Le Strasbourgeois Michel Riegert est directeur commercial export de Caviar House à Genève, la première maison de caviar au monde. Il est intarissable sur les différentes sortes d'esturgeons (émission du 18 décembre 1999).

Fricassée de saint-jacques au thé matcha

UNE RECETTE RÉALISÉE POUR ARLETTE ROHMER

Arlette Rohmer, une amoureuse du thé biologique, privilégie cette recette élaborée par son ami Henri Gagneux le chef du restaurant La Palette, à Wettolsheim. Le thé matcha est un thé vert japonais en poudre au goût d'épinard et de mousse des bois, à utiliser en petites doses pour paner ou pour saupoudrer sur une salade ou sur des légumes.

Confectionnez une vinaigrette en mixant les champignons crus avec le vinaigre de xérès, l'huile d'olive, le fumet de poisson, sel, poivre et une pincée de thé matcha.
Triez, lavez et égouttez les épinards, faites-les revenir rapidement au beurre légèrement noisette, le temps de les laisser «tomber», et réservez. Nettoyez les saint-jacques puis trempez un côté de chaque noix dans le thé matcha. Poêlez les saint-jacques. Faites tiédir la vinaigrette. Pour le dressage, disposez les épinards au centre, les saint-jacques assaisonnées autour et un trait de vinaigrette tiède aux champignons. Saupoudrez de thé le bord de l'assiette.

Pour 6 personnes

- 24 pièces de coquilles saint-jacques avec corail
- 5 cl d'huile d'arachide (pour les faire revenir)
- 4 cuillerées à soupe de vinaigre de xérès
- 5 cl d'huile d'olive
- 1 dl de fumet de poisson
- 200 g de champignons de Paris
- 1 kg de jeunes pousses d'épinards
- 30 g de beurre (pour les faire revenir)
- 10 g de thé vert en poudre matcha
- sel, poivre du moulin

Un thé matcha ou un pinot gris de Rémy Ulmer, de Rosheim.

Arlette Rohmer sillonne le monde pour le thé biologique ; elle a créé à Wittisheim Les Jardins de Gaïa, une maison de thé et de dégustation. Auparavant elle était éducatrice et tenait une librairie pour enfants (émission du 13 novembre 2004).

Salade de tourteau et de homard

UNE RECETTE RÉALISÉE POUR MICHEL JOLLY

Michel Jolly, de Vieux-Thann, aime les saveurs de homard et de tourteau. Également appelé dormeur, le tourteau est le crabe européen le plus gros pouvant peser jusqu'à cinq kilos. Hubert Maetz a conçu pour ce collectionneur de cactus ce mets raffiné qui adjoint aux nobles crustacés du riz et des saveurs d'agrumes.

Pour 4 personnes

Tourteaux et homard
- 2 tourteaux de 800 g chacun
- 1 homard de 500 g

Court-bouillon
- 4 l d'eau bouillante
- 50 g de sel
- 50 g d'oignon
- 40 g de carotte
- 40 g de poireau
- 1 pincée de poivre mignonnette écrasé
- 1 petite branche de thym
- 2 feuilles de laurier

Garniture de riz
- 80 g de riz long blanc
- 80 g de riz noir sauvage
- 10 cl d'eau
- sel
- 20 g de graines de rocou (colorant alimentaire extrait du rocouyer, un arbuste d'Amérique centrale et qui colore en orange) (facultatif)

Sauce froide
- 2 cuillerées à soupe de mayonnaise
- 5 cl de bouillon des crustacés
- 50 g de zestes de pamplemousse blanchis
- 5 cl de jus de pamplemousse
- sel, poivre

Garniture et finition
- 60 g de suprêmes de pamplemousse
- salades (mâche, roquette, pourpier)
- herbes aromatiques (cerfeuil, persil, ciboulette)
- 200 g de tomates épluchées et coupées en dés

Un riesling Pfingstberg, de René Albrecht-Ernst, d'Orschwihr.

Plongez les tourteaux dans le court-bouillon en ébullition, et laissez-les cuire 10 à 12 min, rajoutez le homard 4 min plus tard afin qu'il ne cuise que 7 min au total. Laissez refroidir homard et tourteaux dans le court-bouillon.

Pour la cuisson du riz, faites chauffer 10 cl d'eau, ajoutez les graines de rocou et laissez bouillir 3 min, avant de sortir les graines de l'eau (elles ne servent qu'à colorer en orange). Faites cuire les deux riz 10 à 12 min dans un 0,5 l d'eau bouillante salée avec l'eau rougie. Les refroidir et les égoutter.

Préparez la sauce en mélangeant la mayonnaise avec les 5 cl de bouillon des crustacés. Ajoutez les zestes de pamplemousse blanchis, le jus de pamplemousse, le sel et le poivre. Mélangez le riz avec cette sauce froide. Sortez le homard, coupez-le en deux. Faites une incision dans les pinces pour pouvoir sortir la chair parfaitement. Ouvrez les tourteaux. Décortiquez-les, ouvrez les pinces, extrayez délicatement la chair, récupérez le corail et hachez-le finement. Ajoutez le corail bien rouge à la salade de riz. Prélevez les œufs sur le homard et les tourteaux (s'ils en sont dotés) et faites-les à peine chauffer dans un peu de court-bouillon (de noirs, ils deviendront orange ; si la cuisson est moindre, vous obtiendrez un mélange des deux couleurs, ce qui sera d'un bel effet sur l'assiette). Dressez sur un fond de salade de riz la chair de homard et de tourteau, décorez à votre guise de salade et d'herbes de la nature ainsi que de dés de tomates et les suprêmes de pamplemousse.

Michel Jolly, retraité des Mines de potasse, préside la Société philatélique de Thann. Il collectionne les timbres et les cactus (émission du 27 janvier 2001).

Riz noir à la marinière aux seiches et crustacés

UNE RECETTE RÉALISÉE POUR JEAN-LOUIS NEICHEL

Jean-Louis Neichel réalise une cuisine méditerranéenne qui constitue, avec poissons et crustacés, son credo de toujours. Il ne cuisine qu'avec de l'huile d'olive, en possède de toutes les sortes, des plus douces aux plus corsées. Il a proposé ce plat estival qui contient les parfums de la Méditerranée.

Faites revenir l'oignon avec le poivron vert coupé en petits morceaux. Ajoutez les petites seiches avec leur encre. Si elles sont grandes, coupez-les en morceaux. Laissez cuire pendant 15 min avec 4 dl du fumet de poisson et laissez réduire à sec. Faites revenir à l'huile d'olive de l'ail et du persil hachés, ajoutez le riz, le laurier, les 6 dl de fumet restant, les palourdes et les coques. Ajoutez aux seiches cuites précédemment. Mélangez, salez très peu et laissez cuire pendant 15 min à feu doux. Rectifiez l'assaisonnement à la moitié de la cuisson. Écrasez un peu d'ail frit, le persil et une goutte d'huile d'olive dans un mortier et ajoutez au riz noir juste à la fin de la cuisson. Laissez reposer à couvert pendant 5 min. Faites revenir brièvement à l'huile d'olive les queues de langoustine et les concombres de mer. Disposez-les sur la préparation et servez.

Pour 4 personnes

- 8 grosses langoustines
- 150 g de concombres de mer de la Méditerranée (une infime partie provenant du mollusque qu'on appelle la patate de mer), difficiles à trouver en France mais que l'on peut remplacer par des calmars
- 300 g de petites seiches avec leur encre
- 300 g de palourdes et de coques
- 240 g de riz (non cuit)
- 1 oignon
- 1 feuille de laurier
- 1 poivron vert
- 3 gousses d'ail haché
- 10 cl d'huile d'olive
- 1 l de fumet de poisson sans sel
- persil plat
- sel, poivre

Un chardonnay du domaine Augustus, propriété de Jean-Louis Neichel, à Vendrell (Catalogne).

Jean-Louis Neichel, de Munchhausen, est un restaurateur étoilé et renommé à Barcelone (le Neichel). Il fut vice-président de l'Association des Alsaciens de Catalogne et est propiétaire d'un domaine viticole à Vendrell (émission du 22 mai 2004).

Sauces d'été

UNE RECETTE RÉALISÉE POUR MARGUERITE WEITH

Marguerite Weith, d'Ernolsheim-les-Saverne, a une passion pour les sauces. La béarnaise est sa préférée, mais elle aime toutes les autres sauces d'été conçues par Hubert Maetz, faciles et utiles pour accompagner les viandes et poissons grillés au barbecue.

Pour 4 personnes

Sauce béarnaise
- 3 jaunes d'œuf
- 180 g de beurre clarifié (ou 250 g de beurre pour 4 jaunes d'œuf)
- 3 cuillerées à soupe d'eau

Pour la réduction
- 1 dl de bon vinaigre de vin
- 3 échalotes grises hachées
- 1 cuillerée à soupe de feuilles d'estragon
- 1 petite branche de cerfeuil
- sel, poivre en grains concassé (ou moulu)
- 2 cuillères à potage de fines herbes hachées (persil, cerfeuil, estragon)
- quelques gouttes de jus de citron

Sauce tomate-basilic
- 2 tomates concassées
- 3 cl d'huile d'olive
- 1 cl de vinaigre de xérès
- 3 feuilles de basilic

Sauce yaourt
- 10 g de gingembre râpé
- 1 gousse d'ail
- sel
- 2 cl d'eau
- 1 yaourt ou 100 g de fromage blanc

Sauce coco
- le jus d'un citron vert
- 2 cuillerées à soupe de sauce soja
- 1 pointe de curry
- 10 cl de lait de coco

Sauce barbecue
- 50 g de carotte
- 50 g de céleri
- 50 g de poireau
- 1 dl d'huile d'olive
- 5 cl de sauce soja
- 5 cl d'eau
- sel
- 1 cuillerée à soupe de coriandre ciselée

Un crémant brut de la maison Arthur Metz, à Marlenheim.

Sauce béarnaise

Dans une petite casserole, en fonte émaillée de préférence, mettez les éléments de la réduction et faites réduire environ à deux cuillerées à soupe de liquide. Passez la réduction avec pression, remettez le liquide dans la casserole, mettez les jaunes, mélangez à l'aide d'un fouet, ajoutez trois cuillerées à soupe d'eau. Commencez à chauffer sur bain-marie (ou feu très modéré) sans cesser de battre, émulsionnez bien les jaunes en les rendant bien mousseux (ils doivent tripler de volume). Ajoutez alors progressivement, par fractions, le beurre clarifié et dépouillé du petit lait. Ajustez l'assaisonnement et ajoutez les fines herbes hachées ainsi que le jus de citron. Cette sauce accompagne à merveille les viandes rouges, les poissons grillés et les œufs pochés.
Pour remonter une sauce béarnaise qui a tourné, on lui incorpore petit à petit une cuillerée d'eau chaude (si la sauce est froide) ou d'eau froide (si la sauce est chaude). Cette sauce est semblable à la hollandaise par le procédé mais diffère par sa composition de base. L'estragon est indispensable.

Suite de la recette en p. 446

Marguerite Weith, psychologue, est présidente-fondatrice de Hopla, une association de pédagogie et de thérapies basées sur le contact avec le cheval pour les personnes en difficulté (émission du 22 juin 2002).

Polus 90 Arcticus
Circulus Arcticus
AMERICA
Tropicus Cancri
MAR DEL ZUR
Oceanus
Peruuianus
Tropicus Capricorni
EL MAR PACIFICO
Circulus Antarcticus

Autour du monde

Autour du monde

par Sylvie Lander

«Je suis un enfant des étoiles, et, comme chacun, poussière d'étoile. J'invite souvent au voyage dans l'infini, à rêver, à effectuer des sauts, des bonds, à quitter le sol, à gambader avec les licornes fabuleuses entre les signes du zodiaque. La mappemonde familière s'inscrit dans le concert des constellations si proches, si lointaines. Les saveurs sont à la hauteur de ces voyages. Les épices de tous les recoins de l'univers se bousculent à la chaleur du soleil. Pas d'or ici, pourtant mon adoré, il reste dans nos yeux éblouis par toute cette magie. J'ai eu envie de voyager sur une carte ouverte, de faire glisser des touches en pointillé, entre continents, mers et constellations. Je hume, je goûte, je déguste.»

Sylvie Lander

Choucroute hongroise

UNE RECETTE RÉALISÉE POUR JOSEPH MULLER

Joseph Muller, de Wittenheim, né d'un père hongrois et d'une maman polonaise, apprécie cette choucroute hongroise, qu'il désigne en alsacien sous le terme de *g'fuellts Kruet* (chou farci). Cette recette associe la choucroute à des boulettes de viande et à du riz. Un mariage étonnant et heureux qu'il aime depuis son enfance.

Pour 8 personnes

Boulettes de viande

- 500 g de bœuf haché
- 500 g de porc haché
- 400 g de lard frais (non fumé) haché
- sel, poivre
- 1 œuf
- 2 gousses d'ail haché
- 1 oignon
- 1 cuillerée à soupe de persil haché
- 250 g de riz rond blanc

Choucroute

- 2 kg de choucroute
- 300 g de lard fumé (coupé dans le sens de la longueur en tranches d'environ 1 cm d'épaisseur)
- 1 oignon
- 2 gousses d'ail écrasées
- 3 cubes de bouillon de poule
- 2 cubes de bouillon de bœuf
- 2 l d'eau
- 5 dl de vin blanc sec

Pour parfumer au moment de servir (facultatif)

- quelques pincées de graines de pavot écrasées (ou du cumin en poudre)

Un riesling « Heimberger », cave vinicole « Au Château », à Beblenheim.

Commencez par précuire le riz (du riz rond de préférence, plus moelleux) en le portant à ébullition dans de l'eau salée. Dès le premier bouillon, arrêtez la cuisson et laissez reposer 5 min, puis égouttez. Ce riz est destiné à être mélangé ultérieurement aux boulettes de viande.

Lavez la choucroute à l'eau chaude, égouttez-la en la pressant légèrement entre les mains. Dans une grande marmite, faites revenir les tranches de lard ; lorsqu'elles commencent à dorer, ajoutez un demi-oignon émincé, laissez-le blondir, puis posez une couche de choucroute pour couvrir le lard et laissez mijoter doucement.

Pendant ce temps, préparez les boulettes : mélangez les viandes et le lard (hachés à la grille moyenne), ajoutez l'oignon et l'ail hachés, le persil, le sel, le poivre, l'œuf entier et le riz égoutté. Mélangez la masse et, à la main, roulez des boulettes d'environ 7 cm de diamètre, enrobez-les d'une petite couche de choucroute (qui se détachera en cours de cuisson) et posez quelques boulettes, dans la marmite, sur le lit de choucroute. Recouvrez de choucroute, déposez une nouvelle couche de boulettes, recouvrez à nouveau de choucroute. Procédez ainsi successivement en trois ou quatre opérations. La dernière couche doit être de la choucroute, sur laquelle vous poserez un demi-oignon tranché et l'ail écrasé (ils seront retirés en fin de cuisson). Faites bouillir dans 2 l d'eau les cinq cubes de bouillon pour les dissoudre. Versez le bouillon sur la choucroute, ajoutez le vin, couvrez et laissez mijoter à petit feu pendant 2 h 30.

Suite de la recette en p. 446

Ancien mineur, Joseph Muller est devenu moniteur d'arboriculture dans le Haut-Rhin. Membre du syndicat d'arboriculteurs, il a défendu le verger-conservatoire d'Ensisheim (émission du 2 novembre 1996).

Goulasch hongrois

UNE RECETTE RÉALISÉE POUR PAUL GROSZ

Paul Grosz a rapporté de Hongrie la marmite spéciale (dite *bogracs*) dans laquelle on cuit sur feu ouvert ce plat qui porte le nom des gardiens de bœufs magyars. Les puristes s'accordent pour exclure du goulasch la liaison à la farine et au vin, de même que l'ajout de crème aigre. Les Hongrois considèrent le goulasch viennois comme une version dénaturée de cet authentique goulasch.

Épluchez les oignons et émincez-les finement. Faites-les revenir à l'huile avec les lardons dans une marmite. Veillez à ne pas laisser brunir les oignons, ajoutez la viande, faites-la saisir, puis ajoutez le paprika et mélangez. Évitez de faire griller le paprika, cela donnerait de l'amertume à la soupe. Ajoutez de l'eau afin de recouvrir de 2 à 3 cm la masse obtenue. Salez et ajoutez le piment coupé en deux (laissez les grains : ils relèveront la sauce).

Laissez cuire à petit feu. Un ou plusieurs appoints d'eau peuvent être faits en cas de besoin en cours de cuisson.

Après 1 h 30 de cuisson, ajoutez les pommes de terre coupées en dés et continuez la cuisson à feu doux, jusqu'à ce que les pommes de terre soient cuites. Rajoutez du sel et du poivre, si nécessaire. Cette soupe se déguste ainsi, accompagnée de pain frais (blanc ou paysan).

Pour 6 personnes

- 800 g d'oignons
- 5 cl d'huile végétale
- 400 g de lard fumé coupé en lardons
- 800 g de bœuf bourguignon, ou paleron coupé en dés de 2 cm de côté
- 6 cuillerées à soupe de paprika doux
- 1 ou 2 piments forts (selon goût)
- 4 grandes pommes de terre (coupées en dés d'environ 2 cm de côté)
- sel (de préférence de Guérande)
- poivre
- du pain en accompagnement (pour tempérer l'épicé des piments)

Un pinot noir de François Schmitt, d'Orschwihr.

Paul Grosz, de Cernay, est ingénieur libéral et aussi l'un des charbonniers de Haute-Alsace. Il a d'ailleurs relancé cet artisanat à l'Écomusée d'Ungersheim (émission du 25 avril 1998).

Goulasch viennois

UNE RECETTE RÉALISÉE POUR CLAUDE WILLIG

Claude Willig, de Mulhouse, apprécie ce plat que sa maman Céline avait découvert en vacances avec ses enfants en 1946 dans le Bregenzerwald, en Autriche. Sa femme Monique reconduit cette recette simple et goûteuse faite de viande de veau et d'oignons hachés qui ne doivent surtout pas rissoler. On la sert avec purée de pommes de terre, quenelles de farine *(Mehlknepfle)* ou riz.

Pour 4 personnes

- 1 kg de veau (du collier, éventuellement du jarret) à couper en cubes de 4 cm de côté
- 500 g d'oignons hachés
- 100 g de beurre (ou de l'huile)
- 500 g d'os concassés
- sel, poivre de Cayenne
- 5 gouttes de Tabasco
- 4 à 5 cuillerées à soupe bombées de l'épice dite piment doux en poudre (elle se trouve dans le commerce et peut s'acheter en vrac au marché)
- 1 cuillerée à soupe arasée de cumin en grains
- 30 cl de bouillon de veau ou de bœuf (pour recouvrir jusqu'à hauteur)

Liaison en fin de cuisson

- 2 cuillerées à soupe de farine (facultatif)
- 2 dl de crème fraîche

Un tokay pinot gris de Paul Ginglinger, d'Éguisheim.

Faites revenir très doucement les oignons au beurre ou à l'huile pendant 10 min environ, en couvrant la cocotte. Ils doivent seulement devenir transparents, il ne faut pas les laisser dorer. Ajoutez alors la viande coupée en cubes et les os, en maintenant un feu doux et en couvrant : la viande ne doit pas griller, seulement être très légèrement saisie de manière à ce que sa couleur s'éclaircisse. Salez, poivrez, ajoutez le Tabasco, le piment doux en poudre, le cumin en grains. Ajoutez le bouillon de veau ou de bœuf, de manière à presque recouvrir la viande. Le bouillon peut être fait à partir de cubes déshydratés, à défaut couvrir avec de l'eau uniquement.
Couvrez et laissez mijoter pendant 45 min (15 min suffiront dans la cocotte-minute). Liez alors en délayant la farine avec un peu de bouillon. Ajoutez à la sauce en remuant. Ajoutez la crème fraîche, donnez un bouillon puis arrêtez la cuisson.
Monique Willig, l'épouse de Claude, sert ce goulasch avec des quenelles de farine, une purée de pommes de terre ou du riz.

Claude Willig est maître-ramoneur et président de la corporation des maîtres-ramoneurs du Haut-Rhin. Il est un pêcheur passionné et un chasseur invétéré (émission du 5 février 2000).

Kaiserschmarren

UNE RECETTE RÉALISÉE POUR JEAN-CLAUDE BUCHTA

Jean-Claude Buchta aime les Kaiserschmarren, spécialité sucrée autrichienne qui constitue souvent un plat principal. *Der Schmarren* ou *Schmarrn* désigne une galette ou un entremets. Ce dessert s'appelait au départ *Kaiserin Schmarrn*, car il était dédié par le cuisinier du château de Schönbrunn à l'impératrice Sissi. Comme elle ne raffolait pas de ce dessert, au contraire de son mari Franz Josef Ier, on modifia son intitulé en l'attribuant à l'empereur.

Pour 4 personnes
- 60 g de petits raisins secs
- 2 à 3 cuillerées à soupe de rhum
- 150 g de farine
- 1 pincée de sel
- 1 cuillerée à soupe de sucre glace
- 1 sachet de sucre vanillé
- le zeste râpé d'1/2 citron
- 3 jaunes d'œuf
- 12,5 cl de lait
- 3 blancs d'œuf (à battre avec 50 g de sucre glace)
- 1 cuillerée à café de jus de citron
- 40 g d'amandes moulues
- 50 à 60 g de beurre
- 40 g de sucre glace pour saupoudrer in fine

Un tokay pinot gris sélection grains nobles de Henri Martin et fils, de Husseren-les-Châteaux.

Versez de l'eau bouillante sur les raisins secs, puis égouttez-les. Faites les tremper dans un bol avec le rhum et laissez reposer. Dans un saladier, mélangez la farine tamisée avec le sel, le sucre glace, le sucre vanillé et le zeste de citron, les jaunes d'œuf ainsi que le lait. Mélangez à l'aide d'un batteur ou d'un mixeur. Laissez reposer cette pâte pendant 20 à 30 min.

Battez les blancs en neige très ferme avec d'abord 10 g de sucre glace puis les 40 g restants et le jus de citron presqu'à la fin. Ajoutez, selon goût, des amandes moulues. Ajoutez ces blancs battus à l'appareil précédent.

Dans une grande poêle, faites chauffer le beurre, versez l'ensemble de la pâte, ajoutez les raisins secs imbibés, couvrez et laissez blondir d'un côté pendant 2 à 3 min. Retournez et, à l'aide d'une fourchette, brisez en portions irrégulières, tout en maintenant sur le feu, en remuant jusqu'à obtention d'une belle couleur dorée. Saupoudrez généreusement de sucre glace et servez de suite.

En accompagnement, servez des airelles au sirop, ou une compote de pommes, de mirabelles ou de quetsches. Ce plat constitue généralement un plat principal, mais on peut aussi le servir en dessert. Il est alors recommandé de le détailler en morceaux plus petits.

Diplômé par la Corporation suisse des facteurs de piano, Jean-Claude Buchta, facteur de pianos à Rixheim, aime restaurer les instruments anciens. Il est aussi passionné de moto (émission du 26 avril 2003).

Menu afghan

UNE RECETTE RÉALISÉE POUR ISABELLE UNTEREINER

Isabelle Untereiner, d'Oberhausbergen, et son mari Roland nourrissent une passion pour l'Afghanistan. Ils entreprirent de traduire la Bible en ouzbek, une des langues parlées en Afghanistan, pour une association américaine de traduction de Bible. Ils ont rapporté de leur séjour le *kabuli* à la sauce yaourt, spécialité qui mêle saveurs salées et sucrées et qui est en Afghanistan un plat national.

Pour 4 à 6 personnes

Kabuli

- 1 kg de riz basmati (du Pakistan de préférence, sinon d'Inde)
- 700 g de viande d'agneau pas trop grasse, par exemple de l'épaule ou du collet (on peut mélanger avec de la cuisse de dinde), coupée en cubes (de 4 cm de côté)
- 150 g de raisins secs petits et noirs (de Corinthe de préférence)
- 200 g de carottes
- 10 cl d'huile
- 1 cuillerée à soupe de sel
- 1 cuillerée à café de cumin, de curcuma ou de paprika, moulu
- 3 oignons coupés en lamelles
- 1 cuillerée à café de sucre

Salata

- 1 salade verte
- 2 tomates, 1/2 concombre
- 1 oignon émincé
- 12 feuilles de menthe
- le jus d'1/2 citron, sel, poivre

Sauce au yaourt

- 1 yaourt
- 1/2 concombre en fine brunoise
- 1 gousse d'ail haché
- le jus d'1/2 citron
- sel, poivre

Un gewurztraminer Kaefferkopf de Françoise Schwach & Fils, d'Hunawihr.

Faites tremper le riz dans une bassine d'eau froide pendant au moins 4 h (ou la veille) après l'avoir soigneusement lavé dans plusieurs eaux. Dans une grande cocotte, mettez de l'huile, ajoutez les oignons émincés, laissez dorer, ajoutez alors la viande, faites colorer l'ensemble (sans laisser noircir). Ajoutez la quantité d'eau nécessaire pour couvrir entièrement la viande, salez et couvrez. Laissez mijoter pendant 30 à 50 min (selon que vous utilisez une cocotte-minute ou une simple marmite).

Réservez la viande sur un plat, versez le jus dans une petite casserole. Pendant la cuisson de la viande, coupez les carottes en lamelles. Faites revenir les carottes avec de l'huile et la cuillerée à café de sucre pendant environ 5 à 7 min. Sortez les carottes et réservez-les dans un saladier. Utilisez la poêle avec l'huile et les sucs restants pour faire revenir les raisins (lavés au préalable) sur feu doux pendant 3 à 4 min tout en remuant (vous pouvez aussi ajouter les raisins aux carottes 3 min avant la fin de cuisson). Versez les raisins secs sur les carottes.

Égouttez le riz, faites-le bouillir dans une grande quantité d'eau salée en ébullition, faites bouillir sur grand feu en remuant de temps en temps. Sortez le riz lorsqu'il est *al dente* (encore un peu ferme), après 3 à 4 min de cuisson. Le riz ne doit pas être cuit, mais avoir une consistance élastique. Égouttez-le, rincez-le avec un bol d'eau chaude et remettez-le dans la marmite (en le ressalant si nécessaire), ajoutez le cumin ; disposez les carottes, les raisins, la viande, recouvrez d'un peu de riz, ajoutez le jus de viande mis de côté.

Suite de la recette en p. 447

Isabelle Untereiner est présidente de l'Association nationale pour l'éducation des chiens d'assistance pour handicapés (émission du 13 juin 1998).

Royaume des cieux silésien, dit *schlesisches Himmelreich*

UNE RECETTE RÉALISÉE POUR DÉTLEF KIEFFER

Né en Silésie, Détlef Kieffer, aime le mariage salé-sucré de cette recette silésienne, dite *schlesisches Himmelreich*, recette un peu « dodécaphonique » comme il dit, qui mélange de la viande de salaison avec des fruits secs, du citron, de la cannelle et qui est servie avec des quenelles aux petits pains *(schlesische Semmelklösse)*.

Faites tremper les fruits secs dans l'eau durant une nuit. Faites cuire la viande dans l'eau (sans sel si la viande est salée), avec la cannelle, les clous de girofle, les écorces d'orange et de citron et les 30 g de sucre. Lorsqu'elle arrive en fin de cuisson (après 1 h environ), ajoutez les fruits trempés et égouttés, laissez cuire jusqu'à tendreté. Égouttez la viande, coupez-la en tranches. Pour épaissir la sauce, faites fondre dans une poêle le beurre, ajoutez le sucre et la farine. À brunissement, versez une louche de bouillon de cuisson. Intégrez au reste de bouillon. Servez avec des quenelles faites de petits pains.

Quenelles silésiennes aux petits pains

Mélangez les petits pains coupés en dés avec l'oignon haché revenu dans le beurre, le persil, la marjolaine et le lait. Ajoutez les œufs entiers et la farine. Travaillez la pâte pour la rendre uniforme (vous pourrez réaliser cette opération au mélangeur). Formez des quenelles que vous ferez cuire à l'eau bouillante salée (le temps qu'elles remontent à la surface). Faites-les revenir dans du beurre.

Pour 4 personnes

- 600 g de viande de porc ou de salaison (par exemple, lard et collet salé)
- 1 l d'eau
- 5 g de sel
- 250 g de fruits séchés (pommes, poires, pruneaux, coings aussi à faire tremper dans l'eau)
- 30 g de sucre
- 1 bâton de cannelle
- 2 clous de girofle
- écorces d'orange et de citron (facultatif)

Finition de la sauce

- 30 g de farine
- 30 g de beurre
- 30 g de sucre

Quenelles silésiennes aux petits pains

- 8 petits pains à l'eau rassis
- 50 g de beurre
- 10 cl de lait
- 1 à 2 œufs
- 80 g de farine
- 30 g d'oignons
- 10 g de persil
- 1 pincée de marjolaine
- 30 g de beurre pour faire revenir

Un riesling vendanges tardives Moenchberg d'André Ostertag, d'Epfig.

Détlef Kieffer, compositeur et chef d'orchestre, a travaillé à la diffusion de la musique contemporaine. Passionné de littérature, il écrit des textes poétiques (émission du 10 janvier 2004).

Moussaka

UNE RECETTE RÉALISÉE POUR NADINE BORNERT

Nadine Bornert apprécie les instants passés à table avec son mari Clément et leurs enfants, Carole et Nicolas. En été et en automne, elle prépare souvent cette moussaka, un plat oriental servi en Grèce, en Turquie et dans les Balkans. Il s'agit d'un gratin d'aubergines à la viande hachée, additionné d'une sauce béchamel.

Pour 6 personnes
- 12 pièces d'aubergines moyennes
- 500 g de viande de bœuf ou de veau hachée
- 150 g d'oignons
- 3 tomates
- 1 dl d'huile d'olive
- 2 verres de vin blanc sec
- 1 bouquet de persil
- 2 blancs d'œuf
- 75 g de parmesan râpé (pour saupoudrer)
- 1 cuillerée à café de noix de muscade
- 1 cuillerée à café de cannelle
- 1 cuillère à soupe de chapelure
- sel, poivre

Béchamel (pour 500 g de béchamel)
- 4 dl de lait
- 40 g de farine
- 40 g de beurre
- sel, muscade
- 75 g de parmesan râpé
- 2 jaunes d'œuf

Un tokay pinot gris de Rolly-Gassmann, vinifié par Pierre Gassmann, de Rorschwihr.

C'est un plat qui exige 1 h 30 de préparation et 45 min de cuisson. Lavez et essuyez les aubergines. Coupez-en les pédoncules et détaillez-les en fines tranches que vous salerez et laisserez dégorger pendant 1 h.
Préparez la béchamel : faites fondre le beurre, ajoutez de la farine ; bien mélanger, laissez cuire 3 min sans colorer, ajoutez le lait froid ; faites bouillir, assaisonnez, laissez cuire à feu très doux 10 min en évitant d'avoir des grumeaux ; ajoutez les jaunes d'œufs et passez la sauce à la passoire pour récupérer les grumeaux restants. Mélangez le parmesan râpé à cette béchamel.
Faites revenir à l'huile les oignons émincés, ajoutez les tomates pelées et concassées, salez, poivrez, ajoutez une pincée de cannelle et de la noix de muscade, le persil, la viande hachée, le vin blanc. Mélangez et laissez mijoter à découvert pendant 15 min, en veillant à avoir une bonne évaporation. Retirez du feu, ajoutez la chapelure et les deux blancs d'œuf battus en neige légère. Mélangez.
Égouttez et essuyez les tranches d'aubergine, dorez-les à l'huile dans une poêle. Disposez alternativement dans un plat à gratin une couche d'aubergine et une couche de hachis en finissant par une couche d'aubergine. Mélangez à la sauce béchamel tiédie les deux jaunes d'œuf et la moitié du parmesan râpé, nappez-en le gratin, saupoudrez du restant de parmesan. Enfournez à four moyen (180°, th. 6) pendant 30 à 45 min.

Interrompant ses études de biologie, Nadine Bornert, agricultrice à Jetterswiller, pratique avec son mari la polyculture et l'élevage. Elle est une passionnée de lecture (émission du 18 septembre 2004).

Pörkölt de veau et spaetzle, dites *Galouchkas*

UNE RECETTE RÉALISÉE POUR PIERRE KATZ

Pierre Katz, aime le *pörkölt*, cette spécialité hongroise, genre de goulasch fortement relevée d'oignons que sa maman, Irène Eisler, fille du rabbin de Klagenfurt, en Autriche, réussissait à merveille. En Hongrie, on cuisine ainsi toutes sortes de viandes et le poisson – la carpe surtout – et parfois même les écrevisses.

Pour 4 personnes

Pörkölt

- 600 g d'épaule de veau coupée en cubes de 3 cm
- 30 g de graisse d'oie
- 4 oignons moyens émincés
- 1 à 2 cuillerées à soupe de paprika
- sel, poivre
- 1 dl de bouillon de bœuf ou de veau
- 12 gousses d'ail
- 4 tomates moyennes
- 1 poivron vert
- 1 poivron rouge

Galouchkas (Spaetzle)

- 500 g de farine
- 6 œufs
- 1/4 l de lait entier (ou d'eau)
- 1 pincée de sel

Un pinot noir de Jean-Claude Koestel, d'Ergersheim.

Découpez la viande en cubes de 3 cm de côté. Faites dorer dans la graisse d'oie les oignons épluchés et émincés, saupoudrez-les de paprika (piment doux réduit en poudre qui caractérise la cuisine hongroise). Le paprika libère toute sa saveur quand on le jette dans un corps gras chaud. Ajoutez la viande et faites revenir jusqu'à épuisement du jus. Salez et poivrez. Ajoutez 1 dl de bouillon et laissez cuire à couvert pendant 1 h. Ajoutez l'ail haché, les tomates pelées, épépinées et coupées en dés, les poivrons pelés à l'aide d'un couteau économe, épépinés et coupés en lanières. Ajoutez du bouillon de bœuf et laissez cuire pendant 45 min encore jusqu'à ce que la viande soit tendre et le jus onctueux.

Pour la pâte à spaetzle, battez les six œufs entiers, ajoutez 1/4 l de lait entier (ou d'eau : vous resterez ainsi conforme à la religion juive, qui ne permet pas l'association dans un même repas de produits carnés et laitiers). Salez, puis incorporez progressivement cette masse liquide à la farine et battez jusqu'au moment où la pâte devient bien onctueuse (ni trop liquide, ni trop compacte).

Dans une grande casserole, portez de l'eau salée à ébullition. Disposez une partie de pâte sur une assiette (bien plate) humidifiée au préalable et, à l'aide d'une cuillère à soupe, raclez de petites lanières de pâte dans l'eau bouillante. Il existe aussi une sorte de rabot à trous qui permet de faire tomber les spaetzle en pluie dans l'eau bouillante, ils ont alors une forme plus régulière. Laissez pocher pendant 10 min environ (sauf s'ils sont très fins : en ce cas, ils sont à point lorsqu'ils remontent à la surface). Égouttez-les et servez avec le *pörkölt* de veau.

Pierre Katz, polytechnicien, ingénieur du génie maritime à la retraite, consacre son temps libre au musée d'arts et traditions populaires de Marmoutier (émission du 2 juin 1996).

Quenelles silésiennes, dites *Kloesel*, et goulasch

UNE RECETTE RÉALISÉE POUR GABRIELLE HAAS

Gabrielle Haas, de Breitenbach, dans le Val-de-Villé, qui enseigne travaux de couture, de broderie et d'aiguilles, a choisi ces quenelles silésiennes en hommage à son père, Louis Slowik, originaire de Silésie, immigré en France en 1965 où il épousa une Alsacienne de Mussig. Ces quenelles doivent être accompagnées d'une viande en sauce, un bœuf bourguignon par exemple ou un rôti de porc.

Pour 4 personnes

Quenelles silésiennes

- 1,1 kg de pommes de terre à chair ferme
- 2 œufs
- 160 g de farine
- 5 cl de crème fraîche
- sel, poivre
- noix de muscade râpée

Goulasch

- 600 g de paleron de bœuf
- 100 g d'oignons
- 5 cl d'huile
- 50 g de carottes
- 150 g de poivrons rouges, verts et jaunes
- 30 g de farine
- 5 g de paprika
- thym, laurier
- sel, poivre
- 2 l d'eau ou de bouillon

Un riesling cuvée réserve de René Simonis, d'Ammerschwihr.

Quenelles silésiennes

Faites cuire les pommes de terre en robe des champs. Pelez-les et laissez-les refroidir. Râpez-les pour obtenir des flocons. Ajoutez les deux œufs entiers avec les 160 g de farine et la crème fraîche. Salez, poivrez, parfumez à la noix de muscade. Mélangez bien l'ensemble. Formez des boules d'environ 5 cm de diamètre et roulez-les dans la farine. Faites cuire les quenelles dans deux litres d'eau salée frémissante et retirez-les dès qu'elles remontent à la surface, signe qu'elles sont cuites. Servez-les avec un goulasch.

Goulasch

Faites revenir doucement les oignons émincés dans l'huile. Ils doivent seulement devenir transparents (il ne faut surtout pas les laisser dorer ou rissoler). Ajoutez alors la viande coupée en cubes, laissez saisir, ajoutez les carottes et les poivrons coupés en dés. Salez, poivrez. Ajoutez la farine et laissez prendre couleur. Ajoutez le paprika, le thym, le laurier puis l'eau ou le bouillon de manière à presque recouvrir la viande. Couvrez et laissez mijoter pendant 45 min.

Initialement secrétaire médicale, Gabrielle Haas enseigne et réalise patchwork, boutis, broderie et autres travaux d'aiguille (émission du 8 janvier 2004).

Knoedel à la polonaise

UNE RECETTE RÉALISÉE POUR ANTOINE GENTNER

Antoine Gentner, prépare souvent ces knoedel (*kluskis* en Pologne), une recette que sa maman avait eue d'un oncle marin qui l'avait rapportée de Pologne. Ces boules de pâte à pain enrichie d'œuf, cuites dans l'eau salée, sont coupées en tranches et servies chaudes avec des roulades de bœuf en sauce.

Pour 4 personnes

- 1 kg de farine
- 1/2 l de lait tiède
- 4 œufs entiers
- 1 cuillerée à soupe d'huile
- 1 pincée de sel
- 1 cube (42 g) de levure boulangère

Un pinot noir tradition de la maison Joseph Scharsch, de Wolxheim.

Faites un levain en dissolvant la levure dans un peu de lait tiède avec un peu de farine. Laissez reposer le levain durant 30 min. Ajoutez au levain, progressivement et successivement en mélangeant les œufs, le reste de farine, le reste de lait, l'huile, le sel et laissez reposer durant 1 h. Travaillez la pâte et formez deux ou trois boules (ou plus, si vous souhaitez obtenir de petites miches), laissez reposer 30 min. Faites cuire les boules dans l'eau bouillante salée pendant 8 à 10 min : elles gonfleront. Égouttez et découpez-les en tranches (comme des tranches de pain), de préférence à l'aide d'un fil pour ne pas faire retomber les boules gonflées. Ces *kluskis* accompagnent une viande en sauce brune, par exemple des roulades un peu relevées. Antoine les enduit sur la face intérieure de moutarde, il les farcit d'une fine tranche de lard, de cornichons coupés en lamelles et d'échalotes revenues.

Ces quenelles sont aussi exquises le lendemain : coupez le restant de miche en tranches que vous ferez griller à la poêle dans un peu de beurre sur chaque face et servez-vous-en pour éponger le reste de sauce brune des roulades.

Antoine Gentner est un architecte passionné de marqueterie et de chant. Il dirige La Ritournelle, une chorale d'amateurs qui fêtait en 1999 ses vingt-cinq ans d'existence (émission du 8 mai 1999).

Zivanska

UNE RECETTE RÉALISÉE POUR FRANCIS RIEHL

Francis Riehl, de Marmoutier, prépare pour ses amis la zivanska (prononcez geivanska), merveilleux plat unique slovaque. Ce mets tzigane convivial est cuit au four à l'étouffée, enveloppé dans du papier aluminium. Dans les montagnes de Slovaquie, on le déguste en plein-air, cuit sous les braises d'un grand feu, servi sur de grandes tranches de pain qui tiennent lieu d'assiette.

Pour 10 à 12 personnes

- 3 kg de rôti de porc (filet) coupé en tranches fines d'environ 30 g chacune
- 30 fines tranches de lard de poitrine fumée
- 4 saucisses sèches fumées
- 2 kg de pommes de terre
- 1 kg d'oignons
- 6 dl de crème fraîche
- 4 cuillerées à soupe d'huile
- 3 g de paprika doux
- sel, poivre

Un tokay pinot gris de Jean-Bernard Siebert, de Wolxheim.

Coupez les pommes de terre épluchées et lavées en fines tranches. Coupez les oignons épluchés en minces rondelles. Retirez la peau des saucisses et coupez-les en rondelles. Garnissez d'aluminium un plat à four rectangulaire, en laissant largement dépasser le papier aluminium qui devra à la fin, avant enfournement, recouvrir complètement le plat. Huilez légèrement la partie intérieure du papier aluminium, celle qui tapisse le fond et les côtés du plat. Il faut ensuite disposer tous les éléments verticalement dans le plat en plusieurs rangées parallèles, de la façon suivante : tartinez de crème fraîche une tranche de filet de porc, posez-la verticalement dans le plat.

À la suite, disposez contre cette tranche de viande des tranches d'oignon, de pomme de terre et enfin de poitrine fumée. Saupoudrez de paprika. Recommencez l'opération avec cette alternance et procédez jusqu'à épuisement des ingrédients. Les rangées doivent se toucher et se maintenir l'une l'autre. Intercalez ici et là des rondelles de saucisse fumée. Étalez le reste de crème fraîche sur l'ensemble et saupoudrez du reste de paprika. Salez et poivrez légèrement (en raison de la présence de la poitrine fumée et de la saucisse). Repliez les feuilles d'aluminium, qui doivent se chevaucher au milieu du plat et recouvrir hermétiquement cette zivanska. Ainsi, elle cuira dans son jus sans dessécher. Enfournez à 200° (th. 6-7) pendant 1 h 45.

Servez directement dans le plat de cuisson que vous découvrirez devant les convives.

Professeur d'allemand au collège de Marmoutier, Francis Riehl est aussi peintre autodidacte reconnu. Il fut champion d'Alsace de cross en 1969 à l'Unitas Brumath (émission du 13 mai 2000).

Calamars farcis, salade de pâtes et salade de fleurs

UNE RECETTE RÉALISÉE POUR BERNARD HEITZ

Bernard Heitz, aime les fruits de mer et la cuisine italienne. Hubert Maetz a eu l'idée de lui préparer ces calamars farcis et parfumés à l'ail accompagnés d'une salade de pâtes et d'une salade d'herbes. Le calamar, mollusque marin, est aussi appelé encornet ou chipiron sur la côte basque. Dans le midi on l'appelle parfois supion.

Séparez les tentacules des poches des calamars. Retirez les peaux des poches et les plumes (c'est ainsi que l'on nomme les cartilages transparents), rincez les poches abondamment et essuyez-les. Nettoyez et lavez les tentacules. Pour la farce, mélangez la mie de pain avec les olives dénoyautées, la purée d'olive, l'ail et les échalotes hachées, l'ail des ours et les tomates en dés. Farcissez de cette préparation les poches de calamars et fermez-les à une extrémité (à défaut, aux deux) avec des bâtonnets de bois. Faites colorer les calamars farcis à l'huile d'olive (cuisez-les au four à 180°, th. 6) pendant 5 min. Salez et poivrez. Ces calamars se servent chauds ou froids avec la salade froide de pâtes.

Pour la salade de penne (ou autres), mélangez les pâtes cuites *al dente*, égouttées et refroidies avec la mayonnaise diluée avec l'eau, à laquelle vous ajouterez une cuillerée d'ail des ours mixé (ou une gousse d'ail haché) ainsi que le piment doux découpé en petits dés. Salez et poivrez.

Pour la salade d'herbes et de fleurs, mélangez les différentes herbes et fleurs récoltées, assaisonnez de vinaigrette à l'huile d'olive et au vinaigre balsamique. Servez en même temps que les calamars et la salade de pâtes.

Pour 4 personnes

Calamars farcis

- 1 kg de calamars
- huile d'olive
- sel, poivre

Farce

- 150 g de mie de pain séchée et mixée
- 100 g d'olives noires dénoyautées
- 100 g d'olives noires réduites en purée
- 3 gousses d'ail
- 50 g d'échalotes hachées revenues
- 2 cuillerées à soupe d'ail des ours (en purée et mélangé à de l'huile pour la conservation) ou, à défaut, 2 gousses d'ail (facultatif)
- 200 g de tomates en dés

Salade de pâtes

- 200 g de penne (ou autres pâtes italiennes)
- 2 cuillères à soupe de mayonnaise
- 5 cl d'eau
- sel, poivre
- 1 cuillerée à café d'ail des ours (ou, à défaut, 1 gousse d'ail)
- 50 g de pequillo (piment rouge, doux, légèrement fumé) coupé en petits dés

Salade d'herbes et de fleurs (selon cueillette)

Herbes

- achillée millefeuille
- pimprenelle
- lierre terrestre
- rumex, fleur de lamier
- oxalis des bois

Fleurs

- bourrache, scabieuse
- trèfle, campanule
- vesce, gesse
- moutarde

Assaisonnement de la salade

- 5 cl d'huile d'olive
- 3 cl de vinaigre balsamique
- fleur de sel, poivre du moulin

Un riesling grand cru Praelatenberg d'Hubert Allimant-Laugner, d'Orschwiller.

Bernard Heitz, de Hindisheim, aménage des prairies fleuries en milieu urbain. Il est le PDG d'une société strasbourgeoise de semences (émission du 24 juin 2000).

Lasagnes à la sauce bolognaise

UNE RECETTE RÉALISÉE POUR ANTOINE WALTER

Antoine Walter aime les lasagnes que lui prépare sa « mamama » Jeannine de Ballersdorf, dans le Sundgau, où il passe souvent ses vacances. Il s'agit de pâtes italiennes en formes de larges rubans, apprêtées en gratin, alternées avec des couches de sauce bolognaise et de sauce blanche.

Pour 6 personnes

Pâtes
- 500 g de farine
- 5 œufs
- 5 cl d'eau, 2 cl de vinaigre
- 1 pincée de sel

Sauce bolognaise
- 500 g de viande de bœuf hachée (assez grossièrement)
- 1 dl d'huile d'olive
- 5 gros oignons
- 4 branches de céleri
- 5 gousses d'ail
- 1 bouquet garni
- 2 branches de romarin
- 3 feuilles de sauge
- 10 grandes tomates
- 3,5 dl de fond brun de veau (ou à défaut deux cubes de bouillon)
- 2 dl de vin blanc sec
- sel, poivre
- 1 branche de thym
- 1 feuille de laurier

Béchamel
- 30 g de beurre
- 30 g de farine
- 1/2 l de lait
- sel, poivre
- 1 pincée de noix de muscade râpée

Au moment de servir
- du parmesan râpé

Un pinot blanc de la cave vinicole Jean-Geiler, à Ingersheim.

Pâtes

Mélangez les différents ingrédients en travaillant consciencieusement la pâte. Laissez-la reposer en boule durant 20 min. Abaissez-la sur une hauteur de 2 mm. Découpez des bandes de 10 x 10 cm (ou selon la taille du plat). Laissez-les sécher durant 5 min (le séchage est facultatif). Faites-les cuire 1 à 2 min dans de l'eau salée (par petites quantités, pour qu'elles ne collent pas entre elles, en les gardant *al dente*. Sortez-les délicatement à l'aide d'une écumoire et étendez-les une par une sur un torchon humide.

Sauce bolognaise

Chauffez l'huile dans une cocotte. Faites dorer la viande, puis les oignons hachés, le céleri haché et l'ail écrasé. Ajoutez les tomates (épluchées, épépinées et concassées) et laissez fondre 10 min. Ajoutez le bouquet garni, la sauge, le romarin, le thym, le laurier, le fond brun, le vin blanc, le sel et le poivre. Laissez cuire à couvert à feu très doux durant 1 h 30 à 2 h en rajoutant un peu d'eau de temps en temps.

Béchamel

Faites fondre le beurre sur feu doux dans une casserole à fond épais, ajoutez la farine et tournez vite au fouet pour obtenir un mélange lisse, sans coloration. Versez le lait froid, en fouettant pour éviter la formation de grumeaux; salez, poivrez et parfumez à la noix de muscade. Passez avec une passette.

Beurrez un plat à gratin. Nappez le fond d'un peu de sauce bolognaise, puis alternez les couches de lasagne, de sauce blanche et de sauce bolognaise en terminant par une couche de sauce blanche surmontée d'une couche de sauce bolognaise. Faites cuire au four à 250° (th. 8-9) durant 30 min. Servez avec du parmesan râpé à part.

Antoine Walter, treize ans lors de l'émission, voix de soprano, chante dans la fameuse Maîtrise de garçons de Colmar. Il joue du piano et du hautbois. Il se passionne pour l'astronomie et les échecs (émission du 8 décembre 2001).

Osso buco exotique et purée de céleri

UNE RECETTE RÉALISÉE POUR ASTRID MULL

Astrid Mull aime mitonner des plats conviviaux, souvent de son invention, comme cet osso buco – un plat de la cuisine italienne, originaire de Milan, dont le nom signifie os à trou – auquel elle ajoute ananas et zestes d'orange. À servir avec un apprêt fin dont elle est friande : une purée de céleri.

Epluchez, lavez et coupez en dés le céleri-rave. Faites bouillir le lait. Ajoutez les dés de céleri, les pommes fruits épluchées et coupées en dés, ainsi que le riz. Assaisonnez de sel, de poivre et de noix de muscade râpée. Faites cuire à feu modéré pendant 20 min environ (attention le lait attache facilement sans surveillance). Dès la fin de la cuisson, passez le tout au presse-purée ou au mixer. rectifiez l'assaisonnement et servez.
Farinez légèrement les rouelles d'osso buco et faites-les dorer joliment à l'huile dans une sauteuse ou un fait-tout, salez et poivrez. Une fois qu'elles sont dorées, ajoutez l'oignon et les carottes coupés en petits dés, les branches de céleri émincées, l'ananas en dés, les tomates (épluchées, épépinées et concassées). Salez et poivrez. Ajoutez la cannelle et les herbes aromatiques. Déglacez au vin blanc. Couvrez et laissez mijoter pendant 1 h 30 à 2 h (vérifiez la tendreté de la viande avec la pointe d'un couteau). Dressez les tranches d'osso buco sur le plat de service, nappez avec les légumes et le fond de cuisson. Rectifiez le sel et éventuellement réduire ou rallonger afin d'obtenir une bonne consistance de sauce. Répartissez sur le dessus la julienne d'écorce d'orange préalablement blanchie pour atténuer l'amertume.
Servez avec une purée de céleri.

Pour 4 personnes

Osso buco
- 4 rouelles de 2 cm d'épaisseur prises dans le jarret de veau non désossé (de 300 à 350 g chacune)
- 1 dl d'huile d'olive extra-vierge
- 50 g de farine
- 100 g d'oignons, 60 g de carottes
- 10 branches de céleri
- 300 g de tomates
- le zeste de 2 oranges taillé en fine julienne
- 1 petit ananas coupé en dés (ou une boîte)
- thym, laurier, hysope, estragon
- 1 cuillerée à café de cannelle en poudre
- 2 dl de sylvaner, sel, poivre

Purée de céleri
- un céleri-rave
- 3/4 l de lait
- noix de muscade
- 20 g de riz (ou 2 pommes de terre)
- 2 pommes
- sel, poivre

Décor
- estragon
- fleurs de courgettes et d'hysope

Un pinot blanc de Jean-Marie et Françoise Klein, de Saint-Hippolyte.

Après des études en relations publiques, Astrid Mull est devenue directrice du musée d'histoire des PTT d'Alsace, à Riquewihr, auquel s'est rajouté le musée de la diligence (émission du 26 juin 1999).

Polenta, lapin et carottes au sucre et au gingembre

UNE RECETTE RÉALISÉE POUR ATTILIO CERUTTI

Attilio Cerutti, de Colmar, aimait se souvenir de la polenta et du lapin que préparait sa maman, bonne cuisinière. La polenta est une bouillie de semoule de maïs dont il existe plusieurs variantes. Sa maman la faisait refroidir sur un plateau rond en bois avant de la découper à l'aide d'une ficelle. Elle accompagnait la polenta de lapin ou de morue.

Pour 4 personnes

Polenta
- 250 g de semoule de maïs
- 1 l d'eau
- 60 g de beurre
- 75 g de parmesan râpé (facultatif)
- 1 cuillère à café de sel fin

Lapin
- 4 cuisses de lapin
- 100 g d'oignons
- 4 gousses d'ail
- 4 tomates
- 5 cl d'huile d'olive
- thym, romarin
- eau ou bouillon de volaille
- sel, poivre

Carottes au sucre et au gingembre
- 400 g de carottes
- 40 g de beurre
- 50 g de sucre (ou 40 g de miel de fleurs)
- 20 g de gingembre cru râpé ou 2 pinces en poudre
- sel

Un vin du Chili, un château Los Boldos, cabernet-sauvignon requinoa, appartenant à la famille Massenez, de Val-de-Villé.

Polenta

Versez la semoule de maïs en pluie dans l'eau bouillante salée. Mélangez bien et faites cuire pendant 5 à 10 min, en remuant sans arrêt avec une cuillère en bois ou une spatule. Ajoutez alors le beurre et éventuellement le parmesan. Versez la bouillie sur une plaque mouillée ou une serviette, en l'étalant en une couche régulière, et laissez-la refroidir complètement. Détaillez-la tiède ou froide, en carrés ou en losanges, et faites-les revenir au beurre. Parsemez éventuellement de parmesan râpé et de beurre noisette.

Lapin

Faites chauffer l'huile d'olive et faites revenir les cuisses de lapin de toutes parts. Ajoutez les oignons émincés, les tomates coupées en tranches, l'ail écrasé, les herbes aromatiques. Salez et poivrez. Ajoutez 30 cl d'eau (ou bouillon de volaille) et laissez mijoter à couvert pendant 40 min.

Carottes au sucre et au gingembre

Faites fondre le beurre et ajoutez le sucre ou le miel pour obtenir un caramel blond. Ajoutez les carottes épluchées et détaillées en rondelles. Salez, ajoutez le gingembre. Laissez mijoter à couvert pendant 30 min à feu modéré. En fin de cuisson, le jus - réduit à l'état sirupeux - donnera un bel aspect brillant aux carottes.

Attilio Cerutti, né à Colmar de parents italiens, chaudronnier à la retraite, était joueur de bandonéon passionné. Parfait manuel, il était féru de bateaux en bois (émission du 17 mars 2001).

Risotto printanier

UNE RECETTE RÉALISÉE POUR PAUL MEYER

Paul Meyer a gardé le souvenir fort d'un risotto dégusté dans la région milanaise. Pour cet apprêt de riz d'origine italienne, les grains sont dorés dans un corps gras avec des oignons hachés, puis cuits avec du bouillon que l'on fait ensuite évaporer. Hubert Maetz a conçu pour Paul ce risotto aux fruits de mer et aux champignons.

Pour 6 personnes
- 600 g de riz rond spécial risotto
- 150 g d'oignons
- 150 g de carottes
- 5 cl d'huile d'olive
- 3 dl de fond blanc de volaille
- 15 cl de riesling
- 200 g de calamars
- 1 bouquet garni
- 200 g de champignons (de Paris, girolles, pleurotes ou shiitaké)
- 300 g de moules
- 300 g de coques
- 12 coquilles Saint-Jacques
- 200 g de petits pois cuits à l'anglaise
- 150 g de fèves cuites
- 30 g de beurre
- 30 g de persil haché, estragon, cerfeuil, ciboulette (facultatif)
- 200 g de parmesan râpé

Un pinot auxerrois vieilles vignes, cuvée Femme, de Valentin Zusslin & Fils, d'Orschwihr.

Faites ouvrir les moules et les coques dans une sauteuse en les chauffant pendant 5 min. Chauffez dans une cocotte quatre cuillerées à soupe d'huile d'olive (ou 40 g de beurre). Ajoutez l'oignon haché, les carottes taillées en très fine brumoise et faites-les revenir sans laisser colorer. Ajoutez le riz, remuez jusqu'à ce que les grains s'enrobent bien d'huile d'olive et deviennent transparents, ajoutez 15 cl de riesling, le bouquet garni et laissez évaporer.
Ajoutez une louche de fond blanc en remuant à la cuillère de bois jusqu'à ce qu'il s'évapore. Ajoutez le reste de fond blanc. Couvrez et cuisez 16 à 18 min, jusqu'à absorption complète du fond (le riz doit être fondant), ajoutez les légumes, les coquillages, les calamars (nettoyés, coupés en lanières et revenus), les coquilles saint-jacques (cuites rapidement dans le jus des coquillages pendant une minute), les champignons revenus, les herbes, le beurre et la moitié du parmesan fraîchement râpé.
Mélangez délicatement et servez aussitôt. Posez le reste de parmesan sur la table et laissez les convives en ajouter selon leur goût.

Paul Meyer, coutelier à Mulhouse, est l'un des derniers à représenter cette profession en Alsace. Il est également président du quartier des riverains du vieux Mulhouse (émission du 27 mars 1999).

Paella

UNE RECETTE RÉALISÉE POUR ROLAND APRIL

Roland April, Strasbourgeois vivant en Suisse, a choisi une paella, plat que sa femme Vera et lui dégustent chez leur fille Sylvie à Majorque. Le nom paella désigne la poêle ronde aux deux anses dans laquelle on prépare le plat. En Espagne, il existe autant de paellas que de régions : au poisson, aux fruits de mer, à la viande, avec du chorizo ou des haricots verts.

Pour 6 personnes

- 1 poulet de 1,2 kg en morceaux
- 12 grosses crevettes cuites
- 3 dl de fumet de poisson
- 12 moules d'Espagne
- 250 g de chorizo
- 500 g de riz à grain long
- 150 g de petits pois frais ou surgelés
- 2 oignons émincés
- 2 gousses d'ail haché
- 2 poivrons coupés en rondelles
- 2 tomates
- 10 cl de vin blanc sec
- 1 dose de safran
- 4 cuillerées à soupe d'huile
- sel, poivre du moulin

Un riesling Florimont grand cru de Bruno Sorg, d'Éguisheim.

Décortiquez les crevettes. Faites ouvrir sur feu vif les moules dans le vin, sortez-les des coquilles, filtrez et réservez le jus de cuisson. Dans une cocotte, faites revenir à l'huile les oignons émincés, l'ail haché ainsi que les poivrons épépinés et coupés en rondelles.

Laissez dorer pendant 5 min en remuant. Faites dorer les morceaux de poulet 5 min sur toutes les faces. Ajoutez le riz, les tomates épluchées et épépinées et le safran. Mélangez le jus de cuisson des moules avec le fumet et assez d'eau pour obtenir 1, 25 l de liquide que vous verserez sur le riz. Salez et poivrez. Laissez cuire pendant 25 min. Ajoutez au riz les crevettes, les moules, le chorizo coupé en rondelles et les petits pois. Mélangez et laissez cuire pendant 5 min supplémentaires.

Servez dans le plat de cuisson. Il est recommandé de laisser reposer la paella 5 min avant de la servir pour bien gonfler le riz afin qu'il s'imprègne de toutes les saveurs.

Roland April a consacré sa vie à la danse classique, comme premier danseur-étoile puis comme chorégraphe et créateur d'écoles de danse (émission du 23 avril 2005).

Paella

UNE RECETTE RÉALISÉE POUR LUCIEN WISS

Lucien Wiss a gardé un souvenir impérissable d'une paella rustique cuisinée en plein-air par des amis pieds-noirs sur une plage près d'Oran, en 1958, au cours de son service militaire. Cette spécialité originaire de la région de Valence, qui s'est répandue dans toute l'Espagne et au-delà, fut alors dégustée à même la grande poêle.

Découpez le poulet et le lapin en morceaux. Mettez la carcasse et les abattis dans un fait-tout en couvrant d'eau, salez et poivrez, portez à ébullition et écumez. Émincez deux oignons, un blanc de poireau et la branche de céleri, hachez l'ail, ajoutez ces légumes dans le fait-tout ainsi que le bouquet garni, entretenez l'ébullition à simple frémissement pendant 1 h, écumez fréquemment et passez au tamis. Réservez.

Lavez les calamars, détaillez-les en lanières et mettez-les dans une casserole avec de l'eau froide, laissez bouillir 2 min, puis rafraîchissez-les et réservez-les. Faites chauffer l'huile d'olive et mettez-y à dorer les morceaux de poulet et de lapin. Égouttez-les et faites chauffer doucement, dans la même huile, d'abord le chorizo coupé en rondelles, puis les calamars, les poivrons épépinés et coupés en lanières, deux oignons hachés, un blanc de poireau émincé ; ajoutez la dose de safran et laissez fondre à découvert pendant 5 min. Ajoutez les tomates pelées, épépinées et concassées, laissez réduire 5 min, toujours à découvert.

Mesurez le volume de riz (à grain long), versez-le dans le plat et mélangez le tout. Posez dessus les morceaux de poulet puis les moules d'Espagne grattées et lavées, les prairies et les coques lavées et brossées ainsi que les langoustines.

Mouillez la paella avec le bouillon réservé, d'un volume égal à deux fois et demi celui du riz. Couvrez d'un papier aluminium, amenez à ébullition sur le feu puis enfournez à 220° (th. 7-8) et laissez cuire 25 à 30 min. Ajoutez une boîte de petits pois égouttés (ou des frais) en répartissant les grains, laissez cuire encore 5 min. Éteignez le four et laissez-y la paella 10 min environ avant de la servir, dans le plat de cuisson, pour permettre au riz d'achever de gonfler.

Pour 8 personnes

- 1 poulet de 1,4 kg environ
- 1 lapin de 1,2 kg
- sel, poivre
- 2 oignons
- 2 blancs de poireaux
- 1 branche de céleri
- 3 gousses d'ail
- 1 bouquet garni
- 500 g de calamars
- 4 cuillerées à soupe d'huile d'olive
- 250 g de chorizo
- 2 poivrons épépinés
- 2 oignons hachés
- 1 dose de safran
- 6 grosses tomates
- 400 g de riz à grain long
- 12 moules d'Espagne
- 12 praires
- 1 poignée de coques
- 8 à 12 langoustines
- 1 boîte de petits pois

(ou 200 g de petits pois frais)

Un tokay pinot gris de la cuvée Saint-Hubert de Cécile Bernhard-Reibel, de Châtenois.

Maquettiste à Illkirch-Graffenstaden, Lucien Wiss a travaillé comme conducteur de camion tout en exerçant parallèlement sa passion du dessin et de la maquette (émission du 8 mars 1997).

Tapada

UNE RECETTE RÉALISÉE POUR PIERRE BERTAUT

Pierre Bertaut, Parisien d'origine, qui parle couramment l'alsacien, aime cette recette de tarte au fromage salée que réalise sa maman et qu'il exécuta seul à douze ans. Recouverte de pâte comme une tourte, cette tarte se déguste chaude ou froide, telle quelle ou avec une salade verte.

Pour 4 personnes

Pâte brisée

- 200 g de farine
- 100 g de beurre
- 7 cl de lait
- 1 pincée de sel

Garniture

- 2 carrés frais Gervais demi-sel (40 % de matière grasse)
- 2 œufs
- 10 cl de crème fraîche épaisse
- 125 g de comté, de gruyère ou d'emmental râpé
- 1 pincée de sel et de poivre
- 1 cuillerée à soupe de lait pour badigeonner la pâte

Un pinot blanc du domaine Clément Lissner, vinifié par Bruno Schloegel, de Wolxheim.

Commencez par bien mélanger les ingrédients de la garniture. Elle ne doit pas être trop liquide : au besoin, ajoutez du fromage râpé. Placez la farce au frais. Préparez la pâte brisée en mélangeant les ingrédients, en les travaillant jusqu'à ce que la pâte devienne élastique. Divisez la pâte en deux boules et étalez-les au rouleau en deux disques.

Garnissez un moule (d'un diamètre de 18 cm) avec le premier disque de pâte, puis étalez la garniture. Mouillez les bords de la pâte du fond avant de disposer dessus le deuxième disque de pâte. Pincez les jointures des disques et rabattez les bords par en-dessous avec le côté non tranchant d'une lame de couteau. Tracez légèrement des croisillons sur la pâte et badigeonnez-la avec un peu de lait.

Dans un four préchauffé à 180° (th. 6), faites cuire la tarte (la grille placée en bas) pendant 30 min, puis coupez la voûte et terminez la cuisson pendant 10 min avec la chaleur du bas du four uniquement. Éteignez le four et laissez encore 5 min au chaud. Dégustez la tapada telle quelle, chaude, tiède ou froide, avec un vin blanc sec de préférence.

Pierre Bertaut, accordeur de piano à Muhlbach-sur-Bruche, est aussi musicien. Il joue de la flûte de pan, qu'il fabrique de ses mains, ainsi que du dulcimer et du piano (émission du 23 mars 2002).

Zarzuela

UNE RECETTE RÉALISÉE POUR FLORENCE GROFF

La Strasbourgeoise Florence Groff a suggéré cette recette espagnole qui mêle plusieurs sortes de poissons et de fruits de mer et dont le nom évoque la fête, car zarzuela signifie opérette. Il s'agit d'une spécialité catalane dont on peut varier les ingrédients au gré du marché.

Séparez les têtes et les queues des langoustines. Décortiquez les queues. Pelez un oignon et coupez-le en deux.

Mettez dans un fait-tout les têtes et les pattes des langoustines (réservez les queues), les têtes de poisson, l'oignon, le bouquet garni et du sel. Versez 2 l d'eau, portez à ébullition, couvrez, baissez le feu et laissez mijoter 20 min.

Pendant ce temps, coupez le jambon et les calamars en lanières, la lotte en tranches. Émincez le reste des oignons. Écrasez l'ail pelé. Plongez les tomates 1 min dans l'eau bouillante, pelez-les, épépinez-les et concassez-les. Coupez les poivrons en longues lanières. Ôtez la tête des langoustes et des homards, puis coupez les queues en deux dans le sens de la longueur et sortez la chair de la carapace.

Filtrez le bouillon, réservez-le. Dans une cocotte, faites fondre les oignons et l'ail dans un peu d'huile d'olive. Lorsqu'ils sont translucides, ajoutez les tomates et prolongez la cuisson à feu doux pendant 15 min. Réservez.

Faites revenir les queues de langouste et de homard. Égouttez-les et ajoutez-les dans la cocotte. Faites de même avec les queues de langoustine, les calmars, la lotte, le jambon et les lanières de poivron. Versez-les au fur et à mesure dans la cocotte. Salez et poivrez.

Mouillez avec le bouillon. Parfumez de safran et ajoutez le cognac. Portez à ébullition, couvrez et laissez frémir. Sortez les crustacés (homard et langouste) dès qu'ils sont cuits, après 2 à 3 min (surveillez de très près, tout dépend de l'épaisseur ; gardez les ingrédients juste cuits à cœur). Laissez les calmars encore pendant 15 min environ. Grattez et lavez les moules. Faites-les ouvrir à feu vif dans une casserole. Ajoutez-les dans la cocotte, versez dans une soupière et servez.

Pour 6 personnes

- 1 kg de langoustines
- 2 têtes de poisson à chair blanche
- 500 g de lotte
- 500 g de calamars
- 3 petites langoustes
- 2 petits homards
- 1 l de moules
- 1 bouquet garni
- 4 oignons
- 3 tranches (d'1 cm d'épaisseur) de jambon de Bayonne (ou de jambon d'Espagne salé et séché, dit serrano)
- 4 gousses d'ail
- 1 kg de tomates
- 1 poivron vert
- 1 poivron rouge
- 30 cl d'huile d'olive
- 1 pincée de safran
- 15 cl de cognac
- sel, poivre

Un crémant brut de Mathieu Zoeller, de Wolxheim.

Florence Groff, passionnée de chats (siamois en particulier), en fait l'élevage. Grande collectionneuse d'objets félins, elle pratique aussi la plongée sous-marine (émission du 7 février 2004).

Couscous tunisien

UNE RECETTE RÉALISÉE POUR BERNARD HEITZ

Avant d'être directeur du Jardin botanique de Strasbourg, Bernard Heitz a enseigné la botanique à l'École normale supérieure de Tunis, où il a pris goût au couscous que préparait Mouldia, la domestique qui faisait la semoule elle-même à partir d'un sac de blé acheté au marché. Voici la recette de ce plat national d'Afrique du Nord, telle qu'il la prépare chez lui à Oberhausbergen.

Pour 6 à 8 personnes

Agneau et poulet
- 1 kg d'agneau (collier, épaule ou haut de côtelette) en morceaux
- 1 poulet en morceaux (ou 8 cuisses de poulet)
- 5 cl d'huile d'olive

Boulettes de viande
- 250 g de mouton haché
- 250 g de bœuf haché
- 2 gousses d'ail
- 2 oignons hachés
- 1 petit bouquet de persil
- 3 feuilles de menthe (facultatif)
- 2 tranches de pain trempées dans du lait (facultatif)
- 1 pincée de harissa (condiment très épicé fait avec de petits piments)
- cumin en poudre
- sel, poivre
- huile d'olive (pour griller)

Légumes et aromates
- 500 g de pois chiches
- 3 gros oignons
- 4 gousses d'ail
- 500 g de tomates
- 6 carottes
- 4 navets blancs
- 1 morceau de potiron
- 4 courgettes
- 1 cœur de céleri branche
- 1 bulbe de fenouil (facultatif)
- 4 petits artichauts débarrassés de leurs feuilles et de leur foin et coupés en 4 (facultatif)
- 2 ou 3 côtes de cardons
- 200 g de fèves fraîches (cuites avec leur cosse si elles sont très jeunes)
- 2 tiges de persil coriandre (fraîche, si possible)
- 1 cuillerée à soupe de Tabel (une épice spéciale)
- 1 petite boîte de harissa
- 1 boîte moyenne de concentré de tomates
- 3 grains de poivre
- sel

Semoule
- 750 g de semoule de couscous
- 100 g de beurre

Un pinot noir d'André Regin, de Wolxheim.

La veille, faites tremper dans l'eau les pois chiches (pendant 12 à 24 h). Faites chauffer l'huile d'olive dans le couscoussier, mettez à blondir les oignons émincés, faites revenir les viandes. Réservez quelques beaux morceaux (côtes, cuisses de poulet, poitrine de poulet) et gardez-les au chaud. Ajoutez l'ail, les tomates concassées, le concentré de tomates délayé dans une tasse d'eau. Couvrez avec environ 4 l d'eau. Ajoutez les pois chiches rincés, le poivre en grains. Amenez à ébullition puis ajoutez les légumes (courgettes, céleri en branche et cardons en tronçons, carottes fendues en deux, fenouil, potiron, artichauts et navets en quartiers, fèves) ainsi que les épices et herbes aromatiques. Salez et cuisez à petit feu pendant 1 h.

Préparez la semoule. Disposez-la dans un grand plat, aspergez de cinq cuillères à soupe d'eau, mélangez, puis remettez autant d'eau que nécessaire pour humecter toute la semoule. Disposez la semoule sur une serviette humide dans la partie supérieure du couscoussier, roulez une serviette autour du joint (pour empêcher la vapeur de s'échapper). Laissez cuire 30 min. Mélangez une nouvelle fois la semoule et laissez encore cuire à la vapeur pendant 15 min.

Suite de la recette en p. 447

Bernard Heitz a enseigné à l'École normale supérieure de Tunis. Il devint plus tard directeur du Jardin botanique de Strasbourg. Il est animé par la passion de la nature (émission du 24 mars 1996).

Couscous marocain

UNE RECETTE RÉALISÉE POUR LAURE LICKEL

Laure Lickel apprécie le couscous que lui réalise Mimi sa tante marocaine, plutôt avec du poulet car elle n'aime pas l'agneau. Dans le couscous marocain, on ne met pas de concentré de tomates, ni de harissa, ni d'ail, précise Mimi. Elle n'utilise pas non plus d'huile d'olive mais du beurre pour faire revenir la viande.

La veille, faites tremper dans l'eau les pois chiches (pendant 12 à 24 h). Faites chauffer le beurre dans une sauteuse, faites revenir la viande sur toutes les faces, mettez à blondir les oignons émincés. Ajoutez le sel, le poivre, le safran et le gingembre. Couvrez avec environ 2 l d'eau. Ajoutez les pois chiches. Laissez cuire la viande jusqu'à la tendreté souhaitée, décantez-la et finissez la cuisson des pois chiche.

La semoule se cuit en deux temps. Faites chauffer de l'eau ou du bouillon dans le bas du couscoussier. Sur la partie supérieure, disposez la semoule dans un torchon humide. Lorsque la vapeur a traversé le couscoussier, retirez la semoule, travaillez-la un peu avec les doigts pour détacher les grains les uns des autres. Faites cuire les légumes épluchés, coupés en deux dans le sens de la longueur (carottes, navets, courgettes, tomates), ainsi que la courge coupée en morceaux. Ajoutez les raisins secs, la coriandre hachée et les grains de poivre. Salez et cuisez à petit feu pendant 1 h. Lorsque les légumes sont cuits, retirez-les du feu.

Faites cuire une deuxième fois la semoule à la vapeur. Humectez avec un peu d'eau ou de bouillon si nécessaire. Laissez cuire 30 min. Mélangez une nouvelle fois la semoule et laissez encore cuire à la vapeur pendant 15 min si nécessaire. Retirez la semoule du couscoussier et versez-la dans un plat ; du bout des doigts, séparez bien les grains, humectez si nécessaire avec du bouillon.

Suite de la recette en p. 447

Pour 6 à 8 personnes

Viande

- 3,5 kg de poulet (2 poulets en morceaux ou 8 cuisses de poulet)
- 100 g de beurre
- 1 cuillerée à café de safran en poudre
- 1 cuillerée à café de poivre blanc moulu
- 1 cuillerée à café de gingembre moulu
- 1/2 cuillerée à soupe de sel fin
- 300 g d'oignons émincés
- 200 g de pois chiches trempés la veille
- 2 l d'eau

Légumes et aromates

- 1 kg de carottes, 750 g de navets
- 1 kg de courgettes
- 500 g de tomates
- 1 kg de courge rouge
- 250 g de raisins secs avec pépins
- 1 botte de coriandre hachée
- 3 grains de poivre, sel
- 2 l d'eau ou de bouillon
- harissa

Semoule

- 750 g de semoule de couscous
- 100 g de beurre (facultatif)

Un muscat du domaine d'Alexandre Arbogast, de Dahlenheim.

Passionnée d'histoire, d'art et de traditions populaires, Laure Lickel travaille au musée de Bouxwiller et du Pays de Hanau comme agent de développement du patrimoine (émission du 8 février 2003).

Pastilla d'agneau aux fruits et au foie gras

UNE RECETTE RÉALISÉE POUR BERTRAND LEGIN

Pour Bertrand Legin, Hubert a imaginé cette pastilla en saveurs pascales : avec agneau, fruits et un peu de foie gras. Cette tourte feuilletée marocaine mangée chaude, farcie de viande, parfois de fruits de mer ou de légumes, se compose de feuilles de bricks, disposées dans un moule rond, en couches superposées alternant avec la garniture choisie.

Pour 4 personnes

- 800 g de carré d'agneau ou 500 g de filet d'agneau
- 150 g d'épinards
- 50 g de pignons de pin
- 2 cl d'huile d'olive
- 60 g d'abricots secs coupés en dés
- 60 g de raisins secs
- 100 g de mie de pain (coupée en dés de 5 mm de côté)
- 5 cl de bouillon de viande
- 1 botte de coriandre fraîche
- 125 g d'amandes grillées et concassées
- 2 g de cumin en poudre
- 2 g de canelle
- 2 g d'épices à pain d'épice
- 5 g de gingembre frais
- 5 g de zeste d'orange râpé
- 3 feuilles de menthe
- 2 œufs durs hachés
- 8 feuilles de brick
- 200 g de foie gras
- 50 g de beurre
- 10 g de sucre glace
- 2 g de cannelle
- sel

Un pinot noir de la maison Joseph Cattin & Filles, de Voegtlinsboffen.

Faites désosser le carré d'agneau ou parer le filet. Faites-le revenir vite à feu vif, posez-le sur un plat et laissez-le refroidir. Assaisonnez. Cuisez les épinards coupés finement dans l'eau salée pendant 1 min. Mélangez ensemble les ingrédients de la farce : épinards, mie de pain, bouillon de viande (ou jus de l'agneau revenu), pignons, abricots, raisins secs, amandes, zeste d'agrumes, épices, herbes hachées et œufs durs hachés.

Étalez une feuille de brick. Beurrez-la à l'aide d'un pinceau, posez une deuxième feuille par-dessus, déposez deux à trois cuillerées de farce sur les feuilles beurrées, puis le filet d'agneau entier et le morceau de foie gras bien centré. Il faut mouler l'ensemble, lui donner la forme correspondant au moule (moule rectangulaire à cake, ou moule rond à tourte à manqué anti-adhésif ou tarte de 18 cm de diamètre).

Déposez le reste d'appareil sur la viande et refermez le tout par deux feuilles de brick beurrées superposées. Faites cuire pendant 20 min à four très chaud (240°, th. 8). À la sortie du four, lustrez au pinceau avec un peu de beurre fondu, parsemez légèrement de sucre glace et de cannelle. Servez aussitôt.

D'abord serrurier à Ostwald pendant neuf ans, Bertrand Legin devint le chef-serrurier de l'Opéra du Rhin à Strasbourg, poste essentiel pour faire tenir et bouger les décors (émission du 30 mars 2002).

Tajine d'agneau

UNE RECETTE RÉALISÉE POUR MARGUERITE GABLE-SENNÉ

Marguerite Gable-Senné, de Guebwiller, écrivain, aime le tajine, ce plat creux maghrébin en terre cuite vernissée, coiffée d'un couvercle conique hermétique. Le tajine désigne aussi le plat ainsi préparé qui peut se composer de légumes, de poisson, de poulet, de viande et même de fruits. Celui imaginé par Hubert a les parfums du printemps et des épices d'Orient.

Si vous n'avez pas de plat à tajine, vous pouvez vous servir d'une terrine à baeckeoffe comme tout bon Alsacien.

Coupez une épaule d'agneau désossée en morceaux d'environ 2,5 cm de côté. Pelez et hachez les oignons et l'ail. Faites chauffer l'huile d'olive dans un tajine. Faites-y dorer les morceaux de viande avec les oignons. Ajoutez les tomates en quartiers ainsi que les pommes de terre coupées en gros dés et l'ail haché. Parfumez avec la cannelle, le cumin, le ras al-hanout, la citronnelle, la gousse de vanille fendue, le gingembre râpé, l'anis étoilé et le thym. Salez et poivrez, ajoutez l'eau. Couvrez et laissez mijoter pendant 1 h.

Épluchez les fèves, ajoutez-les au tajine après 1 h de cuisson. Ajoutez aussi à ce moment-là les citrons confits coupés en quatre (ou les pruneaux séchés) ainsi que les cœurs d'artichaut coupés en deux (ou le céleri en branche). Poursuivez la cuisson pendant 30 min. Au moment de servir le tajine, parsemez-le avec la coriandre ciselée.

Pour 6 personnes

- 1,5 kg d'épaule d'agneau désossée et coupée en morceaux
- 200 g d'oignons
- 3 gousses d'ail
- 6 cuillerées à soupe d'huile d'olive
- 4 tomates
- 6 pommes de terre
- 1 cuillerée à café de cannelle
- 1 cuillerée à café de cumin
- 1 cuillerée à café de ras al-hanout, un mélange d'épices en poudre (cannelle, clous de girofle et poivre noir) utilisé au Maroc et en Tunisie
- 1 branche de citronnelle
- 1 gousse de vanille
- 100 g de gingembre frais
- 3 pièces d'anis étoilé
- 2 petites branches de thym
- sel, poivre
- 2 dl d'eau
- 250 g de fèves fraîches (ou de petits pois)
- 4 citrons confits (ou 100 g de pruneaux séchés)
- 4 cœurs d'artichaut (ou 100 g de céleri en branche)
- 1 bouquet de coriandre fraîche

Un gewurztraminer du domaine Klein-Brand, à Soultzmatt.

Marguerite Gable-Senné, écrivain et poétesse, a écrit une douzaine de livres. Passionnée de peinture et de voyages, elle donne des conférences sur l'art et les pays qu'elle visite (émission du 18 mars 2000).

Émincé de veau aux fruits exotiques et aux cacahuètes

UNE RECETTE RÉALISÉE POUR BERNARD FEDER

Bernard Feder, connu comme chanteur-fantaisiste sous le nom de Mélasse, vit à Leimbach. Il apprécie ce plat exotique que prépare sa femme Denise. Cette spécialité togolaise sied à la saison estivale: elle est assortie de fruits et on la saupoudre de cacahuètes hachées ou de pulpe râpée de noix de coco.

Pour 2 personnes

Viande
- 300 g de veau
- sel, poivre
- 2 cl d'huile
- 10 g de beurre
- 30 g d'oignons hachés
- 2 g de curry
- 10 cl de crème fraîche

Accompagnement
- 160 g de riz cuit à la créole (à l'eau bouillante salée)
- 200 g d'ananas frais (ou en boîte au sirop)
- 1 orange
- 1 banane

Pour saupoudrer
- 10 g de noix de coco râpée
- 40 g de cacahuètes concassées
- 1 pincée de ciboulette ciselée

Un gewurztraminer Westerberg élaboré par Nicolas Einhart, de Rosenwiller.

Chauffez l'huile dans une poêle. Faites revenir vivement la viande de veau émincée. Salez, poivrez et saupoudrez de curry. Faites suer le beurre, les oignons hachés à part. Ajoutez-y la crème fraîche; donnez quelques petits bouillons pendant 1 à 2 min. Rectifiez l'assaisonnement.
Parallèlement, faites cuire à la créole du riz long. Épluchez et détaillez des fruits (ananas, orange, banane) que vous tiédirez.
Pour la présentation, posez le riz en couronne dans un plat, avec les fruits au centre. Servez la viande avec le riz et les fruits, nappez de sauce.
Saupoudrez d'un peu de farine de noix de coco (ou noix de coco râpée) et/ou de cacahuètes grossièrement hachées et de ciboulette.

Bernard Feder, instituteur, enseigne depuis 1982 à Malmerspach, dans la vallée de Saint-Amarin. Il proposa la même année son premier one-man-show (émission du 2 juin 2001).

Poulet à l'africaine

UNE RECETTE RÉALISÉE POUR GÉRARD BRAND

Gérard Brand, qui a vécu une dizaine d'années en Côte-d'Ivoire et au Cameroun, aime le côté créatif de ces pays et de leur peuple. Il a choisi ce poulet à l'africaine, laissant à Hubert toute liberté de créer une envolée de saveurs. Sa farce aux fruits secs, couscous et épices, comme la sauce à l'ananas et au miel, attestent d'une belle inventivité.

Commencez par faire cuire les pois chiches secs pendant 1 h 30 à 2 h à l'eau bouillante, plongez-les dans l'eau froide une nuit et frottez-les avec les doigts afin d'en enlever la peau. Préparez le bouillon en mélangeant les différents ingrédients (eau, bâton de cannelle, oignon, amandes, pois chiches, noix de coco, sel, curcuma). Portez à ébullition et, dans la partie haute du couscoussier, faites cuire à la vapeur la volaille farcie avec les différents ingrédients pendant 30 min. Égouttez la volaille, faites-la rôtir de toutes parts au four à 180° (th. 6). Salez et poivrez. Continuez à faire réduire le bouillon jusqu'à 1 dl.

Pour la sauce, faites caraméliser le miel dans une sauteuse, ajoutez l'ananas coupé en petits dés, puis la noix de coco râpée, les raisins secs et le citron confit au sel. Ajoutez le bouillon réduit, laissez cuire jusqu'à consistance désirée, rectifiez l'assaisonnement et servez aussitôt.

Pour 2 personnes

Viande
- 1 coquelet de 600 à 800 g
- sel, poivre

Farce
(tous les ingrédients sont facultatifs, libre à vous de les agencer selon votre humeur)
- 200 g de semoule de couscous cuite
- 50 g de raisins de Corinthe
- 40 g de noix hachées
- 20 g de miel, 1 figue séchée
- 20 g de citron confit au sel
- 20 g d'amandes grossièrement hachées
- 20 g de noix de coco râpée
- 2 g de cumin moulu, de curry et de curcuma
- sel, poivre

Bouillon
- 1 l d'eau
- 1 bâton de cannelle
- 50 g d'oignon haché
- 10 g de noix de coco râpée
- 20 g d'amandes hachées
- 150 g de pois chiches trempés la veille
- 2 g de curcuma
- 2 g de coriandre
- 2 g de poivre, sel (très peu)

Finition de la sauce
- 5 g de miel
- 1 tranche d'ananas frais (sinon en boîte)
- 5 g de noix de coco râpée
- 20 g de raisins secs
- 5 g de citron confit
- sel, poivre

Un alsace grand cru Bruderthal de Gérard Neumeyer, de Molsheim.

Gérard Brand, artiste mosaïste à Obernai, crée des œuvres où le vide occupe une grande place. Pour transmettre son art, il propose des stages et donne des conférences (émission du 9 novembre 2002).

Poulet au citron, dit *Yassa*

UNE RECETTE RÉALISÉE POUR JO LAENGY

Jo Laengy, de Munster, journaliste, qui mène des actions de bienfaisance au Sénégal avec l'association Kébémer Amitiés, a suggéré le poulet au citron, une spécialité africaine qu'il a souvent dégustée au Sénégal. Original, facile à réaliser et léger, ce plat peut se préparer la veille car il se réchauffe bien. Il peut également être réalisé avec une autre viande (bœuf, agneau) ou avec du poisson.

Pour 4 personnes

- 1 poulet de 1,5 kg coupé en 16 morceaux (de taille réduite)
- 1 kg d'oignons
- 250 g de jus de citron
- 150 g de tomates fraîches
- 4 piments
- 4 cuillerées à soupe d'huile d'olive
- 3 gousses d'ail
- 4 dl d'eau
- sel, poivre

Un pinot noir de Clément Klur, de Katzenthal.

Coupez en morceaux le poulet. Les Sénégalais en font au moins seize parts. Disposez-les dans une terrine. Ajoutez les oignons émincés finement en rondelles. Versez le jus de citron. Salez et poivrez, ajoutez l'ail finement haché.

Ajoutez deux ou trois tomates fraîches coupées en rondelles. Laissez mariner (le temps de la marinade peut varier entre 20 et 45 min, voire plus). Dans une cocotte, faites revenir à l'huile les oignons et le poulet égoutté en laissant bien dorer. Ajoutez l'eau. Versez le liquide de marinade, ajoutez les piments. Laissez mijoter à couvert pendant 25 min. Le *yassa* est prêt. Servez bien chaud avec du riz cuit à la créole.

À sa retraite de journaliste aux «Dernières Nouvelles d'Alsace», Jo Laengy devint journaliste bénévole à TLB, la Télévision locale de Biesheim. Il est aussi secrétaire général du Centre européen de recherche sur le droit des accidents collectifs et des catastrophes (émission du 9 avril 2005).

Repas tchadien

UNE RECETTE RÉALISÉE POUR LILIANE ET MARIUS BAAR

Liliane et Marius Baar ont proposé ces mets tchadiens que prépare la tribu des Dangaléats. Le poulet est un luxe que la tribu s'accorde très rarement. Le plat national est le mil qui doit pousser durant les trois mois de saison de pluie, être protégé des oiseaux, des antilopes qui en raffolent et des éléphants qui le piétinent.

Boule de millet

Faites bouillir l'eau salée et versez en pluie la farine de millet, remuez énergiquement pour faire cuire l'amidon pendant 5 min. Le millet doit être compact. Versez cette bouillie dans une jatte en bois puis renversez-la comme un pudding. «La boule de millet est toujours préparée le soir après le coucher de soleil, précise Liliane. Les indigènes s'assoient en rond autour des deux écuelles. Avec les doigts, ils prélèvent une part et la trempent dans la sauce avant de la porter à leur bouche.»

Poulet aux arachides

Faites chauffer le beurre ou l'huile et faites-y revenir les morceaux de poulet jusqu'à ce qu'ils aient pris une belle couleur dorée. Retirez le poulet et faites revenir les oignons émincés. Ajoutez les tomates en dés, le sel, le poivre, le pili-pili, le gingembre ou le curry, le gombo, des cacahuètes et l'ail hachés. Mouillez avec le demi-litre d'eau et laissez confire à feu doux pendant 45 min. Saupoudrez avec des cacahuètes hachées. Servez avec l'accompagnement de millet. Posez sur la table les éléments d'accompagnements, des ingrédients (que Liliane et Marius ne trouvaient pas sur place) dont chaque convive se servira à sa guise. Chacun pourra également ajouter, à sa convenance : noix de coco, graines de sésame, bananes fraîches, amandes grillées, gingembre.

Pour 4 personnes

Boule de millet
- 400 g de millet moulu fin
- 1 l d'eau
- 10 g de sel

Poulet aux arachides
- 1 poulet de 1,5 kg découpé en 8 morceaux
- 50 g d'huile arachide (les Africains en utilisent plus car ils sont friands des plats riches en huile)
- 100 g d'oignons
- 2 gousses d'ail
- 400 g de tomates séchées (ou 600 g de fraîches)
- 2 g de piment pili-pili
- 5 g de gingembre (facultatif)
- 2 cuillerées à soupe de gombo (plante potagère tropicale) en poudre (facultatif)
- 5 g de curry (facultatif)
- 1/2 l d'eau
- 150 g de cacahuètes hachées (saupoudrer avant de servir)
- sel, poivre

Accompagnement
- 100 g de noix de coco râpée
- 100 g de bananes fraîches en rondelles (ou 40 g séchées)
- 50 g de graines de sésame grillé
- 50 g d'amandes mondées et grillées

30 g de gingembre frais râpé

Un klevener clos Schwendebiesel de René Meckert & Fils, d'Heiligenstein.

Liliane et Marius Baar furent pendant trente ans missionnaires au Tchad, à Korbo, avant de revenir à Eichhoffen. Marius, issu des Arts décoratifs, était l'auteur de nombreux tableaux et livres (émission du 16 mars 2002).

Thieboudienne sénégalais

UNE RECETTE RÉALISÉE POUR RICHARD WENTZIGER

Richard Wentziger, d'Erstein, fondateur d'une dizaine de clubs de karaté en Alsace, forme aussi de jeunes karatékas à Mbour, au Sénégal. C'est sa façon de faire de l'humanitaire par le biais du sport pour un peuple qui a tant fait pour l'Alsace durant la guerre. Comme plat, il a choisi le thieboudienne, plat traditionnel sénégalais composé de poissons et de légumes.

Pour 6 personnes
- 1,5 kg de poisson maigre (mérou ou capitaine de préférence, sinon aiglefin, dorade, colin aussi appelé merlu)
- 150 g de concentré de tomates
- 200 g de tomates fraîches
- 100 g de poisson séché (appelé *guedj*)
- 2 aubergines, 2 carottes
- 1 navet, 1 oignon, 1 poivron vert
- 200 g de chou fleur
- 200 g de chou blanc
- 200 g de manioc (facultatif)
- 150 g de patates douces
- 4 piments (facultatif, veillez à ce qu'ils ne s'ouvrent pas pendant la cuisson)
- 2 dl d'huile d'olive
- sel, poivre
- 300 g de riz
- 1 l d'eau

Farce
- 1 gousse d'ail
- 1 oignon, persil
- poivre
- 1 cube de bouillon de viande déshydraté

Un rouge Burgreben du domaine Huber et Bléger, à Saint-Hippolyte.

Nettoyez et lavez le poisson. Faites la farce en mixant (ou pilant au mortier) l'ail, l'oignon, le poivre, le cube de bouillon et le persil. Badigeonnez le poisson avec ce mélange à l'intérieur comme à l'extérieur.

Dans l'huile chaude, faites revenir un oignon émincé, ajoutez un peu de piment, le concentré de tomates ainsi que les tomates émincées en rondelles. Déposez le poisson dans cette sauce à la tomate, couvrez et laissez cuire pendant 10 min puis ajoutez les légumes épluchés, entiers ou coupés en deux ainsi que le poisson séché *(guedj)* coupé en morceaux. Ajoutez environ un litre d'eau. Salez et poivrez. Laissez cuire pendant 30 à 40 min. À la fin de la cuisson, mettez dans un récipient le poisson et les légumes (avec un peu de liquide) et dans un autre l'essentiel du liquide de cuisson. Ajoutez à ce liquide le riz préalablement cuit à la vapeur ou à l'eau. Laissez-le encore cuire pendant une quinzaine de minutes. Il est important que le riz soit très cuit. S'il le fallait, ajoutez encore un peu d'eau en cours de cuisson.

Richard Wentziger, professeur de karaté à Erstein, est séduit par l'art de vivre japonais. Il s'est également pris de passion pour le Sénégal et y forme de jeunes karatékas (émission du 15 janvier 2005).

Cassoulet brésilien et sa sauce carioca

UNE RECETTE RÉALISÉE POUR CHRISTINE SAMBRANA

Christine Sambrana, de Cronenbourg, née au Maroc d'un père armateur syrien et d'une maman colmarienne, aime réunir ses amis pour des soirées à thème, par exemple pour une soirée brésilienne au cours de laquelle elle prépare ce cassoulet original fait avec des haricots noirs, accompagné de tranches d'oranges et d'une sauce pimentée.

Cassoulet brésilien

Faites dessaler pendant une nuit les viandes de porc salées. Faites également tremper les haricots noirs pendant la même durée. Le lendemain, mettez dans une grande cocotte en fonte les haricots recouverts d'eau froide. Portez doucement à ébullition avec le bouquet garni. Dans une autre marmite, portez à ébullition les viandes dessalées et les oreilles de porc, laissez cuire pendant 30 min. Lorsque les haricots ont cuit pendant 1 h, ajoutez toutes les viandes, l'os de jambon, la saucisse fumée ainsi que deux à trois louches du bouillon de viande. Continuez l'ébullition à feu doux et régulier pendant 30 min. Ajoutez 30 g de saindoux, l'oignon finement haché, les gousses d'ail pilées (ou hachées) et les tomates épluchées. Complétez la garniture avec la saucisse à l'ail et les fines lanières d'oreilles de porc cuites. Prolongez la cuisson pendant 30 min. Posez les saucisses dessus et faites cuire encore 20 min. Vérifiez la tendreté des haricots. Servez les haricots dans un plat creux en terre et les viandes à part. Placez devant chaque convive, sur une petite assiette individuelle, une orange pelée à vif, coupée en tranches et décorée d'une feuille de menthe : elle a pour but de désaltérer le palais. Accompagnez le cassoulet d'une sauce carioca.

Sauce carioca

Disposez la purée de piment dans un bol, ajoutez le rhum blanc, le jus des citrons, mélangez et laissez macérer pendant 1 h au moins. Complétez l'assaisonnement avec une pincée de persil haché et du sel.

Pour 6 à 8 personnes

Cassoulet brésilien
- 500 g de porc salé
- 250 g de saucisse fumée (saucisse de ménage, dite *haerti Mettwurscht*, ou saucisse de Montbéliard ou saucisse lorraine)
- 250 g de saucisse à l'ail
- 100 g de lard salé (non fumé)
- 1 os de jambon sec (Bayonne, Parme, serrano)
- 500 g de filet de porc frais (ficelé)
- 2 oreilles de porc cuites et coupées en fines lanières
- 1 kg de haricots noirs moyens (à défaut, des rouges ou des blancs : lingots, mogettes ou cocos)
- 60 g de saindoux, 60 g d'oignons
- 2 gousses d'ail
- 4 tomates bien mûres mondées
- 1 bouquet garni, sel, poivre
- 10 oranges, quelques feuilles de menthe

Sauce carioca (à préparer 1 h à l'avance)
- 2 cuillerées à soupe de purée de piment (du piment oiseau, de préférence)
- 1 dl de rhum blanc, 4 citrons verts
- 1 cuillère à potage de persil haché
- sel

Un edelzwicker de Clément Huck, de Rosenwiller.

Christine Sambrana travaille comme nourrice agréée et est devenue photographe amateur. Esthéticienne-manucure de formation, elle fait régulièrement du sport en salle de musculation (émission du 28 mars 1998).

Chili con carne

UNE RECETTE RÉALISÉE POUR MARC HUBER

Marc Huber a retenu ce plat typique des pionniers du Texas, inspiré de la cuisine mexicaine et très populaire dans tous les États-Unis. *Chili con carne* est une expression qui, en espagnol, signifie piment avec viande. Ce ragoût de bœuf haché, cuit avec des oignons émincés, des poivrons et des haricots rouges, est épicé avec du Tabasco et du cumin en poudre.

Pour 6 personnes
- 500 g de haricots rouges (secs) à cuire avec un peu de thym et de laurier
- 5 cl d'huile d'olive (pour faire revenir les légumes)
- 5 oignons
- 1 poivron vert
- 1 poivron rouge
- 1 poivron jaune
- 4 petits piments
- 6 tomates
- 4 gousses d'ail
- 5 cl d'huile (ou 50 g de saindoux) pour faire revenir la viande
- 1 kg de viande hachée (prise dans la tranche grasse)
- sel, poivre
- 1 cuillerée à café de Tabasco
- 1 cuillerée à café de cumin en poudre
- un peu de thym
- 1 feuille de laurier
- 3/4 l d'eau

Un rouge château Simone, appellation palette contrôlée, de Rougier (Meyreuil, Bouches-du-Rhône).

Faites tremper les haricots rouges dans de l'eau. Égouttez-les, recouvrez-les d'eau froide et portez doucement à ébullition. Jetez alors cette eau et recouvrez d'eau bouillante salée, ajoutez un peu de thym et une feuille de laurier. Laissez cuire une bonne heure.

Faites revenir dans l'huile d'olive les oignons et les poivrons émincés. Ajoutez les piments détaillés en fines lanières et épépinés, les tomates coupées en dés et l'ail écrasé. Dans une cocotte, faites saisir rapidement la viande avec l'huile (ou le saindoux). Ajoutez les légumes, les haricots cuits et égouttés. Salez, poivrez, ajoutez le Tabasco, le cumin, le thym et le laurier. Mouillez avec 3/4 l d'eau, couvrez et laissez mijoter pendant 1 h environ.

Goûtez, rectifiez l'assaisonnement si nécessaire. Ce plat doit être assez épicé.

Marc Huber, seul « expert bombeur » professionnel d'Alsace, était menuisier à Kuttolsheim, avant de faire les Arts décos et de devenir un artiste-peintre de « l'immédiat » (émission du 18 janvier 1996).

Jambalaya

UNE RECETTE RÉALISÉE POUR GÉRARD LINDERER

Gérard Linderer aime la jambalaya, une spécialité de la Nouvelle-Orléans, inspirée de la paella. Faite de riz épicé, garnie de poulet ou de poisson, de jambon, de saucisses et de crevettes, on y ajoute parfois aussi des huîtres ou des écrevisses. Sans oublier quelques gouttes de Tabasco, cette sauce épicée fabriquée en Louisiane.

Dans une sauteuse, faites revenir à l'huile l'oignon, le poivron et l'ail jusqu'à ce qu'ils soient tendres. Ajoutez le poulet, le jambon, la saucisse fumée. Faites cuire 5 min. Ajoutez les tomates, le bouillon de poule, le riz, le persil, le thym, le sel, le Tabasco. Mélangez bien.

Amenez à ébullition. Couvrez et baissez le feu. Laissez cuire 20 à 25 min, jusqu'à ce que le riz soit cuit et le liquide absorbé. Ajoutez les écrevisses ou les crevettes 5 min avant la fin de cuisson.

Pour 4 personnes

- 1 gros oignon haché
- 100 g de poivron vert coupé en petits dés
- 6 gousses d'ail écrasé
- 2 cuillerées à soupe d'huile
- 100 g de poulet cuit coupé en dés
- 100 g de jambon coupé en dés
- 100 g de saucisse fumée découpée
- 250 g de tomates épluchées coupées en dés
- 2,5 dl de bouillon de poule
- 100 g de riz non cuit
- 1 cuillerée à soupe de persil haché
- 1 cuillerée à café de fleur de thym
- sel
- 1 cuillerée à café de piment Tabasco
- 200 g d'écrevisses ou de crevettes décortiquées cuites

Un pinot noir, un Vorlauf de Mosbach, de Marlenheim.

Gérard Linderer, instituteur à Haguenau, dirige depuis plus de trente ans le groupe Les Messagers, qui interprète gospels et negro-spiritual en faveur de causes humanitaires (émission du 2 décembre 2000).

Carpaccio de thon, haricots rouges et noirs à la coriandre et riz à la costaricaine

UNE RECETTE RÉALISÉE POUR MARC MUNZENBERGER

Marc Munzenberger, de Hirtzbach dans le Sundgau, est guide touristique au Costa Rica, sur la presqu'île d'Osa, un paradis vert et bleu où la forêt vierge est encore intacte. La nourriture indigène est principalement composée de haricots noirs ou rouges cuits à l'eau, parfumés à la coriandre et du riz servi à part, cuit façon pilaf avec oignons, céleri en branches et poivrons.

Pour 2 personnes

Carpaccio de thon
- 300 g de thon cru blanc
- 4 cl de jus de citron
- 2 cl d'huile d'olive
- 1 petite échalote ciselée finement
- sel, poivre

Haricots à la coriandre
- 50 g de haricots rouges
- 50 g de haricots noirs
- 80 g d'oignons hachés
- coriandre fraîche
- sel, poivre

Riz à la costaricaine
- 160 g de riz blanc
- 60 g de riz sauvage
- 1 dl d'huile d'olive
- 40 g d'oignons hachés
- 100 g de céleri branche
- 30 g de poivron rouge
- 50 g de poivron jaune
- 20 g de poivron vert

Un riesling Bruderthal de culture biologique de Philippe Heitz, de Molsheim.

Carpaccio de thon

Coupez le thon blanc en très fines tranches sur l'assiette ou le plat de service. Versez le jus de citron, salez et poivrez. Ajoutez l'échalote et l'huile d'olive ; dégustez. Vous pouvez aussi réaliser un tartare de thon cru en mélangeant des dés de thon avec du jus de citron, du sel, du poivre, un œuf dur écrasé, de l'huile d'olive, de l'échalote hachée et des herbes aromatiques.

Haricots à la coriandre

Faites cuire dans l'eau les haricots durant 1 h 30 à 2 h, préalablement trempés une nuit dans l'eau froide, égouttés et rincés. Égouttez et mélangez à chaud avec les oignons hachés et une poignée de coriandre frais concassée avant de servir. Salez. (Variante : vous pouvez relever cette préparation avec un trait d'huile d'olive, un filet de jus de citron vert et de la mangue coupée en petits dés.)

Riz à la costaricaine

Faites cuire le mélange riz blanc-riz sauvage dans beaucoup d'eau salée à ébullition pendant 20 min environ. Rafraîchissez-le dans un filet d'eau courante froide. Égouttez-le soigneusement. Faites revenir sans coloration les oignons hachés ainsi que les poivrons et le céleri en branche coupés en très petits dés. Salez, poivrez. Cuisez-les légèrement craquants. Mélangez cette garniture avec les riz. Rectifiez l'assaisonnement.

Marc Munzenberger, passionné d'écologie, se partage entre le Sundgau – où il cultive des arbres fruitiers et implante des haies –, et le Costa Rica où il est guide touristique (émission du 23 juin 2001).

Saveurs mexicaines

UNE RECETTE RÉALISÉE POUR BARBARA ET ROBERT SIEGLER

Pour séduire Barbara, Robert Siegler lui composa 2 714 vers et l'épousa huit mois plus tard. Trois filles naquirent en trois ans, qui vivent avec leurs parents entre France et USA. Barbara et Robert ont suggéré ces saveurs mexicaines appréciées au Texas. Le *taco* est une coquille de maïs croustillante, fourrée de viande hachée, de légumes, d'une sauce *salsa* et d'une purée d'avocat à l'oignon (guacamole).

Pour les tacos, commencez par préparer la garniture : dans une poêle, faites revenir à l'huile chaude le bœuf haché et l'oignon émincé, en remuant afin qu'ils colorent de toutes parts. Ajoutez l'ail haché, le paprika, le cumin, le sel, le poivre, le Tabasco et la coriandre. Parfumez avec l'origan. Arrosez avec 3 dl d'eau, couvrez et laissez mijoter pendant 10 min.

Préparez la sauce salsa en mélangeant les différents ingrédients.

Pour le guacamole : écrasez à l'aide d'une fourchette la chair des avocats, ajoutez les autres ingrédients et réservez au frais.

Coupez la salade en lanières en la posant dans un ravier. Disposez les tomates découpées en dés dans un autre ravier. Faites de même avec le concombre. Disposez également la sauce salsa, la crème fraîche (ou épaisse) sur la table ainsi que le fromage (type gruyère, gouda, mimolette ou comté).

Faites chauffer les tacos au four préchauffé à 180° (th. 6) pendant 10 min. Tous les ingrédients sont présentés séparément et chacun garnit son taco à son goût avec la viande, le guacamole, la salade, la tomate, le fromage, la sauce salsa.

Pour 4 personnes

Tacos

- 12 tacos (certains utilisent aussi des crêpes molles, les mêmes qui servent à faire les fajitas)
- 500 g de bœuf haché
- 1 cuillerée à soupe d'huile
- 1 oignon, 1 gousse d'ail
- paprika, cumin
- 1 pincée de coriandre
- 1 pincée d'origan
- sel, poivre
- 1 cuillerée à soupe de Tabasco
- 3 dl d'eau

Accompagnement

- 1 salade verte taillée en chiffonnade (fines lanières)
- 2 tomates
- 100 de concombre
- 150 g de fromage râpé
- 10 cl de crème fraîche

Sauce salsa

- 200 g de dés de tomates
- 20 g de piment vert ciselé finement
- 50 g d'oignon haché
- 1 gousse d'ail haché
- sel
- 5 g de gigembre frais
- paprika
- 1 cuillerée à soupe de Tabasco
- 3 dl de fond brun de volaille (ou, à défaut, 2 dl de sauce soja) et 1 dl d'eau

Compotée de haricots

- 800 g de haricots noirs ou rouges
- 150 g d'oignons
- 2 l d'eau
- sel, poivre

Guacamole

- 4 avocats frais, bien mûrs
- 20 g de coriandre fraîche hachée finement
- le jus d'1 citron jaune
- le jus d'1/2 citron vert
- 2 gouttes de Tabasco
- sel, poivre

Un pinot noir de Gérard et Denise Dolder, de Mittelbergheim.

Suite de la recette en p. 448

Barbara et Robert Siegler partagent leur vie entre Mittelbergheim et Kerrville, au Texas, où ils font de la gestion immobilière. Robert a fait paraître à compte d'auteur le livre « Ode à Barbara » (émission du 25 mai 2002).

Canard laqué

UNE RECETTE RÉALISÉE POUR FABIEN SCHULTZ

Fabien Schultz chantait pendant ses études à Paris dans le Chœur de Saint-Eustache, une paroisse servie par des Oratoriens. C'est là qu'il a rencontré le Père Wang – qui s'occupait des Chinois catholiques de Paris – qui l'a initié aux saveurs de la cuisine chinoise. Il retrouve dans les parfums de cette cuisine une magie analogue à celle des couleurs des vitraux.

Pour 5 à 6 personnes

Viande

- 1 canard de Barbarie (ou 1 mulard) d'au moins 1,8 kg, le moins gras possible

Farce

- 6 anis étoilés (badiane)
- 1 mélange de 2 cuillères à soupe de sucre, 1 cuillère à soupe de sel et 3 g de poivre
- 2 cuillères à soupe d'épices « cinq parfums » (cannelle, cumin, badiane, coriandre et réglisse) en poudre (à confectionner ou à acheter dans une épicerie asiatique)

Pour le blanchir

- 3 l d'eau
- 1 dl de vinaigre blanc
- 1 dl de caramel (100 g de sucre roussi à belle coloration puis décuit avec 10 cl d'eau)

Laque

- 4 cuillères à soupe de miel liquide
- 2 cuillères à soupe de sauce soja
- 2 cuillères à soupe de vinaigre
- 1 cuillère à soupe d'alcool de riz
- 1 cuillère à soupe d'épices « cinq parfums »
- 1 cuillerée à café de sucre et de sel

Sauce froide

- 5 cuillères à soupe de sauce soja
- 2 échalotes hachées
- 1 cuillère à soupe de vinaigre de vin
- 1 cuillerée à café d'huile de sésame ou autre

Légumes d'accompagnement

- 1/2 concombre pelé et coupé en lamelles
- 2 carottes pelées et coupées en fines lamelles
- 1/2 bouquet d'oignons verts émincés (ou des tiges vertes d'oignon)
- 1/2 botte de coriandre grossièrement hachée
- ciboule chinoise finement détaillée

Crêpes

- 500 g de farine
- 10 g de sel
- 2,2 dl d'eau bouillante
- 1 dl d'huile à température ambiante

Un tokay pinot gris de Bernard et Robert Schoffit, de Colmar.

Faites vider le canard par le volailler. Farcissez-le avec les six étoiles d'anis, le mélange sucre-sel et les épices. Fermez l'ouverture en la cousant. Plongez le canard dans une grande marmite d'eau bouillante additionnée du vinaigre et du caramel. Laissez-le bouillir 3 à 4 min, sortez-le, laissez-le égoutter et sécher pendant 6 h environ. Préparez la laque en mélangeant les différents ingrédients.

Mettez le canard en cuisson (sans le laquer) sur une grille posée dans une plaque à rôtir contenant un peu d'eau (pour récupérer la graisse en surface et éviter qu'elle carbonise). Après 30 min de cuisson à 180-200° (th. 6-7), commencez à laquer le canard en le badigeonnant. Enfournez à nouveau, répétez le badigeonnage jusqu'à obtention d'une belle couleur brune. La cuisson sera au total de 1 h à 1 h 15. Après cuisson, récupérez le jus parfumé qui est à l'intérieur du canard, faites-le bouillir et ajoutez une goutte de sauce soja, rectifiez l'assaisonnement. Ce jus sera servi chaud à part.

Suite de la recette en p. 448

Fabien Schultz est peintre-verrier à Burnhaupt-le-Haut. Il est choriste et organiste de la paroisse. Il fait aussi partie de l'ensemble vocal de musique sacrée Le Mottet (émission du 9 novembre 1996).

Fondue japonaise au bœuf et aux légumes, dite *Sukiyaki*

UNE RECETTE RÉALISÉE POUR PIERRE SCHILLING

Pierre Schilling, de Guebwiller, aime la cuisine japonaise, frugale et raffinée, mise en valeur par sa poésie et la délicatesse de sa présentation. La recette de cette fondue japonaise au bœuf et aux légumes braisés provient du restaurant Sakura Tei, à Strasbourg.

Pour réaliser ce plat, il faut un caquelon à poser au centre de table sur un réchaud dans lequel les invités se serviront avec des baguettes. Mettez la viande au congélateur pendant 1 h. Elle sera plus facile à couper. Faites cuire les vermicelles pendant 2 à 3 min dans l'eau salée, égouttez et réservez.
Préparez la sauce *sukiyaki* : préparez le bouillon en portant à ébullition l'eau et la bonite (les flocons de poisson), filtrez le bouillon, incorporez la sauce soja japonaise, le saké et le sucre. Donnez simplement un bouillon.
Préparez les légumes : coupez le chou en lamelles de 2 cm environ et déposez sur une assiette. Nettoyez le poireau, utilisez seulement le blanc que vous couperez en lamelles et déposerez sur une autre assiette. Coupez les oignons en tranches de 1 cm. Coupez le pâté de soja (tofu) en huit morceaux de 2 cm. Nettoyez et coupez en dés les champignons frais. S'ils sont séchés, trempez-les dans l'eau pendant 1 h environ. Lavez le cresson et coupez les tiges. Coupez le bœuf en très fines tranches et mettez-les sur un plateau, couvrez et laissez prendre la température ambiante.
Chauffez à feu vif sur un réchaud de table deux cuillerées à soupe d'huile végétale dans un caquelon (dit *sukiyaki nabe*). Mettez la moitié du bœuf et faites-le dorer 1 à 2 min, en remuant sans arrêt avec des baguettes. Poussez la viande d'un côté du caquelon. Ajoutez la moitié des ingrédients, sans les mélanger. Versez la moitié de la sauce et portez à ébullition, réduisez le feu, cuisez la viande et les légumes 2 à 3 min, en remuant les ingrédients pour qu'ils cuisent uniformément, mais toujours sans les mélanger. Les convives se serviront avec les baguettes. Ajoutez au fur et à mesure le reste des ingrédients dans le plat. Chaque convive bat légèrement un œuf dans son bol, puis prend une sélection d'ingrédients cuits et les trempe dans l'œuf avant de les déguster.

Pour 4 personnes

Viande
- 600 g de côte de bœuf désossée, de faux-filet ou d'entrecôte

Sauce sukiyaki
- 25 cl d'eau
- 1 cuillère à soupe de flocons de bonite (flocons de poisson déshydraté)
- 15 cl de sauce soja japonaise
- 4 cuillères à soupe de saké (alcool de riz japonais)
- 2 cuillères à soupe de sucre

Nouilles
- 250 g de vermicelles japonais

Légumes
- 1 chou de Chine
- 2 poireaux
- 2 oignons de mai
- 1 botte de cresson
- 8 champignons shiitaké frais (ou séchés)
- 8 cubes de 2 cm de côté de tofu (pâté de soja)
- 50 g d'huile
- 4 œufs

Un gewurztraminer Pfingstberg, grand cru de Materne Haegelin et ses filles, d'Orschwihr.

Pierre Schilling, professeur d'art floral, est diplômé de l'école japonaise d'art floral Ohara. Il a fondé une école Ikebana, un art japonais originaire des Indes (émission du 10 mai 1997).

Fondue métissée avec ses sauces diable, barbecue et indienne

UNE RECETTE RÉALISÉE POUR ROLF BALL

Rolf Ball crée des figures archaïques qui rappellent les premiers dessins de l'humanité. L'amour des couleurs, des brassages, des ethnies fait aussi aimer à cet épicurien – qui préside la société des Artistes indépendants d'Alsace (AIDA) –, cette fondue métissée, plat convivial et simple, imaginé par sa compagne Angèle et qui s'inspire de la fondue chinoise.

Pour 4 à 6 personnes

Bouillon
- 1 céleri (coupé en 4) et le feuillage
- 2 carottes
- 2 poireaux
- 1 oignon piqué de clous de girofle
- 2 gousses d'ail
- 2 à 3 l d'eau
- sel, poivre

Viande
- 400 g de rumsteack ou tranche grasse
- 400 g de noix de veau (on peut ne prendre qu'une sorte de viande : une suggestion, l'escalope de volaille)

Riz
- 200 g de riz chinois cuit à l'eau
- 200 de riz long incollable cuit à la pilaf (avec 2 cl d'huile,
- 1 oignon et 1 cuillerée à soupe de curry)
- sel

Sauce diable
- 1/4 l de vin blanc
- 2 échalotes
- 1 cuillère à café de ketchup
- 1 cuillère à café de moutarde
- poivre
- 1 cuillerée à café de fines herbes hachées (ciboulette, persil, cerfeuil, estragon)

Sauce barbecue
- 5 cuillères à soupe d'huile d'olive
- 3 oignons
- 200 g de concentré de tomates
- 4 cuillerées à soupe de vinaigre de cidre
- 1 dl de vin blanc (ou de bouillon dégraissé)
- 5 dl de sauce anglaise *(Worcester)*
- 3 branches de thym
- 1 feuille de laurier
- 2 gousses d'ail
- 4 cuillerées à soupe de miel
- 1 cuillerée à café de moutarde
- sel, poivre
- 3 gouttes de Tabasco

Sauce indienne
- 1 yaourt
- 1/2 concombre
- 1 cuillerée à café de curry
- sel, poivre

Un edelzwicker de Robert Blanck, d'Obernai.

Faites couper la viande par votre boucher en fines tranches ou petits cubes de 0,5 à 1 cm de côté.

Pour le bouillon, mélangez les différents ingrédients, faites cuire à couvert pendant 30 min et passez au chinois.

Faites cuire le riz chinois dans une fois 1/4 son volume d'eau en le salant. Arrêtez la cuisson lorsque l'eau est absorbée. Pour le rif pilaf, faites revenir à l'huile l'oignon haché, ajoutez le riz, le curry et l'eau (1,5 fois le volume de riz), salez et laissez cuire à couvert.

Pour la sauce diable, portez à ébullition le vin blanc et les échalotes hachées, laissez réduire de moitié. Hors du feu, ajoutez la moutarde, le ketchup, une forte pincée de poivre et les fines herbes hachées.

Suite de la recette en p. 448

Rolf Ball, qui a étudié l'ethnologie de l'art et qui trouve son inspiration dans la musique rythmée, peint des figures primitives qui mélangent le ludique, le classique, le profane et le sacré (émission du 11 octobre 1997).

Jambonneau laqué aux épices d'Orient

UNE RECETTE RÉALISÉE POUR MICHEL NOVATIN

Après avoir sillonné le monde dans la grande hôtellerie, Michel Novatin dirigea la prestigieuse Société des Bains de Mer de Monte-Carlo. Hubert Maetz a conçu pour ce titulaire d'un CAP de cuisinier, né à Ingersheim d'un père jardinier et d'une mère fort bonne cuisinière, ces jambonneaux parfumés aux épices qui rappellent en une composition raffinée sa vie de voyageur.

Choisissez des jambonneaux (arrière de préférence) frais, salez-les dans une saumure à sec composée du sel et des autres épices indiquées pour la saumure. Couvrez-les entièrement de ce mélange, retournez-les tous les jours en les arrosant du jus écoulé. Laissez ainsi mariner pendant quatre ou cinq jours. Vous pouvez également acheter les jambonneaux déjà salés chez le boucher.

Rincez-les à l'eau courante pendant 2 h et mettez-les en cuisson dans une marmite d'eau avec la garniture aromatique. (Vous pouvez aussi cuire avec les jambonneaux un morceau de lard salé au frais et des cotis que vous grillerez et glacerez aux épices, de la même manière et en même temps que les jambonneaux.) Après 2 h de cuisson, piquez-les avec une fourchette pour vérifier la cuisson : il faut qu'ils soient bien tendres. Égouttez-les puis rôtissez-les au four avec un filet d'huile pendant 20 min. Badigeonnez-les de miel fondu et parsemez-les du mélange d'épices (quantité à votre convenance). Laissez-les bien colorer et griller pour rendre la peau bien croustillante. Dressez-les sur un plat de service, gardez le sucs retenus dans la sauteuse, déglacez avec un filet d'eau ou de bière, laissez réduire durant 3 min et vous obtiendrez un petit jus d'accompagnement.

Servez avec des pommes de terre sautées *(Gebradeldi)*.

Pour 6 personnes

Viande
- 6 jambonneaux

Saumure
- 200 g de gros sel
- 70 g de poivre en grains
- 25 g de coriandre en grains
- 10 clous de girofle
- 2 branches de thym, 4 feuilles de laurier
- 4 baies de genièvre, 2 gousses d'ail

Cuisson
- huile (pour rôtir)
- 50 g de miel (pour glacer)

Mélange d'épices (à conserver)
- 1/4 cuillerée à café de muscade râpée et autant de macis
- 1/2 cuillerée à café de piment
- 1 cuillerée à café de thym pulvérisé, autant de cumin et autant de curry
- 1 cuillerée à café de coriandre et autant de poivre
- 2 cuillerées à café de paprika, autant de cannelle et autant de curcuma

Garniture aromatique
- 2 oignons, 1 poireau
- 1 carotte, 2 gousses d'ail
- thym et laurier

Un pinot blanc du domaine Justin Boxler, à Niedermorschwihr.

Michel Novatin a travaillé dans la grande hôtellerie à Londres et à Monte Carlo. Il dirige depuis 2003 la société hôtelière Kempinski International (émission du 20 mars 1999).

Menu japonais

UNE RECETTE RÉALISÉE POUR MARTINE BECKER

Martine Becker aime passionnément le Japon, un pays qui ne cesse de l'attirer depuis 1987. Elle y retourne chaque année et se perfectionne dans des cours de japonais. Dans son intérieur aménagé dans l'esprit nippon, elle prépare souvent des mets japonais pour ses amis. Voici quatre de ses recettes, faciles à exécuter.

Pour 4 personnes

Soupe (miso shiru)

- 100 g de saumon
- 15 cl de dashi (bouillon aux miettes de thon, que l'on peut remplacer par du bouillon de poule)
- 1 l d'eau
- 250 g de tofu (protéine de soja qui se trouve dans les magasins diététiques)
- 100 g de miso (pâte de bouillon déshydraté qui peut être remplacée par des cubes de bouillon, de la sauce soja ou du Maggi)
- 1 cuillerée à soupe de mirin (vinaigre de saké) ou du vinaigre d'Alsace additionné d'un peu de sucre
- des brins de ciboulette
- 1 petit poireau coupé en fines rondelles

Flan aux œufs (chawan mushi)

- 12 feuilles d'épinard
- 4 brins de coriandre frais
- 4 champignons shiitaké (ou champignons de Paris)
- 4 crevettes décortiquées coupées en deux sans les séparer
- 4 œufs
- 1 cuillerée à café de saké
- 1 cuillerée à soupe de sauce soja
- 1 cuillerée à café de sel
- 1 cuillerée à soupe de mirin (vinaigre de saké)
- 50 cl de dashi (ou bouillon de poule)
- pousses de bambou (facultatif)

Sashimis assortis (moriawase sashimi)

Poisson

- 100 g de thon
- 100 g de saumon
- 100 g de rascasse (ou lotte)
- 100 g de maquereau avec sa peau bleue
- 4 crevettes à décortiquer
- quelques œufs de saumon
- 4 coquilles saint-jacques

Décor

- quelques tranches de concombre (ou de citron vert) coupées en 2, très fines
- salade et herbes à convenance

Accompagnement

- sauce soja
- wasabi (raifort vert) en tube ou en poudre

Sashimi de papaye et d'avocat

- 1 avocat mûr
- 150 g de papaye
- 1 brin de coriandre fraîche
- 1 citron coupé fin (facultatif)

Un riesling grand cru Froehn, mis en bouteille par Jean-Philippe et François Becker.

Soupe (miso shiru)

Verser le dashi dans une casserole. Ajoutez un litre d'eau et portez à ébullition. Délayez le miso avec du mirin. Coupez le tofu en dés de 1 cm. Ajoutez le tofu et le miso dans la casserole et faites frémir pendant 5 min. Hachez la ciboulette et coupez le poireau et placez-le au bord du bol de service. Servez la soupe parsemée d'une pincée de ciboulette hachée et de fines rondelles de poireau dans des petits bols en laque avec couvercle.

Flan aux œufs (chawan mushi)

Lavez les épinards, la coriandre et les champignons; répartissez-les dans les petits bols avec les crevettes. Battez les œufs, ajoutez le saké, la sauce soja, le sel, le mirin, le dashi et les pousses de soja et quelques pousses de bambou. Versez cette préparation dans les bols, jusqu'à 1 cm du col. Puis ajoutez les couvercles.

Suite de la recette en p. 448

Autodidacte dans le domaine du marketing et dotée d'une aisance pour communiquer, Martine Becker, viticultrice à Zellenberg, aime voyager. Elle parle sept langues dont le japonais (émission du 12 octobre 2002).

Menu japonais, sushi et tempura

UNE RECETTE RÉALISÉE POUR BERNARD ROEHRIG

Bernard Roehrig, de Pfalzweyer, grand maître 4e dan, président de la Ligue d'Alsace de karaté, revoit à chaque voyage son maître Masaru Sakata. Il aime les sushi, ces rouleaux de riz, composés de poisson cru ou de légumes, enveloppés dans une feuille d'algue, ainsi que les *tempura*, des beignets légers dégustés chez des amis à Kyushu, l'île la plus méridionale de l'archipel du Japon.

Sushi

Lavez le riz à grande eau jusqu'à ce qu'elle soit limpide. Faites-le cuire à couvert dans une casserole avec 45 cl d'eau, à feu doux pendant 20 min. Pendant ce temps, mélangez dans une autre casserole le vinaigre, le sel, le sucre et la sauce soja, portez rapidement à ébullition. Remuez pour faire fondre le sucre. Lorsque le riz a absorbé le liquide, incorporez la vinaigrette avec une spatule en détachant les grains les uns des autres. Laissez refroidir.

Coupez le thon en languettes de 1,5 x 5 cm. Retirez du concombre pelé les graines, détaillez-le en bâtonnets de 5 mm x 5 cm. Coupez les feuilles d'algue sèches en carrés de 5 cm de côté. Pour faciliter l'enroulement, posez la feuille d'algue sur une natte de bambou (dite *makisu*), couvrez-la de 5 mm de riz, en laissant une marge de 1 cm sur le bord supérieur. Étalez un peu de pâte de wasabi sur la ligne médiane, puis recouvrez de languettes de thon et de concombre. Roulez la natte de bambou, en partant du bas, en prenant garde que la feuille d'algue ne se déchire pas. Pressez légèrement le rouleau entouré d'algue et retirez la natte. Répétez l'opération avec les sept autres feuilles d'algue. Coupez chaque rouleau en six tronçons. Décorez de tranches de gingembre vinaigré, servez avec de la pâte wasabi, et de la sauce soja répartie dans quatre coupelles.

Pour 4 personnes

Sushi (48 bouchées, 12 par personne)

Riz
- 450 g de riz grain rond
- 4,5 cl de vinaigre de riz
- 2 cuillerées à café de sel
- 4 cuillerées à café de sucre
- 1 cuillerée à café de sauce soja japonaise

Finition
- 120 g de filet de thon cru
- 1 petit concombre
- 8 feuilles d'algues *nori* (vendues séchées) de 5 cm de côté
- 20 g de pâte wasabi (une variété de raifort vert)
- 100 g de tranches de gingembre au vinaigre
- 15 cl de sauce soja japonaise

Tempura (beignets)

Pâte
- 1 jaune d'œuf
- 1 pincée de sel
- 2 dl d'eau très froide
- 125 g de farine

Garniture
- crevettes
- noix de saint-jacques
- scampi, brocolis
- bâtonnets de céleri-branche et de carotte

Sauce yaourt
- 1 yaourt
- 1 cuillerée à café de jus de citron
- sel, poivre, menthe ciselée

Sauce chinoise
- 5 cl de sauce soja
- 5 cl d'huile d'olive
- le jus d'1 citron

Un pinot blanc de Laurent Duffner, de Rosenwiller.

Suite de la recette en p. 449

Depuis qu'il a quitté le monde de l'industrie, Bernard Roehrig, enseigne le génie électrique à Saverne. Il est devenu président de la Ligue d'Alsace de karaté (émission du 10 novembre 2001).

Nems à sa façon

UNE RECETTE RÉALISÉE POUR BERNARD GASSMANN

Bernard Gassmann, artiste-peintre à Blaesheim, réputé pour ses tableaux éclatants de couleurs, a proposé les nems à sa façon. Ces pâtés vietnamiens, faits d'une galette de riz farcie de légumes, de viande ou de crabe hachés, sont frits. Bernard les prépare la veille et les plonge dans la friture lorsque les amis sont là. « Il n'y a pas de plat plus convivial », dit-il.

Pour 10 personnes
- 500 g de viande hachée (mélanger porc et bœuf)
- 2 œufs entiers
- 1 blanc de poireau émincé
- 1 carotte râpée assez épais
- 50 g de vermicelles (dits de soja) fins comme des cheveux d'ange
- 50 g de champignons noirs chinois un bottillon de ciboulette
- 2 gousses d'ail coupées finement
- 1 échalote hachée
- 1 pincée de gingembre en poudre
- 2 cl de condiment liquide Maggi (ou de sauce soja)
- 150 g de crevettes roses décortiquées
- sel, poivre
- 1 paquet de 400 g de galettes de riz (de 16 cm de diamètre) (une cinquantaine de galettes)

Accompagnement
- 1 salade verte bien assaisonnée de vinaigrette ou des feuilles de laitue et de menthe pour envelopper les nems avant de les tremper dans une sauce soja

Un klevener de Heiligenstein de Jean-Claude Schmitt, de Rosheim.

Faites tremper les vermicelles, les champignons et les galettes pendant une dizaine de minutes dans l'eau tiède. Préparez la farce en mélangeant intimement les différents ingrédients. Posez un peu de farce sur le quart supérieur de la galette, ensuite roulez-la comme un cigare en rabattant en dernier les deux extrémités du cylindre. Laissez reposer une nuit pour que les galettes s'assèchent légèrement.

Le lendemain, plongez-les dans un bain de friture chaud et laissez-les dorer pendant 5 min environ; avant de les égoutter, les arroser encore de quelques gouttes de Maggi et servez avec une salade verte.

Bernard Gassmann, qui expose de Toulouse à San Francisco et de Genève à New York, est aussi directeur d'auto-école à Lingolsheim (émission du 7 avril 2001).

Poisson à la vietnamienne

UNE RECETTE RÉALISÉE POUR RAYMOND WIESER

Comme le Vietnam manque cruellement d'orthopédistes, Raymond Wieser, de Wingersheim, a installé un cabinet à Hue. Il organise en Alsace des représentations de théâtre dialectal dont il remet les bénéfices à un orphelinat au Vietnam. Sa recette est un plat légendaire de la région d'Hanoi, appelé *Cha ca*, dont la cuisson se déroule à la table des convives.

Poisson

Le nuoc-mâm est une sauce marron assez fluide, fabriquée avec des anchois salés et fermentés. Elle est l'un des ingrédients essentiels de la cuisine vietnamienne. On l'ajoute presque à tous les plats. Ce condiment riche en protéines a une saveur et un arôme très relevés.

Mélangez le nuoc-mâm, le sel et le poivre. Ajoutez le poisson et laissez macérer au réfrigérateur pendant 1 h. Versez de l'huile dans une poêle de façon à bien recouvrir le fond et faites-la chauffer. Lorsqu'elle est chaude, ajoutez le curcuma et le gingembre, mélangez bien et incorporez les morceaux de poisson mariné. Faites cuire à feu doux pendant quelques minutes. Juste avant que le poisson soit cuit, ajoutez l'aneth, la ciboule et les cacahuètes, puis poursuivez la cuisson une minute.

Pour servir, répartissez le poisson dans des bols individuels. Ajoutez les vermicelles cuits, les herbes aromatiques. Dégustez avec la sauce nuoc-mâm.

Salade de riz vermicelle

Pour la salade de riz, mélangez tous les ingrédients et servez en accompagnement avec le poisson.

Pour 4 personnes

Poisson

- 3 cuillerées à soupe de nuoc-mâm (sauce à acheter toute prête)
- 1 cuillerée à café de sel marin
- 1 cuillerée à café de poivre noir
- 450 g de filets de brochet (ou d'un autre poisson blanc à chair ferme) coupé en petits morceaux
- 2 cl d'huile pour la cuisson
- 1 cuillerée à soupe de curcuma en poudre
- 1 morceau de gingembre de 5 cm épluché et finement émincé
- 5 cuillerées à soupe d'aneth grossièrement haché
- 2 cuillerées à soupe de ciboule hachée
- 2 cuillerées à soupe de cacahuètes grillées et écrasées
- 230 g de vermicelles à la farine de riz cuits
- herbes aromatiques (menthe, coriandre, basilic et basilic thaï)

Salade de riz vermicelle

- 500 g de riz vermicelle cuit
- 5 cl de nuoc-mâm
- 10 g de gingembre frais râpé
- 1 gousse d'ail haché
- 1/2 piment vert ciselé finement
- coriandre, menthe et ciboule

Un riesling grand cru Pfersigber de Théo Cattin, de Voegtlinshoffen.

Raymond Wieser, orthopédiste à Strasbourg, membre de l'association Enfants sans frontières, est passionné par l'équitation (émission du 16 février 2002).

Porc au caramel

UNE RECETTE RÉALISÉE POUR GILBERT MEYER

Gilbert Meyer apprécie les saveurs salées-sucrées de ce porc au caramel vietnamien qu'il réalise dans un wok, poêle à bord haut qui permet de bien saisir les ingrédients. Pour le caramel, il prend du miel à la place du sucre car cet ancien infirmier en hôpital psychiatrique est aussi apiculteur.

Pour 4 personnes

Viande
- 600 g d'échine de porc en dés
- 5 g de mélange « cinq épices »
- 5 cl de Maggi
- sel, poivre

Caramel
- 100 g de sucre
- 100 g de miel de fleurs (le miel de sapin est trop fort en goût)
- 5 cl de Maggi (ou de sauce soja)
- 5 cl d'eau

Finition
- 2 oignons coupés en filaments
- 50 g de champignons noirs coupés en lamelles
- 50 g de champignons (coupés en petits dés)
- sel, poivre
- 200 g de navets blancs
- 8 tranches d'ananas en conserve (ou frais)

Un klevener de Heiligenstein de Daniel et Chantal Schneider, de Gertwiller.

Saupoudrez généreusement les dés de viande du mélange «cinq épices», ajoutez le Maggi, salez, poivrez et mélangez afin de les enrober de tous côtés.

Dans une poêle, faites un caramel bien foncé : faites fondre le sucre et le miel, diluez avec 5 cl d'eau, parfumez au Maggi ou à la sauce soja.

Dans un wok, faites revenir la viande et les oignons. Ajoutez les deux sortes de champignons, salez et poivrez. Versez le caramel : il faut que le liquide recouvre la viande. Ajoutez l'ananas et les navets crus détaillés en dés. Couvrez et laissez réduire à feu doux pendant 6 min environ, en remuant trois ou quatre fois. Servez avec du riz ou des germes de soja (ébouillantés rapidement, puis saisis à la poêle).

La viande peut être remplacée par du poisson (maquereau, par exemple). En ce cas, ne remuez pas lors de la cuisson, et ajoutez à la sauce quelques débris de thé (qui ont déjà infusé : «c'est de la récup'», explique Gilbert). On peut aussi ajouter des œufs durs entiers dans la viande.

Auparavant infirmier en psychiatrie, Gilbert Meyer, créateur du Théâtre Tohu-bohu, fait du théâtre de figurines. Il crée ses spectacles trilingues, les danse, les chante et les joue (émission du 23 septembre 2001).

Pot-au-feu de canard

UNE RECETTE RÉALISÉE POUR PAUL-ANDRÉ BEFORT

Paul-André Befort, médecin généraliste et auteur de livres, organise aussi des voyages lointains pour des groupes de médecins. Il est rentré du Vietnam avec cette recette légère, genre de pot-au-feu aux légumes et nouilles de riz, qui se mange comme une fondue. Le magret coupé en fines tranches est trempé dans le bouillon de légumes posé au centre de la table sur un réchaud.

Dans une grande marmite, portez l'eau à ébullition et ajoutez les légumes (coupés en morceaux) ainsi que les herbes aromatiques, le sel, le poivre et la carcasse de volaille. Laissez cuire pendant 30 min. Ajoutez alors le gingembre coupé en fines lamelles, le piment oiseau et la citronnelle. Laissez infuser et prélevez une partie du bouillon pour faire cuire les nouilles au dernier moment. Vous pouvez pocher également un magret entier durant 20 min tout doucement, à déguster coupé finement avec le bouillon froid ou tiède ou à poser dans l'assiette creuse avec le mélange légumes-nouilles.
Disposez les nouilles et les légumes d'accompagnement dans un plat placé sur la table. Portez le reste de bouillon de légumes à ébullition, puis versez-en un litre dans un caquelon à fondue ou une grande casserole à fond épais, à placer sur une source de chaleur sur la table. Servez à chaque convive du bouillon chaud dans une assiette creuse, ajoutez des légumes et des nouilles.
Dans le caquelon posé au centre, chaque convive trempera à l'aide de baguettes ou d'une fourchette à fondue des tranches de canard cru à laisser cuire durant quelques secondes avant de déguster avec les autres ingrédients. Le magret cuit du pot-au-feu peut être accommodé de nems, salade de viande ou hachis parmentier. Saupoudrez à volonté de coriandre hachée.

Pour 4 à 6 personnes

Pot-au-feu
- 3 l d'eau
- 2 navets, 2 carottes
- 1 poireau, 1 oignon
- 200 g de panais (ou de céleri bulbe)
- 2 branches de thym
- 1 branche de coriandre fraîche
- 1 carcasse (désossée) de volaille
- 1 tige de citronnelle
- 10 g de gingembre frais
- 1 petit morceau de piment oiseau (facultatif)
- 1 botte de ciboule (le blanc seulement) coupée en tronçons de 2,5 cm
- sel, poivre
- 100 g de champignons noirs (à placer dans le bouillon à mi-cuisson)
- 1 magret (à laisser pocher pendant 20 min)

Accompagnement
- 300 g de fines nouilles de riz
- 1 bottillon de ciboulette chinoise
- 1 botte de coriandre hachée
- 3 magrets de canard crus finement tranchés, à poser au fur à mesure dans le bouillon bouillant du caquelon

Un tokay pinot gris de quinze ans d'âge de Claude Moritz, d'Andlau.

Paul-André Befort, généraliste et professeur de médecine générale à la faculté de Médecine de Strasbourg, bénévole à Médecins du Monde, a créé l'association Art et Santé qui distrait les enfants malades dans les hôpitaux (émission du 25 janvier 2003).

Soupe pékinoise et filets de poularde farcis

UNE RECETTE RÉALISÉE POUR JEAN-PAUL SCHIMPF

Jean-Paul Schimpf, né dans le Sundgau, se partage entre Colmar et Pékin. Il aime la cuisine chinoise, notamment cette recette établie par sa femme taïwanaise et par Chung Ming Tang, un cuisinier de Hong Kong vivant en Alsace. Riche en saveurs et d'un grand raffinement, cette recette exige du temps et de la patience.

Pour 6 à 8 personnes

Viande
- 1 gros poulet (ou 1 poularde) d'environ 1,8 à 2 kg
- 75 g de beurre, fécule

Farce
- 300 g de queues de crevettes fraîches (ou décongelées)
- 2 oignons de mai
- 1 jaune d'œuf
- 50 g de gingembre frais
- 200 g de vert de poireaux
- sel

Sauce du poulet
- le jus de cuisson
- 5 cl de sauce d'huîtres (ou d'armagnac)
- 10 g de fécule de pomme de terre
- 5 cl d'eau, poivre

Soupe
- la carcasse et les ailes du poulet
- 50 g de nouilles de riz (cheveux d'ange)
- 40 g de champignons noirs (secs) coupés en lamelle
- 100 g de tofu (pâte de soja) frais
- 2 brins de persil
- 100 g de carottes précuites
- sel, poivre
- 50 g d'oignon vert ou ciboule
- 1 piment rouge
- 1 œuf entier et 1 blanc d'œuf
- 100 g de pousses de bambou

Liaison de la soupe
- 20 g de fécule
- 10 cl d'eau
- 10 cl de sauce soja
- 10 cl de vinaigre (Melfor ou balsamique), selon goût
- sel, poivre

Garniture
- un peu de persil plat
- 4 cl d'huile de sésame
- poivre

Un gewurztraminer Harth, vendanges tardives, de Robert Karcher & Fils, de Colmar.

Entaillez le poulet de part et d'autre du bréchet, levez les filets et les cuisses, coupez la peau au milieu du dos, défaites la peau des cuisses en veillant à ne pas la trouer (cela permettra de bien replier la peau, la garniture et le filet). Mettez la carcasse nettoyée de la graisse et du sang résiduel dans 3 l d'eau, sur feu moyen, pour faire un bouillon. Séparez les pilons (à garder pour un usage ultérieur), et les ailes (que vous mettrez dans le bouillon).

Mettez à tremper dans l'eau froide les nouilles cheveux d'ange et les champignons noirs coupés en lamelles. Mixez les crevettes crues (décortiquées et lavées) avec un jaune d'œuf, le gingembre épluché, les oignons et le sel. Incisez les filets de volaille dans le sens de la longueur, saupoudrez la face intérieure de chacun d'eux d'un voile de fécule avant de répartir la farce sur les deux filets ; fermez avec la peau et maintenez avec des cure-dents. Posez le poireau au fond du récipient qui servira à la cuisson vapeur et déposez les deux filets farcis sur ces feuilles de poireau. Laissez cuire à la vapeur pendant 6 à 8 min. Posez alors les deux filets dans une poêle et faites-les revenir avec du beurre pour bien faire colorer la peau.

Suite de la recette en p. 449

Jean-Paul Schimpf, de Colmar, conseiller en stratégie et en communication pour l'Extrême-Orient, est aussi l'auteur d'une méthode pour parler alsacien (émission du 10 avril 1999).

Salade tahitienne

UNE RECETTE RÉALISÉE POUR ALBERT FREY

Albert Frey, pasteur, a traversé les États-Unis, y partageant la vie de moines bouddhistes et d'indiens Horis. À Lambaréné, il fut aumônier de l'hôpital créé par son parrain Albert Schweitzer. Il aime cette salade simple et exquise dite «tahitienne» – faite de dés de poisson cru, de jus de citron et de noix de coco râpée – apprise lors de ses années de directeur de collège en Nouvelle-Calédonie.

Coupez les filets de poisson en petits dés d'environ 1,5 cm de côté, disposez-les dans une jatte, arrosez du jus des quatre citrons, ajoutez du sel et quelques rondelles d'oignon. Laissez macérer durant 2 h. Cassez la noix de coco, extrayez l'amande et râpez-la. Serrez-la dans un tissu pour en extraire le lait (dans le Pacifique, on ajoute une pierre chaude à la noix de coco râpée, ce qui fait mieux venir le lait).
Pressez à présent légèrement le poisson (le reste de citron fait fonction de vinaigre); ajoutez le lait de coco (qui fait fonction d'huile). Vous pouvez au choix ajouter de la carotte râpée, du poivre, de la ciboulette et garnir avec des rondelles de tomate, des lanières de poivron, des feuilles de salade ou d'herbes.
Ce plat peut être servi en entrée ou en plat principal. Dans ce dernier cas, on l'accompagne de patates douces ou de pommes de terre vapeur.

Pour 4 personnes

Salade
- 200 g de filet de thon
- 200 g de filet de cabillaud
- 200 g de filet de saumon frais
- 200 g de limande
- le jus de 4 citrons verts
- 1 oignon
- 1 noix de coco (à défaut, de la noix de coco râpée et du lait de coco en boîte)
- sel

Décor (facultatif)
- 100 g de carottes râpées
- 1 g de poivre
- 10 g de ciboulette
- 1 rondelle de tomates
- lanières de poivron vert, rouge ou jaune (1/2 de chaque)
- quelques feuilles de salade ou d'herbes (cerfeuil, estragon, hysope)

Accompagnement
- patates douces ou pommes vapeur

Un klevener de Jean et Hubert Heywang, d'Heiligenstein.

Pasteur retraité, Albert Frey vit dans un moulin à Otterswiller. Il a voyagé de par le monde, en Nouvelle-Calédonie, aux États-Unis, au Gabon, consacrant sa vie aux autres (émission du 3 mai 1997).

Acras de morue

UNE RECETTE RÉALISÉE POUR BERNARD NAEGELEN

Bernard Naegelen, de Wolfisheim, apprécie les acras de morue. Très populaires dans toutes les îles des Antilles, ces beignets sont le plus souvent préparés avec de la morue mais on utilise également des maquereaux, des écrevisses, des cœurs de palmiers ou des aubergines. On les sert chauds en hors-d'œuvre ou comme amuse-bouche avec un punch.

Pour 6 personnes

Poisson

- 500 g de morue salée (il s'agit du cabillaud salé et séché)
- 1/2 l de lait
- 1 feuille de laurier
- 2 cuillerées à soupe d'huile d'olive
- sel, poivre de Cayenne
- 2 échalotes
- 5 brins de ciboule (dite aussi cive)
- 4 blancs d'œuf battus en neige
- 50 g de pequillos (piments doux) (facultatif) ou de persil

Pâte à beignets

- 250 g de farine
- 1 pincée de sel
- 25 cl d'eau

Friture

- 1 l d'huile de tournesol

Un riesling de Pierre Sparr, de Sigolsheim.

Faites dessaler la morue à l'eau froide pendant 24 h en la laissant entière ou en la divisant en fragments. Mais veillez à mettre la face avec la peau au-dessus, car elle est imperméable et empêcherait le sel de se déposer au fond de l'eau. Changez l'eau deux à trois fois.

Préparez la pâte à beignets en mélangeant la farine, le sel et assez d'eau pour obtenir une pâte épaisse que vous laisserez reposer durant 1 h.

Mettez la morue dessalée dans une grande casserole d'eau froide, faites pocher à petit feu avec la feuille de laurier le lait pendant 10 min. Égouttez la morue, effeuillez-la et mélangez-la avec les deux cuillerées à soupe d'huile d'olive, le sel et le poivre de Cayenne. Ajoutez à la morue les échalotes hachées, les brins de ciboule ciselée, les piments doux en fine brunoise, le persil haché ainsi que la pâte reposée. Battez les blancs d'œuf en neige ferme et incorporez-les délicatement à la masse. Prenez la pâte, cuillerée à dessert par cuillerée à dessert, et faites-la glisser dans la friture chauffée à 170°, laissez dorer, retournez, égouttez et servez bien chaud. Répétez l'opération jusqu'à complet épuisement de la pâte à acras.

Bernard Naegelen, photographe indépendant, possède une photothèque qui reflète surtout l'Alsace, mais aussi des visages et des paysages du monde entier (émission du 24 mars 2003).

Colombo et lentilles au gingembre

UNE RECETTE RÉALISÉE POUR MARTINE HEITZ-SCHOENLAUB

Martine Heitz-Schoenlaub pratique une cuisine rapide et efficace, comme ce colombo antillais, un ragoût bien épicé qui se fait avec veau, volaille ou cabri. Hubert a choisi d'associer poulet et cabri et l'a servi, selon le souhait de Martine, avec des lentilles blondes au gingembre et du riz parfumé au safran.

Colombo

Découpez le poulet en huit ou dix morceaux, et le cabri en morceaux de 40 g. Frottez le poulet avec un citron. Mettez les morceaux dans un bol, assaisonnez-le avec sel, poivre, ajoutez trois clous de girofle, le thym, les oignons coupés en quatre, leurs tiges coupées en rondelles, le jus de citron ainsi que deux gousses d'ail. Laissez reposer une nuit de préférence, mais 3 h suffisent.

Faites revenir à l'huile dans la sauteuse, les viandes égouttées. Couvrez ensuite et laissez mijoter 15 min en remuant de temps à autre pour bien les colorer avec une branche de thym et le persil.

Dans un bol, mélangez la poudre de colombo avec une cuillerée à soupe d'huile, le persil et la dernière gousse d'ail hachée. Mélangez le tout avec un demi-verre d'eau, et versez sur le poulet. Puis versez de l'eau à hauteur, ajoutez le piment coupé en petits dés et faites cuire pendant 10 min environ. Prélevez le blanc de poulet puis laissez cuire 20 min encore les cuisses et le cabri.

Lentilles

Faites revenir les échalotes dans le beurre, ajoutez les lentilles, salez, poivrez, parfumez au gingembre, ajoutez 1 l d'eau et laissez cuire à couvert pendant 30 à 45 min. Ajoutez de l'eau si nécessaire.

Servez avec un riz cuit séparément à la façon créole et parfumé, au dernier moment, avec 0,5 g de pistils de safran.

Pour 6 personnes

Colombo
- 1 kg de poulet
- 400 g de cabri
- 1 citron
- le jus d'1 citron
- sel, poivre
- 3 clous de girofle
- 3 oignons blancs avec les tiges
- 3 gousses d'ail
- 50 g de persil haché
- 1 petite branche de thym
- 10 cl d'huile d'olive
- 2 à 3 cuillerées à soupe de poudre de colombo
- 20 g de piment rouge

Lentilles
- 300 g de lentilles (vertes ou blondes)
- 2 échalotes émincées
- 20 g de beurre
- 30 g de gingembre en poudre (ou du frais râpé)
- sel, poivre

Un riesling de Gérard Dreyer, de Rosheim.

Martine Heitz-Schoenlaub, docteur en médecine généraliste et en médecine tropicale à Strasbourg, collabore aussi au Planning Familial et à la mission Sida Toxicomanie (émission du 7 mai 2005).

Fricassée d'agneau de lait au curry et à la noix de coco

UNE RECETTE RÉALISÉE POUR MICHEL RIETSCH

Avant d'être restaurateur à Blaesheim et écrivain, Michel Rietsch fut marin au long cours. Il a souhaité cette recette de son beau-frère cuisinier, Daniel Girard. Simple à réaliser, parfumée au curry et à la noix de coco, elle lui rappelle ses voyages dans l'océan indien, en Afrique et au Moyen-Orient et ses escales dans des îles enchanteresses.

Pour 6 personnes

- 1,2 kg d'épaule d'agneau de lait désossée et coupée en dés
- 2 cl d'huile ou 20 g de beurre pour faire revenir la viande
- 2 oignons hachés
- 1 gousse d'ail écrasée
- 10 g de sucre
- 3 cuillerées à soupe de curry de Madras
- 1 cuillerée à soupe de farine
- 1 l de bouillon de volaille
- 10 cl de crème fluide
- 100 g de noix de coco râpée
- 300 g de riz basmati
- sel

Un tokay pinot gris de Joseph Fritsch, de Kientzheim.

Faites revenir les dés d'agneau dans un peu d'huile avec l'oignon, l'ail et le sucre. Ajoutez la farine et le curry de Madras. Mélangez, puis versez le bouillon de volaille. Salez modérément et laissez cuire en frémissant, au moins le temps que les morceaux soient définitivement tendres. Retirez toute la viande pour la réserver dans un plat creux de service.

Passez la sauce au chinois ou mixez-la. Versez la crème dans le fond de cuisson parfumé. Finissez la sauce en y jetant pêle-mêle la noix de coco râpée et tous les morceaux de viande.

Ramenez à ébullition quelques minutes afin que la noix de coco gonfle bien et lie la sauce. Servez en prévoyant un bol de riz à la créole par convive.

Michel Rietsch, à la fois restaurateur et écrivain, a écrit sept livres (dont «Du rififi dans les géraniums») et a monté sept restaurants. Il habite une ferme dans les Vosges où il élève des chevaux (émission du 28 avril 2001).

Florilège indien

DES RECETTES RÉALISÉES POUR ACHILLE FORLER

Achille Forler, de Bernardswiller, vit depuis les années 1970 en Inde où il dirige une société de communication et est actif dans le cinéma, l'audiovisuel et l'implantation d'industries indiennes à l'étranger. Marié avec une Pied-Noir de Narbonne, rencontrée dans le désert du Rajasthan, père de trois filles, il a aimé ce menu à bases de légumes inspiré par Éric Jenny du restaurant Penjab, à Strasbourg.

Tarka ou Turka Daal

Faites revenir à l'huile l'oignon avec l'ail et le gingembre. Ajoutez la coriandre et le cumin. Faites bien revenir l'ensemble pour ôter l'amertume des épices, ajoutez les aubergines et les tomates coupées en dés, le thym, le piment séché, mouillez avec 10 cl d'eau, salez et faites cuire 30 min. Terminez en ajoutant du basilic thaï et de la civette (ou ciboulette) ciselée.

Vous pouvez, en variante, faire cuire avec cette base de tarka un mélange de légumes secs (lentilles blondes, vertes, orange, haricots rouges, noirs, blancs, pois cassés, pois chiches) Mouillez à l'eau et cuisez le temps nécessaire selon les légumineuses. Ajoutez cumin en poudre et curcuma.

Channa Daal

Faites cuire les pois chiches pendant 1 h à l'eau salée avec une cuillerée de curcuma. Faites revenir les oignons hachés avec l'huile, ajoutez le mélange ail-gingembre, la coriandre et le cumin moulus. Faites bien revenir et ajoutez les pois chiches. Laissez cuire 30 min à feu doux. Ajoutez de l'eau si nécessaire, ainsi qu'une pincée de thym. Terminez avec les dés de tomates, la crème fraîche et la coriandre ciselée. Servez aussitôt. Vous pourrez servir du chapatis, qui est du pain composé de farine de pois chiche et d'eau, cuit au tandoor et en apéritif de petits anchois séchés.

Sauce Raïta

Mélangez les ingrédients et obtenez cette sauce rafraîchissante qui accompagne légumes, viandes et poissons.

Pour 6 personnes

Tarka ou Turka Daal

- 100 g d'oignons
- 2 gousses d'ail mixées en purée avec 30 g de gingembre
- 2 cl d'huile
- 1 cuillerée à café de coriandre moulue et de cumin moulu
- 2/3 de piment séché
- 1 cuillerée à café d'ajwain (variété de thym) ou 1 pincée de thym
- 1 kg d'aubergines
- 250 g de tomates fraîches en dés
- 10 cl d'eau
- 1 cuillerée à soupe de basilic thaï ciselé et de civette (ou ciboulette)

Channa Daal

- 1 kg de pois chiches trempés la veille
- 100 g d'oignons
- 2 cl d'huile végétale
- 50 g d'ail et gingembre mixés
- 2 cuillerées à café de curcuma
- 1 cuillerée à café de coriandre moulue
- 1 cuillerée à café de cumin moulu
- 1 pincée d'ajwain (ou de thym)
- 100 g de dés de tomates
- 1 dl de crème fraîche
- 1/2 botte de coriandre ciselée

Sauce Raïta

- 2 yaourts
- 1/2 gousse d'ail et 10 g de gingembre frais mixés
- 100 g de tomates en dés
- 100 g de concombre en dés
- sel, poivre

Un crémant d'Alsace de Seppi Landmann, de Soultzmatt.

Achille Forler, qui parle l'hindi et la gourjarati, a fait des études de sanscrit avant de réaliser des documentaires et de coproduire des films (émission du 23 février 2002).

Poulet comme à Madras

UNE RECETTE RÉALISÉE POUR CHRISTIANE BURCKEL

La Strasbourgeoise Christiane Burckel, passionnée de kelsch, cette toile de lin ou de chanvre tissée à la main, aime recevoir. Elle prépare parfois cette recette exotique venue de Madras, ville indienne connue pour ses tissus. La recette mêle poulet, épices et fruits. Christiane a découvert les saveurs indiennes en 1955 en Grande-Bretagne, lors de ses études de traductrice à Cambridge.

Pour 6 personnes

- 6 cuisses de poulet fermier
- 1 l de bouillon de poule
- 3 cl d'huile d'olive
- 2 oignons blancs émincés
- 4 petits piments sans pépins finement hachés
- 1 piment oiseau
- 1 cuillerée à café de coriandre pilée
- 1 cuillerée à soupe de citronnelle hachée
- 1 cuillerée à soupe de curry
- 1 pincée de cannelle
- 1 pincée de clous de girofle
- 1 cuillerée à soupe de gingembre finement haché
- 2 gousses d'ail
- le zeste râpé d'un citron vert
- 1 boîte de lait de coco
- 2 yaourts nature
- le jus du citron vert
- 100 g de raisins de Corinthe trempés dans l'eau
- 1 ananas coupé en dés
- 2 bananes coupées en rondelles et citronnées
- 500 g de riz basmati
- 1 pointe de couteau de safran
- sel, poivre

Un gewurztraminer alsace grand cru Hengst du domaine Josmeyer, à Wintzenheim.

Pochez les cuisses de poulet dans le bouillon pendant 20 min. Enlevez la peau et faites dorer les cuisses dans l'huile d'olive puis réservez. Faites rissoler l'oignon dans le restant d'huile, ajoutez les épices, les piments, le gingembre, les gousses d'ail haché et le zeste de citron râpé. Mouillez avec 2 dl de bouillon puis ajoutez le lait de coco. Salez et poivrez. Laissez réduire, puis ajoutez les yaourts et le jus de citron. Rectifiez l'assaisonnement.

Servez avec du riz basmati cuit dans le reste du bouillon, auquel vous ajouterez le safran. Servez les fruits frais détaillés en cubes avec les raisins de corinthe égouttés dans des coupelles.

Cousine de Germain Muller, Christiane Burckel rêvait d'être couturière, mais devint interprète et traductrice. Elle possède une collection de magnifiques tissus (émission du 6 mars 2004).

PASCAL H POIROT
Moules ronds pour Aspics,
Fabrication française

Les desserts

Les desserts
par Pascal Henri Poirot

« Ma peinture n'est pas réaliste. Je ne peins pas d'après nature, et la table que voici est simplement sortie de mon imagination. J'ai la passion des puces où je cherche de vieilles encyclopédies ou des catalogues d'objets, d'outils, en français ou en allemand ; j'adore cela, j'y trouve des choses remarquables. Ces moules sont issus d'un vieux catalogue et je les ai mis sur le fond monochrome en collage. Ils sont comme suspendus dans l'air. La banane est là comme clin d'œil érotique. J'adore faire la cuisine, j'aime inventer des recettes, mitonner des plats rustiques, les déguster avec des amis après une longue marche dans la nature environnante. »

Pascal Henri Poirot

Agneaux de Pâques

UNE RECETTE RÉALISÉE POUR PIERRE PERNY

Pierre Perny, de Drusenheim, historien du football en Alsace, aime ce dessert traditionnel de Pâques qui lui rappelle des souvenirs cuisants. Fils de boulanger en quatrième génération, il devait dès six ans donner des coups de main, sa mission consistant à nettoyer les moules en poterie de Soufflenheim. Un enfer car la pâte restait souvent collée, surtout dans la petite cavité représentant l'oreille.

Pour 4 à 6 personnes (selon la taille des moules)

- 8 jaunes d'œuf
- 3 œufs entiers
- 200 g de sucre semoule
- 8 blancs d'œuf à battre avec 50 g de sucre
- 250 g de farine tamisée (ou 170 g de farine et 80 g de fécule)
- 30 g de beurre fondu (facultatif)
- 100 g de sucre glace

Un muscat vendanges tardives de la maison Kuentz, de Pfaffenheim.

Battez à froid les huit jaunes d'œuf avec les trois œufs entiers et le sucre, jusqu'à obtention d'une belle mousse bien ferme. Battez en neige les huit blancs d'œuf avec les 50 g de sucre, en ajoutant au début seulement 20 g de sucre, puis vers la fin les 30 g restants. Mélangez-les délicatement à l'appareil précédent. Incorporez la farine et le beurre fondu. Vous pouvez aussi ajouter 170 g de farine additionnée de 80 g de fécule : le biscuit sera un peu plus moelleux, car la fécule lui fait mieux garder l'humidité.

Versez la préparation dans les moules beurrés et farinés au préalable aux 3/4 de leur hauteur ; faites cuire dans un four préchauffé à 180° (th. 6) pendant 45 min.

Démoulez et saupoudrez de sucre glace et décorez du petit drapeau, selon la tradition pascale.

Pierre Perny, qui fut cadre bancaire à Strasbourg, est l'auteur d'une histoire du football en Alsace. Il a aussi créé une société d'histoire locale (émission du 19 avril 2003).

Agneaux en biscuit et crème anglaise

UNE RECETTE RÉALISÉE POUR JEAN-PIERRE BECHLER

Jean-Pierre Bechler, boulanger-pâtissier à Colmar et président de la Chambre de métiers du Haut-Rhin, aime les agneaux en biscuit avec un drapeau en papier de soie piqué dans la nuque, rituel pascal qu'il reconduit d'après une recette transmise par son père Armand. Ces agneaux sont encore meilleurs, précise-t-il, lorsqu'on les accompagne d'une crème anglaise parfumée à la vanille.

Agneaux en biscuit

Battez en mousse les huit jaunes d'œuf, les trois œufs entiers, le sucre et le miel jusqu'à l'obtention d'un ruban épais. Montez séparément les huit blancs d'œuf. Lorsqu'ils deviennent fermes, ajoutez les 65 g de sucre semoule. Mélangez les deux masses. Incorporez délicatement la farine et, à la fin, le beurre fondu. Répartissez la pâte dans des moules préalablement beurrés et faites cuire dans un four préchauffé à 180° (th. 6) pendant 45 min. Démoulez et saupoudrez de sucre glace.

Crème anglaise

Faites chauffer le lait et la crème avec les gousses de vanille fendues jusqu'à ébullition. Dans une jatte, battez au fouet les jaunes d'œuf et le sucre. Lorsque la masse est mousseuse, incorporez au fur et à mesure le mélange bouillant de lait et de crème. Versez à nouveau dans la casserole et remettez sur feu doux, sans cesser de remuer à l'aide d'une spatule en bois (en exécutant des mouvements en forme de 8) jusqu'à ce que la crème nappe la spatule. Il importe d'éviter l'ébullition, qui ferait coaguler la crème avec les œufs (85°). Passez-la au chinois et faites-la refroidir rapidement.

Pour 4 à 6 personnes (selon la taille des moules)

Agneaux en biscuit

- 8 jaunes d'œuf
- 3 œufs entiers
- 225 g de sucre
- 25 g de miel
- 8 blancs d'œuf
- 65 g de sucre semoule
- 280 g de farine type 45 tamisée
- 40 g de beurre fondu
- 100 g de sucre glacé

Crème anglaise (ingrédients pour 8 personnes)

- 0,5 l de lait
- 0,5 l de crème fraîche
- 2 gousses de vanille
- 8 jaunes d'œuf
- 170 g de sucre semoule

Un gewurztraminer sélection de grains nobles du CIVA (Comité interprofessionnel des vins d'Alsace), à Colmar.

Abandonnant son rêve de devenir footballeur, Jean-Pierre Bechler est devenu boulanger-pâtissier. Il a créé avec Joseph Dorffer l'Union des boulangers-artisans-créateurs (émission du 10 avril 2004).

Beignets, dits *Schlupfkiechle*

UNE RECETTE RÉALISÉE POUR JEAN-GEORGES HIRSCHFELL

Jean-Georges Hirschfell, auteur des sketchs du cabaret *'s Brannkessele* de Neuve-Église, aime savourer des *Schlupfkiechle*, ces beignets dégustés pour la Chandeleur et pendant le carnaval. Avec une soupe de légumes, ils constituaient autrefois dans le Val-de-Villé un repas entier et ils sont liés pour Jean-Georges à un parfum d'enfance.

Pour 4 personnes

Pâte

- 500 g de farine
- 2 cuillerées à café de levure chimique
- 5 g de sel fin
- 150 g de beurre
- 150 g de sucre
- 3 œufs
- 2 cuillerées à soupe de kirsch

Friture

- 1 l d'huile

Saupoudrage

- 100 g de sucre en poudre mélangé avec une cuillerée à soupe de cannelle

Un kirsch Meyblum ou un pinot noir Adrian, réserve clos du Sonnenberg, à Albé.

Veillez à ce que les ingrédients soient tempérés. Mélangez la farine, la levure chimique et le sel. Incorporez le beurre par petits morceaux successifs. Ajoutez le sucre puis les œufs. Parfumez au kirsch. Ajoutez (si la pâte est trop consistante) une à deux cuillerées à soupe d'eau. Travaillez la pâte de manière à la rendre bien homogène. Il n'est pas nécessaire de la laisser reposer, étalez-la sur une épaisseur d'environ 0,5 cm.

À l'aide d'une roulette cannelée, découpez des rectangles d'environ 4 x 8 cm. Taillez une fente (d'environ 2 à 3 cm) au milieu de chaque bandelette dentelée, dans le sens de la longueur. Tirez une des extrémités du rectangle par la fente : vous obtiendrez l'effet de nœuds ou de courtes cravates. Plongez-les dans l'huile de friture bien chaude, laissez-les dorer d'un côté puis de l'autre et égouttez-les avant de les saupoudrer du mélange sucre-cannelle.

Dégustez-les en accompagnement d'une soupe de légumes. Jean-Georges précise que l'on a coutume dans le Val-de-Villé de servir un alcool blanc avec ces beignets, comme le kirsch Meyblum (la plus ancienne distillerie du Val-de-Villé, sise à Albé).

Jean-Georges Hirschfell, instituteur à Saint-Maurice, met en scène, joue et chante dans le cabaret 's Brannkessele. Il est un des artisans du spectacle annuel « Rêve d'une nuit d'été », à Saint-Gilles (émission du 4 février 1996).

Beignets au jus de figues, dits *cartedotte*

UNE RECETTE RÉALISÉE POUR PATRICIA FIORE

Patricia Fiore apprécie cette spécialité italienne des Pouilles. La pâte à base de farine, d'huile d'olive et de vin blanc, est abaissée finement, coupée en lanières et nouée avant d'être immergée dans un bain de friture, puis égouttée et passée brièvement dans un jus de figue épais. En dialecte de Ruvo, près de Bari – d'où vient le mari de Patricia –, ces beignets sont nommés *cartedotte*. En italien, on les nomme *cartellata pettole*.

Jus de figues

Mettez les figues séchées dans un saladier et couvrez-les d'eau. Laissez-les reposer une nuit au minimum. Puis mettez le tout (figues et eau) dans une casserole, ajoutez de l'eau pour couvrir à hauteur et laissez frémir à petit feu pendant 2 h. Passez le tout à travers une passoire ou au tamis, et récoltez le jus (mais jetez la peau et les graines). Mettez dans les bocaux et stérilisez. «Ce jus se garde pendant des années. Et même, plus il a de l'âge, mieux c'est», dit Patricia. Pour cette raison, elle en prépare généralement plusieurs litres qu'elle stérilise.

Cartedotte

Mélangez la farine et l'huile d'olive. Ajoutez au fur et à mesure le vin blanc, jusqu'à obtention d'une pâte homogène. Laissez reposer la pâte durant 30 min. Étalez la pâte sur une épaisseur de 2 mm et découpez des bandes de 4 cm sur 20. Pincez-les tous les 4 cm pour réunir la pâte, puis enroulez ce ruban pincé pour faire des roses. «Je me simplifie le travail, précise Patricia, je fais des nœuds, c'est plus rapide». Mettez ces formes dans le bain de friture bien chaud et faites-les dorer. Égouttez-les. Mettez sur un plat avec un papier absorbant pour recueillir le surplus d'huile. Mettez le jus de figues dans une casserole et faites-le chauffer à petit feu. Trempez les *cartedotte* dans ce jus et sortez-les de suite. Il faut que les cavités des nœuds et des roses s'imprègnent du jus de figues, ce qui donne aux *cartedotte* un étonnant moelleux.

Laissez refroidir et dégustez. «Mon mari ajoute au dernier instant quelques gouttes de vinaigre balsamique sur ces beignets, explique Patricia, ce qui adoucit le sucré du jus de figues».

Pour 8 personnes

Jus de figues
- 500 g de figues séchées
- 2 l d'eau

Cartedotte
- 1 kg de farine
- 2 dl d'huile d'olive
- 2 dl de vin blanc sec

Bain de friture
- 1 l d'huile d'arachide ou de tournesol

Un muscat de Rivesaltes du domaine Les Mille Vignes, de Jacques Guérin (Aude).

Secrétaire de formation, Patricia Fiore est devenue mercière à Strasbourg. Elle allie tradition et modernité, en créant ses modèles à la main ou à l'aide d'un logiciel de broderie (émission du 15 février 2003).

Beignets de carnaval

UNE RECETTE RÉALISÉE POUR MARIE-CLAUDE JUND

Marie-Claude Jund, de Betschdorf, créatrice de vêtements, fabrique ces beignets de carnaval d'après cette recette de Hélène Dohrmann, d'Offwiller, village des Vosges du Nord célèbre pour le lancer de disques enflammés, *(Schiewesschlaawe):* des disques de hêtre incandescents, empalés sur une baguette de noisetier, sont frappés sur une dalle de grès pour être propulsés de nuit le dimanche qui suit le mardi-gras.

Pour 8 personnes
- 1 kg de farine
- 45 g de levure boulangère
- 180 g de beurre
- 150 g de sucre
- 1 pincée de sel
- 5 œufs
- 1/2 l de lait (ou un peu moins, à jauger)
- 1 à 2 l d'huile (pour la friture)
- 100 g de sucre mélangé avec 1 cuillerée à soupe de cannelle (pour le saupoudrage)

Un gaillac doux Grains de folie du domaine Causse Marines de Patrick Lescarret, à Vieux (Tarn).

Veillez à ce que tous les ingrédients soient tempérés. Délayez la levure en prélevant deux cuillerées à soupe de lait tiède. Ajoutez une pincée de sucre et laissez reposer dans un endroit tempéré. Pendant ce temps, disposez la farine dans une jatte. Ajoutez le beurre fondu, le restant de sucre, la pincée de sel et, successivement, les œufs. Travaillez cette masse en y incorporant progressivement le lait tiède. Ajoutez la levure délayée dans le lait. Travaillez cette pâte jusqu'à ce qu'elle se détache du récipient. Recouvrez-la d'une serviette et laissez-la reposer dans un endroit chaud (26-28°) de manière à faire doubler de volume.

Étalez la pâte au rouleau sur une épaisseur de 1 cm environ.

Découpez les beignets en carrés, en losanges (au couteau ou avec la petite roue cannelée) ou en leur donnant une forme ronde à l'aide d'un verre. Couvrez-les d'une serviette et laissez reposer une nouvelle fois au chaud pendant 1 h. Étirez-les légèrement en leur centre pour les rendre plus fins en cet endroit. Plongez-les dans le bain d'huile bien chaude. Laissez-les dorer de chaque côté, égouttez-les et laissez refroidir. Saupoudrez avec le mélange sucre-cannelle.

Marie-Claude Jund travaillait dans la confection de ceintures médicales et les retouches de lingerie fine. Dans l'attente d'un nouvel emploi, elle créa ses propres modèles (émission du 24 février 2004).

Beignets

UNE RECETTE RÉALISÉE POUR THIÉBAUT KEMPF

Thiébaut Kempf a suggéré une recette de la vallée de Munster dont il vient : des beignets de carnaval, appelés *Kissle*, c'est-à-dire petits coussins, car ils prennent une forme légèrement bombée une fois passés à la friture. Cette recette rustique provient de sa maman Edwige.

Pour 6 à 8 personnes
- 15 cl de crème fraîche épaisse qui peut être légèrement aigre
- 20 g de beurre
- 4 œufs
- 50 g de sucre
- 1 pincée de sel
- 5 g de levure chimique
- 700 g de farine
- huile de friture

Saupoudrage
- 100 g de sucre
- 30 g de cannelle

(à mélanger)

Un gewurztraminer sélection de grains nobles de Pierre Meyer, domaine du Bollenberg, à Westhalten.

Mélangez la crème épaisse, le beurre fondu, les œufs, le sucre, une pincée de sel, la levure chimique et la farine. Travaillez la pâte, elle doit devenir ferme comme une pâte à nouilles. Laissez-la reposer pendant 1 h. Ensuite, abaissez-la très finement (sur 2 mm d'épaisseur) et, à l'aide d'une roue cannelée, découpez des formes en carrés, rectangles ou losanges.

Plongez les beignets dans l'huile de friture bien chaude. Lorsqu'ils sont dorés d'un côté, veillez à les retourner pour qu'ils prennent une couleur uniforme, égouttez-les et saupoudrez-les de sucre mélangé à la cannelle. Ne faites pas frire toute la masse en même temps, mais procédez par portions.

Ces beignets composaient dans la vallée de Munster un repas du soir, accompagnés de fruits au sirop, essentiellement des groseilles et des griottes.

Thiébaut Kempf est devenu à vingt ans le créateur et dirigeant de Pro-Fêtes à Duppigheim, spécialiste de masques, costumes et articles de fêtes (émission du 9 février 2002).

Eiskrapfen

UNE RECETTE RÉALISÉE POUR ODILE PHILIPP

Odile Philipp apprécie ce dessert chaud-froid, appris d'une amie allemande. Un carré de génoise enveloppe une boule de glace puis est enrobé de pâte à crêpe avant d'être frit à l'huile. On peut préparer ce dessert à l'avance et l'entreposer au congélateur avant la finition à la friture.

Pour 10 personnes

Glace vanille
- 1/2 l de lait
- 1/2 l de crème fraîche
- 8 jaunes d'œuf
- 3 gousses de vanille
- 170 g de sucre

Génoise
- 6 œufs
- 200 g de sucre
- 50 g de miel
- 130 g de farine
- 130 g de fécule

Pâte à crêpes
- 500 g de farine
- 6 jaunes d'œufs
- 2 cuillerées à soupe d'huile
- 1 pincée de sel
- 2 paquets de sucre vanillé
- 1 l de lait
- 2 dl de bière
- 1 dl d'eau
- 3 dl d'huile (pour frire)

Décor
- crème chantilly (facultatif)
- 2 dl de coulis de fruits rouges (facultatif)

Un gewurztraminer de Bernadette Welty, d'Orschwihr.

Pour la glace, faites chauffer le lait et la crème avec 30 g de sucre et les gousses de vanille fendues. Versez sur les jaunes d'œuf battus crémeux avec le sucre restant, remettez à chauffer doucement en remuant avec une spatule en bois, sans porter à ébullition, sans dépasser 80°, et arrêtez la cuisson dès que la crème nappe la spatule. Versez dans un récipient froid puis faites sangler dans une sorbetière ou simplement prendre au congélateur, en remuant de temps en temps.

Pour la génoise, battez au bain-marie les œufs entiers avec le sucre et le miel, jusqu'à ce que la masse atteigne la température de 40°. Puis continuez à battre à froid : la masse doit tripler de volume et devenir bien ferme. Mélangez la farine et la fécule. Versez ce mélange en pluie en le tamisant sur les œufs montés. Mélangez délicatement à l'aide d'une spatule. Étalez la masse sur du papier sulfurisé sur 1,5 à 2 cm d'épaisseur. Faites cuire à four très chaud (270°, th. 9). La cuisson rapide évite le dessèchement de la pâte. Ayez l'œil sur le four. La cuisson est achevée après 4 ou 5 min, lorsque le dessus de la pâte est doré et lorsque, en soulevant le papier sulfurisé, vous y distinguez des points brunâtres. Démoulez la génoise en posant la face non couverte de papier sur un torchon. Laissez refroidir puis retirez délicatement le papier sulfurisé. Découpez des carrés de 10 cm de côté environ (assez grands pour envelopper une boule de glace).

Pour la pâte à crêpes, mettez la farine dans une terrine. Ajoutez les œufs entiers, l'huile, le sel, le sucre vanillé, le lait, la bière et l'eau. Veillez à obtenir une pâte lisse.

Laissez-la reposer pendant 30 min.

Suite de la recette en p. 450

Odile Philipp aime les enfants, les chevaux et la cuisine. Elle est responsable du centre équestre Relais de la Largue, à Altenach, village proche de Dannemarie (émission du 19 juin 1999).

Gâteau à l'orange et au chocolat

UNE RECETTE RÉALISÉE POUR OLIVIER-FÉLIX HOFFMANN

Olivier-Félix Hoffmann, d'Ohlungen, manifeste un penchant incontrôlé pour les saveurs sucrées. Pour cet inconditionnel du chocolat, Hubert Maetz a conçu ce gâteau mêlant avec justesse le chocolat noir au parfum de l'orange, utilisée à la fois pour son jus, son zeste, confite et sous forme de liqueur.

Pour 8 personnes

- 2 grosses oranges
- 250 g de sucre en poudre
- 4 cuillerées à soupe de liqueur d'orange
- 250 g de beurre ramolli
- 4 œufs
- 1 pincée de sel
- 250 g de farine
- 1 pincée de levure chimique
- 100 g de confiture d'oranges amères ou de confiture de Noël
- 150 g de tranches d'orange confite achetées (ou faites maison, sur la base d'1 kg d'oranges pour 600 g de sucre)
- 150 g de couverture de chocolat noir (ou de pâte à glacer chocolat)

Un tokay pinot gris sélection de grains-nobles de Ziegler-Mauler, de Mittelwihr.

Vous pouvez réaliser les oranges confites vous-même en vous y prenant avec huit jours d'avance. Essuyez, lavez et coupez un kilo d'oranges en tranches de 5 mm d'épaisseur. Portez à ébullition un sirop composé d'un litre d'eau et de 200 g de sucre. Après ébullition, plongez-y les oranges, arrêtez la cuisson et laissez infuser. Le lendemain, égouttez les rondelles d'orange, portez à nouveau le sirop à ébullition en ajoutant 100 g de sucre, replongez-y les tranches d'orange, laissez à nouveau infuser comme précédemment. Répétez cette opération quatre à cinq fois en ajoutant 100 g de sucre à chaque fois.

Pour la confection du gâteau, lavez les deux oranges, râpez l'écorce ou découpez-la en fine julienne, réservez. Pressez les oranges et recueillez 14 cl de jus, ajoutez 50 g de sucre, l'écorce d'orange et portez à ébullition, ajoutez la liqueur d'orange, couvrez et laissez infuser.

Travaillez le beurre ramolli avec les 200 g de sucre restants, ajoutez les œufs puis le sel. Incorporez-y la farine et la levure chimique pour obtenir une pâte souple. Beurrez un moule à manqué (de 22 cm de diamètre) et garnissez-le de pâte en lissant bien. Mettez sur la grille d'un four chauffé à 175-200° (th. 6-7) et laissez cuire 45 min. Laissez le gâteau dans le moule, piquez-le avec une fourchette et imbibez-le de sirop à la liqueur d'orange, laissez refroidir, démoulez sur une grille.

Étalez la confiture sur tout le gâteau. Coupez les tranches d'orange confite en deux, disposez-les à la surface et réservez-en quelques-unes pour la décoration.

Pour la préparation du glaçage, faites fondre le chocolat à 40° au bain-marie, puis descendez-le à 25° en remuant hors du bain-marie, puis remontez-le à 32° : il gardera ainsi toute sa brillance (vous pouvez aussi vous simplifier la tâche en utilisant de la pâte à glacer). Nappez le gâteau et décorez le pourtour avec les tranches d'orange préalablement réservées.

Olivier-Félix Hoffmann est doctorant en ethnologie, diplômé de cinéma et a obtenu son DEA en philosophie. Il est passionné par les arts martiaux (émission du 7 février 1998.).

Kougelhopf et gianduja

UNE RECETTE RÉALISÉE POUR CHARLES BENTZ

Charles Bentz, pâtissier-confiseur-glacier et créateur de la Fête du kougelhopf à Ribeauvillé, était considéré comme le « roi du kougelhopf » tant il le réussissait moelleux et savoureux. Il souhaitait aussi dans l'émission livrer la recette du gianduja, une pâte noisette-chocolat, broyée à sec, facile à faire, et qui peut être roulée en truffes ou servir de base à des crèmes.

Pour 5 personnes

Kougelhopf

- 1 kg de farine
- 20 g de sel
- 150 g de sucre
- 300 g de beurre
- 4 œufs
- 1/2 l de lait
- 50 g de levure de bière
- 200 g de raisins secs
- 75 g d'amandes
- 1 petit verre de kirsch (facultatif)

Gianduja

- 120 g de noisettes grillées
- 100 g de sucre glace
- 1 sachet de sucre vanillé
- 100 g de chocolat

Un gewurztraminer de René Joggerst & Fils, de Ribeauvillé.

Kougelhopf

Préparez d'abord le levain en mélangeant la moitié du lait tiède avec une cuillerée à soupe de sucre, la levure et la farine nécessaire pour obtenir une pâte de consistance moyenne. Laissez reposer dans un endroit tempéré. Mélangez dans une bassine la farine restante, le sel, le sucre restant, les œufs et le reste de lait tiède. Mélangez énergiquement les ingrédients. Travaillez la pâte à la main pendant 15 min environ en soulevant la pâte. Ajoutez le beurre (ramolli dans les mains pour lui donner la consistance d'une pommade) ainsi que le levain qui aura doublé de volume. Travaillez l'ensemble encore pendant quelques minutes, couvrez d'un linge et laissez reposer dans un endroit tiède pendant 1 h. Tapotez alors la pâte, rompez-la, ajoutez les raisins secs trempés dans le kirsch ou dans du lait puis ajoutez le kirsch (facultatif). Posez les amandes dans les cannelures du moule bien beurré. Disposez la pâte. Laissez-la reposer une nouvelle fois jusqu'à ce qu'elle affleure au bord (elle double de volume) et enfournez à four moyen (160-170°, th. 5-6). Si le kougelhopf se colore de trop, posez sur lui en cours de cuisson un papier aluminium et réduisez la température à 150° (th. 5).

Le kougelhopf se sert à toutes occasions : au petit déjeuner dominical, à l'apéritif ou au dessert. On ne peut imaginer vin d'honneur ou fête de famille sans lui.

Gianduja

Faites griller légèrement les noisettes. Mixez-les avec le sucre glace et le sucre vanillé, ajoutez le chocolat. Mixez jusqu'à obtention d'une pâte moelleuse et consistante.

Charles Bentz, pâtissier, confiseur, glacier, était également poète, conteur et auteur d'un livre sur ses années de guerre dans le Berry. Il organisait des sorties commentées sur les sites de la poche de Colmar (émission du 13 janvier 2001).

Kougelhopf perdu au coulis de framboise et sorbet bibbeleskas

UNE RECETTE RÉALISÉE POUR JEAN-CHRISTOPHE GRAFF

Jean-Christophe Graff garde un souvenir intense du pain perdu préparé par sa maman, qu'elle désignait sous le terme *Angebrotes*, ce qui signifie grillé. Hubert Maetz en a fait une recette améliorée avec du kougelhopf, en lui associant un sorbet au fromage blanc, étonnamment léger et acidulé, et un coulis de framboises.

Pour le sorbet au fromage blanc dit bibbeleskas, portez simplement à ébullition l'eau avec le sucre et le jus de citron. Après refroidissement, ajoutez le fromage blanc. Laissez prendre en glace dans une sorbetière ou simplement au congélateur en mélangeant parfois pour éviter la formation de paillettes.

Pour le kougelhopf perdu, battez les œufs et le lait. Trempez les tranches de kougelhopf dans ce mélange, des deux côtés, assez rapidement. Faites-les revenir dans une poêle dans le beurre, des deux côtés. Quand ces tranches sont dorées, disposez-les sur un plat. Saupoudrez avec le sucre roux mélangé de cannelle. Passez pendant 5 min au four sous le grill pour les laisser caraméliser. À la sortie du four, saupoudrez-les de sucre glace avant de les déguster chaudes.

Pour le coulis de framboises, passez au mixer les framboises lavées et égouttées avec le sucre pendant 2 min environ. Passez au chinois pour en retirer les pépins.

Pour le sorbet au fromage blanc, réalisez un sirop avec l'eau et le sucre. Mélangez le sirop froid au fromage blanc. Ajoutez le jus du citron. Faites turbiner dans une sorbetière ou faites prendre au congélateur en remuant de temps en temps.

Pour le dressage, nappez l'assiette avec du coulis; vous pouvez strier ce coulis avec du chocolat noir fondu et de la crème fraîche épaisse (l'effet rappelle le décor du millefeuille). Disposez sur assiette le sorbet (moulé en quenelles à l'aide de deux cuillères à soupe) ainsi que les tranches chaudes de kougelhopf perdu.

Pour 6 personnes

Kougelhopf perdu
- 12 tranches de kougelhopf sec (ou 24 tranches de mini-kougelhopf) ou reste de kougelhopf, à défaut brioche, natte, tresse
- 4 œufs
- 2 dl de lait

Cuisson
- 100 g de beurre

Saupoudrage
- 150 g de sucre roux
- 25 g de cannelle
- 40 g de sucre glace

Coulis de framboises
- 500 g de framboises
- 150 g de sucre

Sorbet bibbeleskas
- 350 g de fromage blanc (40 % de matière grasse)
- 175 g de sucre
- 5 cl de jus de citron
- 3,5 dl d'eau

Un gewurztraminer grand cru Vorbourg, produit et mis en bouteilles par l'École viticole de Rouffach.

Jean-Christophe Graff, luthier à Strasbourg, est un des Meilleurs ouvriers de France. Il fait également de la restauration d'instruments et joue lui-même du violon (émission du 31 mai 1997).

Saint-honoré

UNE RECETTE RÉALISÉE POUR COLETTE GREDER

La chanteuse Colette Greder, de Hegenheim dans le Sundgau, se souvient que lors des fêtes de famille de son enfance, on servait un saint-honoré du pâtissier bâlois Baechlé. Ce gâteau parisien aurait été dédié à saint Honoré, patron des boulangers et des pâtissiers. Il devrait son nom au fait que le pâtissier Chiboust, créateur de la crème servant à le garnir, était installé rue Saint-Honoré à Paris en 1840.

Pour 8 personnes

Fond
- 250 g de pâte feuilletée (ou de pâte brisée)
- 1 œuf battu (pour la dorure)

Pâte à choux
- 1/4 l d'eau
- 125 g de beurre
- 5 g de sel
- 10 g de sucre
- 200 g de farine
- 5 à 6 œufs
- 1 œuf battu (pour la dorure)

Crème Chiboust
- 6 feuilles de gélatine
- 1,5 l de lait
- 5 gousses de vanille (ou 5 sachets de sucre vanillé)
- 10 jaunes d'œuf
- 75 g de sucre
- 120 g de maïzena ou de farine
- 6 blancs d'œuf battus avec 300 g de sucre

Caramel
- 300 g de sucre semoule

Un champagne millésimé en magnum de Jean-Claude Vallois, de Cuis (Marne).

Abaissez la pâte feuilletée ou brisée en un disque de 20 cm de diamètre sur 2 mm d'épaisseur; disposez-le sur une tôle beurrée, piquez-le à la fourchette et badigeonnez (facultatif) le bord avec un peu d'œuf battu et laissez en attente au frais.

Préparez la pâte à choux: dans une casserole, faites bouillir l'eau, le beurre, le sel et le sucre. Dès ébullition, versez en pluie la farine: il faut mélanger vivement et sans arrêt avec la spatule de bois, sans retirer du feu, pendant environ 2 min. Travaillez la pâte fortement, elle doit se compacter et se présenter comme une boule élastique. Retirez alors la casserole du feu et ajoutez un à un les œufs en travaillant énergiquement la pâte après chaque œuf.

Remplissez une poche munie d'une douille lisse (de la taille d'un doigt) avec la pâte à choux (elle peut encore être chaude ou seulement tiède) et posez une couronne sur le disque de pâte feuilletée (ou brisée) à environ 3 mm du bord; dorez cette couronne avec de l'œuf battu. Sur une autre tôle beurrée, disposez vingt petits choux de la taille d'une noix, dorez-les à l'œuf battu. Enfournez à 180° (th. 6) pendant 20 min environ pour les choux, 30 min pour le fond du gâteau. Laissez refroidir.

Pour la crème Chiboust, veillez d'abord à faire tremper la gélatine dans un bol d'eau froide. Faites bouillir le lait avec les gousses de vanille fendues en deux dans le sens de la longueur. Battez les jaunes d'œuf avec le sucre jusqu'à ce que le mélange blanchisse. Ajoutez alors la maïzena (ou la farine). Retirez les gousses de vanille du lait et versez celui-ci sur la préparation, en fouettant vivement. Remettez l'ensemble dans la casserole, en remuant au fouet; lorsque l'ébullition est atteinte, arrêtez la cuisson. Égouttez la gélatine et incorporez-la à la crème.

Suite de la recette en p. 450

À la fois chanteuse, comédienne, cabarettiste, Colette Greder a grandi à Hegenheim. Elle est aussi connue pour ses contes pour enfants, et ses émissions radio et télé à DRS, en Suisse (émission du 21 février 1998).

Tarte au sucre québécoise

UNE RECETTE RÉALISÉE POUR BERTRAND GATTER

Bertrand Gatter, de Vendenheim, passionné par les chevaux et l'Ouest américain a proposé cette tarte au sucre, d'après une recette rapportée du Québec. Elle provient de ses amis Andrée et Marcel Trudel qui vivent au village de Landraie, près du Saint-Laurent. C'est une tarte qui comporte deux abaisses, comme une tourte, et sa garniture reste légèrement liquide.

Préparez la pâte la veille en mélangeant farine, graisse, sel et levure chimique. Délayez le jaune d'œuf dans l'huile, incorporez à la pâte en ajoutant l'eau.
Préparez la garniture en mélangeant le sucre cassonade avec la crème, le beurre et la farine. Portez à ébullition et laissez bouillir pendant 5 min sans cesser de remuer avec une cuillère en bois.
Faites deux abaisses de pâte pour un moule de 28 cm de diamètre. Prévoyez-les un peu plus grandes, pour pouvoir les souder aisément. Étalez la première abaisse dans le moule beurré. Ajoutez la garniture. Posez le deuxième disque par-dessus en veillant à bien souder les bords. Découpez trois cavités pour figurer deux yeux et une bouche. Enfournez à four chaud (180°, th. 6) pendant 40 min environ. Finissez par un glaçage. Dégustez la tarte froide ou légèrement tiède.

Pour 4 à 6 personnes

Pâte
- 500 g de farine
- 350 g de margarine ou de beurre
- 3 g de levure chimique
- 1 pincée de sel
- 2,5 cl d'huile végétale
- 1 jaune d'œuf
- 13 cl d'eau froide

Garniture
- 500 g de sucre cassonade
- 2 dl de crème fraîche
- 10 g de beurre
- 10 g de farine

Glaçage
- 50 g de sucre glace
- 5 cl d'eau

Un gewurztraminer sélection de grains nobles de la cave Jean-Geiler, d'Ingersheim.

D'abord tapissier-décorateur, Bertrand Gatter devint palefrenier-soigneur et dresseur de chevaux. Il est aussi harmoniciste et batteur de musique rock et country (émission du 6 novembre 2004).

Tarte aux amandes et crème à l'ananas

UNE RECETTE RÉALISÉE POUR FREDDY WURMSER

Freddy Wurmser, de Molsheim, qui a la passion des Bugatti, trouve irrésistible ce dessert de fête que sa femme Janine, une Haut-Rhinoise de Kaysersberg, a appris de sa mère Jenny et de sa grand-mère Léonie. La crème à l'ananas qui l'accompagne, faite en trois tours de main, est exquise. Un duo de desserts simple à réaliser et délicieux.

Pour 8 personnes

Tarte aux amandes

Fond de tarte

- 125 g de beurre ramolli
- 4 jaunes d'œuf
- 70 g de sucre semoule
- 200 g de farine
- 1 cuillerée à café de kirsch

Garniture

- 4 blancs d'œuf battus en neige ferme
- 250 g d'amandes râpées
- 250 g de sucre fin
- sucre glace (pour saupoudrer)
- 1 pincée de sel fin

Crème à l'ananas

- 1 boîte de 250 g d'ananas en rondelles
- 2 cuillerées à soupe de sucre semoule
- 1 sachet de sucre vanillé
- 1 jus de citron
- 2 cl de kirsch ou de cointreau
- 2 cuillerées à café de fécule
- 4 œufs (dont les blancs seront battus en neige)
- 2 à 3 dl de crème fouettée
- 1 pincée de sel fin pour les blancs de neige

Un muscat Quintessence d'Arlette, Frédéric et Guillaume Mochel, de Traenheim.

Tarte aux amandes

Battez les jaunes d'œuf avec le sucre en mousse. Ajoutez le beurre ramolli. Travaillez bien l'ensemble. Ajoutez la farine et le kirsch. Bien mélanger. Étalez la pâte dans un moule à tarte de 20 cm de diamètre.

Battez les blancs en neige ferme avec une pincée de sel fin et 50 g de sucre. Incorporez les 200 g de sucre restants vers la fin pour bien serrer la meringue. Ajoutez les amandes et versez la préparation sur le fond de tarte. Faites cuire à feu doux pendant 40 min. Lorsque le gâteau est refroidi, saupoudrez-le de sucre glace. Et servez avec la crème à l'ananas, simple à réaliser et exquise.

Crème à l'ananas

Mettez le jus de la boîte d'ananas dans une casserole avec le sucre, le sucre vanillé, le jus de citron, le kirsch et faites épaissir le mélange en y incorporant la fécule légèrement délayée dans un peu d'eau. Versez le mélange très chaud sur les jaunes d'œuf en remuant à l'aide d'un fouet. Laissez refroidir. Une demi-heure avant de servir, mélangez la préparation avec la crème fouettée et les blancs en neige. Versez dans de petits bols dans lesquels vous aurez préalablement réparti les ananas coupés en dés et servez très frais.

Freddy Wurmser, kinésithérapeute et podologue, a écrit un livre sur son père qui connut dix années glorieuses comme mécanicien de Grand Prix chez Bugatti (émission du 3 avril 2004).

Tarte chocolat aux noisettes

UNE RECETTE RÉALISÉE POUR THIERRY MULHAUPT

Thierry Mulhaupt, le maître pâtissier-chocolatier, fils d'un boulanger de Merxheim, a imaginé pour la 300e émission de *Sür un Siess* cette tarte à la ganache de chocolat accompagnée de tuiles aux noisettes que Hubert Maetz réalisa lors d'une émission fusionnée avec celle de Christian Hahn, en direct et en public depuis l'auditorium de France 3 Alsace.

Pour la pâte sucrée, sablez la farine et le beurre, ajoutez la poudre d'amandes et le sucre glace puis l'œuf et le sel. Mélangez sans trop travailler. Laissez reposer 12 h. Foncez deux cercles de 22 cm de diamètre, hauteur 2 cm. Laissez reposer 1 h. Enfournez à 170° (th. 5-6) pendant 12 à 15 min.

Pour la ganache, portez la crème à ébullition et versez-la sur le chocolat haché, mélangez, lissez, ajoutez le beurre en petits morceaux, mélangez jusqu'à ce que le beurre soit fondu.

Pour les tuiles, faites bouillir le sucre, l'eau et le beurre. Étalez ce mélange sur un papier cuisson (1 mm d'épaisseur), parsemez de noisettes hachées. Enfournez à 150° (th. 5) pendant 15 min environ.

Pour le montage, après refroidissement des fonds de tarte, garnissez-les de ganache. Apposez des éclats de tuiles craquelins aux noisettes en les piquant dans la ganache. Laissez figer la tarte à température ambiante pendant 3 h.

Cette tarte se déguste tempérée, à 20° environ. Elle peut s'accompagner d'une bière au chocolat, d'un rhum blanc, d'un très vieux sauternes ou d'un noir de grenache du Domaine des Mille Vignes de Jacques Guérin, vigneron à La Palm.

Pour 2 tartes de 6 personnes chacune

Pâte sucrée
- 250 g de farine
- 150 g de beurre
- 30 g de poudre d'amandes
- 90 g de sucre glace
- 1 œuf
- 2,5 g de sel

Ganache
- 30 cl de crème fleurette
- 260 g de chocolat de couverture Caraïbe (ou de chocolat à 66 % de cacao)
- 70 g de beurre

Tuiles craquelins aux noisettes
- 5 cl d'eau
- 200 g de sucre pour confiture
- 100 g de beurre
- 100 g de noisettes hachées

Un gewurztraminer sélection de grains nobles, cuvée Anne, de la maison Schlumberger, à Guebwiller.

Thierry Mulhaupt est maître pâtissier-chocolatier à Strasbourg. Passionné d'art, il peint et joue aussi du saxophone avec talent (émission du 25 octobre 2003).

Torche aux marrons

UNE RECETTE RÉALISÉE POUR SŒUR MARLYSE

Sœur Marlyse, originaire de Gries, est responsable de la miellerie de la communauté religieuse du Neuenberg, à Erckartswiller, dans les Vosges du Nord. La Sœur-apicultrice aime le goût du marron et garde un excellent souvenir du *Storicheneschl* de sa maman, un terme qui signifie nid de cigogne et qui désigne en fait la torche aux marrons.

Pour 6 personnes

Meringue
- 3 blancs d'œuf
- 1 pincée de sel
- 300 g de sucre semoule

Pâte sucrée
- 150 g de beurre en pommade
- 180 g de sucre semoule
- 2 œufs
- 300 g de farine
- 2 pincées de sel fin

Garniture de marrons
- 300 g de marrons cuits (surgelés ou en boîte)
- 100 g de sucre semoule
- 1 sachet de sucre vanillé
- 4 cuillerées à soupe de sirop léger (8 cl d'eau + 80 g de sucre)
- 100 à 150 g de crème de marrons (généralement d'Ardèche, elle se présente en boîte ou en tube)

Crème chantilly
- 3 dl de crème fraîche

Coulis au miel
- 80 g de miel
- 50 g de crème de marrons
- 100 g de marrons
- 1 dl de crème battue

Un gewurztraminer sélection de grains nobles, clos Zisser, du domaine Klipfel, à Barr.

Commencez par le meringage : vous pouvez à loisir le préparer la veille ou l'avant-veille. Battez les blancs en neige en ajoutant d'abord la pincée de sel puis un peu de sucre (l'équivalent d'une cuillerée à café). Lorsque les blancs montés deviennent fermes, ajoutez en pluie le reste de sucre tout en continuant à laisser tourner le batteur. Divisez la masse en deux, étalez les blancs en deux cercles, sur une plaque ou sur du papier sulfurisé. Enfournez à four chauffé à 120° (th. 2-3) et laissez sécher pendant 1 h 30 à 2 h (les meringues ne doivent pas se colorer).

Pour la pâte sucrée, sablez le beurre et le sucre. Ajoutez le sel, les œufs et en dernier la farine. Laissez reposer pendant au moins 30 min. Puis étalez cette pâte, disposez-la dans un moule à tarte ou dans un fond plat (il n'est pas nécessaire que la pâte fasse un rebord, ni qu'elle ait une apparence esthétique : elle sert simplement de support). Piquez la pâte à l'aide d'une fourchette puis enfournez à four chauffé à 190° (th. 6-7) pendant 15 à 20 min. La coloration à obtenir est celle du brun clair.

Préparez la garniture aux marrons. Pour cela, mixez les marrons cuits. Lorsqu'ils sont fins, ajoutez le sucre semoule et le sucre vanillé. Continuez à mixer pour obtenir une consistance de pâte. Ajoutez alors le sirop (fait avec de l'eau additionnée du même poids de sucre, portée à ébullition et refroidie) ; incorporez la crème de marrons. Laissez reposer cette masse pendant au moins 2 h.

Suite de la recette en p. 450

Dans la communauté religieuse du Neuenberg, lieu de retraite spirituelle, Sœur Marlyse produit différents miels. Son miel de sapin a obtenu le Label rouge (émission du 19 mai 1996).

Apfelstrudel

UNE RECETTE RÉALISÉE POUR MICHEL VOGT

Michel Vogt privilégie les saveurs sucrées et a un penchant pour l'Apfelstrudel, cette pâtisserie viennoise roulée dont le nom signifie tourbillon aux pommes, dégustée généralement tiède, accompagnée d'une compote de pommes ou de crème chantilly. Servi à l'autrichienne, avec une crème anglaise et un café viennois, ce dessert est impérial.

Mélangez la farine avec l'œuf entier et le blanc d'œuf. Ajoutez le sel et le jus de citron. Incorporez le beurre puis l'eau tiède. Laissez reposer la pâte pendant 1 h au frais.

Coupez les pommes épluchées en fines lamelles, mélangez-les avec le sucre et la cannelle. Beurrez une tôle. Étalez la pâte très finement sur un torchon fariné. Étirez-la. Badigeonnez-la de beurre fondu. Répartissez chapelure, pommes et raisins secs, saupoudrez avec les amandes. Roulez la pâte sur elle-même à l'aide du torchon, de manière à obtenir un saucisson de 10 cm de diamètre et de 30 cm de long. Repliez les extrémités. Badigeonnez le tout avec le beurre fondu ou avec le jaune d'œuf. Faites cuire à 200° (th. 6-7) pendant 40 à 45 min (vous pouvez badigeonner l'Apfelstrudel 10 min avant la sortie du four d'un peu de jaune d'œuf et parsemez l'ensemble de cassonade).

Servez l'Apfelstrudel tiède ; vous pouvez l'accompagner d'une crème anglaise.

Pour 6 personnes

Pâte
- 350 g de farine
- 1 œuf entier
- 1 blanc d'œuf
- 2 pincées de sel fin
- 5 gouttes de jus de citron
- 1 dl d'eau tiède
- 75 g de beurre (pour la pâte)
- 75 g de beurre fondu (à badigeonner sur la pâte)

Garniture
- 1 kg de pommes
- 1 cuillerée à café de cannelle
- 150 g de sucre
- 50 g de chapelure de biscuit
- 100 g d'amandes (ou noix) en poudre
- 100 g de raisins secs (trempés dans du rhum)

Dorure
- 1 jaune d'œuf
ou 40 g de beurre fondu

Finition
- 1 jaune d'œuf
- 70 g de cassonade

Un pinot gris Moenchberg, vendanges tardives, de Marc Kreydenweiss.

Après des études commerciales et une spécialisation dans le management, Michel Vogt réalisa des documentaires consacrés à l'environnement, avant de devenir auteur et éditeur de livres (émission du 20 septembre 2003).

Chaussons aux fruits, dits *Apfelsackle*

UNE RECETTE RÉALISÉE POUR DANY EHRHARDT

Dany Ehrhardt, de Herrlisheim, a choisi cette ancienne spécialité de sa commune appelée Apfelsackle. Il s'agit de chaussons aux fruits faits avec une pâte à Dampfnudle (des petits pains cuits dans une cocotte). Des dés de fruits posés au centre sont enfermés dans la pâte soudée. Les pommes peuvent être remplacées par des quetsches ou des cerises dénoyautées, crues ou en conserve.

Pour 6 personnes

Pâte levée
- 1 kg de farine
- 4 œufs
- 1 pincée de sel
- 20 g de sucre
- 1 paquet de levure boulangère (en cube)
- 1/4 l de lait
- 25 g de beurre fondu
- 5 cl d'huile d'arachide

Fruits
- 2 kg de pommes à tarte (reinettes par exemple) ou cerises, mirabelles, quetsches, reines-claudes
- 200 g de sucre semoule mélangé avec 1 cuillerée à soupe de cannelle

Un gewurztraminer d'André Bucher & Fils, d'Hunawihr.

Travaillez farine, œufs, sel, sucre et lait pendant 15 min en battant la pâte comme pour un kougelhopf. Ajoutez la levure diluée dans un peu de lait tiède et légèrement levée. Travaillez encore la pâte pendant 15 min. Ajoutez le beurre fondu et retravaillez la pâte pendant 15 min. Laissez la pâte lever pendant 1 h 30. Abaissez la pâte au rouleau ou en l'étirant avec les doigts et découpez de petits cercles de pâte (de 10 cm de diamètre environ) à l'aide d'un verre. Disposez-les les uns à côté des autres. Laissez lever pendant environ 15 min. Étirez légèrement ces ronds. Posez au centre les fruits coupés en petits cubes avec sucre et cannelle. Refermez les bords en veillant à bien les souder.

Dans une poêle ou une marmite en fonte, disposez les *Sackle* dans l'huile chaude ; ajoutez de suite une louche d'eau tiède. Couvrez, laissez cuire et soulevez le couvercle seulement lorsque vous entendrez un bruit caractéristique de craquèlement. Retournez alors les *Sackle* ; achevez la cuisson sans couvrir cette fois. Dégustez chaud ou tiède.

Cette spécialité est appelée, selon le fruit qui la garnit, *Kirschesackle* (avec cerise), *Quetschelsackle* (avec quetsches). Cette même pâte sert souvent pour confectionner des *Dampfnuedle* traditionnels ou aux oignons, suivis en dessert par ces chaussons aux fruits.

Dany Ehrhardt, passionné d'apiculture, est moniteur d'arboriculture à Herrlisheim. Il s'adonne aussi au jardinage de fleurs et de légumes (émission du 25 septembre 2004).

Confiture d'églantines, dite *Buttemues*, et entremets aux airelles

UNE RECETTE RÉALISÉE POUR BERNARD RIEBEL

Bernard Riebel, enseignant à Molsheim, aime tout ce qui est lié à la forêt, comme la confiture d'églantines, dite *Buttemues*. La recette, qui provient de la conteuse Jeanne Loesch, est astucieuse car elle ne nécessite pas l'ouverture de chaque baie pour en extraire les graines nommées gratte-cul. L'instituteur et écrivain aime aussi cet « entremets des dieux », recette d'origine germanique dite *Götterspeise*.

Pour 6 personnes

Confiture d'églantines (Buttemues)
- 1 kg de pulpe d'églantines
- 800 g de sucre
- le jus d'1 citron

Entremets aux airelles
- 650 g d'airelles en boîte
- 250 g de sucre (ou moitié sucre moitié miel de sapin)
- 1 cuillerée à café de cannelle en poudre
- 1 citron pressé
- 8 à 10 tranches de pain complet (ou de pumpernickel)
- 2 cuillerées à soupe de chocolat râpé
- 1/2 l de crème fraîche
- 1 paquet de sucre vanillé
- 1 à 2 cuillerées à soupe de vermicelles de chocolat

Un crémant d'Alsace, cuvée Rimmler Kapelle, de Maxime Brand, d'Ergersheim.

Confiture d'églantines

L'églantier est à point en automne. Il est encore meilleur, dit-on, après un gel. Les baies rouges doivent être mûres mais non molles. Leur cueillette exige patience et protection des bras (en raison des épines). Il faut couper les deux extrémités de chaque baie. Disposez-les dans le panier d'une cocotte-minute avec un peu d'eau au fond. Fermez la cocotte et laissez tourner la soupape pendant 20 à 25 min. Transvasez ces baies très ramollies dans un récipient à fond plat. Ajoutez de l'eau sans les noyer. Écrasez-les avec un pilon à purée (dit en alsacien *e Grumbeeresteesel*). Par deux louches à la fois (le travail va plus vite par petites quantités), remplissez d'abord le moulin à légumes à grille fine pour retenir les graines. Utilisez ensuite le moulin spécial à confiture d'églantines et, toujours par deux louches de la masse obtenue, passez la compote. La roulette en bois de cet ustensile retiendra le poil à gratter des graines de ces baies (certaines personnes utilisent un bas en nylon pour retenir ces fins poils). La roulette devra être nettoyée de temps en temps et remise correctement en place afin de ne pas casser le pourtour du moulin.

La purée doit être légèrement fluide pour la cuisson. Elle s'épaissira en refroidissant. D'une année à l'autre, les baies sont plus sèches ou plus charnues. À vous de jauger la quantité d'eau à ajouter.

Pour un kilo de pulpe, ajoutez 800 g de sucre, portez à ébullition. L'ébullition doit être douce ; il faut sans cesse remuer pour éviter que des particules attachent au fond et donnent un goût amer à la confiture. La cuisson est de 25 à 30 min après la première ébullition. Ajoutez le jus d'un citron 3 min avant la fin de cuisson. Mettez en pots, couvrez à l'aide de cellophane ou d'un couvercle hermétique.

Suite de la recette en p. 450

Membre de la Société des écrivains d'Alsace et de Lorraine, Bernard Riebel publie depuis 1989. Il a fondé Les Artistes forestiers du Westrich, un groupe de musiciens, peintres et écrivains (émission du 3 novembre 2001).

Déclinaison autour de la poire : poires pochées, mousse et coulis

UNE RECETTE RÉALISÉE POUR PASCAL BOSSHARDT

Pascal Bosshardt, sculpteur à Thannenkirch, se révèle très gourmand et manifeste un penchant pour la poire bien que sa commune surplombée par le Taennchel soit ceinte de cerisiers. Hubert Maetz a imaginé pour lui ce trio : des poires pochées parfumées à la vanille, une mousse de poire aux épices de pain d'épices et des tuiles aux graines de sésame et aux éclats de pistaches.

Pour 8 personnes

Fruits
- 8 poires passe-crassane

Poires pochées
- 400 g de sucre
- 2,5 l d'eau
- 2 gousses de vanille
- 50 g de beurre (pour rôtir)
- 30 g de sucre brun

Mousse
- 1/2 l de crème fraîche
- 5 cl de sirop de poire
- 200 g de compote de poires
- 150 g de poires en dés
- 1 cuillerée à café d'épices à pain d'épices
- 6 à 8 feuilles de gélatine
- 4 cl d'alcool de poire

Coulis
- 200 g de compote de poires
- 15 cl de sirop de cuisson (pour diluer)

Tuiles
- 70 g de farine de sarrasin ou autre
- 50 g de beurre
- 2 blancs d'œuf
- 100 g de sucre glace
- 50 g de graines de sésame
- 20 g de pistaches

Un gewurztraminer vendanges tardives, grand cru Goldert, de Lucien Gantzer, de Gueberschwihr.

Épluchez les poires, faites-les cuire dans l'eau sucrée à laquelle vous ajouterez les gousses de vanille fendues et grattées, couvrez afin qu'elles n'oxydent pas en surface. Surveillez bien la cuisson : elle varie de 10 à 20 min, selon la taille et la maturité du fruit. Réservez quatre poires, coupez-les en deux, faites-les rôtir dans une poêle avec du sucre brun et du beurre ; faites-les bien dorer.

Gardez une poire pour la décoration finale. Réduisez les trois poires restantes en compote (au mixer ou au tamis) pour la mousse et le coulis. Pour ce dernier, mélangez 200 g de compote et 15 cl de sirop de cuisson.

Pour la mousse, montez la crème fouettée, prélevez 5 cl de sirop de poire, faites-le bouillir, ajoutez les feuilles de gélatine trempées au préalable dans l'eau froide pendant 5 min ; ajoutez-les à la purée (compote) de poire. Mélangez l'ensemble dans une bassine, incorporez la crème fouettée, les poires en dés, l'alcool et les épices à pain d'épices. Dans huit ramequins ou des petits cercles (de 5 cm de diamètre sur 3 à 4 cm de haut), garnir de mousse (vous pouvez à votre guise mettre d'abord un fond en génoise, en pâte sablée ou en biscuit cuiller tout autour de l'intérieur du moule) et laissez reposer pendant une demi-journée.

Pour les tuiles, mélangez le beurre en pommade avec les autres ingrédients. À l'aide d'un pinceau, étalez huit fines couches de pâte (d'à peine 1 mm) sur une plaque anti-adhésive ou sur du papier sulfurisé, parsemez de quelques graines de sésame et de pistaches mondées et hachées, enfournez au four à 150° (th. 5).

Suite de la recette en p. 451

Pascal Bosshardt a toujours aimé le bois et les arbres. Il a consacré des études et des photos à la faune et la flore de la forêt du Taennchel (émission du 15 mars 1997).

Bierawecka

UNE RECETTE RÉALISÉE POUR RENÉ SPIESS

René Spiess, le boulanger-écrivain de Riedisheim, aimait refaire les gestes ancestraux pour préparer ce pain de Noël aux fruits secs, gâteau rituel haut-rhinois qui porte en lui les saveurs de nos vergers et du bout du monde. Cette recette est particulièrement parfumée et savoureuse. L'ajout astucieux d'une banane écrasée, pour assouplir la pâte, apporte une saveur plaisante.

Pour 6 à 8 gâteaux

Fruits séchés
- 500 g de poires séchées
- 500 g de pommes séchées
- 500 g de figues séchées
- 125 g d'écorce confite d'orange
- 125 g d'écorce confite de citron
- 125 g de noisettes ou de noix hachées ou moulues
- 125 g d'amandes hachées ou moulues
- 500 g de raisins sultanines
- 1 ou 2 bananes (facultatif)

Épices et autres ingrédients
- 1 cuillerée à soupe de cannelle moulue
- 1 cuillerée à café d'anis étoilé moulu
- 1/2 cuillerée à café de clou de girofle moulu
- 1 pointe de couteau de noix de muscade râpée
- 1 pointe de couteau de poivre du moulin
- 750 g de sucre
- 1 dl de kirsch

Pâte
- 500 g de farine de seigle (ou de blé)
- 60 g de levure boulangère
- 2 à 2,5 dl du jus de macération des poires et des pommes

Décoration
- 125 g d'amandes (non mondées) coupées en deux dans le sens de la longueur

Sirop pour badigeonner après cuisson
- 250 g de sucre
- 1 dl d'eau (juste la quantité pour couvrir le sucre et obtenir un sirop assez épais)

Un gewurztraminer de Bernard Bohn, de Reichsfeld.

La veille, faites tremper les poires et les pommes dans de l'eau. Le lendemain, égouttez-les en conservant 2 dl de jus de macération pour faire la pâte : disposez la farine en fontaine, émiettez la levure dans ce creux, ajoutez le jus de macération des poires et des pommes (tiédi à 35° environ). Mélangez petit à petit, jusqu'à ce que la pâte soit homogène et assez ferme. Roulez-la en boule, couvrez d'un linge et laissez lever pendant 1 h.

Pendant ce temps, coupez les poires, les pommes et les figues en lanières. Ajoutez le kirsch, le sucre, toutes les épices ainsi que les amandes et les noisettes (ou noix) hachées ou moulues. Ajoutez aussi les écorces d'orange et de citron confites (coupées en petits dés), ainsi que les sultanines réhydratés avec un peu de jus de macération. Laissez reposer peu de temps : le temps que la pâte à pain puisse lever.

Intégrez la pâte à tous ces ingrédients de manière à obtenir un mélange homogène (René révèle son « truc » pour assouplir une pâte devenue trop consistante : il y ajoute une ou deux bananes écrasées qui, de plus, produisent une saveur agréable). Formez avec vos mains mouillées des pains ovales et légèrement aplatis d'un poids allant de 125 à 250 g.

Suite de la recette en p. 451

René Spiess fut boulanger pendant quarante ans à Riedisheim avant de quitter le fournil pour l'écriture. Son premier livre, « Le pain de l'espoir », fut un joli succès en Alsace (émission du 10 décembre 1995).

Sablés aux fraises

UNE RECETTE RÉALISÉE POUR ÉVELYNE HERRMANN

Évelyne Herrmann aime les fraises et fait de véritables cures en les dégustant nature avec un peu de crème fraîche ou de manière plus sophistiquée. Hubert Maetz a conçu pour elle ce sablé parfumé à la citronnelle, surmonté d'une alternance de couches de mousse au chocolat blanc et de fraises, et saupoudré de sucre roussi.

Pour 8 personnes

Pâte sablée

- 250 g de farine
- 150 g de beurre en pommade
- 70 g de sucre
- 50 g d'amandes en poudre
- 5 g de fleur de sel
- 1 œuf dur haché
- 1 cuillerée à soupe de citronnelle hachée (environ 15 feuilles)
- 1 cuillerée à café de zeste de citron
- 1 œuf entier
- 3 à 5 cl d'eau

Mousse au chocolat blanc et à la vanille

- 1/4 l de lait
- 2 jaunes d'œuf
- 30 g de farine
- 30 g de sucre
- 1 gousse de vanille
- 1 feuille de gélatine
- 150 g de chocolat blanc
- 200 g de crème fouettée

Poudre de sucre roussi

- 150 g de sucre
- 30 g de cannelle en poudre
- 5 cl de crème liquide

Garniture de fraises

- 1,5 à 2 kg de fraises

Décor (facultatif)

- 8 feuilles de menthe
- 1 dl de coulis ou de jus de fraises

Un tokay pinot gris vendanges tardives du domaine viticole Brucker, à Wuenheim.

Pour la pâte sablée, mélangez du bout des doigts la farine, le beurre, le sucre et les amandes. Ajoutez la fleur de sel, l'œuf dur haché, la citronnelle, le zeste de citron, l'œuf entier et l'eau. Mélangez rapidement en boule et laissez reposer une nuit au frais. Abaissez la pâte sur une épaisseur d'environ 3 mm, découpez à l'aide d'un emporte-pièce de forme ronde d'un diamètre d'environ 8 à 10 cm. Disposez-les sur une plaque beurrée et enfournez à 150° (th. 5) pendant 20 à 30 min.

Pendant ce temps, préparez la mousse au chocolat blanc. Mélangez les jaunes d'œuf, le sucre et la farine. Portez le lait à ébullition avec la gousse de vanille fendue et versez-le sur ce mélange, remuez et remettez quelques instants sur le feu sans faire bouillir. Ajoutez la feuille de gélatine préalablement trempée et ramollie dans l'eau froide, mélangez pour rendre homogène. Puis versez l'ensemble sur le chocolat blanc cassé en petits morceaux, lissez et laissez refroidir en fouettant de temps en temps. Ajoutez alors la crème fouettée (non sucrée).

Pour la poudre de sucre roussi, mélangez le sucre, la cannelle et la crème fraîche, étalez sur une plaque bien beurrée en une fine couche et enfournez à 150° (th. 5) pendant 20 à 30 min, le temps de laisser brunir. Après refroidissement, émiettez en petits morceaux (comme pour du pralin).

Procédez au montage. Préparez un sablé garni par convive. Posez sur le sablé une couche de mousse au chocolat blanc, disposez une couche de fraises, remettez une couche de mousse et une couche de fraises, intercalez un sablé, terminez par une couche de mousse de chocolat blanc que vous saupoudrez avec le sucre roussi. Décorez avec une feuille de menthe et un filet de coulis de fraises.

Titulaire d'un doctorat en agronomie, Évelyne Herrmann est productrice de fraises. Elle est à la tête d'une libre-cueillette à Steinbourg (émission du 21 juin 1997).

Tarte poires-chocolat

UNE RECETTE RÉALISÉE POUR PAUL WINNINGER

Paul Winninger, prêtre de Gunstett, y a créé un verger conservatoire de deux cent cinquante variétés différentes de poires. De septembre à juillet, il en mange tous les jours et les considère comme une réelle gourmandise. Avec cette tarte, Hubert Maetz les a mariées au chocolat, d'après une recette du livre *La Poire*, écrit par Anne Hudson.

Préchauffez le four à 220° (th. 7-8). Étalez la pâte dans un moule à tarte, en conservant la feuille de papier sulfurisé. Piquez-la et faites-la précuire 5 min au four. Épluchez les poires et passez-les au mixer. Versez la purée obtenue dans un saladier. Ajoutez la crème légèrement fouettée, la farine, le sucre et l'alcool de poire. Incorporez les œufs un à un. Mélangez délicatement. Versez la préparation dans le fond de tarte jusqu'à mi-hauteur. Faites cuire 25 min au four à 200° (th. 6-7). Laissez refroidir après cuisson.
Au bain-marie, faites fondre le chocolat et le beurre. Nappez la tarte avec ce mélange fondu et décorez avec des lamelles de poire. Laissez prendre 2 h avant de servir. Le chocolat doit avoir l'aspect lisse et ferme pour que la coupe s'effectue avec aisance.

Pour 4 personnes
- 4 poires doyenné du comice (ou autre) et 1 poire pour la décoration
- 250 g de pâte brisée prête à dérouler
- 2 œufs
- 5 cl de crème fraîche
- 1 cuillerée à soupe rase de farine
- 60 g de sucre
- 1/2 verre à liqueur d'alcool de poire (facultatif)
- 60 g de beurre
- 200 g de chocolat à cuire

Un gewurztraminer sélection de grains nobles du domaine Weinbach de Colette Faller et ses filles, à Kaysersberg.

Paul Winninger, professeur de philosophie retraité, prêtre de Gunstett, cultive les fleurs dans son presbytère. Il a créé un verger conservatoire avec différentes variétés de poires (émission du 9 octobre 2004).

Tarte aux quetsches séchées, dite *e gedeckter Quatschelkueche*

UNE RECETTE RÉALISÉE POUR PIERRE SPEGT

Pierre Spegt, d'Epfig, aime cette tarte en pâte brisée garnie de quetsches séchées et couverte de pâte feuilletée, d'après une recette de son beau-père, Charles Muller, ancien boulanger-pâtissier d'Epfig. Celui-ci la tenait de son père Alphonse, qui l'avait lui-même apprise dans les années 1900 durant son apprentissage chez le pâtissier Eugène Gross à Obernai.

Pour 2 tartes (d'environ 26 cm de diamètre)

Pâte brisée

- 500 g de farine
- 300 g de beurre ramolli
- 50 g de sucre
- 10 g de sel
- 1 dl d'eau

Pâte feuilletée

- 500 g de pâte feuilletée (à acheter prête à l'emploi)

Garniture

- 1 kg de quetsches séchées (ou à défaut de pruneaux d'Agen)
- 200 g de sucre
- 1 cuillerée à café de cannelle
- 5 cl d'alcool blanc (de quetsche de préférence)

Dorure

- 1 œuf entier

Sirop (à badigeonner à la sortie du four)

- 100 g de sucre semoule
- 10 cl d'eau

Un gewurztraminer sélection de grains nobles, cuvée Vin de glace, d'Yves Amberg, d'Epfig.

Couvrez les quetsches (ou pruneaux) d'eau, portez-les à ébullition pour les faire gonfler. Les pruneaux n'ont pas besoin de bouillir, les quetsches nécessitent parfois plus de cuisson : testez un fruit pour vérifier si le noyau se détache facilement. Laissez-les refroidir. Dénoyautez-les. Ces quetsches ne doivent pas être découpées ou passées à la moulinette, mais simplement dénoyautées. Ajoutez le sucre, la cannelle et le schnaps. Mélangez bien. Laissez en attente.

Pour la pâte brisée, coupez le beurre en dés que vous incorporerez rapidement à la farine, en travaillant du bout des doigts. Lorsque vous aurez obtenu un mélange grumeleux, ajoutez le sel et le sucre, puis petit à petit l'eau ; laissez reposer la pâte au frais pendant 30 min. Étalez la pâte sur une tôle beurrée, posez un disque d'environ 27 cm de diamètre et coupez le pourtour. Étendez la garniture de questches en laissant le pourtour vide sur une largeur de 2 cm qui seront badigeonnés à l'œuf pour faire adhérer le disque de pâte feuilletée.

Étalez la pâte feuilletée (plus finement que la pâte brisée), coupez un disque de la même taille que celui de pâte brisée. Pour le décorer, pliez ce disque deux fois en un triangle. Sur deux côtés, faites des encoches et une croix au centre (déplié, le disque sera alors décoré).

Suite de la recette en p. 451

Pierre Spegt, professeur de technologie au collège de Barr, est aussi comédien. Il est devenu directeur du Théâtre Alsacien de Strasbourg, suivant ainsi la voie de son père Marcel (émission du 10 octobre 1998).

Tarte aux quetsches séchées

UNE RECETTE RÉALISÉE POUR BERNARD VOGLER

Bernard Vogler a suggéré cette tarte aux quetsches séchées, spécialité du pays de Hanau faite avec une pâte feuilletée. Il a proposé trois recettes, celle de Catherine Philips, de Schillersdorf, celle de Marlène Fath, de Saverne, et enfin celle du boulanger Martin Gross, d'Ingwiller. Hubert Maetz s'est inspiré des trois pour créer la sienne.

Faites tremper dans l'eau durant 12 h les quetsches séchées. Faites-les cuire, puis dénoyautez-les et mixez-les avec leur jus. Ajoutez la compote de pommes, le sucre, la cannelle et le schnaps. Abaissez le fond de feuilletage sur une épaisseur de 5 mm et de 26 cm de diamètre, déposez-le sur une plaque humide, piquez à l'aide d'une fourchette et disposez un cercle graissé de 26 cm de diamètre.

Badigeonnez au jaune d'œuf le pourtour et posez une bande de feuilletage de 2,5 cm de large et 5 mm d'épaisseur que vous badigeonnez également.

Garnissez l'intérieur de la préparation de quetsches. Disposez, en les croisant, des bandes de feuilletage de 2 cm de large et 2 mm d'épaisseur en diagonale sur la tarte pour former des losanges et dorez. Remettez une bande de 2,5 cm sur le pourtour et dorez à nouveau. Laissez reposer une bonne heure ou la nuit, avant d'enfourner à 220° (th. 7-8) pendant 30 à 40 min. S'il se forme des bulles dans la pâte, percez-les avec la pointe d'un couteau. Après cuisson, laissez refroidir et décerclez.

Pour 6 personnes
- 500 g de pâte feuilletée (à faire soi-même ou deux rouleaux prêts à l'emploi)
- 250 g de pruneaux d'Agen ou de quetsches séchées
- 100 g de compote de pommes
- 50 g de sucre fin
- 5 g de cannelle
- 2 cl de schnaps de quetsche (facultatif)
- 1 jaune d'œuf

Un tokay pinot gris sélection de grains nobles Goldert, d'Annick et Michel Scherb, de Gueberschwihr.

Bernard Vogler est historien, professeur retraité de l'Université Marc-Bloch de Strasbourg, où il fut directeur de l'Institut d'histoire d'Alsace. Il est l'auteur de nombreux ouvrages sur l'Alsace et son histoire (émission du 29 novembre 2003).

Tuile fraises-rhubarbe

UNE RECETTE RÉALISÉE POUR JOSEPH BACH

Joseph Bach, de Goetzenbruck, en Moselle, a toujours eu une préférence pour les saveurs sucrées. Hubert Maetz a conçu pour lui ce dessert où les fraises folâtrent avec rhubarbe et feuilles de menthe fraîche sur fond de tuile croustillante. S'y ajoute un sorbet fait à la minute avec des fraises congelées.

Pour 8 personnes

Tuile croustillante
- 100 g de sucre glace
- 50 g de farine
- 50 g de miel
- 75 g de beurre

Mélange de fruits
- 500 g de fraises
- 500 g de rhubarbe
- 200 g de sucre
- 5 cl de grand-marnier
- 10 feuilles de menthe fraîche

Sorbet
- 500 g de fraises congelées
- 150 g de sucre
- 1 sirop fait avec 5 cl d'eau et 50 g de sucre

Décor
- 5 cl de crème épaisse
- 10 feuilles de menthe
- 30 g de sucre glace

Un gewurztraminer vendanges tardives Pfersigberg de Michel Schoepfer, d'Éguisheim.

Commencez par la tuile croustillante: mettez à l'avance le beurre à température ambiante, puis ajoutez tous les ingrédients et mélangez énergiquement; laissez reposer pendant environ 10 à 30 min. Sur une plaque beurrée destinée au four, posez de petits tas de pâte. Enfournez à four chauffé à 200° (th. 6-7) jusqu'à belle coloration. À la cuisson, cette pâte va s'étaler et dorer rapidement (2 à 3 min). À la sortie du four, attendez quelques secondes pour que la pâte durcisse un peu, puis moulez-la dans un ramequin (ou autre) pour lui donner sa forme en corbeille.

Lavez, épluchez et coupez la rhubarbe en bâtonnets de 3 cm x 3 mm; saupoudrez de sucre, laissez dégorger. Ne jetez pas les épluchures de rhubarbe: faites-les cuire avec 100 g de sucre et 5 cl d'eau pendant 30 min. Passez ce jus coloré rouge et réservez-le. Mixez les épluchures, passez-les au tamis pour en faire de la compote.

Équeutez les fraises, lavez-les sans les faire tremper et coupez-les en quatre, saupoudrez-les avec les 100 g de sucre, ajoutez le grand-marnier et 10 feuilles de menthe finement ciselées.

Pour le sorbet, confectionnez d'abord le sirop et laissez-le refroidir. Mixez les fraises congelées avec le sucre, puis ajoutez le sirop. À bonne consistance, lorsque l'ensemble est homogène, arrêtez le mixage. Si vous ne dressez pas tout de suite sur assiette, conservez au freezer.

Suite de la recette en p. 451

Joseph Bach fut couturier au pays de Bitche jusqu'à sa retraite dans les années 1970. Depuis, il s'adonne à la conception de modèles uniques et à la broderie de perles sur les tissus (émission du 12 mai 1996).

Après le repas

par Raymond-Émile Waydelich

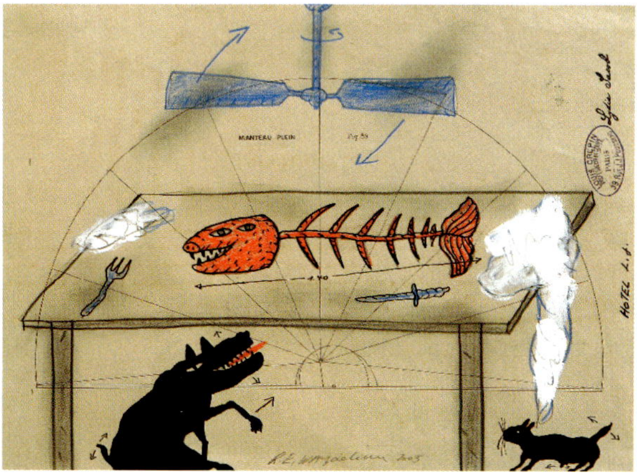

« Ce qui est magnifique dans le repas, c'est l'après-repas, cette convivialité qui se prolonge alors que les ventres sont repus et que les regards brillent. Cette atmosphère-là me touche plus encore que le moment du repas. Sur ce tableau, il ne reste plus que des serviettes froissées, des restes de poissons et sous la table le chien, un e alti Ratt, *un rat qui porte chance. Tout le monde est parti, mais on sent que le repas et l'ambiance ont été bons. C'est encore imprimé dans l'atmosphère. »*

Raymond-Émile Waydelich

« J'aime les artistes... »

Par Simone Morgenthaler

J'aime cette muse qui les habite, qui fait s'envoler de leurs doigts des formes et des couleurs. Je leur trouve une grâce faite d'innocence et de connexion avec un monde invisible. J'aime la grâce d'enfance qui souvent fleurit au fond d'eux. J'aime aussi ce courage d'extraire d'eux l'œuvre pour l'exposer au regard des autres.

Aussi ai-je applaudi à l'idée de faire illustrer ce livre par des artistes. Le projet se mit rapidement en route grâce à Jean-Marie Lang, homme aimé des artistes, qui les fédère aisément. Les douze qui sont présents dans ce livre, dont il fut le lien, le connaissaient tous car ils soutiennent son association L'Art au-delà du regard qui a pour vocation l'accession de non-voyants et malvoyants aux émotions de la découverte de l'art, de la nature et de la culture. Jean-Marie Lang sait combien il est important de lier l'art contemporain à un projet social car cela motive les êtres. Lauréat de la Fondation Alsace, il obtint aussi le premier prix du Mécénat culturel européen car il mène une saine bataille pour développer le mécénat dont il estime que c'est la « seule issue possible pour sortir de l'égoïsme, s'ouvrir vers les autres et redonner une cohésion interne à l'entreprise ». La cave vinicole Jean Geiler d'Ingersheim en est un bel exemple : elle a fait entrer par son directeur Pascal Keller l'art contemporain dans le domaine vigneron.

Tandis que je travaillais assidûment à ce livre, je savais que dans le même été, des artistes se penchaient sur lui comme autant de fées sur un berceau pour lui rendre la naissance plus belle. J'ignorais quelle spécialité avait été choisie par chaque artiste. J'écrivais et je savais qu'à l'automne naissant je découvrirais en bloc toutes ces œuvres de Pierre Gangloff, Annie Greiner, Sylvie Lander, Bernard Latuner, Christophe Meyer, Pascal Henri Poirot, Jean Remlinger, Yves Siffer, Dan Steffan, France Siptrott, Raymond-Émile Waydelich et Anne Wicky.

J'attendais ce rendez-vous avec une joie mêlée de curiosité et même d'une once d'inquiétude : et si les créations d'artistes heurtaient mon regard ?

Le rendez-vous eut lieu à la cave Jean-Geiler d'Ingersheim. Je rencontrais ces artistes, hommes et femmes, m'offrant leurs sourires et leurs créations, me parlant de leurs vies

Simone, Hubert et les autres...

Photographie réalisée à l'automne 2005 par Frantisek Zvardon à la cave vinicole Jean-Geiler d'Ingersheim, à l'occasion d'une réunion des artistes qui ont participé à l'ouvrage «Sür un Siess».

De gauche à droite, on reconnaît : Sylvie Lander, Pierre Gangloff, Annie Greiner, Pascal Henri Poirot, Jean-Marie Lang (l'initiateur du projet des artistes), Yves Siffer, Simone Morgenthaler (l'auteur du livre), Anne Wicky, Raymond-Émile Waydelich (tenant un portrait de Bernard Latuner, absent lors de la prise de vue), France Siptrott, Pascal Keller (le directeur de la cave), Dan Steffan et Hubert Maetz (l'auteur des recettes). Jean Remlinger et Christophe Meyer étaient également absents lors de la prise de vue.

rythmées par des peintures à l'huile, à l'acrylique ou à la tempura, des sculptures, des peintures sous-verre ou des aquarelles, des expositions et des voyages. Et je vis leurs œuvres, étalées sur plusieurs tables. J'ai ressenti un fourmillement d'idées, une fraîcheur et j'aimais que ce livre, somme de plus de dix ans de travail, répercute cette énergie, mêlant des êtres, des saveurs, des formes et des couleurs.

J'ai parlé avec chacun des artistes pour savoir comment l'œuvre avait germé en eux pour finalement éclore au bout de leurs doigts. Le photographe Frantisek Zvardon avait chargé son vieil appareil, un Linhof de fabrication munichoise, compagnon depuis vingt ans de sa vie de nomade: «Ne bougez pas». Nous avons obtempéré, retenant nos fous rires alimentés par les clowneries de Raymond-Émile Waydelich. Puis nous nous remîmes en mouvement pour trinquer à cette coopération originale. L'ambiance était joyeuse et bon enfant. Ensuite, chacun reprit sa route. Dans l'après-midi déclinante, les raies des vignes s'animaient de silhouettes et d'éclats de voix. Le lendemain, les vendanges commenceraient.

Pierre Gangloff, artiste-plasticien, vit et travaille à Saint-Pierre-Bois dans le Val-de-Villé. Il peint, grave, colle et écrit, mêlant passé et présent. Il utilise tous les supports pour conjuguer tradition et modernité, porté par ses thèmes de prédilection: la mythologie et l'histoire. Inspiré par des peintres de la Renaissance ou par Édouard Detaille qui peignit la *Bataille de Reichshoffen*, il retransmet la douleur, le drame humain en des tableaux dont il émane une grande douceur par-delà la tragique destinée de l'homme.

Annie Greiner, peintre et sculptrice contemporaine, diplômée de l'École des arts décoratifs de Strasbourg, a aussi mené des études de philosophie. Elle tire de la réalité ce qu'elle perçoit comme essentiel. Ses œuvres reflètent une beauté épurée qui apaise, comme ses *Veilleurs du mont Sainte-Odile* et autres sculptures qui témoignent, tout comme ses peintures, de l'absolue détermination de son engagement. Depuis 1983, elle a fait aboutir de multiples expositions et réalisations personnelles et participé à de nombreuses expositions collectives.

Sylvie Lander se consacre à son art depuis 1985. À partir de Strasbourg, sa ville, elle a su faire rayonner ses anges, devenus au fil du temps des présences constantes dans son travail. Avec leur complicité, elle s'est confrontée aux plus majestueux des bâtiments que l'homme a fait surgir, comme les cathédrales de Reims et de Strasbourg. Son œuvre a également interrogé l'univers à travers les études consacrées aux quatre éléments, aux cosmogonies, aux mondes microscopiques ou infiniment grands. Par-delà l'espace et le temps, avec Mathias Grünewald ou Jean-Marie Pelt, Jean Hermann ou Albert Jacquart, elle entretient maints dialogues, autant de rencontres entre le peintre et d'autres chercheurs que la vie interroge.

AUTOPORTRAIT

Bernard Latuner, de Mulhouse, est un peintre urbain toujours resté fidèle à son atelier mulhousien. Révolté par la société qui malmène les espèces, les sites et la nature, il s'inquiète pour l'avenir de l'homme nié et absent des projets de société. Ses sujets engagés dénoncent la société par des toiles et des peintures murales hyperréalistes qui font référence aux images véhiculées par les magazines, la télévision et le cinéma. Il expose dans toute la France et en Europe et réalise également des films vidéo.

AUTOPORTRAIT

Christophe Meyer est originaire du Val-d'Argent, de Sainte-Marie-aux-Mines. Il vit et travaille à Strasbourg. Il met en scène l'animal, l'homme, la terre et les astres, les métamorphosant pour les rendre hybrides : hommes-loups, hommes-bisons, guerriers, tigres peints en couleurs lumineuses à l'aide de diverses matières : craies, pastel sec, encre de Chine, brou de noix, gouache, sanguine, aquarelle, peintures à l'huile acrylique et vinylique ainsi que du bitume élastomère. Il fait usage de matériaux variés : sciure, copeaux de pin, paille, herbe, bois, clou, carton ou papier. Ses tableaux, qui mettent en scène un bestiaire hiératique, rappellent des puissances oubliées, où l'archaïsme s'harmonise avec une pensée plastique résolument contemporaine.

Pascal Henri Poirot, artiste-plasticien, vit et travaille à Neuve-Église dans le Val-de-Villé. Après ses études d'histoire de l'art et d'arts plastiques, il commença à exposer dès 1984, en France et en Europe. Il excelle dans la peinture de volumes dans l'espace : objets, mobilier ou inventaires d'architecture, avec toujours une sollicitation de la mémoire, pour faire surgir des souvenirs dans une ambiance onirique et ponctuée de notes d'humour.

Jean Remlinger, de Strasbourg, artiste-plasticien de tendance expressionniste, utilise des techniques diverses, huile, gouache, aquarelle et encre. La figure humaine est au centre de ses recherches. Il montre son travail le plus souvent à l'étranger.

Yves Siffer est un spécialiste de la peinture sous verre, technique ancienne et populaire utilisée aux XVIIIe et XIXe siècles en Europe centrale pour la production naïve d'images pieuses vendues par des colporteurs. Cette technique consiste à appliquer la couche picturale à l'arrière d'une plaque de verre, que l'on retourne ensuite pour voir l'image créée par le peintre. Après avoir exploré l'univers du paysage, puis des possibilités infinies des lumières du verre pour peindre la nuit, il s'est concentré sur l'objet représenté la plupart du temps grandeur nature sur la plaque de verre et qu'il restitue avec une puissance de couleurs et un éclat intense des lumières.

France Siptrott vit et travaille avec Hugues en la Vallée de la Faveur, dans les Vosges du Nord. Et si ces deux singuliers pluriels se conjuguent à quatre mains pour réaliser de grandes installations urbaines destinées aux espaces publics, ils savent également se conjuguer au singulier: Hugues en peignant et en redéfinissant la Vallée de la Faveur comme œuvre évolutive, et France en y développant un «land art animal» quand elle ne s'adonne pas à l'écriture et à la gravure.

Dan Steffan, artiste-plasticienne née à Strasbourg et vivant à Colmar, expose depuis 1984 en France et au-delà des frontières, parfois dans des pays de l'Est, comme la Croatie ou la Hongrie. Outre ses nombreuses expositions personnelles et collectives, elle a réalisé de multiples installations et travaillé pour le théâtre par le biais de la scénographie. Elle assure des interventions en milieu scolaire, carcéral ou hospitalier et se bat pour que l'artiste, dont la place dans la société est fondamentale, puisse vivre dignement et non survivre de son «métier à risque».

Raymond-Émile Waydelich expose de Paris à New York en passant par Tokyo et Venise ses objets, tableaux, collages et installations. Passionné par l'archéologie, il est un infatigable collectionneur d'objets qui apparaissent dans son art et qui lui firent lancer son cycle de l'archéologie du futur. Lydia Jacob, une couturière strasbourgeoise du XIXe dont il découvrit le portrait dans les années 1960, devint depuis sa muse et son «associée» qui cosigne ses œuvres.

Anne Wicky, artiste-plasticienne issue de l'École des arts décoratifs de Strasbourg, développe une sensibilité qui la fait peindre, exposer et aussi éditer des livres. Elle a réalisé les vignettes de ce livre, ces dessins frais et colorés qui figurent sur chaque page. Au printemps suivant, elle était en résidence au Groënland, dans la baie de Disko (à Ilulissat).

Les vignettes de la gourmandise

par Anne Wicky

Quelques-unes des vignettes qui figurent sur chaque page en haut des recettes.

«J'ai passé l'été à peindre ces vignettes avec un enthousiasme sans faille. Chaque jour, je retrouvais mes dessins avec bonheur. Je fabrique toutes les couleurs moi-même. Je peins au jaune d'œuf, une méthode que l'on nomme la tempura, la même qu'utilisaient les peintres du Moyen Âge. Cette peinture résiste à l'usure des siècles. Elle exige plusieurs couches. Il faut y revenir souvent, on ne peut la faire d'un jet. Agneau, biscuit ou fraise? J'ai réellement peint selon mon envie, sans me fixer de programme.»

Anne Wicky

Suite des recettes

Pâté en croûte (suite de la p. 34)

Découpez au centre un rond de pâte que vous remplacez par une cheminée en papier, décorez avec des morceaux de pâte découpés en forme de feuille. Badigeonnez avec le jaune d'œuf, enfournez à 170° (th. 6-7) pendant 1 h à 1h30 (jusqu'à 62° à cœur).

Laissez refroidir et servez ce pâté en croûte découpé en tranches avec des cornichons et des crudités (betterave rouge, céleri, carotte crue : les préférées de Doris !). Vous pouvez le remplir de gelée ou servir la gelée hachée séparément dans un ravier.

Terrine de brochet, de sandre et d'anguille et presskopf de poissons blancs (suite de la p. 42)

Presskopf de poissons blancs

Levez les différents filets de poissons, salez-les et déposez-les dans un plat beurré, parsemez d'échalotes hachées et mouillez avec le riesling. Enfournez à 180° (th. 6) pendant 10 min Les poissons doivent rester rosés et moelleux. Réduisez le jus de cuisson à 10 cl, puis ajoutez les feuilles de gélatine préalablement trempées dans l'eau froide et pressées. À l'aide d'une pince à épiler, retirez les arêtes (attention, ce travail est fastidieux sur les poissons blancs !).

Vous obtiendrez de petits morceaux de poisson. Tapissez une terrine chemisée de papier film avec les feuilles de laitue blanchies. Coulez environ 1 cm de gelée au fond, déposez des morceaux de poisson, parsemez avec les œufs durs et les herbes hachées, versez de la gelée à hauteur, ajoutez le reste de poisson et de gelée. Rabattez les feuilles de laitue et le papier film et mettez au frais pendant une demi-journée au minimum.

Présentation

Coupez une tranche de chaque terrine, dressez les deux variétés sur assiette, garnissez de crème épaisse aux herbes, citronnée et assaisonnée. Décorez avec les dés de tomates assaisonnés. Garnissez avec les pluches de cerfeuil et la ciboulette.

Soupe de légumes et galettes aux pommes, dites *Apfelkiechla* (suite de la p. 45)

Dégustez ces *Apfelkiechla* chauds, après la soupe de légumes, comme c'était souvent le cas autrefois le vendredi. Certains aiment aussi les déguster en même temps que la soupe : cela crée une alternance salé-sucré particulièrement heureuse.

Croissants au jambon, dits *Schinkenhoernchen* (suite de la p. 55)

Pour la farce, faites revenir les oignons hachés finement, ajoutez le persil haché, le jambon coupé en petits rectangles, le sel, le poivre, la noix de muscade et le cognac. Mélangez bien le tout et retirez du feu, ajoutez l'œuf entier et remuez encore une fois. Répartissez ce mélange sur les triangles (une bonne cuillerée à café par triangle), puis roulez-les en croissant. Badigeonnez avec le jaune d'œuf délayé avec la crème. Enfournez à four préchauffé à 220° (th. 7-8) pendant 20 à 25 min. Dégustez chaud avec une salade verte.

Tourte de la vallée de Munster (suite de la p. 58)

Enfournez à four préchauffé à 250° (th. 7-8), laissez cuire pendant 10 à 15 min jusqu'à belle coloration uniforme, baissez ensuite la température à 180° (th. 6), couvrez (si nécessaire) la tourte de papier alu afin qu'elle ne brunisse pas trop, laissez cuire pendant 45 min supplémentaires (1 h de cuisson au total). À mi-cuisson, badigeonnez la pâte à l'œuf. Servez très chaud avec une salade verte.

Foie gras avec sa compotée d'échalotes aux raisins secs et son confit d'échalotes au gewurztraminer (suite de la p. 63)

Nettoyez la mâche. Découpez le foie gras (frais) en tranches, puis chaque tranche en triangles. Faites griller les tranches de brioche au grille-pain, puis coupez-les en triangles de même taille que ceux du foie gras. Déposez une cuillerée de compotée d'échalotes sur les assiettes garnies de mâche. Placez les tranches de foie gras sur celles de brioche, saupoudrez d'un peu de fleur de sel et de poivre concassé. Vous pouvez servir un foie rôti entier au four très chaud (à 250°, th. 8-9) pendant 5 min et qui a reposé pendant 3 min avant d'être tranché et servi chaud ou tiède avec les échalotes confites.

Terrine de foie gras et escalopes de foie gras aux figues (suite de la p. 66)

Escalopes de foie gras aux figues

Faites pocher les figues fraîches entières dans de l'eau légèrement sucrée (100 g pour 1 l) et réservez au chaud. Assaisonnez les escalopes de foie gras avec le sel et le poivre. Faites bien chauffer la poêle (elle devra être fumante), ajoutez une goutte d'huile (uniquement pour le foie d'oie) et faites revenir les escalopes pendant 20 à 30 sec de chaque côté, posez-les sur un papier absorbant et réservez. Enlevez la graisse de la poêle ainsi que toutes les particules brûlées avec du papier absorbant, ajoutez le sucre et laissez prendre la couleur d'un caramel clair, déglacez alors au muscat et laissez bouillir pendant 1 min. Dressez les escalopes sur les assiettes. Répartissez la sauce autour, disposez 1 figue pochée par personne (ou une séchée et pochée, coupée en fines tranches) et servez aussitôt très chaud.

Variations autour du céleri (suite de la p. 73)

Faites chauffer de l'huile dans une poêle (elle doit être bien chaude mais non brûlante). Déposez une cuillerée à soupe de pâte de pommes de terre et céleri, puis aplatissez à la fourchette en essayant de donner une forme ronde ou ovale. Faites frire 3 à 4 min sur chaque face. Puis déposez les galettes sur du papier absorbant. Ces galettes peuvent constituer un plat principal avec une salade verte. Elles peuvent aussi accompagner viandes et poissons.

Compotée de légumes d'été, tomates farcies à la purée d'orties et beignets aux fleurs d'acacia (suite de la p. 76)

Tomates farcies à la purée d'orties

Plongez les tomates 10 sec dans l'eau bouillante, puis retirez-en la peau. Coupez la calotte et videz la tomate de ses graines. Faites bouillir dans l'eau salée les feuilles d'orties pendant 4 min. Égouttez et mixez-les en fine purée avec du beurre ; salez et poivrez l'ensemble. Laissez refroidir. Remplissez les tomates évidées avec la purée d'orties et mettez-les au four à 150° (th. 5) pendant 35 min.

Beignets aux fleurs d'acacia

Mélangez successivement la farine, la maïzena, la levure chimique, l'œuf, l'eau et la crème épaisse dans l'ordre indiqué. Trempez chaque grappe de fleurs (lavée, égouttée et séchée) dans la pâte et plongez de suite dans l'huile de friture à 160°. Égouttez lorsque les beignets sont dorés, saupoudrez éventuellement de sucre glace.

Petits légumes farcis à la niçoise (suite de la p. 78)

Oignons

Colorez les croûtons à la poêle, réservez. Mélangez la crème, l'œuf entier, le gruyère, les fanes d'oignon ciselées, le sel, le poivre et la muscade. Laissez reposer. Coupez les chapeaux des oignons à un tiers de la hauteur. Videz sans couper le trognon et blanchissez en veillant à ne pas les défaire. Égouttez, remplissez à ras avec l'appareil et disposez les croûtons sur le dessus avec quelques gouttes d'huile d'olive.

Chou pointu

Effeuillez le chou, blanchissez les grosses feuilles vertes et ciselez le blanc de l'intérieur. Mettez cette partie ciselée à cuire à couvert en la rendant bien fondante, mélangez à la fourchette avec la carotte et la pomme de terre. Ajoutez la chair à saucisse, le cumin, l'ail haché. Étalez les feuilles de chou, puis moulez-les au torchon pour former de belles boules rondes.

Cuisson et finition

Pour la cuisson et la finition de ces différentes préparations, il est préférable de cuire les légumes séparément dans des plats à gratin beurrés. Mouillez avec du bouillon et un peu de jus de viande. Laissez cuire au four à 150° (th. 5) pendant 15 à 30 min, selon la taille et la farce. Dressez sur un plat, réunissez les fonds de cuisson, finissez l'assaisonnement, ajoutez du basilic haché avec un filet d'huile d'olive, passez au mixer et nappez.

Tarte au potimarron et au confit de courge-spaghetti (suite de la p. 79)

Flan de potimarron salé

Battez les œufs en omelette, ajoutez la purée de potimarron, le lait et la crème. Salez et poivrez. Versez dans des ramequins beurrés et laissez cuire à four moyen, à 180° (th. 6) pendant 20 min au bain-marie ou 50 min à 90° au four à sec.

Terrine de légumes et crêpes, dites *Schruewe* (suite de la p. 81)

Servez avec le tamari (sauce soja) ou avec une purée de persil ainsi réalisée : faites cuire à l'eau bouillante salée 1 botte de persil, mixez et délayez avec un peu de crème et 20 g de beurre.

Crêpes

Mélangez les œufs et le lait, ajoutez le sel et incorporez la farine à l'aide d'un fouet. Laissez reposer pendant 30 min. Rajoutez si nécessaire 1 à 2 cuillerées de lait. Faites chauffer une partie de l'huile dans la poêle. Tenez l'entonnoir de la main gauche en bouchant à l'aide du pouce sa bouche d'écoulement ; de la main droite, versez un peu d'appareil à crêpe dans l'entonnoir. Positionnez l'entonnoir au-dessus de la poêle chaude, laissez couler la pâte en faisant un motif de fleur : d'abord un cercle central puis autour les pétales. Il faut réaliser la fleur d'un seul jet. Laissez dorer, puis retournez la fleur et laissez dorer sur l'autre face. Disposez les crêpes sur du papier absorbant, avant de les saupoudrer de sucre (et éventuellement de cannelle) et de les servir rapidement, accompagnées de myrtilles en conserve ou de compote de pommes.

Repas macrobiotique (suite de la p. 82)

Riz complet

Lavez le riz, faites-le cuire avec 2 volumes d'eau froide. Dès que l'eau bout, salez, réduisez le feu et laissez mijoter à couvert pendant 1 h.

Gomasio

Grillez le sel à sec dans une poêle et retirez-le de la poêle, grillez les graines de sésame. Écrasez au quart les graines de sésame grillées dans un bol avec un pilon, ajoutez le gros sel et continuez à écraser jusqu'à obtention d'une poudre pas trop fine.

Dressage

Moulez le riz avec une cuillère à glace ou une petite tasse, placez-le au milieu de l'assiette, disposez les autres aliments autour. Saupoudrez le riz avec du gomasio.

Symphonie d'asperges (suite de la p. 85)

Crêpes farcies aux asperges

Pour la pâte à crêpes, mélangez d'abord la farine et le lait, ajoutez les œufs et le sel (ce procédé permet d'éviter les grumeaux). Confectionnez des crêpes bien fines, garnissez-les de pointes d'asperges, parsemez d'échalotes et d'estragon, roulez-les sur elles-mêmes et enveloppez chacune dans des feuilles de vigne beurrées sur la face intérieure pour qu'elles adhèrent bien à la crêpe, enfournez à 150° (th. 5) pendant 10 min. Retournez-les délicatement en veillant à ce que les feuilles ne se décollent pas. Vous pouvez faire de petits nœuds avec des brins de ciboulette, ou les tronçonner et les présenter comme amuse-bouche. Vous pouvez servir en accompagnement la même vinaigrette que pour la salade, en ajoutant beaucoup de ciboulette ciselée au dernier moment.

Asperges aux quatre sauces (suite de la p. 89)

Mayonnaise

Séparez les jaunes des blancs. Disposez les jaunes dans un bol, ajoutez la moutarde, salez et poivrez. À l'aide d'un fouet, incorporez progressivement l'huile. À la fin, ajoutez le filet de vinaigre. Si la mayonnaise ne prend pas, vous pouvez la rattraper : au fond d'un bol vide, disposez une cuillerée à café de moutarde, incorporez progressivement à l'aide d'un fouet la mayonnaise ratée qui deviendra alors homogène.

Sauce vinaigrette

Mélangez moutarde, sel, poivre ; ajoutez le vinaigre et, à l'aide d'un fouet, incorporez l'huile ainsi que le bouillon chaud. Ajoutez l'oignon blanc (dont le bulbe sera haché et la tige détaillée en fines rondelles), le persil haché et l'œuf écrasé à la fourchette.

Sauce hollandaise

Séparez les jaunes des blancs. Seuls les jaunes sont utilisés, ajoutez-leur 3 cl de jus de cuisson des asperges (ou d'eau), fouettez énergiquement pour incorporer de l'air sur le coin du feu (ou au bain-marie) à une température d'environ 50°. Lorsque l'ensemble est bien mousseux et épais, incorporez progressivement le beurre (si possible clarifié préalablement, c'est-à-dire fondu et délivré du petit lait qui se place au fond du récipient) sinon à température ambiante et détaillé en morceaux, ajoutez le jus de citron, le sel et le poivre. Servez rapidement, car cette sauce fragile a tendance à tourner très vite.

Sauce blanche au cerfeuil

Faites fondre le beurre dans une casserole, ajoutez la farine, mélangez pour obtenir un roux blanc bien épais, incorporez alors le bouillon de cuisson des asperges faites cuire puis ajoutez hors du feu la moutarde, la mayonnaise, les blancs d'œuf montés en neige, salez, poivrez et ajoutez le cerfeuil finement ciselé.

Millefeuille de champignons (suite de la p. 92)

Faites cuire au bain-marie à 150 °C (th. 5) pendant 25 à 30 min, ou plus longuement si vous optez pour une terrine (il faut atteindre 60 °C à cœur).

Démoulez, dressez sur assiette, garnissez autour avec les champignons réservés et quelques herbes aromatiques. Servez éventuellement avec une salade de cèpes crus, simplement émincés, salés, additionnés de vinaigre de vin chauffé dans une poêle, d'un filet d'huile d'olive et de ciboulette ciselée.

Tarte feuilletée aux pleurotes, gratin de riz aux pleurotes et lentins de chêne braisés (suite de la p. 93)

Pleurotes à la crème

Lavez rapidement les pleurotes sous l'eau courante. Coupez les plus gros dans le sens des lamelles. Faites suer les pleurotes dans une poêle avec peu de matière grasse, le temps de leur faire rendre leur eau. Égouttez-les. Dans une autre poêle, faites fondre le lard coupé en petits dés.

Ajoutez les pleurotes revenus, faites cuire 5 min à feu modéré jusqu'à ce qu'ils soient légèrement blonds. Salez et poivrez. Ajoutez la crème et laissez cuire à feu doux pendant encore 10 min. Servez sans attendre.

Nouilles aux oignons, dites *Ziwwelspattle*, ou *Schniederspattle* (suite de la p. 100)

Terminez par une couche de nouilles que vous parsèmerez de gruyère râpé ou de chèvre frais. Enfournez à four chauffé à 180° (th. 6) et laissez gratiner pendant 15 min. Vous pouvez aussi, au moment de la dégustation, les aromatiser avec un peu de fromage de chèvre très sec râpé (qui rappelle le goût du parmesan).

Servez avec une salade verte (laitue, scarole, batavia, mâche) ou une salade de tomates. Yvette présente toujours de la sauce tomate faite maison : elle constitue généralement l'accompagnement favori des enfants.

Nouilles farcies, dites *Schneckenuedle* (suite de la p. 102)

Divisez la pâte en trois, roulez chaque morceau sur une épaisseur d'environ 2 à 3 mm. Étalez uniformément un tiers de farce sur ce rond de pâte et enroulez le tout comme on procède pour un biscuit roulé. Veillez à bien souder les côtés. Procédez de même avec les deux autres. Vous obtiendrez des cylindres d'environ 10 cm de diamètre et 20 à 30 cm de long. Coupez des tranches d'environ 2 cm d'épaisseur et faites-les bien dorer des deux côtés, au beurre demi-sel, dans la poêle. Posez-les dans un plat à gratin beurré. Puis mouillez avec le jus de tomates recueilli en premier et laissez mijoter pendant 1 h au four à 160° (th. 5-6). Vérifiez que les nouilles n'attachent pas, elles doivent baigner dans le jus. À la fin de la cuisson, prélevez le jus de cuisson dans une casserole, incorporez délicatement la purée de tomates au jus de cuisson. Accompagnez d'une salade verte.

Nouilles farcies, dites *Fleischschnacka* (suite de la p. 103)

Pendant ce temps, préparez la sauce moutarde. Faites suer les échalotes avec le beurre, ajoutez le bouillon de pot-au-feu, laissez réduire de 3/4 jusqu'à consistance, ajoutez la crème fraîche, rectifiez l'assaisonnement ; au dernier moment ajoutez la moutarde, ne laissez alors plus bouillir la sauce. Après cuisson, égouttez les *Fleischschnacka* (le bouillon peut éventuellement être servi en entrée), servez un cylindre de nouille par personne. Accompagnez d'une salade verte

Petits pains vapeur, dits *Dampfnuedle*, et soupe de potimarron (suite de la p. 104)

Ces *Dampfnuedle* constituent un repas complet et se dégustent avec une soupe de légumes, et ensuite avec une compote de pommes ou des fruits en conserve.

Compote de potimarron

En guise d'accompagnement, Hubert servira une compote de potimarron (le légume simplement cuit à la vapeur ou dans le lait avec la vanille, puis mixé et sucré).

Chauffez l'huile dans une cocotte en fonte (ou dans une poêle munie d'un bon couvercle), posez-y délicatement les boules de pâte en évitant qu'elles se touchent, déposez un peu de gros sel sur chacune, ajoutez rapidement 1 dl d'eau tiède salée, couvrez immédiatement et laissez cuire pendant 10 à 15 min environ (sans soulever le couvercle), jusqu'à l'apparition, au moment opportun, d'une croûte dorée à la base des *Dampfnuedle* et d'un grésillement (*sie rufe*, «elles appellent», comme disent les spécialistes!). Vous pouvez alors les retourner et les faire dorer sur l'autre face, sans remettre le couvercle.

Quenelles de pommes de terre aux épinards et au poireau, dites *Gaenseknepfle* (suite de la p. 119)

Œufs pochés

Préparez les œufs pochés (en utilisant des œufs très frais, dont le blanc coagule instantanément): cassez individuellement chaque œuf dans une petite tasse et versez-le d'un coup rapide à ras dans de l'eau vinaigrée en ébullition. Laissez-le cuire à petits frémissements pendant 3 à 5 min. Sortez-le à l'aide d'une écumoire, égouttez-le, ébarbez-le. Faites de même avec les autres œufs. Vous pourrez les maintenir au chaud dans une eau à 70°.

Nettoyez la salade de pissenlit. Faites revenir les lardons, laissez-les tiédir et versez-les sur le pissenlit. Déglacez la poêle avec le vinaigre, salez et poivrez, versez sur la salade, ajoutez l'huile. Mélangez bien. Disposez les œufs pochés (ou les œufs durs, coupés en rondelles ou en quartiers) sur la salade et dégustez avec les *Gaenseknepfle*.

Estomac de porc farci aux légumes, dit *g'fuellter Soejmaawe* (suite de la p. 130)

Plongez l'estomac dans une grande marmite remplie d'eau chaude salée, ajoutez la garniture aromatique. Laissez pocher pendant 4 h à 80° environ (il ne faut pas d'ébullition, sous peine de voir l'estomac éclater). Déballez l'estomac délicatement, posez-le dans un plat à gratin et faites-le rôtir au four à 150-180° (th. 5-6) pendant 30 min environ, pour lui donner un aspect coloré et croustillant. Découpez-le en tranches et servez accompagné d'une salade verte.

Il existe plusieurs variantes de farce et plusieurs façons de cuisiner l'estomac: on peut aussi le servir simplement poché, ou le faire cuire uniquement au four (à 150°) pendant 1h30, en l'arrosant fréquemment. D'autres préfèrent le faire cuire à petit feu dans une cocotte en fonte, dans une petite sauce au vin blanc, après l'avoir fait revenir. Mais il faut garder présent à l'esprit que cet exquis plat bon marché comporte toujours le risque d'éclater.

Estomac de porc farci à la viande de porc, aux légumes et aux marrons, dit *g'fuellter Soejmaawe* (suite de la p. 132)

Après la cuisson, posez l'estomac sur un plat de service et réservez-le. Faites colorer dans le plat de cuisson la carotte, le poireau et l'oignon émincés et le céleri coupé finement, ajoutez le thym et le laurier, déglacez avec 1 dl d'eau pour confectionner un petit jus, salez et poivrez. Découpez l'estomac en tranches, servez-le avec le jus et une salade verte.

Haricots en saumure, dits *Sueri Bohne* (suite de la p. 134)

Le lendemain, portez-les à ébullition dans de l'eau (non salée) ; sitôt l'ébullition atteinte, jetez cette eau de cuisson puis remettez en cuisson avec de l'eau fraîche en ajoutant oignon, clou de girofle, feuilles de laurier, thym, ail et les différentes viandes. Laissez cuire à couvert pendant 1 h comme pour une choucroute avec 40 g de graisse d'oie. Faites cuire les pommes de terre à l'eau salée. Servez sur un plat ces haricots entourés de leur viande et des pommes de terre.

Pot-au-feu avec ses quenelles de mœlle et ses crudités (suite de la p. 135)

Préparez les différentes sortes de crudités (certaines, comme les carottes râpées, le céleri ou les betteraves rouges, peuvent être faites à l'avance) et de salades. Différentes variantes se présentent selon les régions, par exemple la salade de carottes cuites coupées en dés mélangées avec des œufs durs coupés en dés, du persil haché, de la vinaigrette et un peu de crème fraîche. La grand-mère de Christine, quant à elle, écrasait à la fourchette carottes cuites et céleri cuit et assaisonnait le mélange d'une vinaigrette.

Mettez les pommes de terre à cuire environ 30 min avant la fin de cuisson de la viande. Faites griller au four les rondelles de pain, frottez-les éventuellement d'ail. Servez le bouillon en le présentant avec quelques quenelles à la moelle, des rondelles de pain frotté d'ail, une pincée de persil haché et, avec noix de muscade râpée et maggi.

Présentez ensuite la viande découpée en tranches entourée des légumes, la sauce au raifort (qui servira à napper la viande) confectionnée avec un demi-litre de bouillon de la viande légèrement crémé et lié avec un roux blanc réalisé avec 20 g de beurre et 20 g de farine. Ajoutez trois cuillères à potage de raifort râpé et éventuellement un jaune d'œuf pour affiner la liaison. Assaisonnez de sel et de muscade râpée les pommes de terre, les salades et crudités.

Les restes de viandes peuvent donner, le lendemain, une excellente salade de viandes (avec cornichons et rondelles d'oignon). On peut aussi griller les tranches de viande avec des rondelles d'oignon et les déglacer avant de servir avec un peu de crème fraîche et quelques gouttes de vinaigre.

Déclinaison autour du pain rassis : chapelure, pain perdu salé, potage et mendiant (suite de la p. 141)

Mendiant

« Il permet d'écouler le stock de vieux pain ou de brioche. Il y a plusieurs manières de le faire. J'ai continué dans la tradition de ma mère, dit Marguerite. »

Coupez grossièrement le pain en tranches ou en gros cubes. Faites-le ramollir en y versant du lait bouillant. Écrasez le pain avec une fourchette. Dans cette préparation, ajoutez du sucre à volonté, les œufs, la canelle et une larme de kirsch. Ajoutez ensuite les fruits de votre choix (par exemple des noix, des pommes ou cerises noires, mirabelles, quetsches).

Beurrez un plat en terre. Saupoudrez-le sur toutes ses faces avec de la chapelure. Versez-y la préparation. Couvrez avec une légère pluie de chapelure et quelques flocons de beurre. Enfournez à 180° (th. 6) pendant 1 h 15. Laissez refroidir avant de servir. Le mendiant peut se préparer la veille : il sera encore meilleur.

Épaule d'agneau farcie avec son gratin de haricots et de l'ail en chemise (suite de la p. 149)

Pour l'ail confit, faites chauffer l'huile d'olive dans une petite casserole, ajoutez les gousses d'ail non épluchées (simplement séparées du tubercule), le thym et le laurier. Portez à ébullition le temps d'un seul bouillon, puis arrêtez la cuisson et laissez infuser à couvert pour parachever la cuisson. Lorsque l'huile aura refroidi, il suffira de donner une pression à la gousse prise entre le pouce et l'index pour la sortir entière.

Lorsque la viande est cuite, enlevez la ficelle, tranchez-la et disposez-la sur le plat de service avec les gousses d'ail tout autour, passez le jus, nappez-en la viande. Servez avec le gratin de haricots.

Selle d'agneau et tian provençal (suite de la p. 154)

Déposez dans un plat à gratin les oignons revenus, l'ail frais haché et les feuilles de laurier. Disposez ensuite les différentes rondelles de légumes (en les faisant tenir debout) et alternez-les régulièrement pour obtenir un panachage de couleurs. Parsemez de fleurs de thym, salez et poivrez, arrosez avec 3 cl d'huile d'olive et enfournez à four à 180° (th. 6) pendant 1 h, couvrez de papier aluminium pendant 30 min, puis retirez le papier pour laisser colorer légèrement.

Les fleurs de courgettes (cueillies de préférence à l'aube, moment où elles sont le plus épanouies) doivent simplement être lavées à l'eau courante, puis blanchies dans l'eau salée (environ 15 sec). Elles servent ensuite, ainsi que les mini-courgettes cuites à l'eau salée, à décorer l'assiette.

Menu pascal (suite de la p. 155)

Faites blanchir au fouet les jaunes d'œuf, le sucre et le lait pendant 5 min. Ajoutez l'huile. Incorporez progressivement la farine tamisée et la levure chimique. Montez les blancs d'œuf en neige et incorporez-les à la masse : d'abord 1/3 de blanc pour détendre l'appareil, puis incorporez le reste.

Versez la pâte dans un moule beurré au préalable et légèrement tamisé de farine. Enfournez à 170-180° (th. 5-6) pendant 35 min. Démoulez, saupoudrez de sucre glace et piquez d'un drapeau en papier de soie.

Bœuf braisé à la sauce aigre sans alcool, dit *Sauerbraten*, et quenelles, dites *Mehlknepfle* (suite de la p. 158)

Laissez pocher pendant une dizaine de minutes (sauf si les quenelles sont très fines : en ce cas, elles sont à point lorsqu'elles remontent à la surface). Égouttez-les et maintenez-les au chaud. Faites-les revenir dans une poêle avec le beurre. Servez éventuellement avec des croûtons de pain revenus au beurre.

Bœuf au pinot noir et spaetzle au muscat (suite de la p. 163)

Spaetzle au muscat

Mélangez farine, semoule fine, œufs, muscade râpée et sel fin. Ajoutez du muscat d'Alsace sec pour obtenir une pâte pas trop liquide. Laissez reposer 1 h. Mettez la pâte par petite quantité sur une planche et, avec un couteau plat, raclez les spaetzle dans l'eau bouillante salée, laissez-les pocher jusqu'à ce qu'ils remontent à la surface. Égouttez et faites-les sauter dans une poêle avec un peu de beurre.

Faites revenir les petits lardons blanchis dans 1 cuillerée à café d'huile. Égouttez-les, ajoutez-les avec les oignons à la viande et remettez le tout à réchauffer dans la daubière. Servez avec des spaetzle au muscat.

Escalope cordon-bleu, petits pois frais et frites (suite de la p. 171)

Petits pois

Faites cuire dans l'eau salée les petits pois écossés, à découvert, pendant environ 10 min : ils doivent être tendres mais fermes. Puis trempez-les dans l'eau froide (afin de préserver leur couleur verte) et égouttez-les. Avant de servir, réchauffez-les doucement avec le persil haché, la laitue finement coupée et la crème fraîche. Dressez l'escalope sur assiette, entourez-la d'un cordon de sauce. Disposez autour les frites et les petits pois.

Cabri rôti et fricassée d'asperges (suite de la p. 177)

Fricassée d'asperges

Épluchez les asperges et lavez-les, coupez-les en morceaux d'environ 3 cm de long, faites revenir au beurre les échalotes émincées, l'ail haché et, en dernier le persil haché. Ajoutez la farine et, à l'aide d'une spatule, remuez pour obtenir un roux blanc, ajoutez 4 dl d'eau (ou de bouillon de volaille ou de bœuf), puis les asperges coupées en morceaux, salez et poivrez. Laissez mijoter pendant environ 20 min, jusqu'à cuisson complète des asperges : elles doivent être bien tendres. Au dernier moment, mélangez dans un bol les jaunes d'œuf et la crème, incorporez ce mélange à la fricassée, ne laissez plus bouillir à partir de ce moment-là.

Cassoulet (suite de la p. 180)

Retirez alors la cocotte du four ; enlevez le bouquet garni et l'oignon piqué de clous de girofle, découpez la saucisse et ajoutez-la aux haricots, rectifiez l'assaisonnement. Saupoudrez le dessus du cassoulet de chapelure, arrosez-le d'un peu de graisse d'oie, faites gratiner au four. Avec une cuillère en bois, enfoncez la couche gratinée dans la sauce, saupoudrez une seconde fois de chapelure, refaites gratiner : cela donnera du croustillant à ce mets que vous servirez très chaud dans le plat de cuisson.

Poitrine de porc farcie aux oignons et purée aux navets blancs sucrés (suite de la p. 187)

Purée aux navets blancs sucrés

Pendant la cuisson de la viande, préparez la purée aux navets blancs sucrés. Faites cuire à l'eau salée les navets blancs épluchés et coupés en 4 et, séparément, les pommes de terre épluchées et coupées en morceaux. Lorsque ces deux ingrédients sont bien cuits, jetez l'eau de cuisson des deux. Réduisez l'ensemble grossièrement en purée (à l'aide d'un pilon, d'une fourchette ou d'un moulin à légumes), ajoutez une noix de beurre et le sucre (il peut se mettre un morceau; un morceau pèse 5,5 g). Rectifiez l'assaisonnement. Parsemez d'oignon rissolé.

Lapin à la crème et nouilles fraîches (suite de la p. 193)

Enveloppez de feuilles de chou vert préalablement blanchies pendant 3 min, ficelez l'ensemble délicatement, salez, poivrez et faites cuire au four à 180° (th. 6) pendant 10 à 12 min, puis laissez reposer pendant une dizaine de minutes. Hubert Maetz, qui a créé cette recette, sert ce râble tranché et ce lapin à la crème avec des nouilles aux croûtons revenus dans le beurre.

Poussin aux morilles (suite de la p. 207)

Préparez la farce en mélangeant les foies revenus coupés en dés, les pommes de terre en robe des champs, les oignons revenus, les croûtons, le thym, le laurier et l'œuf. Salez, poivrez et parfumez avec une pincée de marjolaine fraîche finement hachée. Déposez la farce au centre du poussin, refermez l'ensemble en lui donnant sa forme initiale (sans le coudre). Croisez les pattes; déposez l'ensemble sur une plaque beurrée; salez, poivrez et enfournez les poussins à 100° (th. 3-4) pendant 45 min. Vérifiez la cuisson en piquant dans la cuisse: si le jus est sanguinolent, la cuisson n'est pas terminée. Augmentez ensuite le four à 220° (th. 7-8) et laissez encore cuire 10 min pour donner aux poussins une petite coloration et achever la cuisson.

Pour la sauce, coupez les morilles en deux dans le sens de la longueur, nettoyez-les soigneusement dans plusieurs eaux pour les débarrasser de la terre et du sable qui se logent dans les alvéoles du chapeau. Faites-les revenir au beurre avec les échalotes hachées; mouillez avec 1 dl de fond blanc et 1 dl de fond brun, puis laissez cuire 10 min à couvert (les morilles doivent bien cuire; crues, elles sont toxiques). Ajoutez la crème chauffée au préalable et laissez cuire jusqu'à bonne consistance; rectifiez l'assaisonnement. Ajoutez au dernier moment l'ail des ours finement ciselé ou à défaut l'estragon (ou une autre herbe à votre convenance).

Dressez sur assiette avec les asperges vertes d'abord, puis le poussin et la sauce aux morilles. Garnissez de marjolaine.

Oie bouillie et rôtie, dite *Gansebrote,* et son foie gras au torchon (suite de la p. 221)

Après 30 min de cuisson, baissez la température à 150° (th. 5), versez une louchée de bouillon dégraissé et laissez cuire 2 h à 2h30 supplémentaires, en arrosant régulièrement l'oie et en ajoutant du bouillon si nécessaire. 30 min avant la fin de la cuisson, posez autour de l'oie la mirepoix de légumes (coupés en petits dés) et laissez achever la cuisson au four.

Pour la finition du bouillon, dégraissez-le. Préparez les *Riwele* : mélangez la farine, les œufs et le sel en malaxant rapidement la pâte à la main, frottez un peu de pâte entre les paumes pour obtenir de fines quenelles de pâte, faites-les tomber et pocher dans le bouillon pendant 2 min. Servez le bouillon saupoudré de persil et de cerfeuil hachés.

Servez ensuite (ou en premier, avant le bouillon) une tranche de foie gras avec un peu de gelée (qui peut être réalisée avec le fond de pochage clarifié) et du pain de campagne grillé et frotté à l'ail au préalable. Servez l'oie avec la mirepoix et les légumes du pot-au-feu égouttés, accompagnée de quelques pommes de terre vapeur.

Civet d'oie et son cou farci (suite de la p. 223)

Ajoutez les marrons, les pommes de terre coupées en petits dés, les grattons, la truffe et son jus, le foie gras (détaillé en dés ou en lanières), les échalotes revenues, le sel et le poivre. Mélangez. Cousez une extrémité de la peau du cou d'oie, garnissez l'intérieur de farce, puis cousez l'autre extrémité. Faites pocher le cou d'oie dans un bouillon de volaille pendant 1 h, sans ébullition. Ce plat peut être servi froid en gelée, accompagné d'une salade de mâche aux noix, ou chaud avec une sauce au madère ou au porto, garni de quenelles de pommes de terre.

Canard farci et spaetzle (suite de la p. 225)

Spaetzle (aux épinards, aux carottes ou aux champignons)

Pour la pâte à spaetzle traditionnelle, battez les 6 œufs entiers, ajoutez le lait et le sel. Puis incorporez progressivement cette masse liquide à la farine et battez jusqu'au moment où la pâte sera bien onctueuse (ni trop liquide, ni trop compacte). Vous pouvez les parfumer en ajoutant la purée de carottes, ou les épinards frais mixés fin et passés par une étamine (complétez avec le lait pour obtenir 1/4 l de liquide), ou encore 250 g de champignons hachés très menu (afin qu'ils passent bien dans la machine à spaetzle).

Dans une grande casserole, portez de l'eau salée à ébullition, et ajoutez les 2 cl d'huile. Disposez une partie de pâte sur une assiette bien plate humidifiée au préalable et, à l'aide d'une cuillère à soupe, raclez de petites lanières de pâte dans l'eau bouillante. Il existe aussi une sorte de rabot à trous qui permet de faire tomber les spaetzle en pluie dans l'eau bouillante, ils ont alors une forme plus régulière. Laissez pocher pendant une dizaine de minutes (sauf s'ils sont très fins : en ce cas, ils sont à point lorsqu'ils remontent à la surface). Égouttez-les et maintenez-les au chaud. Faites-les revenir dans une poêle avec le beurre. Servez éventuellement avec des croûtons de pain revenus au beurre.

Canard à l'orange (suite de la p. 226)

Pelez à vif les oranges (débarrassez-les de toute peau blanche), détaillez-les en tranches et réservez pour le décor. Découpez le canard, dressez sur un plat, nappez de sauce, décorez avec des zestes et des tranches d'orange ainsi qu'avec des herbes et des fleurs de saison. Accompagnez de pommes vapeur et de cresson.

Magret rôti aux cerises et aux pommes et clafoutis (suite de la p. 228)

Dressez sur une assiette une cuillerée de compote de pommes moulée en quenelle, disposez le magret tranché dans sa longueur et posez dessus la peau caramélisée et émincée. Disposez à côté le clafoutis, versez un cordon de sauce autour. Décorez avec les quartiers de pommes caramélisés et avec les griottes au kirsch.

Civet de mou de veau et ses quenelles de farine, dites *Melknepfle* (suite de la p. 235)

Quenelles de farine

À l'aide d'une spatule, mélangez la farine, les œufs entiers et le sel, puis incorporez l'eau. Dans une grande casserole, portez de l'eau salée à ébullition. À l'aide d'une cuillère à soupe, formez des quenelles rondes ou ovales (de la taille d'un œuf de poule environ). Laissez pocher pendant une dizaine de minutes : elles sont à point lorsqu'elles remontent à la surface. Égouttez-les et maintenez-les au chaud. Faites-les revenir dans une poêle avec le beurre. Servez éventuellement avec des croûtons de pain revenus au beurre.

Rognon de veau rôti dans sa graisse et salsifis (suite de la p. 242)

Salsifis au gratin à la manière de Paul Haeberlin

Lavez, épluchez et tronçonnez les salsifis. Plongez-les dans l'eau citronnée et faites cuire pendant 1 h dans un blanc salé (c'est-à-dire dans 1 l d'eau additionné de 60 g de farine), égouttez-les. Faites fondre au beurre les échalotes hachées, versez dessus 0,5 l de crème et laissez réduire pour que la crème soit onctueuse, ajoutez les tronçons de salsifis et donnez un bouillon, salez et poivrez.

Versez dans un plat à gratin. Saupoudrez de gruyère râpé et de chapelure et faites gratiner pendant 20 min dans un four préchauffé à 250° (th. 8-9).

Vous pouvez aussi cuire les salsifis simplement à la vapeur. Pour cela, coupez les salsifis épluchés en bâtonnets de 10 cm de long, salez-les et déposez 50 g de beurre au-dessus d'eux avant de les envelopper de papier film en serrant fortement. Faites cuire à la vapeur pendant 35 min, ou plus longuement, pour plus de tendreté.

Jeannette précise que sa maman enrobait les salsifis cuits de pâte à crêpes, les faisait revenir à l'huile, puis les saupoudrait d'un peu d'ail et de persil haché. Elle ajoute aussi que son fils Matthieu les prépare en beignets, à la manière de Raymond Oliver : 1 kg de salsifis cuits réduits en purée avec 100 g de beurre sont formés en boulettes, roulés dans la farine et dorés dans la friture.

Carré de biche au chocolat (suite de la p. 245)

Pour la sauce, faites réduire le pinot noir avec le thym, le laurier et l'ail. Quand ce mélange a réduit à bonne consistance supérieure, ajoutez la poudre de cacao. Montez la sauce avec le beurre.

Faites cuire le panais à l'eau salée, puis mixez et ajoutez le beurre. Faites braiser au beurre les endives effeuillées en ajoutant 50 g de sucre pour les caraméliser. Dressez le carré de biche découpé sur assiette avec la purée de panais et les endives disposées à ses côtés, avec un fin cordon de sauce et surmontez d'un cœur en chocolat.

Gigot de marcassin, coings au pinot noir et quenelles de semoule aux champignons (suite de la p. 253)

Les quenelles de semoule doivent être faites à l'avance. Faites revenir au beurre l'échalote hachée et les deux sortes de champignons. Faites chauffer le lait avec le sel, le poivre et un peu de noix de muscade râpée. À ébullition, versez en pluie la semoule sans cesser de remuer à l'aide d'une spatule, laissez bouillir pendant 2 à 3 min, ajoutez les champignons et le gruyère, versez dans un plat rectangulaire et laissez refroidir. Détaillez après refroidissement des losanges que vous ferez revenir au beurre.

Baeckeoffe de gibier (suite de la p. 257)

Couvrez et lutez avec la pâte, faites cuire au four à 150° (th. 5) pendant 3 h 30 à 4 h. Quelques instants avant de servir, faites rôtir les poitrines de faisan et de colvert puis, à couvert, laissez-les braiser pendant 10 min, coupez, désossez si nécessaire. Enlevez le couvercle de la terrine et posez les poitrines au dernier moment sur le baeckeoffe. Parsemez d'herbes finement ciselées et servez aussitôt en prenant soin de présenter à chaque convive les différentes variétés de gibier et de légumes. Arrosez le tout de jus de cuisson.

Civet de lièvre, dit *Hasepfeffer* (suite de la p. 258)

Pour ces nouilles extra-riches, disposez la farine en fontaine sur votre plan de travail ou dans une terrine, ajoutez les jaunes d'œufs, le sel et le vinaigre. Travaillez cette pâte pour la rendre bien homogène et lisse. Divisez-la en huit boules que vous recouvrez d'un linge et laissez reposer pendant 30 min. Roulez-la en une abaisse fine de 2 à 3 mm d'épaisseur. Farinez légèrement le rond de pâte et enroulez-le pour y découper des bandelettes de 5 mm de large. Laissez-les sécher (mais le séchage est facultatif). Faites-les cuire dans une grande quantité d'eau salée. Égouttez-les et servez en ajoutant des croûtons de pain revenus dans le beurre.

Pigeonneau aux myrtilles et flan de girolles (suite de la p. 265)

Dès le début de cuisson des pigeonneaux, préparez le flan de girolles. Nettoyez, lavez les girolles, faites-les revenir avec le beurre et les échalotes hachées. Puis laissez-les refroidir et hachez-les finement. Mélangez le lait, la crème et les œufs, salez et poivrez.

Ajoutez à ce flan les girolles et les herbes hachées, versez dans les ramequins bien beurrés (si possible deux fois), disposez-les dans un bain-marie (avec une feuille de papier sulfurisé posée au fond, ce qui évitera la formation de cavités dans le flan) et faites cuire au four chauffé à 170° (th. 6-7) pendant 25 min (en même temps que les pigeons qui cuiront, eux, 18 min en tout).

Comptez 15 min pour la compote de myrtilles : faites chauffer le pinot noir, ajoutez le sucre, le sel, le poivre, le thym et le laurier, portez à ébullition, ajoutez les myrtilles, retirez du feu et laissez infuser pendant une dizaine de minutes. Sortez alors la moitié des myrtilles infusées (elles seront disposées sur assiette autour du pigeonneau) et laissez cuire l'autre moitié dans le pinot noir pendant 5 min, le temps de les laisser compoter.

Salmis de pigeons et quenelles de pommes de terre, dites *Buewespitzle* (suite de la p. 270)

Mélangez pour obtenir une masse homogène. Prélevez de petites portions de pâte à l'aide des mains farinées et roulez-les en long ou en rond. Faites bouillir une grande quantité d'eau salée ; lorsqu'elle est à ébullition, versez les quenelles. Lorsqu'elles remontent à la surface, laissez-les encore cuire pendant 1 min. Égouttez-les. Parsemez-les de croûtons revenus au beurre. Servez avec une mâche (la préférée de Claude) ou une autre salade.

Brochet en gelée (suite de la p. 276)

Vous pouvez napper le fond de plat avec cette gelée, puis le garnir avec un peu de purée d'épinards et faire, à l'aide d'une pointe de couteau, un décor rappelant celui des millefeuilles. Le brochet débarrassé de sa peau sera nappé de sauce blanche (ou claire, selon la liste des ingrédients) et lustré de gelée. Décorez à votre guise d'écrevisses (ou, à défaut, de crevettes bouquet), de petits pois, brocolis, tomates coupées en rosace, fleurs de courgettes, pluches de cerfeuil, ciboulette, persil, carottes et poireaux.

Pour la sauce verte au caviar, mélangez la crème double, les œufs de homard (ou le caviar, selon la liste des ingrédients) et le jus de citron, assaisonnez. Vous pouvez aussi faire une crème colorée en mélangeant crème épaisse, jus de citron, jus d'épinard ou de persil, des herbes hachées, du sel et du poivre.

Matelote au riesling (suite de la p. 283)

Hubert Maetz aime proposer en accompagnement des quenelles au fromage blanc *(Kasknepfle)*, ce qui constitue une originalité heureuse, mais on peut aussi rester plus traditionnel en servant des nouilles avec des croûtons de pain revenus au beurre.

Sandre au beurre blanc (suite de la p. 286)

Attendez que le beurre soit complètement incorporé avant d'ajouter le morceau suivant. Terminez en ajoutant la crème et fouettez. Retirez la casserole du feu et versez la sauce dans une saucière préchauffée. Servez le poisson sans attendre, avec la sauce chaude et les nouilles. Si vous devez maintenir la sauce au chaud, il est préférable de le faire dans un bain-marie.

Sandre décliné à l'européenne (suite de la p. 288)

Pour la garniture, plongez les fleurs de courgettes 15 sec dans l'eau bouillante salée, posez-les sur le poisson dressé sur assiette en les ouvrant et en lui donnant toute son esthétique. Faites cuire les mini-courgettes à l'eau bouillante salée pendant 3 min. Ajoutez-les, avec un trait de sauce aux olives, la tomate séchée confite et la mousse de poivrons décorée d'une branche d'hysope.

Truites aux amandes braisées et endives (suite de la p. 292)

Endives caramélisées au citron

Lavez les endives et détachez toutes les feuilles. Dans une poêle, faites fondre le beurre, ajoutez le sucre et remuez à l'aide d'une spatule en bois. À obtention d'un caramel brun clair, ajoutez les feuilles d'endives, salez et poivrez, remuez de manière à les enrober de caramel de tous côtés, ajoutez le zeste de citron blanchi pendant 3 sec et égoutté. Laissez encore cuire doucement à découvert pendant 30 à 40 min.

Hubert Maetz servira aussi des endives belges en salade, servies avec des pommes émincées, des quartiers d'orange pelée à vif et une vinaigrette à la mayonnaise délayée à la crème garnie d'éclats de noix. Les betteraves rouges, les noix, le gruyère et le pamplemousse s'associent également fort bien aux endives belges.

Petit chou farci au cabillaud et au poireau (suite de la p. 298)

Pour la sauce, faites revenir l'arête dorsale du cabillaud dans 3 cl d'huile d'olive avec l'échalote, ajoutez 5 cl de vinaigre de vin, deux graines de cardamome, un anis étoilé, laissez réduire puis ajoutez 1 dl de jus de moule ou, à défaut, de l'eau. Passez. Ajoutez les tomates coupées en dés et les herbes.

Dorade rôtie avec sa rosace de pommes de terre et ses pointes d'asperges (suite de la p. 300)

Asperges

Faites cuire les pointes d'asperges épluchées dans l'eau bouillante salée avec 1 filet d'huile d'olive, le morceau de sucre et l'ache de montagne (la cuisson va de 12 à 20 min, selon grosseur). Égouttez-les et faites-les dorer à l'huile d'olive juste avant le dressage et salez à la fleur de sel.

Finition et dressage de l'assiette

Mélangez les différents ingrédients de la vinaigrette, faites-la juste tiédir et procédez au dressage. Sur une grande assiette, disposez les asperges grillées, le filet de dorade et la rosace de pommes de terre, parsemez d'échalotes finement hachées, de ciboulette ou de toute autre herbe de saison (hysope, ail des ours) et nappez l'ensemble de vinaigrette tiède. Garnissez d'ail des ours frit et d'un quartier de tomate confite.

Bouille (suite de la p. 312)

Pour la rouille, pilez l'ail, le piment, les anchois (facultatif), la pincée de safran et la pomme de terre aussi finement que possible, ajoutez le jaune d'œuf, délayez avec l'huile d'olive et salez. Servez la bouille dans de petites écuelles individuelles avec des tranches de pain grillé (que l'on peut frotter à l'ail). Accompagnez avec la rouille.

Choucroute au poisson (suite de la p. 313)

Pour la sauce, récupérez le jus filtré de cuisson des poissons, ajoutez le jus rendu par les moules, laissez réduire jusqu'à consistance sirupeuse, ajoutez les 80 g de beurre à l'aide d'un fouet, ajoutez la crème, donnez juste un bouillon sans cesser de fouetter, salez et poivrez, passez au chinois fin et réservez. Dressez la choucroute sur des assiettes chaudes. Posez le haddock et les poissons sur la choucroute très chaude. Disposez les moules et les écrevisses, nappez avec la sauce et servez rapidement.

Pot-au-feu de la mer (suite de la p. 315)

Servez le reste du bouillon dans une soupière avec une belle louche. Une fois l'assiette posée sur table, chaque convive pourra se resservir de bouillon de légumes à sa guise pour bien harmoniser la chair de poisson avec le jus.

Soupe niçoise (suite de la p. 316)

Placez les croûtons sur une plaque légèrement huilée à l'huile d'olive, laissez dorer au four puis frottez les croûtons encore tièdes avec de l'ail. Garnissez les croûtons à votre convenance : par exemple, le premier avec de l'aïoli surmonté de gruyère râpé (non gratiné) ; le deuxième avec de la rouille et du gruyère râpé, non gratiné ; le troisième avec du riz cuit nappé de sauce hollandaise légèrement parfumée au pastis et passé sous la salamandre durant 1 min.

Ce plat parfumé aux saveurs de la Côte-d'Azur doit être servi très chaud dans des assiettes creuses, selon l'ordre chronologique suivant :
- la soupe avec les croûtons garnis d'aïoli et rouille et de sauce hollandaise ;
- le poisson, également avec de la soupe.

Feuilleté de saumon au poireau (suite de la p. 318)

Allumez le four à 210° (th. 7). Dorez une dernière fois le feuilleté à l'œuf et enfournez. Après 15 min, baissez la chaleur à 180° (th. 6), poursuivez la cuisson pendant 10 à 15 min. Laissez reposer le feuilleté 10 min dans le four éteint, porte entrouverte (opération facultative).

Portez à ébullition les 2 cl de fumet (ou, à défaut, d'eau) dans une petite casserole. Retirez-la du feu et incorporez petit à petit, en fouettant vivement, 120 g de beurre coupé en parcelles. Salez et poivrez. Lorsque la sauce est liée et onctueuse, poivrez et ajoutez le citron ainsi que les herbes hachées. Versez-la dans une saucière chaude. Présentez-la avec le feuilleté encore chaud glissé sur un plat de service. Vous pouvez décorer avec des œufs de saumon et un peu de ciboulette. Notez que cette recette réussit également fort bien sans l'ajout de saumon fumé, uniquement avec du saumon frais.

Émincé de coquilles saint-jacques, huîtres frémies, croustillant de coquillages (suite de la p. 325)

Croustillants de coquillages (pour 2 personnes)
Grattez et lavez soigneusement les coquillages de manière à ôter toute trace sablonneuse. Portez à ébullition à couvert le vin et l'eau additionnés des échalotes hachées. Plongez successivement chaque sorte de coquillage dans ce court-bouillon, en les sortant dès qu'ils s'ouvrent. Laissez cuire les bigorneaux pendant 3 minutes Sortez tous les coquillages de leur coquille (pour les bigorneaux, servez-vous d'une épingle). Les huîtres doivent être simplement ouvertes et détachées, puis passez leur jus à travers une étamine pour le débarrasser de toute trace de coquille.

Râpez au dernier moment les pommes de terre épluchées sur une grille pas trop fine et salez-les. Dans une petite sauteuse (8 à 10 cm de diamètre), faites chauffer 2 cm d'huile à 180° environ. Posez la moitié des pommes de terre, remuez vivement avec une cuillère en bois. Attention aux éclaboussures ! Les pommes de terre doivent prendre la taille de la sauteuse et donner une galette dentelée bien croustillante que vous tournerez pour obtenir une belle coloration ; puis laissez-la égoutter sur une grille ou du papier absorbant. Faites un second croustillant. Posez chaque croustillant (réchauffé au four si nécessaire) sur un lit de mâche, dressez les coquillages décortiqués et réchauffés dans un peu de jus, parsemez d'échalote finement hachée et de ciboulette. Rallongez le jus d'huîtres avec 3 cuillerées à soupe de jus de cuisson des coquillages, montez avec 3 cl d'huile d'olive. Versez délicatement sur la mâche et les coquillages.

Huîtres et loup de mer (suite de la p. 327)

Filet de loup de mer au raifort et saumon fumé
Faites saisir côté peau le filet de poisson dans la poêle, retournez et retirez la poêle du feu pour stopper la cuisson. Badigeonnez le filet d'une mince couche de raifort, ajoutez du persil haché, posez la tranche de saumon, la mie de pain et des copeaux de beurre froid. Faites gratiner au four chaud (210°, th. 7) pendant 3 à 5 min.

Laissez réduire de moitié le crémant, ajoutez le fumet de poisson et laissez réduire de moitié encore, ajoutez le filet de crème, laissez réduire encore un peu, juste pour laisser épaissir la sauce, montez avec le beurre froid et mixez pour rendre la sauce mousseuse (à défaut, ajoutez un peu de fécule). Ajoutez 5 gouttes de citron et une gorgée (0,5 cl) de crémant non cuit. Servez avec une timbale de riz sauvage.

Coquilles saint-jacques, homard à la sauce corail et oursins aux œufs brouillés (suite de la p. 331)

Oursins aux œufs brouillés
Ouvrez les oursins par le haut en incisant avec la pointe d'un couteau. Conservez la

carcasse pour y servir la brouillade. Gardez le jus, sortez les parties brunâtres et gardez seulement les languettes roses. Dans une poêle, faites chauffer le beurre, cassez-y les œufs en les mélangeant de suite à la spatule en bois, ajoutez le jus des oursins au dernier moment, salez et poivrez; remplissez les coquilles d'oursin avec les œufs brouillés surmontés avec les languettes d'oursin.

Pour le dressage sur assiette, posez les noix de saint-jacques, le homard, la pince coupée en 2 dans le sens de la longueur et la queue coupée en 4 morceaux de même taille. Disposez l'oursin rempli d'œufs brouillés, une cuillerée de purée de persil et un cordon de sauce corail autour de l'ensemble.

Tarte pommes-boudin et noix de saint-jacques safranées (suite de la p. 332)

Pour la sauce, mettez les échalotes hachées et les tomates coupées en dés dans la poêle de cuisson des noix de saint-jacques en y laissant les sucs. Ajoutez une pincée de sucre en poudre et faites revenir avec une noisette de beurre.

Déglacez avec le vin, le vermouth et le bouillon de volaille. Ajoutez 1/2 l de crème fraîche. Faites réduire jusqu'à ce que la sauce nappe la cuillère en bois. Ajoutez les pistils de safran à la sauce. Ajoutez éventuellement une cuillerée à café de vermouth à ce moment-là. Donnez encore un bouillon.

Noix de saint-jacques crues à la crème de caviar et ballottine d'oie aux épices douces de Noël (suite de la p. 333)

Pour le jus, faites revenir les oignons dans le plat de cuisson, ajoutez une carotte bien revenue, dégraissez l'ensemble, déglacez avec 1 dl d'eau, laissez réduire à consistance et assaisonnez de sel et de poivre. Servez la ballottine coupée en tranches de 2 cm d'épaisseur et arrosée d'un peu de jus. Accompagnez avec une purée de légumes ou de betteraves rouges.

Sauces d'été (suite de la p. 337)

Sauce tomate-basilic
Plongez les tomates dans l'eau bouillante durant 15 sec, égouttez, épluchez et épépinez-les. Coupez-les en petits dés, ajoutez huile, vinaigre et basilic ciselé.

Sauce yaourt: mixez gingembre, ail, sel et eau. Ajoutez le yaourt.

Sauce coco: mélangez les différents ingrédients.

Sauce barbecue: coupez les légumes en brunoise (dés minuscules d'1 mm de côté). Mélangez avec les autres ingrédients.

Choucroute hongroise (suite de la p. 341)

Servez la choucroute et ses boulettes de viande, sans pommes de terre: le riz les remplace avantageusement. Avant de déguster cette choucroute, vous pouvez la saupoudrer d'un nuage de graines de pavot écrasées (ou de cumin en poudre).

Menu afghan (suite de la p. 345)

Mettez un torchon propre sur la marmite, posez le couvercle afin de couvrir hermétiquement. Remettez en cuisson jusqu'à ce que la vapeur sorte des côtés (après environ 3 à 4 min) puis baissez le feu au minimum et poursuivez ainsi la cuisson pendant 30 min sans soulever le couvercle (la vapeur doit rester à l'intérieur et achever la cuisson). Servez chaud sur un grand plat en mélangeant l'ensemble. Accompagnez d'une salata composée de salade verte ciselée, de tomates et concombre finement coupés, d'oignon émincé et de menthe ciselée, de jus de citron, de sel et de poivre. Vous pouvez également servir avec une sauce froide au yaourt, parfumée au concombre, à l'ail et au jus de citron.

Couscous tunisien (suite de la p. 361)

Retirez la semoule du couscoussier et versez-la dans un plat ; du bout des doigts, séparez bien les grains (cette opération se nomme égrener), humectez si nécessaire avec du bouillon (dans la tradition, on utilise du beurre rance pour égrener la semoule de couscous). Il existe maintenant de la semoule précuite.

Pendant la cuisson de la semoule, vous pouvez préparer les boulettes de viande : mélangez les différents ingrédients et roulez de petites boules de la grosseur d'une noix. Faites-les griller dans l'huile d'olive.

Pour servir, versez la semoule de couscous dans le plat en ajoutant le beurre coupé en morceaux, mélangez bien, gardez au chaud (veillez à bien séparer les grains). Dans un autre plat, disposez la viande nappée de bouillon (on peut également garnir la semoule de jolis morceaux de viande et de boulettes). Mettez les légumes nappés de bouillon dans un plat séparé. Diluez la harissa dans une coupelle avec un peu de bouillon.

Couscous marocain (suite de la p. 362)

Pour servir, versez la semoule de couscous dans le plat en ajoutant une noix de beurre, mélangez bien, gardez au chaud. Dans un autre plat, disposez la viande nappée de bouillon (le bouillon doit être assez abondant). Mettez les légumes nappés de bouillon dans un plat séparé. Diluez la harissa dans une coupelle avec un peu de bouillon. Les amateurs de saveurs épicées pourront se servir à leur guise.

Le couscous se sert en Algérie avec des pois chiches, fèves, artichauts, pommes de terre, aubergines, cardes, fenouil, petits pois. Au Maroc, il est accompagné de mouton, de poulet, de navets, courgettes, raisins secs, pois chiches et d'oignons confits. On y réalise aussi un exquis couscous sucré et parfumé à la cannelle. En Tunisie, il se fait au lapin, au perdreau et au mouton. On y fait aussi du couscous au poisson (daurade ou mérou).

Couscous viendrait du berbère *kouskous* (parcelle d'aliment que l'oiseau prend dans son bec) ou de *koskos* (ou *keuskass*) qui est un récipient en terre percé de trous. D'autres disent que c'est une onomatopée pour évoquer le bruit que fait la vapeur du bouillon qui passe à travers les trous du récipient à graines.

Saveurs mexicaines (suite de la p. 374)

Servez en accompagnement une compotée de haricots (noirs ou rouges). Cuits longuement (pendant 2 h), ils se présentent agglutinés, voire écrasés comme dans une purée. Vous pouvez arroser d'un trait d'huile d'olive.

Canard laqué (suite de la p. 375)

La pâte à crêpes peut être confectionnée la veille : mélangez farine, eau chaude, huile et sel. Travaillez-la bien. Le lendemain, abaissez des galettes d'environ 8 cm de diamètre sur 2 mm d'épaisseur. Une des faces de chaque galette sera badigeonnée d'un peu d'huile. Superposez deux galettes (partie badigeonnée à l'intérieur). Faites cuire recto-verso dans un wok ou une poêle anti-adhésive, jusqu'à obtention de petits gonflements de pâte en surface, sortez-les, décollez-les (si vous avez des difficultés, tapez-les légèrement sur la table). Pour les réchauffer, déposez-les sur quelques feuilles de laitue dans un panier métallique au-dessus de la vapeur.
Disposez les légumes crus émincés sur une assiette et les deux sauces dans des coupelles individuelles. Servez avec les crêpes. Pour déguster, prenez une crêpe, garnissez-la d'une lamelle de canard ou d'un carré de peau grillée et laquée, ajoutez les légumes puis trempez le tout dans une des sauces avant de manger la bouchée.

Préparez la sauce froide en mélangeant les différents ingrédients ou utilisez de la sauce Hoisin en conserve (un condiment végétal sirupeux et épicé que l'on vend en flacon dans les magasins de produits orientaux).

Fondue métissée avec ses sauces diable, barbecue et indienne (suite de la p. 377)

Pour la sauce barbecue, faites chauffer l'huile dans une casserole à fond épais, ajoutez les oignons hachés, faites-les fondre à feu modéré en remuant. Lorsqu'ils commencent à se colorer, ajoutez le concentré de tomates délayé avec le vinaigre, portez à ébullition et faites cuire pendant 2 min, ajoutez alors le vin, la sauce anglaise, le thym effeuillé, le laurier, l'ail écrasé, le miel et la moutarde. Laissez mijoter à découvert pendant 15 min, jusqu'à ce que la sauce soit crémeuse. Salez, poivrez, ajoutez deux ou trois gouttes de Tabasco. Pour la sauce indienne, mixez les différents ingrédients. Pour la dégustation, posez le caquelon rempli de bouillon sur le réchaud au centre de la table, chaque convive se servira en riz, en sauces et en viande détaillée en fines lamelles. Celle-ci est à tremper dans le bouillon en ébullition à l'aide d'un pic en bois pendant quelques secondes seulement, car elle doit rester rosée.

Menu japonais (suite de la p. 379)

Flan aux œufs
Disposez les quatre bols dans un plat avec de l'eau pour une cuisson au bain-marie à four doux (150°, th. 5) pendant 1 h ou jusqu'à prise (attention : il faut saisir sans trop cuire). Il faut que le flan ait l'aspect d'une crème prise, un peu tremblotant.
Ce flan peut être servi chaud ou froid. Il se mange à la petite cuillère.

Sashimis assortis

Enlevez les arêtes des filets du poisson avec une pince à épiler. Coupez en bâtonnets ou en fines tranches régulières et dressez en intercalant le citron, le concombre, la salade, les herbes, les crevettes, les noix de saint-jacques coupées finement parsemées d'œufs de saumon. Servez en accompagnement du riz collant additionné d'un peu de vinaigre sucré.

Sashimi de papaye et d'avocat

Séparez en deux la papaye puis enlevez les pépins ; pelez et coupez en fines tranches. Pour l'avocat, enlevez le noyau central, enlevez la peau et coupez en tranches. Zestez le citron, coupez-le en 2 puis en tranches fines que vous allez intercaler avec l'avocat. Posez les fines tranches de papaye et d'avocat sur l'assiette. Décorez de coriandre, ajoutez une tranche de citron.

Menu japonais, sushi et tempura (suite de la p. 380)

Tempura

Battez au fouet à main le jaune d'œuf dans une terrine avec le sel et les 2 dl d'eau très froide (à température du réfrigérateur ou glacée). Ajoutez la farine tamisée sans cesser de battre. Utilisez sans attendre. Trempez les différents ingrédients dans la pâte afin de les enrober puis plongez-les dans l'huile de friture bien chaude pour les laisser dorer. Dégustez en accompagnant de sauce yaourt et de sauce chinoise, obtenues en mélangeant simplement leurs divers ingrédients.

Soupe pékinoise et filets de poularde farcis (suite de la p. 385)

Retirez les deux filets, en vérifiant leur cuisson grâce au cure-dent : en le retirant, aucun liquide rougeâtre ne doit suinter. Coupez-les en rouelles de 2 cm. Réservez le jus pour faire une sauce au dernier moment : mettez-le dans une petite poêle avec une pincée de fécule délayée dans de l'eau froide, un peu de poivre, deux cuillerées à café de sauce d'huîtres (peut être remplacée par de l'armagnac), laissez réduire. Nappez les filets avec la sauce.

Pour la finition de la soupe, après 1 h de cuisson à couvert à faible ébullition, retirez la carcasse et passez le bouillon au chinois. Coupez en fines lamelles le piment rouge, les pousses de bambou, l'oignon vert, le persil, la carotte précuite, le pâté de soja et les nouilles coupés en petits tronçons. Ajoutez ces ingrédients au bouillon, portez à ébullition durant 1 min. Battez dans un bol le blanc du premier œuf mélangé avec le deuxième œuf, et faites-le couler dans le bouillon sous forme de mince filet. Délayez 2 cuillerées à soupe de fécule de pomme de terre dans un peu d'eau froide, ajoutez un demi-verre de sauce soja, une pincée de sel, une cuillerée à café de poivre moulu, un demi-verre de vinaigre ; ajoutez ce mélange à la soupe. Au fond de chacun des bols des convives, mettez quelques gouttes d'huile de sésame, des feuilles de persil plat et une pincée de poivre. Posez les filets mignons cuits à la vapeur et coupés en petits morceaux au fond du bol, versez la soupe, garnie de pluches de cerfeuil.

Eiskrapfen (suite de la p. 401)

Posez sur chaque carré de génoise une boule de glace vanille, montez les quatre coins de façon à recouvrir la boule, enveloppez de papier-film pour maintenir la forme arrondie (en l'entreposant au congélateur si le dessert n'est pas achevé immédiatement). Avant de servir, trempez chaque boule enveloppée de génoise dans la pâte à crêpes, plongez dans l'huile de friture chauffée à 180°. Laissez égoutter et servez immédiatement avec un peu de chantilly ou de coulis de fruits rouges.

Saint-honoré (suite de la p. 405)

Battez les 6 blancs d'œuf avec 50 g de sucre, faites tiédir l'ensemble au bain-marie doux (à 40°), puis fouettez-les énergiquement afin d'augmenter l'incorporation d'air, rajoutez progressivement les 250 g de sucre restants afin d'obtenir un meringage serré. Ajoutez d'abord 1/4 du meringage à la crème Chiboust chaude, mélangez au fouet, puis incorporez le reste de meringage en mélangeant délicatement avec une spatule. Farcissez les choux de crème Chiboust, à l'aide d'une douille. Préparez un caramel blond en faisant cuire le sucre à 155° environ. Trempez délicatement les choux dans le caramel et faites-les adhérer les uns contre les autres sur la couronne de pâte à choux. Remplissez le centre du gâteau avec la crème. À l'aide d'une fourchette, faites tomber le reste de caramel en fils fins sur un plat carré généreusement huilé. Mettez le saint-honoré au congélateur pendant environ 2 h pour faire refroidir la crème rapidement (pour éviter qu'elle ne retombe), puis au réfrigérateur. Avant de le servir, décorez avec les fils de caramel.

Torche aux marrons (suite de la p. 409)

Pour la crème chantilly, battez la crème sans ajouter de sucre.

Procédez au dressage. Sur le fond de tarte, étalez 1/4 de crème battue, posez une plaque de meringage, étalez à nouveau 1/4 de crème battue, posez l'autre plaque de meringage, étalez le reste de crème battue en chemisant la partie supérieure et le pourtour. Passez la garniture de marrons à travers un moulin à purée (ou une douille vous permettant d'obtenir un effet «vermicelle» ou «spaghetti»). Déposez cette garniture, en effectuant deux passages, sur le contour, puis sur la partie supérieure où vous finirez en cône. En accompagnement de ce dessert (conçu par le pâtissier Christophe Meyer), élaborez un coulis au miel : faites tiédir le miel (au bain-marie) afin qu'il se liquéfie, ajoutez les marrons coupés très finement, la crème de marrons et la crème battue. Vous obtiendrez une masse légèrement onctueuse. Disposez ce coulis dans une saucière : chaque convive se servira à sa guise.

Confiture d'églantines, dite *Buttemues*, et entremets aux airelles (suite de la p. 412)

Entremets aux airelles

Faites cuire rapidement les airelles avec 100 g de sucre et 100 g de miel de sapin, la cannelle et le jus de citron ; mélangez et laissez refroidir. Émiettez finement les tranches de pain et mélangez-les au chocolat râpé. Montez la crème en chantilly très ferme avec les 50 g de sucre restants et le sucre vanillé. Dans une coupe en verre, disposez en couches superposées le pain émietté ou coupé en petits carrés, les airelles et la crème fouettée. Répétez si nécessaire en terminant par une couche de crème fouettée qui sera parsemée de vermicelles en chocolat ou de quelques airelles réservées pour la décoration. Gardez au froid plusieurs heures avant de servir.

Après refroidissement, la confiture doit présenter une souplesse lui permettant d'être étalée avec élégance sur la tartine. Elle est très douce, agréable au palais et peut être utilisée en pâtisserie pour de nombreuses préparations.

Déclinaison autour de la poire : poires pochées, mousse et coulis (suite de la p. 413)

Faites cuire jusqu'à belle coloration (surveillez bien, c'est rapide !), défournez les tuiles, prélevez-les délicatement avec une spatule ; placez-les sur un rouleau à pâtisserie ou à défaut sur l'arrondi d'une bouteille en verre afin de leur donner la forme d'une tuile courbée (attention : elles sont très fragiles). Dressez sur assiette : démoulez la mousse et posez-la comme élément de base, avec autour la poire rôtie tiède, la tuile croustillante et le coulis. Vous pourrez faire dans le coulis un décor avec un peu de crème épaisse mise dans une feuille de papier roulée en cornet ou avec des filets de chocolat fondu.

Bierawecka (suite de la p. 414)

Disposez-les sur une plaque beurrée. Décorez avec les amandes coupées en deux, en disposant une rangée d'amandes (partie blanche apparente) sur la longueur de chaque bierawecka. Puis faites-les cuire pendant 35 à 45 min à four moyen (180°, th. 6). Vérifiez la cuisson par la base des bierawecka : si elle a une jolie couleur brune, la cuisson est à point. Dès la sortie du four, à l'aide d'un pinceau, badigeonnez de sirop (fait avec 1 dl d'eau et 250 g de sucre simplement portés à ébullition et refroidis). Laissez refroidir avant de déguster.

Tarte aux quetsches séchées, dite *e gedeckter Quatschelkueche* (suite de la p. 417)

Dans un reste de pâte feuilletée, coupez une bande de 1,5 cm de large (de la longueur de la circonférence du gâteau), qui sera posée sur le pourtour. Badigeonnez à l'œuf entier la bande et l'ensemble du disque. Enfournez à 180° (th. 6) pendant 30 à 40 min. À la sortie du four, badigeonnez au sirop pour faire briller. Ce sirop est fait avec le même poids de sucre semoule que d'eau, il est porté à ébullition durant quelques secondes, le temps que le sucre fonde totalement. Ce sirop très pratique, qui donne de la brillance, se conserve très longtemps au frais (ou à température ambiante, s'il est additionné d'un peu de schnaps).

Tuile fraises-rhubarbe (suite de la p. 419)

Procédez au dressage de la « corbeille ». Disposez-la sur l'assiette en la remplissant avec les fruits mélangés, garnissez l'assiette avec la compote de rhubarbe, et le jus de cuisson des épluchures, disposez une cuillerée moulée de sorbet, faites un décor avec la crème épaisse mélangée avec le sucre glace (à l'aide d'une petite douille en papier sulfurisé).

Index des invités de *Sür un Siess*

Index des plats et ingrédients

Table des recettes

Les entrées

Entrées froides

Entrées chaudes

Tourtes et quiches

Foie gras

Les légumes

Plats à base de légumes

Plats végétariens

Autour de l'asperge

Autour des champignons

Autour de l'oignon

Les recettes alsaciennes

Pâtes à nouilles et quenelles

Recettes à base de pommes de terre et de fromage

Recettes à base de viande

Du bon avec du peu

Les viandes

Agneau

Poulettes, poulardes et poules

Autour de l'oie

Autour du canard

Le gibier et les abats

Recettes à base d'abats

Gibier

Sanglier

Lièvre

Colvert et faisan

Cailles et pigeons

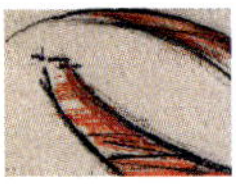

Les poissons et fruits de mer

Poissons d'eau douce

Autour du monde

Afrique du nord

Afrique noire

Amérique

Asie

Saveurs des îles

Inde

Les desserts

Beignets, gâteaux et tartes

Desserts à base de fruits

Achevé d'imprimer sur
les presses de Beta